westermann

Bernd Ettmann, Dr. Karl Wolff

Kompaktwissen Bankbetriebslehre

29. Auflage

Bestellnummer 33516

Die in diesem Produkt gemachten Angaben zu Unternehmen (Namen, Internet- und E-Mail-Adressen, Handelsregistereintragungen, Bankverbindungen, Steuer-, Telefon- und Faxnummern und alle weiteren Angaben) sind i. d. R. fiktiv, d. h., sie stehen in keinem Zusammenhang mit einem real existierenden Unternehmen in der dargestellten oder einer ähnlichen Form. Dies gilt auch für alle Kunden, Lieferanten und sonstigen Geschäftspartner der Unternehmen wie z. B. Kreditinstitute, Versicherungsunternehmen und andere Dienstleistungsunternehmen. Ausschließlich zum Zwecke der Authentizität werden die Namen real existierender Unternehmen und z. B. im Fall von Kreditinstituten auch deren IBANs und BICs verwendet.

Zusatzmaterialien zu *Kompaktwissen Bankbetriebslehre:*

Für Lehrerinnen und Lehrer:

BiBox westermann inkl. E-Book

BiBox Einzellizenz für Lehrer/-innen (Dauerlizenz): 978-3-427-32622-9
BiBox Kollegiumslizenz für Lehrer/-innen (Dauerlizenz): 978-3-427-32629-8
BiBox Kollegiumslizenz für Lehrer/-innen (1 Schuljahr): 978-3-427-83244-7

Für Schülerinnen und Schüler:

BiBox westermann inkl. E-Book

BiBox Einzellizenz für Schüler/-innen (1 Schuljahr): 978-3-427-85176-9
BiBox Klassensatz PrintPlus (1 Schuljahr): 978-3-427-81122-0

westermann GRUPPE

Druck und Bindung: Westermann Druck GmbH, Georg-Westermann-Allee 66, 38104 Braunschweig

ISBN 978-3-427-**33516**-0

Vorwort zur 29. Auflage

Zum 1. August 2020 traten die neue Ausbildungsverordnung und der neue Rahmenlehrplan für den Ausbildungsberuf Bankkaufmann/Bankkauffrau in Kraft. Wir haben alle Lernfelder der bankwirtschaftlichen Geschäftsprozesse (Lernfelder 2, 3, 4, 5, 8, 9, 12, 13) im Hinblick auf das neue Anforderungsprofil grundlegend überarbeitet und aktualisiert.

Eine Kernkompetenz von Bankkaufleuten ist die Beratung von Kunden in finanziellen Angelegenheiten, für die eine hohe Fach-, Selbst- und Sozialkompetenz erforderlich ist. Eine qualifizierte Beratung erfordert von dem Bankkaufmann bzw. von der Bankkauffrau ein fundiertes Fachwissen, kommunikative Fähigkeiten, vernetztes und analytisches Denken sowie Eigeninitiative und Empathie. Die Geschäftsprozesse in der Kreditwirtschaft sind durch ein hohes Maß an digitaler Technik und kurzen Innovationszyklen gekennzeichnet. Bankkaufleute müssen diese Techniken beherrschen und dabei den Datenschutz und die Datensicherheit beachten.

Ziel der Ausbildung zum Bankkaufmann/zur Bankkauffrau ist der Erwerb von Handlungskompetenz, die Sie dazu befähigen soll, auf der Grundlage fachlichen Wissens berufliche Aufgabenstellungen zielorientiert, reflektiert, sachgerecht, methodengerecht und selbstständig zu lösen und das Ergebnis zu beurteilen. Diese umfassenden Kompetenzen benötigen Sie für ein eigenständiges, berufliches Handeln in einem sich schnell ändernden Umfeld. Fachwissen allein reicht dazu nicht aus. Notwendig sind darüber hinaus soziale Kompetenz, Kommunikationsfähigkeit und Eigeninitiative.

Im „Kompaktwissen Bankbetriebslehre“ finden Sie die fach- und handlungssystematischen Grundlagen, die Sie benötigen, um Kunden in Finanzangelegenheiten kompetent zu beraten, Bankgeschäfte abzuwickeln und um die Zusammenhänge an den Finanzmärkten zu beurteilen.

Das „Kompaktwissen Bankbetriebslehre“
- strukturiert die Themengebiete handlungs- und fachsystematisch,
- dient als Wissensspeicher und Nachschlagewerk bei der selbstständigen Erarbeitung der Inhalte,
- fasst die im Unterricht behandelten Inhalte zusammen,
- strebt eine optimale Vorbereitung auf die IHK-Abschlussprüfungen an.

Ergänzend empfehlen wir Ihnen das Arbeitsbuch „**Gut beraten in der Bank**“ (Bestellnummer 32673), um ...
- die selbstständige Bearbeitung komplexer bankbetrieblicher Aufgabenstellungen zu trainieren,
- Ihre überfachlichen Kompetenzen (kommunikative Kompetenz, Lernkompetenz und Methodenkompetenz) zu verbessern,
- Ihren Lernfortschritt zu kontrollieren,
- die Lerninhalte mithilfe von Aufgaben zu üben und sich für die IHK-Abschlussprüfungen fit zu machen.

Die vorliegende 29. Auflage möchten wir zum Anlass nehmen, allen zu danken, die durch Anregungen, Kritik, Verbesserungsvorschläge und Auskünfte mit dazu beigetragen haben, dass das „Kompaktwissen Bankbetriebslehre“ seit vielen Jahren den Auszubildenden ein hilfreicher Begleiter ist.

Es ist der Rechtsstand bis zum 31. Dezember 2021 berücksichtigt.

Die Verfasser

Inhaltsverzeichnis

Lernfeld 3: Konten für Geschäfts- und Firmenkunden führen und den Zahlungsverkehr abwickeln

Lernfeld 8: Kunden über die Anlage in Finanzinstrumenten beraten

Lernfeld 12: Kunden über Produkte der Vorsorge und Absicherung informieren

Lernfeld 13: Finanzierungen für Geschäfts- und Firmenkunden abschließen

Einleitung: Kreditwirtschaft in Deutschland

Geschäftsbereiche der Kreditinstitute

Kreditinstitute (Banken und Sparkassen) erbringen als Dienstleistungsunternehmen für ihre Kunden folgende Leistungen:

- Sie führen **Konten** und **Depots** für Privatpersonen, Unternehmen, staatliche Einrichtungen und ausländische Institutionen und wickeln den **Zahlungsverkehr** ab.

- Sie nehmen **Einlagen** *(z. B. Spareinlagen, Festgelder)* von Anlegern entgegen (Passivgeschäft) und reichen diese Gelder als **Darlehen** *(z. B. Baudarlehen, Investitionskredite)* an Kreditnehmer (Aktivgeschäft) weiter.
  Volkswirtschaftlich übernehmen Banken bei der Kreditversorgung der Wirtschaft als zwischengeschaltete Unternehmen drei Funktionen:
  - **Ballungsfunktion**
    Im Einlagengeschäft erhalten Kreditinstitute oft eine Vielzahl kleinerer Geldbeträge, die sie dann „bündeln" und in größeren Beträgen als Darlehen bereitstellen.
  - **Fristentransformationsfunktion** (Fristenverlängerungsfunktion)
    Die in formaler Hinsicht überwiegend kurz- und mittelfristigen Einlagen können Kreditinstitute zum Teil auch für längerfristige Darlehen verwenden, da zu erwarten ist, dass ein Teil dieser Einlagen („Bodensatz") dauerhaft auf den Konten verbleibt.
  - **Risikoübernahmefunktion**
    Kreditinstitute garantieren Anlegern die Rückzahlung ihrer Einlagen, unabhängig davon, ob die Darlehnsnehmer ihre Verpflichtungen erfüllen. Sie sind demnach nicht lediglich Vermittler zwischen Personen, die Geld anlegen bzw. „leihen" möchten, sondern sie haften als Vertragspartner.

- Sie beraten Kunden ganzheitlich in finanziellen Angelegenheiten (Zahlungsverkehr, Vermögensaufbau, Altersvorsorge, Risikoabsicherung, Darlehen) und bieten ihnen eigene und fremde Produkte (*z. B. Berufsunfähigkeitsversicherung*) an.

- Sie wickeln für Kunden den Kauf und Verkauf von Wertpapieren ab (Effektengeschäft).

Die in Deutschland dominierenden **Universalbanken** zeichnen sich dadurch aus, dass sie „unter einem Dach" alle Bankgeschäfte anbieten. Sie unterscheiden oft folgende **Kundengruppen**:
- Privatkunden
- vermögende Privatkunden
- Geschäftskunden (kleinere Unternehmen und Selbstständige)
- Firmenkunden (größere Unternehmen)

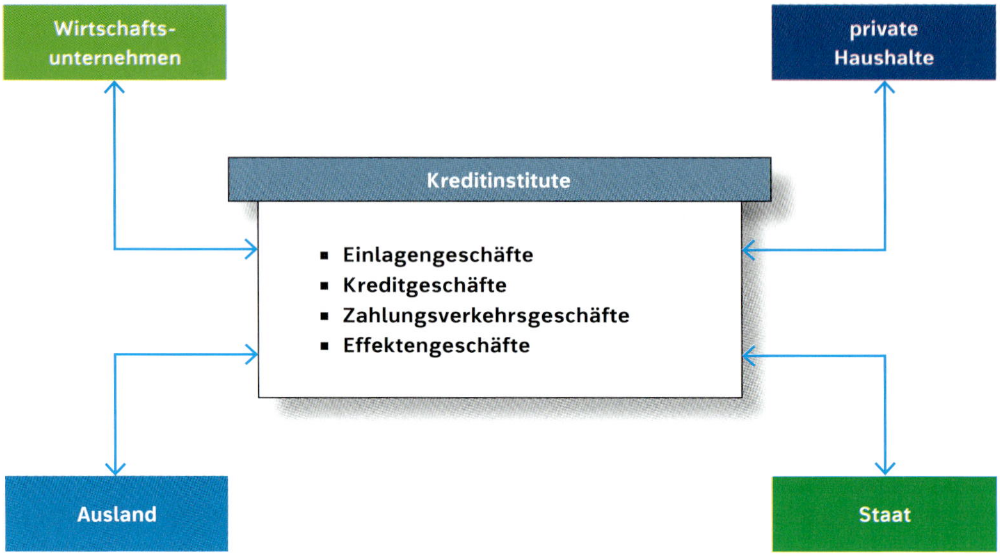

Bankengruppen

In der deutschen Kreditwirtschaft sind **drei Bankengruppen** zu unterscheiden:

- private Kreditbanken (Geschäftsbanken)
- öffentlich-rechtliche Kreditinstitute (Sparkassen und Landesbanken)
- Genossenschaftsbanken

Zu den **privaten Kreditbanken** zählen

- Großbanken (Deutsche Bank AG, Commerzbank AG, Deutsche Postbank AG, HypoVereinsbank AG – Unicredit),
- Regionalbanken *(z. B. Schwäbische Bank AG)*,
- Privatbankiers *(z. B. M. M. Warburg & Co. KGaA, Bankhaus Metzler & Co. KGaA)* und die
- Zweigstellen ausländischer Banken.

Die privaten Geschäftsbanken sind größtenteils Aktiengesellschaften, die in erster Linie Gewinne für ihre Aktionäre erzielen möchten. Während Großbanken in ganz Deutschland ein flächendeckendes Filialnetz unterhalten, sind Regionalbanken nur in bestimmten Regionen tätig.

Bei den Privatbankiers übernehmen persönlich haftende Gesellschafter die Geschäftsführung und Vertretung. Sie haften mit ihrem gesamten Privatvermögen für die Verbindlichkeiten der Bank.

Die öffentlich-rechtlichen Kreditinstitute („Sparkassensektor") gliedern sich in ein dreistufiges Verbundsystem mit

- circa 380 Sparkassen *(z. B. Sparkasse KölnBonn)*,
- sechs Landesbanken *(z. B. Landesbank Baden-Württemberg)* und der
- DekaBank Deutsche Girozentrale als überregionalem Spitzeninstitut.

Bankengruppen		
Kreditbankensektor	**Sparkassensektor (Sparkassen und Landesbanken)**	**Genossenschaftsbankensektor**
		Volksbanken Raiffeisenbanken
Zahl der Institute		
270	383	814

Bestand an Bankstellen (Haupt- und Zweigstellen)		
6723	8911	8566
Beschäftigte		
151600	227850	138150

Quelle: Monatsbericht Deutsche Bundesbank, September 2021; eigene Darstellung, Stand 31.12.2020

Sparkassen sind in der Regel „Anstalten des öffentlichen Rechts“ (z.B. Kreissparkasse Köln). Ihre Träger sind Landkreise, Städte, Gemeinden oder Zweckverbände aus mehreren Kommunen. Lediglich einige freie Sparkassen (z.B. Hamburger Sparkasse) sind privatrechtlich organisiert.

Sparkassen verfolgen nicht primär das Ziel, Gewinne zu erwirtschaften, sondern sie sind dem Gemeinwohl verpflichtet. Sie haben den öffentlichen Auftrag, im Gebiet ihres kommunalen Trägers eine angemessene Versorgung aller Bevölkerungskreise, der Unternehmen und der öffentlichen Hand mit geld- und kreditwirtschaftlichen Leistungen sicherzustellen. Sparkassen unterstützen auf diese Weise die Kommunen bei der Erfüllung ihrer wirtschaftlichen, regionalpolitischen, sozialen und kulturellen Aufgaben.

Die Geschäftstätigkeit der öffentlich-rechtlichen Sparkassen unterliegt dem Regionalprinzip. Danach darf eine Sparkasse grundsätzlich nur im Gebiet ihres kommunalen Trägers (z. B. Stadt, Landkreis) tätig sein.

Der **Genossenschaftsbankensektor** umfasst ein zweistufiges Verbundsystem mit
- Kreditgenossenschaften und der
- DZ Bank AG als Zentralinstitut für die Kreditgenossenschaften.

Zu den **Kreditgenossenschaften** gehören die Volks- und Raiffeisenbanken, die Sparda-Banken, die PSD-Banken und weitere Institute *(z.B. Deutsche Apotheker- und Ärztebank eG, Bank für Sozialwirtschaft AG)*.

Die DZ Bank AG als Zentralinstitut ergänzt das Leistungsangebot der Kreditgenossenschaften. Darüber hinaus betreut es größere Firmenkunden und ist im Wertpapier- und Auslandsgeschäft aktiv.

Das Ziel einer Genossenschaft ist die Förderung ihrer Mitglieder durch einen gemeinschaftlichen Geschäftsbetrieb. Viele Kunden von Kreditgenossenschaften erwerben Anteile an „ihrer" Bank und sind dadurch an Kapital und Gewinn der Genossenschaft beteiligt. Über ihr Stimmrecht in der Mitglieder- bzw. Vertreterversammlung haben sie Einfluss auf die Unternehmenspolitik der Bank. Viele Genossenschaftsbanken betreiben ihre Geschäfte nur in einem in der jeweiligen Satzung festgelegten räumlichen Gebiet.

Verbundgeschäfte

Es ist das Ziel fast aller Kreditinstitute, ihre Kunden umfassend in allen finanziellen Angelegenheiten zu beraten und ihnen bedarfsgerecht alle Bank- und Versicherungsprodukte anzubieten. Neben den eigenen Produkten *(z.B. Sparkonto)* vermitteln die Bankberater/-innen auch Fremdprodukte, die jedoch häufig von einem Verbundpartner stammen. Die Verbundpartner sind oft Tochtergesellschaften der Bank bzw. gehören zum Sparkassen- oder Genossenschaftsverbund.

Beispiele für Fremdprodukte von Verbundpartnern		
Kreditinstitut	**Verbundpartner**	**Fremdprodukte**
Sparkassen	DekaBank Deutsche Girozentrale	Investmentfonds
	Provinzial Versicherung	Versicherungen
	Landesbausparkasse (LBS)	Bausparverträge
Volks- und Raiffeisenbanken	Union Investment GmbH	Investmentfonds
	R + V Versicherung AG	Versicherungen
	Schwäbisch Hall AG	Bausparverträge
Deutsche Bank AG	DWS Investment GmbH	Investmentfonds
	Zürich Versicherung AG	Versicherungen
	Deutsche Bank Bauspar AG	Bausparverträge

Filial- und Direktbanken

- **Filialbanken** unterhalten eine Vielzahl von Geschäftsstellen, in denen die Kunden persönlich betreut und beraten werden. Die Filialbanken bieten ihren Kunden aber auch Onlinebanking an.
- **Direktbanken** *(z. B. ING-DiBa AG)* unterhalten kein Filialnetz. Sie kommunizieren mit ihren Kunden online, telefonisch und schriftlich. Während ein Teil der Direktbanken alle Bankgeschäfte tätigt („Vollbanken"), beschränken sich andere auf besondere Geschäftsbereiche *(z. B. Wertpapiergeschäfte – „Discount Brokerage")*. Direktbanken verzichten in der Regel auf eine Beratung des Kunden, sodass der Kunde sich stets selbst vor dem Abschluss von Geschäften *(z. B. Wertpapierkauf)* umfassend informieren muss. Durch den Verzicht auf Beratungsleistungen und Geschäftsstellen arbeiten Direktbanken kostengünstiger als Filialbanken.
  Zu den Direktbanken gehören auch die sogenannten Autobanken. Diese Kreditinstitute sind Tochtergesellschaften der Autohersteller *(z. B. BMW Bank GmbH, Ford Bank GmbH)* und haben insbesondere die Aufgabe, den Absatz von Personenkraftwagen mithilfe von günstigen Krediten und Leasingangeboten zu fördern. Zu den weiteren Angeboten einer Autobank zählen unter anderem Tagesgeldkonten und Kreditkarten.

Commercial- und Investment Banking

Im **Trennbankensystem** der angelsächsischen Länder wird traditionell zwischen „Commercial Banking" und „Investment Banking" unterschieden. Diese Begriffe werden auch von deutschen Universalbanken verwendet, um diese Geschäftsbereiche zu unterscheiden.

- Das **Commercial Banking** umfasst das Einlagen- und Kreditgeschäft, den Zahlungsverkehr und den Geld- und Devisenhandel. Das sogenannte Mengengeschäft mit Privatkunden wird auch als **Retail Banking** bezeichnet.
- Das **Investment Banking** ist durch eine Kapitalmarkt- und Wertpapierorientierung gekennzeichnet. Die Investment-Banken treten in erster Linie nur als Mittler bzw. Berater zwischen Kapitalnehmer und Kapitalgeber auf. Kundengruppen sind ausschließlich öffentliche Institutionen und Firmenkunden. Das Investment Banking umfasst insbesondere folgende Bereiche:
  - Emission von Wertpapieren
  - Wertpapierhandel
  - Vermögensverwaltung (Portfoliomanagement) für institutionelle Anleger *(z. B. Versicherungen)*
  - Beratungsleistungen für Unternehmen (Corporate Finance)

    Beispiele:
    - *Firmenübernahmen und -verkäufe*
    - *Privatisierung von Staatsunternehmen*

Spezialinstitute

Spezialinstitute sind in besonderen Geschäftsbereichen tätig.

Bausparkassen	Bausparkassen sind Kreditinstitute, deren Geschäftsbetrieb darauf gerichtet ist, Einlagen von Bausparern (Bauspareinlagen) entgegenzunehmen und aus den angesammelten Beträgen den Bausparern nach der Zuteilung ihres Bausparvertrages Darlehen für wohnungswirtschaftliche Maßnahmen (Bauspardarlehen) zu gewähren *(§ 1 Abs. 1 BausparkG)*.
Kapitalverwaltungs-gesellschaften	Kapitalverwaltungsgesellschaften (Investmentfondsgesellschaften) geben Investmentfondsanteile heraus und legen die erhaltenen Gelder für die Anleger nach dem Grundsatz der Risikomischung in Wertpapieren oder Immobilien an *(§ 1 Abs. 1 KAGB)*. Der Anleger erwirbt ein Miteigentum an dem Fonds (Sondervermögen).
Pfandbriefbanken	Pfandbriefbanken geben Pfandbriefe (gedeckte Schuldverschreibungen) heraus und verwenden die erhaltenen Mittel für Baudarlehen (Hypothekarkredite) und Kommunalkredite (Darlehen an öffentliche Einrichtungen; *§ 1 PfandBG*).
Wertpapier-sammelbanken	Wertpapiere werden in der Regel zentral bei Wertpapiersammelbanken *(z. B. Clearstream Banking AG)* verwahrt und verwaltet. Eine zentrale Aufbewahrung der Effekten bietet den Vorteil, dass bei einem Kauf bzw. Verkauf der körperliche Transport der Urkunden entfällt. Die Übertragung der Effekten erfolgt durch entsprechende Depotbuchungen.
Kreditanstalt für Wiederaufbau (KfW)	Die Kreditanstalt für Wiederaufbau (KfW) ist eine Körperschaft des öffentlichen Rechts mit Sitz in Frankfurt am Main. Ihr ursprüngliches Aufgabengebiet umfasste die Bereitstellung von Darlehen zum Wiederaufbau der kriegsgeschädigten deutschen Wirtschaft. Heute liegen ihre Hauptaufgaben vor allem in der Förderung kleinerer und mittlerer Unternehmen in Deutschland, der Finanzierung langfristiger Exportgeschäfte, der Arbeitsplatzförderung und der regionalen und sektoralen Strukturpolitik. Zudem gewährt die KfW Wohnungsbaudarlehen und fördert energiesparende Baumaßnahmen durch günstige Darlehen.

Deutsche Bundesbank

Die **Deutsche Bundesbank** ist keine Geschäftsbank, sondern die **Zentralbank (Notenbank)** der Bundesrepublik Deutschland. Sie ist eine bundesunmittelbare juristische Person des öffentlichen Rechts mit Sitz in Frankfurt/Main *(§ 2 BBankG)*.

- Als **nationale Zentralbank** innerhalb des Europäischen Systems der Zentralbanken (ESZB) ist die Deutsche Bundesbank aufgrund einer Genehmigung der Europäischen Zentralbank zur Ausgabe von Banknoten berechtigt.
- Als **Mitglied des Europäischen Systems der Zentralbanken** führt die Deutsche Bundesbank die in ihren Zuständigkeitsbereich fallenden geldpolitischen Beschlüsse der Europäischen Zentralbank aus.
- Als **Bank des Staates**
  - vertritt die Deutsche Bundesbank die Bundesrepublik Deutschland in internationalen Währungsbehörden *(z. B. Internationaler Währungsfonds)*,
  - verwaltet sie die nationalen Währungsreserven, soweit sie nicht an die EZB übertragen worden sind,
  - wirkt sie mit bei der Bankenaufsicht,

– wirkt sie mit bei der Kreditaufnahme des Bundes und der Länder auf den Geld- und Kapitalmärkten.

Bankenregulierung und Bankenaufsicht

Wesentliches Ziel der Bankenregulierung und -aufsicht ist es, die Funktionsfähigkeit des Kreditgewerbes zu erhalten und die Bevölkerung vor einem Verlust ihrer Ersparnisse zu bewahren. Ein allgemeiner Vertrauensverlust gegenüber der Finanzwirtschaft kann zudem schnell zu einer Krisensituation in der Gesamtwirtschaft führen.

Rechtsgrundlage für die Bankenregulierung und -aufsicht ist das **Gesetz über das Kreditwesen (KWG)**. Das KWG dient

- der Erhaltung der volkswirtschaftlichen Funktionsfähigkeit der Kreditwirtschaft und
- dem Schutz der Kunden vor Vermögensverlusten.

Geltungsbereich des KWG

Kreditinstitute
(§ 1 Abs. 1 KWG)

Unternehmen, die **Bankgeschäfte** gewerbsmäßig oder in einem Umfang betreiben, der einen in kaufmännischer Weise eingerichteten Geschäftsbetrieb erfordert.

betreiben ↓

Bankgeschäfte

- Einlagengeschäft
- Pfandbriefgeschäft
- Kreditgeschäft
- Diskontgeschäft
- Finanzkommissionsgeschäft
- Depotgeschäft
- Darlehenspensionsgeschäft
- Garantiegeschäft
- Scheck- und Wechselinkasso und Ausgabe von Reiseschecks
- Emissionsgeschäft
- Tätigkeiten als zentrale Gegenpartei *(§ 1 Abs. 31 KWG)*

Finanzdienstleistungsunternehmen
(§ 1 Abs. 1a KWG)

Unternehmen, die **Finanzdienstleistungen** für andere gewerbsmäßig oder in einem Umfang erbringen, der einen in kaufmännischer Weise eingerichteten Geschäftsbetrieb erfordert, und die keine Kreditinstitute sind.

erbringen ↓

Finanzdienstleistungen

- Anlagevermittlung
- Anlageberatung
- Betrieb eines multilateralen Handelssystems
- Platzierungsgeschäft
- Abschlussvermittlung
- Finanzportfolioverwaltung
- Eigenhandel
- Drittstaateneinlagenvermittlung
- Sortengeschäft
- Factoring
- Finanzierungsleasing
- Anlageverwaltung
- eingeschränktes Verwahrgeschäft im Sinne des *§ 1 Abs. 3 KAGB*

Die **Bundesanstalt für Finanzdienstleistungsaufsicht (BaFin)** übt die staatliche Aufsicht über Kreditinstitute, Finanzdienstleistungsunternehmen und Versicherungsunternehmen aus *(§ 4 Finanzdienstleistungsaufsichtsgesetz – FinDAG)*. Die BaFin ist eine rechtsfähige bundesunmittelbare Anstalt des öffentichen Rechts im Geschäftsbereich des Bundesministeriums für Finanzen und hat ihren Sitz in Frankfurt am Main und in Bonn. Die Aufsicht erfolgt in Zusammenarbeit mit der Deutschen Bundesbank *(§§ 6, 7 KWG)*.

Ziele und Organisation der Finanzdienstleistungsaufsicht

Sicherstellung der Funktionsfähigkeit des Finanzsektors	
Sicherung der Zahlungsfähigkeit von Kreditinstituten, Finanzdienstleistungsunternehmen und Versicherungen	Schutz der Anleger und Kunden von Kreditinstituten, Finanzdienstleistungsunternehmen und Versicherungen (Verbraucherschutz)

Bundesanstalt für Finanzdienstleistungsaufsicht (BaFin)		
Bankenaufsicht	**Versicherungsaufsicht**	**Wertpapieraufsicht**
▪ Erteilung der Erlaubnis zum Geschäftsbetrieb; mit der Zulassung besitzt das Institut die Erlaubnis, in allen EU-Mitgliedsländern Niederlassungen zu errichten. ▪ Aufstellung von Grundsätzen über Eigenmittel und Liquidität ▪ laufende Überwachung des Geschäftsbetriebes und Durchführung von Sonderprüfungen ▪ Abberufung von ungeeigneten Geschäftsleitern ▪ Schließung des Institutes bei Insolvenzgefahr ▪ Aufsicht über die Kundenberatung	▪ Erteilung der Erlaubnis zum Geschäftsbetrieb ▪ Prüfung und Genehmigung von Geschäftsplänen ▪ Überwachung der Rückstellungen, der freien Finanzmittel und der Rückversicherungen zur Deckung von Schadenfällen ▪ laufende Überwachung des Geschäftsbetriebes ▪ Schließung der Gesellschaft bei Insolvenzgefahr	▪ laufende Überwachung des Börsenhandels zur Verhinderung von Insidergeschäften ▪ Kontrolle der Veröffentlichungspflichten nach dem Wertpapierhandelsgesetz ▪ Aufsicht über Kapitalverwaltungsgesellschaften ▪ Vertriebsaufsicht über ausländische Investmentfonds ▪ Aufsicht bei der Bereitstellung von Wertpapierdienstleistungen und beim Handel mit Finanzinstrumenten

Durch die Beobachtung sektorübergreifender Produkt- und Kapitalmarktentwicklungen und der Risikomanagementsysteme können alle Neuerungen auf den Finanzmärkten in die Aufsichtspraxis der BaFin einfließen. In Zusammenarbeit mit ausländischen Stellen sollen einheitliche Aufsichtsstandards in der EU entwickelt werden.

Vorschriften zur Risikobegrenzung

Um die Risiken der Kreditinstitute zu begrenzen und damit die Stabilität des Finanzsektors zu sichern, unterliegt die Geschäftstätigkeit der Kreditinstitute besonderen gesetzlichen Vorschriften. Da Banken oft weltweit tätig sind und sie über ihre gegenseitigen Geschäfte eng miteinander verbunden sind, ist es sinnvoll, international einheitliche Standards für Kreditinstitute zu schaffen. Zur Formulierung solcher Standards wurde im Jahr 1974 der **Baseler Ausschuss für Bankenaufsicht** gegründet, in dem die zwanzig wichtigsten Industrie- und Schwellenländer (G20-Staaten) mitarbeiten. Der Ausschuss entwickelt Aufsichtsstandards und Empfehlungen für die Bankenaufsicht, die dann von den einzelnen Ländern in nationales Recht übernommen werden können.

Die unter dem Namen Basel III bekannten Aufsichtsstandards definieren Anforderungen an die Finanzinstitute und an die Bankenaufsicht. Sie bestehen aus drei Säulen:

- Säule 1: Eigenmittelanforderungen
- Säule 2: Bankaufsichtlicher Überprüfungsprozess
- Säule 3: Aufsichtliche Offenlegung bzw. Marktdisziplin

Die Umsetzung der Baseler Standards in das deutsche Recht erfolgt im **Kreditwesengesetz** (KWG), in der **Solvabilitätsverordnung** (SolvV) und in den **Mindestanforderungen an das Risikomanagement** (MaRisk). Zudem sind von deutschen Kreditinstituten die Vorschriften der **Liquiditätsverordnung** (LiqV) zu beachten.

Nach diesen Bestimmungen müssen Kreditinstitute ...

- über eine **angemessene Eigenmittelausstattung (Solvabilität)** verfügen *(§ 10 ff. KWG)*;
- ihre Mittel so anlegen, dass **jederzeit eine ausreichende Zahlungsbereitschaft (Liquidität)** gewährleistet ist *(§ 11 KWG)*;
- über eine **ordnungsgemäße Geschäftsorganisation** verfügen, die die Einhaltung der vom Institut zu beachtenden gesetzlichen Bestimmungen und der betriebswirtschaftlichen Notwendigkeiten gewährleistet. Eine ordnungsgemäße Geschäftsorganisation muss insbesondere ein angemessenes und **wirksames Risikomanagement** umfassen *(§ 25a KWG)*.

Die **Bankenaufsicht** prüft die Einhaltung dieser Anforderungen. Die Zuständigkeit für die Aufsicht ist von der Größe des Kreditinstitutes abhängig. Die **EZB** kontrolliert in Zusammenarbeit mit den europäischen und nationalen Behörden die **größten und systemrelevanten Banken** der Eurozone (2021: 114 Banken, davon 21 Banken in Deutschland). Als systemrelevant gelten Banken mit einer Bilanzsumme von mehr als 30 Milliarden Euro oder mehr als 20 % Wirtschaftsleistung ihres Landes. Unabhängig davon beaufsichtigt die EZB zumindest die drei bedeutendsten Banken eines Landes.

Anforderungen an Kreditinstitute

Säule 1 Eigenmittelanforderungen	Säule 2 Bankaufsichtlicher Überprüfungsprozess	Säule 3 Aufsichtliche Offenlegung bzw. Marktdisziplin
Mit ausreichenden Eigenmitteln sind zu unterlegen: ▪ **Kreditausfallrisiken** ▪ Marktpreisrisiken *(z. B. Kursverfall der Aktienbestände)* ▪ operationelle Risiken (Verluste infolge unzulänglicher oder ausfallender interner Verfahren, Mitarbeiter und Systeme oder infolge bankexterner Ereignisse)	Die BaFin überprüft: ▪ Einhaltung der Eigenmittelvorschriften ▪ Aufbau der Kreditratingsysteme ▪ Aufbau der internen Risikosteuerungs- und Kontrollsysteme ▪ Beurteilung der Zinsänderungs- und Liquiditätsrisiken ▪ Bewertung der internen Revision	Die Öffentlichkeit soll einen Einblick in die Risiko- und Eigenmittelsituation erhalten. Offenzulegen sind: ▪ Ausstattung und Struktur der Eigenmittel ▪ Anwendung der Eigenmittelvorschriften (Säule 1) ▪ Darstellung der Risikopositionen ▪ Methoden der Risikosteuerung

Kleinere Kreditinstitute *(z.B. Kreditgenossenschaften, Sparkassen)* werden von der **Bundesanstalt für Finanzdienstleistungsaufsicht (BaFin)** in Zusammenarbeit mit der Deutschen Bundesbank beaufsichtigt.

Eigenmittelanforderungen

Kreditinstitute müssen über **ausreichende Eigenmittel** verfügen, um auch Krisenzeiten (*z.B. Kurseinbruch an der Börse; hohe Kreditausfälle*) überstehen zu können. Deshalb sind Risikogeschäfte (*z.B. Darlehen, Wertpapieranlagen*) mit **mindestens 10,5% Eigenmitteln** zu unterlegen. Darüber hinaus kann die Bankenaufsicht die Bildung eines antizyklischen Kapitalpuffers von bis zu 2,5% anordnen.

Die Eigenmittel eines Kreditinstitutes bestehen aus
- hartem Kernkapital (*z.B. Grundkapital, offene Rücklagen*),
- zusätzlichem Kernkapital (*z.B. nachrangige Anleihen, die automatisch in Krisenzeiten in Eigenkapital umgewandelt werden*),
- Ergänzungskapital (*z.B. nachrangige Anleihen*).

Mindesteigenmittel von Kreditinstituten

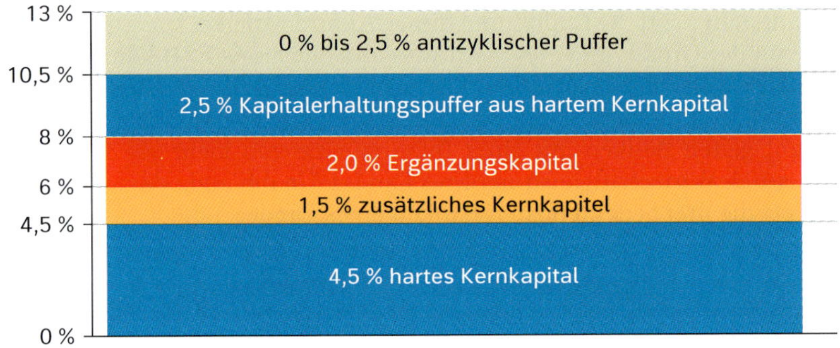

Eigene Darstellung

Lernfeld 2: Konten für Privatkunden führen und den Zahlungsverkehr abwickeln

Privatkunden (Verbraucher) nutzen ihre Konten überwiegend für Zwecke, die weder ihrer gewerblichen noch ihrer selbstständigen beruflichen Tätigkeit zugerechnet werden können *(§ 13 BGB)*. Bei der Kontoführung von Privatkunden sind umfängliche Verbraucherschutzvorschriften zu beachten *(z. B. § 14 ZKG: Allgemeine Informationspflichten der Zahlungsdienstleister)*.

1 Kontoarten

Das **Konto** ist eine chronologisch geführte Aufstellung über Forderungen und Verbindlichkeiten aus der Geschäftsverbindung mit einem Kunden.

1.1 Zahlungs-, Anlage-, Darlehens- und Depotkonto

Kreditinstitute führen für ihre Kunden Zahlungs-, Anlage-, Darlehens- und Depotkonten.

Konten	Zweck des Kontos
Zahlungskonto (Girokonto, Kontokorrentkonto)	➢ Abwicklung des Zahlungsverkehrs
Anlagekonto	
▪ Tagesgeldkonto	➢ Anlage von Geldern mit täglicher Verfügbarkeit
▪ Termingeldkonto	➢ Befristete Anlage von Geldern *(z. B. Festgeld für drei Monate)*
▪ Sparkonto	➢ Anlage und Ansammlung von Vermögen
Darlehenskonto	➢ Bereitstellung von Darlehen an Kunden
Depotkonto	➢ Verwahrung und Verwaltung von Wertpapieren des Kunden

1.2 Einzel- und Gemeinschaftskonto

Nach der Anzahl der Kontoinhaber sind Einzel- und Gemeinschaftskonten zu unterscheiden.

Einzelkonten	Gemeinschaftskonten
▪ Kontoinhaber ist **eine** einzelne Person. ▪ Der Kontoinhaber muss sich bei der Kontoeröffnung legitimieren. ▪ Der Kontoinhaber ist allein verfügungs- und vertretungsberechtigt. ***Beispiel:*** *Klara Stiel (Name mit mindestens einem ausgeschriebenen Vornamen; Zusätze sind erlaubt)*	▪ Kontoinhaber sind **mehrere** Personen. ▪ Die Kontoinhaber haften als **Gesamtschuldner** für die Verbindlichkeiten aus dem Gemeinschaftskonto. ▪ Alle Kontoinhaber müssen sich bei der Kontoeröffnung legitimieren. ▪ Bei der Verfügungs- und Vertretungsberechtigung sind **Oder-Konten** und **Und-Konten** zu unterscheiden. ***Beispiel:*** *Eheleute Klara und Eugen Stiel*

Gemeinschaftskonten nach der Verfügungsberechtigung		
	Einzelverfügungsberechtigung („Oder-Konto“)	**Gemeinschaftliche Verfügungsberechtigung („Und-Konto“)**
Verfügungsberechtigung	▪ Jeder Kontoinhaber ist allein verfügungsberechtigt. ▪ Widerruft ein Kontoinhaber die Einzelverfügungsberechtigung, ist nur eine gemeinsame Verfügung möglich.	▪ Die Kontoinhaber sind nur gemeinsam verfügungsberechtigt. ▪ Änderungen der Verfügungsberechtigung sind nur gemeinsam möglich.
Kontovollmachten	▪ Erteilung der Vollmacht grundsätzlich nur von allen Kontoinhabern gemeinsam. Kreditinstitute können in ihren Vertragsbedingungen auch andere Regelungen vereinbaren. ▪ Widerruf der Vollmacht aber durch jeden einzelnen Kontoinhaber möglich	
Freistellungsauftrag	Ein Freistellungsauftrag kann grundsätzlich <u>nicht</u> erteilt werden (Ausnahme: zusammen veranlagte Ehepaare).	
Kreditaufnahme	▪ Die Kontoinhaber haften als Gesamtschuldner. ▪ Kreditverträge können nur gemeinschaftlich abgeschlossen werden.	
	Kurzfristige Kontoüberziehungen durch einen Kontoinhaber sind im bankühlichen Rahmen jedoch zulässig.	☒
Kontoauflösung	Die Kontoinhaber können nur gemeinsam die Kontoverbindung bei Zahlungsverkehrskonten beenden. Bei anderen Konten gelten die institutsspezifischen Regelungen.	
Verfügung im Todesfall	▪ Auch im Todesfall eines Kontoinhabers bleibt die Einzelverfügungsberechtigung gültig. ▪ Widerruft ein Erbe die Einzelverfügungsberechtigung, sind Verfügungen nur zusammen mit dem Widerrufenden zulässig. ▪ Im Todesfall ist der verbleibende Kontoinhaber berechtigt, das Konto allein aufzulösen bzw. auf seinen Namen umzuschreiben.	Im Todesfall eines Kontoinhabers ▪ sind Verfügungen nur zusammen mit den Erben möglich, ▪ ist die Kontoauflösung nur zusammen mit den Erben möglich.

1.3 Basiskonto

Grundsätzlich liegt es im Ermessen des Kreditinstitutes und des Kunden, ob sie einen Kontovertrag schließen möchten (Vertragsfreiheit).

Jedoch hat jeder **Verbraucher mit rechtmäßigem Aufenthalt in der Europäischen Union** einschließlich Personen ohne festen Wohnsitz und Asylsuchenden sowie Personen ohne Aufenthaltstitel, die aus rechtlichen Gründen nicht abgeschoben werden können, einen **Rechtsanspruch** auf ein **Basiskonto** (Zahlungskonto mit grundlegenden Funktionen) bei einem Kreditinstitut, damit der Kontoinhaber Zahlungsdienste in Anspruch nehmen kann (Kontrahierungszwang) *(§§ 30, 31 Zahlungskontengesetz, ZKG)*. Kreditinstitute müssen ein Basiskonto innerhalb von zehn Geschäftstagen einrichten *(§ 34 ZKG)* und dem Kontoinhaber die folgenden Zahlungsdienste ermöglichen: Ein- und Auszahlungsgeschäft, Lastschriftgeschäft, Überweisungsgeschäft und Zahlungskartengeschäft *(§ 38 ZKG)*. Das Kreditinstitut ist berechtigt, das Konto nur auf Guthabenbasis zu führen.

Das kontoführende Kreditinstitut darf das Basiskonto nicht zu Bedingungen führen, die benachteiligend sind im Vergleich zu anderen Konten *(§ 40 ZKG)*. Die Inhaber von Basiskonten sind verpflichtet, für die Erbringung der Dienste das vereinbarte Entgelt zu entrichten. Die Entgelte müssen marktüblich sein und das Nutzerverhalten berücksichtigen *(§ 41 ZKG)*.

1.4 Pfändungsschutzkonto

Pfändung von Kontoguthaben

Der Gläubiger eines Kunden kann dessen Kontoguthaben zur Befriedigung seiner Forderungen pfänden. Auf der Grundlage eines vollstreckbaren Titels (Urteil oder Vollstreckungsbescheid) kann der Gläubiger beim Amtsgericht einen **Pfändungs- und Überweisungsbeschluss** beantragen, der dem Kreditinstitut zugestellt wird.

Mit der Zustellung eines Pfändungsbeschlusses *(§ 829 ZPO)* ist das Kontoguthaben beschlagnahmt, und das Kreditinstitut darf grundsätzlich keine Auszahlungen mehr an den Kontoinhaber leisten. Der Überweisungsbeschluss enthält die Aufforderungen an die Bank, eine bestimmte Geldsumme an den betreibenden Gläubiger zu überweisen *(§ 835 ZPO)*. In der Praxis wird der Überweisungsbeschluss meist mit dem Pfändungsbeschluss zusammengefasst. Der Pfändungs- und Überweisungsbeschluss kann auch zukünftige Zahlungseingänge auf dem Konto umfassen (Doppelpfändung).

Das Kreditinstitut informiert den Kunden über den Eingang des Pfändungs- und Überweisungsbeschlusses. Das gepfändete Guthaben einer natürlichen Person darf die Bank frühestens **vier Wochen** nach Zustellung des Überweisungsbeschlusses an den Gläubiger überweisen *(§ 835 Abs. 3 ZPO)*.

Der Eingang eines Pfändungs- und Überweisungsbeschlusses ist für das Kreditinstitut Anlass, die Bonität des Kreditkunden zu prüfen. Bei einer erheblichen Verschlechterung der wirtschaftlichen Lage des Kunden kann die Bank alle Kredite kündigen und selbst eventuelle Pfandrechte geltend machen (AGB-Pfandrecht).

Pfändungsschutzkonto (P-Konto)

Die Pfändung von **Lohn- und Gehaltsforderungen** ist aus sozialen Gründen auf den pfändbaren Teil der Bezüge beschränkt. Der jeweils pfändbare Teil ist der Anlage zu *§ 850c ZPO* („Lohnpfändungstabelle") zu entnehmen. Der pfändungsfreie Betrag ist von der Einkommenshöhe und von den Unterhaltspflichten des Schuldners abhängig. Nicht pfändbar sind zudem bestimmte **Sozialleistungen** *(§ 54 SGB I, Abs. 3; z. B. Elterngeld, Mutterschaftsgeld, Wohngeld).*

Ein **Pfändungsschutz** für Einkünfte besteht **nur** auf einem besonderen **Pfändungsschutzkonto** *(§ 850k ZPO).* Auf Antrag des Kontoinhabers führt das Kreditinstitut das Girokonto als Pfändungsschutzkonto, auf dem Guthaben bis zur Höhe des monatlichen **Pfändungsfreibetrages** einem Pfändungsschutz unterliegen. Bis zur Höhe des Pfändungsfreibetrages kann der Kontoinhaber **frei** über das Guthaben **verfügen**.

Der monatliche Pfändungsfreibetrag gemäß *§ 850c ZPO* besteht aus einem

- **Basispfändungsfreibetrag**, der jeder Person monatlich zusteht (2022: 1252,64 EUR), und gegebenenfalls aus einem
- zusätzlichen **Pfändungsfreibetrag für gesetzliche Unterhaltspflichten** (2022: 471,44 EUR für die erste Person, je 262,65 EUR für die zweite bis fünfte Person).

Der Pfändungsschutz soll das Existenzminimum des Arbeitnehmers sichern und ihm die Erfüllung seiner gesetzlichen Unterhaltsverpflichtungen ermöglichen. Gesetzliche Unterhaltspflichten sind durch geeignete Unterlagen *(z. B. Geburtsurkunde des Kindes)* nachzuweisen. Einen noch höheren Pfändungsschutz kann der Kontoinhaber im Einzelfall durch einen Antrag beim Vollstreckungsgericht geltend machen, wenn er z. B. ein über den Basispfändungsfreibetrag hinausgehendes Arbeitseinkommen erzielt, das nur zum Teil pfändbar ist *(§ 850c Abs. 2 ZPO).*

Über den monatlichen Pfändungsfreibetrag hinaus unterliegen auch folgende Geldeingänge einem Pfändungsschutz:
- Geldleistungen nach dem Sozialgesetzbuch *(z. B. Elterngeld, Mutterschaftsgeld, Wohngeld)*
- Kindergeld

Diese Gelder erhöhen den pfändungsfreien Betrag.

Merkmale von Pfändungsschutzkonten *(§ 850k ZPO)*

- **Nur natürliche Personen** können ein Pfändungsschutzkonto errichten.
- Jede Person darf nur **ein Pfändungsschutzkonto** unterhalten. Kreditinstitute melden den Antrag und die Einrichtung eines P-Kontos der SCHUFA.
- Ein Pfändungsschutzkonto kann nur als **Einzelkonto** geführt werden.
- Ein Kunde kann jederzeit die Umwandlung seines Girokontos in ein Pfändungsschutzkonto verlangen.
- Der **Pfändungsfreibetrag** wird für jeweils einen **Kalendermonat** gewährt und gilt für alle Einkünfte *(z. B. Einkünfte aus nicht selbstständiger und selbstständiger Arbeit).*
- Ein Girokonto kann auch noch binnen vier Wochen nach Eingang eines Pfändungs- und Überweisungsbeschlusses in ein Pfändungsschutzkonto umgewandelt werden.

- Der in einem Monat nicht ausgeschöpfte pfändungsfreie Anteil eines Guthabens wird auf den folgenden Monat übertragen, sodass sich der Pfändungsfreibetrag im Folgemonat um diesen Betrag erhöht.

Verpfändung und Abtretung von Kontoguthaben

Zur Sicherung eines Darlehens kann der Kontoinhaber das Kontoguthaben an den Kreditgeber verpfänden oder abtreten.

Verpfändung *(§ 1279 BGB)*

Mit der Vereinbarung eines Pfandvertrages (vertragliches Pfandrecht) erwirbt der Pfandgläubiger ein **Verwertungsrecht** an dem Guthaben, von dem er im Fall der Nichterfüllung des Kreditvertrages Gebrauch machen kann. Das Pfandrecht muss dem Kreditinstitut angezeigt werden.

- Vor dem Eintritt des Verwertungsfalles können Kontoinhaber und Pfandgläubiger nur gemeinsam über das Konto verfügen.
- Im Verwertungsfall kann das Kreditinstitut nur noch mit schuldbefreiender Wirkung an den Pfandgläubiger leisten.

Das Kreditinstitut hat schon bei der Kontoeröffnung mit der Anerkennung der AGB ein vertragliches Pfandrecht an allen Konto- und Depotguthaben des Kunden erworben *(AGB-Sparkassen Nr. 21, AGB-Banken Nr. 14)*. Aufgrund der zeitlichen Priorität dieses sogenannten **AGB-Pfandrechtes** sind die Ansprüche der Bank vorrangig gegenüber den Ansprüchen anderer Pfandgläubiger.

1.5 Treuhandkonto

Treuhandkonten dienen der **treuhänderischen Verwaltung und Anlage fremder Vermögenswerte.** Der Kontoinhaber erklärt bei der Kontoeröffnung ausdrücklich, dass er für fremde Rechnung handelt und die Vermögenswerte eigentlich einem Dritten zustehen.

Anderkonten

Anderkonten sind bestimmten Berufsgruppen vorbehalten. Rechtsgrundlage für die Kontoführung sind neben den AGB die *„Sonderbedingungen für Anderkonten und Anderdepots"* für die jeweiligen Berufsgruppen.

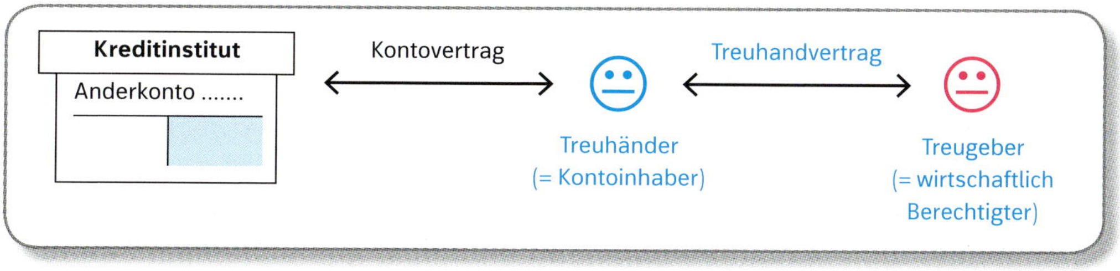

Kontoinhaber (Treuhänder)	Kontobezeichnung	Verfügungsberechtigung
▪ Notare ▪ Rechtsanwälte ▪ Gesellschaften von Rechtsanwälten ▪ Patentanwälte ▪ Gesellschaften von Patentanwälten ▪ Wirtschaftsprüfer ▪ vereidigte Buchprüfer ▪ Steuerberater ▪ Steuerbevollmächtigte	Name des Treuhänders mit dem Zusatz „Anderkonto“ Der wirtschaftlich Berechtigte **kann** in der Kontobezeichnung angegeben werden. Der Name des Treugebers ist grundsätzlich in den Kontounterlagen festzuhalten *(§ 8 GwG)*. Notare und Rechtsanwälte müssen den Namen des wirtschaftlich Berechtigten jedoch nur auf Verlangen des Kreditinstitutes bekannt geben *(§ 5 Abs. 2 Nr. 3 GwG)*.	▪ Kontoinhaber ▪ Bevollmächtigte – bei Notaranderkonten nur der amtlich bestellte Vertreter – bei den übrigen Anderkonten: Vollmachten nur an Personen, die selbst zur Eröffnung eines solchen Kontos berechtigt sind

Die Inhaber von Anderkonten sind grundsätzlich verpflichtet, jeden Treuhandvorgang über ein besonderes Konto abzuwickeln. Bei der erstmaligen Eröffnung eines Anderkontos ist die Legitimation des Kontoinhabers zu prüfen. Weitere Anderkonten des Treuhänders werden formlos unter einer einheitlichen Stammkontonummer ohne eine weitere Legitimationsprüfung eröffnet.

Ausnahme: Sammelanderkonten

Über als solche gekennzeichnete Sammelanderkonten können unterschiedliche Vorgänge abgewickelt werden. **Notaren ist die Führung von Sammelanderkonten nicht erlaubt.** Der Kontoinhaber *(z. B. Rechtsanwalt)* ist verpflichtet, auf Verlangen des Kreditinstituts Namen und Anschrift der wirtschaftlich Berechtigten schriftlich mitzuteilen. Auf einem Sammelanderkonto dürfen in der Regel Werte über 15 000,00 EUR für einen Mandanten nicht länger als einen Monat verbleiben. Der Kontoinhaber muss die eingehenden Gelder unverzüglich an die Mandanten weiterleiten bzw. auf einem speziellen Anderkonto für die einzelnen Treugeber umbuchen oder – sofern die Gelder für ihn selbst bestimmt sind – auf sein Eigenkonto übertragen. Beim Tod des Treuhänders wird die zuständige Einrichtung (Rechtsanwalts-/Berufskammer, Patentamt) oder die von ihr bestellte Person Kontoinhaber des Anderkontos, bis ein Abwickler bestellt ist.

Sonstige Treuhandkonten

- Mietkautionskonto auf den Namen des Vermieters
- Konten von Wohnungseigentümergemeinschaften auf den Namen des Hausverwalters
- Konten für nicht rechtsfähige Personenvereinigungen *(z. B. Kegelverein)* auf den Namen eines Mitglieds

Bei allen Treuhandkonten gelten folgende besonderen Regelungen:

- Der Kontoinhaber erklärt, dass das Konto nicht eigenen Zwecken des Kontoinhabers dient.
- Der Kontoinhaber ist verpflichtet, den Namen desjenigen mitzuteilen, für dessen Rechnung er handelt *(§ 8 GwG)*.

- Kontoüberziehungen sind grundsätzlich nicht möglich.
- Das Kreditinstitut besitzt kein Pfand- oder Zurückbehaltungsrecht an dem Guthaben, es sei denn wegen Forderungen, die in Bezug auf das Konto selbst *(z. B. Kontoführungsgebühren)* entstanden sind.
- Das Kreditinstitut prüft die Rechtmäßigkeit der Verfügungen des Kontoinhabers in seinem Verhältnis zu Dritten nicht. Es haftet daher nicht für unrechtmäßige Verfügungen des Kontoinhabers.
- Der Treugeber (Dritter, wirtschaftlich Berechtigter) besitzt gegenüber dem Kreditinstitut kein Auskunfts- und Verfügungsrecht.
- Das Kontoguthaben ist steuerlich dem Treugeber zuzurechnen. Es kann kein Freistellungsauftrag erteilt werden.

Mietkaution

Die **Mietkaution** ist eine vom Mieter dem Vermieter entsprechend den im Mietvertrag getroffenen Vereinbarungen zu stellende Sicherheit, auf die der Vermieter zurückgreifen kann, falls der Mieter seinen Verpflichtungen aus dem Mietverhältnis nicht nachkommt.

Beispiele:
rückständige Miete, Schäden am Mietobjekt

Die Mietkaution darf bei der Vermietung von Wohnraum das Dreifache der Monatsmiete nicht übersteigen *(§ 551 BGB)*.

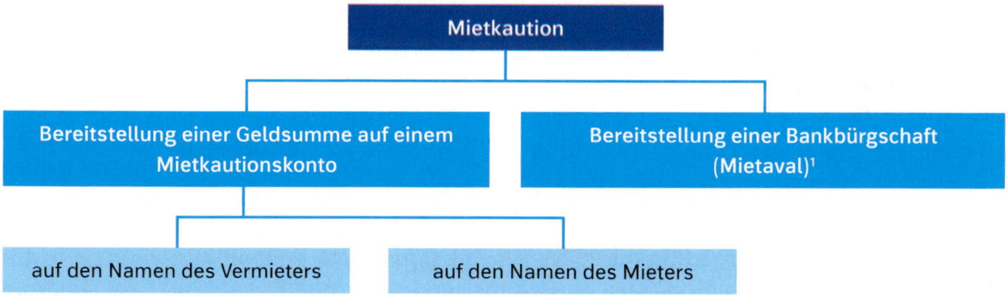

Möglichkeit (1): Mietkautionskonto auf den Namen des Vermieters

- Der Vermieter muss die Mietkaution getrennt von seinem Vermögen bei einem Kreditinstitut mindestens zu dem für Spareinlagen mit dreimonatiger Kündigungsfrist üblichen Zinssatz anlegen. Die Vertragsparteien können auch eine andere Anlageform *(z. B. Tagesgeldkonto)* vereinbaren *(§ 551 Abs. 3 BGB)*.
- Das Konto ist als **offenes Treuhandkonto** mit dem Zusatz „wegen Mietkaution ..." anzulegen. Der Name des Mieters (wirtschaftlich Berechtigter) ist in den Kontounterlagen festzuhalten.
- Nur der Vermieter ist dem Kreditinstitut gegenüber allein berechtigt und verpflichtet. Er hat jederzeitigen Zugriff auf das Guthaben.

---

1 Erläuterungen zum Avalkredit siehe Seite 589 ff.

- Das Kreditinstitut verzichtet auf sein AGB-Pfandrecht.
- Die Zinsen stehen dem Mieter zu. Sie erhöhen die Sicherheit.
- Die Erteilung eines Freistellungsauftrages ist nicht möglich. Der Vermieter muss dem Mieter eine Bescheinigung über die entrichtete Kapitalertragsteuer erteilen.
- Die Mietkaution ist nach störungsfreier Beendigung des Mietverhältnisses einschließlich der Zinsen zurückzuzahlen.

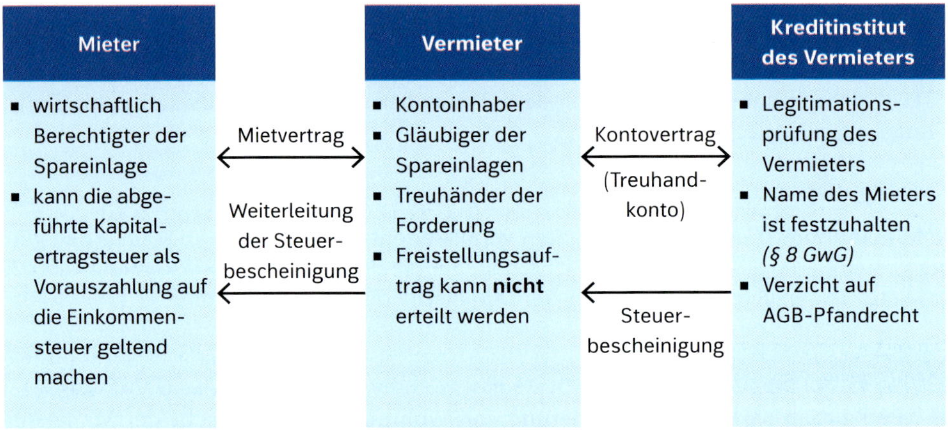

Möglichkeit (2): Mietkautionskonto auf den Namen des Mieters

- Der Mieter eröffnet ein Sparkonto auf seinen Namen mit dem Zusatz „wegen Mietkaution ..." und verpfändet das Sparguthaben an den Vermieter.
- Die Verpfändung muss dem kontoführenden Kreditinstitut angezeigt werden *(§ 1280 BGB)*. Der Name des Vermieters wird in den Kontounterlagen festgehalten.
- Das Sparbuch wird dem Vermieter übergeben. Nur er ist dem Kreditinstitut gegenüber allein verfügungsberechtigt. Zum Schutz des Mieters wird im Kontovertrag häufig vereinbart, dass das Kreditinstitut den Mieter von einem Auszahlungsverlangen des Vermieters unterrichten und die Auszahlung erst nach Ablauf von vier Wochen vornehmen wird. Auf diese Weise soll dem Mieter Gelegenheit gegeben werden, gegen unberechtigte Ansprüche rechtlich vorzugehen.
- Das Kreditinstitut tritt mit seinem AGB-Pfandrecht für die Dauer des Mietverhältnisses gegenüber dem Pfandrecht des Vermieters zurück.
- Die Zinsen stehen dem Mieter zu. Sie erhöhen die Sicherheit.
- Die Erteilung eines Freistellungsauftrages ist möglich.
- Das Pfandrecht erlischt nach störungsfreier Beendigung des Mietverhältnisses. Das Sparbuch ist dem Mieter zurückzugeben.

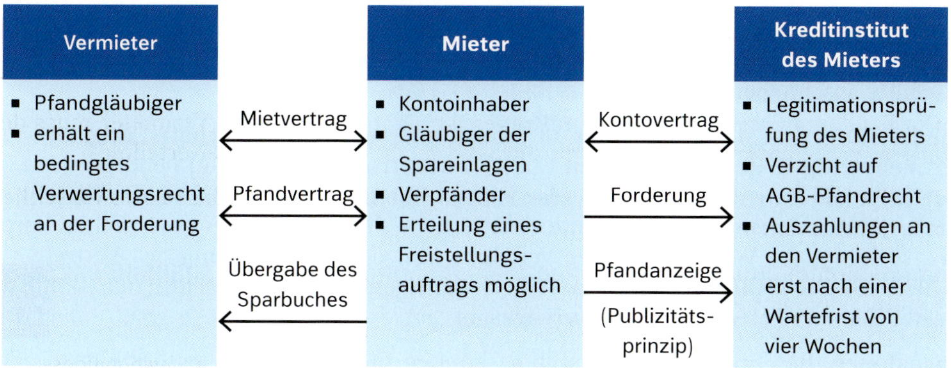

2 Gesetzliche und rechtsgeschäftliche Vertretung

Bei einer Vertretung schließt ein Dritter Rechtsgeschäfte im Namen des Vertretenen ab. Die Rechtsfolgen des Geschäftes treffen ausschließlich den Vertretenen.

Stellvertretung nach dem rechtlichen Entstehungsgrund

Gesetzliche Vertreter	Rechtsgeschäftliche Vertreter
Die Vertretungsmacht ist gesetzlich vorgeschrieben.	Die Vertretungsmacht wurde durch ein Rechtsgeschäft (Vollmacht) erteilt.
Gesetzliche Vertreter von ... ▪ Minderjährigen unter 18 Jahren sind die **Eltern** *(§ 1629 BGB)* oder ein vom Familiengericht bestellter **Vormund** *(§ 1793 BGB)*. ▪ Volljährigen, die unter Betreuung stehen, ist ein vom Betreuungsgericht bestellter **Betreuer**.	Eine voll geschäftsfähige Person (Vertretener) kann durch **Vollmacht** eine andere Person (Vertreter, Bevollmächtigter) ermächtigen, in ihrem Namen Rechtsgeschäfte abzuschließen. Die Erteilung der Vollmacht erfolgt durch Erklärung gegenüber dem Bevollmächtigten oder dem Dritten, mit dem ein Rechtsgeschäft geschlossen werden soll *(§ 167 BGB)*.

2.1 Kontoführung für Minderjährige

Rechts- und Geschäftsfähigkeit

Rechtsfähigkeit ist die Fähigkeit, Träger von Rechten und Pflichten zu sein *(z. B. Kontoinhaber, Darlehensnehmer)*. Sie beginnt mit der Vollendung der Geburt und endet mit dem Tode *(§ 1, 1922 BGB)*. Kreditinstitute können für alle rechtsfähigen Personen Konten führen und andere Bankgeschäfte tätigen.

Geschäftsfähigkeit ist die Fähigkeit, durch wirksame Willenserklärungen Rechtsgeschäfte *(z. B. Kontovertrag, Darlehensvertrag)* abschließen zu können. Erst nach **Vollendung des 18. Lebensjahres** sind Personen voll geschäftsfähig.

Kinder **unter sieben Jahren** sind **geschäftsunfähig**. Die Willenserklärung eines Geschäftsunfähigen ist nichtig *(§§ 104, 105 BGB)*. Die gesetzlichen Vertreter können für sie Rechtsgeschäfte abschließen.

Minderjährige von **sieben bis unter 18 Jahren** sind **beschränkt geschäftsfähig**.
Bei **mehrseitigen Rechtsgeschäften** (z.B. Kontovertrag, Kaufvertrag) benötigt der Minderjährige die Einwilligung seines gesetzlichen Vertreters *(§ 106, 107 BGB)*. Schließt der Minderjährige einen Vertrag ohne die erforderliche Einwilligung des gesetzlichen Vertreters, so hängt die Wirksamkeit des Vertrages von der Genehmigung des Vertreters ab *(§ 108 BGB)*. Die Willenserklärung des Minderjährigen ist bis zur Genehmigung durch den gesetzlichen Vertreter **schwebend unwirksam**.

Ausnahmen: Beschränkt Geschäftsfähige können folgende Rechtsgeschäfte auch allein tätigen:

- Das Rechtsgeschäft bietet dem Minderjährigen lediglich einen rechtlichen Vorteil *(z.B. Schenkungsnehmer; § 107 BGB)*.
- Der Minderjährige hat einen Vertrag mit Mitteln erfüllt, die ihm zu diesem Zwecke oder zu freier Verfügung von dem gesetzlichen Vertreter oder mit dessen Zustimmung von einem Dritten überlassen worden sind *(Taschengeldparagraf; § 110 BGB)*.
- selbstständiger Betrieb eines Erwerbsgeschäfts *(§ 112 BGB)*
- Eingehung eines Dienst- oder Arbeitsverhältnisses (*§ 113 BGB;* gilt nicht für Ausbildungsverhältnisse!)

Ein **einseitiges Rechtsgeschäft** *(z.B. Vollmacht, Kündigung)*, das ein Minderjähriger ohne die erforderliche Einwilligung des gesetzlichen Vertreters vornimmt, ist **unwirksam** (nichtig; *§ 111 BGB*).

Vollmachten können auch **beschränkt Geschäftsfähige** erhalten. Sie können dann ohne Mitwirkung ihrer gesetzlichen Vertreter Rechtsgeschäfte im Namen des Vertretenen schließen *(§ 165 BGB)*.

Die Wirksamkeit einer von oder gegenüber einem Vertreter abgegebenen Willenserklärung wird nicht dadurch beeinträchtigt, dass der Vertreter in der Geschäftsfähigkeit beschränkt ist.

> Fallbeispiel:
> Die 16-jährige Maren möchte ihrem 17-jährigen Freund Steffen eine Kontovollmacht erteilen.
>
> Da Maren nur beschränkt geschäftsfähig ist, kann sie selbst keine Vollmacht erteilen. Ihre gesetzlichen Vertreter könnten jedoch eine solche Vollmacht erteilen.
>
> Steffen kann jedoch ohne Einwilligung seiner gesetzlichen Vertreter als Bevollmächtigter handeln.

Gesetzliche Vertreter

Die **Eltern** vertreten **gemeinschaftlich** ihre Kinder unter 18 Jahren als gesetzliche Vertreter. Ist eine Willenserklärung gegenüber dem Kind abzugeben, so genügt die Abgabe gegenüber einem Elternteil. Ein Elternteil vertritt das Kind allein, soweit er die elterliche Sorge allein ausübt *(z.B. nach Scheidung; § 1629 BGB)*.

Gelder des Kindes sind nach den Grundsätzen einer wirtschaftlichen Vermögensverwaltung anzulegen *(§ 1642 BGB)*.

Das **Familiengericht** hat bei Minderjährigen (Mündeln) einen **Vormund** zu bestellen, wenn die Eltern verstorben sind oder wenn ihnen die elterliche Sorge entzogen wurde. In diesen Fällen vertritt der Vormund den Minderjährigen *(§§ 1773, 1774, 1793, 1797 BGB).*

Der Vormund legitimiert sich durch eine vom Gericht ausgestellte **Bestallungsurkunde.** In der Urkunde ist auch angegeben, in welcher Weise der Vormund handeln darf (*z. B. Handeln gemeinsam mit einem Gegenvormund;* **§ 1791 BGB).**

Der Vormund hat Gelder des Mündels verzinslich und mündelsicher anzulegen *(§§ 1806, 1807 BGB).*

Beispiele:
Bundesanleihen, Pfandbriefe, Spareinlagen

Bei folgenden Geschäften von Minderjährigen ist neben der Einwilligung der gesetzlichen Vertreter bzw. des Vormundes zusätzlich eine **Genehmigung** durch das **Familiengericht** erforderlich *(§§ 1643, 1821, 1822, 1908i BGB)*:

- Grundstücksgeschäfte (Kauf, Verkauf, Belastung)
- Verfügung über das Vermögen im Ganzen
- Kreditaufnahme
- Übernahme einer Bürgschaft

Fallbeispiele: **Willenserklärungen von Minderjährigen**

Fall	Lösung	Begründung
Max, fünf Jahre alt, möchte ein Sparkonto eröffnen.	Die gesetzlichen Vertreter müssen für Max das Konto eröffnen.	Die Willenserklärung des Geschäftsunfähigen ist unwirksam.
Stephanie, zwölf Jahre alt, möchte ein Girokonto eröffnen.	Die gesetzlichen Vertreter müssen die Kontoeröffnung genehmigen.	Die Willenserklärung der beschränkt Geschäftsfähigen ist schwebend unwirksam.
Leonie, 17 Jahre alt, möchte ihren Sparvertrag kündigen.	Die gesetzlichen Vertreter müssen den Vertrag kündigen.	Die Kündigung ist ein einseitiges Rechtsgeschäft. Die Willenserklärung der Minderjährigen ist unwirksam.
Paul, 18 Jahre alt, möchte seiner Freundin Sarah, 16 Jahre alt, eine Kontovollmacht erteilen.	Paul kann Sarah eine Vollmacht erteilen.	Paul ist voll geschäftsfähig. Sarah kann als beschränkt Geschäftsfähige ohne Mitwirkung ihrer gesetzlichen Vertreter eine Vollmacht erhalten.
Lukas, 17 Jahre alt, beantragt eine Überziehungslinie von 1 000,00 EUR auf seinem Girokonto.	Der Überziehungskredit kann nur mit Zustimmung der gesetzlichen Vertreter und Genehmigung durch das Familiengericht eingeräumt werden.	Kreditaufnahmen müssen vom Familiengericht genehmigt werden.

Fall	Lösung	Begründung
Larissa, 16 Jahre alt, beantragt eine Kreditkarte.	Mit Zustimmung der gesetzlichen Vertreter kann Larissa eine Prepaid-Kreditkarte beantragen. Bei anderen Kreditkarten wäre zusätzlich eine Genehmigung durch das Familiengericht notwendig.	▪ Prepaid-Karten sind nicht mit einer Darlehensgewährung verbunden. ▪ Bei anderen Kreditkarten wird ein Verfügungsrahmen festgelegt, der zu einer Kreditaufnahme führen kann.
Ein Vormund möchte für sein Mündel Aktien kaufen.	Der Aktienkauf ist nicht möglich.	Der Vormund muss die Gelder mündelsicher anlegen *(§ 1806 f. BGB)*.

Verfügungen über Konten von Minderjährigen

Die gesetzlichen Vertreter können uneingeschränkt über die Konten von Minderjährigen verfügen. Mit der Vollendung des 18. Lebensjahres erlischt diese Berechtigung.

Beschränkt Geschäftsfähige dürfen über ihre Konten nur selbst verfügen, wenn ihnen dies von den gesetzlichen Vertretern gestattet wird. Die Eltern bzw. der Vormund können die Verfügungsmöglichkeiten des Minderjährigen in der Regel auf einen bestimmten Betrag beschränken.

Kreditgewährungen sind nur mit Zustimmung der gesetzlichen Vertreter und Genehmigung durch das Familiengericht zulässig, die aber nur in Ausnahmefällen erteilt wird. Deshalb muss das Kreditinstitut sicherstellen, dass es nicht zu Kontoüberziehungen kommt.

- Bankkarten (Girocard) kann das Kreditinstitut an Minderjährige ausgeben, wenn bei allen Verfügungen geprüft wird, ob ein ausreichendes Guthaben vorhanden ist. Minderjährige können mit der Karte Geld an Automaten abgeben und bargeldlos in Geschäften zahlen.
  Auf dem Chip ist eine Altersverifikation gespeichert, sodass der Minderjährige die Karte nur für online autorisierte Zahlungen nutzen kann.
- Lastschriften, die zu einer Kontoüberziehung führen würden, löst das Kreditinstitut nicht ein.
- Kreditkarten mit einem Verfügungsrahmen darf das Kreditinstitut nicht an Minderjährige ausgeben. Zulässig ist jedoch die Ausgabe von Prepaid-Kreditkarten.

2.2 Kontoführung für Betreute

Kann ein **Volljähriger** aufgrund einer psychischen **Krankheit** oder einer körperlichen, geistigen oder seelischen **Behinderung** seine Angelegenheiten ganz oder teilweise nicht besorgen, so bestellt das Betreuungsgericht auf seinen Antrag oder von Amts wegen für ihn einen **Betreuer** *(§ 1896 BGB)*.

Ein Betreuer darf nur für Aufgabenkreise bestellt werden, in denen eine Betreuung erforderlich ist *(§ 1896 BGB)*. In seinem Aufgabenkreis vertritt der Betreuer den Betreuten gerichtlich und außergerichtlich *(§ 1902 BGB)*.

Beispiele:
Vermögensangelegenheiten, Bestimmung des Aufenthaltsortes

Der Betreuer hat Gelder des Betreuten verzinslich und grundsätzlich mündelsicher anzulegen, soweit es nicht zur Bestreitung von Ausgaben bereitzuhalten ist. Mündelsichere Anlagen sind zum Beispiel Bundeswertpapiere und Spareinlagen *(§§ 1806, 1807 BGB)*. Bei Grundstücksgeschäften, Kreditaufnahmen und Übernahme von Bürgschaften ist die Genehmigung des Betreuungsgerichtes notwendig *(§§ 1643, 1821, 1822, 1908i BGB)*.

Betreuer legitimieren sich durch Vorlage ihres Personalausweises und durch einen vom Betreuungsgericht (Amtsgericht) ausgestellten **Betreuerausweis**. Um für den Betreuten Bankgeschäfte tätigen zu dürfen, muss in dem Betreuerausweis dargelegt sein, dass **Geld- und Vermögensangelegenheiten** zum Aufgabenkreis des Betreuers gehören.

Nach dem Betreuungsrecht sind **befreite** und **nicht befreite Betreuer** zu unterscheiden.

- **Befreite Betreuer** sind Eltern, Ehegatte, eingetragener Lebenspartner, Abkömmlinge (Kinder, Enkel) und Vereins-/Behördenbetreuer (*§ 1908i Abs. 2, § 1897 Abs. 2, § 1900 BGB*). Sie können ohne Genehmigung des Betreuungsgerichtes Gelder des Betreuten mündelsicher anlegen und unbegrenzt Verfügungen tätigen. Für nicht mündelsichere Anlagen (*z.B. Investmentfonds*) ist eine Genehmigung des Betreuungsgerichtes notwendig.
- **Nicht befreite Betreuer** benötigen bei **allen** Verfügungen die vorherige Genehmigung des Betreuungsgerichts, wenn das **Gesamtguthaben** auf allen Konten und Depots **mindestens 3 000,00 EUR** beträgt (*§§ 1812, 1813 BGB*). Ein entsprechender Sperrvermerk ist auf den Konten und Depots des Betreuten anzubringen (*§ 1809 BGB*).
  Ausnahme: Über Giro- und Kontokorrentkonten kann der Betreuer ohne gerichtliche Genehmigung uneingeschränkt verfügen *(§ 1813 BGB)*.

Bei einer Betreuung bleibt die Geschäftsfähigkeit des Betreuten grundsätzlich erhalten, sodass sowohl der Betreute als auch der Betreuer Bankgeschäfte tätigen können.

Das Betreuungsgericht kann aber einen **Einwilligungsvorbehalt** anordnen, soweit dies zur Abwendung einer erheblichen Gefahr für die Person oder das Vermögen des Betreuten erforderlich ist. Nur in diesem Fall muss der Betreuer die vom Betreuten getätigten Geschäfte genehmigen.

Die Einwilligung des Betreuers ist aber nicht erforderlich bei geringfügigen Angelegenheiten des täglichen Lebens und wenn die Willenserklärung dem Betreuten nur einen rechtlichen Vorteil bringt *(§ 1903 BGB)*.

2.3 Kontovollmacht

Bei einer **Kontovollmacht** ermächtigt der Kontoinhaber einen Bevollmächtigten, Verfügungen über sein Konto zu tätigen und bestimmte Bankgeschäfte zu tätigen *(§ 164ff. BGB)*.

Grundsätzlich können Vollmachten durch formlose Erklärung gegenüber dem Bevollmächtigten oder dem Dritten, dem gegenüber die Vertretung stattfinden soll, erteilt werden. In der Praxis verlangen Kreditinstitute die **schriftliche Erteilung** einer Vollmacht auf Formularen, in denen die Befugnisse des Bevollmächtigten eindeutig beschrieben sind. Der Bevollmächtigte muss sich anhand eines amtlichen Lichtbildausweises legitimieren und eine Unterschriftsprobe leisten.

Kontoinhaber (Vertretener)

(1) Vollmachtserteilung (einseitiges Rechtsgeschäft) → mit Beschreibung der Befugnisse

Bevollmächtigter (Stellvertreter)

(2) Abgabe von Willenserklärungen im Namen → und für Rechnung des Vertretenen

Kreditinstitut
- prüft die Legitimation des Bevollmächtigten
- beachtet die Befugnisse des Bevollmächtigten

→ Die Rechtsfolgen der Geschäfte treffen nur den Kontoinhaber.
→ Der Bevollmächtigte darf nur im Interesse und Auftrag des Kontoinhabers handeln.

Der Vollmachtgeber kann den Umfang der Vertretungsbefugnisse beliebig bestimmen. Die Vollmacht kann dem Bevollmächtigten die Verfügungsberechtigung über ein, mehrere oder alle Konten und Depots des Vertretenen einräumen. Besondere Vollmachten ermöglichen dem Bevollmächtigten auch den Zugang zu Schrank- und Schließfächern.

Umfang der Befugnisse des Bevollmächtigten	
regelmäßige Befugnisse	▪ Verfügungen über Kontoguthaben ▪ Inanspruchnahme von eingeräumten Krediten ▪ Ankauf von Wertpapieren, Devisen, Sorten und Edelmetallen ▪ Entgegennahme von Kaufabrechnungen, Kontoauszügen, Wertpapier-, Depot- und Erträgnisaufstellungen ▪ Anerkenntnis von Rechnungsabschlüssen
weitere Befugnisse nach Vereinbarung	▪ Erteilung von Untervollmachten ▪ Eröffnung weiterer Konten und Depots ▪ Entgegennahme von Konto- und Kreditkündigungen ▪ Kontokündigung oder Kontoumschreibung auf einen anderen Namen ▪ Abschluss oder Änderung von Kreditverträgen ▪ Bestellung oder Rücknahme von Kreditsicherheiten ▪ Antragstellung für Bank- und Kreditkarten ▪ Abschluss von Schrankfach- und Verwahrverträgen

Die Ausgestaltung der Befugnisse bei Vollmachten ist in den Formularen der Kreditinstitute geregelt.

Vollmachtarten	
Vollmacht über den Tod hinaus (Regelfall)	▪ Der Bevollmächtigte darf das Konto im Rahmen seiner Befugnisse nutzen. ***Beispiel:*** *Die Ehefrau räumt ihrem Ehemann eine Kontovollmacht auf ihrem Konto ein. Er erhält auch eine Giro- und Kreditkarte.* ▪ Die Vollmacht erlischt nicht beim Tod des Kontoinhabers. ▪ Der Bevollmächtigte handelt nach dem Tod des Kontoinhabers im Interesse der Erben.
Vorsorgevollmacht	▪ Eine Vorsorgevollmacht erteilt der Kontoinhaber für den Fall, dass er selbst aus gesundheitlichen Gründen nicht mehr in der Lage ist, Bankgeschäfte zu tätigen. ▪ Ab wann und unter welchen Voraussetzungen der Bevollmächtigte von der Vollmacht Gebrauch machen darf, richtet sich nach den Vereinbarungen zwischen dem Kontoinhaber und dem Bevollmächtigten. ▪ Das Kreditinstitut prüft in der Regel nicht, ob der Vorsorgefall beim Vollmachtgeber tatsächlich eingetreten ist.
Vollmacht für den Todesfall	▪ Die Vollmacht wird erst beim Tod des Kontoinhabers wirksam. ▪ Der Bevollmächtigte kann über die Vermögenswerte des Kontoinhabers im Interesse der Erben verfügen. ▪ Die Vollmacht soll die Nachlassregulierung erleichtern.

Der Kontoinhaber und die Erben können eine Kontovollmacht jederzeit widerrufen.

- Die Vollmacht erlischt gegenüber dem Bevollmächtigten bei Widerruf.
- Nach den AGB der Sparkassen gelten Vollmachten bis zum Eingang des Widerrufs beim Kreditinstitut *(AGB Nr. 4 Abs. 1)*. Nach den AGB der Privatbanken und Kreditgenossenschaften muss der Kontoinhaber das Erlöschen oder die Änderung einer Vollmacht unverzüglich dem Institut mitteilen *(AGB Nr. 11 Abs. 2)*.

3 Einlagensicherung

Kundeneinlagen sind durch die **gesetzliche Einlagensicherung** und darüber hinaus durch eine **freiwillige Einlagensicherung** bei den einzelnen Institutsgruppen gesichert.

Gesetzliche Einlagensicherung

Kreditinstitute sind verpflichtet, die Einlagen ihrer Kunden und die Verbindlichkeiten aus Wertpapiergeschäften durch die Zugehörigkeit zu einem **Einlagensicherungssystem** zu sichern *(§ 1 Einlagensicherungsgesetz, EinSiG; § 2 Anlegerentschädigungsgesetz, AnlEntG)*.

Einlagensicherungssysteme sind

- gesetzliche Entschädigungseinrichtungen und
- institutsbezogene Sicherungssysteme, die als Einlagensicherungssystem anerkannt sind *(§ 2 EinSiG)*.

Gesetzliche Einlagensicherungssysteme/Entschädigungseinrichtungen (EinSiG, AnlEntG)	
Privatbanken und private Bausparkassen	Entschädigungseinrichtung deutscher Banken GmbH (EdB)
Sparkassen	institutsbezogenes Sicherungssystem der Sparkassen-Finanzgruppe, Deutscher Sparkassen- und Giroverband e. V. (DSGV)
Öffentliche Banken (insbesondere Landesbanken)	Entschädigungseinrichtung des Bundesverbandes Öffentlicher Banken Deutschlands GmbH (EdÖ)
Kreditgenossenschaften	institutsbezogenes Sicherungssystem des Bundesverbandes der Deutschen Volksbanken und Raiffeisenbanken, BVR Institutssicherung GmbH (BVR-ISG)

Die Einlagensicherungssysteme müssen über **angemessene Finanzmittel** verfügen und bis zum 03.07.2024 ein Mindestvermögen von 0,8 % der gesicherten Einlagen aus den Beiträgen der angeschlossenen Kreditinstitute aufbauen *(§ 17 EinSiG)*.

Vor einer Kontoeröffnung ist der Kunde in Textform auf einem **„Informationsbogen für den Einleger"** in leicht verständlicher Form über die für die Sicherung von Kundeneinlagen geltenden Bestimmungen zu informieren. Auf dem Bogen ist die Internetadresse des Einlagensicherungssystems genannt, bei der sich der Einleger weitere Informationen beschaffen kann. Die Einleger bestätigen den Erhalt dieser Informationen durch Unterschrift. Der Informationsbogen wird dem Einleger mindestens einmal jährlich zur Verfügung gestellt. Beim Onlinebanking kann das Kreditinstitut die Informationen auch elektronisch übermitteln *(§ 23a Abs. 1 KWG, § 3 EinSiG)*.

Die Zugehörigkeit zu einem Einlagensicherungssystem ist zudem im **Preisaushang** darzustellen *(§ 23a Abs. 1 KWG)*.

Die Bestätigung, dass es sich bei den Einlagen um entschädigungsfähige Einlagen handelt, erhalten die Einleger auf ihren Kontoauszügen *(§ 23a Abs. 1 KWG)*. Nicht gesichert sind insbesondere die Einlagen von anderen Kreditinstituten, Versicherungen und Kapitalverwaltungsgesellschaften *(§ 6 EinSiG)*.

Deckungssumme:

- Der Entschädigungsanspruch ist auf **100 000,00 EUR** (Deckungssumme) je Einleger begrenzt (§ 8 Abs. 1 EinSiG).
- Bei Gemeinschaftskonten gilt die Deckungsgrenze für jeden Einleger.
  Beispiel:
  Die Eheleute Jana und Frederik Köhler unterhalten bei der Regio-Bank AG verschiedene Einlagenkonten mit einem Gesamtguthaben von 265 000,00 EUR. Bei einer Insolvenz der Regio-Bank AG erhalten die Eheleute eine Erstattung von 200 000,00 EUR von der Sicherungseinrichtung.
- Einlagen von Personengesellschaften *(z. B. KG, GbR)* gelten jedoch als Einlage eines Einlegers, sodass hier die Obergrenze 100 000,00 EUR beträgt.
- In besonderen Fällen sind besonders schutzwürdige Einlagen für einen Zeitraum von sechs Monaten nach Gutschrift bis zu einem Höchstbetrag von 500 000,00 EUR gesichert *(§ 8 Abs. 2 EinSiG)*.

Dazu gehören …
- Verkaufserlös einer privat genutzten Immobilie und
- Beträge, die soziale, gesetzlich vorgesehene Zwecke erfüllen und an bestimmte Lebensereignisse eines Einlegers geknüpft sind, wie Heirat, Scheidung, Renteneintritt, Ruhestand, Kündigung, Entlassung, Geburt, Krankheit, Pflegebedürftigkeit, Invalidität, Behinderung oder Tod *(z.B. Auszahlung einer Lebensversicherung bei Renteneintritt).*

Sofern Einlagen und andere rückzahlbare Gelder nicht gesichert sind, hat das Institut auf diese Tatsache in den Allgemeinen Geschäftsbedingungen, im Preisaushang und an hervorgehobener Stelle in den Vertragsunterlagen vor Aufnahme der Geschäftsbeziehung hinzuweisen *(§ 23a Abs. 1 KWG).*

Das Einlagensicherungssystem hat Ansprüche der Einleger auf Entschädigung spätestens **sieben Arbeitstage** nach der Feststellung des Entschädigungsfalls zu erfüllen *(§ 14 Abs. 3 EinSiG).*

Freiwillige Einlagensicherung

Die freiwillige Einlagensicherung der Privatbanken sichert Einlagen über die gesetzliche Einlagensicherung hinaus; die freiwillige Institutssicherung der Sparkassen, Landesbanken und Kreditgenossenschaften soll eine Insolvenz einzelner Institute verhindern und dadurch auch die Ansprüche der Kunden sichern.

<table>
<tr><th>Private Banken</th><th>Sparkassen und Landesbanken</th><th>Kreditgenossenschaften</th></tr>
<tr><td>Einlagensicherung
⇒ Ziel: Garantie von Kundeneinlagen</td><td colspan="2">Institutssicherung
⇒ Ziel: Verhinderung einer Insolvenz von Mitgliedsinstituten</td></tr>
<tr><td rowspan="2">Einlagensicherungsfonds des Bundesverbandes deutscher Banken e. V.
Fast alle privaten Banken und Bausparkassen gehören zusätzlich dieser Sicherungseinrichtung an. Gesichert werden die Einlagen von Nichtbanken bis zur Höhe von 15 % des haftenden Eigenkapitals der jeweiligen Bank pro Einleger.
Die Sicherungsgrenze mindert sich im Jahr 2025 auf 8,75 % des haftenden Eigenkapitals.
Weder durch die gesetzliche noch durch die freiwillige Einlagensicherung sind jedoch Ansprüche aus ausgegebenen Inhaberschuldverschreibungen (z. B. Zertifikate) gesichert</td><td>Sicherungssystem der Sparkassen-Finanzgruppe
Ein in Not geratenes Institut erhält Hilfe
▪ von den regionalen Sparkassenstützungsfonds oder aus der
▪ Sicherungsreserve der Landesbanken/Girozentralen oder vom
▪ Sicherungsfonds der Landesbausparkassen.
Die Sicherungseinrichtungen sind miteinander verbunden und müssen sich bei Bedarf gegenseitig unterstützen.</td><td>Sicherungseinrichtung des BVR
Ein in Not geratenes Institut erhält Hilfe aus dem Garantiefonds des Bundesverbands der Deutschen Volksbanken und Raiffeisenbanken e. V. (BVR).
Darüber hinaus bilden alle Mitgliedsbanken einen Garantie-/Haftungsverbund.</td></tr>
<tr><td colspan="2">Obwohl die Einlagen bei Sparkassen und Kreditgenossenschaften durch die Institutssicherung vollständig gesichert sind, darf die Information über das Einlagensicherungssystem keinen Verweis auf eine unbegrenzte Deckung von Einlagen enthalten (§ 3 EinSiG).
Gesichert sind auch Ansprüche aus ausgegebenen Inhaberschuldverschreibungen.</td></tr>
</table>

4 Eröffnung eines Zahlungskontos

Zahlungskonten (Girokonten) im Sinne des Zahlungskontengesetzes *(§ 2 Abs. 8 ZKG)* dienen der Ausführung von Zahlungsvorgängen. Durch einen **Zahlungsdiensterahmenvertrag** verpflichtet sich der Zahlungsdienstleister, einzelne und aufeinander folgende Zahlungsvorgänge auszuführen sowie ein Zahlungskonto zu führen. Zahlungsvorgänge sind jede Bereitstellung, Übermittlung oder Abhebung eines Geldbetrags *(§ 675f Abs. 2, 4 BGB).*

Kreditinstitute führen Zahlungskonten als **Kontokorrentkonten** (Konto in laufender Rechnung) gemäß HGB *(§ 355 HGB, AGB Nr. 1 Abs. 1).*

Kontokorrentverhältnis *(§ 355 HGB)*

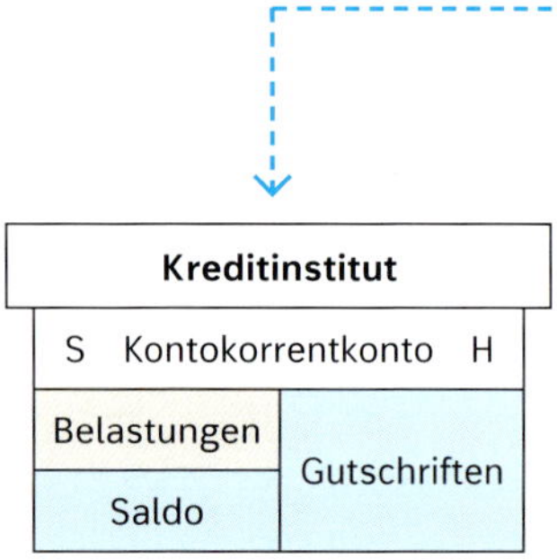

- Mindestens ein Vertragspartner muss Kaufmann sein.
- Die beiderseitigen Ansprüche werden in regelmäßigen Zeitabschnitten verrechnet und ein Abschlusssaldo ermittelt.
- Mindestens einmal jährlich muss eine Saldofeststellung erfolgen.
- Mit der Saldofeststellung erlöschen die bis dahin gestundeten Einzelansprüche und werden durch den Abschlusssaldo ersetzt.
- Die Berechnung von Zinseszinsen ist nach dem Abschluss möglich.

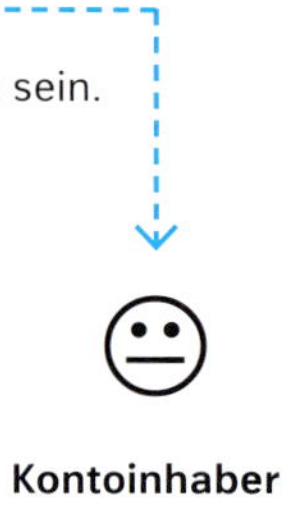

Kontokorrentkonten können kreditorisch und debitorisch geführt werden.
- Bei kreditorisch geführten Konten hat der Kunde eine Forderung an das Kreditinstitut.
- Bei debitorisch geführten Konten hat das Kreditinstitut eine Forderung an den Kunden.

Durch laufende Zahlungseingänge und -ausgänge ist jedoch jederzeit ein Wechsel des Schuldverhältnisses zwischen Kunde und Kreditinstitut möglich.

typischer Verlauf der Kontoführung

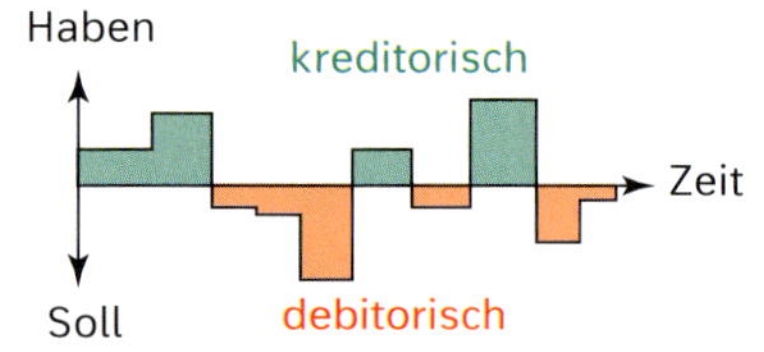

Eingeräumte Überziehungsmöglichkeiten des Kontos (debitorische Kontoführung) haben Kunde und Kreditinstitut ausdrücklich als Kreditlinie vereinbart. Geduldete Überziehungen hat der Kunde nicht zuvor mit dem Kreditinstitut abgesprochen.

4.1 Kontomodelle und Onlinebanking

In der Praxis bieten Kreditinstitute ihren Kunden unterschiedliche Kontomodelle an, die sich durch Zusatz- und Serviceleistungen unterscheiden. Zudem gibt es oft besondere Angebote für Schüler, Auszubildende und Studenten.

Beispiel:

	Kontomodelle			
	Basic	**Klassik**	**Premium**	**Jugendkonto**
Monatspauschale	*5,00 EUR*	*10,00 EUR*	*15,00 EUR*	*0,00 EUR*
Online-Überweisungen	*0,00 EUR*	*0,00 EUR*	*0,00 EUR*	*0,00 EUR*
Buchung mit Beleg	*3,00 EUR*	*1,50 EUR*	*0,00 EUR*	*1,50 EUR*
Ein- und Auszahlungen am Kassenschalter	*4,00 EUR*	*2,00 EUR*	*0,00 EUR*	*2,00 EUR*
Bankkarte (Girocard)	*10,00 EUR pro Jahr*	*5,00 EUR pro Jahr*	*0,00 EUR*	*0,00 EUR*
Kreditkarte	*40,00 EUR pro Jahr*	*20,00 EUR pro Jahr*	*0,00 EUR*	*20,00 EUR pro Jahr (ab 18 Jahren)*
Sollzinsen	*9,00 %*	*9,00 %*	*9,00 %*	*9,00 % (ab 18 Jahren)*

Kunden haben die Wahl, ob sie ihre Bankgeschäfte in der **Filiale** oder im **Onlinebanking** tätigen möchten.

Beim **Onlinebanking** tätigt der Kunde über eine Internetverbindung online Bankgeschäfte *(z. B. Überweisungen, Einrichtung von Daueraufträgen, Effektengeschäfte)* mit dem Kreditinstitut. Zudem kann er Informationen über die Geschäftsverbindung abrufen *(z. B. Kontoauszüge, aktuelles Freistellungsvolumen).*

Der Kunde benötigt für die Teilnahme am Onlinebanking **personalisierte Sicherheitsmerkmale** und **Authentifizierungsinstrumente** *(Ziff. 2 Sonderbedingungen für das Onlinebanking).*

Personalisierte Sicherheitsmerkmale sind ...
- die persönliche Identifikationsnummer (PIN),
- einmal verwendbare Transaktionsnummern (TAN) oder
- der Nutzungscode für die elektronische Signatur.

Der Kunde erhält nach Eingabe seiner **Benutzerkennung** (Kontonummer oder Kundenkennung) und seiner **PIN** online Zugang zu seinem Bankkonto. Alternativ kann er sich durch Übermittlung seiner elektronischen Signatur legitimieren. Nun kann der Kunde seine Daten einsehen und z. B. Kontoauszüge abrufen.

Transaktionen (*z. B. Überweisungen*) autorisiert der Kunde in der Regel durch Eingabe der **TAN** oder durch **elektronische Signatur**.

Ausnahmen (bei vielen Kreditinstituten):

- Bei Überweisungen bis 30,00 EUR ist keine TAN erforderlich. Maximal fünf solcher Zahlungen hintereinander bis zu einer Gesamtsumme von 100,00 EUR sind ohne TAN zulässig.
- Umbuchungen auf ein anderes Konto des Kontoinhabers beim kontoführenden Kreditinstitut sind unabhängig von der Höhe und Anzahl ohne TAN möglich.

Bei der Eröffnung von Konten ergeben sich folgende Bearbeitungsstufen:

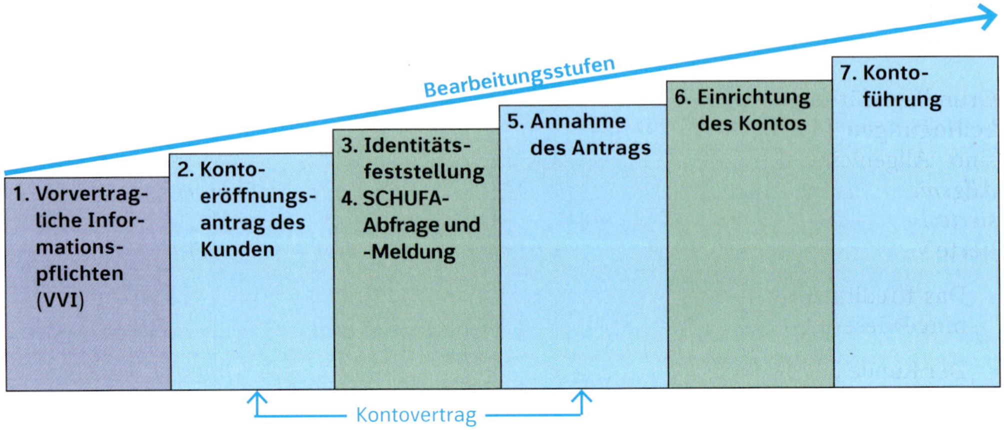

4.2 Vorvertragliche Informationspflichten (VVI)

Entgeltinformation

Es gehört zu den Pflichten des Zahlungsdienstleisters, den Verbraucher vor einer Kontoeröffnung umfassend über alle mit dem Zahlungskonto verbundenen Kosten zu informieren *(§ 5 ZKG)*. Die Entgeltinformation bedarf der Textform und ist als ein kurz gehaltenes, eigenständiges Dokument abzufassen. Sie muss so gestaltet sein, dass sie klar und leicht verständlich ist *(§ 9 ZKG)*.

Der Zahlungsdienstnutzer ist verpflichtet, dem Zahlungsdienstleister das für die Erbringung eines Zahlungsdienstes vereinbarte Entgelt zu entrichten. Das Entgelt muss angemessen und an den tatsächlichen Kosten des Zahlungsdienstleisters ausgerichtet sein *(§ 675f Abs. 5 BGB)*.

Information über Einlagensicherung

Das Kreditinstitut muss den Kunden vor Aufnahme der Geschäftsbeziehungen in Textform auf einem „**Informationsbogen für den Einleger**" in leicht verständlicher Form über die für die Einlagensicherung geltenden Bestimmungen einschließlich Umfang und Höhe der Sicherung informieren *(§ 23a KWG)*.

4.3 Kontoeröffnungsantrag und Allgemeine Geschäftsbedingungen

Der Kontoeröffnungsantrag des Kunden enthält alle für die Kontoführung notwendigen Vereinbarungen:

Inhalt des Antragsformulars:

- Kontoart
- Angaben zur Person des Kontoinhabers (Name, Geburtsdatum, Familienstand, Staatsangehörigkeit, Anschrift, Steueridentifikationsnummer, Beruf)
- Regelung der Verfügungsberechtigung
- Anerkennung der AGB
- wirtschaftlich Berechtigter aus der Kontoverbindung
- Unterschrift des Antragstellers

- ggf. Name, Anschrift und Unterschriftsproben weiterer Verfügungsberechtigter
- SCHUFA-Klausel
- Einwilligungserklärung zur Übermittlung, Verarbeitung und Nutzung von Daten zur Beratung und Betreuung
- Feststellung der Gebietszugehörigkeit (gebietsansässig oder gebietsfremd)

Grundlage für die Vertragsbeziehung mit dem Kunden sind die **Allgemeinen Geschäftsbedingungen (AGB)**, in denen die Rechte und Pflichten der Vertragspartner geregelt sind. Allgemeine Geschäftsbedingungen, zu denen auch die Sonderbedingungen *(z.B. Allgemeine Bedingungen für Zahlungsdienste, Bedingungen für den Sparverkehr, standardisierte Formularvereinbarungen bei der Abtretung von Bezügen)* gehören, sind **vorformulierte Vertragsbedingungen**, die unter folgenden Voraussetzungen gelten:

- Das Kreditinstitut hat den Kunden ausdrücklich auf die AGB als Vertragsbestandteil hingewiesen.
- Der Kunde hat die Möglichkeit, vom Inhalt der AGB Kenntnis zu nehmen. Deshalb werden dem Kunden die AGB in der Regel bei einer Kontoeröffnung ausgehändigt. Der Kunde kann sie aber auch während der Geschäftszeit beim Kreditinstitut einsehen oder jederzeit auf der Internetseite des Institutes aufrufen.

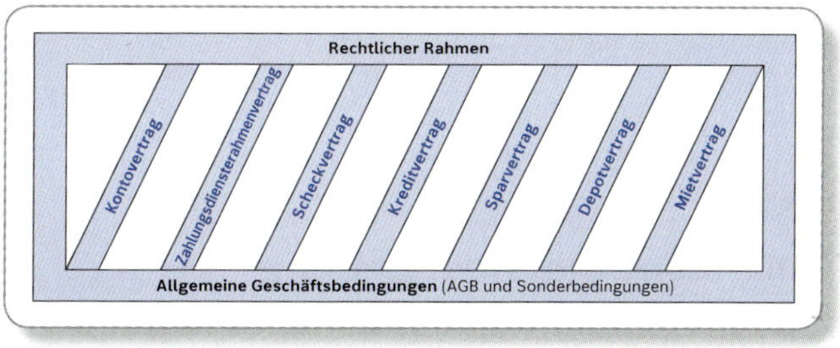

- Der Kunde ist mit der Geltung der AGB einverstanden. In der Praxis erklärt der Kunde sein Einverständnis durch Unterschrift. Auch eine Änderung der Allgemeinen Geschäftsbedingungen ist nur rechtswirksam, wenn der Kunde der neuen Regelung ausdrücklich zustimmt *(BGH-Urteil XI ZR 26/29)*.

Inhaltlich stimmen die AGB der einzelnen Institutsgruppen weitgehend überein.

Allgemeine Geschäftsbedingungen	
▪ allgemeine Regelung der beiderseitigen Rechte und Pflichten im Verhältnis zwischen Kreditinstitut und Kunde ▪ Vereinheitlichung der Geschäftsbeziehungen zu den Kunden mit dem Ziel einer schnellen, sicheren und rationellen Abwicklung des Geschäftsverkehrs	
Pflichten des Kreditinstituts	**Pflichten des Kunden**
▪ weisungsgerechte Ausführung der Aufträge mit der Sorgfalt eines ordentlichen Kaufmannes ▪ Wahrung des Bankgeheimnisses ▪ Haftung für eigenes Verschulden	▪ unverzügliche Mitteilung aller für die Geschäftsbeziehung wesentlichen Tatsachen ▪ eindeutige Angaben bei Aufträgen ▪ unverzügliche Prüfung und ggf. Reklamation von Abrechnungen und sonstigen Mitteilungen des Kreditinstituts

Individuelle Vereinbarungen haben gegenüber den Allgemeinen Geschäftsbedingungen immer Vorrang.

Die **Höhe der Zinsen und Entgelte** für die üblichen Bankleistungen *(z. B. Kontoführungsgebühren)* sind in einem „**Preisaushang – Regelsätze im standardisierten Privatkundengeschäft**“ in den Geschäftsräumen auszuhängen und dem Kunden in einem „**Preis- und Leistungsverzeichnis**“ zugänglich zu machen *(§ 5 PAngV)*. Auch für Geschäftskunden

(Nichtverbraucher) gelten diese Konditionen, sofern keine andere Vereinbarung getroffen wurde.

Änderungen von Entgelten, die von Kunden typischerweise dauerhaft in Anspruch genommen werden *(z. B. Konto- und Depotführung)*, sind dem Kunden vorher in Textform anzukündigen. Nach Zustimmung des Kunden wird die Änderung zum vereinbarten Zeitpunkt rechtswirksam.

Kündigung von Kontokorrentkonten *(AGB Nr. 26 Sparkassen, AGB Nr. 18, 19 Banken)*	
Kunde	Der **Kunde** kann das Konto **jederzeit** ohne Einhaltung einer Frist kündigen.
Kreditinstitut	▪ Das Kreditinstitut kann einen **Zahlungsdiensterahmenvertrag** (Giroverträge und Kartenverträge) unter Einhaltung einer Frist von **mindestens zwei Monaten** kündigen. ▪ Aus **wichtigem Grund** kann das Kreditinstitut die Kontoverbindung auch fristlos kündigen. ***Beispiele:*** – *Die Vermögenslage des Kunden hat sich wesentlich verschlechtert.* – *Der Kunde macht unrichtige Angaben über seine Vermögensverhältnisse.*

4.4 Identitätsfeststellung

Kreditinstitute prüfen die Identität des Antragstellers und der Verfügungsberechtigten aus einem Eigeninteresse heraus und weil gesetzliche Vorschriften dies erfordern. Die gesetzliche Pflicht zur Identitätsfeststellung soll Geldwäsche und Steuerhinterziehungen verhindern bzw. erschweren.

Eigeninteresse des Kreditinstitutes an einer Identitätsfeststellung

Das Kreditinstitut prüft die Geschäftsfähigkeit von natürlichen Personen. Zudem möchte das Kreditinstitut Gewissheit über den Namen und die Anschrift des Antragstellers haben, um eine Bonitätsprüfung durchführen zu können *(z. B. SCHUFA-Abfrage)* und um gegebenenfalls spätere Ansprüche *(z. B. Tilgung von Darlehen)* durchsetzen zu können.

Gesetzliche Vorschriften zur Identitätsfeststellung

§ 11 Abs. 1, 3 Geldwäschegesetz (GwG): Identifizierung
1. Verpflichtete haben **Vertragspartner**, gegebenenfalls für diese auftretende Personen und **wirtschaftlich Berechtigte** bereits vor Begründung der Geschäftsbeziehung oder Durchführung der Transaktion zu **identifizieren**. 2. Von einer Identifizierung kann abgesehen werden, wenn der Verpflichtete die zu identifizierende Person **bereits bei früherer Gelegenheit identifiziert** und die dabei erhobenen Angaben aufgezeichnet hat. Bestehen aufgrund äußerer Umstände Zweifel, ob die bei einer früheren Identifizierung erhobenen Angaben weiterhin zutreffend sind, muss der Verpflichtete eine erneute Identifizierung durchführen.

§ 154 Abgabenordnung (AO): Kontenwahrheit
1. Niemand darf auf einen **falschen oder erdichteten Namen** für sich oder einen Dritten ein Konto errichten oder Buchungen vornehmen lassen, Wertsachen (Geld, Wertpapiere, Kostbarkeiten) in Verwahrung geben oder verpfänden oder sich ein Schließfach geben lassen. 2. Wer ein Konto führt, Wertsachen verwahrt oder als Pfand nimmt oder ein Schließfach überlässt, hat sich zuvor **Gewissheit über die Person und Anschrift jedes Verfügungsberechtigten und jedes wirtschaftlich Berechtigten zu verschaffen** und die entsprechenden Angaben in geeigneter Form, bei Konten auf dem Konto, festzuhalten. Er hat sicherzustellen, dass er den Finanzbehörden jederzeit Auskunft darüber geben kann, über welche Konten oder Schließfächer eine Person verfügungsberechtigt ist. Die Geschäftsbeziehung ist kontinuierlich zu überwachen und die zu erhebenden Daten sind in angemessenen Zeitabständen zu aktualisieren. 3. Ist gegen Absatz 1 verstoßen worden, so dürfen Guthaben, Wertsachen und der Inhalt eines Schließfachs nur mit Zustimmung des für die Einkommen- und Körperschaftsteuer des Verfügungsberechtigten zuständigen Finanzamts herausgegeben werden.

Identitätsprüfung und Auskunftsbereitschaft

Identitätsprüfung	Auskunftsbereitschaft
▪ bei natürlichen Personen: amtliche Lichtbildausweise des Kontoinhabers und von allen Verfügungsberechtigten (Personalausweis oder Reisepass mit Meldebestätigung) In den Kontounterlagen sind festzuhalten *(§ 11 GwG)*: Name, Geburtsort und -datum, Staatsangehörigkeit; Wohnanschrift, Steueridentifikationsnummer, Ausweisdaten (Nummer, Behörde, Ausstellungsort und -datum, Gültigkeit). Der Ausweis wird eingescannt oder fotokopiert.	Das Kreditinstitut ist verpflichtet, ein alphabetisch geführtes Namensverzeichnis (**„Alphadatei“**) aller Verfügungsberechtigten zu führen, um jederzeit über die Konten und Schließfächer eines Verfügungsberechtigten Auskunft geben zu können. Die Verpflichtung besteht noch sechs Jahre nach Beendigung der Geschäftsbeziehung. ***Beispiel:*** *Unter dem Namen Josef Mayer sind alle eigenen Konten des Kunden sowie die fremden Konten, für die er eine Kontovollmacht besitzt, abrufbar.*

In besonderen Fällen kann das Kreditinstitut auf die Legitimationsprüfung und auf die Herstellung der Auskunftsbereitschaft verzichten *(Nr. 11 Anwendererlass zu § 154 AO)*.

Beispiel:
Eltern als gesetzliche Vertreter ihrer Kinder, wenn sie ihre Berechtigung durch amtliche Urkunden nachweisen

Die Identität von Kunden kann auch ohne deren persönliche Anwesenheit durch folgende Verfahren geprüft werden:

- **Videoident-Verfahren**
  Der Kunde tätigt einen Videoanruf bei einem Bankmitarbeiter und hält dabei die Vorder- und Rückseite seines Personalausweises vor die Webcam. Dabei muss er den Ausweis kippen und bewegen, damit der Mitarbeiter die Sicherheitsmerkmale *(z.B.*

Hologramm) prüfen kann. Es werden Fotos vom Kunden und von seinen Ausweisdokumenten angefertigt und das Gespräch wird aufgezeichnet. Abschließend erhält der Kunde per E-Mail oder per SMS eine TAN, die er in das Online-Kontoeröffnungsformular einträgt.

- **Postident-Verfahren**
  Bei diesem Verfahren legitimiert sich der Kunde am Postschalter mit seinem amtlichen Lichtbildausweis. Der Postmitarbeiter leitet eine Bestätigung der Legitimationsprüfung und eine Fotokopie des Ausweises an das Kreditinstitut weiter.
- **Qualifizierte elektronische Signatur (QES)**
  Der Kunde muss sich zunächst einmalig bei einem von der Bundesnetzagentur anerkannten Vertrauensdiensteanbieter legitimieren *(z. B. mittels Postident-Verfahren)*. Er erhält dann ein elektronisches Zertifikat und ein damit verbundenes elektronisches Schlüsselpaar: einen privaten (geheimen) und einen öffentlichen Schlüssel. Mit dem privaten Schlüssel werden Dokumente verschlüsselt; mit dem zugehörigen öffentlichen Schlüssel kann der Empfänger sie wieder entschlüsseln. Das qualifizierte Zertifikat stellt den Zusammenhang zwischen dem öffentlichen Schlüssel und einer bestimmten Person her. Der private Schlüssel darf ausschließlich auf einer sicheren Signaturkarte *(z. B. Personalausweis mit Online-Ausweisfunktion)* gespeichert werden.

Identifizierung des wirtschaftlich Berechtigten (§ 11 Abs. 5 GwG)

Ist der Kontoinhaber nicht der wirtschaftlich Berechtigte, muss das Kreditinstitut zumindest dessen Name und, soweit dies in Ansehung des im Einzelfall bestehenden Risikos der Geldwäsche oder der Terrorismusfinanzierung angemessen ist, weitere Identifizierungsmerkmale erheben. Geburtsdatum, Geburtsort und Anschrift des wirtschaftlich Berechtigten dürfen unabhängig vom festgestellten Risiko erhoben werden. Das Kreditinstitut hat sich durch risikoangemessene Maßnahmen zu vergewissern, dass die zur Identifizierung erhobenen Angaben zutreffend sind und darf sich dabei nicht ausschließlich auf die Angaben im Transparenzregister verlassen.

Beispiel: Mietkautionskonto
Ein Vermieter errichtet ein Treuhandkonto auf seinen Namen, um Mietkautionen einzuzahlen. Das Kreditinstitut muss mindestens den Namen und die Anschrift des Mieters als wirtschaftlich Berechtigten erheben. Der Vermieter muss die dazu erforderlichen Informationen und Unterlagen (z. B. Kopie des Mietvertrages) zur Verfügung stellen (§ 11 Abs. 6 GwG).

Feststellung der steuerrechtlichen und devisenrechtlichen Stellung des Kontoinhabers

Natürliche Personen, die im Inland weder einen Wohnsitz noch ihren gewöhnlichen Aufenthalt haben, sind nur beschränkt einkommensteuerpflichtig *(§ 1 Abs. 4 EStG)*. Kapitalerträge dieser Personen unterliegen in der Regel nicht der Kapitalertragsteuer *(§ 49, 50d EStG)*.

Kreditinstitute müssen die devisenrechtliche Stellung ihrer Kunden (Inländer oder Ausländer) kennen, um ihre Meldepflichten nach der Außenwirtschaftsverordnung erfüllen zu können. Meldepflichtig sind zum Beispiel Zins- und Dividendenzahlungen, die sie an Ausländer leisten oder von ihnen erhalten *(§ 70 AWV)*.

2

4.5 SCHUFA-Abfrage und -Meldung

Die **SCHUFA Holding AG** (Schutzgemeinschaft für allgemeine Kreditsicherung) stellt ihren Vertragspartnern (Kreditinstituten und Handelsunternehmen) Informationen zur Verfügung, um sie vor Verlusten im Kreditgeschäft mit natürlichen Personen zu schützen und ihnen gleichzeitig eine bessere Beurteilung des Risikos zu ermöglichen. Die von den Vertragspartnern übermittelten Daten *(z.B. Kontoeröffnung, Kreditgewährung)* und im Zusammenhang hiermit aufgetretenen Unregelmäßigkeiten *(z.B. Kreditkündigung wegen Zahlungsunfähigkeit)* sowie die aus öffentlichen Registern beschafften Informationen *(z.B. Vermögensauskunft, §§ 802a, 802c ZPO)* stehen anderen Vertragspartnern als Auskünfte und ggf. als Nachmeldung zur Verfügung. Jeder Betroffene kann einmal je Kalenderjahr von der SCHUFA eine unentgeltliche Auskunft in Textform über seine gespeicherten Daten verlangen *(§ 34 BDSG)*. Unrichtige Daten muss die SCHUFA kostenlos berichtigen.

Die Weitergabe von Kundendaten an die SCHUFA darf nur erfolgen, wenn der Kunde hierzu seine Einwilligung erteilt und die sogenannte „SCHUFA-Klausel" unterschrieben hat.

SCHUFA-Meldungen	
Personenstammsatz: Name, Vorname, Geburtsdatum und -ort, Anschrift	
Positivmerkmale	**Negativmerkmale**
▪ Kontoeröffnungsantrag, Kontoeröffnung, vereinbarungsgemäße Beendigung der Kontoverbindung ▪ Ausgabe einer Kreditkarte ▪ Kreditantrag, Kreditgewährung (Kreditnehmer, Mitschuldner, Kreditbetrag, Laufzeit, Ratenbeginn), vereinbarungsgemäße Abwicklung (auch vorzeitige Rückzahlung) ▪ Bürgschaften	▪ Kündigung von Darlehen wegen rückständiger Raten ▪ Kündigung eines Girokontos wegen missbräuchlicher Nutzung ▪ Einziehung einer Kreditkarte wegen missbräuchlicher Verwendung durch den rechtmäßigen Karteninhaber ▪ Zwangsvollstreckungsmaßnahmen: Vollstreckungsbescheid, Gehaltspfändung, Kontopfändung, Vermögensauskunft, Haftbefehl

Die eingetragenen Daten werden nach Ablauf bestimmter Fristen *(z.B. bestimmte Negativmerkmale am Ende des dritten Kalenderjahres nach ihrer Speicherung)* gelöscht.

Verweigert der Kunde die SCHUFA-Einwilligung oder fällt die SCHUFA-Abfrage negativ aus, führt das Kreditinstitut seine Konten nur auf **Guthabenbasis**.

Im Rahmen einer freiwilligen Selbstverpflichtung sind alle Kreditinstitute bereit, unabhängig von der Bonität des Kunden ein Girokonto für ihn zu führen, um ihm die Teilnahme am bargeldlosen Zahlungsverkehr zu ermöglichen.

Nur in unzumutbaren Fällen darf das Kreditinstitut die Eröffnung und auch die Fortführung eines Girokontos ablehnen.

Beispiele:

- *Missbrauch des Kontos (z.B. für Betrug oder Geldwäsche)*
- *Falschangaben des Kunden, die für das Vertragsverhältnis wesentlich sind*
- *Belästigung oder Gefährdung von Mitarbeitern oder von anderen Kunden*
- *Nichtzahlung der vereinbarten Entgelte*

4.6 Abschluss des Kontovertrages und Einrichtung des Kontos

Der Kontovertrag kommt durch die übereinstimmenden Willenserklärungen von Kreditinstitut und Kunde zustande.

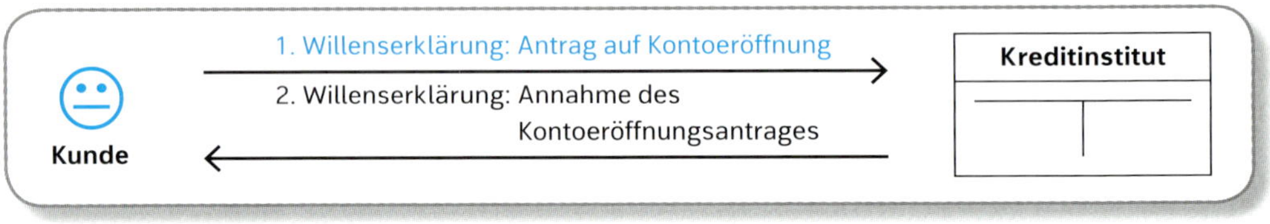

Vor dem Abschluss des Kontovertrages sollte die Bankmitarbeiterin bzw. der Bankmitarbeiter folgende Prüfungen vornehmen:

- Hat der Kunde die vorvertraglichen Informationen (Entgeltinformation, Einlagensicherung) erhalten?
- Wurde die Identität des Kunden mittels eines amtlichen Lichtbildausweises (Personalausweis oder Reisepass mit Meldebescheinigung) festgestellt? Die Daten sind auf dem Kontoeröffnungsantrag zu erfassen.
- Wurde der Ausweis fotokopiert bzw. eingescannt?
- Ist der Kunde voll geschäftsfähig? Bei Minderjährigen ist die Zustimmung der gesetzlichen Vertreter zur Kontoeröffnung notwendig. Die Identität der gesetzlichen Vertreter ist zu prüfen und ihre Ausweise sind zu fotokopieren bzw. einzuscannen.
- Ist der Kunde oder ein Dritter wirtschaftlich Berechtigter?
- Wurde mit Einwilligung des Kunden eine SCHUFA-Auskunft eingeholt? Grundsätzlich liegt es im Ermessen des Kreditinstitutes, ob es einen Kontovertrag schließen möchte (Ausnahme: Basiskonto). Bei einer negativen SCHUFA-Auskunft verzichten viele Kreditinstitute auf eine Kontoeröffnung.

Der Kontovertrag kommt zustande, wenn der Kunde den Kontoeröffnungsantrag unterschreibt und das Kreditinstitut den Antrag des Kunden annimmt. Beim Abschluss des Vertrages akzeptiert der Kunde die Allgemeinen Geschäftsbedingungen des Kreditinstitutes.

Das Kreditinstitut meldet die Kontoeröffnung als Positivmerkmal an die SCHUFA.

Bankkarte und Kreditkarte sowie die dazugehörigen persönlichen Identifikationsnummern (PIN) erhält der Kunde in der Regel einige Zeit später mit getrennter Post.

4.7 Kontowechselhilfe

Privatkunden (Verbraucher) haben bei einem Wechsel des Girokontos zu einem anderen Kreditinstitut einen Anspruch auf **Kontowechselhilfe**. Dazu muss der Verbraucher die beteiligten Kreditinstitute schriftlich ermächtigen *(§ 21 ZKG).*

Der empfangende Zahlungsdienstleister (neue Bankverbindung) hat innerhalb von zwei Geschäftstagen nach Erhalt der Ermächtigung den übertragenden Zahlungsdienstleister (bisherige Bankverbindung) aufzufordern, folgende Leistungen zu erbringen, soweit die Ermächtigung dies vorsieht *(§ 22 ZKG):*

- Übermittlung von Zahlungsverkehrsdaten innerhalb von fünf Geschäftstagen *(§ 23 ZKG):* Informationen über Daueraufträge, Lastschriftmandate, eingehende Überweisungen, Lastschrifteinzüge in den letzten 13 Monaten
  Der empfangende Zahlungsdienstleister muss innerhalb von fünf Geschäftstagen nach Erhalt der Informationen Daueraufträge neu einrichten und Zahlungsempfänger von Lastschriften sowie Zahler, die Geld auf das Konto des Verbrauchers überweisen *(z.B. Arbeitgeber),* über die neue Kontoverbindung informieren *(§ 24 ZKG).*
- Lastschriften und eingehende Überweisungen ab einem bestimmten Datum nicht mehr zu akzeptieren; Daueraufträge mit Wirkung ab einem bestimmten Datum nicht mehr auszuführen
- Überweisung des Restguthabens an einem bestimmten Datum auf das neue Konto
- Schließung des (alten) Kontos zu einem bestimmten Datum

Ein Zahlungsdienstleister darf für die Kontowechselhilfe nur dann ein Entgelt fordern, wenn dies zuvor vereinbart war. Das Entgelt muss angemessen und an den tatsächlichen Kosten des Zahlungsdienstleisters ausgerichtet sein *(§ 26 ZKG).*

5 Zahlungsdienste

Zahlungsdienste sind *(§ 1 Abs. 2 Zahlungsdiensteaufsichtsgesetz, ZAG; § 675cff. BGB):*
- Ein- und Auszahlungen auf ein Zahlungskonto *(z.B. Girokonto)*
- Ausführung von Überweisungen einschließlich Daueraufträge
- Ausführung von Lastschriften
- Kartenzahlungen mittels Giro- und Kreditkarten
- Ausgabe von Zahlungsauthentifizierungsinstrumenten *(z.B. Legitimation durch Passwort und TAN beim Onlinebanking)*
- digitalisierte Zahlungsgeschäfte *(z.B. mit der Telefonrechnung eingezogene Zahlungen)*

Zahlungsdienstleister (*§ 1 Abs. 1 ZAG***)** sind
- Kreditinstitute,
- E-Geld-Institute *(z.B.* Ausgabe von Prepaid-Zahlungskarten*),*
- Bund, Länder, Gemeinden,
- EZB, Bundesbank, andere Zentralbanken in der EU sowie
- Zahlungsinstitute *(z.B. PayPal).*

Zahlungsinstitute müssen über angemessene Eigenmittel (Eigenkapital) verfügen und unterliegen der Aufsicht durch die Bundesanstalt für Finanzdienstleistungsaufsicht (BaFin), die auch auf die Einhaltung spezifischer Sicherungsanforderungen *(z.B. strikte Trennung aller erhaltenen Beträge, Anlage der Gelder auf offenen Treuhandkonten)* achtet *(§ 13 ZAG, § 29 KWG).*

5.1 Zahlungsdiensterahmenvertrag

Grundlage für die Abwicklung von Zahlungsvorgängen ist ein **Zahlungsdiensterahmenvertrag** zwischen dem Kreditinstitut (Zahlungsdienstleister) und dem Inhaber eines Zahlungskontos (Zahler) *(§ 675c ff. BGB)*.

Ein Zahlungsvorgang ist jede Bereitstellung, Übermittlung oder Abhebung eines Geldbetrages *(§ 675f. BGB)*.

Bei bargeldlosen Zahlungen belasten die beteiligten Kreditinstitute (Zahlungsdienstleister) das Konto des Zahlers und schreiben den Betrag dem Konto des Zahlungsempfängers gut.

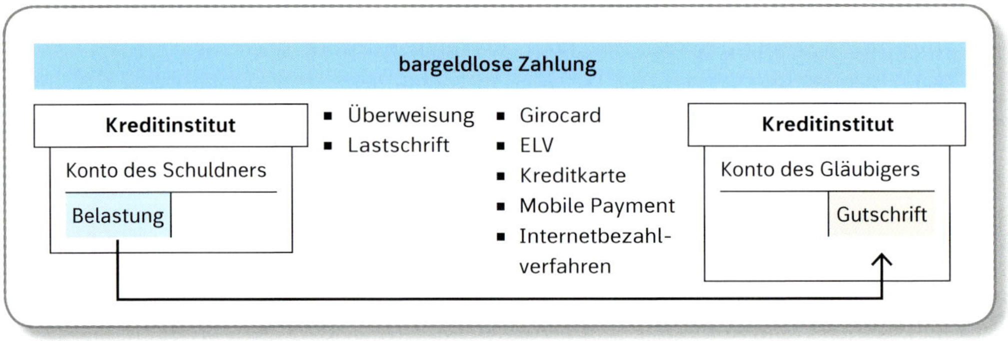

Auf Girokonten halten Kontoinhaber einen großen Teil ihrer Liquiditätsreserven, die sie sich jederzeit in bar auszahlen lassen können. Banknoten sind im Euro-Währungsgebiet das einzige unbeschränkte gesetzliche Zahlungsmittel *(§ 14 BbankG)*. Jeder Gläubiger muss vom Schuldner Banknoten in unbegrenztem Umfang zur Tilgung einer Forderung akzeptieren, sofern beide nichts anderes vereinbart haben. Bei Münzen ist die Annahmepflicht auf 50 Münzen pro Zahlung beschränkt.

Das Kreditinstitut muss dem Verbraucher vor Abschluss eines Zahlungsdiensterahmenvertrages detaillierte Informationen über Entgelte für die mit dem Zahlungskonto verbundenen Dienste (Entgeltinformationen) in Textform mitteilen *(§ 5ff. Zahlungskontengesetz, ZKG)*. Der Kunde hat für die Erbringung von Zahlungsdiensten das vereinbarte Entgelt zu zahlen *(§ 675f. BGB)*.

Eine Änderung der Bedingungen *(z. B. Änderung der Kontoführungsgebühren)* muss der Zahlungsdienstleister dem Kunden spätestens **zwei Monate** vor dem Wirksamwerden mitteilen *(§ 657g BGB)*. Der Kunde muss der Änderung ausdrücklich zustimmen, damit sie rechtswirksam wird *(BGH-Urteil vom 27.04.2021 -XI ZR 26/20)*.

5.2 Autorisierung von Zahlungen

Ein Zahlungsvorgang ist gegenüber dem Zahler nur mit dessen **Autorisierung** (Zustimmung) wirksam *(z. B. durch Unterschrift auf dem Zahlungsauftrag)*. Die Zustimmung kann er auch mittels eines **Zahlungsauthentifizierungsinstruments** *(z. B. Passwort, PIN und TAN)* erteilen *(§ 675j BGB)*.

2

Starke Kundenauthentifizierung

Der Zahlungsdienstleister ist grundsätzlich verpflichtet, eine **starke Kundenauthentifizierung** zu verlangen, wenn der Zahler

- einen elektronischen Zahlungsvorgang auslöst,
- online auf sein Konto zugreift oder
- über einen Fernzugang eine Handlung vornimmt, die das Risiko eines Betrugs oder Missbrauchs beinhaltet *(§ 55 ZAG).*

Eine **starke Kundenauthentifizierung** besteht aus mindestens zwei Elementen **(Zwei-Faktor-Authentifizierung)** aus zwei unterschiedlichen Kategorien. Dabei sind folgende Kategorien zu unterscheiden:

- Wissen *(z. B. Passwort)*
- Besitz *(z. B. Girocard)*
  Zur Kategorie Besitz gehört auch das Mobiltelefon. Der Besitz des Handys lässt sich zum Beispiel durch Eingabe einer Transaktionsnummer (TAN) nachweisen, die per SMS an das Telefon geschickt wurde.
- Inhärenz
  Zur Kategorie Inhärenz gehören die biometrischen Merkmale eines Menschen (Seinselemente) die seine Identifizierung ermöglichen *(z. B. Fingerabdruck, Iris-Scan, Gesichtserkennung).*

Beispiele:
- *Kategorien Besitz und Wissen: Zahlung mit der Girocard: Authentifizierung durch Vorlage der Girocard (Besitz) und Eingabe der PIN (Wissen)*
- *Kategorien Besitz und Inhärenz: Zahlung mit dem Mobiltelefon (Besitz) und Fingerabdruck (Inhärenz)*

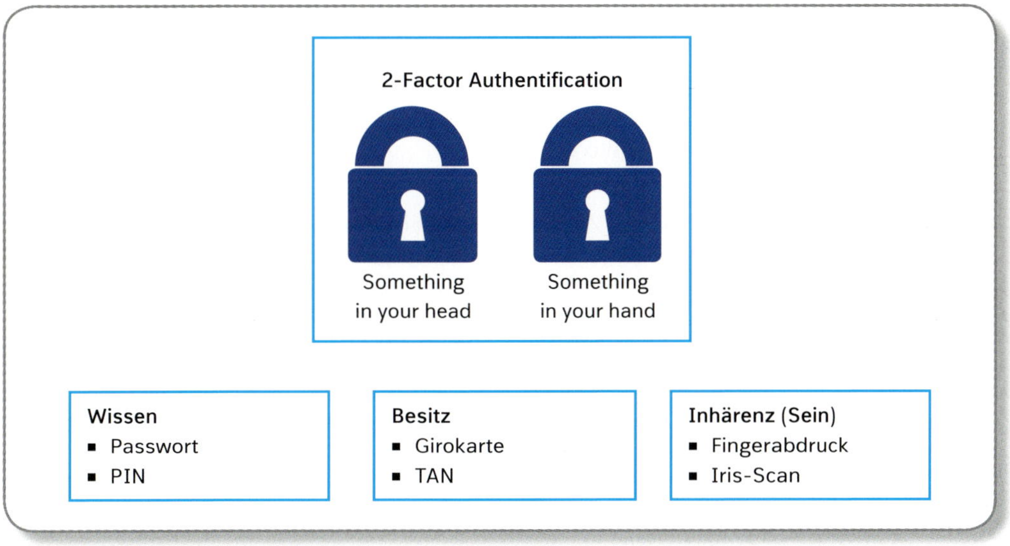

Bei **elektronischen Fernzahlungsvorgängen** *(z.B. Überweisung im Onlinebanking, Zahlung mit der Kreditkarte im Internet)* ist die starke Kundenauthentifizierung mit einer **Verknüpfung zum Zahlungsempfänger und Betrag** zu erweitern.

Beispiel:
Nach dem Anfordern einer TAN bei einer Online-Überweisung übermittelt das Kreditinstitut dem Zahler noch einmal die Daten der Überweisung (IBAN des Empfängers und Betrag). Nach einer Prüfung gibt der Zahler die TAN ein und bestätigt den Auftrag.

Nach der Zweiten Zahlungsdienstrichtlinie (Payment Service Directive 2; PSD 2) genügt jedoch in folgenden Fällen eine **einfache Kundenauthentifizierung**, die nur aus **einem Element** besteht *(Delegierten Verordnung (EU) 2018/389 Artikel 10 bis 20)*:

- Abrufen des Kontostandes und Kontoumsätze der vergangenen 90 Tage *(z.B. Wissen des Passwortes)*
- kontaktlose Zahlungen bis 50,00 EUR *(z.B. Besitz der Zahlungskarte oder des Mobiltelefons)*
  Überschreiten diese Zahlungen jedoch in der Summe 150,00 EUR, ist wieder eine starke Kundenauthentifizierung notwendig.
- Park- und Mautgebühren an Automaten
- Zahlungen an vertrauenswürdige Empfänger, die der Zahler dem Kreditinstitut mitgeteilt hat
- Zahlungen an eigene Konten beim kontoführenden Institut
- Kleinbetragszahlungen bis 30,00 EUR *(z.B. Online-Überweisung ohne TAN)*
  Überschreiten diese Zahlungen jedoch in der Summe 100,00 EUR, ist wieder eine starke Kundenauthentifizierung notwendig.
- Zahlungen mit geringem Risiko
  Zur Beurteilung des Risikos muss das Kreditinstitut eine **Transaktionsrisikoanalyse** durchführen. Dabei ist zu berücksichtigen, ob die Zahlung
  - zu den Zahlungsgewohnheiten des Zahlers passt,
  - an einem ungewöhnlichen Ort erfolgt,
  - an einem Ort mit hohem Risiko erfolgt,
  - auf bekannte Betrugsszenarien hindeutet.

  Bei seiner Bewertung erfasst der Zahlungsdienstleister alle risikobasierten Faktoren für jeden einzelnen Zahlungsvorgang in einem Risikopunktesystem, um zu entscheiden, ob er bei einem bestimmten Zahlungsvorgang auf eine starke Kundenauthentifizierung verzichten darf.

Authentifizierungsinstrumente

Authentifizierungs-instrumente	Beschreibung	Beurteilung
TAN-Generator als Bestandteil einer Chipkarte oder eines anderen elektronischen Gerätes zur Erzeugung von TAN (chipTAN; smartTAN) 	▪ Zur Erzeugung der TAN benötigt der Kunde einen TAN-Generator und eine zum Konto gehörende Chipkarte (Bankkarte), die in den Generator eingeschoben wird. ▪ Nach der Auftragserteilung wird auf dem Bildschirm ein Code angezeigt, den der Kunde mit Daten der Transaktion *(z. B. Empfängerkontonummer, Betrag)* in den Generator eingibt. Alternativ können diese Daten auch automatisch von einer „Flickergrafik" am Bildschirm in den Generator eingelesen werden. ▪ Aus den eingegebenen Daten errechnet der Generator über den Chip eine auftragsbezogene TAN. Zudem zeigt er noch einmal die Daten der Transaktion an. ▪ Die TAN ist nur zeitlich begrenzt nutzbar.	▪ Da die TAN aus den Auftragsdaten errechnet wird, kann sie für andere Transaktionen nicht missbraucht werden. ▪ TAN-Generator und Onlinebanking-Computer sind zwei voneinander unabhängige Geräte. ▪ Transaktionen können nur zusammen mit der für das Konto freigeschalteten Chipkarte ausgeführt werden. ▪ Der Kontoinhaber muss die Auftragsdaten auch anhand des Generators prüfen. ▪ Es besteht beim TAN-Generator kein Virenrisiko.
Mobiltelefon zum Empfang von TAN per SMS oder Banking-App (smsTAN, mobile TAN, photoTAN, SecureGo, pushTAN) 	▪ Die TAN wird vom Kreditinstitut aus Bestandteilen des Kundenauftrages ermitteltt. Bei der photoTAN scannt der Nutzer einen QR-Code auf dem Bildschirm mit seinem Handy und übermittelt damit die Auftragsdaten an die Bank. ▪ Das Kreditinstitut übermittelt die TAN und Auftragsdaten per SMS oder sendet sie an die Banking-App des Kunden. ▪ Die TAN ist nur zeitlich begrenzt nutzbar.	▪ Es besteht ein Zusammenhang zwischen TAN und Kundenauftrag. ▪ Der Kontoinhaber muss die Auftragsdaten anhand der SMS bzw. Banking-App nochmals prüfen. ▪ Bei einem Empfang der TAN per SMS darf das Handy aus Sicherheitsgründen nicht zugleich für Bankgeschäfte genutzt werden. ▪ Es besteht bei Mobiltelefonen ein Viren- und Diebstahlrisiko.
Chipkarte mit Signaturfunktion *(z. B. HBCI-Verfahren)* 	▪ Für das HBCI-Verfahren (Homebanking-Computer-Interface-Verfahren) benötigt der Kunde eine HBCI-Chipkarte, einen HBCI-Kartenleser und eine HBCI-Software. Auf der Chipkarte ist ein spezieller Onlinebanking-Schlüssel gespeichert. ▪ Nach Eingabe der PIN in den Kartenleser werden die Daten mit einer elektronischen Signatur versehen und verschlüsselt an die Bank übertragen. ▪ Die Bank entschlüsselt die Daten und prüft die elektronische Signatur mithilfe eines „öffentlichen Prüfschlüssels".	▪ Bankgeschäfte sind nur unter Eingabe der PIN und unter Verwendung der Chipkarte möglich. ▪ Die Verschlüsselung mit einem geheimen (privaten) Signaturschlüssel und die Entschlüsselung mit dem öffentlichen Schlüssel bieten den höchsten Sicherheitsstandard im Onlinebanking. ▪ Es besteht ein Diebstahlrisiko der Chipkarte. ▪ Die Anschaffungskosten für die Chipkarte und für das Lesegerät sind relativ hoch.

Sorgfaltspflichten

Onlinebanking und Internetzahlungen bergen die Gefahr, dass Unberechtigte sich mittels Schadsoftware (Viren, Trojaner usw.) oder Phishing (Kunde gibt irrtümlich Daten auf gefälschter Internetseite ein) in die Kommunikation zwischen Kunde und Kreditinstitut einschalten, um Zahlungen auf eigene Konten zu leiten.

Deshalb ist der **Kunde** (Zahlungsdienstnutzer) verpflichtet, unmittelbar nach Erhalt eines Zahlungsinstruments alle **zumutbaren Vorkehrungen** zu treffen, um die personalisierten Sicherheitsmerkmale vor unbefugtem Zugriff zu schützen *(§ 675 l BGB)*. Teilnehmer (Kunden und Bevollmächtigte) am Onlinebanking müssen insbesondere folgende Sorgfaltspflichten beachten (*Ziff. 7 Sonderbedingungen für das Onlinebanking*):

- Geheimhaltung der Wissenselemente (*z. B. PIN*)
  - keine Weitergabe an andere Personen
  - keine ungesicherte Speicherung
  - getrennte Aufbewahrung von Wissenselement und Besitzelement (*z. B. PIN nicht in einem Portemonnaie mit der Girocard aufbewahren*)
- Schutz der Besitzelemente
  TAN-Generator, Signaturkarte und für das Onlinebanking genutzte Endgeräte sind vor einem Missbrauch zu schützen (*z. B. Sicherung des Mobiltelefons und der Banking-App durch sichere Passwörter*).
- Speicherung der Seinselemente (Inhärenzelemente)
  Auf dem für das Onlinebanking genutzten Gerät dürfen keine Seinselemente (*z. B. Fingerabdruck*) von anderen Personen gespeichert werden.
- Nutzung von mobilen Endgeräten
  Beim mobileTAN-Verfahren (smsTAN) darf das Endgerät (*z. B. Mobiltelefon*), mit dem die TAN empfangen wird, nicht gleichzeitig für das Onlinebanking genutzt werden. Die Nutzung eines Gerätes ist nur erlaubt, wenn die TAN in einer besonderen Authentifizierungs-App empfangen wird.
- Gültigkeit der hinterlegten Telefonnummern
  Dem Kreditinstitut ist anzuzeigen, wenn eine für das mobileTAN-Verfahren hinterlegte Telefonnummer nicht mehr gültig ist.
- Sicherheit des Kundensystems
  Der Teilnehmer muss die Sicherheitshinweise des Kreditinstitutes zum Schutz der beim Onlinebanking eingesetzten Hard- und Software (*z. B. Firewall, Antiviren-Programm*) beachten.
- Prüfung der Auftragsdaten
  Der Teilnehmer muss die von dem Kreditinstitut empfangenen Auftragsdaten (*z. B. Betrag, Kontonummer des Zahlungsempfängers*) vor der PIN-Eingabe und Bestätigung auf Übereinstimmung mit seinen Daten prüfen.

Anzeige- und Unterrichtungspflichten

Sperranzeige
Der Teilnehmer muss den Verlust, Diebstahl, eine missbräuchliche Verwendung oder eine sonstige nicht autorisierte Nutzung eines Authentifizierungselements dem Kreditinstitut oder dem zentralen Sperrdienst unverzüglich anzeigen. Einen Diebstahl oder Missbrauch muss der Teilnehmer zudem unverzüglich bei der Polizei zur Anzeige bringen (*§ 675 l BGB, Ziff. 8 Sonderbedingungen für das Onlinebanking*).

Unterrichtung über nicht autorisierte oder fehlerhaft ausgeführte Aufträge
Der Kunde muss das Kreditinstitut unverzüglich über nicht autorisierte oder fehlerhaft ausgeführte Aufträge informieren (*Ziff. 8 Sonderbedingungen für das Onlinebanking*).

Der **Zahlungsdienstleister**

- muss sicherstellen, dass die personalisierten Sicherheitsmerkmale nur der zur Nutzung berechtigten Person zugänglich sind,
- darf dem Zahler nicht unaufgefordert Zahlungsauthentifizierungsinstrumente zusenden,
- muss jederzeit eine Sperre ermöglichen und verhindern, dass nach der Sperranzeige noch Verfügungen möglich sind *(§ 675 m BGB).*

Zur Verminderung des Risikos können Betragsobergrenzen für die Nutzung vereinbart werden. Der Zahlungsdienstleister kann das Zahlungsauthentifizierungsinstrument sperren, wenn die Sicherheit des Systems gefährdet ist oder wenn ein Verdacht auf Missbrauch besteht *(§ 675k BGB).*

5.3 Ausführung von Zahlungen

Der Zahlungsdienstleister ist verpflichtet, den Zahlungsbetrag **ungekürzt** an den Zahlungsempfänger zu übermitteln *(§ 675q BGB).*

Kunden- und Bankenkennung

Der Zahlungsdienstleister ist berechtigt, die Zahlung **ausschließlich** anhand der vom Auftraggeber angegebenen **Kundenkennung** (Kontonummer und Bankleitzahl bzw. IBAN und BIC) auszuführen *(§ 675r BGB).* Prüfziffern in der Kontonummer und die Bekanntgabe ihrer Berechnungsmethode ermöglichen, dass Schreib- bzw. Eingabefehler bei der Kontonummer des Empfängers in der Regel automatisch entdeckt werden. Bei einer fehlerhaften Ausführung eines Zahlungsauftrages aufgrund einer falschen Kundenkennung kann der Zahler vom Zahlungsdienstleister verlangen, dass dieser sich darum bemüht, den Zahlungsbetrag wiederzuerlangen *(§ 675y Abs. 3 BGB).*

Die **Kontonummer** ist das Identifikationsmerkmal eines Kontos bei einem Kreditinstitut. Sie besteht in der Regel aus einer Kundenstammnummer, einer Prüfziffer und Ziffern für die Kontoart *(z. B. Girokonto).* Die Prüfziffer errechnet sich aus den anderen Ziffern der Kontonummer und dient dazu, falsch erfasste Kontonummern aufzuspüren.
Beispiel:
Ruth Schäfer: Girokonto-Nr. 65853924

Kundenstammnummer	Kontoart	Prüfziffer
65853	*92*	*4*

Die **BLZ** (**Bankl**eit**z**ahl) ist das inländische Identifikationsmerkmal des Kreditinstitutes.
Beispiel:
Commerzbank AG Köln: BLZ 370 400 44

Clearing-gebiet	Clearing-bezirk	Bankplatz-bezirk	Instituts-gruppe	Bankplatz		Niederlassung	
3	*7*	*0*	*4*	*0*	*0*	*4*	*4*

Die Bankleitzahl ist gleichzeitig die Kontonummer des Institutes bei der Bundesbank.

Der **BIC** (**B**ank **I**dentifier **C**ode, S.W.I.F.T-Code) ist eine weltweit gültige Kennzahl zur eindeutigen Identifizierung von Kreditinstituten.

Beispiel:

BIC der Commerzbank AG: COBADEFFXXX

Bankcode	Länderkennzeichen	Identifikationsmerkmal
COBA	*DE*	*FFXXX*

Die **IBAN** (**I**nternational **B**ank **A**ccount **N**umber) ist eine weltweit gültige Kontonummer, um im internationalen Zahlungsverkehr den Empfänger eindeutig zu identifizieren.

Beispiel:

IBAN von Ruth Schäfer, Kundin der Commerzbank AG: DE52 3704 0044 0065 8539 24

Ländercode	Prüfziffer	Bankleitzahl	Kontoidentifikation
DE	*52*	*370 400 44*	*0065853924*

SEPA – Einheitlicher europäischer Zahlungsverkehrsraum

SEPA-Zahlungsinstrumente:
- SEPA-Überweisung
- SEPA-Lastschrift
- SEPA-Kartenzahlungen

Bei allen **SEPA-Zahlungen** sind die **IBAN** des Zahlers und des Zahlungsempfängers anzugeben.

Da in der IBAN auch der Ländercode und die Bankleitzahl zur Identifizierung des Kreditinstitutes enthalten sind, genügt die Angabe der IBAN zur eindeutigen Identifizierung der Beteiligten.

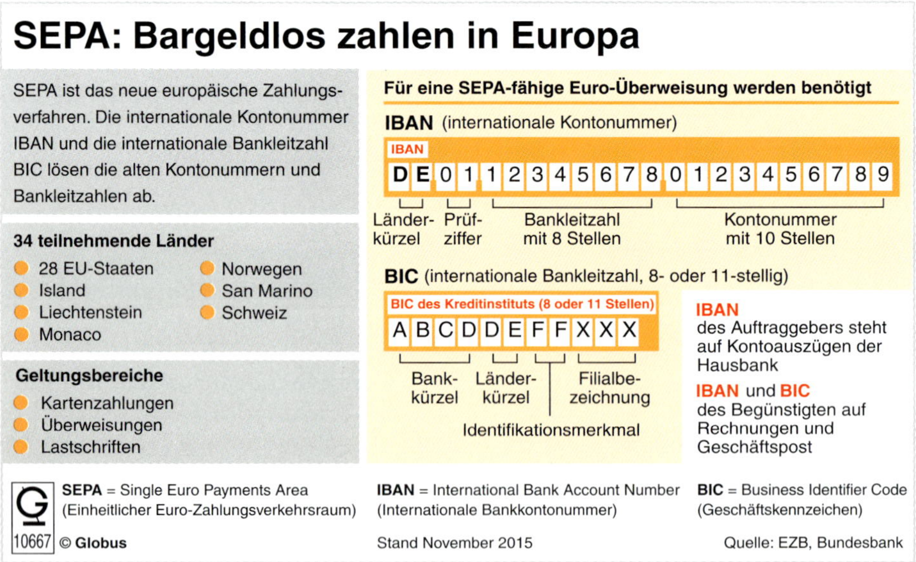

Gironetze

Die Abwicklung des bargeldlosen Zahlungsverkehrs setzt voraus, dass die Kreditinstitute untereinander in Kontoverbindung stehen.

Ein **Gironetz** ist ein **System von Kontoverbindungen** zwischen Kreditinstituten. Es ermöglicht die Abwicklung bargeldloser Zahlungen für den Fall, dass Zahlungspflichtiger und Zahlungsempfänger bei verschiedenen Kreditinstituten ein Konto unterhalten.

Innerhalb der einzelnen Institutsgruppen bzw. innerhalb des Filialnetzes eines Kreditinstitutes geschieht die Zahlungsabwicklung häufig über die jeweilige Zentrale, mit der die angeschlossenen Stellen in Kontoverbindung stehen.

Da die Zentralen der verschiedenen Gironetze ebenfalls in Kontoverbindung stehen, sind indirekt auch die den jeweiligen Zentralen nachgeordneten Stellen kontenmäßig miteinander verbunden. Durch die Verbindung der Gironetze entsteht ein Verrechnungssystem, über das der bargeldlose Zahlungsverkehr auch zwischen den Kreditinstituten verschiedener Institutsgruppen lückenlos und bundesweit abgewickelt werden kann.

Die Deutsche Bundesbank nimmt im bargeldlosen Zahlungsverkehr eine Schlüsselstellung ein, da alle größeren Kreditinstitute bei einer der Geschäftsstellen der Deutschen Bundesbank ein Konto unterhalten.

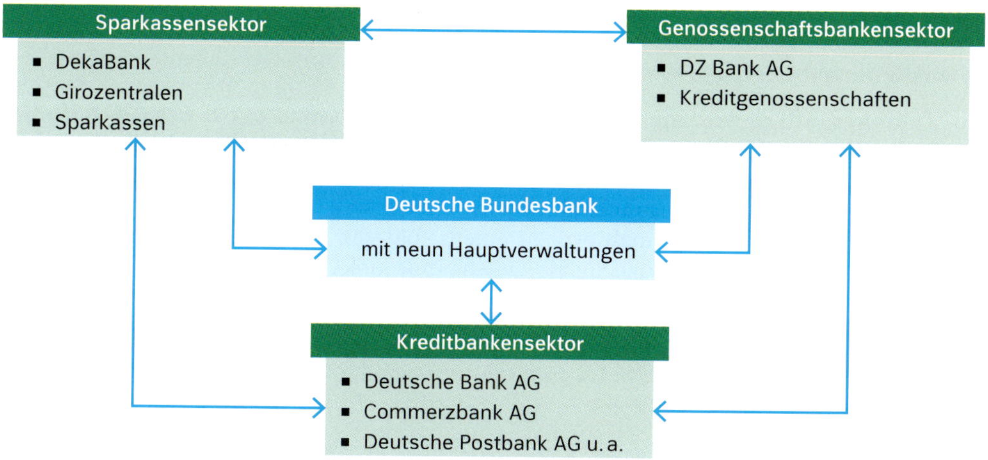

Zahlungsverkehrsangebote der Deutschen Bundesbank

Zu den gesetzlichen Aufgaben der Deutschen Bundesbank gehört die bankmäßige Abwicklung des Zahlungsverkehrs im Inland und mit dem Ausland *(§ 3 BBankG)*. Es ist den Kreditinstituten jedoch freigestellt, ob sie die Angebote der Bundesbank *(AGB Bundesbank III)* oder die eigenen Zahlungsverkehrsnetze nutzen.

Elektronischer Massenzahlungsverkehr (EMZ)

- Abwicklung von nationalen Zahlungen in unbegrenzter Höhe, Abwicklung von grenzüberschreitenden Zahlungen in EWR-Staaten bis zum Höchstbetrag von 50 000,00 EUR
- Überweisungen und Einzug von Lastschriften und Schecks
- Die Belastungen und Gutschriften erfolgen am Geschäftstag nach dem Einreichungstag.

Target 2 (**T**rans-European **A**utomated **R**eal-time **G**ross settlement **E**xpress **T**ransfer system)

- Abwicklung von EUR-Großbetragszahlungen und eilbedürftigen EUR-Zahlungen
- Überweisungen und Interbank-Lastschrifteinzug für inländische und grenzüberschreitende Zahlungen innerhalb der EU
- taggleiche Abwicklung („Echtzeit")
- Verrechnung und Abwicklung über die Zentralbanken der EU

Auslandszahlungsverkehr (AZV)

- Überweisungen in alle Länder
- EUR- oder Fremdwährungszahlungen

Zahlungen im Rahmen des bargeldlosen Zahlungsverkehrs werden zwischen den beteiligten Kreditinstituten in der Regel beleglos abgewickelt. Die Datensätze werden auf elektronischen Medien erfasst und im Wege des **beleglosen Datenaustauschs** über die eingeschalteten Verrechnungsstellen (Clearingstellen) an die adressierten Kreditinstitute übermittelt.

Von Kunden beleghaft erteilte Aufträge werden mithilfe von Schrift-Erkennungssystemen in Datensätze umgewandelt. Die Belege sind deshalb vom Kunden in Druckschrift auszufüllen. Zahlungsverkehrsbelege enthalten zudem am unteren Rand eine Codierzeile mit wichtigen maschinenlesbaren Daten.

Ausführungsfristen und Wertstellung

Ein **Zahlungsauftrag** wird mit **Zugang** *(z.B. Abgabe der Überweisung in den Geschäftsräumen oder Eingang der Überweisungsdaten mit TAN auf dem Bankserver)* beim Zahlungsdienstleister **wirksam**. Fällt der Zeitpunkt des Zugangs nicht auf einen Geschäftstag, gilt der Zahlungsauftrag als am darauf folgenden Geschäftstag zugegangen. Wenn allerdings die Zahlung vereinbarungsgemäß erst zu einem späteren Zeitpunkt ausgeführt werden soll, gilt der vereinbarte Zahlungstag als Zugangszeitpunkt *(§ 675n BGB)*.

Kreditinstitute legen für den Geschäftstag sogenannte **Cut-off-Zeiten** fest. Zahlungsanweisungen, die nach diesen Zeitpunkten eintreffen, gelten als am nächsten Geschäftstag zugegangen *(Bedingungen für den Überweisungsverkehr 1.4, Abs. 2)*.

Beispiel:
Cut-off-Zeit für beleghafte Überweisungsaufträge: 15:00 Uhr; Onlineaufträge: 17:00 Uhr

Der Auftraggeber kann einen Zahlungsauftrag nach dem Zugang beim Zahlungsdienstleister **nicht** mehr widerrufen *(§675p BGB)*. Bis zu diesem Zeitpunkt ist ein Widerruf in Textform oder im Onlinebanking möglich. Überweisungsaufträge mit einem bestimmten Ausführungstag *(z.B. Daueraufträge)* und nach den Cut-off-Zeiten erteilte Aufträge kann der Auftraggeber nur bis zum Ende des vor dem Ausführungstag bzw. Zugangstag liegenden Geschäftstages widerrufen *(Bedingungen für den Überweisungsverkehr 1.5)*.

Beispiele:
- *Ein um 16:00 Uhr online erteilter Überweisungsauftrag kann nach Eingang auf dem Bankserver nicht mehr widerrufen werden.*
- *Einen um 16:00 Uhr beleghaft erteilten Überweisungsauftrag kann der Auftraggeber bis zum Geschäftsende dieses Tages widerrufen.*
- *Ein Dauerauftrag soll am Montag, 15.06.20.. ausgeführt werden. Ein Widerruf ist bis zum Abend des vorhergehenden Geschäftstages (Freitag, 12.06.20..) möglich.*

Lehnt der Zahlungsdienstleister die Ausführung eines Zahlungsauftrages ab *(z.B. aufgrund mangelnder Kontodeckung)*, ist der Auftraggeber unverzüglich zu benachrichtigen *(§ 675o BGB)*.

Ausführungsfrist für Zahlungsvorgänge *(§ 675s BGB)*

- Bei Eurozahlungen innerhalb des Europäischen Wirtschaftsraumes muss der Zahlungsbetrag spätestens am Ende des auf den **Zugangstag folgenden Geschäftstages** beim Zahlungsdienstleister des Zahlungsempfängers eingehen.
- Für in Papierform ausgelöste Zahlungsvorgänge kann die oben genannte Frist um einen weiteren Geschäftstag verlängert werden.
- Bei Fremdwährungszahlungen innerhalb des Europäischen Wirtschaftsraumes kann eine Frist von bis zu vier Geschäftstagen vereinbart werden.

Wertstellung und Verfügbarkeit von Geldbeträgen *(§ 675t BGB)*

- Der Zahlungsdienstleister des Zahlungsempfängers muss den erhaltenen Geldbetrag unverzüglich mit der **Wertstellung (Valuta) des Geldeingangstages** dem Konto des Zahlungsempfängers gutschreiben.
- Bei einer Bareinzahlung eines Verbrauchers auf ein Zahlungskonto muss der Betrag unverzüglich nach dem Zeitpunkt der Entgegennahme verfügbar gemacht und wertgestellt werden. Ist der Einzahler kein Verbraucher, verlängert sich die Frist auf den folgenden Geschäftstag.
- Bei einer Kontobelastung darf das Wertstellungsdatum nicht früher sein als das Datum der Kontobelastung.

Zahlungsauslöse- und Kontoinformationsdienste

Kreditinstitute müssen **Zahlungsauslösediensten** und **Kontoinformationsdiensten** einen **unentgeltlichen Zugang** zum Zahlungskonto des Kunden ermöglichen *(Payment Service Directive, PSD II, Art. 58, 59)*. Die Zahlungsdienstleister müssen sich gegenüber der Bank des Kunden authentifizieren und dafür Sorge tragen, dass die personalisierten Sicherheitsmerkmale des Kunden keinem Dritten zugänglich sind.

Der Kontoinhaber kann einen **Zahlungsauslösedienst** beauftragen, Zahlungen von seinem Konto vorzunehmen.

Beispiel:
Ein Kontoinhaber wählt bei einem Internetkauf die Bezahlart „Sofortüberweisung". Er gibt nun auf der Internetseite der Sofort GmbH (Zahlungsdienstleister) die für einen Zugang zu seinem Konto erforderlichen Daten (Kreditinstitut, Benutzerkennung und PIN) ein. Der Dienstleister übermittelt den Überweisungsauftrag an die Bank, die nun auf dem üblichen Weg (z.B. per SMS) eine PIN an den Kunden sendet. Der Kunde gibt die TAN auf der Internetseite des Zahlungsauslösedienstes ein und veranlasst dadurch die Zahlung. Der Verkäufer erhält sofort eine Zahlungsbestätigung und kann die Ware versenden.

Kontoinformationsdienste rufen online die Kontodaten (Umsätze und Kontostände) ihres Kunden bei einem oder mehreren Kreditinstituten ab und stellen ihm diese einzeln und in zusammengefasster Form zur Verfügung. Dazu benötigen sie vom Kunden eine Ermächtigung und die für einen Zugang zum Konto notwendigen Informationen (Kreditinstitut, Benutzerkennung und PIN). Der Kontoinformationsdienst verschafft dem Kunden jederzeit einen Gesamtüberblick über seine finanzielle Situation.

5.4 Haftung bei Missbrauch und fehlerhaften Zahlungen

Bei einer vom Zahler **nicht autorisierten Zahlung** hat der Zahlungsdienstleister den Betrag unverzüglich wieder dem Konto gutzuschreiben. Er hat keinen Anspruch auf Erstattung seiner Aufwendungen *(§ 675u BGB).*

Beruht die **nicht autorisierte Zahlung** auf der **missbräuchlichen Nutzung** eines verlorengegangenen, gestohlenen oder sonst abhandengekommenen Zahlungsinstruments oder auf der sonstigen missbräuchlichen Verwendung eines Zahlungsinstruments, ist die Haftung des Kunden abhängig von seinem Verschulden *(§ 675v BGB).*

Haftung bei Missbrauch von Zahlungsauthentifizierungsinstrumenten *(§ 675u ff. BGB)*

Haftung vor der Sperranzeige
Haftung vor der Sperranzeige Der Kunde haftet bei Verlust oder Diebstahl oder sonstiger missbräuchlicher Verwendung des Authentifizierungsinstruments **unabhängig vom Verschulden** bis zu einem Betrag von **maximal 50,00 EUR**. Der Kunde **haftet** jedoch **nicht**, wenn ▪ es ihm nicht möglich gewesen ist, den Verlust, den Diebstahl, das Abhandenkommen oder eine sonstige missbräuchliche Verwendung des Authentifizierungselements vor dem nicht autorisierten Zahlungsvorgang zu bemerken oder wenn ▪ der Verlust des Authentifizierungselements durch den Angestellten eines Zahlungsdienstleisters verursacht wurde. Der Kunde haftet **unbeschränkt**, wenn er in betrügerischer Absicht oder **vorsätzlich oder grob fahrlässig** seine **Sorgfalts- und Anzeigepflichten verletzt** hat. Grobe Fahrlässigkeit liegt insbesondere vor, wenn er ▪ Wissenselemente (*z. B. PIN*) anderen Personen mitgeteilt oder ungesichert gespeichert oder zusammen mit Besitzelementen (*z. B. Mobiltelefon*) aufbewahrt hat. ▪ Besitzelemente nicht ausreichend vor einem Missbrauch geschützt hat. ***Beispiele:*** – *Girocard und TAN-Generator sind sicher aufzubewahren.* – *Es ist sicherzustellen, dass unberechtigte Personen keinen Zugriff auf die Banking-App und auf die Authentifizierungs-App haben.* ▪ Seinselemente (Inhärenz, *z. B. Fingerabdruck*) nutzt, obwohl auf dem Gerät auch die Seinselemente von anderen Personen gespeichert waren. ▪ die für das mobileTAN-Verfahren hinterlegte Telefonnummer nicht löscht, wenn er das Onlinebanking nicht mehr nutzt. ▪ die Auftragsdaten, die ihm das Kreditinstitut bei der TAN-Anforderung mitgeteilt hat, nicht geprüft hat. ▪ den Verlust oder Diebstahl eines Besitzelements oder die missbräuchliche Verwendung eines Authentifizierungselements nicht unverzüglich dem Kreditinstitut angezeigt hat. Der **Kunde haftet** jedoch auch bei **grober Fahrlässigkeit nicht**, wenn das Kreditinstitut bei der Zahlung **keine starke Kundenauthentifizierung** verlangt hat. Für Schäden innerhalb eines Zeitraumes ist die Haftung des Kunden auf das Verfügungslimit beschränkt. Ist der Kunde **kein Verbraucher**, haftet er auch bei Fahrlässigkeit unbeschränkt.

Haftung nach der Sperranzeige
Nach der Sperranzeige haftet ausschließlich der Zahlungsdienstleister (Ausnahme: betrügerische Absicht des Kunden).

Bei der **nicht erfolgten, fehlerhaften oder verspäteten Ausführung** einer **autorisierten Zahlung** kann der Zahler die **unverzügliche und ungekürzte Erstattung des Zahlungsbetrages** verlangen *(§ 675y BGB)*. Sollte dem Zahler darüber hinaus ein Schaden entstehen, muss der Zahlungsdienstleister diesen ersetzen. Der Zahlungsdienstleister kann jedoch in den AGB seine **Haftung** auf einen Höchstbetrag von **12 500,00 EUR** begrenzen *(§ 675z BGB)*.

Der Zahler hat **keinen** Anspruch auf Erstattung des Zahlungsbetrages und Schadenersatz, wenn der Auftrag in Übereinstimmung mit der vom Zahlungsdienstnutzer angegebenen fehlerhaften Kundenkennung (Angabe einer falschen IBAN) ausgeführt wurde. In diesem Fall muss der Zahlungsdienstleister sich aber darum bemühen, den Zahlungsbetrag wiederzuerlangen. Sollte dies nicht möglich sein, sind dem Zahler alle verfügbaren Informationen mitzuteilen, damit der Zahler einen Anspruch auf Erstattung des Zahlungsbetrags geltend machen kann *(§ 675y Abs. 5 BGB)*.

Stellt sich bei einer **autorisierten Zahlung** heraus, dass diese fehlerhaft war, hat der Zahler nur einen Anspruch auf Erstattung des Zahlungsbetrages, wenn
- bei der Autorisierung der genaue Betrag nicht angegeben wurde und
- der Zahlungsbetrag den Betrag übersteigt, den der Zahler entsprechend seines bisherigen Ausgabeverhaltens, den Bedingungen des Zahlungsdiensterahmenvertrages und den jeweiligen Umständen des Einzelfalls hätte erwarten können *(§ 675x BGB)*.

Beispiel:
Bei der Zahlung in einem Restaurant mit der Kreditkarte autorisiert der Zahler statt des Rechnungsbetrages von 145,00 EUR irrtümlich 245,00 EUR. Der Zahler kann vom Kreditinstitut keine Erstattung des zu viel gezahlten Betrages verlangen, sondern muss sich an das Restaurant wenden. Hätte der Zahler irrtümlich 2 450,00 EUR autorisiert, könnte er aufgrund der ungewöhnlichen Höhe der Restaurantrechnung eine Erstattung verlangen.

5.5 Zahlungsinstrumente

5.5.1 Ein- und Auszahlungsgeschäft

Einzahlungen *(§ 1 Abs. 2 Nr. 1 ZAG)*

Bei **Einzahlungen** sind folgende Prüfungen vorzunehmen:
- Übereinstimmung des Geldbetrages mit dem des Einzahlungsbeleges
- Echtheit des Bargeldes

Stellt sich bei einer Einzahlung heraus, dass es sich um **Falschgeld** handelt, sind die Kreditinstitute und deren Mitarbeiter/-innen verpflichtet,
- das Falschgeld einzubehalten und mit einem Bericht an die Polizei zu übersenden und
- dem Betroffenen eine Empfangsbescheinigung auszuhändigen *(§ 36 BBankG)*.

Als **Falschgeld verdächtige Banknoten und Münzen** sind der Bundesbank zur Prüfung vorzulegen. Stellt diese die Unechtheit fest, so übersendet sie das Falschgeld mit einem Gutachten an die Polizei und benachrichtigt das Kreditinstitut.

Einzahlungen über den **Tag- und Nachttresor** darf der Einzahlende nur für eigene Rechnung tätigen. Der Tresor und die Kassetten werden gemeinsam von zwei Angestellten geöffnet und geprüft. Stimmt der Geldbetrag nicht mit dem Betrag auf dem Einzahlungsbeleg überein, wird der Kontoinhaber unverzüglich benachrichtigt.

Auszahlungen *(§ 1 Abs. 2 Nr. 1 ZAG)*

Bei **Auszahlungen an Kassen oder an automatischen Kassentresoren** ist zu prüfen, ob die Unterschrift auf dem Auszahlungsbeleg mit der hinterlegten Unterschriftsprobe des Verfügungsberechtigten übereinstimmt. Bei Auszahlungen von Sparkonten ist grundsätzlich die Sparurkunde vorzulegen und das Guthaben zu berichtigen.

Bei **Verfügungen am Geldautomaten** legitimiert sich der Berechtigte durch
- Einschub der Zahlungskarte in den Geldautomaten und
- Eingabe der PIN.

5.5.2 Überweisungsgeschäft

Bei einer **Überweisung** beauftragt der Kunde sein Kreditinstitut, zulasten seines Zahlungskontos einen Geldbetrag bargeldlos zugunsten eines Zahlungsempfängers an den Zahlungsdienstleister des Zahlungsempfängers zu übermitteln *(§ 1 Abs. 2 Nr. 2b ZAG)*.

Bei einem **Dauerauftrag** beauftragt der Kunde sein Kreditinstitut, jeweils zu einem wiederkehrenden Termin einen gleichbleibenden Geldbetrag auf das Konto des Zahlungsempfängers zu überweisen *(Bedingungen für den Überweisungsverkehr 1.1)*.

Rechtsgrundlage für die Ausführung von Überweisungen sind die *„Bedingungen für den Überweisungsverkehr"*.

Vor der Erteilung eines Überweisungsauftrages muss das Kreditinstitut den Kunden über folgende **Konditionen** informieren:
- Zeitpunkt, ab dem der Zahlungsauftrag als zugegangen gilt
- maximale Ausführungsfrist
- Entgelte für die Ausführung der Überweisung
- ggf. den Wechselkurs bei einer Fremdwährung

Diesen Informationspflichten kommt das Kreditinstitut in der Praxis durch Angabe im Preis- und Leistungsverzeichnis nach.

Die **Auftragserteilung** kann auf einem vom Kreditinstitut zugelassenen Formular oder in elektronischer Form erfolgen. Auf dem SEPA-Überweisungsauftrag sind die IBAN des Auftraggebers und des Zahlungsempfängers anzugeben. Der Überweisungsbetrag muss auf Euro lauten. Auch für grenzüberschreitende SEPA-Überweisungen gelten hinsichtlich der Kosten, Ausführungsfrist und Wertstellung die gleichen Bedingungen wie für inländische Zahlungen. Der Kunde hat bei der Auftragserteilung auf die Leserlichkeit, Vollständigkeit und Richtigkeit der Angaben zu achten *(Bedingungen für den Überweisungsverkehr 1.3)*. Der Kunde autorisiert den Auftrag durch Unterschrift auf dem Überweisungsauftrag oder durch ein Zahlungsauthentifizierungsinstrument *(z. B. Passwort und TAN beim Onlinebanking)*.

Die **Ausführung** eines Überweisungsauftrages erfolgt immer auf elektronischem Weg. Beleghaft erteilte Aufträge werden in Datensätze umgewandelt und weitergeleitet. Dabei hat das Kreditinstitut die richtige Erfassung der Daten sicherzustellen. Der Zahlungsdienstleister des Zahlers hat bei allen ausgehenden Überweisungen die Kontonummer des Zahlungsempfängers anhand der bekannt gegebenen Prüfzifferberechnungsmethode zu prüfen *(Abkommen zum Überweisungsverkehr Nr. 5)*. Das Kreditinstitut übermittelt die in der Überweisung enthaltenen Daten unmittelbar oder unter Beteiligung zwischengeschalteter Stellen *(z. B. Bundesbank)* an den Zahlungsdienstleister des Zahlungsempfängers. Die Zuordnung der Zahlung zum Zahlungsempfänger erfolgt ausschließlich anhand der vom Kunden angegebenen Kennung des Zahlungsempfängers (Bankleitzahl und Kontonummer bzw. BIC und IBAN).

Bei einem online erteilten **SEPA-Echtzeitüberweisungsauftrag (Instant Payments, Höchstbetrag 100 000,00 EUR)** werden die Daten innerhalb von Sekunden an den Zahlungsdienstleister des Empfängers übermittelt, der den Betrag dann sofort dem Empfängerkonto gutschreibt.

Der Zahlungsdienstleister des Zahlungsempfängers muss dem Zahlungsempfänger die Überweisungsdaten mitteilen, um ihn über den Auftraggeber und den Zahlungsgrund zu informieren. Dies geschieht regelmäßig im Kontoauszug. Mit der Gutschrift erhält der Zahlungsempfänger sofort eine Zahlungssicherheit.

Bearbeitung von Einzelüberweisungen beim beauftragten Kreditinstitut

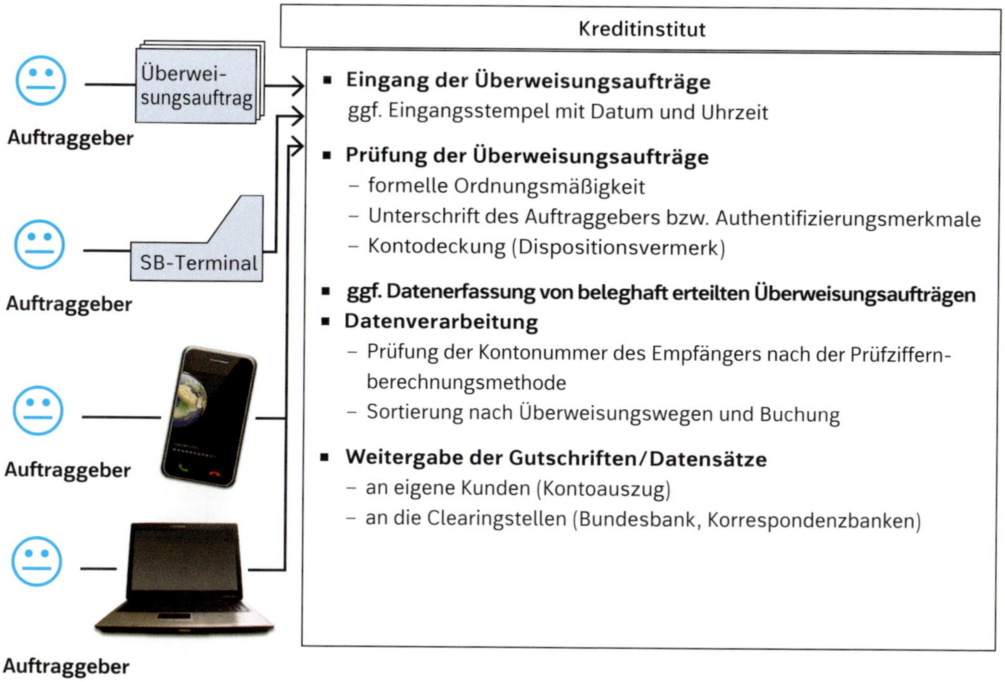

Abwicklung einer Fernüberweisung

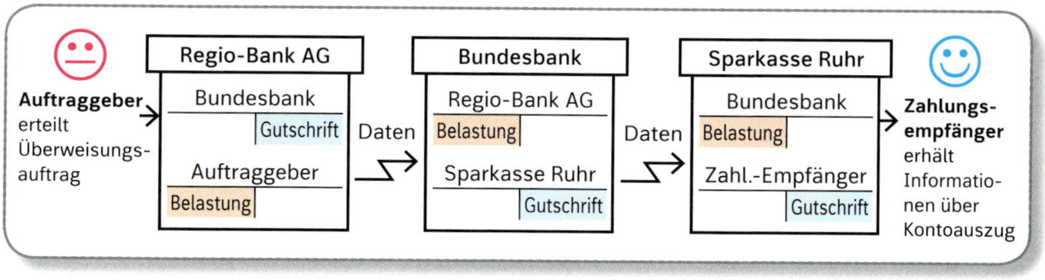

Bei Überweisungen von Beträgen ab 15 000,00 EUR, die nicht im Rahmen des normalen Geschäftsverkehrs mit dem Zahlungsempfänger liegen oder gegen deren Ordnungsmäßigkeit im Einzelfall Bedenken bestehen, wird vom Kreditinstitut des Zahlungsempfängers erwartet, dass es durch das erstbeauftragte Kreditinstitut bei dem Kontoinhaber zurückfragt *(Abkommen zum Überweisungsverkehr Nr. 3)*.

Eine vom Zahler (Auftraggeber) im Zahlungsauftrag fehlerhaft angegebene Kundenkennung des Zahlungsempfängers kann dazu führen, dass der Betrag irrtümlich einem falschen Konto gutgeschrieben wird. Dies setzt aber voraus, dass die zweistellige Prüfziffer in der IBAN zufälligerweise auch für die falsche Kontonummer zutrifft. Der Zahlungsdienstleister des Zahlers kann den Zahlungsdienstleister des Zahlungsempfängers um eine Rücküberweisung des Betrages bitten, die allerdings nach Gutschrift auf dem Konto des Zahlungsempfängers nur mit dessen Einwilligung möglich ist. Verweigert der Zahlungsempfänger seine Zustimmung, muss bei Beträgen ab 20,00 EUR sein Zahlungsdienstleister dem Zahlungsdienstleister des Zahlers auf Verlangen den Namen und die Anschrift des Zahlungsempfängers mitteilen, damit der Zahler seine Ansprüche gegen den unberechtigten Empfänger durchsetzen kann *(Abkommen zum Überweisungsverkehr Nr. 8)*.

Haftung bei fehlerhaften oder nicht autorisierten Überweisungen

Haftung bei fehlerhaften oder nicht autorisierten Überweisungen *(Bedingungen für den Überweisungsverkehr 1.3., 2.3.)*			
	falsch ausgefüllte Überweisung	**autorisierte, aber fehlerhaft ausgeführte Überweisung**	**nicht autorisierte Überweisung**
Beispiele	Der Kunde hat eine falsche IBAN des Zahlungsempfängers auf dem Formular angegeben.	Auf dem Inkassoweg gehen die Überweisungsdaten verloren, sodass der Zahlungsempfänger keine Gutschrift erhält.	Die Unterschrift auf dem Formular war gefälscht.
Verschulden	**Kunde**	**Bank**	
Haftung	Der **Kunde haftet** für den Schaden. Auf Verlangen des Kunden stellt das Kreditinstitut Nachforschungen über den Verbleib des Geldes an. Dafür kann es einen Ersatz der Aufwendungen verlangen.	Das **Kreditinstitut haftet** für den Schaden: ▪ unverzügliche, ungekürzte Erstattung des Betrages ▪ ggf. Erstattung von Zinsen und Entgelten	
		Begrenzung der Haftung auf 12 500,00 EUR möglich (Ausnahme: grobe Fahrlässigkeit)	keine Haftungsbegrenzung möglich

5.5.3 Lastschriftgeschäft

Die **Lastschrift** ist ein Zahlungsinstrument, bei dem der Zahlungsempfänger aufgrund eines vom Zahlungspflichtigen erteilten Mandats einen bestimmten Betrag vom Konto des Zahlungspflichtigen einzieht *(§ 1 Abs. 2 Nr. 2a ZAG)*.

Das Lastschriftverfahren eignet sich zum Einzug von Forderungen, die
- in regelmäßigen oder unregelmäßigen Zeitabständen,
- in gleicher oder wechselnder Höhe,
- gegenüber einem bestimmten Schuldnerkreis laufend entstehen.

Verbraucher können nur SEPA-Basis-Lastschriftmandate erteilen.

SEPA-Basis-Lastschriftmandat

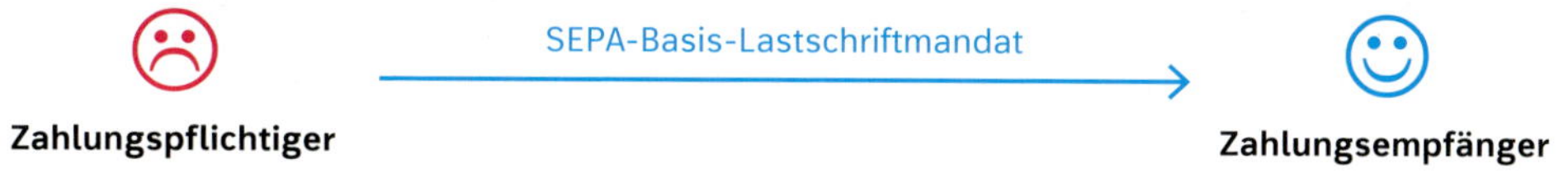

Inhalte des SEPA-Basis-Lastschriftmandats

- Der Zahlungspflichtige erteilt dem Zahlungsempfänger ein **SEPA-Basis-Lastschriftmandat** mit folgenden Inhalten:
  - **Ermächtigung des Zahlungsempfängers,** Zahlungen vom Konto des Zahlungspflichtigen mittels Lastschrift einzuziehen
  - **Weisung an das Kreditinstitut** des Zahlungspflichtigen, die vom Zahlungsempfänger auf sein Konto gezogenen Lastschriften einzulösen
- Hinweis, dass der Zahlungspflichtige ohne Angabe von Gründen binnen einer Frist von **acht Wochen** ab dem Zeitpunkt der **Kontobelastung** eine Erstattung des belasteten Betrages verlangen kann
- Name und Anschrift des Zahlungsempfängers und des Zahlungspflichtigen
- IBAN und ggf. BIC des Zahlungspflichtigen
- Gläubiger-Identifikationsnummer
  Die **Gläubiger-Identifikationsnummer** (Gläubiger-ID) dient der Identifikation des Lastschrifteinreichers und kann bei der Deutschen Bundesbank im Internet beantragt werden.
  Beispiel:
  DE02ZZZ84623951572
- Mandatsreferenz
  Die **Mandatsreferenz** dient in Verbindung mit der Gläubiger-ID der Identifizierung des SEPA-Mandats. Sie wird vom Lastschrifteinreicher individuell für jedes Mandat vergeben.
- Unterschrift des Zahlungspflichtigen und Datum

Gültigkeit des SEPA-Basis-Lastschriftmandats

Das Mandat gilt unbefristet bis zum **Widerruf**. Der Zahlungspflichtige kann das SEPA-Mandat jederzeit durch Erklärung gegenüber dem Zahlungsempfänger oder gegenüber seinem Kreditinstitut – möglichst schriftlich – widerrufen. Bei einem Widerruf gegenüber dem Kreditinstitut sollte der Zahlungspflichtige jedoch zusätzlich den Zahlungsempfänger informieren, damit dieser keine weiteren Lastschriften mehr einzieht.

Werden jedoch binnen **36 Monaten** keine Lastschriften vorgelegt, benötigt der Zahlungsempfänger ein neues Mandat.

Aufbewahrung des SEPA-Basis-Lastschriftmandats

Der Zahlungsempfänger ist verpflichtet, das Mandat im Original aufzubewahren. Auf Anforderung muss er dem Kreditinstitut eine Kopie oder das Originalmandat zu Prüfzwecken zur Verfügung stellen. Nach Erlöschen des Mandats muss der Zahlungsempfänger das Mandat noch mindestens **14 Monate** aufbewahren.

Anwendung

Einzug regelmäßig anfallender Forderungen
Beispiele:
Telefonkosten, Versicherungsprämien, Stromkosten, Zeitungsabonnements

SEPA-Basis-Lastschrift

Lastschrifteinreichung

- **Zahlungsavis** (Pre-Notification): Der Zahlungsempfänger ist verpflichtet, den Zahlungspflichtigen spätestens **14 Kalendertage** vor dem Lastschrifteinzug über Betrag und Datum des Einzugs zu informieren. Andere Fristen können die Beteiligten vertraglich vereinbaren. Bei wiederkehrenden Lastschriften mit gleichen Beträgen genügen eine einmalige Unterrichtung vor dem ersten Lastschrifteinzug und die Angabe der weiteren Fälligkeitstermine.
- Bei jeder Lastschrift sind die Gläubiger-ID und die Mandatsnummer anzugeben. Zahlungsempfänger, Zahlungspflichtiger sowie deren Kreditinstitute sind durch IBAN und BIC zu identifizieren.
- In der Lastschrift muss ein **Fälligkeitsdatum** angegeben sein, an dem das Konto des Zahlungspflichtigen belastet werden soll. Die Lastschriften müssen der Zahlstelle **spätestens einen Geschäftstag** vor Fälligkeit vorliegen.

Lastschriftrückgabe

- Bei **mangelnder Kontodeckung** oder bei einem **Widerruf** des Mandats durch den Kontoinhaber wird die Lastschrift nicht eingelöst. Wurde der Betrag dem Konto des Zahlungspflichtigen schon belastet, hat das Kreditinstitut das Recht, den Betrag dem Konto **innerhalb von zwei Bankarbeitstagen** nach der Belastungsbuchung wieder gutzuschreiben *(Ziff. 2.4.1 SEPA-Basis-Lastschriftbedingungen, § 675u BGB)*.
- Der Kontoinhaber (Zahlungspflichtiger) kann bei einer **autorisierten Zahlung** ohne Angabe von Gründen innerhalb von **acht Wochen** eine Erstattung des Lastschriftbetrages verlangen.
- Bei einer **nicht autorisierten Zahlung** oder bei einer **fehlerhaften Ausführung** einer autorisierten Zahlung kann der Kontoinhaber innerhalb von **13 Monaten** eine Erstattung des Lastschriftbetrages verlangen.

Fristen bei SEPA-Basis-Lastschriften

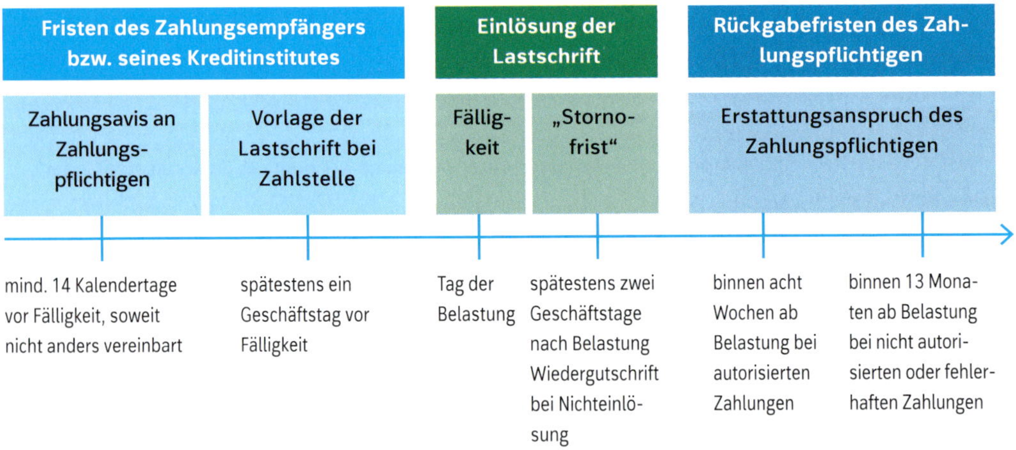

Lastschriftrückgabe

Lastschriftrückgaben können nach dem EPC-SEPA-Regelwerk aus folgenden Gründen erfolgen:

SEPA-Lastschriftrückgaben	
Rückruf vor Fälligkeit (Recall)	Die 1. Inkassostelle kann Lastschriften vor Fälligkeit zurückrufen. Sie werden dann nicht eingelöst.
Rückgabe vor Fälligkeit (Refusal)	▪ **Rückweisung einer SEPA-Basis-Lastschrift** vom Zahlungspflichtigen ▪ **Widerruf des Lastschriftmandats**
Rückweisung nach Fälligkeit (Reject)	▪ fehlerhafte Lastschriftdaten *(z. B. falsche IBAN, keine Gläubiger-ID, keine Mandatsreferenz, kein Fälligkeitstag)* ▪ Konto existiert nicht oder ist nicht für Lastschriften zugelassen *(z. B. Festgeldkonto)* ▪ Nichtvorliegen einer Mandatskopie bei SEPA-Firmen-Lastschriften
Rückgabe nach Fälligkeit (Return)	▪ **nicht ausreichende Kontodeckung** ▪ Konto erloschen
Rückforderung nach Fälligkeit (Refund)	▪ **Widerspruch** zu einer autorisierten **SEPA-Basis-Lastschrift** innerhalb von **acht Wochen** nach Fälligkeit ▪ Rückgabe einer **nicht autorisierten Lastschrift** binnen **13 Monaten** nach Fälligkeit

Durch das Zahlungsavis (Pre-Notification) hat der Kontoinhaber Kenntnis vom anstehenden Lastschrifteinzug und kann die Zahlstelle anweisen, eine SEPA-Basis-Lastschrift zurückzuweisen. Zudem kann er ein **SEPA-Lastschriftmandat** durch Erklärung gegenüber dem Zahlungsempfänger oder **gegenüber seinem Kreditinstitut widerrufen**. Lastschriften dürfen dann nicht mehr eingelöst werden *(Ziff. 2.2.3 SEPA-Basis-Lastschriftbedingungen)*.

Der Kontoinhaber kann mit seinem Kreditinstitut auch Lastschriftsperren und Begrenzungen vereinbaren *(z. B. Betragsbegrenzungen, Sperre von Lastschriften bestimmter Zahlungsempfänger)*.

Bei **nicht ausreichender Kontodeckung** löst das Kreditinstitut Lastschriften nicht ein. Teileinlösungen nehmen Kreditinstitute nicht vor. Bei Nichteinlösung einer Lastschrift aufgrund mangelnder Kontodeckung muss die Zahlstelle den Zahlungspflichtigen unverzüglich darüber informieren.

Wenn eine **SEPA-Basis-Lastschrift** nicht eingelöst wird, erfolgt **keine Kontobelastung** des Zahlungspflichtigen oder wird **spätestens am zweiten Geschäftstag** nach ihrer Vornahme **rückgängig** gemacht *(Ziff. 2.4.1 SEPA-Basis-Lastschriftbedingungen)*. Bei der **SEPA-Firmen-Lastschrift** beträgt die Frist **drei Geschäftstage**.

Die Zahlstelle muss bei der Rückgabe von Lastschriften an die 1. Inkassostelle folgende Fristen beachten:

- Rückgabe binnen fünf Bankarbeitstagen nach Fälligkeit bei SEPA-Basis-Lastschriften
- Rückgabe binnen zwei Bankarbeitstagen nach Fälligkeit bei SEPA-Firmen-Lastschriften

Wenn der Zahlungspflichtige eine **autorisierte SEPA-Basis-Lastschrift** innerhalb einer Frist von **acht Wochen** nach der Belastung zurückgibt, schreibt die Zahlstelle den Lastschriftbetrag mit der **Belastungswertstellung** wieder gut.

Eine **nicht autorisierte Lastschrift** kann der Zahlungspflichtige innerhalb von **13 Monaten** nach Belastung seines Kontos zurückgeben. In diesem Fall muss die Zahlstelle sich jedoch vergewissern, ob es tatsächlich kein gültiges Lastschriftmandat gab. Die Zahlstelle fordert deshalb über die 1. Inkassostelle eine Kopie des Mandates beim Zahlungsempfänger an und beurteilt anhand der Unterlagen, ob ein gültiges Mandat vorlag oder nicht. Kommt die Zahlstelle zu dem Ergebnis, dass es kein gültiges Mandat gab, schreibt sie den Betrag mit der **Belastungswertstellung** dem Konto wieder gut und gibt die Lastschrift an die 1. Inkassostelle zurück.

Bei einer **Rückforderung** nach Fälligkeit (Refund) hat die Zahlstelle gegenüber der 1. Inkassostelle einen Anspruch **auf Zinsausgleich** (SEPA-Regelwerk), weil dem Zahlungspflichtigen der Gegenwert mit der Belastungswertstellung wieder gutgeschrieben wurde.

Rücklastschriften werden grundsätzlich **beleglos** zurückgegeben.

Der **Rückgabegrund** wird im Rücklastschriftdatensatz verschlüsselt.

Die Zahlstelle stellt der 1. Inkassostelle oftmals eine **Rücklastschriftgebühr** von circa 3,00 EUR in Rechnung. Bei Rücklastschriften belastet die 1. Inkassostelle den Zahlungsempfänger mit dem Lastschriftbetrag, der Rücklastschriftgebühr und stellt zudem in der Regel eine eigene Provision in Rechnung.

Bedeutung des Lastschriftverkehrs	
für den Zahlungspflichtigen	**für den Zahlungsempfänger**
▪ Rückgaberecht der Lastschrift binnen acht Wochen nach Kontobelastung ▪ keine Terminüberwachung ▪ keine Anfertigung von Zahlungsbelegen ▪ geringe Gebührenbelastung durch die Zahlstelle **Nachteil:** Einschränkung der finanziellen Dispositionsmöglichkeiten, da zu den Fälligkeitsterminen für Kontodeckung gesorgt bzw. Einlösung durch teure Kreditinanspruchnahme erkauft werden muss	▪ gute Dispositionsmöglichkeit der eigenen Liquidität, da der Zahlungsvorgang von ihm ausgelöst wird ▪ Zinsvorteile durch pünktlichen Zahlungseingang in einer Summe ▪ Entlastung der Debitorenbuchhaltung und Vereinfachung des Mahnwesens ▪ kostengünstige Möglichkeit des Einzugs von Außenständen durch Einsatz der EDV (insbesondere im Massenlastschriftverkehr)

5.5.4 Zahlungskartengeschäft

Kreditinstitute geben an Kunden **Bank- und Kreditkarten** aus. Bei Verfügungen mit der Bankkarte (Debitcard) wird das Konto des Karteninhabers unmittelbar nach einer Verfügung belastet, während bei Verfügungen mit der Kreditkarte die Kontobelastung erst später erfolgt.

Die Karten können im gesamten **SEPA-Gebiet** in gleicher Weise wie im Heimatland an Geldautomaten und an Händlerterminals verwendet werden. Einheitliche Sicherheitstechnologien sollen einen Kartenmissbrauch verhindern.

Der Karteninhaber hat besondere **Sorgfalts- und Mitwirkungspflichten** zu beachten:

- Er muss die Karte unverzüglich nach Erhalt unterschreiben.
- Er muss die Karte mit besonderer Sorgfalt aufbewahren. Sie darf insbesondere nicht unbeaufsichtigt im Kraftfahrzeug aufbewahrt werden.

- Er hat dafür Sorge zu tragen, dass keine andere Person Kenntnis von der PIN erhält, insbesondere darf die PIN nicht auf der Karte vermerkt oder in anderer Weise *(z. B. als getarnte Telefonnummer)* mit dieser aufbewahrt werden.
- Bei einem Verlust, Diebstahl oder einer missbräuchlichen Verwendung muss er unverzüglich das Kreditinstitut benachrichtigen. Der Verlust der Karte kann auch beim Zentralen Sperrannahmedienst („Sperrnotruf", Tel.-Nr. 116 116) angezeigt werden.
- Bei Diebstahl oder missbräuchlicher Verwendung muss er zudem unverzüglich Anzeige bei der Polizei erstatten.

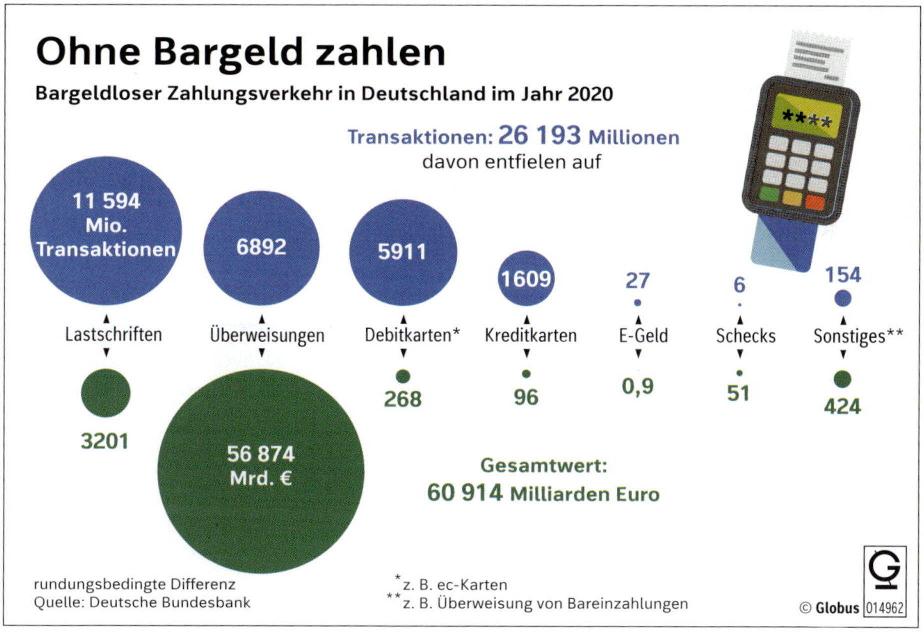

5.5.4.1 Bankkarte (Debitkarte, Girocard)

Bankkarten (BankCard, SparkassenCard, VR-BankCard) sind kontengebundene Multifunktionskarten, die es dem Inhaber ermöglichen, bestimmte Serviceleistungen *(z. B. Kontoauszugsdrucker)* des Kreditinstitutes zu nutzen, bargeldlose Zahlungen vorzunehmen und Bargeld an Geldautomaten zu erhalten. Sie werden als **Debitkarten** bezeichnet, weil das Konto des Inhabers unmittelbar nach der Zahlung belastet wird.

Die auf der Bankkarte abgebildeten Logos zeigen an, in welcher Weise die Karte als Zahlungsinstrument und zur Bargeldbeschaffung genutzt werden kann:

- **Girocard**: Nutzung der Karte für bargeldlose Zahlungen und Verfügungen an Geldautomaten im Inland und einigen europäischen Ländern
- **Debit Mastercard oder V Pay (Visa Debit)**: Mastercard® weltweite bzw. V Pay europaweite Nutzung der Karte für bargeldlose Zahlungen und Verfügungen an Geldautomaten
- **Eufiserv, Cash Group, Cashpool**: kostenfreie Verfügungen an Geldautomaten von Partnerbanken

Die Zahlungsinstrumente (Girocard, Debit Mastercard, V Pay) können auch als „digitale Karten" auf einem mobilen Endgerät (*z. B. Smartphone*) gespeichert sein. Dies ermöglicht es dem Kunden mit dem Smartphone kontaktlos an Kassenterminals zu zahlen.

Nutzungsmöglichkeiten im Überblick

Selbstbedienungsterminals

z. B. Erteilung von Überweisungsaufträgen

Geldautomaten

- Girocard im Inland und einigen anderen europäischen Ländern
- Debit Mastercard bzw. Maestro[1]: weltweit, V Pay (Visa Debit): europaweit

Automatisierte Kassen

- Girocard im Inland und einigen anderen europäischen Ländern
- Debit Mastercard bzw. Maestro: weltweit, V Pay: europaweit

Eingabe der PIN

ohne Eingabe der PIN

Elektronisches Lastschriftverfahren (ELV)

- Kunde erteilt SEPA-Basis-Lastschriftmandat
- Vergleich der Unterschriften
- keine Zahlungsgarantie

Kontoauszugsdrucker

Bedingungen für die Verwendung der Bankkarte[1]

Zahlungsgarantie (Girocard/Debit Mastercard/ V Pay)	▪ Das Kreditinstitut ist verpflichtet, die Beträge, über die unter Verwendung der Karte verfügt wurde, an die Betreiber zu vergüten. ▪ Die Zahlungspflicht beschränkt sich auf den jeweils autorisierten Betrag.
Verfügungsrahmen	▪ Der Karteninhaber darf Verfügungen mit seiner Karte nur im Rahmen des Kontoguthabens oder eines vorher eingeräumten Kredits vornehmen. ▪ Für Verfügungen an Geldautomaten und automatisierten Kassen teilt das Kreditinstitut dem Kontoinhaber einen jeweils für einen bestimmten Zeitraum geltenden Verfügungsrahmen mit *(z. B. 1 000,00 EUR pro Tag)*.
Sperrung der Karte (Zentraler Sperr-Notruf: Tel. 116116)	▪ Das Kreditinstitut darf die Karte aus wichtigem Grund sperren *(z. B. bei nicht genehmigten Kontoüberziehungen)* und den Einzug der Karte *(z. B. am Geldautomaten)* veranlassen. ▪ Die Karte kann an Geldautomaten, autorisierten Kassen sowie Selbstbedienungsterminals nicht mehr eingesetzt werden, wenn die PIN dreimal hintereinander falsch eingegeben wurde.

[1] *Ab 2023 stellt Mastercard das Zahlungssystem "Maestro" ein. Bis zum Umtausch der Bankkarten kann es aber weiterhin genutzt werden.*

Die **Girocard** ermöglicht Verfügungen an **Geldautomaten** und bargeldlose Zahlungen bei **Akzeptanzstellen** *(z. B. Geschäfte, Restaurants, Hotels, Tankstellen)* im Inland und in einigen anderen europäischen Ländern.

Bankkarten mit einem **Mastercard**- oder **V Pay-Logo** ermöglichen Verfügungen an **Geldautomaten** und Kartenzahlungen bei **Akzeptanzstellen** dieser Zahlungsdienstleister. V Pay ist ein Zahlungssystem von Visa. Während Karten mit dem Mastercard-Logo weltweit einsetzbar sind, gelten V Pay-Karten nur in Europa.

Der Karteninhaber kann an Geldautomaten im In- und Ausland im Rahmen seines individuellen Verfügungsrahmens gegen Eingabe seiner PIN (**P**ersönliche **I**dentifikations-**N**ummer) Barabhebungen (auch mehrmals täglich) vornehmen. Die Abhebungen werden aufgrund des bestehenden Onlineverbundes dem Konto des Kunden belastet. In der Regel sind die Auszahlungen bei fremden Kreditinstituten auf einen Höchstbetrag begrenzt *(z. B. 1 000,00 EUR pro Tag)*.

Bei Euro-Verfügungen an Geldautomaten in anderen EU-Ländern dürfen keine höheren Kosten als bei Verfügungen im Inland in Rechnung gestellt werden.

In Ländern außerhalb der europäischen Währungsunion erfolgt die Auszahlung in der jeweiligen Landeswährung. Die Währungsumrechnung erfolgt zum Devisengeldkurs.

Girocard-System/Debit Mastercard/V Pay

Der Karteninhaber kann bei allen an das **Girocard-System** bzw. Debit Mastercard-/V Pay-System angeschlossenen Unternehmen im Rahmen seines individuellen Verfügungsrahmens *(z. B. 1 000,00 EUR pro Tag)* bargeldlos zahlen.

Girocard-Zahlungen

- **Zahlungen mit Karteneingabe**
  Der Inhaber steckt die Girocard in das Kassenterminal, gibt die **PIN** ein und bestätigt den Rechnungsbetrag.

- **Kontaktlose Zahlungen**
  Verfügt die Karte über einen NFC-Chip (**N**ear **F**ield **C**ommunication), können die Daten auch kontaktlos an das Kassenterminal übertragen werden. Die Karte muss dazu in einem Abstand von wenigen Zentimetern vor das Lesegerät gehalten werden.

  Bei **Beträgen über 50,00 EUR** ist anschließend die PIN einzugeben.

  Bei **Beträgen bis 50,00 EUR** ist die Eingabe der **PIN** grundsätzlich **nicht erforderlich**. Aus Sicherheitsgründen wird jedoch bei mehreren aufeinanderfolgenden Zahlungen bis 50,00 EUR die PIN angefordert, wenn die Gesamtsumme ein bestimmtes Limit *(z. B. 150,00 EUR)* übersteigt oder wenn eine bestimmte Anzahl *(z. B. fünf)* dieser Zahlungen überschritten wird.

Bei **Mastercard-/V Pay-Zahlungen** ist bei kontaktlosen Zahlungen mit der Karte eine Eingabe der PIN ebenfalls erst nach Überschreiten bestimmter Schwellenbeträge notwendig.

Zahlungsabwicklung im Girocard-System

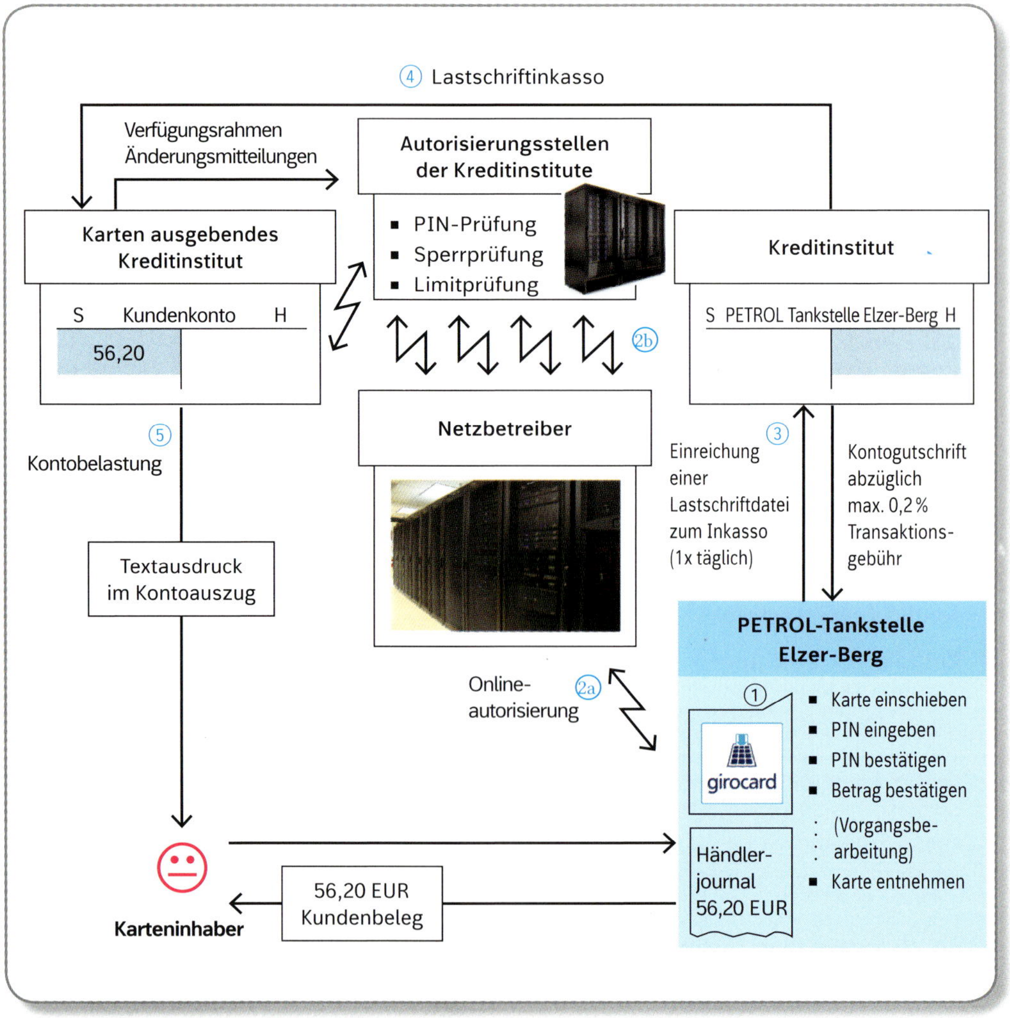

Elektronisches Lastschriftverfahren (ELV)

Das **Elektronische Lastschriftverfahren (ELV)** ist ein vom deutschen Handel entwickeltes Zahlungssystem, bei dem der Käufer unter Vorlage der **Bankkarte** durch **Unterschrift** den Händler ermächtigt, den Rechnungsbetrag per Lastschrift von seinem Konto einzuziehen.

Nach Vorlage der Bankkarte werden die Kontodaten des Kunden vom Magnetstreifen bzw. von der Chipkarte im Kassenterminal eingelesen und ein Kassenbeleg ausgedruckt. Der Beleg enthält neben dem Rechnungsbetrag folgende Angaben (oft auf der Rückseite):

- **SEPA-Basis-Lastschriftmandat**
- Pflichtangaben für den Lastschrifteinzug *(z. B. Gläubiger-ID, Mandatsreferenz)*
- Hinweis auf **Erstattungsrecht** des Lastschriftbetrages **binnen acht Wochen** nach der Belastung
- Anweisung an das Kreditinstitut, dem Händler im Fall von Lastschriftrückgaben den Namen und die Anschrift des Kunden mitzuteilen
  Das Kreditinstitut ist jedoch nicht zu einer Mitteilung dieser Daten verpflichtet. Wenn das Kreditinstitut die Auskunft verweigert, hat der Händler die Möglichkeit, bei der Polizei eine „Anzeige gegen Unbekannt" zu erstatten. Im Rahmen der Ermittlung kann auf der Grundlage einer richterlichen Verfügung das Kreditinstitut dann zur Herausgabe der Daten verpflichtet werden.
- datenschutzrechtliche Informationen *(z. B. Weitergabe der Daten an angeschlossene Unternehmen bei Rücklastschriften)*
- Zahlungsavis, dass die Belastung zum nächstmöglichen Bankarbeitstag erfolgt

Der Käufer **unterschreibt** den Beleg und erhält eine Durchschrift. Der Rechnungsbetrag wird anschließend per **Lastschrift** vom Konto des Zahlungspflichtigen eingezogen.

5.5.4.2 Kreditkarte

Kreditkarten sind

- **von Kreditinstituten** oder anderen Organisationen als Lizenznehmer von Kreditkartenorganisationen *(z. B. Mastercard, Visa)* ausgegebene Ausweiskarten, die dazu berechtigen,
- **weltweit bei bestimmten Handels- und Dienstleistungsunternehmen (Akzeptanzstellen)**, die vertraglich an die jeweilige Kreditkartenorganisation angeschlossen sind, **Leistungen ohne Bargeldzahlung** gegen Vorlage der Kreditkarte und Eingabe der PIN (manchmal auch Unterschrift auf dem Leistungsbeleg) in Anspruch zu nehmen.

Nutzungsmöglichkeiten der Kreditkarte

Der Kartenemittent verpflichtet sich aufgrund eines Rahmenvertrages mit den Vertragsunternehmen, die laufend entstehenden Forderungen gegenüber den Karteninhabern unter Abzug eines Disagios anzukaufen. Er verzichtet darauf, den Vertragsunternehmen solche Forderungen zurückzubelasten, bei denen der Karteninhaber zahlungsunfähig wird.

Aus wirtschaftlicher Sicht ist die Kreditkarte ...

- **Zahlungsmittel**, da der Karteninhaber unter Vorlage der Kreditkarte bargeldlos bei Akzeptanzstellen (Hotels, Restaurants, Tankstellen usw.) zahlen kann.
- **Liquiditätsreserve**, da der Karteninhaber im Rahmen eines Bargeldservice bei Kreditinstituten und an Geldautomaten Bargeld abfordern kann.
- **Kreditmittel**, da der Rechnungsausgleich durch den Karteninhaber (Kontobelastung) mit einem Zeitverzug von bis zu vier Wochen nach Inanspruchnahme der Leistung erfolgt.

Für den Karteninhaber wird ein monatlicher **Verfügungsrahmen** festgelegt *(z. B. 5 000,00 EUR)*. Je nach Ausstattung bietet die Kreditkarte oft zusätzliche Versicherungsleistungen *(z. B. Reiserücktrittsversicherung, Auslandskrankenversicherung)* und sonstige Leistungen.

Die Gültigkeit der Karte beträgt in der Regel vier Jahre.

Kreditkartengesellschaften

International verbreitet sind die Kreditkarten von folgenden Kreditkartengesellschaften:

Mastercard *Visa* *American Express* *Diners Club*

Kreditinstitute geben Kreditkarten an ihre Kunden in Kooperation mit Kreditkartengesellschaften heraus. Auf der Kreditkarte sind dann die Logos des Kreditinstitutes und der Kreditkartengesellschaft abgebildet. In Deutschland sind die Kreditkarten von **Mastercard** und **Visa** vorherrschend, die weltweit über viele Akzeptanzstellen verfügen.

Vertragspartner des Karteninhabers ist das emittierende Kreditinstitut, das selbst mit der Kreditkartengesellschaft eine Lizenzvereinbarung getroffen hat.

Das **Kreditinstitut**

- erhält die Jahresgebühr sowie den Disagioerlös (Abzug vom Rechnungsbetrag zulasten der Akzeptanzstellen) und
- trägt das Risiko der Zahlungsunfähigkeit des Karteninhabers.

Zahlungen mit der Kreditkarte

Die Autorisierung einer Kreditkartenzahlung in **Handels- und Dienstleistungsunternehmen** erfolgt in folgenden Schritten:

- Einlesen der Daten vom Magnetstreifen oder Chip in ein Kartenterminal
- In der Regel Bestätigung des Betrages durch den Karteninhaber auf dem Terminal
- Onlineautorisierung beim Emittenten (Prüfung der Gültigkeit und des Verfügungsrahmens)
- Autorisierung der Zahlung durch Unterschrift auf dem Leistungsbeleg oder durch Eingabe der PIN

Bei **kontaktlosen Zahlungen** mit der Karte ist eine Autorisierung der Zahlung durch PIN-Eingabe in der Regel erst bei Zahlungen **über 50,00 EUR** notwendig.

Bei **Barabhebungen** an **Geldautomaten** legitimiert sich der Karteninhaber durch Eingabe der **PIN**.

Bei Zahlungen mit der Kreditkarte im Internet ist grundsätzlich eine Zwei-Faktor-Authentifizierung notwendig.

Besitzelement ist die Kreditkarte. Bei Internetzahlungen sind folgende Eingaben zu tätigen:

- Name des Karteninhabers
- Kartennummer
- Gültigkeitsdatum
- eventuell auch Abfrage der Kartenprüfziffer

  Die Kartenprüfziffer ist eine drei- oder vierstellige Zahl, die auf der Rückseite der Kreditkarte steht.

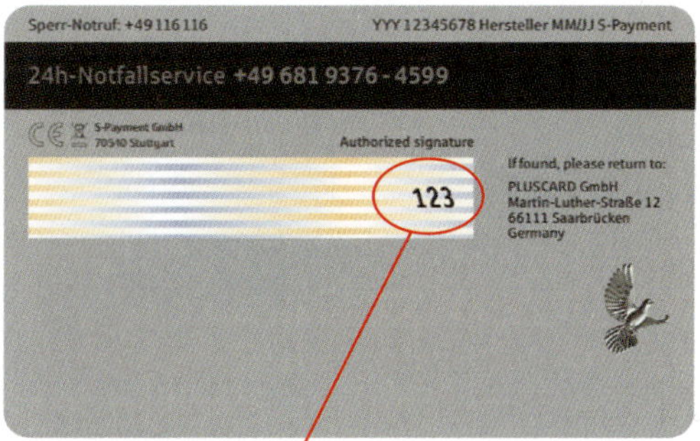

Kartenprüfziffer

Als zweites Authentifizierungselement nutzen Mastercard und Visa das **3D-Secure-Verfahren** (Mastercard Identity Check; Visa Secure Verfahren). Zunächst müssen sich Karteninhaber für das 3D-Secure-Verfahren bei ihren Kreditinstituten registrieren lassen. Zahlungen bestätigt der Kunde mit einem zweiten Element (*z. B. TAN, Passwort [Wissen] oder Fingerabdruck [Sein, Inhärenz]*). Das genaue Verfahren ist bei den kartenausgebenden Instituten unterschiedlich.

Beispiel:
Beim Bezahlvorgang im Internet öffnet sich ein Eingabefenster des Kartenemittenten im Browser. Hier kann der Karteninhaber die Zahlung noch einmal prüfen und durch Eingabe einer TAN, eines Passworts oder Fingerabdrucks bestätigen.

Beim mobilen Bezahlen mittels Google Pay oder Apple Pay sind die Kreditkartendaten in der App gespeichert. Der Besitz des Handys und eine Bestätigung der Zahlung mittels PIN (Wissen) oder Fingerabdruck (Inhärenz) autorisieren die Zahlung.

In folgenden Fällen verzichten Kreditinstitute oft auf eine Zwei-Faktor-Kundenauthentifizierung:
- Zahlungen unter 30,00 EUR
- wiederkehrende Zahlungen (regelmäßige Belastung der Kreditkarte bei Abonnements)
- Zahlungen mit geringem Risiko

Bei einem Verzicht auf eine Zwei-Faktor-Kundenauthentifizierung haftet das Kreditinstitut auch bei grober Fahrlässigkeit des Kunden.

Abrechnungssysteme für den Karteninhaber

Charge-Card (in der Praxis vorherrschend)	▪ monatliche Abrechnung der Kartenverfügungen ▪ Einzug per Lastschrift vom Kontokorrentkonto ▪ keine Berechnung von Sollzinsen für die Zeit der Kreditgewährung
Prepaid-Card	▪ Vorauszahlung eines bestimmten Geldbetrages an die Kreditkartengesellschaft *(z. B. 500,00 EUR)* ▪ Verfügungen mit der Kreditkarte sind nur bis zur Höhe des eingezahlten Geldbetrages möglich. ▪ Ausgabe auch an Minderjährige und an Personen mit schlechter Bonität möglich
Credit-Card	▪ Einräumung eines Kreditrahmens in Abhängigkeit von der Bonität ▪ Der Karteninhaber erhält eine Monatsrechnung und kann entscheiden, ob er die Beträge sofort oder in Raten über einen längeren Zeitraum zurückzahlen möchte. ▪ Sollzinsen

Vertragsgrundlagen bei Kreditkarten

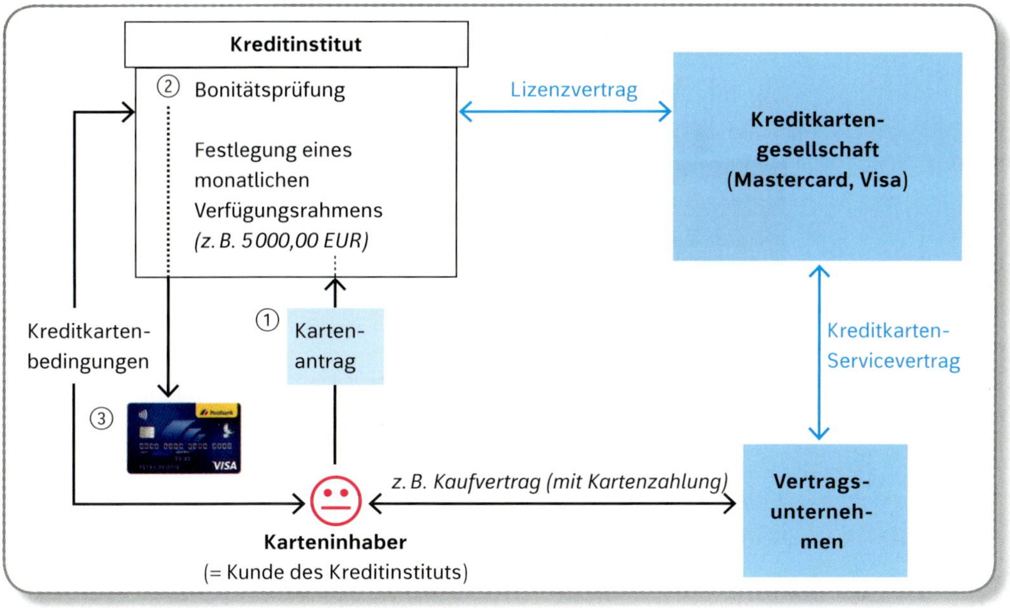

Zahlungsabwicklung bei Kreditkartenzahlungen (Charge-Card)

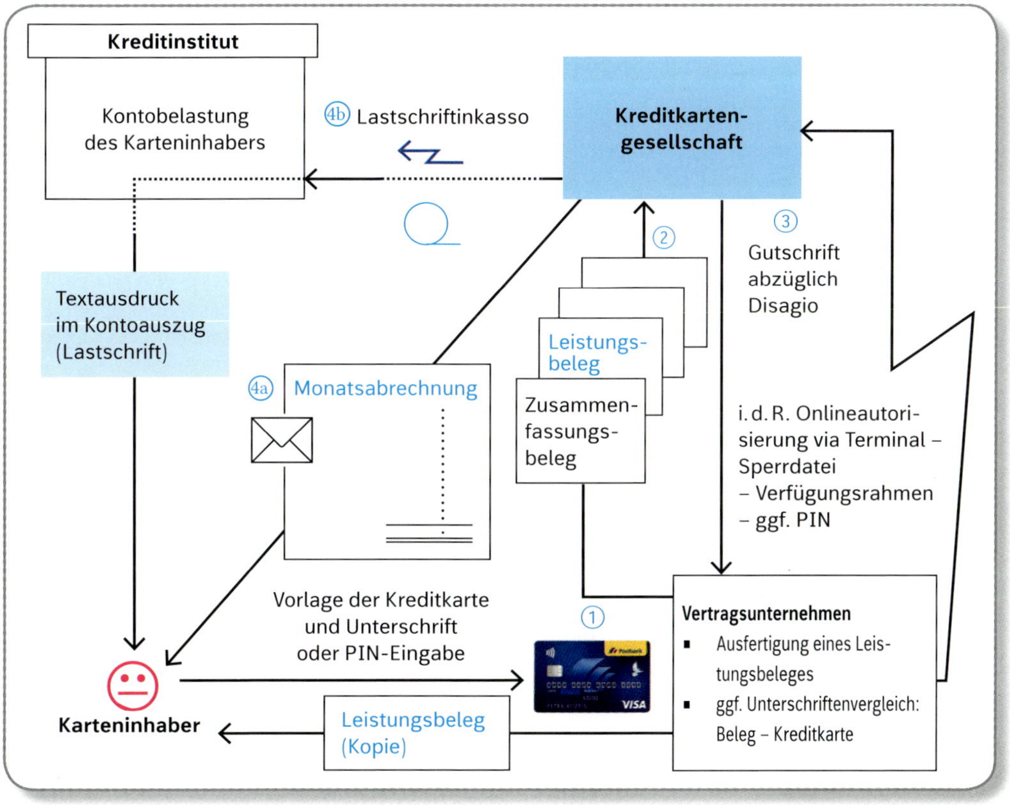

5.5.4.3 Kartenzahlungssysteme im Überblick

Merkmale	Girocard/Debit Mastercard/V Pay	elektronisches Lastschriftverfahren (ELV)	Kreditkartenzahlungen
Symbol	girocard, V PAY, mastercard	SEPA Lastschrift	mastercard, VISA
Legitimation und Prüfungen bei der Zahlung	▪ Eingabe der PIN (i. d. R. keine PIN-Eingabe bei kontaktlosen Zahlungen bis 50,00 EUR) ▪ Onlineprüfung: – der PIN – der Sperrdatei – des Verfügungsrahmens *(z. B. 1 000,00 EUR pro Tag)*	▪ Unterschrift und Erteilung eines SEPA-Basis-Lastschriftmandates ▪ evtl. Vorlage des Personalausweises ▪ Sperrdateiabfrage („KUNO")	▪ Unterschrift oder PIN-Eingabe (i. d. R. keine PIN-Eingabe bei kontaktlosen Zahlungen bis 50,00 EUR) ▪ Onlineprüfung: – ggf. der PIN – der Sperrdatei – des Verfügungsrahmens
Zahlungsgarantie für den Händler	ja	nein Die Lastschrift kann mangels Kontodeckung oder wegen Widerspruch zurückgegeben werden.	ja
Belastung des Zahlungskontos	nach jeder Zahlung	nach jeder Zahlung	einmal im Monat (Charge-Card)
Risiko für den Karteninhaber	▪ Schaden vor Sperranzeige: Bei Fahrlässigkeit beträgt die max. Haftung des Kontoinhabers 50,00 EUR (i. d. R. bei Sparkassen und Kreditgenossenschaften keine Haftung). Bei grober Fahrlässigkeit und Vorsatz haftet der Inhaber unbeschränkt. ▪ Schaden nach Sperranzeige: keine Haftung des Kontoinhabers	Es besteht kein Risiko für den Karteninhaber, da er die Lastschriften aufgrund eines Widerspruchs zurückgeben kann.	▪ Schäden vor Sperranzeige: Bei Fahrlässigkeit beträgt die max. Haftung des Karteninhabers 50,00 EUR bzw. der in den Bedingungen festgelegte niedrigere Betrag *(z. B. 0,00 EUR)*. Bei grober Fahrlässigkeit und Vorsatz haftet der Inhaber unbeschränkt. ▪ Schäden nach Sperranzeige: keine Haftung des Karteninhabers

5.5.4.4 Haftung

Bei einer **nicht autorisierten** oder **fehlerhaften Ausführung einer autorisierten Kartenverfügung** ist das Kreditinstitut verpflichtet, dem Kontoinhaber den Betrag unverzüglich und ungekürzt zu erstatten. Ansprüche gegen das Kreditinstitut müssen binnen 13 Monaten nach dem Tag der Belastung geltend gemacht werden.

Das **Abhandenkommen** der Zahlungskarte (Bankkarte, Kreditkarte) ist unverzüglich der kontoführenden Stelle oder dem zentralen Sperrannahmedienst (Tel. 116116) zu melden (Sperranzeige). Bei einem Diebstahl oder Missbrauch ist zudem Anzeige bei der Polizei zu erstatten. Handelt es sich bei dem Konto- bzw. Karteninhaber um einen Verbraucher, ist seine Haftung für Schäden, die **bis zum Eingang der Verlust- bzw. Schadenanzeige** (Sperranzeige) entstehen, gesetzlich auf maximal **50,00 EUR** begrenzt. Nur bei grober Fahrlässigkeit oder Vorsatz haftet er bis zur Höhe des Verfügungsrahmens.

Nach der Sperranzeige haftet der Konto- bzw. Karteninhaber nicht mehr für Schäden bei missbräuchlichen Verfügungen, sofern er nicht in betrügerischer Absicht gehandelt hat *(§§ 675, 676 BGB).*

<table>
<tr><th colspan="3">Haftung des Kontoinhabers bei Missbrauch der Bankkarte bis zur Sperranzeige</th></tr>
<tr><th>Verschulden des Karteninhabers</th><th>Sparkassen und Kreditgenossenschaften</th><th>Kreditbanken</th></tr>
<tr><td rowspan="2">Fahrlässigkeit</td><td>Grundsätzlich haftet der Kontoinhaber (Verbraucher) mit maximal 50,00 EUR.

Sparkassen und Kreditgenossenschaften verzichten jedoch auf eine Schadenbeteiligung des Kunden, wenn der Karteninhaber seine Sorgfalts- und Mitwirkungspflichten nicht grob fahrlässig verletzt hat. Damit entfällt die Haftung des Kontoinhabers.</td><td>Der Kontoinhaber (Verbraucher) haftet mit maximal 50,00 EUR.

▪ Bei Verlust oder Diebstahl der Karte haftet der Karteninhaber unabhängig vom Verschulden.
▪ Kommt es zu nicht autorisierten Kartenverfügungen, ohne dass ein Verlust oder Diebstahl der Karte vorliegt, haftet der Karteninhaber nur, wenn er die Pflicht zur sicheren Aufbewahrung von Karte oder PIN schuldhaft verletzt hat.</td></tr>
<tr><td colspan="2">Handelt es sich bei dem Kontoinhaber nicht um einen Verbraucher, haftet er auch bei Fahrlässigkeit unbeschränkt.</td></tr>
<tr><td>grobe Fahrlässigkeit oder Vorsatz</td><td colspan="2">Der Kontoinhaber trägt 100 % des Schadens bis zur Höhe des Verfügungsrahmens, insbesondere wenn ...

▪ er den Verlust, Diebstahl oder die missbräuchliche Verfügung nicht unverzüglich dem Kreditinstitut angezeigt hat,
▪ die persönliche Geheimzahl (PIN) auf der Karte vermerkt oder zusammen mit der Karte verwahrt wurde,
▪ die PIN einer anderen Person mitgeteilt und der Missbrauch dadurch verursacht wurde.</td></tr>
<tr><td>Fahrlässigkeit</td><td colspan="2">Der Karteninhaber haftet grundsätzlich mit maximal 50,00 EUR. Jedoch sehen die Sonderbedingungen vieler Kreditinstitute einen niedrigeren Haftungsbetrag oder keine Haftung des Karteninhabers vor.</td></tr>
<tr><td>grobe Fahrlässigkeit oder Vorsatz</td><td colspan="2">Der Karteninhaber haftet bis zur Höhe des Verfügungsrahmens für den Schaden.</td></tr>
</table>

5.5.5 Mobile Payment

Handyzahlungen am Kassenterminal

Ist in der Banking-App auf dem Smartphone eine **digitale Debitkarte** (Girocard, Mastercard, VPay) oder eine **digitale Kreditkarte** installiert, kann der Kunde mit seinem Handy auch ohne Vorlage der Karte Kartenzahlungen veranlassen. Für die sichere Speicherung der Kartendaten auf dem Handy wird die sogenannte HCE-Technik (Host Card Emulation) genutzt.

- Bei **Android-Smartphones** sind die Daten der Zahlungskarte in einer Banking-App für mobiles Bezahlen gespeichert *(z. B. App „Mobiles Bezahlen“ bei Sparkassen, „Pay App“ bei Kreditgenossenschaften).*
- Für mobile Zahlungen mit einem Apple-Smartphone kann der Nutzer in der Banking-App die App „**Apple Pay**“ hinzufügen („Zur Apple Wallet hinzufügen“). Alternativ kann der Nutzer die digitale Zahlungskarte in der Apple „Wallet App“ aktivieren.

Beim Bezahlen ist das Handy zu entsperren und nahe an das Bezahlterminal zu halten. Über die NFC-Schnittstelle (Near Field Communication) des Smartphones werden die Daten in das Terminal eingelesen.

Die **Zwei-Faktor-Authentifizierung** der Zahlung erfolgt durch

- Besitz des Handys und
- Entsperrung des Handys durch Fingerabdruck, Gesichtserkennung, Gerätecode oder Eingabe eines Musters.

Die Zahlung wird – unabhängig von der Betragshöhe – mit der im Smartphone hinterlegten Entsperrmethode freigegeben. Die Eingabe einer PIN ist nicht erforderlich.

Handy-an-Handy-Zahlungen

Handy-an-Handy-Zahlungen ermöglichen Überweisungen an Personen, die im Adressbuch des Handys gespeichert sind.

Beispiele:

- *Giropay*
- *Paypal: P2P (Person to Person)*

Voraussetzungen für Handy-zu-Handy-Zahlungen sind die Teilnahme am Onlinebanking und eine einmalige Registrierung für Handy-an-Handy-Zahlungen in der Banking-App. In der Regel muss sich auch der Zahlungsempfänger für dieses Zahlungsverfahren registrieren lassen.

Bei der Zahlung kann der Zahler in der Banking-App einen Zahlungsempfänger im Adressbuch seines Handys anklicken, einen Zahlungsbetrag eingeben und die Überweisung auslösen. Bei Zahlungen bis 30,00 EUR ist bei Giropay keine TAN erforderlich. Der Zahlungsempfänger erhält auf seinem Handy sofort eine Benachrichtigung über den Zahlungseingang.

5.5.6 Internetbezahlverfahren

Giropay

Giropay ist ein **Onlinebezahlverfahren** der deutschen Kreditwirtschaft, das eine für Käufer und Verkäufer **sichere Zahlung im Internet** ermöglicht.

Zahlungen mit Giropay werden über das Onlinebanking der Bank des Zahlers durchgeführt.

Verkäufer, die dieses Verfahren ihren Kunden anbieten möchten, müssen zuvor eine entsprechende Vereinbarung mit ihrem Kreditinstitut treffen.

Wenn ein Käufer beim Bezahlvorgang in einem Onlineshop die Zahlungsart „Giropay" wählt, wird er in einer gesicherten neuen Verbindung zum Onlinebanking seines Kreditinstitutes weitergeleitet. Nach Eingabe seines Benutzernamens und seines Passwortes werden dem Käufer die Kaufdaten zur Prüfung angezeigt. Nach Eingabe der PIN und Freigabe der Zahlung erhält der Zahlungsempfänger eine Zahlungsgarantie.

Käufer- und Verkäuferschutz:

- Sollte der Kunde die bestellte Ware später nicht erhalten, erhält der Käufer von „Giropay" eine Erstattung des Kaufpreises, wenn der Verkäufer den Versand der Ware nicht nachweisen kann (früher Paydirekt-Verfahren mit Käuferschutz).
- Schon unmittelbar nach der Zahlung erhält der Verkäufer eine Zahlungsgarantie von dem Kreditinstitut und kann die Ware versenden.

Giropay-Zahlungen gelten als sicher, da die Zahlung im direkten geschützten Dialog auf den Onlinebanking-Internetseiten des Kreditinstitutes ausgeführt wird. Der Zahlungsempfänger (Onlineshop) hat keine Einsicht in die Kundendaten. Die Daten werden nur auf Servern in Deutschland verarbeitet.

Weitere Onlinezahlungsmöglichkeiten

Zahlungsmöglichkeit	Beschreibung
Apple Pay	Wenn Online-Shops **Apple Pay** als Zahlungsform anbieten, kann der Käufer die Zahlung über die App ausführen. Die Authentifizierung erfolgt über die Entsperrfunktion des Handys (Fingerabdruck, Gesichtserkennung, Gerätecode oder Eingabe eines Musters). Es gibt keinen Käuferschutz bei dieser Zahlungsform.
Kreditkarte	Bei Kreditkartenzahlungen im Internet gibt der Zahler die Daten der Kreditkarte (Name, Kreditkartennummer, Gültigkeit, Prüfziffer) auf der Internetseite des Händlers ein. Er wird dann auf die Seite seines Kreditinstitutes geleitet. Nach Prüfung kann er die Zahlung durch Eingabe einer TAN freigeben (3D-Secure-Verfahren; Zwei-Faktor-Authentifizierung). Wenn ein Kunde häufiger bei einem Händler einkauft und bei Beträgen unter 30,00 EUR, kann das kartenausgebende Institut auf eine Zwei-Faktor-Authentifizierung verzichten. Es genügt dann die Eingabe der Kartendaten.

Zahlungsmöglichkeit	Beschreibung
PayPal	Die PayPal Inc. mit Hauptsitz in den USA bietet dem Käufer verschiedene Zahlungsmöglichkeiten an: ▪ Einzahlung auf ein Guthabenkonto bei PayPal, von dem die Kaufpreiszahlungen abgebucht werden ▪ Einzug der Kaufpreises per Lastschrift ▪ Belastung einer Kreditkarte Der Kaufpreis wird dem Konto des Verkäufers sofort gutgeschrieben. PayPal bietet zudem einen **Käuferschutz** bei Nichtversendung der Ware oder mangelhafter Lieferung.
Sofortüberweisung	Die Sofortüberweisung ist ein Onlinezahlverfahren der Sofort GmbH. Im Unterschied zu Giropay gibt der Käufer seine Bankdaten (Benutzername, PIN, TAN) auf der **Internetseite der Sofort GmbH** ein. Nach der Autorisierung und Bestätigung der Ausführung durch das kontoführende Kreditinstitut erhält der Verkäufer eine Zahlungsbestätigung. Ein Käuferschutz besteht nur, wenn der Händler diesen anbietet. Die Sofort GmbH überweist den Zahlungsbetrag aber erst nach 14 Tagen an den Verkäufer. In dieser Zeit kann der Käufer bei Nichtlieferung oder mangelhafter Lieferung seine Ansprüche geltend machen.

5.5.7 Reisezahlungsmittel

Zahlungen auf Reisen im Ausland verursachen unterschiedliche Kosten:

- In den **SEPA-Ländern** sind die Kosten für **EUR-Zahlungen** nicht höher als im Inland. Bei Fremdwährungszahlungen *(z. B. Schweizer Franken – CHF, Schwedische Krone – SEK)* fallen auch in SEPA-Ländern höhere Kosten als im Inland an.

  Beispiel:
  Eine EUR-Überweisung nach Schweden ist deutlich günstiger als eine SEK-Überweisung.

- In **Nicht-SEPA-Ländern** fallen in der Regel uneinheitliche, höhere Kosten an.

Für Reisen in Nicht-EUR-Länder benötigt der Kunde Devisen für bargeldlose Zahlungen und Sorten für Barzahlungen. **Devisen** sind Buchgeld (Kontoguthaben) in einer fremden Währung. **Sorten** sind Banknoten und Münzen in einer Fremdwährung.

Devisenkurse ergeben sich nach Angebot und Nachfrage und verändern sich laufend. Das Tauschverhältnis des Euros zu anderen Währungen wird als **Mengennotierung** dargestellt und drückt die Menge der Fremdwährung aus, die der Kunde für einen Euro zahlt bzw. erhält. Kreditinstitute kaufen und verkaufen Devisen an Kunden zu unterschiedlichen Kursen, nämlich zum Geld- bzw. Briefkurs.

Geldkurs	Briefkurs
aus der Sicht des Kreditinstitutes	
▪ Kauf von Euro ▪ Verkauf der Fremdwährung	▪ Verkauf von Euro ▪ Kauf von Fremdwährung
aus der Sicht des Kunden	
▪ Verkauf von Euro ▪ Kauf von Fremdwährung	▪ Kauf von Euro ▪ Verkauf der Fremdwährung

Die Differenz zwischen Geld- und Briefkurs nennt man **Spanne** (Spread). Während im Interbankenhandel die Spanne nach der Interessen- und Marktlage schwankt, berücksichtigen Kreditinstitute in der Regel bei der Abrechnung von Kundengeschäften einheitliche Spannen. Beim USD beträgt die Spanne üblicherweise 60 Basispunkte. Als **Basispunkte** bezeichnet man die letzten beiden Stellen der Kursnotierung.

Abrechnung von Kundengeschäften in Fremdwährungen	
Geldkurs	**Briefkurs**
z. B. 1,00 EUR = 1,1480 USD	z. B. 1,00 EUR = 1,1540 USD
Die Differenz zwischen Geld- und Briefkurs (Spanne) beträgt beim USD in der Regel 0,0060 USD (60 Basispunkte).	
▪ Belastung von Kreditkartenabrechnungen ▪ Girocard-/Debit Mastercard-/VPay-Zahlungen ▪ Verfügungen an Geldautomaten ▪ Überweisungsaufträge	▪ Überweisungseingänge

Beispiel:

Die Familie Kostic hat einen Urlaub in den USA verbracht. Sie hat in den USA folgende Ausgaben getätigt:

- *Zahlungen mit der Kreditkarte; Provision von 1,00 %: 5 700,00 USD*
- *Abhebungen an Geldautomaten; Provision 1,50 %: 2 500,00 USD*

Außerdem wurde während des Urlaubs Rebecca Kostics Smartphone von dem US-Bürger Tom Leedom versehentlich zerstört. Rebecca erhält von der amerikanischen Versicherung als Entschädigung eine Überweisung in Höhe von 450,00 USD.

	Betrag in USD	Umrechnungskurs		Betrag in EUR	Provision	Belastung bzw. Gutschrift
Kreditkartenzahlungen	*5 700,00 USD*	*Geldkurs*	*1,1480*	*4 965,16 EUR*	*49,65 EUR*	*5 014,81 EUR*
Abhebungen am Geldautomaten	*2 500,00 USD*	*Geldkurs*	*1,1480*	*2 177,70 EUR*	*32,67 EUR*	*2 210,37 EUR*
Überweisungsgutschrift	*450,00 USD*	*Briefkurs*	*1,1540*	*389,95 EUR*	*0,00 EUR*	*389,95 EUR*

Nebenrechnung für Kreditkartenabrechnung:

1,1480 USD - 1,00 EUR
5 700,00 USD - x EUR

$$x = \frac{1{,}00 \cdot 5\,700{,}00}{1{,}1480} = 4\,965{,}16 \text{ EUR} + 49{,}65 \text{ EUR} = \underline{\underline{5\,014{,}81 \text{ EUR}}}$$

Sorten können sich Verbraucher beschaffen durch
- Barabhebung im Ausland an Geldautomaten mit einer Zahlungskarte oder durch
- Kauf der Sorten im Inland bei einem Kreditinstitut.

Der Kauf von Sorten im Inland verursacht für den Kunden relativ hohe Kosten, weil die Vorhaltung von ausländischem Bargeld bei Kreditinstituten einen großen Aufwand verursacht. Die Spanne zwischen dem Geldkurs und dem Briefkurs ist bei Sorten erheblich größer als bei Devisen. Sorten lassen sich in der Regel günstiger an Geldautomaten in den Reiseländern beschaffen, da die Umrechnung zum Devisenkurs erfolgt.

Beispiel:
Preisaushang der Regio-Bank AG

Sortenkurse			
Land	**Währung**	**Verkaufskurs (Geldkurs)**	**Ankaufskurs (Briefkurs)**
USA	*USD*	*1,0900*	*1,2100*
Großbritannien	*GBP*	*0,8656*	*0,9656*
Schweiz	*CHF*	*1,0285*	*1,1485*

Maren Krüger benötigt 1 000,00 USD in bar. Die Provision für Abhebungen am Geldautomaten bei der US-Bank beträgt 2,00 %.

Bei einem Erwerb von 1 000,00 USD am Schalter der Regio-Bank AG in Deutschland zahlt sie 917,43 EUR.

$$\frac{1\,000{,}00}{1{,}0900 \text{ (Geldkurs Sorten)}} = \underline{\underline{917{,}43 \text{ EUR}}}$$

Bei einer Abhebung am Geldautomaten in den USA zahlt sie 888,50 EUR.

$$\frac{1\,000{,}00}{1{,}1480 \text{ (Geldkurs Devisen)}} = 871{,}08 \text{ EUR} + 17{,}42 \text{ EUR Provision} = \underline{\underline{888{,}50 \text{ EUR}}}$$

Bei einer Abhebung am Geldautomaten in den USA spart sie trotz der Provision $\underline{\underline{28{,}93 \text{ EUR}}}$.

6 Rechnungsabschluss von Zahlungskonten

- **Rechnungsabschluss** *(AGB Nr. 7)*
  Soweit nichts anderes vereinbart ist, erteilt das Kreditinstitut jeweils **zum Ende eines Kalenderquartals** einen Rechnungsabschluss. Dabei verrechnet das Kreditinstitut die im Abrechnungszeitraum entstandenen beiderseitigen Ansprüche einschließlich der Zinsen und Entgelte (Kontoführungsprovision) und ermittelt einen **Abschlusssaldo**.

  Von einem Abschlusssaldo ist der Tagessaldo zu unterscheiden.

Tagessaldo	Abschlusssaldo
▪ Saldo auf einem Kontoauszug ▪ Information über den rechnerischen Kontostand an einem Tag innerhalb des Abrechnungszeitraumes ▪ Der Tagessaldo ersetzt nicht die bisher in dem Abrechnungszeitraum entstandenen Einzelansprüche.	▪ Saldo des Rechnungsabschlusses ▪ Information über den neuen Kontostand am Ende des Abrechnungszeitraumes ▪ Der Abschlusssaldo ersetzt die in dem Abrechnungszeitraum entstandenen Einzelansprüche.

- **Prüfungspflicht und Einwendungen** *(AGB Nr. 20 Sparkassen, AGB Nr. 11 Banken)*
  Der Kunde muss Rechnungsabschlüsse, Lastschriften und Kontoauszüge unverzüglich auf Richtigkeit und Vollständigkeit prüfen und etwaige Einwendungen **unverzüglich** anzeigen.

- **Genehmigung des Rechnungsabschlusses** *(AGB Nr. 7)*
  Wenn der Kunde innerhalb von **sechs Wochen nach Zugang des Rechnungsabschlusses** keine Einwendungen geltend macht, gilt dieser als genehmigt („Saldoanerkenntnis durch Schweigen"). Zur Wahrung der Frist genügt die rechtzeitige Absendung der Nachricht. Jedoch kann der Kunde auch nach Ablauf der Frist eine Korrektur unrichtiger Buchungen verlangen. Er muss in diesem Fall aber seine Einwendungen beweisen (Umkehr der Beweislast).

- **Storno- und Berichtigungsbuchungen fehlerhafter Gutschriften** *(AGB Nr. 8)*
  Fehlerhafte Gutschriften macht das Kreditinstitut durch eine Stornobuchung vor Rechnungsabschluss bzw. durch eine Berichtigungsbuchung (Korrekturbuchung) nach Rechnungsabschluss rückgängig. Erhebt der Kunde gegen eine Berichtigungsbuchung Einwendungen, schreibt das Kreditinstitut den Betrag dem Konto wieder gut und macht seinen Rückzahlungsanspruch gesondert geltend.

Fallbeispiel:
Die Regio-Bank AG führt für Tobias Burgsmüller ein Girokonto zu folgenden Konditionen:

Kontoführungsentgelt pro Monat:	5,00 EUR
Sollzinssatz für eingeräumte Überziehungen:	9,00 % p. a.
Eingeräumte Kontoüberziehungsmöglichkeit	4 000,00 EUR
Beleglose Zahlungen (Lastschriften, Überweisungen, Kartenzahlungen)	0,00 EUR
Beleghaft erteilte Überweisungsaufträge	1,50 EUR
Barauszahlung am Geldautomaten	0,00 EUR
Barauszahlung an der Kasse	2,00 EUR

Tobias Burgsmüller hat von der Regio-Bank AG folgende Kontoabrechnung erhalten:

Regio-Bank AG		BIC RBFMDE99XXX			Konto-Auszug
IBAN	Konto-Nr.	Auszug-Nr.	Blatt	Datum	Filiale
DE76 5005 0099 006 9221 83	6922183	36	5	vom 01.10.20..	24

		Valuta	Umsatz Soll/ Haben
RECHNUNGSABSCHLUSS zum 30.09.20..			
Abrechnungszeitraum vom 01.07.20.. bis 30.09.20..			
Entgelt für die Kontoführung	15,00 EUR	30.09.20..	46,04 EUR Soll
Entgelt für beleghafte Überweisungen	4,50 EUR		
Entgelt für Barauszahlung an der Kasse	4,00 EUR		
Sollzinsen für eingeräumte Überziehungen	22,54 EUR		
Abrechnungssaldo	46,04 EUR		

Herrn Tobias Burgsmüller Akazienweg 56 50678 Köln	Alter Kontostand	1 540,25 Haben
	Neuer Kontostand Abschlusssaldo	1 494,21 Haben

Ihre eingeräumte Kontoüberziehungsmöglichkeit beträgt 4 000,00 EUR.

Bitte Rückseite beachten.

Hinweise zum Kontoauszug (Rückseite):

Sehr geehrte Kundin, sehr geehrter Kunde,

bitte prüfen Sie die Buchungen und Berechnungen in diesem Kontoauszug.

Beachten Sie folgende Hinweise:

- **Einwendungen** gegen den Kontoauszug richten Sie bitte **unverzüglich** an unsere Revisionsabteilung.
- Rechnungsabschlüsse gelten als **genehmigt**, sofern Sie innerhalb von **sechs Wochen nach Zugang keine Einwendungen** erheben.
- Gutschriften aus eingereichten Schecks, Lastschriften und anderen Einzugspapieren erfolgen unter dem **Vorbehalt der Einlösung**.
- Schecks und andere Einzugspapiere sind erst dann eingelöst, wenn sie nicht bis zum Ablauf des übernächsten Bankarbeitstages storniert oder korrigiert werden. Für Lastschriften gelten die Einlösungsregeln in den hierfür vereinbarten besonderen Bedingungen.
- Guthaben sind als Einlagen nach Maßgabe des Einlagensicherungsgesetzes entschädigungsfähig. Nähere Informationen können Sie dem „Informationsbogen für den Einleger" entnehmen.

Die Berechnung der Sollzinsen erfolgt nach der deutschen kaufmännischen Zinsrechnungsmethode (30/360).
Der Monat wird zu 30 Zinstagen und das Jahr zu 360 Zinstagen gerechnet.

Tobias Burgsmüller hatte das Konto wie folgt überzogen:

Zeitraum		Sollsaldo	Zinstage	9,00 % Sollzinsen
vom	bis			
04.07.	15.07.	845,00 EUR	11	2,32 EUR
26.07.	15.08.	3 280,00 EUR	19	15,58 EUR
08.09.	16.09.	2 320,00 EUR	8	4,64 EUR
				22,54 EUR

Nebenrechnung zur Berechnung der Sollzinsen:

$$\frac{3\,280{,}00 \cdot 19 \cdot 9}{360 \cdot 100} = \underline{\underline{15{,}58\ \text{EUR}}}$$

Tobias Burgsmüller stellt fest, dass alle im Kontoauszug aufgeführten Buchungen (z. B. Lastschriftbelastungen), die Entgeltabrechnung und Sollzinsen korrekt ausgewiesen sind.

7 Bankgeheimnis und Bankauskunft

Bankgeheimnis

Das Kreditinstitut ist zur Verschwiegenheit über alle kundenbezogenen Tatsachen und Wertungen verpflichtet, von denen es Kenntnis erlangt. Informationen über den Kunden darf das Kreditinstitut nur weitergeben, wenn gesetzliche Bestimmungen dies gebieten oder der Kunde mit der Weitergabe der Informationen einverstanden ist *(AGB-Banken Nr. 2, AGB-Sparkassen Nr. 3)*.

Das Bankgeheimnis

Geheimhaltungspflicht

Das Kreditinstitut hat die Pflicht, alle Informationen über den Kunden geheim zu halten. Dazu zählen insbesondere Daten über die persönlichen und wirtschaftlichen Verhältnisse des Kunden.

Auskunftsverweigerungsrecht

Das Kreditinstitut hat in Zivilprozessen das Recht, Auskünfte über die persönlichen, wirtschaftlichen und finanziellen Verhältnisse eines Kunden zu verweigern *(§ 383 ZPO)*. Dies gilt insbesondere für Prozesse und Verfahren vor dem Arbeits-, Sozial-, Verwaltungs-, Familien-, Nachlass- und Registergericht.

Nach dem **Bundesdatenschutzgesetz** dürfen Kreditinstitute personenbezogene Daten ausschließlich im Rahmen der Zweckbestimmung ihrer Geschäftsbeziehung mit dem Kunden speichern, verarbeiten und weitergeben. Schutzbedürftige Interessen des Kunden dürfen dabei nicht verletzt werden.

Eine **Verletzung des Bankgeheimnisses** berechtigt den Kontoinhaber, die Kontoverbindung fristlos zu kündigen und gegebenenfalls Schadenersatzansprüche zu stellen. Mitarbeitern, die das Bankgeheimnis verletzen, kann fristlos gekündigt werden.

Auskünfte an die Finanzbehörde

Der Steuerpflichtige und andere Personen *(z. B. Kreditinstitute, Versicherungen)* sind verpflichtet, der Finanzbehörde alle für die Steuerfestsetzung erforderlichen Auskünfte zu erteilen. Andere Personen sollen aber erst zur Auskunft angehalten werden, wenn die Sachverhaltsaufklärung durch den **Steuerpflichtigen nicht zum Ziel führt oder keinen Erfolg verspricht** *(§ 93 Abs. 1 AO)*. Die Auskünfte sind wahrheitsgemäß nach bestem Wissen und Gewissen zu erteilen *(§ 93 Abs. 3 AO)*.

Einzelauskunftsersuchen *(§ 93 Abs. 1 AO)*

Bei einem **Einzelauskunftsersuchen** ist das Kreditinstitut verpflichtet, der Finanzbehörde alle Kontostammdaten sowie alle Kontostände und Kontobewegungen des Steuerpflichtigen (Kunden) anzuzeigen.

Beispiel:
Das Finanzamt verdächtigt die Fake GmbH, Umsatzsteuer nicht abgeführt zu haben, und verlangt von der Regio-Bank AG Auskunft über alle Kontobewegungen der Fake GmbH in den vergangenen zwei Jahren.

Sammelauskunftsersuchen *(§ 93 Abs. 1a AO)*

Die Finanzbehörde kann ein **Sammelauskunftsersuchen** an Kreditinstitute richten, wenn sie einen hinreichenden Anlass für Ermittlungen gegen eine noch unbekannte Anzahl von Steuersachverhalten sieht und andere zumutbare Maßnahmen zur Sachverhaltsaufklärung keinen Erfolg versprechen. Die betroffenen Steuerpflichtigen müssen der Behörde bisher nicht bekannt sein, jedoch dem Grunde nach bestimmbar sein. Anlasslose „Rasterfahndungen“ sind nicht zulässig.

Beispiel:
Die Finanzbehörde hat den Verdacht, dass Kapitalanleger kurz vor und kurz nach der Dividendenzahlung große Aktienpakete gehandelt haben, um unberechtigte Steuervorteile zu erhalten („Cum-Ex-Geschäfte“). In einem Sammelauskunftsersuchen verlangt die Behörde Auskunft über alle größeren Aktiengeschäfte in einem bestimmten Zeitraum.

Automatisierter Abruf von Kontoinformationen *(§ 24c KWG, § 93b AO)*

Kreditinstitute müssen eine Datei mit den **Kontostammdaten** aller Kunden führen, die vom Bundeszentralamt für Steuern (BZSt) jederzeit für steuerliche und für andere gesetzlich vorgegebene Zwecke *(z. B. Prüfungszwecke der Sozialbehörden)* automatisiert abgerufen werden kann. Durch technische und organisatorische Maßnahmen hat das Institut sicherzustellen, dass es selbst keine Kenntnis von den Abrufen erhält.

Ein Kontenabruf darf erst erfolgen, wenn ein Auskunftsersuchen an den Betroffenen nicht zum Ziel geführt hat oder keinen Erfolg verspricht. Über die Möglichkeit eines Kontenabrufs ist der Betroffene dabei zu informieren *(§ 93 Abs. 9 AO)*.

Ein Kontenabruf ohne konkreten Anlass ist nicht zulässig. Über einen erfolgten Kontenabruf ist der Betroffene zu benachrichtigen.

Abrufbar sind folgende Daten *(§ 26 EGAO)*:

- Konto- und Depotnummer,
- Tag der Kontoeröffnung und ggf. der -auflösung,
- Name, Adresse, Geburtsdatum und Steuer-Identifikationsnummer des Konto- oder Depotinhabers, der Verfügungsberechtigten und ggf. eines abweichend wirtschaftlich Berechtigten.

Die Kontoabfrage ermöglicht der Finanzbehörde festzustellen, bei welchen Kreditinstituten eine Person Konten und Depots unterhält. Um weitere Informationen über Kontostände und Kontoumsätze zu erhalten, kann die Behörde ein Einzelauskunftsersuchen an das Kreditinstitut richten.

Freistellungsaufträge und Nichtveranlagungsbescheinigungen *(§ 45d EStG)*

Die Kreditinstitute melden bei Freistellungsaufträgen und Nichtveranlagungsbescheinigungen dem Bundeszentralamt für Steuern die tatsächlich freigestellten Kapitalerträge (Höhe der steuerfreien Ertragsgutschriften) des Kunden. Bei gemeinsamen Freistellungsaufträgen sind die Daten beider Ehegatten zu übermitteln.

Erbschaftsteuermeldungen *(§ 33 ErbStG)*

Die Kreditinstitute sind verpflichtet, beim Tod eines Kunden alle Konto- und Depotguthaben an die Erbschaftsteuerstelle des Finanzamtes zu melden, sofern der Gesamtwert der Guthaben 5 000,00 EUR übersteigt. Schließfächer und Verwahrstücke müssen immer gemeldet werden.

Auskünfte an andere Behörden und Gläubiger

- **Sozialbehörden**
  Kreditinstitute sind verpflichtet, den Sozialbehörden *(z.B. Arbeitsagentur, Sozialämter, BAföG-Stellen, Familienkassen)* auf Anforderung Auskünfte über das Einkommen und Vermögen von Antragstellern und Leistungsbeziehern zu erteilen *(§ 60 Abs. 2 SGB II)*. Die Sozialbehörden dürfen zudem beim Bundeszentralamt für Steuern eine Onlinekontoabfrage zu den Kontostammdaten anfordern und auch die Daten der Freistellungsaufträge prüfen, wenn die Behörde Zweifel an der Richtigkeit der Angaben des Betroffenen hat *(§ 93 Abs. 8 AO)*.
- **Ermittlungsbehörden**
  Ermittlungsbehörden *(z.B. Staatsanwaltschaft, Strafgerichte, Zoll- und Steuerfahndung)* können auf der Grundlage einer richterlichen Anordnung Durchsuchungen und Beschlagnahmen zu Kundenunterlagen vornehmen. Für Bankmitarbeiter besteht gegenüber diesen Behörden eine Auskunftspflicht. Zu Finanztransaktionen, die der Geldwäsche oder der Unterstützung einer terroristischen Vereinigung verdächtig sind, können Ermittlungsbehörden über die BaFin eine Onlinekontoabfrage durchführen *(§ 24c KWG)*.
- **Aufsichtsbehörden**
  Der Bundesbank sind Groß- und Millionenkredite anzuzeigen *(§ 32 BBankG)*. Der BaFin sind auf Verlangen Auskünfte über alle Geschäftsangelegenheiten zu erteilen *(§ 9ff. KWG)*. Gegenüber den Aufsichtsbehörden bestehen zudem devisenrechtliche Auskunfts- und Meldepflichten *(§ 44 AWG, § 32 BBankG)*.

- **Gläubiger**
  Bei Zwangsvollstreckungen *(z. B. Pfändungsbeschluss nach § 829 ZPO)* muss das Kreditinstitut innerhalb von zwei Wochen nach Zustellung des Pfändungsbeschlusses dem betreibenden Gläubiger Auskunft erteilen, ob und inwieweit die Bank Zahlung leistet, ob Ansprüche anderer Gläubiger bestehen und ob es sich um ein Pfändungsschutzkonto handelt *(§ 840 ZPO)*.

Bankauskunft

Bankauskünfte sind allgemein gehaltene Feststellungen/Bemerkungen über die wirtschaftlichen Verhältnisse des Kunden, seine Kreditwürdigkeit und Zahlungsfähigkeit. In der Bankauskunft werden keine betragsmäßigen Angaben über Konto-/Depotguthaben und Kredite gemacht *(AGB-Banken Nr. 2, AGB-Sparkassen Nr. 3)*.

	Erteilung einer Bankauskunft	
	über juristische Personen und Kaufleute	**über andere Personen** (Privatkunden, Kleingewerbetreibende, Freiberufler)
Einwilligung	Die Auskunft wird erteilt, sofern ▪ sich die Anfrage auf die geschäftliche Tätigkeit bezieht und ▪ **keine gegenteilige Kundenweisung vorliegt.**	Die Auskunft wird nur dann erteilt, wenn der Kunde generell oder im Einzelfall **ausdrücklich zugestimmt** hat.
Anfragegrund	Der Anfragende muss ein berechtigtes Interesse an der Auskunft glaubhaft darlegen.	
Empfänger von Bankauskünften	Bankauskünfte erhalten nur eigene Kunden sowie andere Kreditinstitute für deren Zwecke oder die ihrer Kunden.	
Form	Auskunftsanfragen und Bankauskünfte erfolgen grundsätzlich schriftlich.	

8 Geldwäscheprävention

Als **Geldwäsche** bezeichnet man das Einschleusen illegal erworbener oder der Terrorismusfinanzierung dienender Vermögenswerte in den legalen Finanzkreislauf unter Verschleierung ihrer wahren Herkunft.

Wer sich an der Verschleierung durch Straftaten erworbener Vermögenswerte beteiligt, wird nach *§ 261 Strafgesetzbuch* mit einer Freiheitsstrafe von drei Monaten bis zu fünf Jahren bestraft. Auch die Bildung oder Unterstützung einer terroristischen Vereinigung ist bei einer Strafandrohung von bis zu zehn Jahren verboten *(§ 129a StGB)*. Damit ist die Geldwäsche selbst ein Straftatbestand und nicht nur die kriminellen Handlungen zur Beschaffung des Geldes.

Das **Geldwäschegesetz (GwG)** dient der Bekämpfung von Geldwäsche und Terrorismusfinanzierung. Zentrales Ziel des Geldwäschegesetzes ist es, auf **risikoorientierter Basis** für **Transparenz („Know-Your-Customer-Grundsatz“)** in den Geschäftsbeziehungen und Finanztransaktionen zu sorgen. Kreditinstitute müssen über ein **angemessenes Risikomanagement** verfügen und **Sorgfaltspflichten** beachten, um Geldwäsche frühzeitig zu erkennen und zu bewerten *(§ 25b ff. KWG)*. Dabei sind für Kundengruppen und Transaktionsarten Risikogewichtungen vorzunehmen *(§ 3a GwG)*.

Beispiel:
Das Geldwäscherisiko bei einem Gehaltskonto mit üblichen Zahlungsverkehrsleistungen ist erheblich niedriger einzuschätzen als bei einem Kontokorrentkonto für einen Ausländer (Gebietsfremden) mit hohen Zahlungseingängen aus der Ukraine und Überweisungsausgängen nach Cayman Islands.

Verpflichtete nach *§ 2 Abs. 1 GwG*	
▪ Kreditinstitute ▪ Finanzdienstleistungsinstitute ▪ Zahlungsinstitute ▪ Finanzunternehmen ▪ Versicherungsunternehmen ▪ Versicherungsvermittler	▪ Kapitalverwaltungsgesellschaften ▪ Rechtsanwälte, Wirtschaftsprüfer, Steuerberater ▪ Immobilienmakler ▪ Veranstalter und Vermittler von Glücksspielen *(§ 1 Abs. 8 GwG)* ▪ Personen, die gewerblich Güter veräußern

Phasen der Geldwäsche

1. Placement (Einspeisung)

Zunächst tauschen die „Geldwäscher" das Bargeld in Buchgeld oder in andere Vermögenswerte *(z. B. Wertpapiere)*. Für Einzahlungen auf Bankkonten werden oft „Strohmänner" eingeschaltet, die selbst nicht direkt an den Verbrechen beteiligt sind. Wenn sie Gelder in mehreren kleineren Beträgen auf Bankkonten einzahlen, um keine Aufmerksamkeit zu erregen, spricht man von „Smurfing".

2. Layering (Verschleierung)

Nun soll die wirkliche Herkunft des Geldes durch umfängliche Finanztransaktionen verschleiert werden. Dazu gründen die Kriminellen Scheinfirmen in verschiedenen Ländern, um die Gelder international hin- und herzubewegen.

3. Investition (Integration)

Ist die Herkunft des Geldes nicht mehr nachvollziehbar, erfolgt im letzten Schritt die Investition des gewaschenen Geldes in den legalen Wirtschaftskreislauf. Das Ziel ist erreicht, die Verbrecherorganisation besitzt legale Vermögensanlagen, über die sie frei verfügen kann.

➤ Sorgfaltspflichten

In Abhängigkeit von dem Geldwäscherisiko muss das Kreditinstitut unterschiedliche Sorgfaltspflichten beachten:

- **Allgemeine Sorgfaltspflichten** sind bei Geschäften mit allen Kunden zu beachten *(§ 10 GwG)*.
- **Vereinfachte Sorgfaltspflichten** gelten für Geschäfte mit einem geringen Geldwäscherisiko *(§§ 14 GwG, 25i KWG)*.
- **Verstärkte Sorgfaltspflichten** gelten für Geschäfte mit einem erhöhten Geldwäscherisiko *(§§ 15 GwG, 25k KWG)*.

Allgemeine Sorgfaltspflichten *(§ 10 GwG, § 25i KWG)*

Folgende **allgemeine Sorgfaltspflichten** sind zu erfüllen:

- Identifizierung des Vertragspartners *(§ 11 GwG)*
- Einholung von Informationen über Art und Zweck der Geschäftsbeziehung
- Feststellung des wirtschaftlich Berechtigten
- fortlaufende Überwachung von Konten und Transaktionen
- Aufzeichnungs- und Aufbewahrungspflicht bestimmter Geschäfte *(§ 8 GwG)*
- Anzeige von Verdachtsfällen *(§ 11 GwG)*

Identifizierung des Vertragspartners

Nach dem **„Know-Your-Customer-Grundsatz"** sind der Vertragspartner und ggf. ein abweichender wirtschaftlich Berechtigter *(§ 3 GwG)* grundsätzlich bereits **vor** Begründung der Geschäftsbeziehung oder Durchführung der Transaktion zu identifizieren *(§ 11 Abs. 1 GwG)*. Kreditinstituten ist es aber erlaubt, die Überprüfung der Identität auch unverzüglich nach der Eröffnung eines Kontos oder Depots vorzunehmen; jedoch sind Verfügungen über die Konten erst nach abgeschlossener Identitätsprüfung zulässig *(§ 25j KWG)*.

Zur Feststellung der Identität sind von dem Bankmitarbeiter folgende Daten festzustellen und zu prüfen *(§ 11 Abs. 3 u. 4 GwG)*:

- **bei natürlichen Personen:** Name, Geburtsort, Geburtsdatum, Staatsangehörigkeit und Anschrift
  Die Identifizierung erfolgt anhand eines gültigen amtlichen Ausweises (Personalausweis, Reisepass).

- **bei juristischen Personen und Personengesellschaften:** Firma, Rechtsform, Registernummer, Anschrift und Namen der Mitglieder des Vertretungsorgans *(z. B. Vorstand einer AG)*
  Die Identifizierung erfolgt durch Vorlage eines Auszuges aus dem Handels- oder Genossenschaftsregister und der amtlichen Ausweise der Vertretungsberechtigten.

Der Bankmitarbeiter sollte die Dokumente fotokopieren und zu den Kontounterlagen nehmen. Zulässig ist auch eine elektronische Archivierung durch Einscannen der Dokumente (*gem. BaFin Rundschreiben 7/2014*).

Eine Identifizierung des Kunden ist allerdings nicht mehr notwendig, wenn er sich bereits bei früherer Gelegenheit *(z. B. Kontoeröffnung)* legitimiert hat und die erhobenen Angaben aufgezeichnet wurden *(§ 11 Abs. 2 GwG)*.

Einholung von Informationen

Im Rahmen der allgemeinen Sorgfaltspflicht sind vom Mitarbeiter Informationen über den Zweck und die angestrebte Art der Geschäftsbeziehung einzuholen, soweit sich dies nicht bereits zweifelsfrei aus der Geschäftsbeziehung ergibt *(z. B. Eröffnung eines Gehaltskontos)*.

Feststellung des wirtschaftlich Berechtigten

Bei der Kontoeröffnung ist zudem der wirtschaftlich Berechtigte festzustellen. Nach dem Geldwäschegesetz ist der wirtschaftlich Berechtigte die natürliche Person, der die Vermögenswerte eigentlich gehören oder unter deren Kontrolle sie letztlich stehen *(§ 3 GwG)*. Bei einem vom Kontoinhaber abweichenden wirtschaftlich Berechtigten ist zumindest der Name festzustellen, bei einem erhöhten Risiko auf Geldwäsche oder Terrorismusfinanzierung sind jedoch auch weitere Identifizierungsmerkmale zu erheben. Zur Überprüfung der Identität sind risikoangemessene Maßnahmen zu ergreifen, um festzustellen, ob die Angaben des Kontoinhabers zutreffend sind *(§ 11 GwG)*.

Allgemeine Sorgfaltspflichten *(§ 10 GwG, § 25i KWG)*

Bei Anderkonten genügt es, wenn der Kontoinhaber *(z. B. Notar)* den Namen des wirtschaftlich Berechtigten der Bank auf Anfrage mitteilen kann *(§ 14 GwG)*.

Wenn der wirtschaftlich Berechtigte eine juristische Person oder Personengesellschaft ist, muss die Bank die Eigentums- und Kontrollstruktur des Vertragspartners mit angemessenen Mitteln in Erfahrung bringen *(§ 10 Abs. 1 Nr. 2 GwG)*.

Bareinzahlungen auf Konten

Bei **Bareinzahlungen** von **über 10 000,00 EUR** muss der Kunde grundsätzlich die Herkunft der Vermögenswerte durch aussagekräftige Belege *(z. B. Auszahlungsbeleg eines anderen Kreditinstitutes, Kaufvertrag bei Verkaufserlösen, Schenkungsverträge)* nachzuweisen.

Für Kunden, die regelmäßig höhere Bareinzahlungen tätigen *(z. B. Einzelhandel)*, sind keine Nachweise erforderlich, jedoch sind die Bartransaktionen regelmäßig risikoorientiert auf Plausibilität zu prüfen *(BaFin, Ziff. 1.2 Auslegungs- und Anwendungshinweise zum GwG)*.

Fortlaufende Überwachung von Konten und Transaktionen

Zu den allgemeinen Sorgfaltspflichten der Bank gehört auch die risikoorientierte kontinuierliche Überwachung der Geschäftsbeziehung, einschließlich aller durchgeführten Transaktionen, um zu prüfen, ob die Geschäfte zum Kundenprofil passen und mit den vorhandenen Informationen über die Herkunft der Vermögenswerte übereinstimmen. Im Rahmen dieser Überwachung sind die Daten laufend zu aktualisieren *(§ 10 Abs. 1 Nr. 5 GwG)*.

Geschäfte außerhalb der bestehenden Geschäftsverbindung

Bei Geschäften **außerhalb der bestehenden Geschäftsverbindung** (keine Kontoverbindung mit dem Kreditinstitut) muss das Kreditinstitut in folgenden Fällen die Legitimation des Vertragspartners prüfen und den wirtschaftlich Berechtigten feststellen *(§ 10 Abs. 3 Nr. 2 GwG)*:

- **Geldtransfers ab 1 000,00 EUR** *(z. B. Barüberweisung, Einzahlung auf ein Fremdkonto)*
- **andere Transaktionen** ab **15 000,00 EUR** *(z. B. Barverkauf von Goldmünzen)*
  Die Sorgfaltspflichten bestehen auch, wenn durch mehrere, miteinander in Verbindung stehende Transaktionen die Summe von 15 000,00 EUR erreicht wird („Smurfing").
- Ausgabe von **E-Geld** im Sinne des Zahlungsdiensteaufsichtsgesetzes, wenn der Betrag **100,00 EUR** im Kalendermonat übersteigt *(§ 25i KWG)*

Bei allen Geschäften prüft das Kreditinstitut zudem, ob der Geschäftspartner in der **EU-Finanzsanktionsliste** aufgeführt ist. Deshalb ist eine Legitimationsprüfung bei Nichtkunden auch bei Beträgen unterhalb der genannten Schwellenwerte in der Praxis üblich.

Vereinfachte Sorgfaltspflichten *(§ 14 GwG, § 25i KWG)*
Weil in den folgenden Fällen nur ein geringes Risiko von Geldwäsche und Terrorismusfinanzierung besteht, gelten hier vereinfachte Sorgfaltspflichten. So können hier die kontinuierliche Überwachung der Geschäftsbeziehung und die laufende Aktualisierung der Dokumente, Daten und Informationen über die Geschäftsbeziehung entfallen. ▪ Abschluss von staatlich geförderten Altersvorsorgeverträgen, Anlage der vermögenswirksamen Leistungen, sofern die Zahlungen nicht insgesamt 15 000,00 EUR übersteigen ▪ Sparverträge, wenn die Einzahlungen nicht 1 000,00 EUR pro Kalenderjahr oder einmalig 2 500,00 EUR übersteigen ▪ Verbraucherdarlehen, die 15 000,00 EUR im Kalenderjahr nicht übersteigen ▪ Geschäfte mit Banken in der EU oder mit Banken in Drittländern, die über eine gleichwertige Aufsicht verfügen ▪ Geschäfte mit börsennotierten Gesellschaften ▪ Transaktionen von oder zugunsten inländischer Behörden

Verstärkte Sorgfaltspflichten *(§ 15 GwG, § 25k KWG)*
Ein **erhöhtes Risiko** von Geldwäsche und Terrorismusfinanzierung und damit verstärkte Sorgfaltspflichten *(z. B. verstärkte kontinuierliche Überwachung)* bestehen in folgenden Fällen: ▪ Bei **Sorten- und Reisescheckgeschäften**, die nicht über das Kundenkonto abgewickelt werden, ist die Legitimation des Kunden ab einem Schwellenbetrag von **2 500,00 EUR** zu prüfen. ▪ Bei **Bareinzahlungen** zur Überweisung auf ein Auslandskonto ist **immer** eine Identifizierung vorzunehmen. ▪ Bei dem Kunden handelt es sich um eine nicht im Inland ansässige natürliche Person, die ein wichtiges öffentliches Amt („**p**olitisch **e**xponierte **P**erson“, **PEP**) ausübt oder ausgeübt hat, oder um ein Familienmitglied dieser Person. Ein Konto darf nur mit Zustimmung eines vorgesetzten Mitarbeiters eröffnet werden. Die Herkunft der Vermögenswerte ist zu hinterfragen. ▪ Der Kunde überweist Gelder in Drittländer ohne anerkannte Bankenaufsicht. ▪ Bei einer Geschäftsbeziehung zu einer Korrespondenzbank mit Sitz in einem Drittstaat sind Informationen über die Geschäfts- und Leitungsstruktur einzuholen, um zu prüfen, ob die Bank die Regeln zur Geldwäschebekämpfung einhält.

» Aufzeichnungs- und Aufbewahrungspflicht bestimmter Geschäfte

- Alle Informationen über den Vertragspartner, wirtschaftlich Berechtigte, Geschäftsbeziehungen und Transaktionen sind aufzuzeichnen. Bei der persönlichen Legitimationsprüfung des Kunden ist die Art des Ausweises, die Nummer und die ausstellende Behörde zu dokumentieren. Die Fotokopie des Personalausweises oder Registerauszuges gilt als Aufzeichnung der darin enthaltenen Angaben.
- Kann von einer Identitätsprüfung abgesehen werden, weil der Kunde sich bereits bei früherer Gelegenheit ausgewiesen hat, sind nur der Name und ein Hinweis auf die frühere Legitimationsprüfung aufzuzeichnen.
- Die Speicherung der Unterlagen auf elektronischen Datenträgern ist zulässig.

- Alle Aufzeichnungen sind mindestens fünf Jahre aufzubewahren. Die Frist beginnt am Ende des Kalenderjahres, in dem die Informationen festgehalten wurden (§ 8 Abs. 3 GwG).

Risikomanagement und Risikoanalyse

Die Verpflichteten im Sinne des Geldwäschegesetzes *(§ 2 GwG)* müssen zur Verhinderung von Geldwäsche und Terrorismusfinanzierung über ein wirksames Risikomanagement verfügen. Hierzu gehören die Ermittlung und die Bewertung der Risiken, die mit den Bankgeschäften verbunden sind (Risikoanalyse gem. *§ 5 GwG*). Darüber hinaus müssen die Verpflichteten geschäfts- und kundenbezogene interne Sicherungsmaßnahmen schaffen, um die Risiken von Geldwäsche und von Terrorismusfinanzierung in Form von Grundsätzen, Verfahren und Kontrollen zu steuern und zu mindern *(§ 6 GwG)*.

Interne Sicherungsmaßnahmen

- Kreditinstitute müssen über angemessene geschäfts- und kundenbezogene Sicherungsmaßnahmen und Kontrollen verfügen, die der Verhinderung von Geldwäsche, Terrorismusfinanzierung oder sonstigen strafbaren Handlungen, die zu einer Gefährdung des Vermögens des Instituts führen können, dienen *(§ 6 GwG, § 25h KWG)*. Die Datenverarbeitungssysteme sollen in der Lage sein, verdächtige Transaktionen und Geschäftsbeziehungen auf der Grundlage des verfügbaren Erfahrungswissens zu erkennen. Verantwortlich für eine wirksame interne Compliance-Organisation ist die Geschäftsleitung.
- Es ist ein **Geldwäschebeauftragter** und ein Stellvertreter zu bestellen, die unmittelbar der Geschäftsleitung unterstellt und Ansprechpartner für die Mitarbeiter des Institutes und der Strafverfolgungsbehörden sind. Der Geldwäschebeauftragte ist für die Umsetzung und Überwachung der Vorschriften des Geldwäschegesetzes im Kreditinstitut zuständig. Er muss prüfen, ob das Kreditinstitut dem Risiko entsprechende Anweisungen und interne Grundsätze erlassen hat und ob diese umgesetzt und aktualisiert werden *(§ 6 Abs. 2 Nr. 2, § 7 GwG)*.
- Zur laufenden Überwachung von Kunden und Transaktionen dienen das „Monitoring“ und das „Konten-Screening“.
  - Unter „**Monitoring**“ versteht man die gezielte Überwachung von Kunden, die aufgrund ihres Verhaltens oder durch bestimmte Transaktionen auffällig geworden sind.
  - Beim „**Konten-Screening**“ sollen durch eine Art Rasterfahndung verdächtige Transaktionen entdeckt werden. Auf der Grundlage des Kundenprofils wird geprüft, ob es auffällige Kontobewegungen gegeben hat.

Meldung von Verdachtsfällen

Alle Transaktionen und Geschäftsbeziehungen, die auf Geldwäsche oder Terrorismusfinanzierung hindeuten, muss das Kreditinstitut bzw. der zuständige Geldwäschebeauftragte unverzüglich der **Zentralstelle für Finanztransaktionsuntersuchungen (Financial Intelligence Unit – FIU, Behörde der Generalzolldirektion)** melden *(§ 43 GwG)*.

Die **Zentralstelle für Finanztransaktionsuntersuchungen** ist die zentrale Meldestelle zur Verhinderung, Aufdeckung und Unterstützung bei der Bekämpfung von Geldwäsche und

Terrorismusfinanzierung. Sie ist organisatorisch eigenständig und arbeitet im Rahmen ihrer Aufgaben und Befugnisse fachlich unabhängig. Sie hat die Aufgabe, Informationen im Zusammenhang mit Geldwäsche oder Terrorismusfinanzierung zu erheben und zu analysieren. Sie muss diese Informationen zum Zwecke der Aufklärung, Verhinderung oder Verfolgung von Straftaten, die im Zusammenhang mit Geldwäsche oder Terrorismusfinanzierung stehen, an die zuständigen öffentlichen Stellen *(z.B. Strafverfolgungsbehörde, Finanzbehörde)* weiterleiten *(§§ 27, 28ff. GwG)*.

Bei einem Verdacht auf Geldwäsche darf eine angetragene Transaktion nur mit Zustimmung der FIU bzw. Staatsanwaltschaft ausgeführt werden oder wenn der dritte Werktag nach dem Tag der Anzeige verstrichen ist, ohne dass die Durchführung der Transaktion von der Staatsanwaltschaft oder von der FIU untersagt wurde (Anhaltefrist). Dabei gilt der Samstag nicht als Werktag *(§ 46 GwG)*. Die Bank darf den Auftraggeber der Transaktion und sonstige Dritte nicht über die Anzeige und das Ermittlungsverfahren informieren *(§ 47 GwG)*. Der Geldwäschebeauftragte kann für eine Anzeige, die sich später als unzutreffend herausstellt, nicht verantwortlich gemacht werden, es sei denn, er hat die Anzeige vorsätzlich oder grob fahrlässig unwahr erstattet *(§ 48 GwG)*.

Verdachtsanzeigen in Deutschland nach dem Geldwäschegesetz (1995–2020)

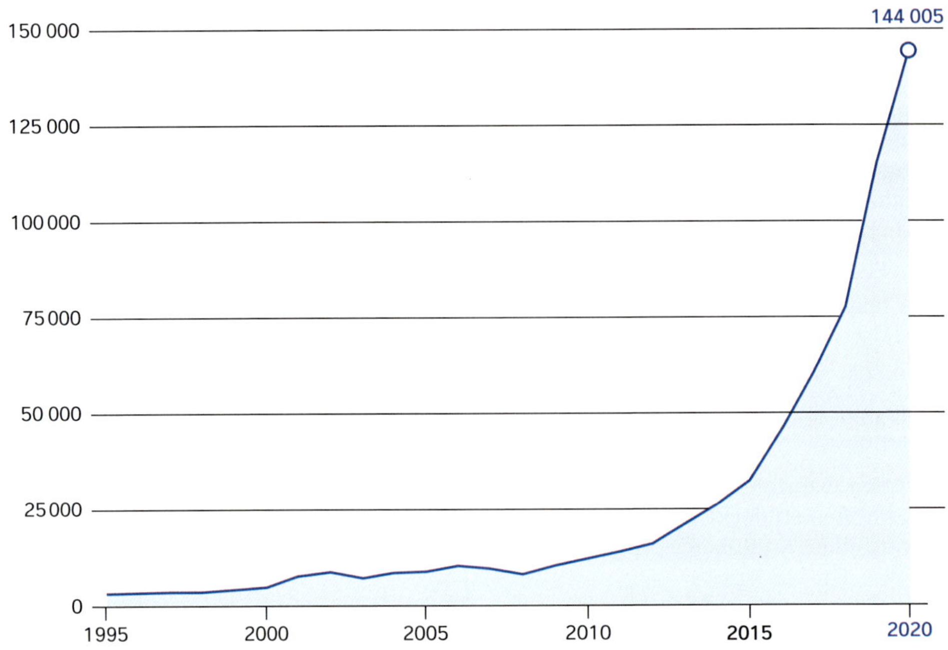

Eigene Darstellung nach Zahlen von FIU

Transparenzregister

In einem zentralen elektronischen Register **(Transparenzregister)** sind die natürlichen Personen als **wirtschaftlich Berechtigte** aufgeführt, die unmittelbar oder mittelbar aufgrund ihrer Kapitalanteile und Stimmrechte einen **beherrschenden Einfluss auf juristische Personen des Privatrechts und eingetragene Personengesellschaften** *(z.B. AG, GmbH, eingetragene Vereine, rechtsfähige Stiftungen, OHG, KG)* ausüben. Zudem sind die Verwalter von Trusts und die Treuhänder von nicht rechtsfähigen Stiftungen in dem Register eingetragen *(§ 18ff. GwG)*.

Zum wirtschaftlich Berechtigten werden folgende Daten erfasst:
- Vor- und Nachname
- Geburtsdatum
- Wohnort
- Art und Umfang des wirtschaftlichen Interesses

Behörden *(z.B. BaFin, Zentralstelle für Finanztransaktionsuntersuchungen, Strafverfolgungsbehörden, Bundeszentralamt für Steuern)* können die Daten zur Erfüllung ihrer gesetzlichen Aufgaben abrufen. Kreditinstituten ist die Einsichtnahme gestattet, wenn sie der registerführenden Stelle darlegen, dass die Einsichtnahme zur Erfüllung ihrer Sorgfaltspflichten notwendig ist *(§ 23 GwG)*.

Automatisierter Abruf von Kontodaten

Ergänzend zum Geldwäschegesetz müssen Kreditinstitute nach *§ 24c KWG* der Bundesanstalt für Finanzdienstleistungsaufsicht (BaFin) einen automatisierten Abruf von Kontoinformationen ermöglichen. Die BaFin darf diese Daten abrufen und auch an die Strafverfolgungsbehörden weiterleiten, soweit die Informationen auf schwere Straftaten hindeuten. Folgende Daten kann die BaFin jederzeit elektronisch abrufen:

- Konto- bzw. Depotnummer, Tag der Errichtung und Tag der Auflösung,
- Name und Geburtsname des Kontoinhabers und der Verfügungsberechtigten sowie Name eines abweichend wirtschaftlich Berechtigten.

Kontoumsätze und eingeräumte Kreditlinien fallen damit nicht unter den automatisierten Abruf von Kontodaten. Im Verdachtsfall müssen die Strafverfolgungsbehörden auf der Grundlage eines richterlichen Beschlusses diese Informationen im Einzelfall einholen.

9 Nachlasskonten

Erbrecht

Mit dem Tod einer Person (Erbfall) geht deren Vermögen (Erbschaft) als Ganzes auf eine oder mehrere andere Personen (Erben) über. Als **Gesamtrechtsnachfolger** erwerben die Erben jedoch auch alle Verbindlichkeiten *(z.B. Darlehen, Bürgschaftsverpflichtungen)* des Erblassers und treten in alle anderen Verträge *(z.B. Mietverträge, Kaufverträge)* für den Erblasser ein *(§ 1922 BGB)*. Die Erben können binnen sechs Wochen nach Kenntnisnahme die Erbschaft ausschlagen *(§ 1944 BGB)*.

Maßgeblich für die Erbfolge ist – falls vorhanden – das **Testament**. Werden mehrere Testamente im Erbfall vorgefunden, ist das Testament mit dem jüngsten Datum rechtswirksam. Es gibt zwei Möglichkeiten zur Errichtung eines Testaments:

- **Eigenhändiges Testament**: Das Testament wird vom Erblasser eigenhändig geschrieben und unterschrieben. Zur Gültigkeit des Testaments müssen die Zeit und der Ort der Niederschrift aus dem Testament hervorgehen *(§ 2247 BGB)*.
- **Öffentliches Testament**: Das Testament wird von einem Notar öffentlich beurkundet *(§ 2232 BGB)*. Bei größeren Vermögen und komplizierten Nachlassregelungen ist es sinnvoll, den sachkundigen Rat eines Notars einzuholen, um Widersprüche und Unklarheiten zu vermeiden. Auch kann niemand die Echtheit eines öffentlichen Testamentes anzweifeln.

Testamente können beim Amtsgericht in eine **amtliche Verwahrung** gegeben werden. Zudem führt die Bundesnotarkammer ein **zentrales Testamentsregister** mit den Verwahrangaben zu **sämtlichen erbfolgerelevanten Urkunden** *(z. B. Testamente, Erbverträge)*.

Falls kein Testament vorgefunden wird, gilt die **gesetzliche Erbfolge**. Dabei teilt das Gesetz die Erben nach ihrer Abstammung in fünf Ordnungen ein *(§ 1924 ff. BGB)*.

Ordnungen	Gesetzliche Erben
1. Ordnung	▪ Kinder ▪ Sollte ein Kind zum Zeitpunkt des Erbfalls nicht mehr leben, treten an dessen Stelle die Abkömmlinge (Kinder des Kindes, Enkel des Erblassers).
2. Ordnung	▪ Eltern ▪ Sollte ein Elternteil zum Zeitpunkt des Erbfalls nicht mehr leben, treten an dessen Stelle die Geschwister (bzw. Abkömmlinge) des Erblassers.
3. Ordnung	▪ Großeltern ▪ Sollte ein Großelternteil zum Zeitpunkt des Erbfalls nicht mehr leben, treten an dessen Stelle die Geschwister (bzw. Abkömmlinge) der Großeltern (Onkel und Tanten des Erblassers).
4. Ordnung	Urgroßeltern und deren Abkömmlinge
5. Ordnung	entferntere Voreltern und deren Abkömmlinge

- **Rangfolge der Ordnungen** *(§ 1930 BGB):* Ein Verwandter ist nicht zur Erbfolge berufen, solange ein Verwandter einer vorhergehenden Ordnung vorhanden ist.
- **Gesetzliches Erbrecht des Ehegatten** *(§ 1931 ff. BGB):* Sind Erben der 1. Ordnung (Kinder, Enkel) vorhanden, dann erhält der überlebende Ehegatte zunächst ein Viertel der Erbschaft. Im Falle der Zugewinngemeinschaft erhöht sich der Erbteil um ein weiteres Viertel, sodass der Ehegatte insgesamt die Hälfte erhält, während die Kinder die andere Hälfte zu gleichen Teilen erhalten.
- **Eingetragene Lebenspartnerschaften gleichgeschlechtlicher Paare** sind im Erbrecht mit Eheleuten gleichgestellt *(§ 10 LPartG)*.
- **Pflichtteil**: Ist ein Abkömmling des Erblassers durch Testament von der Erbfolge ausgeschlossen, so kann er von den Erben die Hälfte des Wertes des gesetzlichen Erbteils verlangen *(§ 2303 ff. BGB)*.

- **Erbschein**: Das **Nachlassgericht (Amtsgericht)** stellt auf Antrag der Erben einen **Erbschein** aus *(§ 2353ff. BGB)*. Der Erbschein dokumentiert das Erbrecht und dient der Legitimation des Erben bzw. der Erben.

  Beispiele:
  - *Verfügungen über das Konto des Erblassers*
  - *Eintragung des Erben in das Grundbuch als neuer Grundstückseigentümer*

  Der Erbschein genießt **öffentlichen Glauben**, sodass ein gutgläubiger Dritter auf die Richtigkeit des Erbscheins vertrauen kann.

Nachlasskonten

Umstellung auf „Nachlasskonto"

- Wenn das Kreditinstitut Kenntnis vom Tod eines Kunden erlangt, bittet es um Vorlage einer Sterbeurkunde, die vom Standesamt am Wohnsitz der Verstorbenen/des Verstorbenen ausgestellt wird. Eine Kopie wird zu den Unterlagen genommen.
- Das Konto erhält den Vermerk „Nachlasskonto". Ein entsprechender Vermerk wird in die EDV eingegeben.
- Girokarten (Sparkassencard, Bankcard) und Kreditkarten der Verstorbenen/des Verstorbenen werden gesperrt bzw. eingezogen.

Verfügungsberechtigte	Rechtsgrundlage	Legitimation
▪ **Alleinerbe** ▪ **Erbengemeinschaft: nur gemeinschaftliche Verfügungen („Und-Konto")**	▪ Testament ▪ Gesetz (gesetzliche Erbfolge)	Erben müssen ihre Berechtigung in geeigneter Weise nachweisen *(AGB Nr. 5)*. Dies kann geschehen durch Vorlage eines ... ▪ Erbscheines oder einer ▪ beglaubigten Abschrift des Testamentes bzw. Erbvertrages nebst zugehöriger Eröffnungsniederschrift.
Bevollmächtigte	Vollmacht (Jeder Erbe kann die Vollmacht widerrufen.)	▪ Vollmacht über den Tod hinaus ▪ Vollmacht für den Todesfall
Testamentsvollstrecker *(§ 2197ff. BGB)* z. B. bei größeren Vermögen	Testament	▪ Testamentsvollstreckerzeugnis ▪ beglaubigte Abschrift des Testaments nebst zugehöriger Eröffnungsniederschrift
Nachlassverwalter *(§ 1975ff. BGB)* z. B. Überschuldung des Nachlasses (Nachlassinsolvenz)	Gerichtsbeschluss	Bestellungsurkunde
Nachlasspfleger *(§ 1960ff. BGB)* z. B. Unbekanntheit der Erben	Gerichtsbeschluss	Bestellungsurkunde

Bei einer **Erbengemeinschaft** können nur **alle Erben gemeinsam** über Konten und Depots verfügen, jedoch hat jeder Miterbe **allein** ein **Auskunftsrecht** gegenüber dem Kreditinstitut *(z. B. Mitteilung der Kontoguthaben)*.

Zahlungsaufträge des Erblassers werden grundsätzlich weiterhin ausgeführt:

- Vorgelegte Schecks werden eingelöst.
- Daueraufträge werden ausgeführt und Lastschriften eingelöst, sofern dies nicht offensichtlich gegen den mutmaßlichen Willen des Erblasser ist *(z. B. Beiträge zur Lebens-/Krankenversicherung).*

Besondere Verfügungen kann das Kreditinstitut ohne Kontovollmacht/Erbberechtigung zulassen, wenn diese Zahlungen zu den Pflichten der Erben gehören. Verfügungen ohne Kontovollmacht/Erbberechtigung sind jedoch rechtlich problematisch („Geschäftsführung ohne Auftrag", *§ 677 ff. BGB*) und sollten nur in Ausnahmefällen erfolgen:

- Begleichung von **Bestattungskosten** gegen Vorlage der Originalrechnung *(§ 1968 BGB).* Eine Kopie der quittierten Rechnung und eine Haftungserklärung des Auftraggebers wird zu den Unterlagen genommen.
- **Unterhaltszahlungen** an bedürftige Familienangehörige, die im Haushalt des Erblassers leben und von ihm Unterhalt bezogen haben, in den ersten 30 Tagen nach Eintritt des Erbfalles *(§ 1969 BGB).*
  Zahlungen an den Unterhaltsberechtigten erfolgen nur, wenn dieser über keine eigenen Mittel verfügt. Der Zahlungsempfänger unterschreibt eine Haftungserklärung.

Freistellungsaufträge

- Mit dem Tod erlischt der Freistellungsauftrag. Beim Tod eines Ehegatten verlieren die gemeinsam erteilten Freistellungsaufträge ihre Gültigkeit für alle Konten, die auf den Namen beider Eheleute oder allein auf den Namen des verstorbenen Ehegatten lauten. Der Freistellungsauftrag bleibt nur wirksam bis zum Jahresende für die allein auf den Namen des überlebenden Ehegatten lautenden Konten.
- Kapitalerträge, die nach dem Tod gutgeschrieben werden, sind von den Erben zu versteuern, auch soweit sie rechnerisch auf die Zeit vor dem Tod entfallen.
- Die Erbengemeinschaft kann keinen Freistellungsauftrag erteilen. Bei künftigen Kapitalerträgen sind deshalb 25 % Kapitalertragsteuer (Abgeltungsteuer) zuzüglich 5,5 % Solidaritätszuschlag einzubehalten.

Meldung an das Finanzamt *(§ 33 ErbStG; § 1 ErStDV)*

Das Kreditinstitut muss alle Konto- und Depotguthaben **binnen eines Monats nach Kenntnis vom Todesfall** (in der Regel ab Vorlage der Sterbeurkunde) an das für die Erbschaftsteuer des Erblassers zuständige Finanzamt melden, sofern der **Gesamtwert der Guthaben 5 000,00 EUR übersteigt**. Die Existenz von **Schließfächern** und/oder **Verwahrstücken** ist immer zu melden.

Es gelten folgende Grundsätze:

- Maßgeblich ist das Guthaben zu Beginn des Todestages, also der Tagesendsaldo des Vortodestages.
- Guthaben und Darlehen dürfen nicht miteinander verrechnet werden. Die Existenz von Darlehen kann in dem Meldeformular unter Bemerkungen notiert werden.
- Bei Gemeinschaftskonten ist das gesamte Guthaben zu melden.

- Die bis zum Todestag aufgelaufenen Zinsen aus Kontoguthaben und Wertpapieren sind ebenfalls zu melden.
- Kontoverträge zugunsten eines Dritten sind mit Namen und Anschrift des Begünstigten zu melden.
- Wertpapiere werden zum Kurswert des Todestages bewertet.
- Stirbt ein OHG-Gesellschafter oder ein Komplementär einer KG, sind auch die Konten der Gesellschaft zu melden.

Anzeige gemäß § 33 ErbStG und Kontrollmitteilungen gemäß gleichlautender Erlasse der obersten Finanzbehörden der Länder

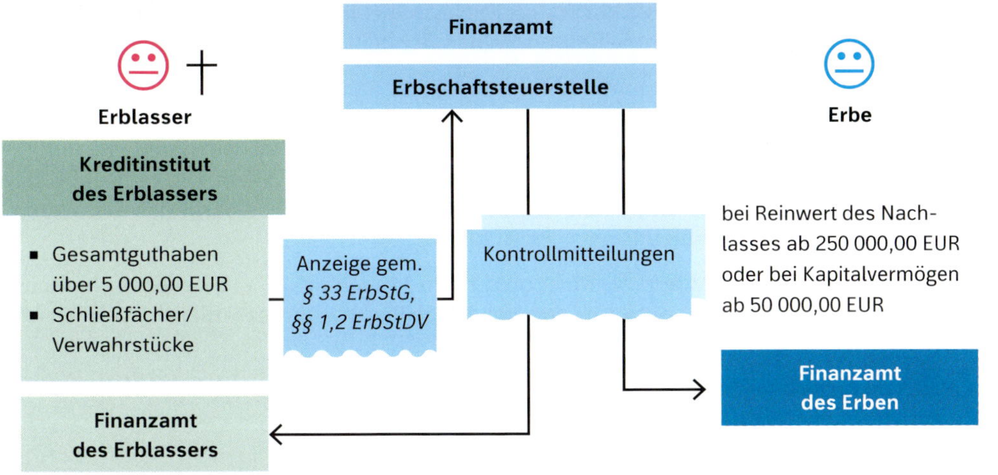

10 Umgang mit Kundenbeschwerden

Beschwerdemanagement

Kreditinstitute müssen ein **Beschwerdemanagement** einrichten, um Erkenntnisse über mögliche Versäumnisse und Unzulänglichkeiten im Geschäftsbetrieb zu gewinnen und diese abstellen zu können *(Mindestanforderungen an das Beschwerdemanagement, BaFin-Rundschreiben 06/2018)*.

Bei Kundenbeschwerden ist sicherzustellen, dass

- alle Beschwerden objektiv und angemessen untersucht und
- eine Beeinträchtigung der Beschwerdebearbeitung durch Interessenkonflikte vermieden werden.

Alle Beschwerden und die abschließenden Entscheidungen sind in einem **internen Beschwerderegister** zu dokumentieren. Eine fortlaufende Analyse des Registers dient dazu, allgemeine Ursachen für Beschwerden zu identifizieren und diese nach Möglichkeit zu beseitigen.

Kunden sind auf leicht zugängliche Weise *(z. B. in Broschüren und auf der Internetseite)* über die Merkmale des Beschwerdeverfahrens (zuständige Stelle, einzureichende Unterlagen, Bearbeitungsdauer etc.) zu informieren.

Bei einer Beschwerde prüft das Kreditinstitut alle relevanten Beweismittel und Informationen und entscheidet über eine Ablehnung oder Akzeptanz der Kundenforderung. Eine Ablehnung ist eingehend zu begründen und der Kunde ist über alternative Streitbeilegungsverfahren *(z. B. Ombudsmann, Klageerhebung)* zu informieren.

Ombudsmann

Für eine außergerichtliche Streitschlichtung zwischen Kunden und Kreditinstituten haben die Verbände der Kreditinstitute jeweils einen **Ombudsmann (bzw. eine Ombudsfrau)** bestellt. Ombudsmänner sind oft ehemalige Richter, die als **unabhängige**, **unparteiische Schlichter** Kundenbeschwerden prüfen und einen Schlichtungsvorschlag unterbreiten.

Wenn die Beschwerde bei seinem Kreditinstitut nicht zum erwünschten Ergebnis führt, kann der Kunde sich an einen **Ombudsmann** wenden. Der Ombudsmann prüft die vom Kunden eingereichten Begründungen und Unterlagen und bittet das betroffene Kreditinstitut um eine Stellungnahme. Auf Grundlage der gesetzlichen Bestimmungen und unter Berücksichtigung von Treu und Glauben unterbreitet der Ombudsmann den Beteiligten dann einen begründeten Schlichtungsvorschlag.

Die Beteiligten können nun entscheiden, ob sie den Vorschlag annehmen oder ablehnen. Im Fall der Ablehnung steht dem Kunden der Klageweg vor einem ordentlichen Gericht offen.

Das **Ombudsmann-Verfahren** ist für den Kunden ohne Risiko und **unentgeltlich**.

Lernfeld 3: Konten für Geschäfts- und Firmenkunden führen und den Zahlungsverkehr abwickeln

1 Grundlagen des Handelsrechts

1.1 Kaufleute nach HGB

Istkaufmann	Kannkaufmann	Formkaufmann
Kaufmann kraft eines in kaufmännischer Weise eingerichteten Gewerbebetriebs	Kaufmann kraft freiwilliger Eintragung ins Handelsregister	Kaufmann kraft Rechtsform des Unternehmens

Die **Registereintragung** *(§ 2 HGB)* hat für die Entstehung der Kaufmannseigenschaft

... rechtsbekundende (deklaratorische) Wirkung. (Istkaufmann)

Der Erwerb der Kaufmannseigenschaft erfolgt mit Aufnahme der Geschäfte.

... rechtserzeugende (konstitutive) Wirkung. (Kannkaufmann, Formkaufmann)

Der Erwerb der Kaufmannseigenschaft erfolgt mit der Eintragung ins Handels- bzw. Genossenschaftsregister.

Istkaufmann

Kaufmann ist, wer ein Handelsgewerbe betreibt.
Handelsgewerbe ist jeder **Gewerbebetrieb**, es sei denn, dass das Unternehmen nach Art und Umfang einen in kaufmännischer Weise eingerichteten Geschäftsbetrieb nicht erfordert *(§ 1 HGB)*.

Ein in kaufmännischer Weise eingerichteter Geschäftsbetrieb ist erforderlich, wenn das Unternehmen in Abhängigkeit von der Branche eine bestimmte Größenordnung *(z. B. Jahresumsatz über 300 000,00 EUR oder Betriebsvermögen über 100 000,00 EUR oder mehr als fünf Beschäftigte)* erreicht hat. Ein Kaufmann ist verpflichtet, sich in das Handelsregister eintragen zu lassen.

Typische Merkmale eines Handelsgewerbes sind
- eine **selbstständige,**
- auf **Dauer** angelegte,
- **nach außen** in Erscheinung tretende Tätigkeit
- mit **Gewinnerzielungsabsicht.**

Gelegentliche Erwerbsgeschäfte begründen kein Handelsgewerbe.

Die Tätigkeit der **freien Berufe** gilt ebenso wie die rein **wissenschaftliche** und **künstlerische Tätigkeit** nicht als Gewerbe. Diese Personen sind keine Kaufleute, obwohl sie am

Wirtschaftsleben häufig wie Kaufleute teilnehmen. Ihnen wird nicht die Gewinnerzielungsabsicht als primäres Motiv ihrer Tätigkeit unterstellt.

Beispiele:
Rechtsanwälte, Notare, Ärzte, Steuerberater, Wirtschaftsprüfer, freischaffende Künstler

Wenn Angehörige eines freien Berufs jedoch ihre Tätigkeit in der Rechtsform einer GmbH oder einer AG ausüben, ist die Gesellschaft Kaufmann kraft Rechtsform (Formkaufmann).

Beispiel:
Deutsche Treuhand Wirtschaftsprüfungsgesellschaft mbH

Kannkaufmann

Der **Kannkaufmann** ist Kaufmann kraft freiwilliger Eintragung: Er ist berechtigt, aber nicht verpflichtet, sich ins Handelsregister eintragen zu lassen *(§§ 2, 3 HGB)*.

Kannkaufleute sind:

- **Kleingewerbetreibende/Kleinunternehmer**, also Unternehmen, die nach Art und Umfang ihrer Geschäfte einen in kaufmännischer Weise eingerichteten Geschäftsbetrieb nicht benötigen.

  Beispiele:
  kleine Gaststätten, kleine Ladengeschäfte

- **Land- oder forstwirtschaftliche Unternehmen** oder damit verbundene **Nebengewerbe**, die nach Art und Umfang einen in kaufmännischer Weise eingerichteten Geschäftsbetrieb erfordern.

  Beispiele:
  Land- und forstwirtschaftliche Unternehmen: Gutshöfe, Weingüter
  Land- und forstwirtschaftliche Nebengewerbe: Mühlen, Sägewerke

Scheinkaufmann: Wer sich ins Handelsregister eintragen lässt, obwohl er kein Kaufmann ist oder sich im Wirtschaftsleben den Anschein eines Kaufmanns gibt, muss sich wie ein Kaufmann behandeln lassen *(§ 5 HGB)*.

Formkaufmann

Der **Formkaufmann** ist Kaufmann kraft Rechtsform des Unternehmens *(§ 6 HGB)*.

Formkaufleute sind alle **Kapitalgesellschaften** (GmbH und AG) und Genossenschaften (eG), unabhängig davon, ob sie eine gewerbliche Tätigkeit ausüben oder nicht. Alle Unternehmen mit einer solchen Rechtsform gelten als Handelsgesellschaft *(§ 3 AktG, § 1 GmbHG)*.

Alle Kaufleute haben die Pflicht

- zur Führung einer Firma unter Hinzufügung eines die Rechtsform des Unternehmens kennzeichnenden Zusatzes.
- zur Angabe der Firma, des Ortes ihrer Niederlassung, des Registergerichts und der Nummer, unter der sie im Handelsregister eingetragen sind, in allen Geschäftsbriefen, die an einen bestimmten Empfänger gerichtet sind.
- zur Führung von Handelsbüchern entsprechend den Grundsätzen ordnungsgemäßer Buchführung *(§§ 238–241 HGB)* und zur Aufbewahrung von Unterlagen zu den Geschäftsvorfällen (GoBD).

Ausnahme: Einzelkaufleute sind nur dann buchführungspflichtig, wenn die Umsatzerlöse 600 000,00 EUR oder der Gewinn 60 000,00 EUR übersteigt *(§ 141 AO)*.

Alle Kaufleute haben das Recht
- zur Erteilung von Handlungsvollmacht und Prokura,
- zur Abgabe einer mündlichen Bürgschaftserklärung,
- zur Festsetzung eines vom Kalenderjahr abweichenden Geschäftsjahres.

1.2 Handelsregister

3

Das **Handelsregister** ist das amtliche Verzeichnis der Kaufleute eines Amtsgerichtsbezirks. Daneben wird ein **Genossenschaftsregister** für Genossenschaften, ein **Partnerschaftsregister** für Partnerschaftsgesellschaften und ein **Vereinsregister** für eingetragene Vereine geführt.

Die Register werden beim zuständigen Amtsgericht („Registergericht") elektronisch geführt *(§ 8 Abs. 1 HGB)*. Sie unterrichten die Öffentlichkeit über die grundlegenden Rechtsverhältnisse der Unternehmen bzw. Vereine.

Anmeldungen zur Eintragung in das Register sind elektronisch in öffentlich-beglaubigter Form einzureichen *(§ 12 HGB)*.

Die Einsichtnahme in das Register ist jedem zu Informationszwecken gestattet *(§ 9 HGB)*. Der Abruf der Registerdaten ist aber gebührenpflichtig. Registeränderungen werden im elektronischen Bundesanzeiger öffentlich bekannt gemacht *(§§ 10, 11 HGB)*. Der Abruf dieser Bekanntmachungen im Internet ist kostenfrei.

Abteilungen des Handelsregisters	Abteilung A ▪ Einzelunternehmen ▪ Personenhandelsgesellschaften (OHG, KG)	Abteilung B Kapitalgesellschaften (GmbH, AG)
Inhalt der Eintragungen	▪ Firma, Sitz, bei juristischen Personen auch: Gegenstand des Unternehmens ▪ Geschäftsleitung (Geschäftsinhaber bzw. Gesellschafter bzw. Geschäftsführer bzw. Vorstand) ▪ Prokura ▪ von der gesetzlichen Regelung abweichende Vertretungsberechtigung ▪ Höhe des Stamm-, Grund-, Kommanditkapitals	
Wirkung der Eintragungen	▪ deklaratorisch: Die Eintragung bekundet einen bestehenden Rechtszustand. **Beispiele:** – *Eintragung als Istkaufmann (§ 1 HGB)* – *Erteilung und Widerruf der Prokura* ▪ konstitutiv: Die Eintragung erzeugt einen neuen Rechtszustand. **Beispiele:** – *Kaufmannseigenschaft als Kann- oder Formkaufmann (§§ 2, 3, 6 HGB)* – *Erlangung der Rechtsfähigkeit bei den Kapitalgesellschaften*	

Publizität der Registereintragungen *(§ 15 HGB)*

- Solange eine in das Handelsregister einzutragende Tatsache nicht eingetragen und bekannt gemacht ist, kann sie einem Dritten nicht entgegengesetzt werden, es sei denn, dass sie diesem bekannt war (**negative Publizität**).
- Ist die Tatsache eingetragen und bekanntgemacht worden, so muss ein Dritter sie gegen sich gelten lassen. Dies gilt nicht bei Rechtshandlungen, die innerhalb von fünfzehn Tagen nach der Bekanntmachung vorgenommen werden, sofern der Dritte beweist, dass er die Tatsache weder kannte noch kennen musste.
- Ist eine einzutragende Tatsache unrichtig bekannt gemacht, so kann sich ein Dritter darauf berufen, es sei denn, dass er die Unrichtigkeit kannte (**positive Publizität**).

Über die Internetadresse www.unternehmensregister.de sind zugänglich *(§ 8b Abs. 2 HGB)*:
- Veröffentlichungen und Bekanntmachungen im elektronischen Bundesanzeiger,
- Eintragungen im elektronischen Handels-, Genossenschafts- und Partnerschaftsregister sowie deren Bekanntmachungen,
- zum Handels-, Genossenschafts- und Partnerschaftsregister eingereichte Dokumente,
- unternehmensrelevante Mitteilungen der Wertpapieremittenten,
- Bekanntmachungen der Insolvenzgerichte gem. *§ 9 InsO* und *§ 32 HGB*.

Nach den **AGB der Banken und Sparkassen** sind Unternehmen verpflichtet, jede **Änderung der Vertretungs- und Verfügungsbefugnisse** dem Kreditinstitut **mitzuteilen**. Dies gilt auch für Vertretungsbefugnisse, die in einem öffentlichen Register eingetragen sind *(AGB-Banken Nr. 11, Abs. 1; AGB-Sparkassen Nr. 4 Abs. 1)*.

1.3 Firma

Die **Firma** eines Kaufmanns ist der Name, unter dem er
- seine Geschäfte betreibt,
- die Unterschrift abgibt,
- klagen und verklagt werden kann *(§ 17 HGB)*.

Sie muss als **Zusatz zwingend** enthalten:
- bei **Gesellschaftsunternehmen** die Bezeichnung der **Rechtsform** oder eine übliche Abkürzung dieser Bezeichnung *(§ 19 HGB, § 4 AktG, § 4 GmbHG)*,
- bei **Einzelkaufleuten** die Bezeichnung „eingetragener Kaufmann", „eingetragene Kauffrau" oder eine übliche Abkürzung dieser Bezeichnung, insbesondere „e. K.", „e. Kfm." oder „e. Kfr." *(§ 19 HGB)*.

Firmenarten

Personenfirma	Sachfirma	Fantasiefirma
Die Firma besteht aus einem oder mehreren bürgerlichen Namen. ***Beispiel:*** *Robert Bosch GmbH*	Die Firma beinhaltet den Gegenstand (Tätigkeitsbereich) des Unternehmens. ***Beispiel:*** *Deutsche Bank AG*	Die Firma ist ein Fantasieprodukt. ***Beispiel:*** *E.ON SE*

Für die **Firma** eines Unternehmens gelten folgende Grundsätze:

- **Firmenöffentlichkeit**
  Die Firma muss zum Handelsregister angemeldet, eingetragen und bekannt gemacht werden. Die Eintragung begründet den Schutz der Firma *(§§ 29, 37 HGB).*
- **Firmenwahrheit**
  Die Firma darf keine irreführenden Angaben enthalten *(§ 18 HGB).*
- **Firmenbeständigkeit**
  Die Firma darf unverändert fortgeführt werden, auch wenn sie den tatsächlichen Verhältnissen nicht mehr entspricht *(§§ 21, 22 HGB).*
- **Firmenausschließlichkeit**
  Die gewählte Firma muss sich von den am selben Ort bestehenden Firmen deutlich unterscheiden *(§ 30 HGB).*

2 Rechtsformen von Unternehmen

Zu den Geschäfts- und Firmenkunden gehören Einzelunternehmen, Gesellschaften und eingetragene Vereine.

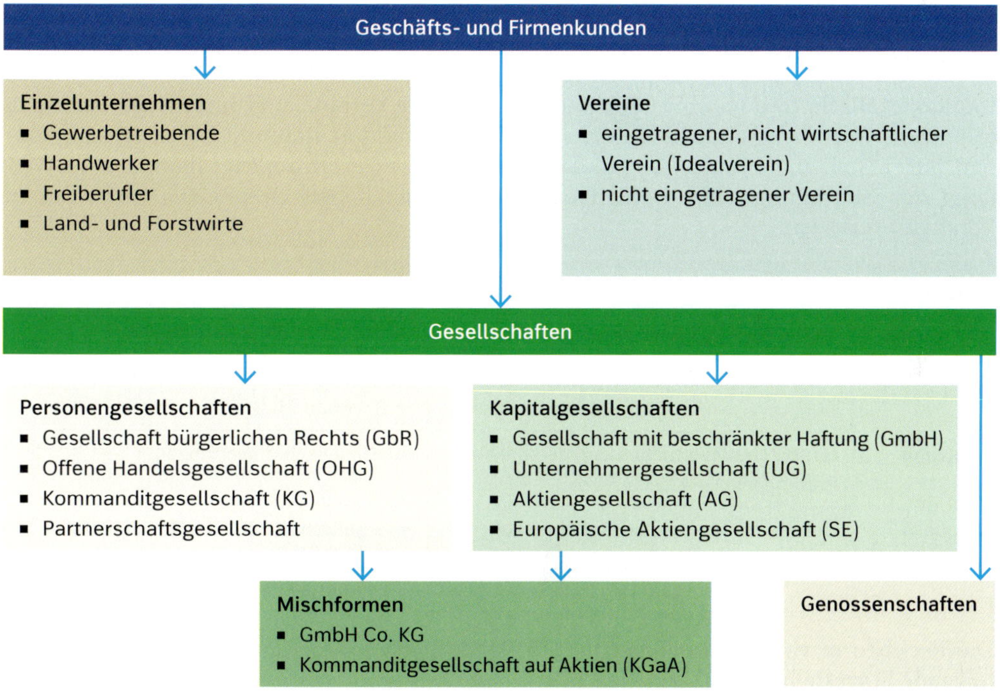

Einzelunternehmen und **Gesellschaften** sind **Unternehmer** im Sinne des BGB, wenn sie beim Abschluss eines Rechtsgeschäfts in Ausübung ihrer **gewerblichen** oder **selbständigen** beruflichen Tätigkeit handeln *(§ 14 Abs. 1 BGB).*

Als **Gewerbetreibender zählt jeder selbstständige Unternehmer, der ein Gewerbe angemeldet hat und dieses langfristig ausführt** *(z. B. Handel, Industrie, Spedition, Finanzdienstleister, Gastronomie).*

Freiberufler sind **selbstständig** und erbringen auf der Grundlage ihrer besonderen beruflichen Qualifikationen Dienstleistungen im Interesse ihrer Auftraggeber *(z. B. Ärzte, Zahnärzte, Rechtsanwälte, Notare, Architekten, Wirtschaftsprüfer, Steuerberater, Journalisten).* Sie unterliegen einem besonderen **Standesrecht** *(§ 18 EStG).*

Solo-Selbstständige sind Erwerbstätige, die eine selbstständige Tätigkeit ohne angestellte Mitarbeiter ausüben.

Zulassungspflichtige **Handwerksbetriebe** *(z. B. Bäcker, Friseure, Augenoptiker, Sanitär und Heizungsinstallateure)* sind in der Handwerksrolle eingetragene natürliche und juristische Personen und Personengesellschaften *(§§ 1, 4 und Anlage A Handwerksordnung).* Der Betriebsleiter muss über eine Meister- oder Ingenieurprüfung verfügen. Für nicht zulassungspflichtige Handwerksbetriebe *(Anlage B Handwerksordnung; z. B. Uhrmacher, Schneider)* gelten diese Vorschriften nicht.

Bei einer **rechtsfähigen Personengesellschaft** (GbR, OHG, KG) betreiben mehrere natürliche oder juristische Personen auf der Grundlage eines Gesellschaftsvertrages ein Unternehmen zur Erzielung eines gemeinsamen Zwecks. Sie gelten als „quasi juristische Personen", weil sie unter ihrem Namen bzw. unter ihrer Firma

- Rechte und Eigentum erwerben,
- Verbindlichkeiten eingehen,
- vor Gericht klagen bzw. verklagt werden können *(§ 14 Abs. 2 BGB, § 124 HGB).*

Kapitalgesellschaften (GmbH, AG) und **eingetragene Vereine** sind **juristische Personen** mit eigener Rechtspersönlichkeit, die selbst Träger von Rechten und Pflichten sein können. Sie entstehen bei Eintragung in das Handels- bzw. Vereinsregister (konstitutive Wirkung der Eintragung) und werden durch ihre gesetzlichen Organe (Geschäftsführer, Vorstand) vertreten.

Unterschiede zwischen rechtsfähigen Personengesellschaften und juristischen Personen		
Merkmale	**rechtsfähige Personengesellschaften**	**juristische Personen**
Vertretung	... durch Gesellschafter	... durch gesetzliche Organe (z. B. Vorstand)
Haftung	Gesellschaftsvermögen und persönliche Haftung von Gesellschaftern	nur Gesellschaftsvermögen
Steuern	Gesellschafter erzielen Einkünfte aus Gewerbebetrieb	▪ Gesellschaft zahlt Körperschaftsteuer ▪ Gesellschafter bzw. Aktionäre erzielen Einkünfte aus Kapitalvermögen

Die Rechtsform von Unternehmen ist für Kreditinstitute insbesondere im Hinblick auf folgende Fragestellungen von Bedeutung:

- Ist das Unternehmen im Handelsregister eingetragen oder nicht?
  Für im Handelsregister eingetragene Unternehmen sind die Vorschriften des HGB zu beachten.

- Wer und was haftet für die Verbindlichkeiten des Unternehmens?
  Bei Einzelunternehmen und bei Personengesellschaften haften das Betriebsvermögen und das Privatvermögen der persönlich haftenden Gesellschafter. Bei Kapitalgesellschaften (GmbH, AG) haftet nur das Gesellschaftsvermögen für die Verbindlichkeiten der Gesellschaft.
- Welche Personen vertreten in welcher Weise das Unternehmen?
  Dabei sind die Begriffe Geschäftsführung und Vertretung zu unterscheiden:
  Geschäftsführung umfasst die Entscheidungsbefugnisse innerhalb des Unternehmens. Die gesetzlichen Regelungen zur Geschäftsführung (Einzel- oder Gesamtgeschäftsführung) können im Gesellschaftsvertrag geändert werden. Die Art der Geschäftsführung ist **nicht** im Handelsregister eingetragen.
  Vertretung umfasst die Befugnisse, das Unternehmen gegenüber Dritten zu vertreten und im Namen des Unternehmens Willenserklärungen abzugeben und Rechtsgeschäfte abzuschließen.

Beispiel:
Der alleinige Geschäftsführer der DataSoft GmbH ist Dr. Thomas Schlüter.

Geschäftsführung (Innenverhältnis)	Vertretung (Außenverhältnis)
Thomas Schlüter beschließt, einen neuen Mitarbeiter einzustellen.	*Er schließt mit Beate Weirich einen Arbeitsvertrag.*
Thomas Schlüter beschließt, eine neue Produktionsmaschine zu kaufen und diese mit einem Darlehen zu finanzieren.	*Er schließt mit der Maschinenbau AG einen Kaufvertrag und mit der Regio-Bank AG einen Kreditvertrag ab.*

Beim Abschluss von Geschäften mit Geschäfts- und Firmenkunden muss das Kreditinstitut bei Gesellschaften mit mehreren vertretungsberechtigten Personen prüfen, in welcher Weise diese handeln dürfen:

- Bei einer Einzelvertretung ist jede berechtigte Person allein zur Vertretung berechtigt.
- Bei gemeinschaftlicher Vertretung (Gesamtvertretung) sind mehrere Personen nur gemeinschaftlich zur Vertretung berechtigt.

Die gesetzlichen Regelungen zur Vertretung (Einzel- oder Gesamtvertretung) gelten nur, wenn die Gesellschafter im Gesellschaftsvertrag keine abweichende Regelung getroffen haben. Eine vom Gesetz abweichende Regelung ist Dritten gegenüber nur wirksam, wenn sie im Handelsregister eingetragen ist.

Beispiele:
- *GmbH: Sind mehrere Geschäftsführer bestellt, sind sie alle nur gemeinschaftlich zur Vertretung der Gesellschaft befugt, es sei denn, dass der Gesellschaftsvertrag etwas anderes bestimmt (§ 35 Abs. 2 GmbHG).*
- *OHG: Zur Vertretung der Gesellschaft ist jeder Gesellschafter allein ermächtigt. Im Gesellschaftsvertrag kann bestimmt werden, dass alle oder mehrere Gesellschafter nur in Gemeinschaft zur Vertretung der Gesellschaft ermächtigt sein sollen (Gesamtvertretung; § 125 Abs. 1, 2 HGB).*

Gesellschaft	Vertretung nach Gesetz	Mögliche Regelungen im Gesellschaftsvertrag
OHG	Einzelvertretung durch Gesellschafter	▪ Gesamtvertretung ▪ Vertretung durch jeweils zwei Gesellschafter ▪ Ausschuss einzelner Gesellschafter von der Vertretung
KG	Einzelvertretung durch persönlich haftende Gesellschafter	
GmbH	Gesamtvertretung durch Geschäftsführer	▪ Einzelvertretung ▪ Vertretung durch jeweils zwei Geschäftsführer bzw. Vorstände
AG	Gesamtvertretung durch Vorstand	

↓ ↓

rechtswirksam ohne Handelsregistereintragung	**rechtswirksam mit Handelsregistereintragung**

Unternehmen nach zusammengefassten Rechtsformen					
Rechtsformen	**Unternehmen**				
	Insgesamt	**davon mit ... bis ... sozialversicherungspflichtig Beschäftigten 2020**			
		0 bis 9	**10 bis 49**	**50 bis 249**	**250 und mehr**
Einzelunternehmer	1 995 622	1 902 119	89 678	3 725	100
Personengesellschaften (zum Beispiel OHG, KG)	405 500	325 362	62 498	14 479	3 161
Kapitalgesellschaften (GmbH, AG)	764 904	535 724	171 040	47 332	10 808
Sonstige Rechtsformen	208 557	168 666	29 779	7 506	2 606
Insgesamt	3 374 583	2 931 871	352 995	73 042	16 675

Eigene Darstellung nach Zahlen vom Statistischen Bundesamt (Stand 31.12.2020)

2.1 Einzelunternehmen

Der **Einzelunternehmer** (Inhaber) betreibt **selbstständig**
- einen **Gewerbebetrieb** mit der Absicht, Gewinne zu erzielen *(§ 1 HGB, § 15 Abs. 2 EStG)*,
- einen **land- und forstwirtschaftlichen Betrieb** *(§ 13 Abs. 1 EStG)* oder ist als
- **Freiberufler** *(§ 18 Abs. 1 EStG)* tätig.

Der Einzelunternehmer bringt allein das Kapital auf und trägt allein das Risiko.

Merkmale	Erläuterungen
Gründung	Die Gründung erfolgt durch selbstständiges Betreiben eines Gewerbes. Das Unternehmen ist beim Gewerbeamt anzumelden.
Eintragung	Soweit der Einzelunternehmer Kaufmann ist *(§§ 1–3 HGB)*, wird er in das Handelsregister Abteilung A eingetragen.
Name/Firma	Kleingewerbe (nicht im Handelsregister eingetragen): Name des Einzelunternehmers ggf. mit Zusatz (z. B. Dieter Krause, Hausmeisterservice) Kaufleute (im Handelsregister eingetragen): Firma mit Zusatz „e. K", e. Kfm." oder e. Kfr." gemäß Handelsregistereintragung
Haftung	Der Einzelunternehmer haftet mit seinem gesamten Geschäfts- und Privatvermögen.
Geschäftsführung/ Vertretung	Die Geschäftsführung und die Vertretung erfolgt durch den Einzelunternehmer.
Gewinn/Verlust	Dem Einzelunternehmer steht der gesamte Gewinn zu, er trägt allein die Verluste.
Auflösung	Das Einzelunternehmen wird aufgelöst, wenn der Unternehmer den Geschäftsbetrieb einstellt, das Betriebsvermögen veräußert oder in das Privatvermögen überführt.

Das Kreditinstitut muss Betriebskonten und Privatkonten des Inhabers getrennt führen, weil für sie unterschiedliche Regelungen gelten. So kann zum Beispiel der Inhaber bei Privatkonten mit einem Freistellungsauftrag den Steuerabzug bei Zinserträgen vermeiden. Dies ist bei Betriebskonten nicht möglich.

2.2 Personengesellschaften

2.2.1 Gesellschaft bürgerlichen Rechts

Bei einer **Gesellschaft bürgerlichen Rechts (GbR)** verpflichten sich die Gesellschafter, die Erreichung eines gemeinsamen Zweckes in der durch den Vertrag bestimmten Weise zu fördern, insbesondere die vereinbarten Beiträge zu leisten *(§ 705 BGB)*.

Gesellschaften bürgerlichen Rechts können privaten oder unternehmerischen Zwecken dienen. Sie können zeitlich befristet oder unbefristet bestehen.

		Beispiele:
Private GbR	**befristet**	– *Fahrgemeinschaft zur Berufsschule* – *Urlaubsgemeinschaft, die eine Skihütte mietet und Lebensmittel einkauft*
	unbefristet	– *Tippgemeinschaft, die regelmäßig Lotto spielt* – *Wohngemeinschaft von drei Freunden*
Unternehmerische GbR	**befristet (Arbeitsgemeinschaften)**	– *Bankenkonsortium mehrerer Kreditinstitute, die Aktien der Bayer AG am Markt platzieren* – *Baukonsortium mehrerer Bauunternehmen, die gemeinsam ein Klinikum errichten*
	unbefristet	– *Gemeinschaftspraxis Dr. Jana Trost und Dr. David Köhler GbR* – *Autowerkstatt Tim Wiese und Jan Becker GbR (Kleingewerbe)*

Eine auf Dauer angelegte, unternehmerische GbR können Freiberufler (Praxisgemeinschaft, Sozietät) immer errichten, Gewerbetriebe jedoch nur, wenn sie keinen in kaufmännischer Weise eingerichteten Geschäftsbetrieb erfordern *(§ 1 Abs. 2 HGB)*. Größere Gewerbebetriebe gelten ansonsten automatisch als OHG.

Merkmale	Erläuterung
Gründung	Die Gründung kann durch einen formfreien Gesellschaftsvertrag von mindestens zwei Personen erfolgen *(§ 705 BGB)*. Aus Beweisgründen empfiehlt sich aber der Abschluss eines schriftlichen Vertrages mit einer genauen Beschreibung der Rechte und Pflichten der Gesellschafter.
Eintragung	keine Eintragung in ein öffentliches Register
Name	Rechtsfähig ist eine GbR als quasi juristische Person nur, wenn sie nach außen erkennbar als GbR („Außen-GbR") auftritt. Im Namen der GbR sollten zumindest der Name eines Gesellschafters und der Zusatz „GbR" enthalten sein.
Kapital	Die Gesellschafter haben in Ermangelung einer anderen Vereinbarung gleiche Beiträge zu leisten *(§ 706 BGB)*.
Haftung	Für die Verbindlichkeiten der GbR haften das Gesellschaftsvermögen und die Privatvermögen der Gesellschafter. Die Gesellschafter haften gegenüber den Gläubigern der Gesellschaft persönlich, gesamtschuldnerisch und unbeschränkt *(§ 128 HGB, § 421 BGB)*.
Geschäftsführung/ Vertretung	Die Geschäftsführung und Vertretung erfolgen durch die Gesellschafter gemeinschaftlich, soweit nichts anderes im Gesellschaftsvertrag bestimmt ist *(§§ 709, 714 BGB)*.
Gewinn-/ Verlustverteilung	Sind die Anteile der Gesellschafter am Gewinn und Verlust nicht bestimmt, so hat jeder Gesellschafter ohne Rücksicht auf die Art und die Größe seines Beitrags einen gleichen Anteil am Gewinn und Verlust *(§ 722 BGB)*.

2.2.2 Personenhandelsgesellschaften (OHG, KG)

Zu den **Personenhandelsgesellschaften** gehören die **offene Handelsgesellschaft** (OHG) und die **Kommanditgesellschaft** (KG).

Bei einer **Personenhandelsgesellschaft** betreiben mehrere Personen ein **Handelsgewerbe** unter **gemeinschaftlicher Firma**.

- Bei der OHG ist bei **keinem der Gesellschafter die Haftung** gegenüber den Gesellschaftsgläubigern **beschränkt** *(§ 105 Abs. 1 HGB)*.
- Bei der KG gibt es **unbeschränkt haftende Gesellschafter** (**Komplementäre**) und **beschränkt haftende Gesellschafter** (**Kommanditisten**), deren Haftung auf den Betrag einer bestimmten Vermögenseinlage beschränkt ist *(§ 161 Abs. 1 HGB)*.

Merkmale	OHG	KG
Gründung	Die Gründung kann durch einen formfreien Gesellschaftsvertrag von mindestens zwei Personen erfolgen. Aus Beweisgründen empfiehlt sich aber der Abschluss eines schriftlichen Vertrages mit einer genauen Beschreibung der Rechte und Pflichten der Gesellschafter.	
Eintragung	Handelsregister Abteilung A	
Firma	Zusatz „OHG" oder „offene Handelsgesellschaft"	Zusatz „KG" oder „Kommanditgesellschaft"
Kapital	▪ keine Mindesteinlage der Gesellschafter ▪ Höhe der Einlage richtet sich nach dem Gesellschaftervertrag. ▪ keine Eintragung der Kapitalhöhe in das Handelsregister ▪ Kapitaleinlage der Gesellschafter ist variabel und ändert sich z. B. durch Einlagen und Entnahmen.	▪ Für Komplementäre gelten gleiche Regelungen wie für OHG-Gesellschafter. ▪ Kommanditisten tätigen eine feste Kapitaleinlage, deren Höhe im Handelsregister eingetragen ist. Eine Erhöhung oder Verminderung ihrer Einlage ist eintragungspflichtig.
Haftung	▪ unbeschränkt mit dem Geschäfts- und Privatvermögen der Gesellschafter ▪ persönlich (direkt, unmittelbar) ▪ gesamtschuldnerisch (solidarisch) Jeder Gesellschafter haftet für die gesamten Verbindlichkeiten der Gesellschaft.	▪ Komplementäre haften wie OHG-Gesellschafter. ▪ Die unmittelbare (persönliche) Haftung des Kommanditisten für die Verbindlichkeiten der Gesellschaft ist auf den Teil der Kommanditeinlage beschränkt, den er noch nicht geleistet hat.
Geschäftsführung	▪ Einzelgeschäftsführung bei gewöhnlichen Geschäften ▪ Gesamtgeschäftsführung bei außergewöhnlichen Geschäften oder ▪ vertragliche Regelung	▪ nur durch Komplementäre ▪ Umfang wie OHG-Gesellschafter ▪ Widerspruchsrecht der Kommanditisten bei außergewöhnlichen Geschäften
Vertretung	Einzelvertretung oder vertragliche Regelung	▪ nur durch Komplementäre ▪ Umfang wie OHG-Gesellschafter
Gewinn-/ Verlustverteilung	▪ Gewinnverteilung – 4 % Verzinsung der Kapitaleinlage – Rest nach Köpfen ▪ Verlust nach Köpfen ▪ oder vertragliche Regelungen	▪ Gewinnverteilung – 4 % Verzinsung der Kapitaleinlage – Rest in angemessenem Verhältnis ▪ Verlust in angemessenem Verhältnis ▪ oder vertragliche Regelungen
	Beispiele für vertragliche Regelungen: *höhere Verzinsung der Kapitaleinlage, Entgelt für Arbeitsleistungen, Verteilung des Gewinns nach Kapitaleinlagen*	

3

2.3 Kapitalgesellschaften

Zu den **Kapitalgesellschaften** gehören die **Gesellschaft mit beschränkter Haftung** (GmbH) und die **Aktiengesellschaft** (AG).

Kapitalgesellschaften

- können von **einer oder mehreren Personen** zu jedem gesetzlich zulässigen Zweck errichtet werden,
- besitzen eine **eigene Rechtspersönlichkeit** (juristische Person),
- **haften** gegenüber ihren Gläubigern nur mit dem **Gesellschaftsvermögen**,
- sind **Handelsgesellschaften** im Sinne des Handelsgesetzbuches *(§§ 1, 13 GmbHG, §§ 1, 2, 3 AktG)*.

Die **Gesellschaft mit beschränkter Haftung** (GmbH) hat ein **Stammkapital**, das anteilig von den Gesellschaftern übernommen wird *(§ 5 GmbHG)*. Die **Geschäftsanteile** sind **nicht** an der Börse **handelbar**.

Die **Aktiengesellschaft** (AG) hat ein **in Aktien zerlegtes Grundkapital**. Bei börsennotierten Aktiengesellschaften sind die Aktien leicht handelbar *(§ 3 Abs. 2 AktG)*. Dieser Zugang zum **Kapitalmarkt erleichtert** den Gesellschaften die **Kapitalbeschaffung**.

Merkmale	GmbH	AG
Gründung	Gründung von einer Person oder mehreren Personen durch einen **notariell beurkundeten Gesellschaftsvertrag** *(§ 2 GmbHG, § 23 AktG)*. Die Gesellschaft erlangt ihre **Rechtsfähigkeit** erst mit der **Eintragung in das Handelsregister** (konstitutive Wirkung der Eintragung).	
Eintragung	Handelsregister Abteilung B	
Firma	Zusatz „GmbH“ oder „Gesellschaft mit beschränkter Haftung“	Zusatz „AG“ oder „Aktiengesellschaft“
Kapital	▪ Mindeststammkapital 25 000,00 EUR *(§ 5 GmbHG)* ▪ Geschäftsanteile müssen auf volle Euro lauten. ▪ Mindesteinzahlung ein Viertel des Geschäftsanteils, insgesamt aber mindestens 12 500,00 EUR *(§ 7 Abs. 2 GmbHG)* ***Beispiele:*** – *Das Stammkapital der Alpha GmbH beträgt 200 000,00 EUR. Die Gesellschafter müssen mindestens ein Viertel ihrer Geschäftsanteile (50 000,00 EUR) einzahlen.* – *Das Stammkapital der Beta GmbH beträgt 25 000,00 EUR. Die Gesellschafter müssen mindestens 12 500,00 EUR einzahlen.*	▪ Mindestgrundkapital 50 000,00 EUR *(§ 7 AktG)* ▪ Nennbetragsaktien müssen auf mindestens einen Euro lauten; höhere Nennwerte auf volle Euro *(§ 8 Abs. 2 AktG)*. ▪ Stückaktien haben keinen Nennwert. Ihr rechnerischer Anteil am Grundkapital bestimmt sich nach der Zahl der ausgegebenen Aktien und muss mindestens einen Euro betragen *(§ 8 Abs. 4 AktG)*. ***Beispiel:*** *Das Grundkapital der Gamma AG beträgt 200 000,00 EUR. Die Gesellschaft hat 40 000 Stückaktien herausgegeben. Der rechnerische Anteil einer Stückaktie am Grundkapital beträgt 5,00 EUR.*

Merkmale	GmbH	AG
Haftung	Für die Verbindlichkeiten der Gesellschaft **haftet nur das Gesellschaftsvermögen**.	
Geschäftsführung	Gesamtgeschäftsführung durch Geschäftsführer bzw. Vorstand oder vertragliche Regelung	
Vertretung	Gesamtvertretung durch Geschäftsführer bzw. Vorstand oder vertragliche Regelung, die im Handelsregister eingetragen ist	
Gewinnverteilung	nach Kapitalbeteiligung	

Organe von Kapitalgesellschaften		
	GmbH	**AG**
Geschäftsführung und Vertretung	Geschäftsführer *(§§ 6, 35 GmbHG)*	Vorstand *(§§ 76, 77, 78 AktG)*
Aufsichtsrat	Ein Aufsichtsrat ist zu bestellen, wenn der Gesellschaftsvertrag dies vorsieht oder wenn die Gesellschaft mehr als 2000 Arbeitnehmer beschäftigt. Der Aufsichtsrat überwacht die Geschäftsführer *(§ 52 GmbHG)*.	Ein Aufsichtsrat ist immer zu bestellen. Er hat folgende Aufgaben: ▪ Überwachung des Vorstands *(§ 111 AktG)* ▪ Bestellung und Abberufung des Vorstands *(§ 84 AktG)* ▪ Einberufung einer außerordentlichen Hauptversammlung *(§ 111 AktG)*
Gesellschafter- bzw. Hauptversammlung Die Gesellschafter bzw. Aktionäre üben ihre Rechte in der Gesellschafter- bzw. Hauptversammlung aus. **Beschlüsse** werden **nach Kapitalmehrheiten** gefasst.	Aufgaben *(§ 46 GmbHG)*: ▪ Feststellung des Jahresabschlusses ▪ Verwendung des Gewinns ▪ Bestellung, Abberufung und Überwachung der Geschäftsführer ▪ Bestellung von Prokuristen und von Handlungsbevollmächtigten zum gesamten Geschäftsbetrieb ▪ Änderung des Gesellschaftsvertrages	Aufgaben *(§ 118 AktG)*: ▪ Bestellung der Mitglieder des Aufsichtsrats (Aktionärsvertreter) ▪ Verwendung des Bilanzgewinns ▪ Entlastung der Mitglieder des Vorstands und des Aufsichtsrats ▪ Bestellung des Abschlussprüfers ▪ Satzungsänderungen ▪ Kapitalerhöhungen

Unternehmergesellschaft *(§ 5a GmbHG)*

Bei der **Unternehmergesellschaft (UG)** ist die Haftung auf das Gesellschaftsvermögen beschränkt. Die Unternehmergesellschaft wird auch als sogenannte **Mini-GmbH** bezeichnet.

Merkmale	UG	GmbH
Mindest-Stamm-kapital	1,00 EUR	25 000,00 EUR (Einzahlung mind. 25 % je Stammeinlage, insgesamt mindestens aber 12 500,00 EUR)
Gründung	▪ Verwendung einer Mustersatzung ▪ Eintragung in das Handelsregister ▪ niedrige Gründungskosten	▪ individueller Gesellschaftsvertrag ▪ Eintragung in das Handelsregister ▪ höhere Gründungskosten
Haftung	Gesellschaftsvermögen	Gesellschaftsvermögen
Gewinnver-wendung	Ein Viertel des um einen Verlustvortrag geminderten Jahresüberschusses ist in eine gesetzliche Rücklage einzustellen, bis ein Mindeststammkapital von 25 000,00 EUR erreicht ist *(§ 5 GmbHG)*.	Die Gesellschafterversammlung entscheidet über die gesamte Gewinn-verwendung.

Europäische Aktiengesellschaft (Societas Europaea – SE)

Die Europäische Aktiengesellschaft (SE) ist eine Rechtsform für Unternehmen, die in mindestens zwei Mitgliedstaaten der Europäischen Union tätig sind.

Beispiele: *Allianz SE, BASF SE, Porsche Automobil Holding SE, Conrad Electronic SE*

Merkmale	Europäische Aktiengesellschaft (Societas Europaea – SE)	Aktiengesellschaft (AG)
Mindest-kapital	120 000,00 EUR	50 000,00 EUR
Eintragung	Eintragung am Sitz der Gesellschaft, Deutschland: Handelsregister Abt. B	Handelsregister Abt. B
Firma	Zusatz „SE"	Zusatz „AG" oder „Aktiengesellschaft"
Haftung	Gesellschaftsvermögen	Gesellschaftsvermögen
Geschäfts-führung und Aufsicht	▪ Monistisches System Der **Verwaltungsrat** leitet die Gesell-schaft, bestimmt die Grundlinien ihrer Tätigkeit und überwacht deren Umset-zung. Er ist damit zugleich Geschäftsfüh-rungs- und Überwachungsorgan. Im Verwaltungsrat gibt es zumindest einen geschäftsführenden Direktor sowie weitere nicht geschäftsführende Mitglieder. oder ▪ dualistisches System (vgl. AG)	Dualistisches System Der **Vorstand** führt die Geschäfte. Der **Aufsichtsrat** kontrolliert und überwacht die Geschäfte.

2.4 GmbH & Co. KG

Die GmbH & Co. KG ist eine **Kommanditgesellschaft**, bei der
- eine GmbH persönlich haftender Gesellschafter (Komplementär) ist und
- andere Personen (häufig Gesellschafter der GmbH) Kommanditisten sind.

Fallbeispiel:
Entstehung einer „Ein-Mann-GmbH & Co.KG“
Josef Becker betreibt eine Spedition. Er gründet folgende Gesellschaften:

- **„Becker Transporte GmbH“**
  Die Gesellschaft wird durch einen notariellen Vertrag gegründet. **Josef Becker** ist alleiniger Gesellschafter und bestellt sich selbst zum Geschäftsführer. Mit der Eintragung in das **Handelsregister Abteilung B** wird die GmbH rechts- und handlungsfähig.
- **„Becker Transporte GmbH & Co. KG“**
  Die Gesellschaft wird durch formfreien Vertrag von der Becker Transporte GmbH (als Komplementär) und von **Josef Becker** (als Kommanditist) gegründet und in das **Handelsregister Abteilung A** eingetragen.

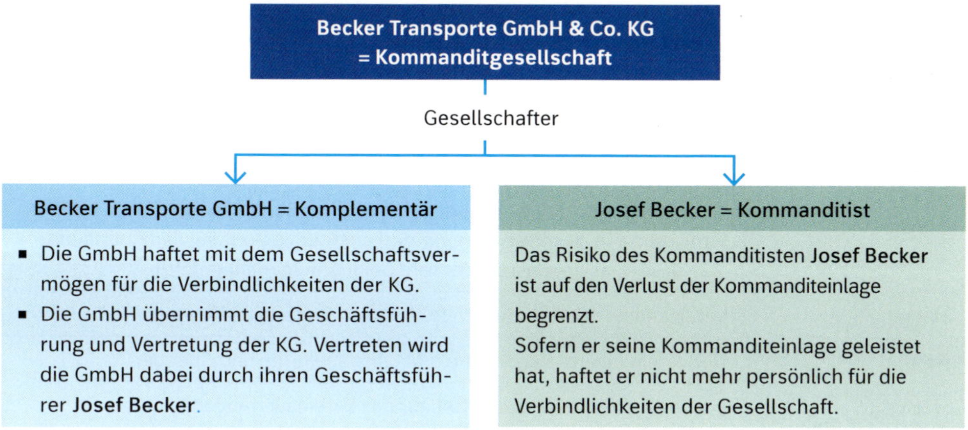

Gründe für die Wahl der GmbH & Co. KG als Rechtsform

- Haftungsbeschränkung
- Bei Neugründungen wird die Rechtsform der GmbH & Co. KG oft aus steuerlichen Gründen gewählt. Wenn z.B. in den ersten Jahren der Geschäftstätigkeit Verluste erwartet werden, erfolgen bei der KG die Verlustzuweisungen direkt an die Gesellschafter, die ihre negativen Einkünfte aus Gewerbebetrieb mit anderen positiven Einkünften verrechnen können.

2.5 Eingetragener Verein

Ein **eingetragener Verein** (e. V.) ist ein auf Dauer angelegter Zusammenschluss von Personen, die unabhängig von einem Mitgliederwechsel einen gemeinsamen Zweck verfolgen. Er besitzt eine **eigene Rechtspersönlichkeit** und verfolgt in der Regel **nicht wirtschaftliche Zwecke (Idealverein)** *(§ 21 BGB)*.

Idealvereine haben **keine Gewinnerzielungsabsicht** und werden zu folgenden Zwecken gegründet:

- Sie dienen der Durchführung von Hobbys oder Freizeitaktivitäten ihrer Mitglieder.
  Beispiele: *Sportverein, Tanzverein, Karnevalsverein, Schützenverein, Taubenzüchterverein*
- Sie verfolgen kulturelle, ökologische und soziale Ziele.
  Beispiele: *Kulturverein, Umweltschutzverein, Jugendverein*
- Sie unterstützen ihre Mitglieder oder externe Gruppen und Institutionen.
  Beispiele: *Anonyme Alkoholiker, Förderverein*

Das Finanzamt kann einen Verein als **gemeinnützig** anerkennen, wenn seine Tätigkeit darauf gerichtet ist, die Allgemeinheit auf materiellem, geistigem oder sittlichem Gebiet selbstlos zu fördern *(§ 52 AO)*. Die Erträge von gemeinnützigen Vereinen sind nicht steuerpflichtig. Spenden und Beiträge kann der Zahler steuermindernd als Sonderausgaben geltend machen.

Die **Mitgliederversammlung** beschließt die Satzung und wählt den Vorstand. Bei der Beschlussfassung entscheidet die Mehrheit der abgegebenen Stimmen *(§ 32 BGB)*.

Merkmale	Erläuterung
Gründung	Zur Gründung eines Vereins müssen mindestens sieben Personen eine Vereinssatzung beschließen. Die Satzung muss den Zweck, den Namen und den Sitz des Vereins enthalten und ergeben, dass der Verein eingetragen werden soll *(§§ 25, 56, 57 BGB)*.
Eintragung	Der **nicht** wirtschaftliche Verein erlangt seine **Rechtsfähigkeit** erst mit der **Eintragung in das Vereinsregister** (konstitutive Wirkung der Eintragung; *§ 21 BGB*). Das Vereinsregister wird beim Amtsgericht geführt.
Name	Vereinsname mit dem Zusatz „e. V." oder „eingetragener Verein" *(§ 65 BGB)*
Kapital	Der Verein erwirbt Kapital durch Mitgliedsbeiträge und Spenden.
Haftung	Für die Verbindlichkeiten haftet nur das Vereinsvermögen.
Geschäftsführung/ Vertretung	Der von der Mitgliederversammlung gewählte Vorstand vertritt den Verein gerichtlich und außergerichtlich. Besteht der Vorstand aus mehreren Personen, so wird der Verein durch die Mehrheit der Vorstandsmitglieder vertreten *(§ 26 BGB)*. In der Satzung können andere Regelungen zur Vertretung getroffen werden *(z. B. Einzelvertretung, Beschränkung der Vertretung)*. Dritten gegenüber sind diese Regelungen wirksam, wenn sie im Vereinsregister eingetragen sind *(§ 64 BGB)*.

Nicht eingetragene Vereine besitzen keine eigene Rechtspersönlichkeit. Für sie gelten die BGB-Vorschriften zur Gesellschaft bürgerlichen Rechts (GbR; § 705 ff. *BGB*). Die Mitglieder haften für Verbindlichkeiten des Vereins mit ihrem Privatvermögen *(§ 54 BGB)*.

2.6 Sonstige Rechtsformen

Genossenschaften

Genossenschaften sind Gesellschaften mit nicht geschlossener Mitgliederzahl, deren Zweck darauf gerichtet ist, den **Erwerb oder die Wirtschaft ihrer Mitglieder** oder deren soziale oder kulturelle Belange durch gemeinschaftlichen Geschäftsbetrieb **zu fördern** *(§ 1 GenG).*

Genossenschaften sind juristische Personen mit eigener Rechtspersönlichkeit.

Beispiele:
- *Kreditgenossenschaften (Volks- und Raiffeisenbanken)*
- *Wohnungsgenossenschaften*
- *Einkaufsgenossenschaften (z. B. für Dachdecker, Bäcker)*
- *Winzergenossenschaften*

In der Regel können nur Mitglieder die Leistungen der Genossenschaft nutzen *(z. B. nur Mitglieder einer Wohnungsgenossenschaft erhalten von Genossenschaft eine Mietwohnung).*

Der Vorstand führt die Geschäfte und vertritt die Genossenschaft nach außen.

Merkmale	Erläuterung
Gründung	▪ Mindestens drei Personen ▪ Satzung (Gesellschaftsvertrag)
Eintragung	Eintragung in das Genossenschaftsregister (konstitutive Wirkung)
Firma	Zusatz eG (eingetragene Genossenschaft)
Kapital	Die Mitglieder sind mit ihren Anteilen am Geschäftsguthaben der Genossenschaft beteiligt.
Haftung	Für die Verbindlichkeiten haftet nur das Gesellschaftsvermögen. (In der Satzung kann jedoch eine Nachschusspflicht für die Mitglieder im Insolvenzfall vereinbart werden.)
Vorstand	Der Vorstand vertritt den Verein gerichtlich und außergerichtlich. Nach dem Gesetz ist eine gemeinschaftliche Vertretung vorgesehen, die aber in der Satzung geändert werden kann.
Aufsichtsrat	Der Aufsichtsrat hat den Vorstand bei dessen Geschäftsführung zu überwachen *(§ 38 GenG).*
Mitgliederversammlung	Die Mitglieder üben ihre Rechte in der Generalversammlung aus *(§ 43 GenG).* Bei Genossenschaften mit mehr als 1 500 Mitgliedern kann die Satzung bestimmen, dass die Generalversammlung aus Vertretern der Mitglieder (Vertreterversammlung) besteht *(§ 43a GenG).* Jedes Mitglied hat in der Regel eine Stimme. Die Mitgliederversammlung beschließt Satzungsänderungen, die Verwendung des Jahresüberschusses und wählt den Vorstand sowie den Aufsichtsrat.

3

Partnerschaftsgesellschaft

Die **Partnerschaft** ist eine Gesellschaft, in der sich **Angehörige freier Berufe** *(z. B. Ärzte, Rechtsanwälte, Steuerberater)* zur Ausübung ihrer Berufe zusammenschließen. Sie übt kein Handelsgewerbe aus. Angehörige einer Partnerschaft können nur natürliche Personen sein *(§ 1 PartGG)*.

Merkmale	Erläuterung
Gründung	Gesellschaftsvertrag von mindestens zwei Freiberuflern
Eintragung	Partnerschaftsregister (konstitutive Wirkung; *§ 7 PartGG*)
Name	Der Name der Partnerschaft muss den Familiennamen mindestens eines Partners, den Zusatz „und Partner" oder „Partnerschaft" sowie die Berufsbezeichnungen aller in der Partnerschaft vertretenen Berufe enthalten *(§ 2 PartGG)*.
Haftung	▪ Für Verbindlichkeiten der Partnerschaft haften den Gläubigern neben dem Vermögen der Partnerschaft die Partner als Gesamtschuldner. ▪ Waren nur einzelne Partner mit der Bearbeitung eines Auftrags befasst, so haften nur die Partnerschaft und die beteiligten Partner für den Schaden. Die anderen Partner haften nicht mit ihrem Privatvermögen. ▪ Für Verbindlichkeiten der Partnerschaft aus Schäden wegen fehlerhafter Berufsausübung haftet den Gläubigern nur das Gesellschaftsvermögen, wenn die Partnerschaft eine zu diesem Zweck durch Gesetz vorgegebene Berufshaftpflichtversicherung unterhält *(§ 8 PartGG)*.
Geschäftsführung/ Vertretung	Einzelvertretung oder andere Regelung gemäß Gesellschaftsvertrag *(§ 7 PartGG)*.

Kommanditgesellschaft auf Aktien

Die Kommanditgesellschaft auf Aktien ist eine Gesellschaft mit eigener Rechtspersönlichkeit (Sonderform der AG), bei der

- mindestens ein Gesellschafter den Gesellschaftsgläubigern unbeschränkt haftet (persönlich haftender Gesellschafter),
- die übrigen Gesellschafter (= Kommanditaktionäre) an dem in Aktien zerlegten Grundkapital beteiligt sind, ohne persönlich für die Verbindlichkeiten der Gesellschaft zu haften *(§§ 278-290 AktG)*.

Beispiele: *Merck KGaA, Henkel AG & Co. KGaA, M.M.Warburg & CO KGaA, Drägerwerk AG & Co. KGaA.*

Gesellschafter der KGaA

Persönlich haftende Gesellschafter + **Kommanditaktionäre**

Persönlich haftende Gesellschafter

… entsprechen in ihrer Rechtsstellung den Komplementären der KG.
Die Vorschriften des HGB über die Komplementäre der KG finden Anwendung, soweit es sich um deren Rechtsbeziehungen untereinander, mit Dritten und der Gesamtheit der Kommanditaktionäre handelt.

Kommanditaktionäre

… entsprechen in ihrer Rechtsstellung den Aktionären der AG.
Vorschriften des AktG über die Aktionäre finden grundsätzlich Anwendung.

Bedeutung:
Die KGaA entwickelt sich in der Regel aus einer Personenhandelsgesellschaft, die infolge Eigenkapitalknappheit auf Wachstumsgrenzen stößt. Die persönliche Haftung der Komplementäre verleiht der KGaA eine höhere Kreditwürdigkeit. Die unternehmerischen Fähigkeiten der grundsätzlich unabsetzbaren Komplementäre entscheiden letztlich über die Unternehmensentwicklung.

Stille Genossenschaft (§§ 230-236 HGB)

Kennzeichen der stillen Gesellschaft sind:

- Ein stiller Gesellschafter (natürliche oder juristische Person) ist mit einer Kapitaleinlage am Handelsgewerbe eines Kaufmanns (Einzelunternehmen oder Handelsgesellschaft) beteiligt.
- Das Gesellschaftsverhältnis zwischen dem stillen Gesellschafter („Stiller") und dem Kaufmann tritt nach außen nicht in Erscheinung. Es erfolgt **keine Eintragung ins Handelsregister**.

Im Insolvenzfall kann der stille Gesellschafter seine Forderung als Insolvenzgläubiger geltend machen, wenn seine Einlage den auf ihn entfallenden Verlust übersteigt.

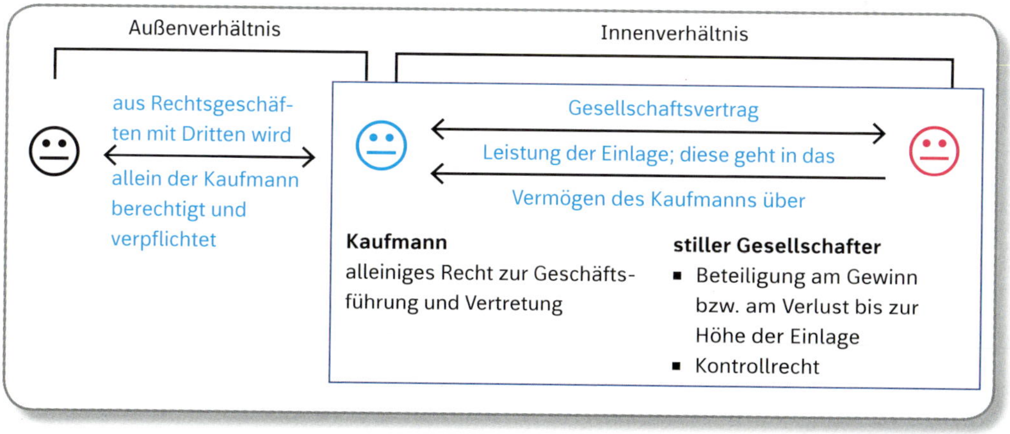

3 Handlungsvollmacht und Prokura

Geschäfts- und Firmenkunden, die ein Handelsgewerbe betreiben, können Angestellten eine **Handlungsvollmacht** oder **Prokura** erteilen, die sie ermächtigt, im Namen des Unternehmens Rechtsgeschäfte mit Dritten zu schließen. Alle Kaufleute einschließlich der Kleingewerbetreibenden können eine Handlungsvollmacht erteilen, Prokura jedoch nur im Handelsregister eingetragene Unternehmen.

Merkmale	Handlungsvollmacht *(§§ 54–58 HGB)*	Prokura *(§§ 48–53 HGB)*
Erteilung	ausdrücklich (schriftlich/mündlich) oder stillschweigend (Duldung)	nur ausdrücklich (schriftlich/mündlich)
Register-eintragung	nicht eintragungsfähig	eintragungspflichtig (deklaratorische Wirkung)
Befugnisse ohne Sonder-vollmachten	**Allgemeine Handlungsvollmacht:** Vollmacht für alle Geschäfte und Rechtshandlungen, die der Betrieb eines **derartigen Handelsgewerbes** oder die Vornahme derartiger Geschäfte **gewöhnlich** mit sich bringt. ***Beispiele:*** – *Kauf branchenspezifischer Waren* – *Verfügung über Kontoguthaben und eingeräumte Kredite*	Vollmacht für alle Arten von **gerichtlichen und außergerichtlichen** Geschäften und Rechtshandlungen, die der Betrieb eines Handelsgewerbes mit sich bringt. ***Beispiele:*** – *Kauf branchenfremder Waren* – *Erteilung einer Handlungsvollmacht* – *Kreditaufnahme* – *Kauf von Grundstücken* – *Prozessführung*
Befugnisse mit Sonder-vollmacht	▪ Veräußerung und Belastung von Grundstücken ▪ Aufnahme von Darlehen ▪ Prozessführung	Veräußerung und Belastung von Grundstücken
Beschrän-kungen des Umfanges	Eine Beschränkung des Umfanges der Handlungsvollmacht ist beliebig möglich. ▪ Die **Artvollmacht** ermächtigt zur Vornahme gleichartiger Geschäfte. ***Beispiel:*** *Einkauf oder Verkauf* ▪ Die **Spezialvollmacht** ermächtigt zur Vornahme eines einzelnen Geschäftes. ***Beispiel:*** *Kauf einer Maschine* Beschränkungen braucht ein Dritter nur gegen sich gelten zu lassen, wenn er sie kannte oder kennen musste.	Eine Beschränkung des Umfanges der Prokura ist im **Außenverhältnis nicht möglich** und Dritten gegenüber unwirksam. ▪ Im **Innenverhältnis** kann sie **beliebig eingeschränkt** werden. Tätigt der Prokurist trotzdem weitergehende Geschäfte, kann der Inhaber von ihm Schadenersatz fordern. ▪ Die Prokura kann auf eine oder mehrere Niederlassungen bzw. Filialen beschränkt werden (Niederlassungs-/Filialprokura).
Art der Vertretung	▪ **Einzelhandlungsvollmacht** (Einzelvertretung) ▪ **Gesamthandlungsvollmacht** (gemeinschaftliche Vertretung)	▪ **Einzelprokura** (Einzelvertretung) ▪ **Gesamtprokura** (gemeinschaftliche Vertretung)

Merkmale	Handlungsvollmacht *(§§ 54–58 HGB)*	Prokura *(§§ 48–53 HGB)*
Unterzeichnung	Firma, Unterschrift mit Zusatz i. V. (in Vertretung) oder i. A. (im Auftrag)	Firma, Unterschrift mit Zusatz pp. oder ppa. (per Prokura)
Erlöschen	▪ Widerruf ▪ Beendigung des Dienstverhältnisses ▪ Fristablauf ▪ Erledigung der Aufgabe bei Spezialvollmacht	▪ Widerruf ▪ Beendigung des Dienstverhältnisses Das Erlöschen muss in das Handelsregister eingetragen und bekannt gemacht werden.

Grenzen der Vertretung

Bei besonderen Rechtsgeschäften ist eine rechtsgeschäftliche Vertretung nicht zulässig:
- Unterschreiben der Bilanz, der GuV-Rechnung und der Steuererklärung
- Anmeldung von Handelsregistereintragungen
- Insolvenzanmeldung
- Verkauf des gesamten Geschäftes
- Erteilung der Prokura
- Aufnahme neuer Gesellschafter in eine Personengesellschaft

4 Kontoeröffnung

Kreditinstitute teilen Geschäfts- und Firmenkunden in der Regel nach ihrer Größe in unterschiedliche Kategorien ein, die von unterschiedlichen Stellen betreut werden.

Beispiel:

	Kleinere Unternehmen	*Mittlere Unternehmen*	*Großunternehmen*
Mitarbeiterzahl	*bis 10*	*bis 100*	*über 100*
Umsatz	*bis 500 000 EUR*	*bis 5 000 000,00 EUR*	*über 5 000 000,00 EUR*
Bilanzsumme	*bis 1 000 000 EUR*	*bis 10 000 000,00 EUR*	*über 10 000 000,00 EUR*

Bei Gesellschaften und Vereinen sind die gesetzlichen Vertreter *(z. B. Geschäftsführer, Vorstand)* und Prokuristen zu einer Kontoeröffnung berechtigt. Das Handels- bzw. Vereinsregister gibt darüber Auskunft, ob diese Personen einzeln oder nur gemeinschaftlich handeln können.

Nach der gesetzlichen Regelung vertreten Geschäftsführer und Vorstände die Gesellschaft bzw. den eingetragenen Verein gemeinschaftlich. Demnach müssten beispielsweise bei einer Aktiengesellschaft mit fünf Vorstandsmitgliedern alle fünf den Kontoeröffnungsantrag unterschreiben. Da eine solche Regelung kaum praktikabel ist, ist in den Gesellschaftsverträgen häufig vereinbart, dass **jeweils zwei Vertretungsberechtigte** gemeinsam das Unternehmen vertreten.

3

4.1 Kontoinhaber

Geschäfts- und Firmenkunden		
Kontoinhaber	**Kontobezeichnung**	**Identitätsfeststellung**
nicht im Handelsregister eingetragene Geschäftskunden: ▪ Handwerker ▪ Kleingewerbetreibende ▪ Freiberufler ▪ Land- und Forstwirte	bürgerlicher Name und auf Wunsch ein Hinweis auf den Geschäftsbereich ***Beispiele:*** – *Dipl.-Kfm. Hans-Peter Krause Steuerberater* – *Autowerkstatt Martin Bolchek*	amtlicher Lichtbildausweis (Personalausweis oder Reisepass mit Meldebescheinigung)
GbR (Gesellschaft bürgerlichen Rechts)	Name der GbR laut Gesellschaftsvertrag oder Namen der Gesellschafter mit dem Zusatz „GbR" ***Beispiele:*** – *ATC Autoteile GbR* – *Becker & Köhler Hausmeisterservice GbR*	Gesellschaftsvertrag + amtliche Lichtbildausweise aller Gesellschafter
im Handelsregister eingetragene Unternehmen: ▪ Einzelunternehmen ▪ Personenhandelsgesellschaften (OHG, KG) ▪ Kapitalgesellschaften (GmbH, AG, SE)	Firma laut Handelsregistereintragung	Handelsregisterauszug neueren Datums (vom Kunden eingereichte Registerauszüge sollten amtlich beglaubigt sein.) + amtliche Lichtbildausweise der Vertretungsberechtigten
eingetragene Vereine (e. V.)	Name laut Vereinsregister	Vereinsregisterauszug neueren Datums (ggf. beglaubigt) + amtliche Lichtbildausweise der Vertretungsberechtigten

Die Identität prüft die Bankmitarbeiterin bzw. der Bankmitarbeiter persönlich bei Anwesenheit der Vertretungsberechtigten oder durch andere zulässige Verfahren *(z. B. Video-ident-Verfahren).*

Die Lichtbildausweise der vertretungsberechtigten Personen sind zu fotokopieren oder einzuscannen.

In den Kontounterlagen sind festzuhalten:

Firma, Rechtsform, Registernummer, Anschrift der Hauptverwaltung, Namen der gesetzlichen Vertreter *(z. B. Vorstand)*, Wirtschafts-Identifikationsnummer bzw. Umsatzsteuer-Identifikationsnummer

In besonderen Fällen kann das Kreditinstitut auf die Legitimationsprüfung und auf die Herstellung der Auskunftsbereitschaft verzichten *(Nr. 11 Anwendererlass zu § 154 AO).*

Beispiele:
- *Vertreter von Unternehmen, die in einem öffentlichen Register eingetragen sind (z. B. Geschäftsführer einer GmbH und Prokuristen)*
- *Vertreter von Unternehmen, bei denen schon mindestens fünf Personen, die in einem öffentlichen Register eingetragen sind bzw. bei denen eine Legitimationsprüfung stattgefunden hat, eine Verfügungsbefugnis haben*

4.2 Feststellung des wirtschaftlich Berechtigten

Bei der Kontoeröffnung muss der Kontoinhaber darüber Auskunft geben, ob er das Konto im eigenen wirtschaftlichen Interesse oder für einen anderen wirtschaftlich Berechtigten eröffnen möchte *(§ 11 GwG).*

Zur Prüfung des **wirtschaftlich Berechtigten** nimmt das Kreditinstitut Einsicht in die Gesellschaftsverträge, um die von einzelnen Gesellschaftern gehaltenen Anteile zu ermitteln. Eine Gesellschaft hat keinen anderen wirtschaftlich Berechtigten, wenn keiner der Gesellschafter direkt oder indirekt mehr als 25% der Kapital- oder Stimmrechtsanteile besitzt. Wenn natürliche Personen mehr als 25% der Kapital- oder Stimmrechtsanteile der Gesellschaft kontrollieren, sind Name, Geburtsort, Anschrift und Steueridentifikationsnummer des wirtschaftlich Berechtigten festzustellen und Ausweiskopien anzufertigen *(§ 11 Abs. 5 GwG).*

4.3 Vertretungsberechtigte

Bei der Kontoeröffnung ist festzulegen, welche Personen in welcher Weise über das Konto verfügen dürfen und zu anderen Geschäften mit dem Kreditinstitut berechtigt sind:
- gesetzliche Vertreter
- Prokuristen
- Handlungsbevollmächtigte

Grundsätzlich können die gesetzlichen Vertreter und Prokuristen nur bei Einzelvertretung gemäß Registereintragung allein über das Konto verfügen. Jedoch ist es auch bei einer gemeinschaftlichen Vertretungsberechtigung möglich, diesen Personen eine **eingeschränkte Einzelvollmacht** über das Konto zu erteilen. Die eingeschränkte Vollmacht ermöglicht Geschäfte allein zu tätigen, die unmittelbar mit dem Konto in einem Zusammenhang stehen:
- Verfügungen über Guthaben und eingeräumte Darlehen
- Erteilung von Inkassoaufträgen
- Entgegennahme von Abrechnungen, Kontoauszügen und anderen Schriftstücken

Eine Kontovollmacht kann auch Handlungsbevollmächtigten und Bevollmächtigten nach dem BGB eingeräumt werden. Bei einer allgemeinen Handlungsvollmacht ohne Sonderbefugnisse darf der Bevollmächtigte keine Darlehen aufnehmen, sondern nur über Guthaben und eingeräumte Darlehen verfügen. Bei Bevollmächtigten nach dem BGB ist der Umfang der Vollmacht bei der Kontoeröffnung festzulegen.

Es ist auch möglich zu vereinbaren, dass bestimmte Bevollmächtigte *(z. B. Handlungsbevollmächtigte)* nur mit bestimmten anderen Personen *(z. B. Prokuristen)* gemeinsam handeln dürfen.

Alle Vertretungsberechtigten müssen sich legitimieren; ihre Daten (Name, Geburtsdatum und -ort, Anschrift, Personalausweisdaten) sind festzuhalten, die Ausweise zu fotokopieren oder einzuscannen. Sie leisten Unterschriftsproben, um im späteren Geschäftsverkehr diese prüfen zu können.

Beispiel:
Ahlers, Berger und Chari sind Geschäftsführer der Taurus GmbH. Dohle und Engel sind Gesamtprokuristen. Förster und Gerster haben eine allgemeine Handlungsvollmacht ohne Sonderbefugnisse.
Im Handelsregister finden sich folgende Eintragungen:
„Die Gesellschaft wird von jeweils zwei Geschäftsführern gemeinschaftlich vertreten. Die Prokuristen handeln in Gemeinschaft mit einem anderen Prokuristen oder einem Geschäftsführer."
Berger soll eine Einzelvertretungsberechtigung erhalten.
Die Handlungsbevollmächtigten sollen nur in Gemeinschaft mit einem Geschäftsführer oder Prokuristen handeln dürfen.

Regio-Bank AG				
Vertretungsberechtigung und Unterschriftsproben				
Name der Inhaber, persönlich haftenden Gesellschafter, Vorstandsmitglieder, Geschäftsführer		**Vertretungsberechtigung gegenüber der Bank**[1]	**eingeschränkte Vollmacht**	**Unterschriftsproben**
1	Ahlers	G	Nein	
2	Berger	E	Ja	
3	Chari	G	Nein	
Name der Prokuristen		**Vertretungsberechtigung gegenüber der Bank**[1]	**eingeschränkte Vollmacht**	**Unterschriftsproben**
4	Dohle	G	Nein	
5	Engel	G	Nein	
Name der Handlungsbevollmächtigten <u>mit</u> Befugnis zur Kreditaufnahme und zur Bestellung von Sicherheiten		**Vertretungsberechtigung gegenüber der Bank**[1]	**eingeschränkte Vollmacht**	**Unterschriftsproben**
6	---			
7	---			
Name der Handlungsbevollmächtigten <u>ohne</u> Befugnis zur Kreditaufnahme und zur Bestellung von Sicherheiten		**Vertretungsberechtigung gegenüber der Bank**[1]	**eingeschränkte Vollmacht**	**Unterschriftsproben**
8	Förster	G mit 1 bis 5	Ja	
9	Gerster	G mit 1 bis 5	Ja	

1 E= Einzelvertretungsberechtigung;
G = gemeinschaftliche Vertretung mit einem anderen Berechtigten;
G mit Ziffern = gemeinschaftliche Vertretung nur mit bestimmten Berechtigten

5 Zahlungsinstrumente

5.1 Zahlungsinstrumente für inländische Zahlungen

Unternehmen, die Geschäfte mit Verbrauchern tätigen, müssen ihren Kunden aus Wettbewerbsgründen attraktive Zahlungsformen anbieten.

5.1.1 Kartenzahlungen

Der weitaus größte Teil der Verbraucher besitzt Zahlungskarten (Debit- und Kreditkarten) und erwartet von Händlern (stationärer Einzelhandel und E-Commerce-Händler) und anderen Unternehmen (z. B. Hotels, Restaurants, Kfz-Werkstätten), dass diese bei Zahlungen akzeptiert werden. Darüber hinaus bieten Kartenzahlungen Unternehmen folgende Vorteile:

- Zeit- und Kostenersparnis bei Kartenzahlungen im Vergleich zu Barzahlungen (insbesondere bei kontaktlosen Zahlungen)
- Verringerung der Bargeldbestände und der damit verbundenen Kosten und Risiken (Falschgeld, Kassendifferenzen, Diebstahl)
- höherer Umsatz durch Spontankäufe von Kunden, die keine ausreichenden Bargeldbestände mitführen

Um Kartenzahlungen akzeptieren zu können, benötigt das Unternehmen eine Vereinbarung mit seinem Kreditinstitut und mit einem Zahlungsdienstleister (Payment Service Provider, Netzbetreiber).

Girocardzahlungen

Grundlage für Zahlungen mit der Girocard ist die „**Vereinbarung über ein institutsübergreifendes System zur Zahlung an automatisierten Kassen**“ (electronic-cash-System, Girocard-System) der deutschen Kreditwirtschaft.

Händler beauftragen für die Abwicklung der Girocard-Zahlungen einen **zertifizierten Netzbetreiber** (Zahlungsdienstleister, Payment Service Provider),
- der die technische Infrastruktur (stationäre und mobile Terminals) bereitstellt,
- die Autorisierungsabfragen (Gültigkeit der Karte, PIN, Kontodeckung) durchführt und
- Lastschriftdateien für den Forderungseinzug bei der Bank des Händlers einreicht.

Der Anschluss von Unternehmen an das Girocard-System erfolgt auf der Grundlage der „**Bedingungen für die Teilnahme am electronic cash-System der deutschen Kreditwirtschaft**“ (Händlerbedingungen).

Der Netzbetreiber hat sicherzustellen, dass die von der Kreditwirtschaft vorgegebenen Sicherheitsanforderungen eingehalten werden (Nr. 3 Händlerbedingungen).

Mit einer positiven Autorisierung garantiert das kartenausgebende Institut die Einlösung der späteren Lastschrift. Für den Betrieb des electronic-cash-Systems und für die Autorisierung der Zahlungen erhält das kartenausgebende Institut vom Händler eine Provision von maximal 0,2 % des Umsatzes.

In der Regel reicht der Netzbetreiber die Lastschriftdateien für den Einzug der Forderungen einmal täglich bei der Bank des Händlers ein.

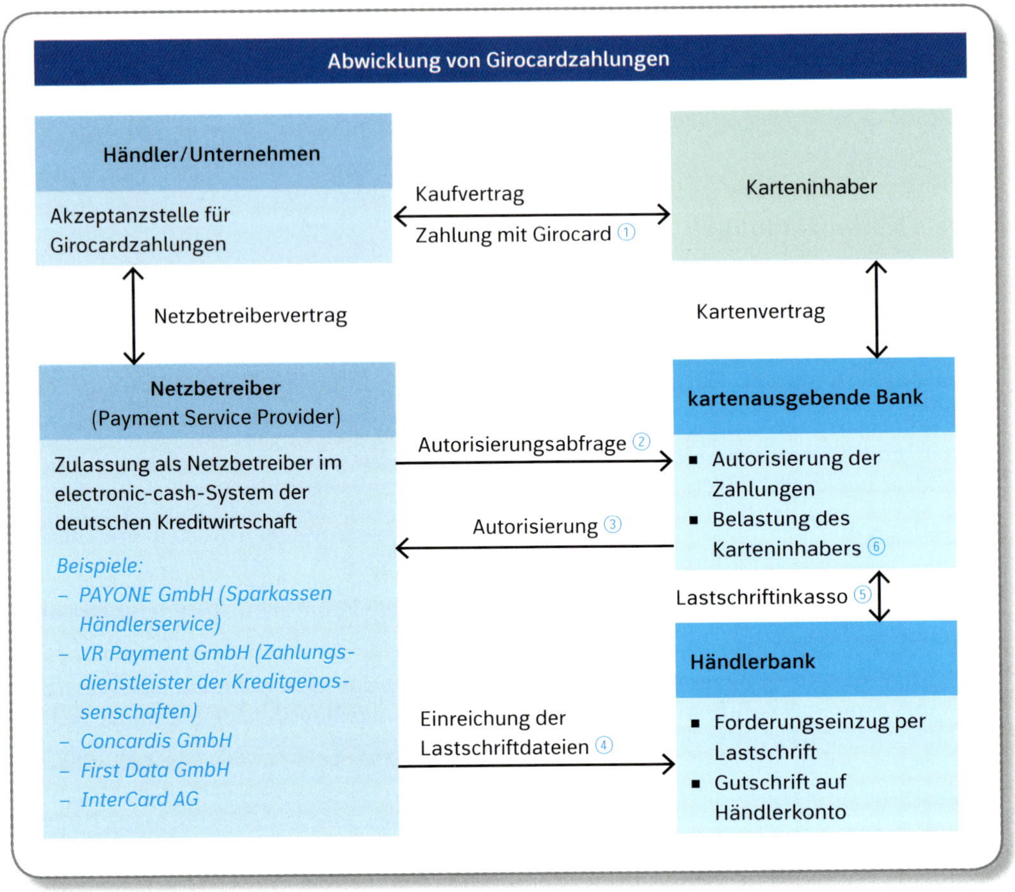

① Bei der Zahlung ist die Girocard in das Terminal einzuführen oder bei kontaktlosen Zahlungen nah an das Terminal zu halten. Die Kartendaten werden eingelesen und der Karteninhaber zur Eingabe der PIN aufgefordert (Ausnahme: kontaktlose Zahlungen bis 50,00 EUR).

② Der Netzbetreiber stellt eine Autorisierungsabfrage bei der kartenausgebenden Bank bzw. bei deren Autorisierungszentrale.

③ Nach Prüfung der Gültigkeit der Karte, Sperre der Karte, der PIN und der Kontodeckung bzw. des Verfügungsrahmens autorisiert die kartenausgebende Bank die Zahlung.

④ In der Regel reicht der Netzbetreiber einmal täglich die Lastschriftdateien über die Zahlungen bei der Händlerbank zum Inkasso ein. Der Händler benötigt dazu eine entsprechende Lastschriftvereinbarung mit seinem Institut.

⑤ Das Lastschriftinkasso erfolgt über die banküblichen Verrechnungswege *(z. B. Bundesbank)*. Der Händler erhält eine entsprechende Gutschrift auf seinem Konto.

⑥ Das kartenausgebende Institut belastet den Karteninhaber mit dem Zahlungsbetrag. Eine Rückgabe der Lastschrift mangels Kontodeckung oder Widerruf ist nicht möglich.

Händler können Bank- und Sparkassenkarten auch für das **elektronische Lastschriftverfahren** (ELV) nutzen. Der Karteninhaber steckt wie beim Girocard-System die Karte in das Terminal, die Kartendaten (Kontoinhaber, IBAN) werden ausgelesen und auf dieser Basis erteilt der Karteninhaber ein SEPA-Basismandat.

Im Unterschied zum Girocard-System erfolgt beim Elektronischen Lastschriftverfahren **keine Autorisierung und keine Garantie der Zahlung** durch das kartenausgebende Kreditinstitut.

Der Händler trägt das **Zahlungsrisiko**,
- da die Lastschrift nur bei ausreichender Kontodeckung eingelöst wird,
- da der Zahlungspflichtige die Lastschrift wegen Widerspruchs zurückgeben kann,
- wenn eine gestohlene oder gefälschte Karte missbräuchlich verwendet wurde.

Um im Vergleich zum Girocard-System Kosten zu sparen, nehmen Händler das höhere Risiko in Kauf.

Zur **Risikobegrenzung** haben Händler folgende Möglichkeiten:

- Prüfung der persönlichen Legitimation des Karteninhabers

- Abfrage von Sperrdateien
  Verlorene oder gestohlene Debit- und Kreditkarten werden von der Polizei in der bundesweiten „**KUNO**-Datenbank" (**K**riminalitätsbekämpfung im **u**nbaren Zahlungsverkehr unter **N**utzung nichtpolizeilicher **O**rganisationsstrukturen) erfasst, sofern der rechtmäßige Karteninhaber bei Anzeige des Diebstahls bzw. des Verlustes dazu seine Zustimmung erteilt hat.
  Netzbetreiber *(z.B. easycash, TeleCash)* führen zudem Sperrdateien für
  - verlorene oder gestohlene Karten (Grundlage: „KUNO-Sperrdatei") und
  - für Karten, bei denen Lastschriften mangels Kontodeckung nicht bezahlt oder wegen Widerspruchs zurückgegeben wurden. Ein Eintrag wird wieder gelöscht, wenn der Karteninhaber den offenen Betrag bezahlt hat.

Händler können auch beide Zahlungssysteme (Girocard-System und ELV) parallel verwenden. Sie vereinbaren mit dem Netzbetreiber, wann welches System zum Einsatz kommt. Für den Karteninhaber ist das Verfahren nur dadurch erkennbar, dass er beim Girocard-System die PIN eingeben muss, während er beim ELV ein SEPA-Basislastschriftmandat unterschreibt.

Auf Bank- und Sparkassenkarten sind zudem Co-Badging-Systeme internationaler Zahlungsanbieter (Mastercard, VPay von Visa) verfügbar. Die Verrechnung der Zahlungen erfolgt über die Abrechnungssysteme der Anbieter.

Kreditkartenzahlungen

Viele Unternehmen *(z.B. Einzelhändler, Hotels, Gaststätten, Restaurants, Reisebüros, Autowerkstätten)* akzeptieren **Kreditkartenzahlungen** von ihren Kunden. Kreditinstitute bieten ihren Geschäfts- und Firmenkunden vorrangig Kreditkarten von **Mastercard** und von **Visacard** an. Die Unternehmen werden zu **Akzeptanzstellen** dieser Kreditkartengesellschaften.

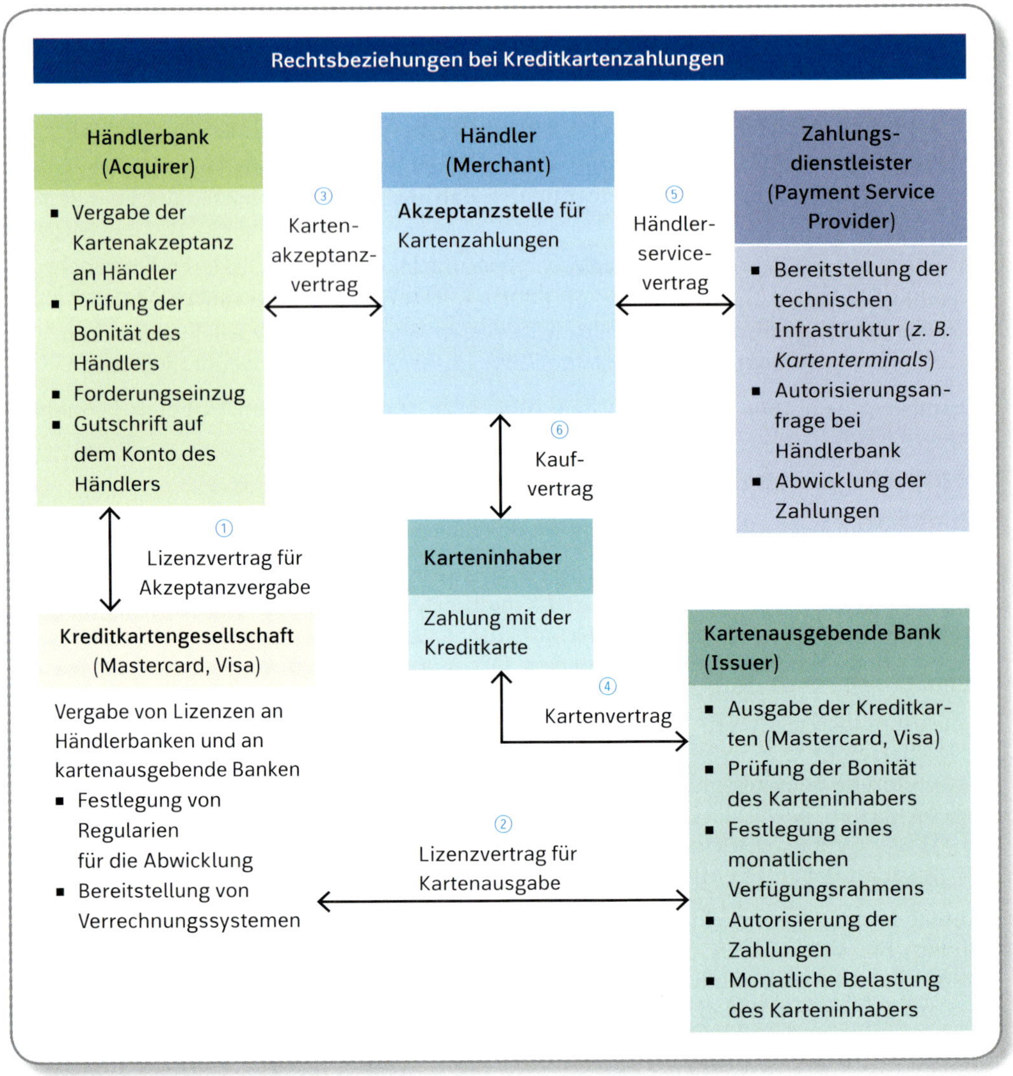

Mastercard und Visacard ermächtigen in Lizenzverträgen Kreditinstitute (Acquirer) dazu, Kartenakzeptanzverträge mit Händlern und anderen Unternehmen zu schließen. Nach der Autorisierung der Zahlung durch die Autorisierungssysteme von Mastercard bzw. Visa hat der Händler eine Zahlungsgarantie. Die Verrechnung der Zahlungen erfolgt über zentrale Datennetze der Kreditkartengesellschaften.

Bei Kreditkartenzahlungen sind folgende Rechtsverhältnisse zu unterscheiden:

① **Lizenzvertrag** für **Akzeptanzvergabe**
Kreditinstitute (Acquirer Banken) vergeben aufgrund einer Lizenzvereinbarung mit Kreditkartengesellschaften *(z. B. Mastercard, Visa)* Akzeptanzrechte an Händler und andere Unternehmen. In dem Vertrag verpflichten sich die Acquirer-Banken zu einer Risikoübernahme bei missbräuchlichen Zahlungseinzügen der Akzeptanzstellen und zur Einhaltung bestimmter Sicherheitsstandards bei der Zahlungsabwicklung.

② **Lizenzvertrag für Kartenausgabe**
Kartenausgebende Kreditinstitute (Issuer) schließen mit Kartengesellschaften eine Lizenzvereinbarung, um die eigenen Kreditkarten mit dem Logo der Kreditkartengesellschaft ausstatten zu dürfen. Die kartenausgebende Bank autorisiert die Zahlungen des Karteninhabers, erstellt in der Regel einmal monatlich eine Abrechnung und belastet den Kunden mit dem Gesamtbetrag aller Verfügungen in diesem Monat.

③ **Kartenakzeptanzvertrag**
Händlerbanken (Acquirer Banken) schießen mit Händlern und anderen Unternehmen einen Kreditkartenakzeptanzvertrag, der es den Unternehmen gestattet, Kartenzahlungen zu akzeptieren und den Gegenwert über die Händlerbank einzuziehen. Die Händlerbanken prüfen die Seriosität und Bonität des Händlers, da sie das Risiko von nicht autorisierten Zahlungen tragen.
Bei Kartenzahlungen leitet die Acquirer Bank die Daten an die kartenausgebende Bank (Issuer) weiter, die dann die Zahlung autorisiert oder zurückweist. Auch das Inkasso der Kartenzahlungen übernimmt die Acquirer Bank.

3

④ **Kartenvertag**
Das kartenausgebende Kreditinstitut (Issuer) schließt mit dem Karteninhaber einen Kreditkartenvertrag, in dem die Nutzungsbedingungen und Entgelte festgelegt sind. Die Bank prüft die Bonität des Kunden und legt bei Kreditkarten einen Verfügungsrahmen fest, da sie bei fehlender Kontodeckung für den Schaden haftet.

⑤ **Händlerservicevertrag**
Der Zahlungsdienstleister (Payment Service Provider) stellt die technische Infrastruktur (stationäre und mobile Kartenterminals) bereit und übermittelt die Zahlungsdaten an die Acquirer Bank. Die Abwicklung der Zahlung erfordert hohe Sicherheitsstandards (Payment Card Industry Data Security Standard). Kreditinstitute vermitteln ihren Geschäfts- und Firmenkunden zertifizierte Zahlungsdienstleister.

⑥ **Kaufvertrag**
Der Karteninhaber schließt mit dem Händler einen Kaufvertrag und zahlt mit seiner Karte. Der Karteninhaber legitimiert sich durch Unterschrift oder Eingabe der PIN. Die Zahlungsdaten werden online bei der Autorisierungsstelle geprüft:
- Gültigkeit der Karte
- Kartensperre
- PIN
- Verfügungsrahmen

Mit der Autorisierung erhält der Händler eine Zahlungsgarantie.

5.1.2 Internetbezahlverfahren

Internetbezahlverfahren (E-Payment-Zahlungen) basieren auf Überweisungen im Onlinebanking des Zahlers (z.B. *Giropay, Sofortüberweisung*) oder ermöglichen einen Forderungseinzug vom Zahlungs- bzw. Kreditkartenkonto des Zahlers per **Lastschrift** (z.B. *PayPal, Klarna, Amazon Pay, Apple Pay, Google Pay*).

Bei den überweisungsbasierten Zahlungen wird der Kunde beim Onlinekauf auf die Internetseite seines Kreditinstitutes geleitet, loggt sich dort mit seinen Zugangsdaten (PIN, Passwort) ein und gibt die Überweisung mit einer TAN frei. Bei Zahlungen bis 30,00 EUR können die Kreditinstitute auf die Eingabe der TAN verzichten. Der Händler hat sofort eine Zahlungsgewissheit, da die Zahlung nur bei ausreichender Kontodeckung ausgeführt wird.

Auch bei **lastschriftbasierten Zahlungen** (Ausnahme: SEPA-Lastschrifteinzug, ELV) erhält der Händler sofort eine Zahlungsbestätigung. Bei der Zahlung loggen sich die Käufer auf der Internetseite des Bezahldienstes ein, legitimieren sich durch Eingabe der Benutzerdaten und autorisieren die Zahlung.

Grundlage für das Bezahlverfahren ist ein Vertrag zwischen dem Onlinehändler und dem Anbieter des Verfahrens. Für die technische Infrastruktur und sichere Übertragung der Daten wird ein Zahlungsdienstleister (Payment Service Provider) eingeschaltet. In der Praxis wickelt der Zahlungsdienstleister alle von dem Onlinehändler angebotenen Zahlungsformen ab.

Beispiele:
- *Giropay*
- *PayPal*
- *Kreditkarte*
- *SEPA-Lastschrifteinzug*
- *Sofortüberweisung*

Die Anbieter der Bezahlverfahren stellen dem Händler eine Provision in Rechnung.

5.1.3 Mobile Payment

Mobile Bezahlverfahren führt der Kunde kontaktlos mittels eines Smartphones durch, das mit einem NFC-Chip ausgestattet ist. Einer mobilen Zahlung liegt im Regelfall eine Kartenzahlung, eine Lastschrift oder eine Überweisung zugrunde.

Bei **Kartenzahlungen** (Girocard, Kreditkarte) sind die Daten der Karte in einer App auf dem Smartphone gespeichert. Bei der Zahlung hält der Zahler sein Handy nahe an das Terminal. Die Daten werden erfasst und die Zahlung vom Zahler autorisiert. Die Abwicklung der Zahlung unterscheidet sich nicht von der bei „normalen“ Kartenzahlungen.

Bei einer **Echtzeitüberweisung** erhält der Händler nach wenigen Sekunden eine unwiderrufliche Kontogutschrift.

5.1.4 Lastschrift

Geschäfts- und Firmenkunden nutzen oft Lastschriften zum Einzug fälliger Forderungen.

Rechtliche Grundlagen

Voraussetzungen für den Forderungseinzug mittels Lastschrift:

- Vereinbarung zwischen dem Zahlungsempfänger und seinem Kreditinstitut (1. Inkassostelle) über den Lastschrifteinzug (Inkassovereinbarung)
- Anerkennung der „Bedingungen für Zahlungen mittels Lastschrift im SEPA-Basis-Lastschriftverfahren bzw. SEPA-Firmen-Lastschriftverfahren“

- schriftliche Zustimmung des Schuldners (Zahlungspflichtiger) zum Forderungseinzug durch Lastschrift (SEPA-Lastschriftmandat).

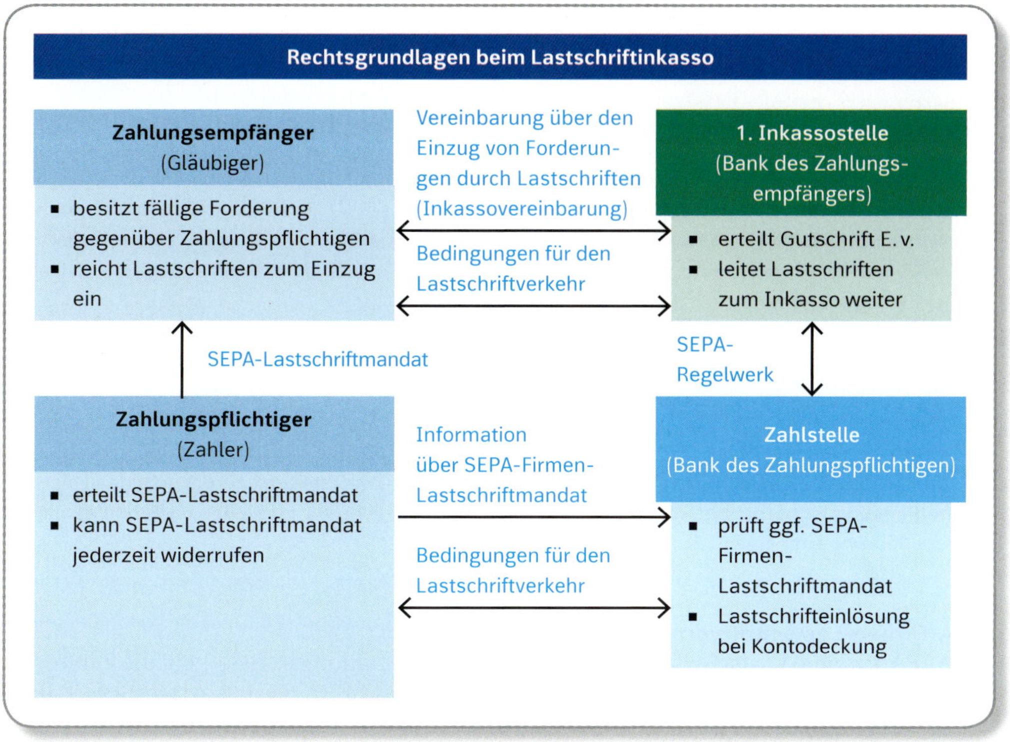

Inkassovereinbarung zwischen Zahlungsempfänger und 1. Inkassostelle

Zum Einzug eingereichte Lastschriften werden unter dem Vorbehalt der Einlösung und des Einganges des Gegenwertes gutgeschrieben (Gutschrift E. v.). Im Fall der Nichteinlösung ist das Kreditinstitut zu einer Rückbelastung berechtigt, und zwar auch nach einem zwischenzeitlich erfolgten Rechnungsabschluss *(AGB Nr. 9 der Sparkassen + Banken)*.

Der Einreicher kann bei einer Gutschrift E. v. schon über den Betrag verfügen, bevor Gewissheit über die Einlösung besteht. Vor der Zulassung zum Lastschriftverfahren ist die Bonität des Kunden im Rahmen einer Kreditwürdigkeitsprüfung zu beurteilen. Zur Begrenzung dieses Risikos wird oftmals ein Einreicherlimit festgelegt, bis zu dem innerhalb eines bestimmten Zeitraumes Lastschriften eingereicht werden dürfen.

Inkassovereinbarung

Zahlungsempfänger ⟷ **1. Inkassostelle**

Vereinbarung über den Einzug von Forderungen durch Lastschriften

Inhalte der Vereinbarung

- Der Zahlungsempfänger verpflichtet sich, nur Lastschriften einzureichen, bei denen der Zahlungspflichtige dem Einzugsverfahren zugestimmt hat.
- Es dürfen nur fällige Forderungen eingezogen werden.
- Die Lastschriften sind eine bestimmte Anzahl von Geschäftstagen vor Fälligkeit einzureichen.
- Die Summe der eingereichten Lastschriftbeträge darf das vereinbarte Einreicherlimit nicht übersteigen.
- Der Einzug erfolgt grundsätzlich beleglos.
- Beleggebundene Lastschriften sind mit einem Sammeleinzugsauftrag, beleglose Lastschriften mit einem Begleitzettel einzureichen.
- Die Gutschrift erfolgt E. v. Bei der Wertstellung werden die vereinbarten Inkassotage (Bankarbeitstage) berücksichtigt.
- Es wird ein Einzugsentgelt (Provision) vereinbart. Nicht eingelöste oder wegen Widerspruch zurückgegebene Lastschriften werden mit der Einreichungswertstellung zurückbelastet. Das Kreditinstitut ist berechtigt, fremde und eigene Kosten in Rechnung zu stellen und kann gemäß Vereinbarung eine eigene Provision verlangen.

SEPA-Firmen-Lastschriftverfahren

Das **SEPA-Firmen-Lastschriftverfahren** kann nur mit Zahlungspflichtigen, die **keine** Verbraucher sind, vereinbart werden. Im Unterschied zum SEPA-Basis-Lastschriftverfahren hat der Zahlungspflichtige bei autorisierten Zahlungen nach der Einlösung der Lastschrift **keinen Erstattungsanspruch** auf Wiedergutschrift des Lastschriftbetrages. Damit hat der **Zahlungsempfänger** nach der Lastschrifteinlösung eine **Zahlungssicherheit**, da eine spätere Rückgabe der Lastschrift ausgeschlossen ist.

Der Zahlungspflichtige erteilt dem Zahlungsempfänger ein SEPA-Firmen-Lastschriftmandat (SEPA Business-to-Business Direct Debit Mandate). Die Erteilung des Mandats bestätigt er zudem seinem Kreditinstitut (Zahlstelle) durch Mitteilung der Daten oder durch Zusendung einer Kopie des Mandats. Die Mitteilung ist zu unterschreiben oder in sonstiger Weise zu authentifizieren.

Die Lastschriften müssen der Zahlstelle **spätestens einen Geschäftstag** vor Fälligkeit vorliegen. Lastschriften im SEPA-Firmen-Lastschriftverfahren sind eingelöst, wenn die Belastungsbuchung nicht spätestens am dritten Bankarbeitstag nach ihrer Vornahme rückgängig gemacht wird *(AGB Nr. 9, Abs. 2 der Sparkassen + Banken).*

Anwendung

Einzug von (größeren) Forderungsbeträgen aus Lieferungen und Leistungen zwischen Unternehmen, die in regelmäßigem Geschäftskontakt stehen.

Beispiele:

- *Ein Großhändler beliefert laufend Einzelhandelsgeschäfte.*
- *Eine Brauerei beliefert regelmäßig Gaststätten.*

Lastschriftinkasso

Der **Zahlungsempfänger** (Gläubiger) reicht Lastschriften bzw. Lastschriftdateien bei seinem Zahlungsdienstleister (1. Inkassostelle) zum Einzug ein. Die 1. Inkassostelle leitet die Lastschrift an den Zahlungsdienstleister des Zahlungspflichtigen (Zahlstelle) weiter. Die Zahlstelle belastet bei Fälligkeit (Verrechnungstag) der Lastschrift das Konto des Zahlungspflichtigen und informiert ihn durch einen Ausdruck im Kontoauszug. Am Fälligkeitstag erfolgt auch die Verrechnung zwischen den Kreditinstituten und die Gutschrift für den Zahlungsempfänger (Gutschrift Eingang vorbehalten, *Ziff. 2.3ff. SEPA-Basis-Lastschriftbedingungen*).

Der Lastschriftverkehr wird zwischen den Kreditinstituten beleglos abgewickelt.

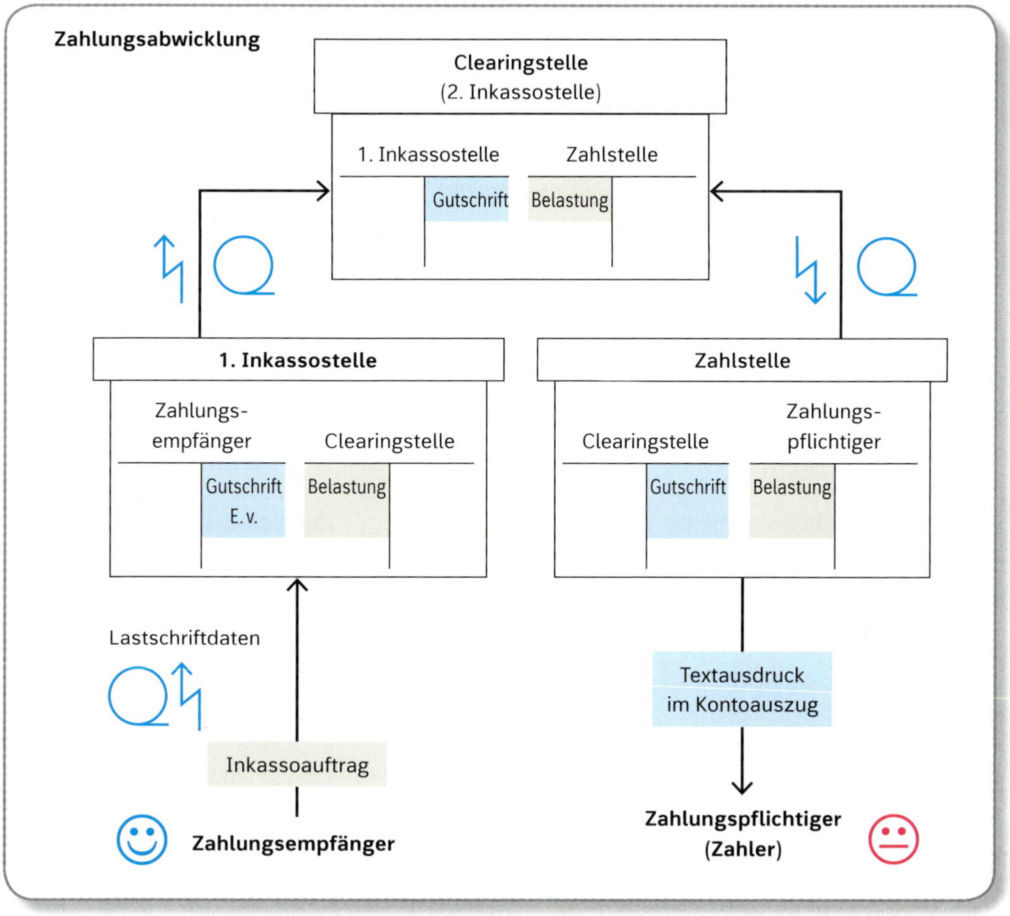

Die zum Einzug eingereichten Lastschriften leitet die 1. Inkassostelle gegebenenfalls unter Einschaltung von Clearingstellen beleglos an die Zahlstelle zur Einlösung weiter.

Rechtsgrundlagen für die Abwicklung zwischen den Kreditinstituten sind die **EPC-SEPA-Regelwerke** *(SEPA Core Direct Debit Scheme Rulebook, SEPA Business to Business Direct Debit Scheme Rulebook)* des European Payments Council und das **Abkommen über SEPA-Inlandslastschriften** der deutschen Kreditwirtschaft. Sie dienen einer rationellen Abwicklung des Lastschriftverkehrs und regeln die Rechte und Pflichten der beteiligten Kreditinstitute.

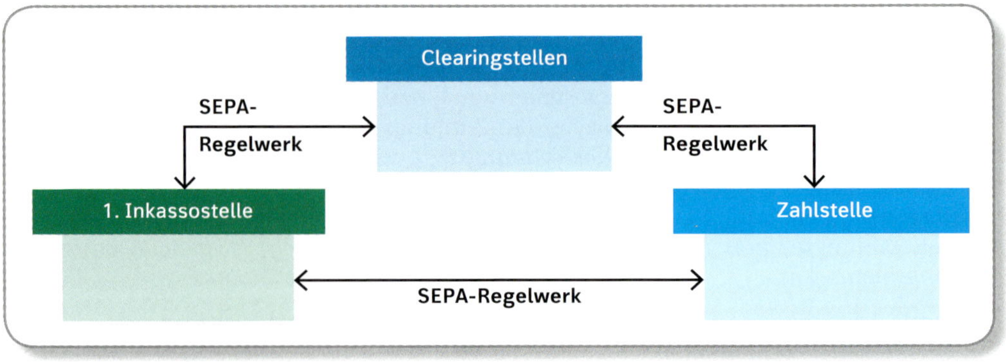

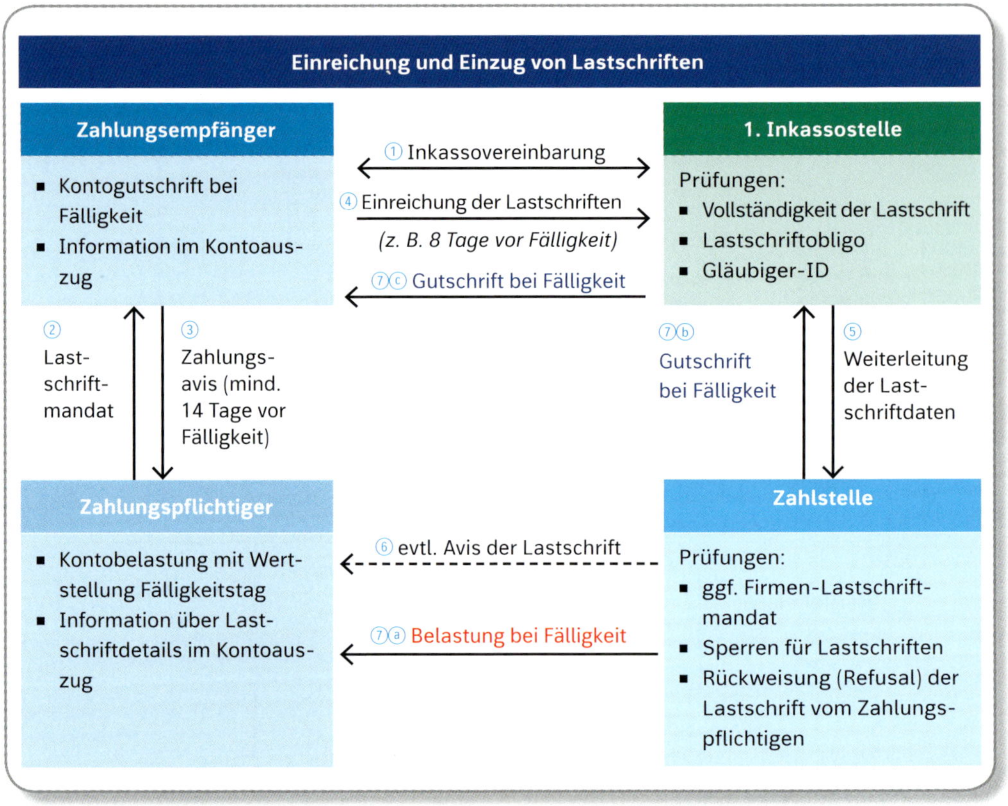

In einer Lastschrift müssen folgende Daten enthalten sein:

- Gläubiger-ID
- Mandatsreferenz
- Datum der Mandatserteilung
- Name des Zahlungspflichtigen
- Adresse des Zahlungspflichtigen (optional)
- Betrag
- IBAN des Zahlungspflichtigen
- BIC der Bank des Zahlungspflichtigen
- Art der Lastschrift (Basis- oder Firmenlastschrift)
- Typ der Lastschrift (Erst-, Folge-, Einmal-Lastschrift)
- Fälligkeitstermin der Lastschrift

Da SEPA-Lastschriften schon vor Fälligkeit bei der Zahlstelle vorliegen müssen, muss der Zahlungsempfänger bei seiner Bank bestimmte Einreichungsfristen („Settlement Cut-off-Zeiten") einhalten.

Die 1. Inkassostelle prüft die Lastschrift auf Vollständigkeit und auf Gültigkeit der Gläubiger-ID. Fehlerfreie Lastschriften leitet sie direkt oder über eine Verrechnungsstelle *(z. B. Deutsche Bundesbank)* an die Zahlstelle weiter. Die Zahlstelle prüft, ob Lastschriftsperren vorliegen, denn ein Kunde kann sein Kreditinstitut anweisen, Zahlungen aus SEPA-Basis-Lastschriften zu begrenzen oder nicht zuzulassen *(Ziff. 2.2.2 Lastschriftbedingungen)*. Ist das Konto für SEPA-Lastschriften generell oder aufgrund von speziellen Kriterien für die vorliegende Lastschrift gesperrt, weist die Zahlstelle die Lastschrift zurück.

3

Die Zahlstelle kann den Zahlungspflichtigen auch noch einmal über den anstehenden Lastschrifteinzug informieren *(z. B. Information im Onlinebanking oder im Kontoauszug)*. Es liegt im Ermessen der Zahlstelle, ob sie die Belastungsbuchung mit der Wertstellung „Fälligkeitstermin" sofort oder erst bei Fälligkeit durchführt.

Am Fälligkeitstermin (Verrechnungstag) verrechnet die Zahlstelle den Lastschriftbetrag mit der 1. Inkassostelle. In der Regel erhält auch der Zahlungsempfänger an diesem Tag eine entsprechende Kontogutschrift.

5.2 Zahlungsinstrumente für internationale Zahlungen

Grundlagen des Außenwirtschaftsverkehrs

Der **Außenwirtschaftsverkehr** umfasst den Güter, Dienstleistungs- Kapital-, Zahlungs- und sonstigen Wirtschaftsverkehr mit dem Ausland sowie den Verkehr mit Auslandswerten und Gold zwischen Inländern *(§§ 1 und 2 AWG)*.

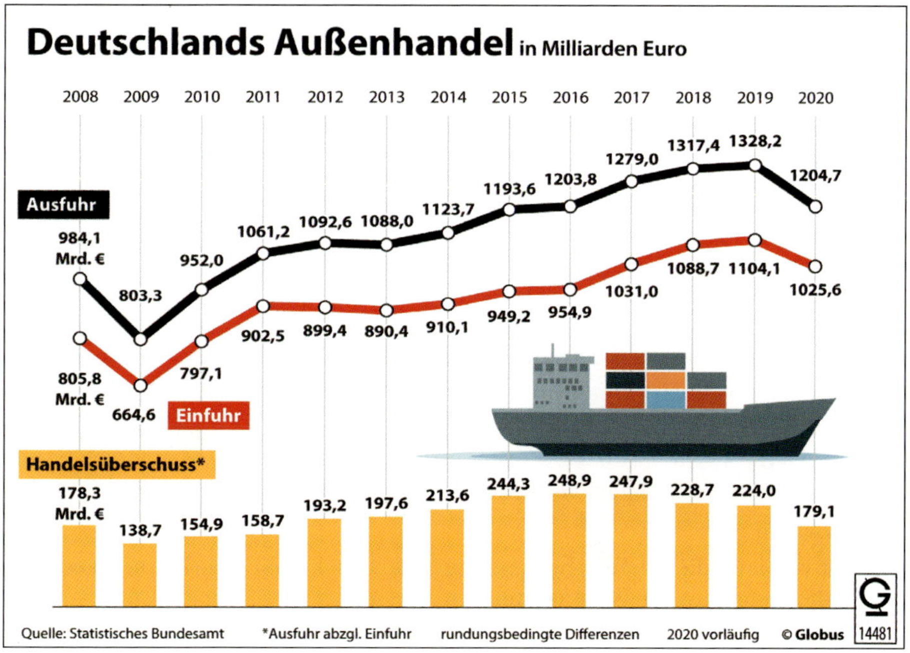

Ein großer Teil der in Deutschland hergestellten Waren wird in andere Länder exportiert *(z.B. Fahrzeuge, Maschinen, pharmazeutische und chemische Produkte)*. Im Gegenzug importieren inländische Unternehmen viele Güter aus dem Ausland *(z.B. Rohstoffe, Unterhaltungselektronik, Computer)*.

Der Außenwirtschaftsverkehr ist grundsätzlich frei *(§1 AWG)*. Beschränkungen sind jedoch möglich, um Schaden für das eigene Wirtschaftsgebiet abzuwenden. Bei Geschäften zwischen Inländern und Ausländern sind die Vorschriften des Außenwirtschaftsgesetzes (AWG) und der Außenwirtschaftsverordnung (AWV) zu beachten. Dabei beziehen sich die Begriffe „Inländer" und „Ausländer" nicht auf die Staatsangehörigkeit, sondern auf den gewöhnlichen Aufenthaltsort einer natürlichen Person bzw. auf den Sitz von Unternehmen *(§2 Abs. 15 AWG)*.

Inländer sind ...	Ausländer sind ...
▪ natürliche Personen mit Wohnsitz oder gewöhnlichem Aufenthalt (mehr als sechs Monate) ... ▪ juristische Personen und Personenhandelsgesellschaften mit Sitz oder Leitung ... ▪ Zweigniederlassungen bzw. Betriebsstätten (Gebietsfremder mit Leitung bzw. Verwaltung) ...	
↓	↓
in Deutschland	im Ausland

Internationale Handelsusancen (Handelsbräuche) und Richtlinien

Die Rechtsordnungen in den verschiedenen Ländern sind unterschiedlich. Zur Begrenzung der sich bei grenzüberschreitenden Geschäften ergebenen Rechtsunsicherheiten hat die Internationale Handelskammer in Paris (**I**nternational **C**hamber of **C**ommerce, **ICC**) folgende Usancen/Richtlinien entwickelt:

- International **C**ommercial **T**erms (**Incoterms®**)
- **E**inheitliche **R**ichtlinien für **I**nkassi (**ERI**)
- **E**inheitliche **R**ichtlinien und Gebräuche für Dokumentenakkreditive (**ERA**)

Diese Usancen/Richtlinien haben keinen Gesetzescharakter, sondern sie erhalten erst durch die ausdrückliche Vereinbarung in einem Vertrag Rechtskraft.

Risiken und Risikobegrenzung im Außenhandel

Die Risiken sind bei Außenhandelsgeschäften aufgrund der unterschiedlichen Rechtsordnungen, verschiedenen Währungen und größeren Entfernungen tendenziell größer als bei Inlandsgeschäften. Neben den in der Person des Käufers bzw. Verkäufers liegenden Risiken *(z.B. Insolvenz eines Vertragspartners)* kommen bei Auslandsgeschäften unter Umständen politische Risiken hinzu, die eventuell die Erfüllung des Vertrages verhindern.

Politische Risiken

- **Transferrisiko**
  Aufgrund von Devisenmangel verbietet der Staat Zahlungen in Fremdwährung.

- **Lieferungsrisiko**
  Der Staat verbietet die Ausfuhr bestimmter Güter. Auch politische Unruhen oder Kriege können die Lieferung der Ware verhindern.

Wirtschaftliche Risiken

Risiken		Möglichkeiten der Risikobegrenzung
Erfüllungsrisiken für den Importeur ▪ Lieferungsrisiko ▪ Qualitätsrisiko	→	▪ Bankgarantie ▪ Vorlage von Qualitätszeugnissen ▪ Zahlung erst nach Lieferung und Qualitätsprüfung
Erfüllungsrisiken für den Exporteur ▪ Zahlungsrisiko ▪ Abnahmerisiko	→	▪ Vorauszahlung des Kaufpreises durch den Importeur ▪ Vereinbarung besonderer Zahlungsformen (Dokumenteninkasso, Dokumentenakkreditiv)
Transportrisiko	→	▪ Abschluss eindeutiger Verträge, in denen der Gefahrenübergang geregelt ist (Vereinbarung einer Incoterms®-Klausel) ▪ Abschluss einer Transportversicherung
Währungsrisiko	→	▪ Fakturierung (Rechnungsstellung) in Euro ▪ Abschluss eines Kurssicherungsgeschäftes (Devisentermin- oder Devisenoptionsgeschäft)

Bankgeschäfte im Außenwirtschaftsverkehr

Zahlungsverkehrsleistungen	▪ nicht dokumentäre Zahlungen (clean payment) – Überweisungen – Scheckzahlungen ▪ dokumentäre Zahlungen – Dokumenteninkasso – Dokumentenakkreditiv
Devisengeschäft	▪ Devisenkassageschäft ▪ Devisentermingeschäft ▪ Devisenoptionsgeschäft
Kreditgeschäft	▪ Exportfinanzierung ▪ Importfinanzierung ▪ Avalkredite (Bankgarantien)

Zahlungsabwicklung im Außenwirtschaftsverkehr

Die Abwicklung des Auslandszahlungsverkehrs erfolgt bei

- **Euro-Zahlungen**
  über **EUR-Lorokonten** ausländischer Kreditinstitute bei ihren inländischen Korrespondenzbanken.
- **FW-Zahlungen**
  über **FW-Nostrokonten** inländischer Kreditinstitute bei ihren ausländischen Korrespondenzbanken.

Besteht zwischen Auftraggeber- und Empfängerbank keine direkte Kontoverbindung, so erfolgt die Zahlungsabwicklung unter Einschaltung entsprechender Verrechnungsstellen (inländische und/oder ausländische Kreditinstitute).

Der Austausch von Nachrichten zwischen den beteiligten Banken erfolgt über S.W.I.F.T. (**S**ociety for **W**orldwide **I**nterbank **F**inancial **T**elecommunication). In diesem internationalen Datenfernübertragungssystem der Banken können Zahlungsaufträge und andere Mitteilungen übermittelt werden.

Für Kunden, die umfangreiche Fremdwährungs-Transaktionen abzuwickeln haben, empfiehlt es sich oftmals, bei ihrem Kreditinstitut ein Fremdwährungs-Konto zu unterhalten.

Vorteile eines Fremdwährungskontos
▪ Einschränkung des Kursrisikos aufgrund sich ggf. ergebender Kompensationsmöglichkeiten von FW-Eingängen und FW-Ausgängen ▪ Vermeidung des beim An- und Verkauf von Devisen sich ergebenden Kursschnitts (Geld-/Briefspanne) sowie der anfallenden Courtage ▪ Möglichkeit der kurzfristigen FW-Kreditaufnahme bzw. FW-Geldanlage zum Zinssatz des jeweiligen Fremdwährungsgebietes ▪ Erleichterung der Disposition der FW-Bestände

Bei der Zahlungsabwicklung im Außenwirtschaftsverkehr werden unterschieden:

- **nicht dokumentäre Zahlungen** (Clean Payment)
- **dokumentäre Zahlungen**
  Der Zahlungsvorgang wird veranlasst aufgrund der Vorlage von Außenhandelsdokumenten, die eine ordnungsgemäße Vertragserfüllung durch den Exporteur belegen sollen.

Die **Ausführung der Zahlung** kann erfolgen durch:
- Überweisung
- Scheckzahlung

Zahlungsbedingungen im Außenhandel

Durch die Zahlungsbedingung wird von den Vertragspartnern **Art**, **Zeitpunkt** und **Ort der Zahlung** festgelegt.

Vorauszahlung bzw. Anzahlung	Der Importeur zahlt den Kaufpreis ganz oder teilweise vor Lieferung der Ware.	**Risiko des Importeurs**
Dokumentenakkreditiv	Der Importeur beauftragt sein Kreditinstitut, dem Exporteur ein Zahlungsversprechen abzugeben. Die eröffnende Bank verpflichtet sich, gegen Vorlage akkreditivgemäßer Dokumente Zahlung zu leisten.	
Dokumenteninkasso	Der Importeur verpflichtet sich, bei Vorlage der vereinbarten Dokumente Zahlung zu leisten oder eine auf ihn gezogene Tratte zu akzeptieren.	
Zahlung nach Erhalt der Ware	Der Exporteur versendet die Ware an den Importeur; dieser zahlt sofort nach Erhalt der Ware oder nach Ablauf eines ggf. vereinbarten Zahlungszieles.	**Risiko des Exporteurs**

Meldevorschriften für Auslandszahlungen

In Deutschland kann jedermann ohne Beschränkungen oder behördliche Genehmigungen Zahlungen in das Ausland leisten oder Zahlungen aus dem Ausland empfangen. Bestimmte Zahlungen sind jedoch an die Deutsche Bundesbank zu melden. Über das **Allgemeine Meldeportal Statistik (AMS)** können Meldepflichtige außenwirtschaftliche Zahlungsmeldungen erstellen und elektronisch an die Deutsche Bundesbank übermitteln. Die Datenerfassung durch die Bundesbank dient ausschließlich statistischen Zwecken. Einzelangaben dürfen weder veröffentlicht noch an andere Stellen *(z. B. Finanzamt)* weitergegeben werden *(§§ 67–71 AWV)*.

Inländer (Gebietsansässige = natürliche und juristische Personen mit gewöhnlichem Aufenthalt, Wohnsitz oder Sitz in der Bundesrepublik Deutschland) haben Zahlungen von mehr als **12 500,00 EUR** (oder Gegenwert in fremder Währung) zu melden, die sie

- **von Ausländern** (Gebietsfremden) oder für deren Rechnung von Inländern entgegennehmen (eingehende Zahlungen) bzw.
- **an Ausländer** oder für deren Rechnung an Inländer leisten (ausgehende Zahlungen).

Als Zahlungen gelten:
- **Bar-, Scheck- und Wechselzahlungen**
- **Überweisungen** über Kreditinstitute in Euro und in Fremdwährung
- **Aufrechnungen und Verrechnungen**

Ausgenommen von der Meldepflicht sind:

- Ein- und Ausfuhrerlöse (Meldung erfolgt durch Importeur/Exporteur beim Bundesamt für Wirtschaft und Ausfuhrkontrolle)
- Auszahlung und Rückzahlung von Krediten und Einlagen mit einer Laufzeit bis zu zwölf Monaten

Meldepflichtige Zahlungen muss der Kunde an die Bundesbank melden.

3

5.2.1 Devisen

Beim Abschluss von Kaufverträgen mit ausländischen Unternehmen vereinbaren die Vertragspartner oftmals einen Kaufpreis in einer Fremdwährung.

Beispiele:
- *Ein deutscher Importeur kauft Computer in Südkorea und muss als Kaufpreis 495 000,00 USD zahlen.*
- *Ein deutscher Exporteur verkauft Maschinen nach England und erhält als Kaufpreis 340 000,00 GBP.*

Importeure kaufen von dem Kreditinstitut Devisen, um eine Rechnung in einer Fremdwährung begleichen zu können.

Exporteure erhalten beim Verkauf von Waren in einer Fremdwährung Devisen, die sie an das Kreditinstitut verkaufen.

Devisen sind **Fremdwährungsguthaben** von Inländern bei ausländischen Banken (Buchgeld).

Zum Ausgleich der Kundengeschäfte kaufen bzw. verkaufen Banken Devisen am **Devisenmarkt**. Der Devisenmarkt ist ein sehr liquider Markt, auf dem große Banken Fremdwährungen handeln.

Voraussetzung für den Devisenhandel ist die **freie Konvertierbarkeit** der Währung *(z. B. EUR, USD, GBP, CHF, JPY)*, d. h., die Währung kann in beliebigem Umfang und zu frei vereinbarten Kursen in fremde Währungen umgetauscht werden.

ISO-Codes (**I**nternational **O**rganization for **S**tandardization) dienen zur Identifizierung der einzelnen Währungen. Jede Währung ist durch drei Buchstaben eindeutig definiert.

Beispiele:

USD = US-Dollar *GBP = Britisches Pfund*

EUR = Euro *JPY = Japanischer Yen*

Nach dem **Erfüllungszeitpunkt** sind **Kassa**- und **Termingeschäfte** zu unterscheiden.

Devisengeschäfte	
Kassageschäfte	**Termingeschäfte**
▪ Kauf/Verkauf von Devisen per Kasse ▪ Erfüllung innerhalb von **zwei Bankarbeitstagen** nach Geschäftsabschluss	**Outright-/Sologeschäfte** ▪ Kauf/Verkauf von Devisen auf Termin ▪ Erfüllung **mindestens drei Bankarbeitstage** nach Geschäftsabschluss

5.2.1.1 Devisenkassageschäfte

Kreditinstitute schließen mit Kunden Devisenkassageschäfte zur Ausführung von Fremdwährungszahlungen ab.

Beispiele:

- *Ein Importeur muss 43 200,00 USD überweisen. Die Bank verkauft ihm die USD, führt die Überweisung in Fremdwährung aus und belastet den Importeur mit dem EUR-Gegenwert.*
- *Ein Exporteur erhält einen Überweisungseingang über 26 700,00 USD. Die Bank kauft ihm die USD ab schreibt ihm den Gegenwert in EUR gut.*

In „**Euroland**“ werden die Devisenkurse als **Mengennotierungen** dargestellt. Bei der Mengennotierung bedeuten steigende Devisenkurse (steigende Währungsmenge je Euro), dass der Euro an Wert gewinnt (Aufwertung), während die Fremdwährung an Wert verliert (Abwertung). Sinkende Devisenkurse bedeuten, dass der Euro an Wert verliert (Abwertung), während die Fremdwährung an Wert gewinnt (Aufwertung).

Beispiel:

Der Kurs des USD steigt von 1,1550 USD auf 1,3820 USD je EUR.

Ein deutscher Importeur muss eine Rechnung über 15 000,00 USD begleichen.

Ein deutscher Exporteur erhält eine Zahlung von 15 000,00 USD.

alter Kurs 1,1550 USD	*neuer Kurs 1,3820 USD*
$\frac{15\,000{,}00}{1{,}1550} = \underline{\underline{12\,987{,}01\ \text{EUR}}}$	$\frac{15\,000{,}00}{1{,}3820} = \underline{\underline{10\,853{,}84\ \text{EUR}}}$

Der Importeur profitiert von der Aufwertung des Euros, da sich seine Belastung um 2 133,17 (12 987,01 – 10 853,84) vermindert. Der Exporteur ist hingegen benachteiligt, da sich sein Exporterlös um 2 133,17 EUR mindert.

Da Kreditinstitute beim Kauf und Verkauf von Devisen eine positive Marge erzielen möchten, sind Geld- und Briefkurse zu unterscheiden. Banken kaufen Euro gegen Fremdwährung (Verkauf von Fremdwährung) zum Geldkurs und verkaufen Euro (Kauf von Fremdwährung) zum Briefkurs.

Geldkurs	Briefkurs
aus der Sicht des Kreditinstitutes	
▪ Kauf von Euro ▪ Verkauf der Fremdwährung	▪ Verkauf von Euro ▪ Kauf von Fremdwährung

Die Differenz zwischen Geld- und Briefkurs nennt man **Spanne** (Spread). Während im Interbankenhandel die Spanne nach der Interessen- und Marktlage schwankt, berücksichtigen Kreditinstitute in der Regel bei der Abrechnung von Kundengeschäften einheitliche Spannen. Beim USD beträgt die Spanne üblicherweise 60 Basispunkte. Als **Basispunkte** bezeichnet man die letzten beiden Stellen der Kursnotierung.

Zum **Sichtkurs (Scheckankaufskurs)** kaufen Kreditinstitute Fremdwährungsschecks von Kunden an, die sie den Kunden sofort „Eingang vorbehalten" gutschreiben. Der Sichtkurs liegt in der Regel eine halbe Spanne über dem Briefkurs. Schecks, die erst nach Eingang des Gegenwertes gutgeschrieben werden, rechnen Banken zum Briefkurs ab.

Abrechnung von Kundengeschäften		
Geldkurs	**Briefkurs**	**Sichtkurs**
z. B. 1,00 EUR = 1,1420 USD	*z. B. 1,00 EUR = 1,1480 USD*	*z. B. 1,00 EUR = 1,1510 USD*
Spanne 60 Basispunkte = 0,0060 USD		Briefkurs + ½ Spanne (= 30 Basispunkte)
▪ Fremdwährungsüberweisungsauftrag eines Kunden ▪ Verkauf von Fremdwährungsreiseschecks ▪ Belastung von Kreditkartenabrechnungen	▪ Fremdwährungsüberweisungseingang für Kunden ▪ Fremdwährungsgutschrift aus Dokumenteninkasso ▪ Gutschrift von Fremdwährungsschecks nach Geldeingang	Ankauf von Fremdwährungsschecks E. v.

Beispiel:
Abrechnungskurse auf der Basis des EUR/USD-Referenzkurses (Mengennotierung)

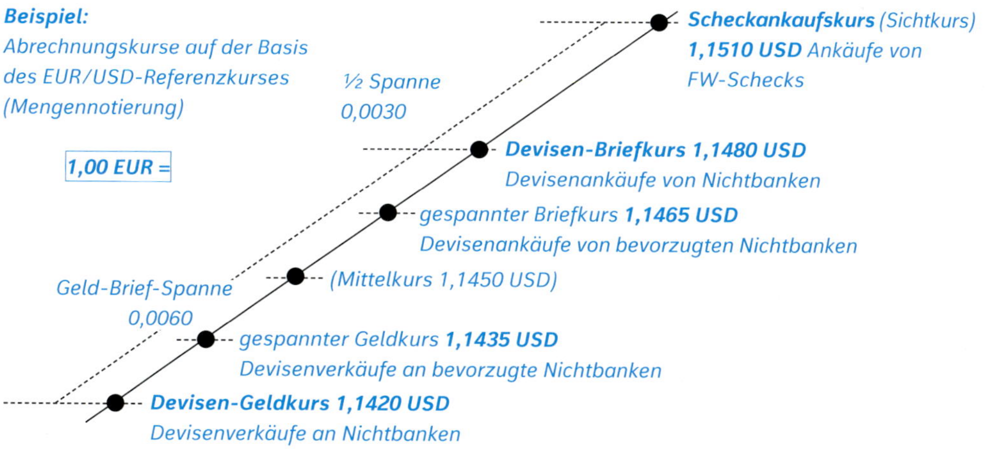

Beispiele:

1. Fall: *Ein Importeur benötigt zur Begleichung einer Rechnung 73 650,00 USD.*

Das Konto des Importeurs wird mit 64 492,12 EUR belastet.

1,1420 USD (Geldkurs)	- 1,00 EUR
73 650,00 USD	- x

$$x = \frac{73\,650{,}00}{1{,}1420} = \underline{\underline{64\,492{,}12\ \text{EUR}}}$$

2. Fall: *Ein Exporteur erzielt einen Verkaufserlös von 134 380,00 USD.*

Die Bank erteilt dem Exporteur eine Kontogutschrift von 117 055,75 EUR.

1,1480 USD (Briefkurs)	- 1,00 EUR
134 380,00 USD	- x

$$x = \frac{134\,380{,}00}{1{,}1480} = \underline{\underline{117\,055{,}75\ \text{EUR}}}$$

Der **Mittelkurs** liegt in der Mitte zwischen Geld- und Briefkurs.

Aufgrund einer besonderen Vereinbarung *(z. B. mit Firmenkunden)* werden Devisengeschäfte zu gespannten Kursen abgerechnet. Der **gespannte Geldkurs** liegt in der Mitte zwischen Geld- und Mittelkurs, der **gespannte Briefkurs** in der Mitte zwischen Mittel- und Briefkurs. Diese Kurse sind aus der Sicht des Kunden günstiger als der Geld- bzw. Briefkurs.

Devisenreferenzkurse von Kreditinstituten

Devisen werden „rund um die Uhr" gehandelt; die Kurse verändern sich laufend. Kreditinstitute ermitteln einmal täglich für Fremdwährungen **Devisenreferenzkurse**, um für alle Kundengeschäfte eines Tages eine einheitliche Abrechnungsgrundlage zu haben.

Auf der Grundlage der Devisenreferenzkurse erfolgt die Abrechnung aller Kundengeschäfte, für die keine besondere Kursvereinbarung getroffen wurde:
- Überweisungen in das Ausland
- Überweisungsgutschriften aus dem Ausland
- Einreichungen von Auslandsschecks

Viele Kreditinstitute, insbesondere **Großbanken**, ermitteln für jeden Geschäftstag zu einer bestimmten Uhrzeit *(z. B. 13:00 Uhr)* auf der Grundlage der im internationalen Devisenhandel notierten Kurse **hausinterne Referenzkurse**, zu denen sie alle Kundengeschäfte eines Tages abrechnen.

Kreditgenossenschaften verwenden in der Regel die von der DZ Bank AG ermittelten Referenzkurse (**„GenoFX Devisenkurse"**).

Viele **Sparkassen** rechnen ihre Kundengeschäfte nach den von der Landesbank Hessen-Thüringen (Helaba) veröffentlichten Referenzkursen (**„Helaba FX Referenzkurse"**) ab.

Devisenreferenzkurse der EZB

Die EZB ermittelt täglich um circa 14:15 Uhr Referenzkurse für 17 Währungen, die aufgrund von Kursmeldungen der nationalen Zentralbanken gebildet werden. Die Referenzkurse der EZB sind z. B. für die Bewertung von Währungsbeständen in Jahresabschlüssen und für statistische Meldungen von Bedeutung.

5.2.1.2 Devisentermingeschäfte

Bei einem **Devisentermingeschäft** kaufen bzw. verkaufen die Beteiligten eine Fremdwährung zu einem bei Vertragsabschluss festgelegten Kurs mit der Vereinbarung, dass die Zahlungen (EUR-Zahlung und Fremdwährungs-Zahlung) erst zu einem späteren Zeitpunkt (Fälligkeitstag) erfolgen sollen.

Für Exporteure und Importeure bestehen Währungsrisiken, wenn sie Fremdwährungszahlungen vereinbaren, die erst später fällig sind. Sie können das Kursrisiko ausschließen, indem sie die erwartete Fremdwährungszahlung auf Termin an das Kreditinstitut verkaufen bzw. von dem Kreditinstitut kaufen.

Beispiele:

<table>
<tr><th>Kreditinstitut kauft USD auf Termin.
(Verkauf EUR gegen USD)</th><th>Kreditinstitut verkauft USD auf Termin.
(Kauf EUR gegen USD)</th></tr>
<tr><td>Ein deutscher Exporteur erwartet aus dem Verkauf von Maschinen in drei Monaten einen Zahlungseingang von 650 000,00 USD.</td><td>Ein deutscher Importeur muss für den Kauf von Rohstoffen in drei Monaten 480 000,00 USD zahlen.</td></tr>
<tr><td>↓</td><td>↓</td></tr>
<tr><td>Zum Ausschluss des Kursrisikos verkauft der Exporteur die Devisen auf Termin an die Regio-Bank AG.</td><td>Zum Ausschluss des Kursrisikos kauft der Importeur die Devisen auf Termin von der Regio-Bank AG.</td></tr>
<tr><td colspan="2">Die Regio-Bank AG bietet Termingeschäfte in USD mit einer Laufzeit von drei Monaten zu folgenden Kursen an:
1,00 EUR: 1,1420 USD Geld – 1,1480 USD Brief
Zum Geldkurs ist die Regio-Bank AG bereit, EUR gegen USD zu kaufen bzw. USD gegen EUR zu verkaufen.
Zum Briefkurs ist die Regio-Bank AG bereit, EUR gegen USD zu verkaufen bzw. USD gegen EUR zu kaufen.</td></tr>
<tr><td>Abrechnung zum Briefkurs:
$\frac{650\,000{,}00}{1{,}1480} = \underline{\underline{566\,202{,}09 \text{ EUR}}}$
Bei Fälligkeit des Termingeschäftes zahlt der Exporteur 650 000,00 USD an die Regio-Bank AG und erhält dafür eine Gutschrift von 566 202,09 EUR.</td><td>Abrechnung zum Geldkurs:
$\frac{480\,000{,}00}{1{,}1420} = \underline{\underline{420\,315{,}24 \text{ EUR}}}$
Bei Fälligkeit des Termingeschäftes erhält der Importeur 480 000,00 USD von der Regio-Bank AG und zahlt dafür 420 315,24 EUR.</td></tr>
</table>

Devisentermingeschäfte verschaffen Exporteuren und Importeuren eine sichere Kalkulationsgrundlage bei der Preiskalkulation ihrer Auslandsgeschäfte. Durch die Vereinbarung von Terminkursen mit dem Kreditinstitut schließen sie Kursrisken aus, die ansonsten in der Zeit zwischen Geschäftsabschluss und Zahlung des Kaufpreises entstehen.

Mit dem Abschluss eines Devisentermingeschäftes mit dem Kunden entsteht für das Kreditinstitut ein Kursrisiko, das es jedoch durch entsprechende Gegenschäfte mit anderen Kreditinstituten ausschließen kann.

Devisenterminkurse sind abhängig
- vom Kassakurs der Währung,
- von der Laufzeit des Geschäftes und
- von der Zinsdifferenz zwischen den Wahrungen.

Die Erwartung über die zukünftige Kursentwicklung der Währung (Auf- oder Abwertung) hat bei der Bestimmung des Terminkurses keine Bedeutung.

Fallbeispiel:
Der Kassakurs des USD beträgt 1,1420 USD je EUR.

Zinssätze für 3-Monats-Geldanlagen	
in Euro (EUR)	in US-Dollar (USD)
3 % p.a.	5 % p.a.

Ein marktgerechter Terminkurs führt dazu, dass der Zinsvorteil einer Währung wieder aufgehoben wird. Ansonsten könnten Anleger die Zinsdifferenz zu ihrem Vorteil nutzen und risikolos einen Mehrertrag im Vergleich zu einer inländischen Anlage erzielen (Zinsarbitrage). Wenn der Terminkurs beispielsweise die gleiche Höhe wie der Kassakurs (1,1420) hätte, würden inländische Anleger sofort USD per Kasse kaufen und gleichzeitig wieder auf Termin verkaufen. Ohne ein Kursrisiko einzugehen, könnten sie durch die Anlage des Geldes in USD einen Mehrertrag von 2 % p. a. im Vergleich zu einer Euro-Geldanlage erzielen. Wenn aber viele Anleger USD auf Termin nachfragen, steigt der USD-Terminkurs und zwar so lange, bis der Zinsvorteil aufgezehrt ist. Dies ist bei einem Terminkurs von 1,1477 USD der Fall.

Der **Swapsatz** ist die Differenz zwischen Kassa- und Terminkurs. Der Swapsatz kann ein Report oder ein Deport sein.

Der Terminkurs ist höher als der Kassakurs, wenn die Zinsen im Inland niedriger sind als die Fremdwährungszinsen. Den Aufschlag bezeichnet man als **Report**.

Der Terminkurs ist niedriger als der Kassakurs, wenn die Zinsen im Ausland niedriger sind als die inländischen Zinsen. Den Abschlag bezeichnet man als **Deport**.

EUR-Zinssatz < Fremdwährungszinsen: Terminkurs = Kassakurs + Report
EUR-Zinssatz > Fremdwährungszinsen: Terminkurs = Kassakurs − Deport

Der Swapsatz lässt sich mit folgender Formel errechnen:

$$\text{Swapsatz} = \frac{\text{Kassakurs} \cdot (\text{Fremdwährungszinssatz} - \text{EUR-Zinssatz}) \cdot \text{Tage}}{100 \cdot 360}$$

Beispiele:
Der Kassakurs für USD beträgt 1,1420. Das Termingeschäft hat eine Laufzeit von 90 Tagen.

1. Fall: EUR-Zinssatz < USD-Zinssatz

Zinssatz für 3-Monats-Gelder	
EUR-Anlagen	*USD-Anlagen*
3,00 % p. a.	*5,00 % p. a.*

$$\text{Swapsatz} = \frac{1{,}1420 \cdot (5{,}00 - 3{,}00) \cdot 90}{100 \cdot 360} = \underline{\underline{0{,}0057\ \text{USD}}}\ \text{Report}$$

$$\text{Terminkurs} = 1{,}1420 + 0{,}0057 = \underline{\underline{1{,}1477\ \text{USD}}}\ \text{je EUR}$$

2. Fall: EUR-Zinssatz > USD-Zinssatz

3. Zinssatz für 3-Monats-Gelder	
EUR-Anlagen	*USD-Anlagen*
3,50 % p. a.	*1,00 % p. a.*

$$\text{Swapsatz} = \frac{1{,}1420 \cdot (1{,}00 - 3{,}50) \cdot 90}{100 \cdot 360} = \underline{\underline{-\ 0{,}0071\ \text{USD}}}\ \text{Deport}$$

$$\text{Terminkurs} = 1{,}1420 - 0{,}0071 = \underline{\underline{1{,}1349\ \text{USD}}}\ \text{je EUR}$$

USD-Terminkurse werden in der Praxis meist mit vier Nachkommastellen veröffentlicht, sodass sich ein gerundeter Terminkurs von 1,1477 USD je EUR ergibt. Die Gewinnmarge der Kreditinstitute ergibt sich aus der Spanne zwischen Geld- und Briefkurs.

USD-Terminkurse	
Geldkurs	**Briefkurs**
▪ Die Bank verkauft USD auf Termin. ▪ Der Kunde *(z. B. Importeur)* kauft USD auf Termin.	▪ Die Bank kauft USD auf Termin. ▪ Der Kunde *(z. B. Exporteur)* verkauft USD auf Termin.

Fallbeispiel:
Ein Exporteur erwartet in sechs Monaten (180 Tage) einen Zahlungseingang von 250 000,00 USD, die er auf Termin an seine Hausbank verkaufen möchte.

Es gelten folgende Daten:
- Kassakurs *EUR/USD 1,1210 Geld – 1,1270 Brief*

- Zinsen für 6-Monatsgelder
  - USD 2,5% p.a. (Auslandszinssatz < EUR-Zinssatz)
  - EUR 5,5% p.a. 2,5% – 5,5% = – 3,0%

Die Bank bietet dem Kunden folgenden Terminbriefkurs an:

$$\text{Swapsatz} = \frac{1{,}1270 \cdot (2{,}5 - 5{,}5) \cdot 180}{100 \cdot 360} = -\,0{,}0169 \text{ USD Deport (Auslandszinssatz < EUR-Zinssatz)}$$

Kassabriefkurs	1,1270 USD
– Deport	– 0,0169 USD
Terminbriefkurs	1,1101 USD

Exporteure und Importeure können die aus Außenhandelsgeschäften entstehenden Kursrisiken auch durch den Kauf von **Devisenoptionen** ausschließen.

Devisenoptionen räumen dem Optionsinhaber das Recht ein,
- gegen Zahlung einer einmaligen Optionsprämie
- am letzten Tag der Laufzeit (europäische Version) oder an jedem Tag vom Erwerb bis zum Ende der Laufzeit (amerikanische Version)
- einen vereinbarten Währungsbetrag
- zu einem fest vereinbarten Kurs (Basispreis)
- zu kaufen (Call-Option) oder zu verkaufen (Put-Option).

Im Gegensatz zum Devisentermingeschäft hat der Käufer einer Devisenoption das Recht, aber nicht die Pflicht, den Fremdwährungskauf bzw. -verkauf vorzunehmen. Ist die Kursentwicklung im Vergleich zum vereinbarten Basispreis für den Käufer der Option günstig, wird er auf die Erfüllung des Vertrages verzichten. Ist die Kursentwicklung ungünstig, wird er auf Erfüllung bestehen. Optionsgeschäfte kommen somit einer Art „Versicherung gegen Kursrisiken“ nahe, wobei die vom Käufer zu zahlende Optionsprämie als „Versicherungsprämie“ angesehen werden kann.

5.2.2 Nicht dokumentäre Zahlungen

Zahlungsinstrumente für nicht dokumentäre, internationale Zahlungen sind insbesondere **Auslandsüberweisungen** und **Bankenorderschecks**.

5.2.2.1 Auslandsüberweisung

SEPA-Überweisungen

Grenzüberschreitende Euro-Überweisungen innerhalb der Europäischen Union (EU) und mit den Ländern des Europäischen Wirtschaftsraums (EWR) werden als SEPA-Überweisungen ausgeführt. Die Kosten, Ausführungsfrist und Wertstellung entsprechen den Bedingungen für inländische Zahlungen. Es gelten die BGB-Bestimmungen zum Überweisungsverkehr *(§ 676a–g BGB).*

Zahlungsauftrag im Außenwirtschaftsverkehr

Die **Auftragserteilung** bei Überweisungen in Fremdwährung und bei Zahlungen in Länder außerhalb der EU und der EWR-Länder (Nicht-SEPA-Länder) erfolgt auf dem Formular **„Zahlungsauftrag im Außenwirtschaftsverkehr“**.

Der Auftrag des Kunden muss einen Hinweis über die Kostenverteilung enthalten.

Beispiele:
- *Der Auftraggeber bezahlt das Entgelt seines Kreditinstitutes, der Begünstigte trägt die im Ausland anfallenden Kosten.*
- *Der Auftraggeber bezahlt alle Entgelte, der Begünstigte erhält den Überweisungsbetrag ohne Abzug.*

Euro-Überweisung	FW-Überweisung
Das Konto des Auftraggebers wird in Euro belastet.	▪ Auftraggeber unterhält EUR-Konto: – Belastung in Euro – Umrechnung zum Devisen-Geldkurs ▪ Auftraggeber unterhält FW-Konto: – Belastung des FW-Überweisungsbetrages auf dem FW-Konto – Belastung der Kosten auf dem EUR-Konto
Das Kreditinstitut schreibt den Betrag dem (Loro-)Konto eines A-Korrespondenten als Deckung für den erteilten Auftrag gut.	Das Kreditinstitut erteilt einem A-Korrespondenten den Auftrag, die Überweisung zulasten des bei dieser Auslandsbank geführten Fremdwährungskontos vorzunehmen.

Die Ausführung des Auftrages erfolgt im Allgemeinen per S.W.I.F.T.

Target 2

Die Abwicklung grenzüberschreitender Euro-Zahlungen in andere EU-Länder kann über Target vorgenommen werden. Target steht für **T**rans European **A**utomated **R**eal Time **G**ross Settlement **E**xpress **T**ransfer System. Die Verrechnung und Abwicklung erfolgt über die Zentralbanken der EU. Die Zahlungen werden erst dann dem Empfänger gutgeschrieben, wenn sichergestellt ist, dass das Kreditinstitut, welches die Zahlung ausgelöst hat, auch belastet werden konnte (Interlinking). Hierdurch wird das Empfängerinstitut vor eventuellen Zahlungsschwierigkeiten des Auftraggeberinstituts geschützt.

Beispiel:
Target-Zahlung Deutschland nach Frankreich

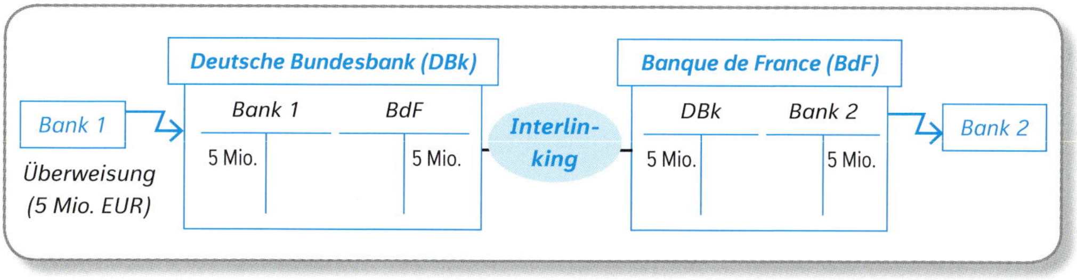

Neben Target und herkömmlichen S.W.I.F.T.-Überweisungen werden Zahlungen auch über hauseigene Systeme bzw. Verbundsysteme ausgeführt *(z. B. Tipanet-Kreditgenossenschaften, Interpay-Sparkassen)*.

Abwicklung eines Zahlungsauftrages im Außenwirtschaftsverkehr

Beispiel:
Ein Kunde erteilt der Regio-Bank AG den Auftrag, 80 000,00 USD auf das Konto seines Geschäftspartners in den USA zu überweisen.
Bankverbindung des Begünstigten: Citibank New York.
Die Regio-Bank AG unterhält ein FW-Konto bei der Citibank New York.

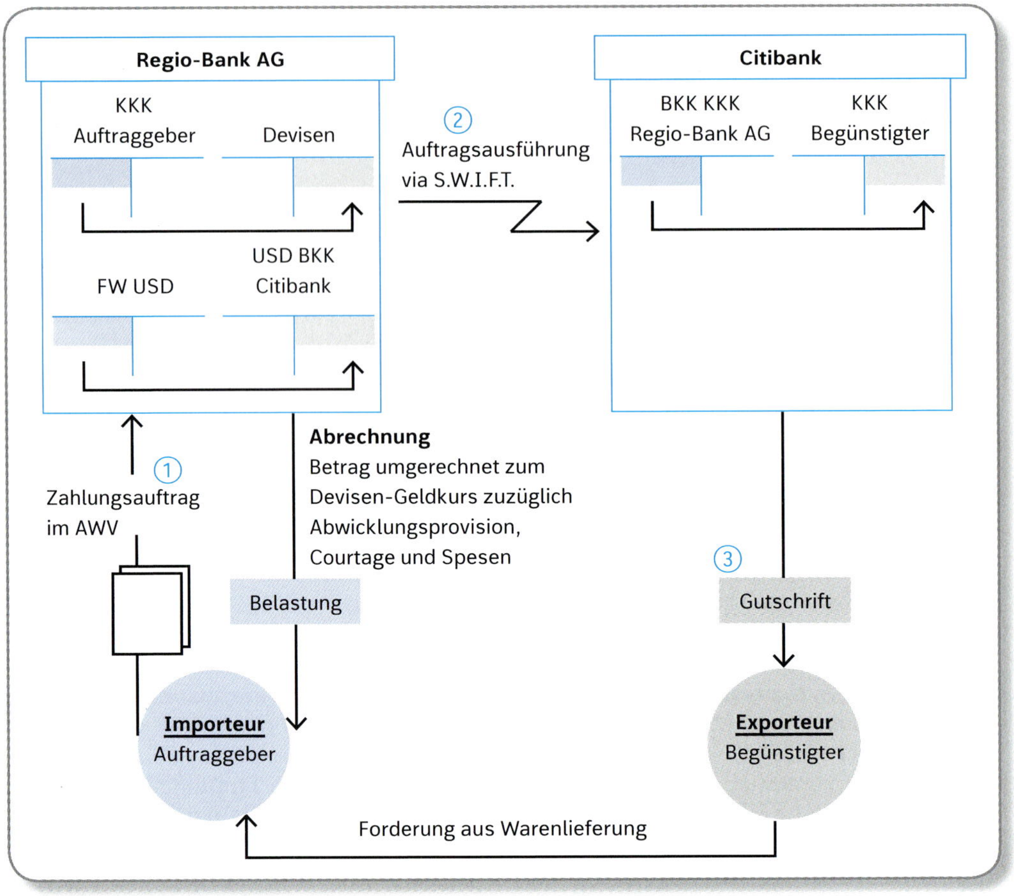

Überweisungseingänge

Überweisungseingänge in Euro

Das Kreditinstitut belastet das (Loro-)Konto des auftraggebenden A-Korrespondenten und schreibt den Betrag dem Konto des Begünstigten unter Abzug von Abwicklungsgebühren und Spesen gut.

Überweisungseingänge in FW

Das Kreditinstitut erhält Gutschrift auf seinem Fremdwährungskonto bei einem A-Korrespondenten.

Der Begünstigte kann entscheiden, ob er Gutschrift in Euro oder FW haben möchte:
- *bei EUR-Gutschrift:* Abrechnung zum Devisen-Briefkurs unter Abzug von Abwicklungsgebühren, Courtage und Spesen
- *bei FW-Gutschrift:* Gutschrift auf dem FW-Konto des Kunden unter Abzug von Abwicklungsgebühren und Spesen

AGB-Regelung:
Geldbeträge in ausländischer Währung darf das Kreditinstitut mangels ausdrücklicher gegenteiliger Weisung des Kunden in Euro gutschreiben, sofern es nicht für den Kunden ein Konto in der betreffenden Währung führt *(AGB-Sparkassen Nr. 14)*.

5.2.2.2 Bankenorderscheck

Bei der Zahlung mittels eines **Bankenorderschecks** beauftragt der Zahlungspflichtige sein Kreditinstitut, für seine Rechnung einen Orderscheck zugunsten des Zahlungsempfängers oder zugunsten der Bank des Zahlungsempfängers auszustellen. Bei einer Zahlung in Fremdwährung zieht die Bank des Zahlungspflichtigen (Aussteller) nun einen Scheck auf ihre ausländische Korrespondenzbank (Bezogener). Als Schecknehmer wird entweder der Zahlungsempfänger oder die Bank des Zahlungsempfängers in das Formular eingetragen.

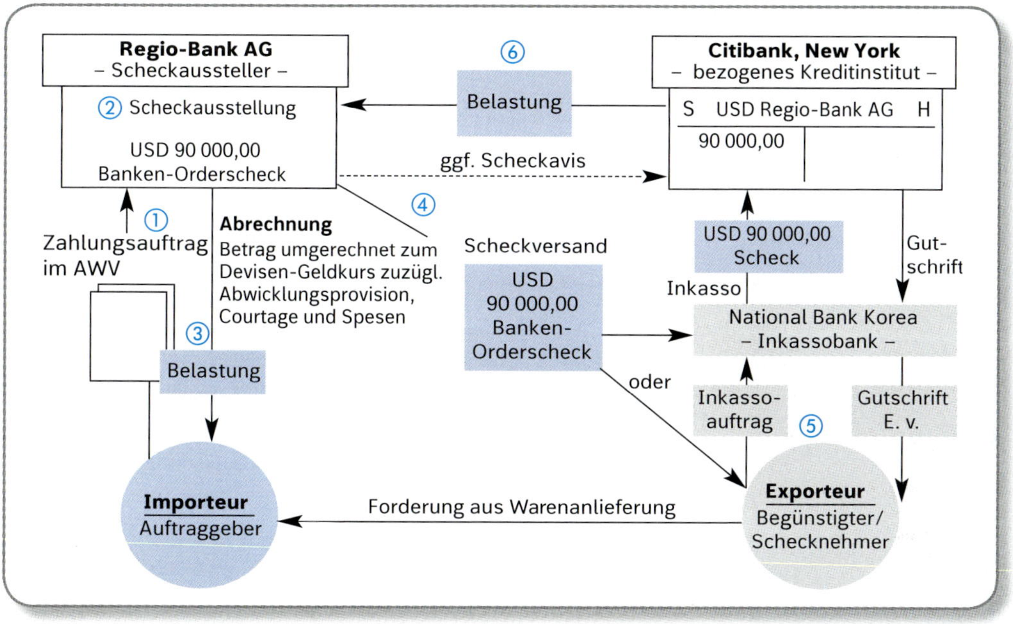

Fallbeispiel:
Die Impex GmbH, Kundin der Regio-Bank AG, hat elektronische Bauteile aus Korea von der Daikay Ltd. bezogen. Die Zahlung des Kaufpreises soll mittels eines Bankenorderschecks über 90 000,00 USD erfolgen. Die Daikay Ltd. unterhält ein Konto bei der National Bank Korea. Die Regio-Bank AG unterhält eine A-Korrespondenz zur Citibank New York.

1. Auftragserteilung	Die Impex GmbH erteilt der Regio-Bank AG einen „Zahlungsauftrag im Außenwirtschaftsverkehr" mit dem Hinweis, dass die Zahlung mittels eines Bankenorderschecks erfolgen soll.
2. Scheckausstellung	**Aussteller:** Regio-Bank AG (Bank des Zahlungspflichtigen) **bezogene Bank:** Citibank New York (ausländische Korrespondenzbank der Regio-Bank AG) **Schecknehmer:** An die Order ... ▪ der Daikay Ltd. (Zahlungsempfänger) oder ▪ der National Bank Korea mit dem Auftrag, den Betrag der Daikay Ltd. gutzuschreiben
3. Belastung des Auftraggebers	Die Impex GmbH wird in der Regel direkt nach Scheckausstellung mit dem Gegenwert belastet. Die Währungsumrechnung erfolgt zum Geldkurs.
4. Scheckversand an den Schecknehmer	Der Scheck wird nach Weisung des Auftraggebers an den Schecknehmer (Zahlungsempfänger oder an die Bank des Zahlungsempfängers) versandt. Alternativ kann der Scheck auch dem Kunden ausgehändigt werden, wenn er ihn selbst versenden möchte.
5. Scheckinkasso	Die Daikay Ltd. reicht den Bankenorderscheck bei der National Bank Korea zum Inkasso ein, sofern der Scheck nicht direkt schon an diese Bank versandt wurde. Der Einreicher erhält eine Gutschrift E. v. (Eingang vorbehalten) oder eine Gutschrift nach Eingang des Gegenwertes. Die National Bank Korea leitet den Scheck auf dem Inkassoweg an das bezogene Institut, Citibank New York, weiter und erhält eine Gutschrift über den Scheckbetrag.
6. Belastung des Scheckausstellers	Nach der Vorlage des Schecks bei der Citibank New York belastet sie das Konto der Regio-Bank AG.

Aus dem Ausland erhaltene Schecks kann der Schecknehmer an sein Kreditinstitut verkaufen oder bei seinem Kreditinstitut zum Inkasso einreichen.

Euro-Schecks

Das Kreditinstitut erteilt dem Scheckeinreicher Gutschrift „Eingang vorbehalten" und zieht den Scheckbetrag beim bezogenen Kreditinstitut ein.

FW-Schecks

Der Scheckeinreicher kann entscheiden, ob er Gutschrift in Euro oder FW haben möchte. Für eine Gutschrift in FW benötigt er ein Währungskonto.

Bei sofortiger Euro-Gutschrift: Abrechnung zum **Scheckankaufskurs** abzüglich Abwicklungsprovision, Courtage und Spesen.

Der Scheckankaufskurs (Sichtkurs) liegt in der Regel eine halbe Geld-/Brief-Spanne über dem Briefkurs. Gründe für den **Sichtaufschlag** beim Ankauf von FW-Schecks:

- Ausgleich des Zinsverlustes, den das Kreditinstitut für die Zeit von der Gutschrift auf dem Konto des Einreichers bis zur Gutschrift auf dem eigenen FW-Konto bei einer Korrespondenzbank trägt
- Übernahme des Kursrisikos durch das Kreditinstitut für diesen Zeitraum

Bei Euro-Gutschrift nach Eingang des Gegenwertes: Abrechnung zum Devisen-Briefkurs abzüglich Abwicklungsgebühr, Courtage und Spesen

Bei FW-Gutschrift: Gutschrift auf dem FW-Konto des Kunden abzüglich Abwicklungsgebühr und Spesen

Das Kreditinstitut zieht den Scheck unter Einschaltung eines A-Korrespondenten zugunsten seines (Nostro-)Kontos beim bezogenen Kreditinstitut ein.

Fremdwährungsschecks, die aus dem Ausland unbezahlt zurückkommen, werden dem Einreicher zurückgegeben unter Belastung des Scheckgegenwertes zuzüglich ausländischer Rückscheckkosten zum Devisen-Geldkurs, sofern der Scheckgegenwert dem Einreicher bereits E. v. gutgeschrieben wurde. Bei der Rückgabe eines nicht eingelösten Inkassoschecks, der dem Kundenkonto noch nicht gutgeschrieben wurde, werden dem Einreicher lediglich die Auslandsgebühren zum Geldkurs (zuzüglich Inlandsgebühren) belastet.

5.2.3 Dokumentäre Zahlungen

Zahlungsinstrumente für dokumentäre, internationale Zahlungen sind insbesondere **Dokumenteninkassi** und **Dokumentenakkreditive**.

Bei Export- und Importgeschäften vereinbaren die Beteiligten in den Kaufverträgen in der Regel international übliche Lieferbedingungen (Incoterms®). Dokumente beweisen die Einhaltung der Lieferbedingungen und können für die Gestaltung von Zahlungsprozessen genutzt werden.

5.2.3.1 Incoterms® 2020[1]

Die **Incoterms® 2020** sind von der Internationalen Handelskammer in Paris vorformulierte Lieferbedingungen, die den **Kosten- und Gefahrenübergang** vom Exporteur auf den Importeur regeln. Im internationalen Handel ist es üblich, eine Incoterm-Klausel **im Kaufvertrag zu vereinbaren**. Die präzisen Formulierungen schaffen Rechtssicherheit für die Beteiligten.

An dem Ort des Gefahrenübergangs geht das Risiko des zufälligen Untergangs der Ware vom Verkäufer (Ausführer) auf den Käufer (Einführer) über. Ab dem Ort des Kostenübergangs trägt der Käufer die Transportkosten.

1 Für die Nutzung der Incoterms® in einem Vertrag empfiehlt sich die Bezugnahme auf den Originaltext des Regelwerks. Incoterms® ist eine eingetragene Marke der Internationalen Handelskammer (ICC). Incoterms® 2020 ist einschließlich aller seiner Teile urheberrechtlich geschützt. Die ICC ist Inhaberin der Urheberrechte an den Incoterms® 2020. Bei den vorliegenden Ausführungen handelt es sich um inhaltliche Interpretationen zu den von der ICC herausgegebenen Lieferbedingungen durch die Autoren. Diese sind für den Inhalt, Formulierungen und Grafiken in dieser Veröffentlichung verantwortlich. Der Originaltext kann über ICC Germany unter www.iccgermany.de und www.incoterms2020.de bezogen werden.

Die wichtigsten Klauseln der Incoterms® 2020

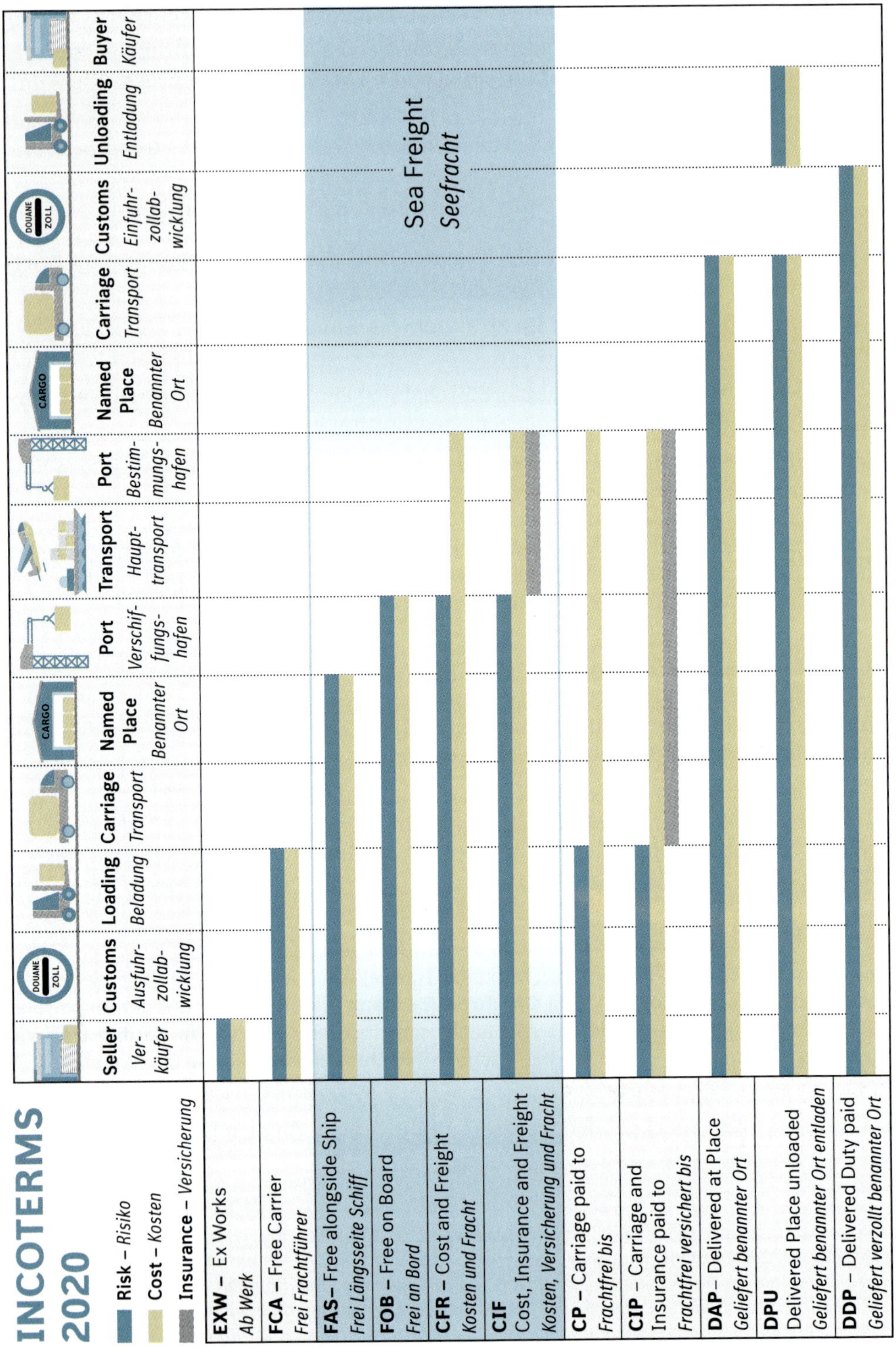

In den Incoterms® 2020 ist auch geregelt,
- wer die vereinbarten Dokumente beschaffen muss und wer die Kosten dafür trägt.
- wer die Transportversicherung abschließen muss und wer die Kosten dafür trägt.

Bei Seetransporten vereinbaren die Vertragspartner häufig die Incoterm® 2020-Klauseln
- FOB (Free on Board) oder
- CIF (Cost, Insurance, Freight).

Incoterms® 2020-Klausel FOB

Bei der Klausel FOB trägt der Verkäufer die Transportkosten und das Risiko, bis sich die Ware **an Bord** eines Schiffes **im Verschiffungshafen** befindet. Der Name des Verschiffungshafens ist der Klausel hinzuzufügen.

3

Beispiel:
Die Maschinenbau AG aus Köln verkauft eine Turbine an einen argentinischen Käufer mit der Vereinbarung „FOB Hamburg“. Die Maschinenbau AG muss auf ihre Kosten den Transport der Turbine nach Hamburg und die Verladung auf das Schiff organisieren.

Pflichten des Verkäufers (Exporteurs) und des Käufers (Importeur) bei der Klausel FOB benannter Verschiffungshafen

Pflichten des Exporteurs (Verkäufer)
▪ kontraktgerechte Lieferung der ordnungsgemäß verpackten Ware an Bord des vom Importeur benannten Schiffes und Benachrichtigung des Importeurs über die erfolgte Verschiffung ▪ Ausstellung einer Handelsrechnung ▪ Nachweis der Lieferung *(z. B. Bordempfangsschein)* ▪ Beschaffung und Kostenübernahme für die Ausfuhrgenehmigung, Erledigung aller Ausfuhr-Zollformalitäten und Zahlung der Ausfuhrzölle ▪ Übernahme aller Kosten und Gefahren, bis die Ware an Bord im Verschiffungshafen ist ▪ Beschaffung von Dokumenten auf Verlangen und Kosten des Importeurs, die im Verschiffungs- oder Ursprungsland ausgestellt werden und vom Importeur für die Einfuhr oder für den Empfang der Ware benötigt werden *(z. B. Ursprungszeugnis, Konnossement)*
Pflichten des Importeurs (Käufer)
▪ Übernahme der Ware im Verschiffungshafen ▪ rechtzeitige Mitteilung des Schiffsnamens, der Ladestelle und der Lieferzeit an den Exporteur ▪ Übernahme aller Kosten und Gefahren, sobald sich die Ware im Verschiffungshafen an Bord des Schiffes befindet ▪ Beschaffung der Einfuhrbewilligung, Erledigung der Einfuhr-Zollformalitäten und Zahlung der Einfuhrzölle ▪ Kostenübernahme für die Beschaffung der auf seinen Wunsch vom Exporteur beschafften sonstigen Dokumente

Incoterms® 2020-Klausel CIF

Bei der Klausel CIF trägt der Verkäufer alle **Kosten** einschließlich der Seeversicherung bis zur Ankunft der Ware im **Bestimmungshafen**. Das **Risiko** geht jedoch schon auf den Käufer über, wenn sich die Ware an Bord des Schiffes im **Verschiffungshafen** befindet.

Beispiel:
Die Maschinenbau AG verkauft eine Turbine an einen argentinischen Käufer mit der Vereinbarung „CIF Buenos Aires“. Die Maschinenbau AG trägt alle Transportkosten bis zur Ankunft des Schiffes in Buenos Aires und die Kosten für die Seeversicherung. Die Kosten für die Entladung des Schiffes trägt bereits der Käufer. Das Risiko (Beschädigung oder Verlust der Ware) geht nach der Verladung der Ware auf das Schiff in Hamburg auf den Käufer über.

Pflichten des Verkäufers (Exporteurs) und des Käufers (Importeur) bei der Klausel CIF benannter Bestimmungshafen

Pflichten des Exporteurs (Verkäufer)
▪ kontraktgerechte Lieferung der ordnungsgemäß verpackten Ware, indem er sie an Bord des Schiffes verbringt ▪ Benachrichtigung des Importeurs über die erfolgte Verschiffung ▪ Ausstellung einer Handelsrechnung ▪ Beschaffung und Kostenübernahme für die Ausfuhrgenehmigung, Erledigung aller Ausfuhr-Zollformalitäten und Zahlung der Ausfuhrzölle ▪ Abschluss des Vertrages über die Beförderung der Ware bis zum benannten Bestimmungshafen und Übernahme der entstehenden Kosten ▪ unverzügliche Beschaffung des üblichen Transportdokumentes, *z. B. eines vollen Satzes reiner begebbarer Orderkonnossemente* („full set, clean, shipped on board B/L, freight prepaid“), und Übernahme der entstehenden Kosten ▪ Abschluss der im Vertrag vereinbarten Transportversicherung zugunsten des Importeurs (Versicherungssumme in der Kontraktwährung: mindestens Kaufpreis zuzüglich 10 % imaginärer Gewinn), Übernahme der entstehenden Kosten und Übermittlung der Versicherungspolice an den Importeur (Den Vertragsparteien steht es offen, sich auf eine geringere oder höhere Deckungssumme zu einigen.) ▪ Beschaffung von weiteren Dokumenten auf Verlangen und Kosten des Importeurs, die im Verschiffungs- oder Ursprungsland ausgestellt werden und vom Importeur für die Einfuhr der Ware benötigt werden *(z. B. Ursprungszeugnis)*
Pflichten des Importeurs (Käufer)
▪ Entgegennahme der Ware vom Frachtführer im Bestimmungshafen ▪ Beschaffung der Einfuhrgenehmigung, Zollformalitäten und Zahlung der Einfuhrzölle ▪ Übernahme aller Gefahren, sobald sich die Ware im Verschiffungshafen an Bord des Schiffes befindet ▪ Kostenübernahme für die auf seinen Wunsch vom Exporteur beschafften sonstigen Dokumente

5.2.3.2 Außenhandelsdokumete

Außenhandelsdokumente sind Urkunden, die der Lieferungs- und Zahlungssicherung im internationalen Warenhandel dienen.

Außenhandelsdokumente können
- die kontraktgerechte Erfüllung der Pflichten des Exporteurs beweisen,
- bei ordnungsgemäßer Vorlage die Zahlungspflicht des Importeurs auslösen,

- die Übertragung des Eigentums an der gelieferten Ware ermöglichen,
- als Grundlage für eine Kreditbesicherung dienen.

Außenhandelsdokumente

Transportdokumente (Verladedokumente)	▪ Konnossement ▪ Ladeschein ▪ Frachtbrief	▪ int. Spediteurübernahmebescheinigung (FCR) ▪ FIATA Combined Transport Bill of Lading (FBL) ▪ Posteinlieferungsschein
Versicherungsdokumente	▪ Versicherungspolice	▪ Versicherungszertifikat
Handels- und Zolldokumente	▪ Handelsrechnung ▪ Ursprungszeugnis	▪ Qualitätszertifikate und ähnliche Bescheinigungen

Konnossement

Das **Konnossement (Bill of Lading, B/L)** ist ein vom Reeder ausgestelltes Wertpapier des Seefrachtverkehrs *(§ 513 ff. HGB)*. Dem Konnossement gleichgestellt ist eine elektronische Aufzeichnung, die dieselben Funktionen erfüllt wie das Konnossement, sofern sichergestellt ist, dass die Authentizität und die Integrität der Aufzeichnung gewahrt bleiben (elektronisches Konnossement; *§ 516 HGB*).

Das **Konnossement** ist auszustellen, sobald der Verfrachter das Gut übernommen hat. Durch das Konnossement bestätigt der Verfrachter den Empfang des Gutes und verpflichtet sich, es zum Bestimmungsort zu befördern und dem aus dem Konnossement Berechtigten gegen Rückgabe des Konnossements abzuliefern *(§ 514 HGB)*.

Das Konnossement ist ein:

- **Traditionspapier** *(§ 524 HGB)*
  Für den Erwerb von Rechten an der „schwimmenden Ware" hat die Übergabe des Konnossements dieselbe Wirkung wie die Übergabe des Gutes *(§ 524 HGB)*. Für einen Eigentums- oder Pfandrechtserwerb *(§§ 929, 1205 HGB)* an der Ware ist deshalb neben der dinglichen Einigung nur die Übergabe des Konnossements notwendig. Die Übergabe des Konnossements ersetzt die Übergabe der Ware.
  Ein Orderkonnossement wird durch Einigung und Übergabe der indossierten Urkunde übertragen. Bei einem Blankoindossament, in dem der Name des Empfängers (Indossatar) nicht genannt ist, genügt die Einigung und Übergabe.

- **Präsentationspapier** *(§ 519 HGB)*
  Die Auslieferung der Ware erfolgt nur gegen Vorlage des Konnossements. „Kassatorische Klausel": Bei mehreren Konnossementen erfolgt die Auslieferung der Ware gegen Vorlage eines Originalkonnossements. Die anderen Originale werden damit kraftlos.

- **Beweisurkunde** *(§ 517 HGB)*
  Das Konnossement beweist den Beförderungsvertrag mit dem Reeder und die Übergabe der Ware an ihn. Enthält das Konnossement keine Angabe über die äußerlich erkennbare Verfassung oder Beschaffenheit des Gutes, so begründet das Konnossement die Vermutung, dass der Verfrachter das Gut in äußerlich erkennbar guter Verfassung und Beschaffenheit übernommen hat.

Bord- und Übernahmekonnossement *(§ 514 HGB)*
Bei einem **Bordkonnossement** (Shipped B/L) bestätigt der Reeder, dass die Ware zu dem angegebenen Zeitpunkt an Bord eines namentlich benannten Schiffes verladen wurde.

Bei einem **Übernahmekonnossement** (Received for Shipment B/L) bestätigt der Reeder nur den Erhalt der Ware zur Verschiffung. Die Ware befindet sich aber noch nicht an Bord eines Schiffes.

Bei der **Abwicklung dokumentärer Zahlungen** (Dokumenteninkasso, Dokumentenakkreditiv) werden in der Praxis **folgende Anforderungen** an Konnossemente gestellt.

Vorzulegen sind ...
- **ein vollständiger Satz**
  Alle ausgestellten Originale (full set; *z. B. 3/3*) sind vorzulegen.
- **reingezeichneter,**
  Das Konnossement enthält keine Mängelhinweise des Reeders über sichtbare Beschädigungen an der Ware bzw. Verpackung **(clean B/L).**
- **an Order ausgestellter und blanko indossierter (issued to order and endorsed in blank)**
- **Bordkonnossemente.**
  Im Konnossement wird bestätigt, dass sich die Ware an Bord eines namentlich benannten Schiffes befindet *(z. B. shipped on board „Santa Maria“).*

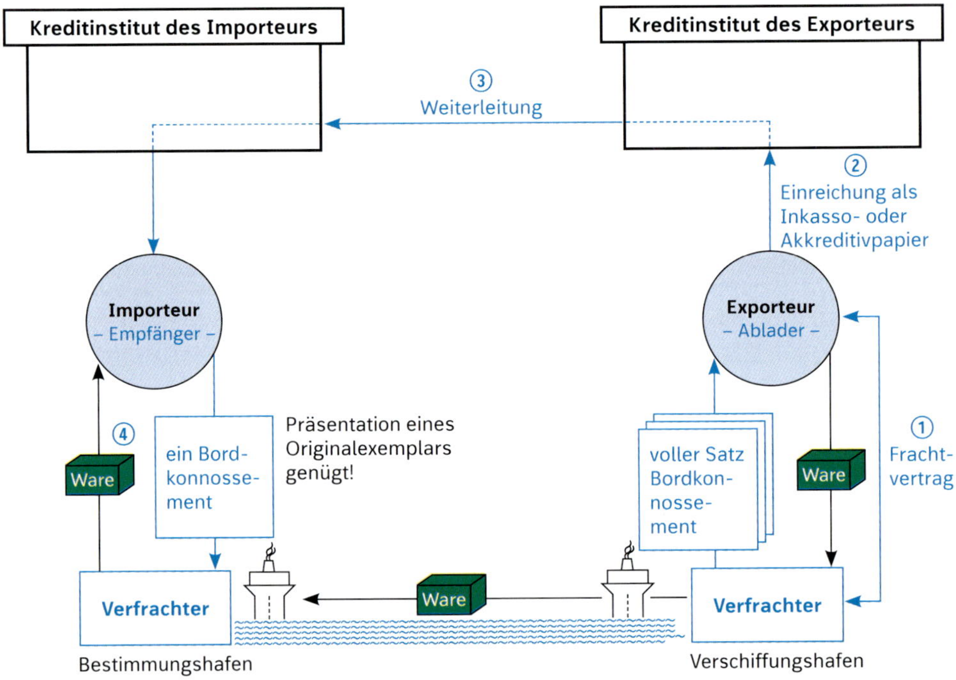

Frachtbrief

Der **Frachtbrief** ist eine vom Frachtführer *(z. B. Deutsche Bahn)* ausgestellte Beweisurkunde über den Abschluss und Inhalt eines Frachtvertrages (kein Wertpapier).

Der **Frachtvertrag** verpflichtet den Frachtführer, das Gut zum Bestimmungsort zu befördern und dort an den Empfänger abzuliefern *(§ 407 ff. HGB).*

Das Frachtgut wird bei seinem Eintreffen am Bestimmungsort dem auf der Urkunde genannten Empfänger gegen Quittung ausgehändigt. Während des Transports muss jede Sendung von einem Frachtbrief begleitet sein.

FIATA-Spediteurdokumente[1]

Spediteurdokumente beweisen den Abschluss und Inhalt eines Speditionsvertrages.

Der **Speditionsvertrag** ist ein Dienstvertrag, der die Besorgung von Güterversendungen durch Frachtführer oder durch Verfrachter von Seeschiffen für Rechnung des Versenders zum Gegenstand hat *(§ 453 ff. HGB)*.

Der Spediteur nimmt vom Versender das Gut entgegen, wählt Weg und Art der Beförderung und schließt im eigenen Namen die erforderlichen Frachtverträge ab.

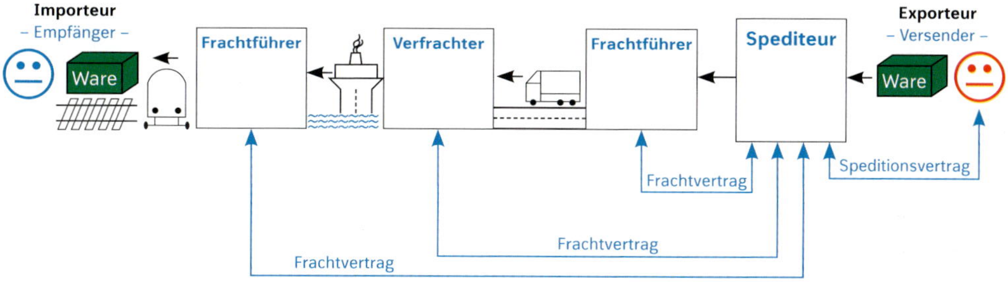

FCR Forwarding Agents Certificate of Receipt (internationale Spediteurübernahme-bescheinigung)	FBL FIATA Multimodal Transport Bill of Lading („Spediteurkonnossement“)
Bescheinigung eines Spediteurs, eine genau beschriebene Warensendung zur Beförderung an den im Dokument bezeichneten Empfänger übernommen zu haben	Dokument, das einen Transport durch mindestens zwei verschiedene Beförderungsmittel vorsieht und die sonst für die einzelnen Streckenabschnitte erforderlichen Transportdokumente ersetzt

Versicherungsdokumente

Versicherungsdokumente beweisen den Abschluss und Inhalt einer Transportversicherung und dokumentieren den Versicherungsanspruch.

Einzelpolice

Versicherung eines *einzelnen* Transports.

Generalpolice

(Rahmen-)Versicherung **mehrerer** Transporte, die zu gleichen oder ähnlichen Bedingungen ausgeführt werden. Der Inhaber einer Generalpolice kann sich über die verschiedenen

[1] *FIATA = Internationale Föderation der Speditionsorganisationen*

Transporte jeweils ein **Versicherungszertifikat (Insurance certificate)** ausstellen lassen, das den Versicherungsanspruch für die einzelne Sendung beweist.

Transportversicherungspolicen und -zertifikate sind **gekorene Orderpapiere**. Bei dokumentären Zahlungen wird in der Regel eine Blankoindossierung verlangt.

Durch einen allgemeinen Begünstigtenvermerk (**„to the bearer“** oder **„to whom it may concern“**) können sie auch zu Inhaberpapieren gemacht werden.

Handelsrechnung

Die **Handelsrechnung (Faktura)** enthält genaue Informationen über das jeweilige Warengeschäft.

Die vom Exporteur erstellte Handelsrechnung dient

- dem Nachweis der kontraktgerechten Lieferung des Exporteurs,
- als Unterlage für die Einfuhrprüfung und Verzollung im Importland.

Inhalt der Faktura (Invoice):

- Name und Geschäftssitz des Importeurs und des Exporteurs
- Warenbezeichnung
- Warenmenge (Anzahl, Gewicht)
- Verpackung und Markierung der Ware
- Preis (Einzel-/Gesamtpreis)
- Lieferungsbedingung
- Zahlungsbedingung
- Unterschrift des Exporteurs

Ursprungszeugnis

Das **Ursprungszeugnis (Declaration of origin)** bescheinigt den Ursprung der Ware und wird je nach Ursprungsland und Warenart von der örtlichen IHK, Behörden oder sonstigen ermächtigten Stellen ausgestellt. Es dient den Behörden des Importlandes zur Überwachung ggf. existierender Einfuhrbeschränkungen.

Qualitäts-/Gesundheits-/Gewichts-/Analysenzertifikat

In Qualitäts-/Gesundheits-/Gewichts-/Analysenzertifikaten wird von Sachverständigen der mangelfreie Zustand der gelieferten Ware bzw. die Einhaltung gesetzlicher Einfuhrbestimmungen des Importlandes bescheinigt.

5.2.3.3 Dokumenteninkasso gegen Zahlung

Bei einem **Dokumenteninkasso gegen Zahlung** beauftragt ein Exporteur sein Kreditinstitut, dem Importeur bestimmte Dokumente vorzulegen und gegen Zahlung des Kaufpreises auszuhändigen.

Rechtsgrundlage für die Abwicklung von Dokumenteninkassi sind die von der Internationalen Handelskammer in Paris (ICC) verfassten „Einheitlichen Richtlinien für Inkassi“ (ERI).

Abwicklung des Dokumenteninkassos

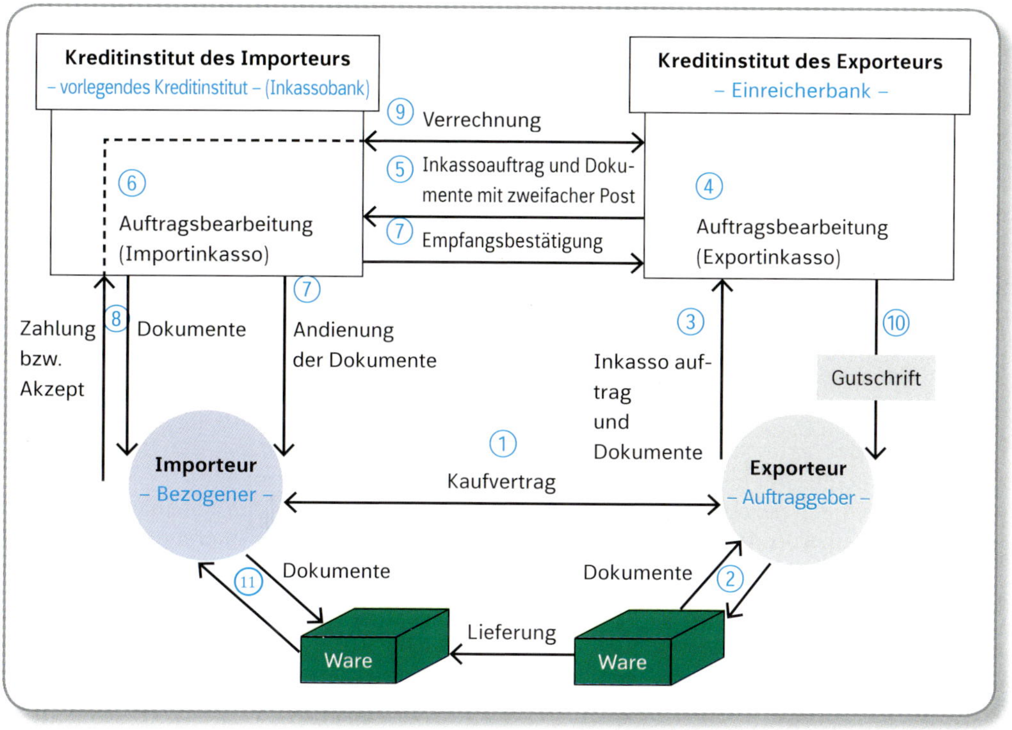

Erläuterungen:

① vereinbarte Zahlungsbedingung: Dokumente gegen Zahlung bzw. Dokumente gegen Akzeptierung

② Warenversand und Beschaffung der mit dem Importeur vereinbarten Dokumente

③ Inkassoauftrag des Exporteurs an sein Kreditinstitut

Inhalt des Auftrags:	
▪ Auftraggeber (Exporteur) ▪ Bezogener (Importeur) ▪ Bankverbindung des Importeurs ▪ Inkassogegenwert ▪ Auslieferung der Dokumente gegen Zahlung oder gegen Akzeptierung eines Wechsels	▪ Bezeichnung der Ware ▪ Transportmittel und -weg ▪ Art und Anzahl der zum Inkasso übersandten Dokumente ▪ ERI-Klausel ▪ Unterschrift des Auftraggebers

④ Die Einreicherbank prüft, ob die erhaltenen Dokumente den im Inkassoauftrag aufgezählten Dokumenten zu entsprechen scheinen, und wird vom Fehlen irgendwelcher Dokumente denjenigen Beteiligten sofort verständigen, von dem ihnen der Inkassoauftrag zuging *(ERI Art. 12)*. Die Kreditinstitute haben keine weitere Verpflichtung zur Prüfung der Dokumente. Sie handeln nach Treu und Glauben und mit angemessener Sorgfalt. Die beteiligten Kreditinstitute sind nicht verpflichtet, etwas zum Schutz der Ware zu tun, falls der Importeur die Dokumente nicht aufnimmt.

⑤ Um die Weisungen des Auftraggebers auszuführen, betraut die Einreicherbank als Inkassobank

- das vom Auftraggeber benannte Kreditinstitut oder (mangels einer solchen Benennung)
- ein Kreditinstitut eigener Wahl im Land der Zahlung.

Dokumente und Inkassoauftrag können der Inkassobank direkt oder über ein zwischengeschaltetes anderes Kreditinstitut übersandt werden. Der Versand der Dokumente erfolgt aus Sicherheitsgründen in der Regel in zwei Postsendungen oder durch Kurier.

⑥ Die Inkassobank prüft, ob die erhaltenen Dokumente den im Inkassoauftrag aufgezählten Dokumenten zu entsprechen scheinen.

⑦ Nach Eingang des Inkassoauftrages versendet die Inkassobank ihr Andienungsschreiben an den Bezogenen und schickt gleichzeitig eine Empfangsbestätigung an die Einreicherbank.

⑧ Wenn der Exporteur nichts anderes vorgeschrieben hat, muss der Bezogene die Dokumente „**bei erster Präsentation**“ einlösen. Um dem Bezogenen die Möglichkeit zu geben, die Dokumente im Einzelnen zu prüfen, kann die Inkassobank auf eigenes Risiko eine „**Andienung zu treuen Händen**“ vornehmen. Bei Nichtaufnahme muss der Bezogene die Dokumente unverzüglich wieder zurückgeben. Die Dokumente dürfen erst nach voller Zahlung bzw. Akzeptleistung durch den Bezogenen freigegeben werden.

⑨+⑩ Verrechnung des Inkassogegenwertes entsprechend den Weisungen der Einreicherbank und anschließend Gutschrift abzüglich Abwicklungsgebühren und Spesen auf dem Konto des Auftraggebers.

⑪ Empfang der Ware durch den Importeur (ggf. gegen Vorlage entsprechender Dokumente).

Beurteilung des Dokumenteninkassos

	Importeur	Exporteur
Vorteile	▪ Die Zahlungspflicht des Importeurs wird erst ausgelöst, wenn die Dokumente und damit die Verfügungsgewalt über die Ware in seinen Besitz gelangen. ▪ Der Importeur bestimmt den Zeitpunkt der Zahlung.	▪ Der Importeur kann erst nach Einlösung der Dokumente über die Ware verfügen. ▪ Der Zahlungseingang ist gesichert, sobald der Importeur die angedienten Dokumente aufnimmt.
Nachteile	Der Importeur leistet Zahlung bzw. Akzept, ohne die Qualität der Ware vorher im Einzelnen prüfen zu können.	▪ Der Exporteur muss Produktion und Transport der Ware vorleisten. ▪ Der Exporteur trägt die Folgen bei Nichtaufnahme der Dokumente durch den Importeur: – Verderb der Ware, – Lagerkosten, – Rückverschiffungskosten, – Verkauf unter Wert.

Fazit:
Das Dokumenteninkasso gewährleistet ein **„Zug-um-Zug-Geschäft"** (Dokumente gegen Geld bzw. Akzept).

- Der Exporteur verliert die Verfügungsgewalt erst bei Zahlung bzw. Akzeptleistung.
- Der Importeur zahlt nur gegen Aushändigung der Dokumente.

Obwohl der Importeur sich im Kaufvertrag verpflichtet hat, bei fristgerechter Vorlage der ordnungsgemäßen Dokumente Zahlung zu leisten, besteht für den Exporteur das Risiko der Nichtaufnahme der Dokumente. Der Exporteur verliert zwar i.d.R. nicht die Verfügungsgewalt über die Ware, es können jedoch bei der weiteren Verwendung einer bereits versandten Ware erhebliche Kosten entstehen.

5.2.3.4 Dokumentenakkreditiv

Das **Dokumentenakkreditiv** ist ein unwiderrufliches, bedingtes, abstraktes Schuldversprechen des eröffnenden Kreditinstituts,

- im Auftrag und nach den Weisungen eines Kunden
- gegen Übergabe vorgeschriebener Dokumente
- eine Zahlung an einen Dritten (Begünstigten) zu leisten oder vom Begünstigten gezogene Wechsel zu bezahlen oder zu akzeptieren oder
- ein anderes Kreditinstitut zur Ausführung einer solchen Zahlung oder zur Bezahlung oder Akzeptierung derartiger Wechsel zu ermächtigen, sofern die Akkreditiv-Bedingungen erfüllt sind.

Rechtsgrundlage für die Abwicklung von Dokumentenakkreditiven sind die von der Internationalen Handelskammer in Paris (ICC) verfassten **Einheitlichen Richtlinien und Gebräuche für Dokumentenakkreditive** (ERA).

Rechtsbeziehungen beim Dokumentenakkreditiv

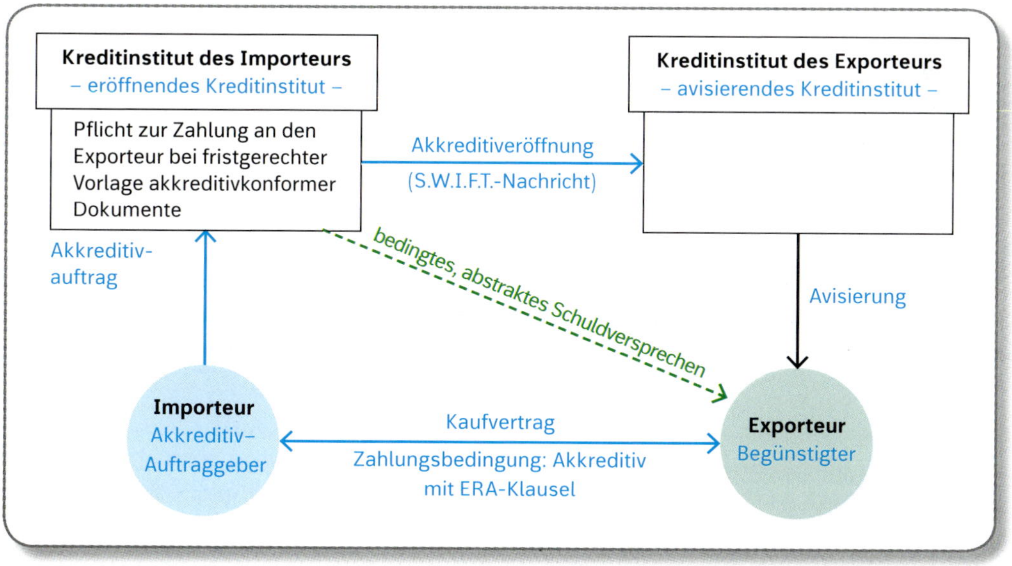

eröffnendes Kreditinstitut – Akkreditiv-Auftraggeber
Das eröffnende Kreditinstitut verpflichtet sich, das Akkreditiv zu stellen und für dessen Avisierung gegenüber dem Begünstigten zu sorgen. Beim unwiderruflichen Akkreditiv geht das eröffnende Kreditinstitut eine Eventualverbindlichkeit ein, da es auch bei Zahlungsunfähigkeit des Auftraggebers zur Zahlung verpflichtet ist. Bei nicht ausreichender Bonität des Auftraggebers kann das eröffnende Kreditinstitut als Sicherheit Akkreditiv-Deckung verlangen.
eröffnendes Kreditinstitut – Begünstigter
Bedingtes, abstraktes Schuldversprechen des eröffnenden Kreditinstituts: ▪ *bedingt,* weil die Zahlung an die fristgerechte Vorlage der vereinbarten Dokumente geknüpft ist ▪ *abstrakt,* weil das Zahlungsversprechen losgelöst von den gegenseitigen Rechten und Pflichten des Importeurs und des Exporteurs aus dem Grundgeschäft besteht
eröffnendes Kreditinstitut – avisierendes Kreditinstitut
Das avisierende Kreditinstitut verpflichtet sich, dem Begünstigten die Akkreditiv-Eröffnung mitzuteilen und bei der Abwicklung des Akkreditivs mitzuwirken. Sofern das eröffnende Kreditinstitut dem avisierenden Kreditinstitut keine Akkreditiv-Deckung anzuschaffen hat, entsteht für die Zeit von der Auszahlung des Akkreditiv-Betrages bis zur Anschaffung des Gegenwertes zwischen beiden Kreditinstituten ein Kreditverhältnis.

Unwiderrufliches, bestätigtes Akkreditiv

Unwiderrufliche Akkreditive können von dem avisierenden Kreditinstitut bestätigt werden.

Gegen eine **Bestätigungsprovision** übernimmt das avisierende Kreditinstitut eine zusätzliche Einlösungsverpflichtung; dem Begünstigten haften nebeneinander wahlweise das Kreditinstitut im eigenen Land und das eröffnende Kreditinstitut.

Grund: Vorsorge gegen Zahlungsunfähigkeit des eröffnenden Kreditinstituts und Transferrisiken im Importland

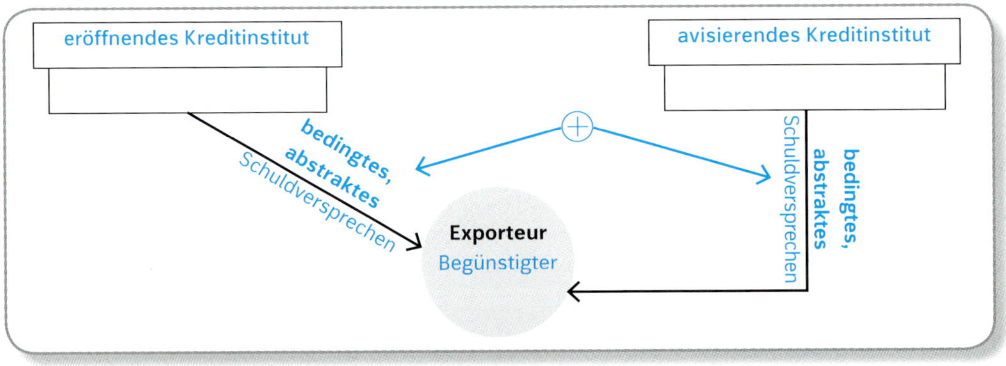

Abwicklung des Dokumentenakkreditivs

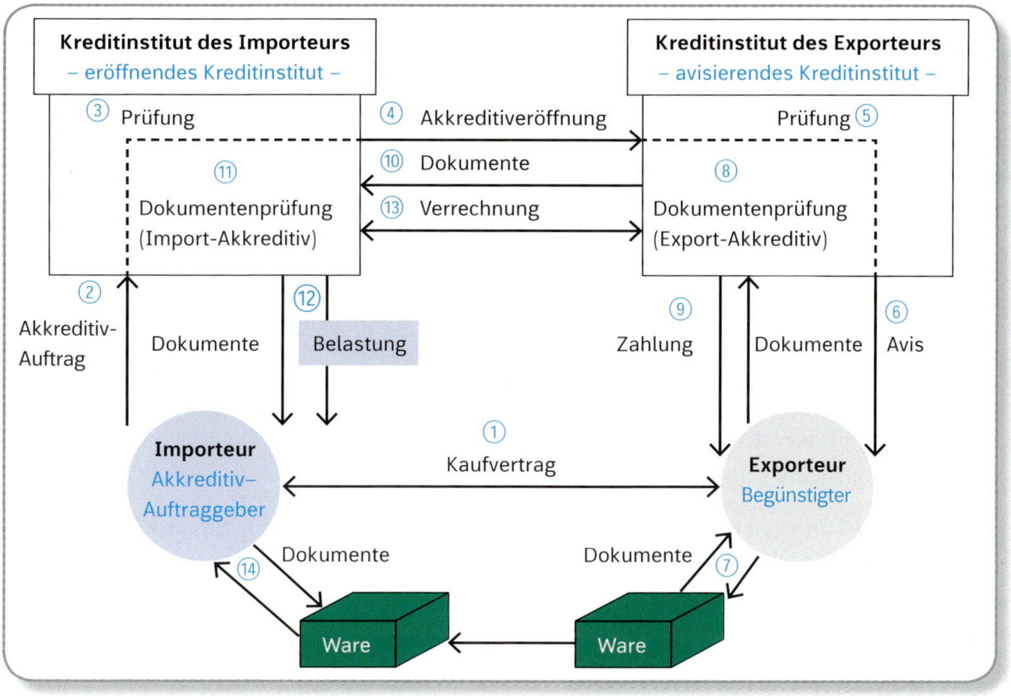

Erläuterungen:

① vereinbarte Zahlungsbedingung: Dokumentenakkreditiv benutzbar durch Zahlung bei Sicht

② Akkreditiv-Auftrag des Importeurs an sein Kreditinstitut

Inhalt des Auftrags:	
▪ Auftraggeber (Importeur) ▪ Begünstigter (Exporteur) ▪ Akkreditiv-Art ▪ Akkreditiv-Betrag ▪ vorzulegende Dokumente ▪ Laufzeit des Akkreditivs (Verfalldatum)	▪ Bezeichnung der Ware ▪ Frachtroute (Transportmittel, -weg) ▪ Lieferungsbedingung ▪ Verrechnungskonto ▪ ERA-Klausel ▪ Unterschrift des Auftraggebers

Zudem ist dem Akkreditiv-Auftrag i. d. R. bereits der entsprechende Zahlungsauftrag im AWV beigefügt.

③ Prüfung des Auftrags auf:
- Vollständigkeit der Angaben
- Bonität des Auftraggebers

bei unzureichender Bonität: ggf. Vorabbelastung des Auftraggebers zur Akkreditiv-Deckung

④ Akkreditiv-Eröffnung aufgrund der Weisungen des Auftraggebers (brieflich oder via S.W.I.F.T.); ggf. Anschaffung einer Akkreditiv-Deckung

⑤ Prüfung des Eröffnungsschreibens bzw. der S.W.I.F.T.-Nachricht: Ist das Akkreditiv vollständig und genau?

⑥ Benachrichtigung des Begünstigten, ggf. Akkreditivbestätigung durch das avisierende Kreditinstitut

⑦ Warenversand und Vorlage akkreditivgerechter Dokumente durch den Begünstigten

⑧ Prüfung der Dokumente *(ERA Art. 14, 16, 34, 35)*
- Die Bank muss die Dokumente prüfen und entscheiden, ob die Dokumente ihrer **äußeren Aufmachung nach eine konforme Dokumentenvorlage** zu bilden scheinen. Dabei prüft sie auch die Einhaltung aller Fristen *(z.B. rechtzeitiger Versand der Ware).*

⑨ Zahlung des Akkreditiv-Betrages, wenn das avisierende Kreditinstitut als Zahlstelle benannt wurde – andernfalls erfolgt die Zahlung an den Exporteur erst nach Eingang des Gegenwertes von dem eröffnenden Kreditinstitut

⑩ Der Versand der Dokumente erfolgt aus Sicherheitsgründen i.d.R. in zwei Postsendungen oder durch Kurier.

⑪ Prüfung der zugesandten Dokumente wie ⑧

⑫ Aushändigung der Dokumente an den Auftraggeber unter gleichzeitiger Belastung mit dem Akkreditiv-Betrag zuzüglich Provision und Spesen

⑬ Anschaffung des Akkreditiv-Betrages

⑭ Empfang der Ware durch den Importeur (ggf. gegen Vorlage entsprechender Dokumente)

Beurteilung des Dokumentenakkreditivs

	Importeur	Exporteur
Vorteile	Die Zahlung erfolgt erst nach Vorlage akkreditivgerechter Dokumente, die den Warenversand ausweisen. Durch die zeitliche Festlegung ▪ der Verladung und ▪ der Gültigkeitsdauer des Akkreditivs wird eine termingerechte Erfüllung gewährleistet.	Die Zahlung ist durch das Schuldversprechen des eröffnenden Kreditinstituts (und ggf. zusätzlich des bestätigenden Kreditinstituts) gesichert, sofern die Akkreditiv-Bedingungen erfüllt werden.
Nachteile	Der Importeur leistet Zahlung, ohne die Qualität der Ware vorher prüfen zu können.	

Fazit:
Das Dokumentenakkreditiv bietet die weitestgehende Zahlungs- und Lieferungssicherung, wenn sich die Handelspartner nicht hinreichend kennen bzw. sie die Bonität/Vertragstreue ihres Kontrahenten nicht ausreichend beurteilen können.

Lernfeld 4: Kunden über Anlagen auf Konten und staatlich gefördertes Sparen beraten

1 Grundlagen der Beratung

1.1 Kundenanalyse

Grundlage einer **ganzheitlichen Beratung** sind die persönlichen und wirtschaftlichen Verhältnisse des Kunden sowie seine Anlageziele.

Zu den **Anlagezielen** gehören
- Anlagezweck *(z. B. Sparen, um später ein Auto zu kaufen)*,
- die Anlagedauer *(z. B. vier Jahre)* und
- die Risikotoleranz des Kunden (Bereitschaft, ein Verlustrisiko einzugehen).

Zu den **persönlichen und wirtschaftlichen Verhältnissen** des Kunden zählen Merkmale wie Alter, Familienstand, Beruf, Vermögens- und Einkommenssituation. Außerdem sind absehbare zukünftige Entwicklungen in den persönlichen und wirtschaftlichen Verhältnissen des Kunden bei der Auswahl geeigneter Finanzprodukte zu berücksichtigen.

Auf der Basis der eingeholten Kundeninformationen identifiziert die Beraterin bzw. der Berater geeignete Anlageprodukte und erkennt darüber hinaus weitere aktuelle und zukünftige **Bedarfssignale** des Kunden.

1.2 Datenschutz und Datensicherheit

Jede Person hat ein **Grundrecht auf Schutz** der sie betreffenden **personenbezogenen Daten**. Diese Daten dürfen nur nach **Treu und Glauben für festgelegte Zwecke** und mit **Einwilligung** der betroffenen Person oder auf einer sonstigen gesetzlich geregelten legitimen Grundlage verarbeitet werden (**Datenschutz**). Jede Person hat das Recht, **Auskunft** über die eigenen Daten zu erhalten und die Berichtigung von fehlerhaften Daten zu erwirken *(Art. 8 Charta der Grundrechte der Europäischen Union).*

Personenbezogene Daten sind Einzelangaben über persönliche oder sachliche Verhältnisse einer bestimmten oder bestimmbaren natürlichen Person, die Ausdruck der physischen, physiologischen, genetischen, psychischen, wirtschaftlichen, kulturellen oder sozialen Identität dieser natürlichen Person sind *(Art. 4 DSGVO, § 46 BDSG).*

Beispiele für personenbezogene Daten:
Name, Geburtsdatum, Geburtsort, Familienstand, Anschrift, Telefonnummer, IP-Adresse, Kontodaten, Einkommen, Beruf, Vermögen, Religion, Gesundheitsdaten

Die **Verarbeitung** von Daten umfasst alle Vorgänge, in denen mit oder ohne Hilfe automatisierter Verfahren personenbezogene Daten erhoben, erfasst, geordnet, gespeichert, ausgelesen, analysiert und übermittelt werden *(Art. 4 DSGVO).*

Kreditinstitute müssen als **Verantwortliche** im Sinne der **Datenschutz-Grundverordnung (DSGVO)** den **Datenschutz** und die **Datensicherheit** der personenbezogenen Daten ihrer Kunden (**betroffene Personen**) gewährleisten. Datensicherheit bedeutet, dass die Daten vor einem Verlust und vor einem Missbrauch ausreichend geschützt sind.

Datenschutz und Datensicherheit umfasst nach der Datenschutz-Grundverordnung **vier Bausteine**:

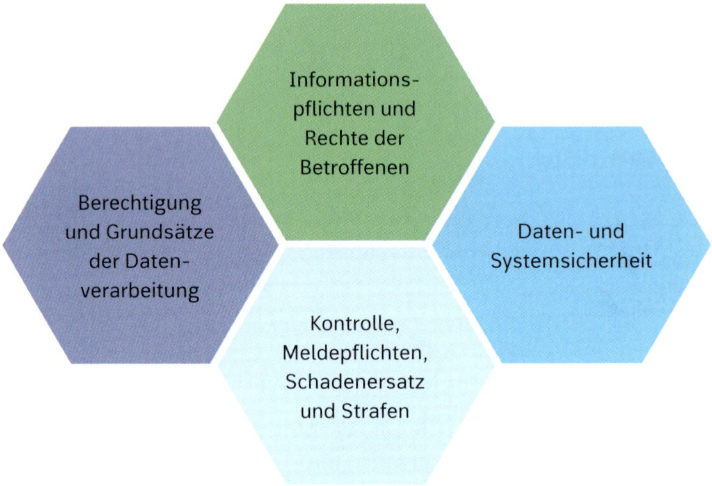

Berechtigung und Grundsätze der Datenverarbeitung	
Berechtigung zur Datenverarbeitung *(Art. 6 DSGVO)*	Die **Verarbeitung von personenbezogenen Daten** ist nur rechtmäßig, wenn mindestens **eine** der nachstehenden Bedingungen erfüllt ist: ▪ Die betroffene Person hat ihre **Einwilligung** zu der Verarbeitung der sie betreffenden personenbezogenen Daten für einen oder mehrere bestimmte Zwecke gegeben. Das Ersuchen um Einwilligung muss in verständlicher und leicht zugänglicher Form erfolgen. Die betroffene Person hat das Recht, ihre Einwilligung jederzeit zu widerrufen *(Art. 7 DSGVO)*. ▪ Die Verarbeitung ist für die **Erfüllung eines Vertrags** mit der betroffenen Person notwendig *(z. B. Lieferadresse bei einem Kaufvertrag)*. ▪ Die Verarbeitung ist zur **Erfüllung einer rechtlichen Verpflichtung** erforderlich *(z. B. Feststellung des wirtschaftlich Berechtigten nach dem Geldwäschegesetz)*.
Grundsätze der Datenverarbeitung *(Art. 5 DSGVO, § 47 BDSG)*	▪ Verarbeitung der Daten nach Treu und Glauben und in einer für die betroffene Person nachvollziehbaren Weise ▪ Verwendung der Daten nur für die vereinbarten Zwecke („Zweckbindung") ▪ Beschränkung der Daten auf das für die Zwecke notwendige Maß („Datenminimierung") ▪ unverzügliche Korrektur oder Löschung unrichtiger Daten („Richtigkeit"); ▪ Speicherung der Daten nur so lange, wie es für die vereinbarten Zwecke erforderlich ist („Speicherbegrenzung")

Informationspflichten und Rechte der Betroffenen	
Informationspflichten des Verantwortlichen *(z. B. Kreditinstitut)* gegenüber der betroffenen Person bei der Datenerhebung *(Art. 13 DSGVO, § 56 BDSG)*	▪ Name und Kontaktdaten des Verantwortlichen ▪ Kontaktdaten des Datenschutzbeauftragten ▪ Zwecke, für die die personenbezogenen Daten verarbeitet werden sollen ▪ gegebenenfalls die Empfänger oder Kategorien von Empfängern von personenbezogenen Daten ▪ Dauer der Datenspeicherung bzw. Kriterien für die Festlegung dieser Dauer ▪ Information über Datenschutzrechte des Betroffenen (Auskunftsrecht, Widerspruchsrecht, Löschungsrecht)
Rechte der Betroffenen	
▪ **Auskunftsrecht** *(Art. 15 DSGVO, §§ 34, 57 BDSG)*	Auskunftsrecht darüber, ob und gegebenenfalls welche Daten für welche Zwecke und für welchen Zeitraum verarbeitet werden
▪ **Recht auf Berichtigung** *(Art. 16 DSGVO, § 58 BDSG)*	Recht auf unverzügliche Berichtigung von unrichtigen Daten
▪ **Recht auf Löschung** *(Art. 17 DSGVO, §§ 35, 58 BDSG)*	Recht auf Löschung („Recht auf Vergessen") der Daten, wenn: – sie für die Zwecke, für die sie erhoben wurden, nicht mehr notwendig sind. – die betroffene Person ihre Einwilligung zur Datenverarbeitung widerruft. – die Daten unrechtmäßig verarbeitet wurden.
▪ **Recht auf Datenübertragbarkeit** *(Art. 20 DSGVO)*	Recht, die eigenen Daten in einem strukturierten, gängigen und maschinenlesbaren Format zu erhalten, um sie bei einem anderen Unternehmen speichern zu lassen
▪ **Recht auf Widerspruch** *(Art. 21 DSGVO, § 36 BDSG)*	Recht des Betroffenen, jederzeit Widerspruch gegen die Nutzung der Daten zu Werbezwecken einzulegen
▪ **Zertifizierung** *(Art. 42 DSGVO)*	Unternehmen (Verantwortliche) können von einer Zertifizierungsstelle *(Art. 43 DSGVO)* nach Prüfung ein **Datenschutzsiegel** erhalten, das die Öffentlichkeit über die Einhaltung der Datenschutzvorschriften informiert. Das Datenschutzsiegel gilt für maximal drei Jahre, kann aber nach erneuter Prüfung wieder um drei Jahre verlängert werden.

Daten- und Systemsicherheit Sicherung der Daten vor unbefugter oder unrechtmäßiger Verarbeitung und vor unbeabsichtigtem Verlust, unbeabsichtigter Zerstörung oder unbeabsichtigter Schädigung durch geeignete technische und organisatorische Maßnahmen („Integrität und Vertraulichkeit“, *Art. 5 DSGVO*)	
Risikoorientierte Schutzmaßnahmen *(Art. 24 DSGVO)* ***Sicherheit der Verarbeitung*** *(Art. 32 DSGVO)*	In Abhängigkeit von dem Risiko eines **Datenmissbrauchs** *(z. B. Veränderung der Daten, Zugriff von unbefugten Personen auf die Daten)* und **Datenverlustes** sind geeignete **technische und organisatorische Maßnahmen** zu treffen, um sicherzustellen, dass die Verarbeitung gemäß den Anforderungen der DSGVO erfolgt. Unter Berücksichtigung des Stands der Technik, der Kosten und des Missbrauchsrisikos können folgende Maßnahmen angemessen sein: ▪ Pseudonymisierung und Verschlüsselung der Daten Bei einer Pseudonymisierung wird der Name durch eine Buchstaben- oder Zahlenkombination ersetzt, um die Feststellung der Identität des Betroffenen auszuschließen oder wesentlich zu erschweren *(§ 3 Abs. 6a BDSG)*. ▪ Sicherung der Datenverarbeitungssysteme: – sichere Aufbewahrung der Datenträger – Einrichtung von Zutrittskontrollen zu bestimmten Räumen – Beschränkung der Zugriffsrechte von Angestellten auf bestimmte Daten – Zugang nur mittels Legitimation durch Passwörter, PIN usw. – Protokollierung der Zugriffe – Firewall zum Schutz von Cyberangriffen ▪ Datensicherung Daten sind vor einem Verlust zu schützen. Dies kann durch Speicherung auf mehreren Datenträgern und durch periodisches Duplizieren der Daten (Backup, Sicherungskopien) erfolgen.
Auftragsverarbeiter *(Art. 28 DSGVO, § 53 BDSG)*	Auftragsverarbeiter *(z. B. Bankmitarbeiter, SCHUFA)* verarbeiten personenbezogene Daten im Auftrag des Verantwortlichen *(z. B. Kreditinstitut, § 4 DSGVO)*. Es ist sicherzustellen, dass die Auftragsverarbeiter sich zur Vertraulichkeit verpflichtet haben und die Vorschriften zum Datenschutz beachten. Mit Datenverarbeitung befasste Personen dürfen personenbezogene Daten nicht unbefugt verarbeiten (Datengeheimnis).
Verzeichnis der Verarbeitungstätigkeiten *(Art. 30 DSGVO)*	Der Verantwortliche muss ein schriftliches oder elektronisches Verzeichnis aller Verarbeitungstätigkeiten mit folgenden Inhalten erstellen: ▪ Namen und Kontaktdaten des Verantwortlichen und des Datenschutzbeauftragten ▪ Zwecke der Verarbeitung ▪ Beschreibung der Kategorien betroffener Personen und der Kategorien personenbezogener Daten ▪ Kategorien von Empfängern der Daten ▪ Fristen für die Löschung ▪ Beschreibung der technischen und organisatorischen Maßnahmen zum Datenschutz

Kontrolle, Meldepflichten, Schadenersatz und Strafen	
Datenschutz-beauftragter *(Art. 37–39 DSGVO)*	**Benennung eines Datenschutzbeauftragten** *(Art. 37 DSGVO)* ▪ Verantwortliche (Unternehmen), bei denen sich in der Regel mindestens **20 Personen** ständig mit der automatisierten Verarbeitung personenbezogener Daten beschäftigen, müssen einen Datenschutzbeauftragten benennen *(§ 38 BDSG)*. ▪ Der Datenschutzbeauftragte muss über ein ausreichendes Fachwissen auf dem Gebiet des Datenschutzrechts und der Datenschutzpraxis verfügen. ▪ Die Kontaktdaten des Datenschutzbeauftragten sind zu veröffentlichen und der Aufsichtsbehörde mitzuteilen. **Stellung des Datenschutzbeauftragten** *(Art. 38 DSGVO)* Der Datenschutzbeauftragte ▪ ist frühzeitig in alle mit dem Schutz personenbezogener Daten zusammenhängenden Fragen einzubinden. ▪ hat Anspruch auf die erforderlichen Ressourcen und den Zugang zu personenbezogenen Daten und Verarbeitungsvorgängen. ▪ erfüllt seine Aufgaben eigenverantwortlich, ohne Anweisungen von Vorgesetzten zu erhalten. ▪ darf von seinem Arbeitgeber wegen der Erfüllung seiner Aufgaben nicht abberufen oder benachteiligt werden. ▪ berichtet unmittelbar der höchsten Managementebene des Unternehmens. **Aufgaben des Datenschutzbeauftragten** *(Art. 39 DSGVO)* ▪ Unterrichtung und Beratung des Verantwortlichen, des Auftragsverarbeiters und der Beschäftigten über die Datenschutzvorschriften ▪ Schulung der an den Verarbeitungsvorgängen beteiligten Mitarbeiter ▪ Überwachung der Einhaltung der Datenschutzvorschriften ▪ Zusammenarbeit mit der Aufsichtsbehörde
Aufsichtsbehörde *(Art. 51–57 DSGVO)*	**Jedes Bundesland hat eine eigene Datenschutzaufsichtsbehörde** (z. B. Landesbeauftragte für Datenschutz und Informationsfreiheit Nordrhein-Westfalen, Berliner Beauftragte für Datenschutz und Informationsfreiheit). **Aufgaben der Aufsichtsbehörde** *(Art. 57 DSGVO)* Die Aufsichtsbehörde ▪ überwacht die Einhaltung der Datenschutzvorschriften. ▪ informiert die Öffentlichkeit über den Datenschutz. ▪ bearbeitet Beschwerden von betroffenen Personen. ▪ arbeitet mit anderen Aufsichtsbehörden zusammen, um eine einheitliche Anwendung und Durchsetzung des Datenschutzes zu gewährleisten.

Kontrolle, Meldepflichten, Schadenersatz und Strafen	
	Befugnisse der Aufsichtsbehörde *(Art. 58 DSGVO)* Die Aufsichtsbehörde kann ▪ Auskünfte von den Verantwortlichen und von den Auftragsverarbeitern zum Datenschutz verlangen. ▪ Untersuchungen in Form von Datenschutzüberprüfungen durchführen und dabei auch Zugang zu den Räumlichkeiten, einschließlich aller Datenverarbeitungsanlagen und -geräte verlangen. ▪ den Verantwortlichen und Auftragsverarbeiter anweisen, Verarbeitungsvorgänge gegebenenfalls auf bestimmte Weise und innerhalb eines bestimmten Zeitraums in Einklang mit den Datenschutzbestimmungen zu bringen. ▪ eine vorübergehende oder endgültige Beschränkung der Verarbeitung personenbezogener Daten verhängen und auch Verbote erteilen.
Schadenersatz und Strafen *(Art. 82, 83 DSGVO, §§ 41, 42, 43 BDSG)*	**Recht auf Schadenersatz** *(Art. 82 DSGVO)* Jede Person, der wegen eines Verstoßes gegen diese Verordnung ein materieller oder immaterieller Schaden entstanden ist, hat Anspruch auf Schadenersatz gegen den Verantwortlichen oder gegen den Auftragsverarbeiter. **Verhängung von Strafen** ▪ **Geldbußen** *(Art. 83 DSGVO)* Die Aufsichtsbehörde kann bei Verstößen gegen die Datenschutzbestimmungen Geldbußen bis zu 10 000 000,00 EUR oder bis zu 2 % des von einem Unternehmen erzielten Jahresumsatzes verhängen. Ordnungswidrigkeiten *(z. B. unzureichende Information des Betroffenen)* **können** mit einer Geldbuße bis zu 50 000,00 EUR geahndet werden *(§ 43 BDSG)*. ▪ **Freiheitsstrafen** *(§ 42 BDSG)* Bei einem gewerbsmäßigen Missbrauch des Datenschutzes können Gerichte Freiheitsstrafen bis zu drei Jahren verhängen.

2 Einlagen bei Kreditinstituten

Ende des Jahres 2020 verfügten die deutschen Haushalte über ein Geldvermögen von circa 6 950 Mrd. EUR.

Das Geld haben die Haushalte wie folgt angelegt:
- Einlagen bei Kreditinstituten
- Geldanlage bei Versicherungen (Kapitallebensversicherungen)
- Geldanlage bei Bausparkassen
- Erwerb von Effekten (Gläubigereffekten, Aktien, Investmentzertifikate, Sonstige)

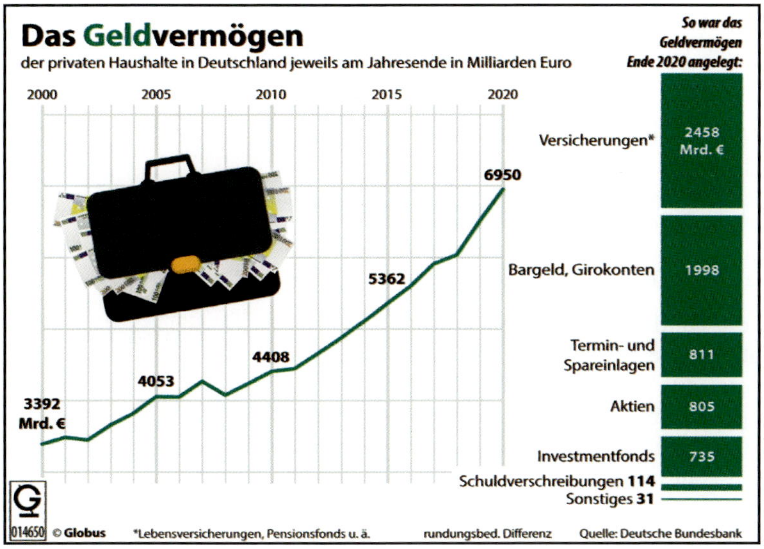

4

Ein großer Teil des Geldes ist auf Konten bei Kreditinstituten angelegt. Dazu zählen
- Spareinlagen,
- Festgelder (Termineinlagen),
- Guthaben auf Tagesgeldkonten,
- Sparbriefe und
- Sichteinlagen auf Zahlungskonten (Girokonten).

Mit seiner **Einlage** gewährt der Kunde dem Kreditinstitut ein **Darlehen**. Das Kreditinstitut hat als Darlehensnehmer die Pflicht, den geschuldeten Zins zu zahlen und bei Fälligkeit das zur Verfügung gestellte Darlehen zurückzuzahlen *(§ 488 BGB)*.

Einlagen bei Kreditinstituten bieten dem Kunden folgende Vorteile:
- keine Kursrisiken
- vertraglich vereinbarte Erträge
  (Aufgrund der aktuellen Zinspolitik der EZB sind die Zinsen jedoch zurzeit sehr niedrig oder manchmal sogar negativ.)
- sichere Rückzahlung
- keine Kosten

2.1 Spareinlagen

Spareinlagen im Sinne der Rechnungslegungsverordnung für Kreditinstitute *(§ 21 Abs. 4 RechKredV)* sind **unbefristete** Einlagen, die

- durch Ausfertigung einer **Urkunde**, insbesondere eines Sparbuches, als Spareinlagen gekennzeichnet sind,
- nicht für den **Zahlungsverkehr** bestimmt sind und
- eine **Kündigungsfrist** von mindestens **drei Monaten** aufweisen.

Spareinlagen können **nicht** von Kapitalgesellschaften, Genossenschaften, wirtschaftlichen Vereinen und Personenhandelsgesellschaften angenommen werden.

Dabei gelten aber folgende Ausnahmen:
- Spareinlagen von Unternehmen, die gemeinnützigen, mildtätigen oder kirchlichen Zwecken dienen
- Mietkautionskonten *(§ 551 Abs. 3 BGB)*

Beispiel:
Die Immobilien GmbH kann zur Anlage der Mietkautionen ihrer Mieter Sparkonten eröffnen.

Die Sparbedingungen können dem Kunden das Recht einräumen, in jedem **Kalendermonat maximal 2 000,00 EUR** ohne vorherige Kündigung abzuheben.

Motive für die Geldanlage auf Sparkonten
- Liquiditätsreserve
- Zwecksparen für geplante Anschaffungen
- langfristiger Vermögensaufbau und Altersvorsorgesparen
- Anlage von vermögenswirksamen Leistungen (Die Anlage auf Sparkonten wird allerdings nicht staatlich gefördert.)

2.1.1 Vertragsgestaltung

Vereinbaren das Kreditinstitut und der Kunde die Einrichtung eines Sparkontos zur Annahme von Spareinlagen, kommt ein Sparvertrag zustande. Für die Vertragsgestaltung maßgeblich sind die Bedingungen für den Sparverkehr. In diesen Bedingungen sind unter anderem geregelt:
- der Anlagezweck,
- die Ausstellung der Sparurkunde und die Erfassung der Ein- und Auszahlungen,
- die Legitimationswirkung des Sparbuches,
- die Verzinsung,
- die Kündigung der Spareinlage und
- der Verlust des Sparbuches.

2.1.2 Bedeutung der Sparurkunde

Sparurkunden können als **einheitliche Sparurkunden** (Sparbücher, Sparkassenbücher) oder als **Loseblatt-Sparurkunden** ausgestellt werden. Eine Loseblatt-Sparurkunde besteht aus den Sparkontoauszügen (Sparkontoblättern) und einem dazugehörigen Sparbuchumschlag oder einer **Sparcard** als Authentifizierungsinstrument. Zusammen mit dem jeweils letzten Sparkontoauszug bildet der Sparbuchumschlag bzw. die Sparcard eine Sparurkunde im Sinne von *§ 808 BGB*.

§ 808 BGB **Namenspapiere mit Inhaberklausel**
Wird eine Urkunde, in welcher der Gläubiger benannt ist, mit der Bestimmung ausgegeben, dass die in der Urkunde versprochene Leistung an jeden Inhaber bewirkt werden kann, so wird der Schuldner durch die Leistung an den Inhaber der Urkunde befreit. Der Inhaber ist nicht berechtigt, die Leistung zu verlangen *(§ 808 Abs. 1 BGB)*. Der Schuldner ist nur gegen Aushändigung der Urkunde zur Leistung verpflichtet *(§ 808 Abs. 2 BGB)*.

Die Sparkurkunde ist …

- **Schuld- und Beweisurkunde.**
  Sie enthält das Versprechen des Kreditinstituts, die Spareinlage zurückzuzahlen. Sie beweist die Forderung des Sparers gegenüber dem Kreditinstitut. Maßgeblich ist jedoch der tatsächliche Kontostand. Ein von der Sparbucheintragung abweichendes Guthaben muss das Kreditinstitut jedoch beweisen.

- **qualifiziertes Legitimationspapier.**
  Spareinlagen werden grundsätzlich nur gegen Vorlage der Sparurkunde zurückgezahlt. Das Kreditinstitut ist berechtigt, an jeden Vorleger des Sparbuchs ohne Legitimationsprüfung im Rahmen der versprochenen Leistung mit schuldbefreiender Wirkung zu zahlen, sofern kein Missbrauchsverdacht besteht.

  Versprochene Leistung
  - gekündigte Beträge nach Ablauf der Kündigungsfrist
  - ohne Kündigung bis zu 2 000,00 EUR pro Kalendermonat bei Spareinlagen mit einer Kündigungsfrist von drei Monaten

  Zum **Schutz vor unberechtigten Verfügungen** kann der Sparer mit dem Kreditinstitut vereinbaren, dass Auszahlungen nur
  - an ihn persönlich erfolgen.
  - gegen Nennung eines Kennwortes erfolgen.
  - gegen Vorlage einer Legitimationskarte erfolgen.

  Über die **gesamte Spareinlage** (= Kontoauflösung) kann nur der Kontoinhaber verfügen.

- **„hinkendes" Inhaberpapier.**
  Das Kreditinstitut ist zur schuldbefreienden Leistung an jeden Vorleger der Sparurkunde **berechtigt, aber nicht verpflichtet**. Die Berechtigung zur Geltendmachung der Forderung kann nicht allein aus dem Besitz der Urkunde abgeleitet werden.

  Das Kreditinstitut kann aufgrund der Sorgfaltspflicht eines ordentlichen Kaufmanns eine Legitimationsprüfung vornehmen.

Verlust der Sparurkunde

Der Kontoinhaber hat seine Sparurkunde sorgfältig aufzubewahren. Tritt dennoch ein Verlust der Sparurkunde ein, so ist dieser der kontoführenden Stelle sofort anzuzeigen. Aufgrund der Anzeige wird das Sparguthaben zunächst gesperrt.

4

<table>
<tr><th colspan="3">Für den Sparer kann eine neue Sparurkunde ausgestellt werden:</th></tr>
<tr><th rowspan="2">ohne Kraftloserklärung der alten Sparurkunde</th><th colspan="2">nach Kraftloserklärung der alten Sparurkunde</th></tr>
<tr><th>aufgrund eines gerichtlichen Aufgebotsverfahrens</th><th>aufgrund eines eigenen Aufgebotsverfahrens (im Sparkassenbereich)</th></tr>
<tr><td rowspan="4">▪ bei geringem Sparguthaben
▪ wenn die Vernichtung des Sparbuchs glaubhaft nachgewiesen wird

Aufgrund einer von ihm zu unterzeichnenden Haftungserklärung haftet der Kontoinhaber für alle Schäden, die sich aus dem Missbrauch des in Verlust geratenen Sparbuchs ergeben könnten.</td><td>Auf Antrag erlässt das zuständige Amtsgericht ein Aufgebot, das im Bundesanzeiger veröffentlicht wird.</td><td>Auf Antrag erlässt der Vorstand ein Aufgebot, das in einem für die Bekanntmachungen des Instituts bestimmten Blatt veröffentlicht wird.</td></tr>
<tr><td colspan="2">Wenn der Inhaber des Sparbuchs bis zum Ende der Aufgebotsfrist seine Rechte unter Vorlegung des Sparbuchs nicht angemeldet hat, wird das Sparbuch durch</td></tr>
<tr><td>gerichtliches Ausschlussurteil</td><td>Vorstandsbeschluss</td></tr>
<tr><td colspan="2">für kraftlos erklärt und verliert seine Rechtskraft.</td></tr>
</table>

2.1.3 Sparvertrag zugunsten Dritter

Bei einem **Sparvertrag zugunsten eines Dritten** vereinbaren der Kontoinhaber und das Kreditinstitut, dass das Sparguthaben sofort oder nach Eintritt einer bestimmten Bedingung *(z. B. Tod des Kontoinhabers, Heirat)* auf einen Dritten (Begünstigter) übergehen soll *(§ 328 BGB)*.

Sparverträge zugunsten eines Dritten eröffnen oft Personen, die Geld für eine nahestehende Person ansparen möchten und mit dem Kreditinstitut vereinbaren, dass der Begünstigte diese Mittel nach Eintritt einer bestimmten Bedingung erhalten soll.

Beispiel:
Theresa Buchner möchte für ihre 5-jährige Enkelin Caroline Geld auf einem Sparkonto ansparen, das diese automatisch an ihrem 18. Geburtstag oder beim Tod von Theresa erhalten soll. Bei Eintritt einer der genannten Bedingungen geht das Sparguthaben auf Caroline über. Sie wird dann Gläubigerin der Einlage.

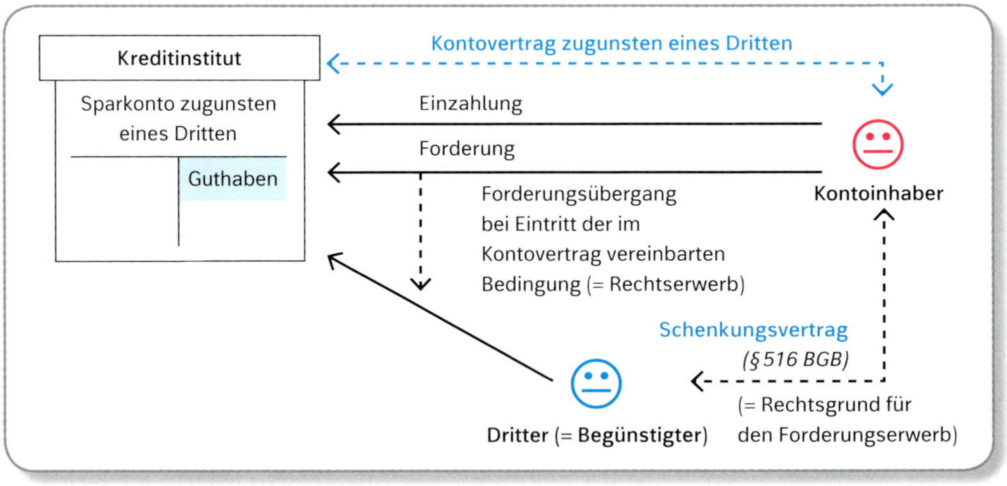

In rechtlicher Hinsicht unterbreitet der Kontoinhaber mit der Kontoeröffnung dem Begünstigten ein Schenkungsangebot. Die Schenkung wird jedoch erst wirksam, wenn der Begünstigte bzw. dessen gesetzlicher Vertreter die Schenkung angenommen hat und die definierte Bedingung des Rechtserwerbs eingetreten ist. Bis zu diesem Zeitpunkt kann der Kontoinhaber ohne Zustimmung des Begünstigten über das Konto verfügen oder auch sein Schenkungsangebot widerrufen.

Merkmale:

- Bei der Kontoeröffnung ist die Legitimation des Kontoinhabers zu prüfen.
- Der Kontoinhaber bleibt bis zum Eintritt der Bedingung Gläubiger der Einlage. Das Konto lautet auf seinen Namen. Er hat die Zinserträge zu versteuern, kann aber einen Freistellungsauftrag erteilen.
- Mit dem Eintritt der Bedingung geht die Forderung auf den Begünstigten über (Rechtserwerb). Um im Verhältnis zum Kontoinhaber tatsächlich berechtigt zu sein, bedarf es eines wirksamen Schenkungsvertrages (Rechtsgrund). Der Begünstigte muss das Schenkungsangebot des Kontoinhabers noch annehmen, falls die Annahme nicht schon zu einem früheren Zeitpunkt erfolgte. Der Begünstigte als neuer Gläubiger der Einlage muss sich spätestens bei der ersten Verfügung durch einen amtlichen Lichtbildausweis legitimieren.
- Beim Rechtserwerb im Todesfall des Kontoinhabers gilt Folgendes: Das Guthaben, der Name und die Anschrift des Begünstigten sind dem Finanzamt zu melden *(§ 33 ErbStG)*.

  Probleme können auftreten, wenn der Begünstigte die Schenkung bisher noch nicht angenommen hat und die Erben als Gesamtrechtsnachfolger des Kontoinhabers Ansprüche geltend machen. Auch wenn der Kontoinhaber für sich und seine Erben im Kontovertrag ausdrücklich auf ein Widerrufsrecht verzichtet hat, können die Erben die Auszahlung des Geldes auf der Grundlage der ungerechtfertigten Bereicherung *(§ 812 BGB)* verlangen, da es ohne einen Schenkungsvertrag noch keinen Rechtsgrund für den Forderungserwerb durch den Begünstigten gibt. Es ist deshalb ratsam, dass der Begünstigte schon zu Lebzeiten des Kontoinhabers die Schenkung annimmt *(z. B. durch Unterschrift auf dem Kontoeröffnungsantrag)*.

2.1.4 Verfügungen über Spareinlagen

1. Regel: Spareinlagen sind erst nach Kündigung und Ablauf der Kündigungsfrist fällig.

- Die **Regelkündigungsfrist** beträgt **drei Monate**.
- Eine längere Kündigungsfrist (*z. B. 6, 12, 48 Monate*) und eine Kündigungssperrfrist sind in der Praxis eher selten und müssen ausdrücklich vereinbart und in der Sparurkunde vermerkt werden.
- **Abhebungsfreibetrag**: Bei Spareinlagen mit dreimonatiger Kündigungsfrist können ohne Kündigung bis zu **2 000,00 EUR pro Kalendermonat** und Sparkonto zurückgefordert werden.

Über kapitalisierte Zinsen kann innerhalb eines Zeitraums von zwei Monaten nach Gutschrift frei verfügt werden. Danach unterliegen sie der vereinbarten Kündigungsregelung.

4

Stimmt das Kreditinstitut ausnahmsweise einer vorzeitigen Verfügung zu, ist es berechtigt, für die vorzeitige Verfügung, soweit diese den Abhebungsfreibetrag übersteigt, nach eigenem Ermessen ein **Vorfälligkeitsentgelt/Vorschusszinsen** zu berechnen.

Auf die Berechnung von **Vorschusszinsen** wird in der Regel **verzichtet** bei einer

- wirtschaftlichen Notlage des Sparers,

  Beispiel:
  Erwerbsunfähigkeit

- Geldanlage in anderer Form, soweit diese im eigenen Haus erfolgt und mindestens gleich lang befristet ist.

  Beispiel:
  Erwerb von Wertpapieren

Vorzeitige Verfügungen dürfen nur durch den Kontoinhaber bzw. seinen Vertreter erfolgen. Das Kreditinstitut ist im Zweifelsfall verpflichtet, die Legitimation des Vorlegers zu prüfen.

2. Regel: Verfügungen über Spareinlagen sind nur
- als Barauszahlung und
- gegen Vorlage der Urkunde möglich.

Ausnahmen:

- **Verfügungen durch Überweisung** werden in Ausnahmefällen zugelassen, wenn das Sparbuch vorgelegt wird.

  Beispiel:
  Überweisung eines Rechnungsbetrages zur Bezahlung einer größeren Anschaffung

- **Ohne Vorlage des Sparbuchs** werden Verfügungen zugelassen
  - in Form von Daueraufträgen zugunsten eines anderen Sparkontos bei demselben Kreditinstitut,
  - bei Belastungen des Sparkontos wegen fälliger Forderungen des Kreditinstituts gegen den Sparer,

    Beispiele:
    - *Depotgebühren*
    - *Darlehenszinsen, Tilgungsraten*
    - *Kaufabrechnungen über Wertpapiere*

  - bei Überweisungen an den Sparer persönlich, wenn dieser aus einem besonderen Grund nicht erscheinen kann und die Vorlage des Sparbuches nicht möglich ist.

    Beispiele:
    längere Erkrankung des Sparers

2.1.5 Abrechnung von Sparkonten

Die Abrechnungsmodalitäten sind in den Sonderbedingungen und dem Preis- und Leistungsverzeichnis des jeweiligen Kreditinstituts festgelegt. Dabei gelten oft folgende Regeln:

- Sparkonten werden nach der deutschen kaufmännischen Zinsberechnungsmethode abgerechnet:
  - Jeder Monat wird zu 30 Zinstagen gerechnet.
  - Das Jahr hat 360 Zinstage.
- Die Zinsberechnung erfolgt nach der progressiven Postenmethode.
  Die Zinsen werden stets im Voraus bis zum Jahresende ermittelt. Bei Ein- und Auszahlungen wird der Zinsbetrag entsprechend korrigiert.
- Nach den Sparbedingungen beginnt die Verzinsung mit dem Tage der Einzahlung und endet mit dem der Rückzahlung vorhergehenden Kalendertag. Wertstellungstag ist bei Ein- und Auszahlungen jeweils der vorhergehende Kalendertag.

  Beispiel:
  Ein Betrag wird am 16.03. (Buchungsdatum) eingezahlt und am 18.03. (Buchungsdatum) wieder abgehoben: Einzahlung Wert 15.03. – Auszahlung Wert 17.03. → 2 Zinstage, nämlich der 16.03. und 17.03.
- Das Guthaben wird in der Regel einschließlich der Cent verzinst.
- Die Zinskapitalisierung erfolgt am Jahresende bzw. bei Kontoauflösung.

Beispiel für eine Sparstaffel:

Buchungstag	Text	Betrag	Wert	Zinstage	2 % Zinsen
02.01.20..	*Vortrag*	*5 800,85 EUR*	*31.12. des Vorjahres*	*360*	*116,02 EUR*
16.02.20..	*Einzahlung*	*+ 2 300,00 EUR*	*15.02.20..*	*315*	*+ 40,25 EUR*
		8 100,85 EUR			*156,27 EUR*
10.03.20..	*Auszahlung*	*– 3 000,00 EUR*	*09.03.20..*	*291*	*– 48,50 EUR*
		5 100,85 EUR			*107,77 EUR*

Zinserträge sind **einkommensteuerpflichtig** und unterliegen der **Kapitalertragsteuer (KESt, Abgeltungsteuer)** von 25 %, dem **Solidaritätszuschlag (SolZ)** von 5,5 % und ggf. der **Kirchensteuer (KiSt)**. Der SolZ und die KiSt werden von der KESt berechnet. Den Abzug von Steuern kann der Sparer durch einen **Freistellungsauftrag** bis zur Höhe des Sparerpauschbetrages von 801,00 EUR für Alleinstehende bzw. 1 602,00 EUR für Verheiratete vermeiden.

Beispiel:
Zinsgutschrift am 31.12.20..:

– mit Freistellungsauftrag: Gutschrift	*107,77 EUR*	
oder		
– ohne Freistellungsauftrag:		
Zinsen	*107,77 EUR*	
- 25 % KESt	*26,94 EUR*	*28,42 EUR Steuerabzug*
- 5,5 % Solidaritätszuschlag	*1,48 EUR*	
Gutschrift	*79,35 EUR*	

Gehört der Kunde einer Religionsgemeinschaft an, führt das Kreditinstitut zudem die Kirchensteuer (8 % bzw. 9 % von der KESt) an das Bundeszentralamt für Steuern (BZSt) ab. Der Kirchensteuerpflichtige kann allerdings beim BZSt einen Sperrvermerk eintragen lassen. In diesem Fall führt das Kreditinstitut keine Kirchensteuer ab, sondern die Besteuerung erfolgt bei der Einkommensteuerveranlagung.

Bei einer Änderung des Zinssatzes muss der vorgerechnete Zinsbetrag in Höhe der Zinsdifferenz korrigiert werden.

Beispiel:

Sparstaffel mit Zinssatzänderung
Zinssatz bis zum 31.05.: 2,75 %; ab 01.06.: 2,5 %
Kontoeröffnung am 13.03.; Freistellungsauftrag liegt vor.
3 000,00 EUR wurden zum 17.07.20.. fristgerecht gekündigt.

Buchungstag	Text	Betrag	Wert	Zinstage	Zinsen
13.03.	Einzahlung	1 800,00 EUR	12.03.	288	39,60 EUR
26.04.	Einzahlung	+ 7 500,00 EUR	25.04.	245	+ 140,36 EUR
		9 300,00 EUR			179,96 EUR
01.06.	Zinsänderung – 0,25 %	–	31.05.	210	– 13,56 EUR
					166,40 EUR
17.07.	Auszahlung	– 3 000,00 EUR	16.07.	164	– 34,17 EUR
		6 300,00 EUR			132,23 EUR

Das Kreditinstitut ist nur verpflichtet, fällige Gelder auszuzahlen:

- nach Kündigung und Ablauf der Kündigungsfrist;
- 2 000,00 EUR Freibetrag bei dreimonatiger Kündigungsfrist je Kalendermonat;
  Beispiel:
  - *erste Verfügung 31.07.: 2 000,00 EUR frei*
  - *zweite Verfügung 01.08.: 2 000,00 EUR frei*
  - *dritte Verfügung 01.09.: 2 000,00 EUR frei*
- Zinsen binnen zwei Monaten nach Kapitalisierung, d. h. im Januar und Februar.

Berechnung von Vorschusszinsen

- Bei Verfügungen über nicht fällige Gelder werden in der Regel Vorschusszinsen (Vorfälligkeitsentgelt) von einem Viertel des Habenzinssatzes berechnet.
- Die Berechnung erfolgt nach der **90-Tage-Methode** oder nach der **„kaufmännisch-taggenauen“ Methode**, d. h., die zukünftigen Freibeträge von monatlich 2 000,00 EUR sind zu berücksichtigen. Für die Berechnung der Vorschusszinsen ist die Abhebungsvaluta maßgeblich.

Beispiele:

Verfügung ohne vorherige Kündigung

Auszahlung von 9 000,00 EUR am 10.02.; Wert 09.02.; 3 % Zinsen; 260,00 EUR Zinsen wurden am 31.12. des Vorjahres kapitalisiert

1. Möglichkeit: Vorschusszinsberechnung nach der 90-Tage-Methode

Betrag	VZ-Zeitraum	Zinstage	VZ
2 000,00 EUR frei	–	–	
260,00 EUR Zinsen frei	–	–	
6 740,00 EUR frei in 90 Tagen	*09.02.–09.05.*	*90*	*12,64 EUR*

2. Möglichkeit: VZ-Berechnung nach der „kaufmännisch-taggenauen" Methode

Betrag	VZ-Zeitraum	Zinstage	VZ
2 000,00 EUR frei	–	–	–
260,00 EUR Zinsen frei	–	–	–
2 000,00 EUR frei am 01.03.	*09.02.–30.02.*	*21*	*0,88 EUR*
2 000,00 EUR frei am 01.04.	*09.02.–31.03.*	*51*	*2,13 EUR*
2 000,00 EUR frei am 01.05.	*09.02.–30.04.*	*81*	*3,38 EUR*
740,00 EUR frei am 10.05.	*09.02.–09.05.*	*90*	*1,39 EUR*
9 000,00 EUR			*7,78 EUR*

4

Zinserträge sind einkommensteuerpflichtig und unterliegen der Kapitalertragsteuer (KESt, Abgeltungsteuer) von 25 % und dem Solidaritätszuschlag (SolZ, umgangssprachlich Soli) von 5,5 %.

Gehört der Kunde einer Religionsgemeinschaft an, führt das Kreditinstitut zudem 8 % bzw. 9 % (je nach Bundesland) Kirchensteuer (KiSt) an das Bundeszentralamt für Steuern (BZSt) ab. Da die Kirchensteuer als Sonderausgabe abzugsfähig ist und deshalb die Einkommensteuer mindert, ermäßigt sich auch die Kapitalertragsteuer (Abgeltungsteuer), wenn der Anleger Kirchensteuer zahlt:

- in Bundesländern mit 9 % KiSt auf 24,45 %
- in Bundesländern mit 8 % KiSt (Bayern, Baden-Württemberg) auf 24,51 %

Der Kirchensteuerpflichtige kann allerdings beim BZSt einen Sperrvermerk eintragen lassen. In diesem Fall führt das Kreditinstitut keine Kirchensteuer ab, sondern die Besteuerung erfolgt bei der Einkommensteuerveranlagung.

Der SolZ und die KiSt werden von der KESt berechnet.

Die KESt ist kaufmännisch auf- bzw. abzurunden.

Beispiele:

- *KESt = 18,566 à 18,57 EUR*
- *KESt = 15,484 à 15,48 EUR*

SolZ und KiSt sind immer auf volle Cent abzurunden.

Beispiele:

- *SolZ = 5,244 à 5,24 EUR*
- *SolZ = 6,368 à 6,36 EUR*

Der Sparer kann den Abzug von Steuern durch

- die Erteilung eines Freistellungsauftrag oder
- durch die Vorlage einer Nichtveranlagungsbescheinigung vermeiden.

Anleger können ihrem Kreditinstitut einen **Freistellungsauftrag** bis zur Höhe des Sparerpauschbetrages von **801,00 EUR für Alleinstehende** bzw. **1 602,00 EUR für Verheiratete/ Lebenspartner** erteilen.

Auch bei Vorlage einer **Nichtveranlagungsbescheinigung (NV-Bescheinigung)** zahlt das Kreditinstitut die Kapitalerträge ohne Steuerabzug aus. Eine NV-Bescheinigung stellt das Finanzamt auf Antrag des Steuerpflichtigen aus, wenn seine Kapitalerträge voraussichtlich nicht einkommensteuerpflichtig sind. Eine NV-Bescheinigung erhalten zum Beispiel Kinder, wenn ihre gesamten Einkünfte unter dem Grundfreibetrag von 9 408,00 (Jahr 2020) liegen.

Beispiel:

Zinsgutschrift am 31.12.20.. *107,77 EUR*

Fall A: mit Freistellungsauftrag:

→ Gutschrift *107,77 EUR*

Fall B: ohne Freistellungsauftrag:

Zinsertrag	*107,77 EUR*	
– 25 % KESt	*– 26,94 EUR*	*Steuerabzug*
– 5,5 % SolZ	*– 1,48 EUR*	*– 30,84 EUR*
– 9,0 % KiSt	*– 2,42 EUR*	
Gutschrift	*76,93 EUR*	

Beim Zufluss von Kapitalerträgen wird das Freistellungsvolumen schrittweise vermindert. Wenn es durch die Erträge aufgezehrt ist, ist das Kreditinstitut zum Steuerabzug verpflichtet.

Beispiel:

Ein Ehepaar erhält aus einem Sparvertrag bei Fälligkeit eine Zinsgutschrift von 1 817,20 EUR.
Das Ehepaar hat dem Kreditinstitut einen Freistellungsauftrag in Höhe von 1 200,00 EUR erteilt. Das Ehepaar gehört einer Religionsgemeinschaft an und ist kirchensteuerpflichtig mit 9 %. Die KESt beträgt 24,45 %.

Zinsgutschrift	*1 817,20 EUR*	*1 817,20 EUR*
– Freistellungsauftrag	*1 200,00 EUR*	
Steuerpflichtiger Kapitalertrag	*617,20 EUR*	
– 24,45 % KESt von 617,20 EUR		*– 150,91 EUR*
– 5,5 % Solidaritätszuschlag von der KESt		*– 8,30 EUR*
– 9,0 % Kirchensteuer von der KESt		*– 13,58 EUR*
Gutschrift nach Steuerabzug (1 817,20 – 172,79)		*1 644,41 EUR*

2.1.6 Modelle für Sondersparformen

Für die unterschiedlichen Anlageziele bieten Kreditinstitute ihren Kunden besondere Sparformen an.

Art der Geldanlage	Merkmale	Beurteilung
Ultimo-Sparen	Vom Kontokorrentkonto wird an einem bestimmten Termin der bestehende „Bodensatz“ auf das Sparkonto überwiesen.	geeignet für Kunden mit regelmäßigem Einkommen
Sprint-sparen	▪ Mindestanlagezeit: 1 Jahr ▪ nach Laufzeitende Verdoppelung aller gezahlten Zinsen ▪ regelmäßige monatliche Einzahlungen ▪ Verfügungen jederzeit mit dreimonatiger Kündigungsfrist	▪ Zwecksparen ▪ Verfügung vor Laufzeitende möglich, dann aber keine Zinsverdoppelung ▪ zusätzliche Einzahlungen sind jederzeit möglich
Festzins-sparen	▪ Anlagezeit: 6 bis 36 Monate ▪ feste Zinsen ▪ keine Verfügung während der Festzinszeit ▪ Mindestanlage 2 500,00 EUR	▪ gut verzinsliche Geldanlage ▪ Zwecksparen
Sparplan ▪ **mit Bonus-zinsen** ▪ **mit Festzins-option**	▪ Anlagezeit: 4 bis 25 Jahre ▪ Verzinsung: – Bonussparen: Grundverzinsung und Bonifizierung der Einzahlungen am Ende der Laufzeit: *(z. B. 10 % Bonus nach 8 Jahren)* – Festzinsoption: fester höherer Zins wird vereinbart	▪ Altersvorsorge ▪ mittel- und langfristiges Zwecksparen ▪ Kunden, die für Kinder und Enkel Geld anlegen möchten ▪ vorzeitige Verfügung möglich ▪ Risikolebensversicherung auf Kundenwunsch
Entnahme-plan	▪ Mindestanlagezeit: 4 Jahre ▪ Mindestanlagesumme: *z. B. 20 000,00 EUR* ▪ Auflösung/Kapitalaufstockung jeweils nach Ablauf der vierjährigen Festzinszeit möglich	Entnahmemöglichkeiten: ▪ Kapitalverrentung: Verbrauch des festgelegten Kapitals während der Laufzeit durch regelmäßige Entnahmen ▪ Kapitalerhaltung: Regelmäßige Entnahmen in Höhe der jährlichen Zinsgutschrift

2.2 Tagesgeldkonten

Guthaben auf Tagesgeldkonten sind täglich fällig. Für die Geldanlage auf Tagesgeldkonten haben Kunden unterschiedliche Motive:

- Das Guthaben auf dem Tagesgeldkonto stellt für Kunden eine Liquiditätsreserve für unerwartete Ausgaben *(z. B. Autoreparatur)* dar, auf die sie jederzeit zurückgreifen können.

- Kunden legen Geld vorübergehend auf Tagesgeldkonten an, um später zu einer anderen attraktiveren Geldanlage zu wechseln oder um Anschaffungen zu tätigen.
- Kunden möchten auch bei einer längerfristigen Geldanlage jederzeit über ihr Guthaben verfügen können.

Tagesgeldkonten sind **keine** Zahlungskonten, sondern dienen ausschließlich der Geldanlage. Das Kreditinstitut gibt keine Zahlungskarten *(z. B. Girocard)* für das Konto aus; der Kunde kann das Konto nicht für Überweisungen und Lastschrifteinlösungen nutzen.

Überweisungen von dem Konto sind in der Regel nur auf ein angegebenes Referenzkonto des Kontoinhabers möglich.

Das Konto kann nur auf **Guthabenbasis** geführt werden, Überziehungen sind also nicht möglich. Einige Kreditinstitue verlangen ein Mindestguthaben *(z. B. 2 000,00 EUR)* auf diesem Konto.

Die **Verzinsung** von Guthaben auf Tagesgeldkonten ist variabel, das heißt, der Zinssatz wird regelmäßig (*z. B. monatlich, vierteljährlich*) an einen Referenzzinssatz angepasst.

Beispiel:
Nach den Bedingungen der Regio-Bank AG beträgt der Zinssatz für Tagesgeldkonten 80 % des 3-Monats-EURIBORs (Euro Interbank Offered Rate) mit monatlicher Zinsanpassung. Der EURIBOR ist ein Geldmarktzinssatz, zu dem sich Banken untereinander Geld leihen.
Am 31.03.20.. beträgt der 3-Monats-EURIBOR 1,40 %. Der Kunde erhält eine Verzinsung von 1,12 % (80 % von 1,40 %).

Die Zinssätze sind oftmals nach der Guthabenhöhe gestaffelt.

Beispiel:
- *bis 5 000,00 EUR: 0,84 %*
- *über 5 000,00 EUR: 1,12 %*

Die Zinsberechnung erfolgt nach den Zinsrechnungsmethoden act/360 oder 30/360.

Der Kontoinhaber erhält monatlich oder vierteljährlich eine Zinsgutschrift.

2.3 Festgelder

Festgelder sind **befristete Einlagen** bei Kreditinstituten.

Bei einer Anlage auf einem Festgeldkonto treffen die Beteiligten folgende Vereinbarungen:

- **Höhe des Festgeldes**
  Kreditinstitute verlangen in der Regel einen Mindestanlagebetrag *(z. B. 5 000,00 EUR).*
- **Laufzeit**
  Die Mindestlaufzeit beträgt in der Regel einen Monat. Kürzere Laufzeiten werden nur bei sehr hohen Beträgen (Millionenbeträge) akzeptiert. Typische Laufzeiten sind ein Monat, drei Monate und sechs Monate. Praxisüblich ist auch die Prolongation von Festgeldern, d. h., das Festgeld wird um die gleiche Laufzeit zu den dann gültigen Marktkonditionen verlängert, wenn der Anleger sich nicht gegenteilig äußert.
- **Zinssatz**
  Die Zinsen werden stets am Ende der Laufzeit vergütet. Die Zinsen werden nach Kundenweisung entweder dem Festgeldkonto gutgeschrieben und dann mitverzinst oder

einem anderen Konto des Kunden zugeführt. Formal kurzfristige Festgelder erhalten dadurch manchmal den Charakter von mittel- oder langfristigen Anlagen.

Abrechnung von Festgeldern

Die Zinsberechnung erfolgt in der Regel nach der kaufmännischen Zinsrechnung (30/360). Die Verzinsung beginnt am Tag der Einzahlung und endet am Kalendertag vor der Rückzahlung.

Beispiel:
Die Regio-Bank AG nimmt am 12.05. ein 3-Monats-Festgeld von 20000,00 EUR zu einem Zinssatz von 3,5 % von Susan Pohl herein. Da der Freistellungsauftrag der Kundin bereits ausgeschöpft ist, fallen 25 % KESt und 5,5 % SolZ an.

$$\text{Zinsen} = \frac{20\,000{,}00 \cdot 3{,}5 \cdot 90}{100 \cdot 360} = \underline{\underline{175{,}00\ \text{EUR}}}$$

Festgeld	*20000,00 EUR*
+ 3,5 % Zinsen	*175,00 EUR*
– 25 % KESt	*43,75 EUR*
– 5,5 % SolZ	*2,40 EUR*
Rückzahlungsbetrag	*20128,85 EUR*

Durch die unterjährige Zinskapitalisierung ist die effektive Verzinsung des Festgeldes höher als der Nominalzins p. a., da die gutgeschriebenen Zinsen selbst wieder zinsbringend angelegt werden können.

Beispiel:
Ein 3-Monats-Festgeld der Eheleute Schmitz über 25000,00 EUR wird zu einem Zinssatz von 3 % p. a. dreimal prolongiert, d. h. die gesamte Anlagedauer beträgt ein Jahr.

Ein ausreichender Freistellungsauftrag liegt vor.

Festgeld	25000,00 EUR
+ Zinsen nach 3 Monaten	187,50 EUR
= Guthaben nach 3 Monaten	25187,50 EUR
+ Zinsen nach 6 Monaten	188,91 EUR
= Guthaben nach 6 Monaten	25376,41 EUR
+ Zinsen nach 9 Monaten	190,32 EUR
= Guthaben nach 9 Monaten	25566,73 EUR
+ Zinsen nach 12 Monaten	191,75 EUR
= Guthaben nach 12 Monaten	25758,48 EUR

Die gesamten Zinsen betragen 758,48 EUR

$$\text{effektiver Zinssatz} = \frac{758{,}48 \cdot 100}{25\,000{,}00} = \underline{\underline{3{,}03\,\%}}$$

Vorzeitige Verfügungen

Grundsätzlich sind die Vertragspartner verpflichtet, die vereinbarte Laufzeit einzuhalten. Deshalb sind vorzeitige Verfügungen nur im Einvernehmen mit dem Kreditinstitut möglich.

In der Praxis gibt es folgende Regelungen:

- Eine vorzeitige Verfügung wird zugelassen. Es werden aber
  - **keine Zinsen** vergütet,
  - **niedrigere Zinsen für die tatsächliche Laufzeit** vergütet,
  - **Vorfälligkeitsentgelt** analog zum Sparverkehr berechnet.
- Eine vorzeitige Verfügung wird nicht zugelassen, aber es erfolgt die **Bereitstellung eines Kredites** bis zur Fälligkeit.

Fallbeispiel:
Ein Anleger hat am 10. Februar eine Festgeldanlage von 40 000,00 EUR mit einer Laufzeit von drei Monaten getätigt. Der Zinssatz beträgt 3,5 % p. a.

- Der Anleger benötigt das Geld bereits am 25. April. Das Kreditinstitut bietet dem Kunden folgende Alternativen an:
  (1) vorzeitige Auszahlung ohne Vergütung von Zinsen
  (2) Bereitstellung eines Kredites bis zur Fälligkeit zu 7,5 % p. a.

  Vergleich der Alternativen:

  Festgeldzinsen: $\frac{40\,000{,}00 \cdot 90 \cdot 3{,}5}{100 \cdot 360} = 350{,}00$ EUR

  Kreditzinsen: $\frac{40\,000{,}00 \cdot 15 \cdot 7{,}5}{100 \cdot 360} = 125{,}00$ EUR

  Vorteil der Kreditaufnahme: 225,00 EUR

- Ermittlung des Tages, von dem an die Kreditaufnahme günstiger ist als eine vorzeitige Verfügung über das Festgeld

Bedingung:	Festgeldzinsen ≥ Kreditzinsen

  $350{,}00 \text{ EUR} \geq \frac{40\,000{,}00 \cdot x \cdot 7{,}5}{100 \cdot 360}$ (x = Laufzeit des Kredites)

  $350 \geq 8{,}333\,x$

  $x \leq 42$ Tage → 10.05. – 42 Tage = 28.03.

  Bei einer Laufzeit des Kredits von 42 Tagen sind die Alternativen gleichwertig. Vorteilhaft ist die Kreditaufnahme bei einer kürzeren Laufzeit, also ab dem **29. März**.

2.4 Sparbriefe

Sparbriefe sind längerfristige Einlagen bei Kreditinstituten, die auf einen bestimmten Nennbetrag *(z. B. 1 000,00 EUR)* lauten. Der Anleger hat ein Recht auf Zinszahlung und ein Recht auf Rückzahlung des Sparbriefes zum Nennwert bei Fälligkeit.

Kreditinstitute geben Sparbriefe als
- Namenspapiere (Rektapapiere) oder
- als nicht verbriefte Einlage heraus.

Unabhängig davon, ob ein Sparbrief ausgegeben wurde oder ob der Kunde nur eine Abrechnung bzw. einen Kontoauszug erhalten hat, ist eine Übertragung der Sparbriefrechte nur durch eine Abtretung der Darlehensforderung möglich. Bei einer Abtretung ist in der Regel die Zustimmung des Kreditinstitutes erforderlich. Demnach sind Sparbriefe **keine** Effekten (vertretbare Kapitalwertpapiere), sondern Einlagen.

Die Ansprüche aus Sparbriefen sind durch den **Einlagensicherungsfonds** gesichert.

Merkmale	Erläuterung
Mindestanlagebetrag	1 000,00 bis 5 000,00 EUR
Liquidität	▪ Sparbriefe werden nicht an der Börse gehandelt. ▪ Sie können nicht vorzeitig zurückgegeben werden. ▪ Kreditinstitute beleihen Sparbriefe bis zu 100 % ihres Wertes.
Laufzeit	1 bis 10 Jahre
Verzinsung	fester Zins während der gesamten Laufzeit
Risiko	▪ kein Kursrisiko ▪ kein Rückzahlungsrisiko, da durch die Einlagensicherung gesichert
Kosten	keine

Sparbrieftypen

Normalverzinslicher Sparbrief

- Verkauf zum Nennwert
- jährliche Zinsausschüttung und jährliche Versteuerung der Zinsen
- Rückzahlung zum Nennwert

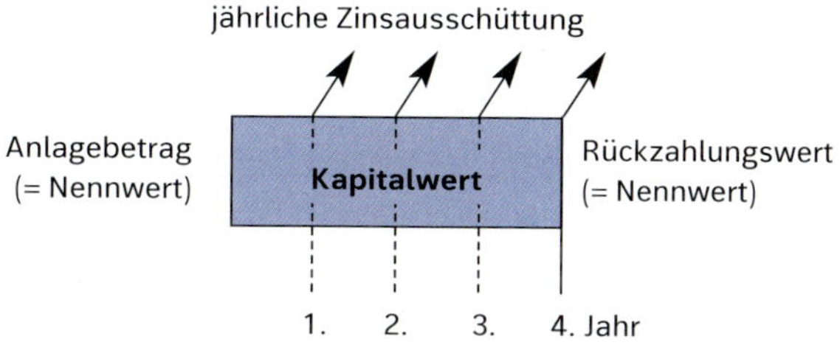

Abzinsungssparbrief

- Verkauf zum Barwert (Nennwert – Zinsen und Zinseszinsen für die gesamte Laufzeit)
- einmalige Zinsausschüttung am Ende der Laufzeit und Versteuerung des gesamten Zinsertrages im Jahr der Rückzahlung
- Rückzahlung zum Nennwert

$$K_0 = K_n \cdot \frac{1}{\left(1 + \frac{p}{100}\right)^n}$$

K_0 = Anlagebetrag (Barwert)
K_n = Rückzahlungswert (Nennwert)
p = Zinssatz
n = Laufzeit in Jahren

einmalige Zinsausschüttung (Zinsen und Zinseszinsen) am Ende der Laufzeit

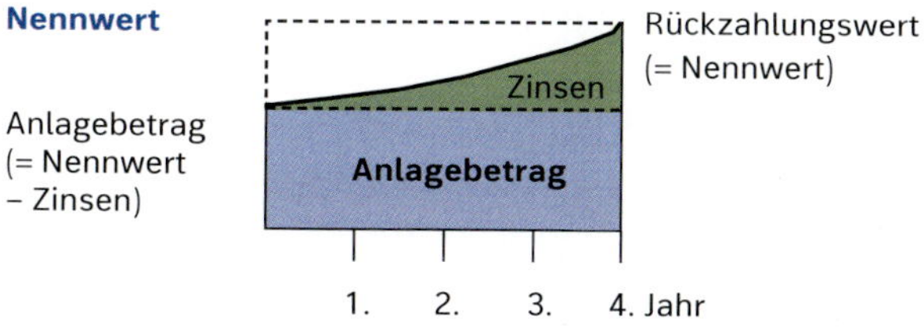

Aufzinsungssparbrief

- Verkauf zum Nennwert
- einmalige Zinsausschüttung am Ende der Laufzeit und Versteuerung des gesamten Zinsertrages im Jahr der Rückzahlung
- Rückzahlung zum Nennwert zuzüglich der aufgelaufenen Zinsen

$$K_n = K_0 \cdot \left(1 + \frac{P}{100}\right)^n$$

K_0 = Anlagebetrag (Nennwert)
K_n = Rückzahlungswert (Nennwert + Zinsen)
p = Zinssatz
n = Laufzeit in Jahren

einmalige Zinsausschüttung (Zinsen und Zinseszinsen) am Ende der Laufzeit

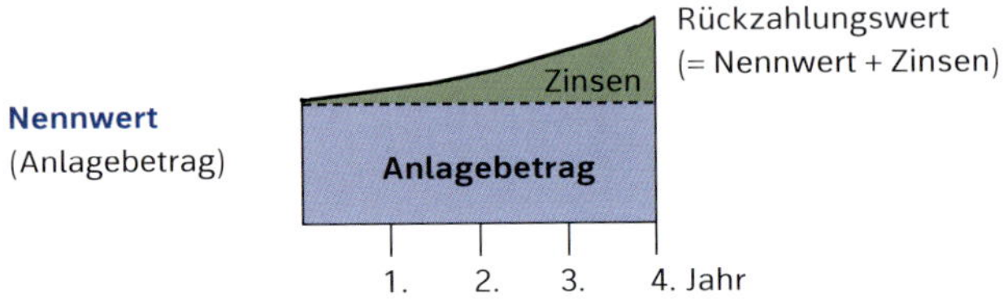

3 Anlagen nach dem Vermögensbildungsgesetz und nach dem Wohnungsbau-Prämiengesetz

Anlagen nach dem Vermögensbildungsgesetz

Vermögenswirksame Leistungen sind Geldleistungen, die der **Arbeitgeber für den Arbeitnehmer anlegt** *(§ 2 VermBG)*. Die Zahlungen können auf einer tarifvertraglichen Verpflichtung des Arbeitgebers beruhen oder im Auftrag des Arbeitnehmers aus seinem Gehalt erfolgen.

Zulässige Anlageformen sind Bausparen, Beteiligungssparen, Lebensversicherungen und Bankkonten.

Beim **Beteiligungssparen** sind insbesondere folgende Anlageformen möglich:
- Aktienfonds mit einer Aktienquote von mindestes 60 % des Wertes des Sondervermögens
- Aktien des Arbeitgebers, sofern sie an einer deutschen Börse gehandelt werden

Grundsätzlich kann der Arbeitnehmer die Anlageform für die vermögenswirksamen Leistungen frei wählen.

Eine **Arbeitnehmersparzulage** erhalten Sparer bei Anlagen in **Bausparverträgen** und beim **Beteiligungssparen**, wenn Sie bestimmte Einkommensgrenzen nicht überschreiten.

Anlagen nach dem Wohnungsbau-Prämiengesetz

Der Staat fördert Bausparen durch eine **Wohnungsbauprämie**. Förderberechtigt sind alle unbeschränkt einkommensteuerpflichtige Personen, die das **16. Lebensjahr** vollendet haben *(§ 1 WoPG)*. Die Zahlung einer Wohnungsbauprämie ist ebenfalls an Einkommensgrenzen gebunden.

Für Einzahlungen von vermögenswirksamen Leistungen auf einen Bausparvertrag wird nur dann eine Wohnungsbauprämie gewährt, wenn der Arbeitnehmer für diesen Betrag nicht gleichzeitig eine Arbeitnehmersparzulage erhält. Es gibt also keine Doppelförderung von Sparbeiträgen.

Anlagen nach dem 5. VermBG und nach dem WoPG im Überblick					
Rechtsgrundlage	**Fünftes Gesetz zur Förderung der Vermögensbildung der Arbeitnehmer (5. VermBG)**				**Wohnungsbau-Prämiengesetz (WoPG)**
Anlageformen	**Lebensversicherung**	**Kontensparverträge**	**Bausparen**	**Beteiligungssparen** *(z. B. Aktienfonds)*	**Bausparen**
Einzahlungen	Vermögenswirksame Leistungen müssen vom Arbeitgeber für den Arbeitnehmer angelegt werden: ▪ aufgrund einer tarifvertraglichen Vereinbarung ▪ auf Verlangen des Arbeitnehmers weitere Teile des Gehaltes bis zum Höchstbetrag von insgesamt **870,00 EUR** je Arbeitnehmer				▪ Einzahlungen und Zinsgutschriften auf Bausparverträgen ▪ alle Personen ab dem 16. Lebensjahr
jährlicher Anlagehöchstbetrag	470,00 EUR (Gesamtbetrag für alle drei Anlageformen)			400,00 EUR	700,00 EUR Alleinstehende bzw. 1 400,00 EUR Eheleute
staatliche Förderung	keine		Arbeitnehmersparzulage 9 % max. 43,00 EUR	20 % max. 80,00 EUR	Wohnungsbauprämie 10 % max. 70,00 EUR bzw. 140,00 EUR
Einkommensgrenzen für die staatliche Förderung			maximales zu versteuerndes Jahreseinkommen (unter Berücksichtigung von Kinderfreibeträgen) 17 900,00 EUR Alleinstehende bzw. 35 800,00 EUR Eheleute	20 000,00 EUR Alleinstehende bzw. 40 000,00 EUR Eheleute	35 000,00 EUR Alleinstehende bzw. 70 000,00 EUR Eheleute
Ansparzeit	12 Jahre ab Vertragsschluss	6 Jahre	7 Jahre ab Vertragsschluss <u>oder</u> bei Zuteilung des Bausparvertrages und Verwendung für wohnungswirtschaftliche Maßnahmen	6 Jahre	Fällig bei Zuteilung des Bausparvertrages und Verwendung für wohnungswirtschaftliche Maßnahmen. <u>Ausnahme:</u> freie Verwendung des Guthabens nach 7 Jahren, wenn der Bausparer bei Vertragsschluss das 25. Lebensjahr noch nicht vollendet hatte.
Sperrfrist (Bindungsfrist)		7 Jahre ab 01.01. des Jahres der ersten Einzahlung		7 Jahre ab 01.01. des Jahres der ersten Einzahlung	

Einkommensgrenzen

Das maßgebliche Einkommen für die staatliche Förderung bezieht sich auf das zu versteuernde Einkommen unter Berücksichtigung der Kinderfreibeträge. Einkünfte aus Kapitalvermögen, die der Abgeltungsteuer unterliegen, bleiben bei der Ermittlung der Einkommensgrenzen unberücksichtigt.

Schema zur Ermittlung des maßgeblichen Einkommens
Bruttoeinkommen aus nicht selbstständiger Arbeit – Werbungskosten (mind. 1 000,00 EUR Pauschalbetrag oder tatsächliche Werbungskosten)
Einkünfte aus nicht selbstständiger Arbeit + ggf. Einkünfte aus anderen Einkunftsarten (*z. B. Einkünfte aus Vermietung und Verpachtung*)
Gesamtbetrag der Einkünfte – Sonderausgaben – außergewöhnliche Belastungen
zu versteuerndes Einkommen – Kinderfreibeträge (2022: 8 388,00 EUR pro Kind)
maßgebliches Einkommen

Fallbeispiel:
Die Eheleute Maren und Tobias Fischer haben zwei Kinder im Alter von drei und fünf Jahren. Tobias erzielt ein Bruttoeinkommen von 58 000,00 EUR. Maren ist zurzeit nicht berufstätig.

Bruttoeinkommen	58 000,00 EUR
– Werbungskosten	– 1 000,00 EUR
Einkünfte aus nicht selbstständiger Arbeit	57 000,00 EUR
– Sonderausgaben	– 5 950,00 EUR
– außergewöhnliche Belastungen	– 850,00 EUR
zu versteuerndes Einkommen	50 200,00 EUR
– Kinderfreibeträge (8 388,00 EUR pro Kind)	– 16 776,00 EUR
maßgebliches Einkommen	33 424,00 EUR

Das Einkommen der Eheleute liegt unterhalb der Höchstbeträge (35 800,00 EUR bzw. 40 000,00 EUR bzw. 70 000,00 EUR). Sie erhalten eine Arbeitnehmersparzulage und Wohnungsbauprämie.

Maximale staatliche Förderung pro Jahr

	5. Vermögensbildungsgesetz (vermögenswirksame Leistungen)		Wohnungsbau-Prämiengesetz	Summe
	Bausparen	Beteiligungssparen	Bausparen	
Allein-stehende	9 % von 470,00 EUR = 43,00 EUR (aufgerundet)	20 % von 400,00 EUR = 80,00 EUR	10 % von 700,00 EUR = 70,00 EUR	193,00 EUR
Eheleute/ Lebenspartner, einer berufstätig	9 % von 470,00 EUR 43,00 EUR	20 % von 400,00 EUR 80,00 EUR	10 % von 1 400,00 EUR = 140,00 EUR	263,00 EUR
Eheleute/ Lebenspartner, beide berufstätig	9 % von 940,00 EUR = 86,00 EUR (2 · 43,00 EUR)	20 % von 800,00 EUR = 160,00 EUR	10 % von 1 400,00 EUR = 140,00 EUR	386,00 EUR

Hinweis: Die Arbeitnehmersparzulage wird auf volle Euro aufgerundet.

Beispiel (1):

Der ledige Thomas Rieger hat ein zu versteuerndes Einkommen von 16 000,00 EUR. Der Arbeitgeber zahlt aufgrund einer tarifvertraglichen Vereinbarung monatlich 30,00 EUR (= 360,00 EUR p. a.) vermögenswirksame Leistungen. Thomas Rieger möchte zusätzlich 510,00 EUR aus dem Gehalt vermögenswirksam anlegen, um den Höchstbetrag von 870,00 EUR auszuschöpfen. Da er aufgrund seiner Einkommensverhältnisse eine Arbeitnehmersparzulage erhält, wählt er folgende Anlageformen:

– 470,00 EUR Bausparen	9 % Arbeitnehmersparzulage	=	43,00 EUR	
– 400,00 EUR Beteiligungssparen	20 % Arbeitnehmersparzulage	=	80,00 EUR	123,00 EUR

Zusätzlich zahlt er 700,00 EUR auf seinen Bausparvertrag ein.
Er erhält 10 % Wohnungsbauprämie. *70,00 EUR*

Gesamt staatliche Förderung pro Jahr: *193,00 EUR*

Beispiel (2):

Die kinderlosen Eheleute Karin und Klaus Heuser haben ein zu versteuerndes Jahreseinkommen von 46 000,00 EUR. Der Arbeitgeber von Karin Heuser zahlt monatlich 20,00 EUR vermögenswirksame Leistungen, während der Arbeitgeber von Klaus Heuser 39,17 EUR zahlt.

Sie erhalten keine Arbeitnehmersparzulage, da ihr Einkommen die Grenze von 35 800,00 EUR bzw. 40 000,00 EUR überschreitet. Alle vier Anlageformen (Lebensversicherung, Kontosparvertrag, Bausparen, Lebensversicherung) kommen in diesem Fall in Betracht. Karin Heuser schließt einen Sparvertrag bei einem Kreditinstitut ab. Klaus Heuser lässt die vermögenswirksamen Leistungen von 470,00 EUR p. a. auf seinen Bausparvertrag überweisen. Zusätzlich zahlt er 930,00 EUR selbst auf den Bausparvertrag ein. Da das Einkommen der Eheleute unter 70 000,00 EUR liegt, erhalten sie 140,00 EUR Wohnungsbauprämie (10 % von 1 400,00 EUR). Auch für die vermögenswirksamen Leistungen von 470,00 EUR wird die Wohnungsbauprämie gezahlt, da keine Arbeitnehmersparzulage gewährt wird.

Gesamte staatliche Förderung pro Jahr: *140,00 EUR*

Zahlung der staatlichen Förderung

Arbeitnehmersparzulage	Wohnungsbauprämie
Die Investmentgesellschaft bzw. die Bausparkasse teilt der Finanzverwaltung jedes Jahr die Höhe der angelegten vermögenswirksamen Leistungen mit (elektronische Vermögensbildungsbescheinigung). Der Arbeitnehmer beantragt die Arbeitnehmersparzulage bei seiner Einkommensteuererklärung. Nach **Ablauf der Sperrfrist bzw. bei Zuteilung des Bausparvertrages** überweist das Finanzamt die gesamte Arbeitnehmersparzulage.	Der Bausparer beantragt die Wohnungsbauprämie bei der **Bausparkasse** mit der Erklärung, dass die Einkommensgrenze von 35 000,00 EUR bzw. 70 000,00 EUR nicht überschritten wurde. **Bei Zuteilung des Bausparvertrages bzw. bei Ablauf der Bindungsfrist** (Bausparer bei Vertragsschluss unter 25 Jahre) wird die gesamte ermittelte Prämie von der Bausparkasse beim Finanzamt angefordert und dem Bausparkonto gutgeschrieben bzw. ausbezahlt.
Vermögenswirksame Leistungen können auch zur **Entschuldung von Wohnungsbaudarlehen** *(z. B. Tilgung von Bauspardarlehen)* eingesetzt werden *(§ 2 Abs. 1 Nr. 5 VermBG)*. Das Finanzamt überweist die Arbeitnehmersparzulage dann jährlich auf das Darlehenskonto. Der Antrag auf Arbeitnehmersparzulage ist spätestens vier Jahre nach Ablauf des Sparjahres zu stellen.	Prämienbegünstig sind nur Beiträge an Bausparkassen in der Ansparphase *(§ 2 Abs. 1 Nr. 1 WoPG)*. Deshalb wird für Tilgungsleistungen auf Bauspardarlehen **keine** Wohnungsbauprämie gewährt. Der Antrag auf Wohnungsbauprämie ist spätestens zwei Jahre nach Ablauf des Sparjahres zu stellen.

Beispiel:
Anlage von jährlich 400,00 EUR vermögenswirksamer Leistungen auf einem Investmentsparvertrag (Aktienfonds):

- *monatliche Sparrate* *33,33 EUR*
- *erste Einzahlung am* *01.04.2022*
- *letzte Einzahlung am* *01.03.2028*
- *Beginn der Sperrfrist am* *01.01.2022*
- *Ende der Sperrfrist am* *31.12.2028*
- *jährlich festgesetzte Arbeitnehmersparzulage 80,00 EUR (20 % von 400,00 EUR)*
- *Zahlung der Arbeitnehmersparzulage von 480,00 EUR (80,00 EUR · 6 Jahre) Anfang des Jahres 2029*

Vorzeitige Verfügungen

Eine **vorzeitige Verfügung** führt grundsätzlich zu einem Verlust der Arbeitnehmersparzulage und der Wohnungsbauprämie. Unter folgenden Voraussetzungen sind jedoch **vorzeitige, förderungsunschädliche** Verfügungen möglich:

Arbeitnehmersparzulage bei Beteiligungssparen *(§ 4 VermBG)*	Arbeitnehmersparzulage und Wohnungsbauprämie beim Bausparen *(§ 2 WoPG)*
▪ Tod oder Erwerbsunfähigkeit des Sparers oder seines Ehegatten ▪ Arbeitslosigkeit von mindestens einem Jahr	
▪ Heirat, sofern mindestens zwei Jahre seit Beginn der Sperrfrist vergangen sind ▪ Aufnahme einer selbstständigen Erwerbstätigkeit bei Aufgabe der nicht selbstständigen Arbeit ▪ Finanzierung einer beruflichen Weiterbildungsmaßnahme	Zuteilung des Bausparvertrages und Verwendung für wohnungswirtschaftliche Maßnahmen

4 Bausparen

Bausparkassen sind Kreditinstitute, deren Geschäftsbetrieb darauf gerichtet ist, **Bauspareinlagen** entgegenzunehmen und aus den angesammelten Beträgen den Bausparern **Bauspardarlehen** für wohnungswirtschaftliche Maßnahmen zu gewähren (*§ 1 ff. BauSparkG*).

Das Bauspargeschäft darf nur von Bausparkassen betrieben werden.

In der Sparphase wird durch regelmäßige oder unregelmäßige Einzahlungen ein Bausparguthaben erworben. Nach der Zuteilung wird die Bausparsumme an den Bausparer ausgezahlt. Die Differenz zwischen der Bausparsumme und dem Bausparguthaben wird als Darlehen gewährt. Das Darlehen (= Annuitätendarlehen) wird durch monatliche Zahlungen getilgt.

Bausparsumme = Bausparguthaben + Bauspardarlehen

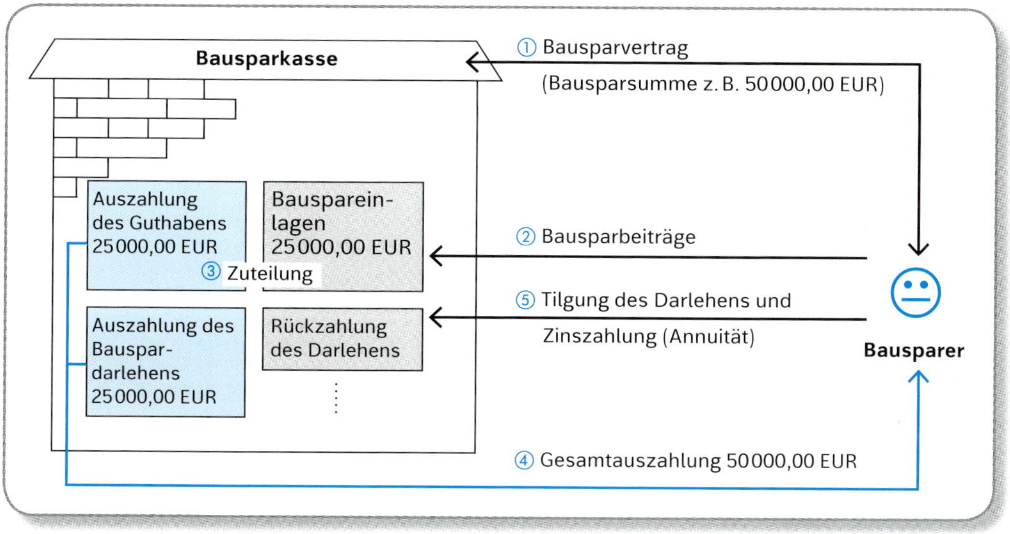

Bauspardarlehen dürfen nur für wohnungswirtschaftliche Maßnahmen verwendet werden (*§ 1 Abs. 3 BauSparkG*):

- Erwerb von Wohneigentum (Einfamilienhäuser, Eigentumswohnungen)
- Modernisierung von Wohneigentum
  Beispiele: *Fenster, Heizungsanlage, Fassadenrenovierung, neue Bäder*
- Erwerb von Bauland und Erbbaurechten
- Ablösung von Darlehen zur Finanzierung von wohnungswirtschaftlichen Maßnahmen (Umschuldung)

Die Verwendung des Bauspardarlehens für wohnungswirtschaftliche Maßnahmen ist nachzuweisen. Wird der Verwendungsnachweis bei staatlich geförderten Verträgen nicht erbracht, muss die Bausparkasse das Finanzamt benachrichtigen.

4.1 Abschluss von Bausparverträgen

Bauspartarife

Bausparkassen bieten ihren Kunden unterschiedliche Bauspartarife an, die sich insbesondere durch die

- Höhe der Spar- und der Darlehenszinsen,
- Höhe des Mindestsparguthabens und/oder
- Dauer bis zur Zuteilung und Tilgungsdauer des Darlehens (Höhe des Regelsparbeitrages und der Darlehensrate)

unterscheiden.

Der Bausparer wählt nach seinen Zielen und Präferenzen den für ihn passenden Tarif. In vielen Fällen ist während der Ansparphase ein Tarifwechsel möglich.

Die Tarife sind Teil der Marketingpolitik, sodass sich die Tarifangebote der verschiedenen Bausparkassen zum Teil erheblich voneinander unterscheiden. Die Übersicht dient nur als Orientierungshilfe.

	Bausparziele	Tarifangebote
Zielsparer	▪ Finanzierungsbedarf in 6–8 Jahren ▪ feststehendes Finanzierungsvolumen	▪ niedriges Mindestguthaben (40 %) ▪ niedrige Guthaben- und Darlehenszinsen ***Beispiel:*** *2,5 % Guthabenzins* *4,5 % Darlehenszins*
Schnellsparer	▪ kurzfristiger Finanzierungsbedarf ▪ schnelle Tilgung	▪ hoher Regelsparbeitrag ▪ hoher Tilgungsbeitrag ▪ evtl. höheres Mindestguthaben (*z. B. 50 %*)
Vorsorgesparer	▪ langfristiger Finanzierungsbedarf ▪ günstige Darlehenskonditionen	▪ niedrige Guthaben- und Darlehenszinsen ▪ niedriger Regelsparbeitrag ▪ niedriger Tilgungsbeitrag
Renditesparer	▪ hohe Verzinsung des Bausparguthabens ▪ kein absehbarer Finanzierungsbedarf	▪ hoher Guthabenzins *(z. B. 4 %)* ▪ besonderer Bonus bei Verzicht auf das Bauspardarlehen

Bausparsumme und Regelsparbeitrag

Im Bausparvertrag vereinbaren Kunde und Bausparkasse eine bestimmte **Bausparsumme**. Bestimmungsgrößen für die Bausparsumme sind der **spätere Finanzierungsbedarf** und die **persönlichen Sparmöglichkeiten** des Bausparkunden. Die Bausparsumme ist auch die Bezugsgröße für die Abschlussgebühr sowie für den Regelsparbeitrag und die Monatsrate beim Bauspardarlehen.

Der **Regelsparbeitrag** ist die von der Bausparkasse empfohlene monatliche Sparrate. Wenn der Bausparer diesen Betrag monatlich einzahlt, kann er mit einer Zuteilung seines Vertrages nach einer im Tarif genannten Anzahl von Jahren rechnen. Der Bausparer ist jedoch nicht verpflichtet, den Regelsparbeitrag zu zahlen. Er kann auch höhere oder niedrigere Zahlungen leisten. Niedrigere Zahlungen verlängern die Wartezeit bis zur Zuteilung, höhere verkürzen sie.

Fallbeispiel:

Fabian Grohne möchte in circa sieben Jahren eine Wohnimmobilie erwerben. Er hat sich für folgendes Tarifangebot der Bausparkasse entschieden:

Regelsparbeitrag	4,00 ‰ der Bausparsumme
Guthabenzinssatz	0,10 % des jeweiligen Guthabens
Mindestsparguthaben	40 % der Bausparsumme
Sollzinssatz für das Bauspardarlehen	2,20 % des jeweiligen Darlehens
monatliche Darlehensrate	5,50 ‰ der Bausparsumme
voraussichtliche Zuteilung in	8,5 Jahren

Im Beratungsgespräch ist nun die für den Kunden passende Bausparsumme und Sparrate zu ermitteln. Dazu gibt es zwei Ansätze:

- Vorgabe Bausparsumme:
  Fabian Grohne möchte einen Bausparvertrag mit einer Bausparsumme von 80 000,00 EUR abschließen. Er sollte einen monatlich Regelsparbeitrag von 320,00 EUR (80 000,00 EUR · 4,00 ‰) auf den Vertrag einzahlen.

  Nach 8,5 Jahren hat er ein Bausparguthaben von 32 640,00 EUR (320,00 · 12 · 8,5) zuzüglich der Zinsen. Damit hat er mehr als 40 % der Bausparsumme (32 000,00 EUR) eingezahlt und somit eine Zuteilungsvoraussetzung erfüllt.

- Vorgabe Regelsparbeitrag:
  Die Haushaltsrechnung hat ergeben, dass für Fabian Grohne eine Sparrate von monatlich 250,00 EUR angemessen ist. Er sollte eine Bausparsumme von 62 500,00 EUR vereinbaren.

  0,40 % (4,00 ‰) – 250,00 EUR
  100 % – *x*

  $$x = \frac{250{,}00 \cdot 100}{0{,}40} = \underline{\underline{62\,500{,}00 \text{ EUR}}}$$

Die **Abschlussprovision** beträgt circa 1 % bis 2 % der Bausparsumme und wird mit den ersten Einzahlungen verrechnet.

4

4.2 Abwicklung von Bausparverträgen

BAUSPARSUMME

SPARPHASE

Vertragsabschluss

- Der Bausparvertrag wird über eine bestimmte Summe abgeschlossen *(z. B. Bausparsumme 50 000,00 EUR).*
- Die Abschlussgebühr beträgt zumeist 1,0 %–2,0 % der Bausparsumme.

Sparbedingungen (abhängig von der Tarifvariante)

- **Regelsparbeitrag:** 4 ‰–8 ‰ der Bausparsumme monatlich
- **Guthabenzins:** 0,10 %–1,0 %

  Der spätere Darlehenszinssatz ist abhängig vom gewählten Guthabenzinssatz *(z. B. Darlehenszinssatz = Guthabenzinssatz + circa 2,0 %).*

Zuteilung

Bereitstellung der Bausparsumme *(z. B. 50 000,00 EUR)*

Voraussetzungen

- **Mindestsparguthaben** (40 % bzw. 50 % je nach Tarif)
- **Mindestsparzeit** *(z. B. 24 Monate)*
- **Mindestbewertungszahl**
  - Die Bausparkassen können nur die Mittel als Darlehen gewähren, die sie zuvor durch Sparbeiträge der in der Ansparphase und Tilgungsleistungen der in der Tilgungsphase befindlichen Bausparer erhalten haben. Da die zukünftigen Sparbeiträge nicht vorhersehbar sind, dürfen Bausparkassen einen bestimmten Zuteilungstermin nicht garantieren.
  - Die Zuteilung der Verträge erfolgt nach der Höhe der Bewertungszahl. Die Bausparkassen ermitteln die Bewertungszahlen nach unterschiedlichen Verfahren. Maßgeblich für die Höhe der Bewertungszahl sind jedoch immer die Höhe des Bausparguthabens und die Dauer der Ansparzeit.
- **Antrag auf Zuteilung**

DARLEHENSPHASE

Darlehensbedingungen

- **Darlehenshöhe**

  Beispiel:

	Fall 1	*Fall 2*
Bausparsumme	*50 000,00 EUR*	*50 000,00 EUR*
– Bausparguthaben (einschl. Zinsen)	*25 000,00 EUR*	*28 000,00 EUR*
= Darlehenshöhe	*25 000,00 EUR*	*22 000,00 EUR*

- **Darlehenszinsen** (abhängig von der Tarifvariante): 2,0 % bis 4,0 %
- **Monatsrate** (abhängig von der Tarifvariante): 4 ‰ bis 8 ‰ der Bausparsumme (Die Monatsrate setzt sich aus Zins- und Tilgungsleistung zusammen.)

  Beispiel:

  5 ‰ von 50 000,00 EUR = 250,00 EUR Monatsrate

  Durch die hohe Tilgung werden Bauspardarlehen innerhalb einer relativ kurzen Zeitdauer getilgt (ca. 8–12 Jahre je nach Tarif).

- Darlehenssicherung durch Eintragung einer Grundschuld (Beleihungsgrenze 80 % des Beleihungswertes)

Wenn der Bausparvertrag zuteilungsreif ist, hat der Bausparer folgende **Möglichkeiten**:

- Der Bausparer kann die gesamte Bausparsumme in Anspruch nehmen. Er erhält also sein angespartes Guthaben und ein Bauspardarlehen.
- Der Bausparer verzichtet auf das Darlehen und erhält das angesparte Guthaben ausgezahlt.
- Der Bausparer lässt den Bausparvertrag weiterlaufen und entscheidet später, was er damit macht.

Die **Tilgungsrate** ist bei Bauspardarlehen im Vergleich zu Bankdarlehen hoch. Dies führt zu einer relativ hohen Belastung in der Darlehensphase und zu einer relativ kurzen Laufzeit des Bauspardarlehens.

Beispiel:
Maren Kaiser hat ein Bauspardarlehen von 25 000,00 EUR zu einem Sollzinssatz von 2,50 % erhalten. Die Bausparsumme beträgt 50 000,00 EUR. Die monatliche Darlehensrate beträgt 5,0 ‰ der Bausparsumme.

Die Darlehensrate beträgt 250,00 EUR (5,0 ‰ von 50 000,00 EUR).
Die Rate setzt sich aus Zinsen und Tilgungsleistung zusammen.

Im ersten Monat zahlt Maren für das Darlehen 52,08 EUR Zinsen.

$$\text{Zinsen} = \frac{25\,000{,}00 \cdot 2{,}5}{100 \cdot 12} = \underline{\underline{52{,}08 \text{ EUR}}}$$

Die Tilgungsleistung beträgt im ersten Monat 197,92 EUR (250,00 EUR – 52,08 EUR).

Durch die hohe Tilgung (anfänglicher Tilgungssatz 9,5 %) ist das Darlehen schon nach neun Jahren und vier Monaten zurückgezahlt. Baudarlehen von Banken haben in der Regel eine erheblich längere Laufzeit von circa 20 bis 30 Jahren.

4.3 Beurteilung des Bausparens aus der Sicht des Bausparers

Vorteile	Nachteile
▪ niedrige Verzinsung des Bauspardarlehens ▪ Sichere Kalkulationsgrundlage: – Die Höhe der Darlehenszinsen wird schon beim Abschluss des Bausparvertrages vereinbart. – Die Darlehenszinsen ändern sich nicht während der Laufzeit des Darlehens. – Bei Bauspardarlehen sind jederzeit Sondertilgungen möglich, ohne dass ein Vorfälligkeitsentgelt anfällt. ▪ Staatliche Förderung durch Wohnungsbauprämie und Arbeitnehmersparzulage, sofern die gesetzlichen Voraussetzungen erfüllt sind. ▪ Nachrangige Absicherung: Das Darlehen wird durch ein nachrangiges Grundpfandrecht gesichert. Die Beleihungsgrenze beträgt 80 % des Beleihungswertes bei vermieteten Wohnobjekten und 100 % bei selbst genutztem Wohneigentum.	▪ niedrige Verzinsung des Bausparguthabens ▪ Verwendung des Darlehens nur für wohnungswirtschaftliche Maßnahmen ▪ schnelle Tilgung und damit eine hohe monatliche Belastung ▪ Der Zeitpunkt der Zuteilung ist nicht genau bekannt. Es können bis zur Zuteilung ggf. hohe Vor- bzw. Zwischenfinanzierungskosten entstehen.

4

5 Cross-Selling-Aktivitäten

Cross-Selling ist das Bemühen der Beraterin bzw. des Beraters, die in einem Beratungs-/Verkaufsgespräch erkannten Bedarfssignale aufzugreifen und dem Kunden weitere Finanzprodukte anzubieten.

In Beratungsgesprächen zur Anlage auf Konten erhalten Berater bzw. Beraterinnen viele Informationen über die Lebensumstände, Ziele und Wünsche des Kunden, die sie für Cross-Selling-Aktivitäten nutzen können.

Beispiele für Cross-Selling-Ansätze

Persönliche und wirtschaftliche Verhältnisse des Kunden			Bedarfssignale und Konsequenzen für das Angebot von Finanzprodukten
persönliche Verhältnisse	**Lebensalter**	**18 Jahre**	*Der Kunde ist nun volljährig. Je nach Lebenssituation kommen z. B. folgende Produkte in Betracht:* – *Sparverträge* – *Dispositionskredit* – *Kreditkarte* – *Privathaftpflichtversicherung*
		65–67 Jahre	*Mit Rentenbeginn ändert sich die Einkommens- und Lebenssituation. Mögliche Beratungsansätze:* – *Anlage des Geldes aus fälligen Lebensversicherungen* – *Entnahmepläne von angespartem Vermögen* – *Verkauf der Immobilie*
	Familienstand	**alleinstehend, keine Kinder**	*Alleinstehende haben andere Bedürfnisse als Familien. Mögliche Angebote:* – *goldene Kreditkarte für Vielreisende* – *Darlehen zur Finanzierung von Hobbys*
		verheiratet, zwei Kinder	– *Hinterbliebenenschutz für Kinder und gegebenenfalls für den Ehepartner notwendig* – *Sparangebote für Kinder*
	Beruf	**Angestellter**	– *Altersvorsorgeprodukte* – *Berufsunfähigkeitsversicherung*
		Unternehmer	– *Altersvorsorgeprodukte, da der Unternehmer selbst für das Alter vorsorgen muss* – *Berufsunfähigkeitsversicherung*
wirtschaftliche Verhältnisse	**Einkommen**	**niedrig**	*Nutzung staatlicher Förderung (VL-Anlage, Wohnungsbauprämie, Riester-Zulagen)*
		hoch	*Rürup-Vertrag zur Altersvorsorge, um Steuern zu sparen*
	Vermögen	**niedrig**	*Sparpläne*
		hoch	– *steueroptimierte Anlagen* – *Beratung über Vermögensübergang auf die nächste Generation*
	Besitz von Wohneigentum	**ja**	– *Gebäudeversicherung* – *Hausratversicherung* – *Bausparvertrag für spätere Sanierungen*
		nein	– *Bausparvertrag* – *Immobilienangebote* – *Hausratversicherung*

Lernfeld 5: Allgemein-Verbraucherdarlehensverträge abschließen

Allgemein-Verbraucherdarlehen sind Darlehen von einem Unternehmer an einen Verbraucher, die nicht durch ein Grundpfandrecht gesichert sind und nicht der Finanzierung von Immobilien dienen *(§ 491 Abs. 2 BGB)*.

Keine Allgemein-Verbraucherdarlehensverträge sind Verträge, bei denen

- der Nettodarlehensbetrag weniger als 200,00 EUR beträgt.
- der Darlehensnehmer das Darlehen binnen drei Monaten zurückzuzahlen hat und nur geringe Kosten vereinbart sind.

Ein **Darlehensvertrag** verpflichtet den Darlehensgeber, dem Darlehensnehmer einen bestimmten Geldbetrag für die vereinbarte Laufzeit zur Verfügung zu stellen. Der Darlehensnehmer verpflichtet sich, die vereinbarten Zinsen zu zahlen und das Darlehen fristgerecht zurückzuzahlen *(§ 488 BGB)*.

Allgemein-Verbraucherdarlehen dienen der Finanzierung von privaten Ausgaben.

Beispiele:
- *Kauf eines Pkw oder einer Wohnungseinrichtung*
- *Finanzierung einer Urlaubsreise oder eines Studiums*

Die gesetzlichen Vorschriften zu Verbraucherdarlehensverträgen gelten auch für Existenzgründungsdarlehen bis zu einem Höchstbetrag von 75 000,00 EUR *(§ 513 BGB)*.

Allgemein-Verbraucherdarlehen werden bereitgestellt

- als **Überziehungskredit** (Überziehungsmöglichkeit) auf dem Girokonto (Kontokorrentkonto) des Darlehensnehmers *(§ 504 BGB)* oder
- als **Ratenkredit** (Teilzahlungsdarlehen) auf einem besonderen Darlehenskonto.

1 Darlehensarten

1.1 Überziehungskredite

Überziehungskredite kann der Darlehensnehmer flexibel nach seinem Geldbedarf auf seinem Kontokorrent-/Girokonto in Anspruch nehmen. Die Rückzahlung erfolgt durch Gutschriften *(z. B. Gehaltseingang)* auf dem Konto.

Überziehungskredite (Dispositionskredite) dienen meist zur Überbrückung von kurzfristigen Liquiditätsengpässen.

Bei Überziehungskrediten sind
- eingeräumte Überziehungen und
- geduldete Überziehungen

zu unterscheiden.

Eingeräumte Überziehungsmöglichkeit *(§ 504 BGB)*

Bei einer **eingeräumten (genehmigten) Überziehung** hat der Darlehensnehmer mit dem Kreditinstitut eine bestimmte Kreditlinie auf seinem laufenden Konto vereinbart. Bei Gehaltskonten mit regelmäßigen Geldeingängen vereinbart das Kreditinstitut mit dem Kunden oft eine Überziehungsmöglichkeit von zwei oder drei Monatsgehältern **(Dispositionskredit)**.

Das Kreditinstitut muss den Verbraucher in regelmäßigen Zeitabständen (*z. B. alle drei Monate*) auf einem dauerhaften Datenträger über die wesentlichen Merkmale des Überziehungskredites informieren *(§ 504 BGB, Art. 247 § 16 EGBGB)*:

- Höchstgrenze der Überziehungsmöglichkeit,
- Höhe des Sollzinssatzes,
- Bedingungen, unter denen die Kosten einschließlich des Sollzinssatzes geändert werden können.
  In der Praxis ist die Höhe der Sollzinsen oft an einen Referenzzinssatz *(z. B. EURIBOR)* gebunden.

Das Kreditinstitut muss dem Darlehensnehmer eine **Beratung anbieten**, wenn der Darlehensnehmer eine ihm eingeräumte Überziehungsmöglichkeit ununterbrochen über einen Zeitraum von sechs Monaten in Anspruch genommen hat und die Inanspruchnahme der eingeräumten Überziehung durchschnittlich 75 % des vereinbarten Höchstbetrages übersteigt. Das Beratungsangebot ist dem Darlehensnehmer in Textform zu übermitteln und zu dokumentieren.

In dem Beratungsgespräch ist der Verbraucher auch über kostengünstigere Alternativen (z. B. Ratenkredit) aufzuklären.

Nimmt der Darlehensnehmer das Beratungsangebot nicht an, muss der Darlehensgeber das Beratungsangebot wiederholen *(§ 504a BGB)*.

Bei sogenannten **Rahmenkrediten (Abrufkrediten)** räumt das Kreditinstitut dem Kunden in Abhängigkeit von seiner Bonität einen Kreditrahmen ein, über den er jederzeit verfügen kann. Der in Anspruch genommene Kredit wird auf einem separaten Darlehenskonto erfasst. Der Kreditnehmer kann das Darlehen jederzeit ganz oder teilweise tilgen. Viele Kreditinstitute verlangen jedoch eine monatliche Mindesttilgung.

Dispositionskredite sind oft unbefristet („bis auf Weiteres"). Das Kreditinstitut kann die Rückführung des Kredites innerhalb einer angemessenen Frist fordern. Insbesondere bei einer Verschlechterung der Einkommens- und Vermögenssituation des Kunden kündigt das Kreditinstitut die Kreditlinie.

Eine auf Antrag des Kunden eingeräumte Überziehungslinie wird oft befristet *(z. B. für ein Jahr)* zur Verfügung gestellt und nach Ablauf der Frist prolongiert (verlängert), sofern sich die Einkommens- und Vermögensverhältnisse des Kunden nicht verschlechtert haben.

Geduldete Überziehung *(§ 505 BGB)*

Bei einer **geduldeten (nicht eingeräumten) Überziehung** überzieht der Kreditnehmer sein Konto ohne vorherige Vereinbarung einer Kreditlinie oder er überschreitet die eingeräumte Kreditlinie. Das Kreditinstitut muss schon vor der Inanspruchnahme die Bedingungen *(z. B. Sollzinssatz)* für geduldete Überziehungen mit dem Kunden in Textform vereinbaren *(§ 505 BGB, Art. 247 § 17 EGBGB)*. Die Bedingungen für die geduldete Überziehung und die weiteren **Vertragsinformationen** sind dem Verbraucher zudem in **regelmäßigen Zeitabständen** auf einem dauerhaften Datenträger mitzuteilen.

Bei einer **erheblichen Überziehung** von mehr als einem Monat muss das Kreditinstitut den Darlehensnehmer **unverzüglich** auf einem dauerhaften Datenträger über den Überziehungsbetrag, den Sollzinssatz, etwaige Vertragsstrafen, Kosten und Verzugszinsen informieren.

Verstößt das Kreditinstitut gegen diese Unterrichtungspflichten, kann es über die Rückzahlung des Überziehungskredites hinaus keine Kosten und Zinsen verlangen *(§ 505 Abs. 3 BGB)*.

Beispiel:

Die Regio-Bank AG hat Svenja Müller einen Dispositionskredit von 3000,00 EUR eingeräumt. Der aktuelle Kontostand beträgt 2800,00 EUR Soll. An einem Geldautomaten tätigt Svenja nun eine Verfügung in Höhe von 700,00 EUR. Es entsteht eine geduldete Überziehung von 500,00 EUR.

Für die tatsächliche Inanspruchnahme zahlt der Kunde die vereinbarten **Sollzinsen**. In der Praxis ist der Sollzinssatz für geduldete Überziehungen erheblich höher als für eingeräumte Überziehungen.

Beispiel:

Sollzinsen für eingeräumte Überziehungen:	*8 %*
Sollzinsen für geduldete Überziehungen:	*12 %*

Die Zinsbelastung erfolgt bei der Quartalsabrechnung.

Zinsberechnung

Die Zinsen bei Verbraucherdarlehen werden nach der **deutschen kaufmännischen Zinsrechnungsmethode (30/360-Methode)** ermittelt.

- Alle Monate haben demnach 30 Zinstage.
- Das Jahr hat demzufolge 360 Zinstage.

Beispiele:

- *Zinslauf vom 15.03. bis zum 15.04. = 30 Zinstage*
- *Zinslauf vom 15.03. bis zum 31.03. = 15 Zinstage*
- *Zinslauf vom 01.03. bis zum 31.03. = 29 Zinstage*
- *Zinslauf vom 28.02. bis zum 31.03. = 32 Zinstage*

Formel zur Ermittlung der Zinsen

$$Z = \frac{K \cdot p \cdot t}{360 \cdot 100}$$

Z = Zinsen
K = Kapital
p = Zinssatz
t = Zinstage

5

Beispiel:
Ermittlung der Sollzinsen; eingeräumte Kreditlinie 4 000,00 EUR

Wert-stellung	Text	Kontostand		Zins-tage	8 % Sollzinsen für eingeräumte Überziehungen	12 % Sollzinsen für geduldete Überziehungen
31.03.	*Vortrag*	*200,00 EUR*	*Haben*	*8*	*– EUR*	*– EUR*
08.04.	*Überweisung*	*–3 650,00 EUR*	*Soll*			
		–3 450,00 EUR	*Soll*	*7*	*5,37 EUR*	*– EUR*
15.04.	*Gehaltseingang*	*2 940,00 EUR*	*Soll*			
		–510,00 EUR	*Soll*	*5*	*0,57 EUR*	*– EUR*
20.04.	*Überweisung*	*–4 700,00 EUR*	*Soll*			
		–5 210,00 EUR	*Soll*	*18*	*16,00 EUR*	*7,26 EUR*
08.05.	*Barauszahlung*	*–600,00 EUR*	*Soll*			
		–5 810,00 EUR	*Soll*	*7*	*6,22 EUR*	*4,22 EUR*
15.05.	*Gehaltseingang*	*2 940,00 EUR*	*Soll*			
		–2 870,00 EUR	*Soll*	*17*	*10,84 EUR*	*– EUR*
02.06.	*Bareinzahlung*	*800,00 EUR*	*Haben*			
		–2 070,00 EUR	*Soll*	*13*	*5,98 EUR*	*– EUR*
15.06.	*Gehaltseingang*	*2 940,00 EUR*	*Haben*			
30.06.		*870,00 EUR*	*Haben*	*15*	*– EUR*	*– EUR*
				90	*44,98 EUR*	*11,48 EUR*

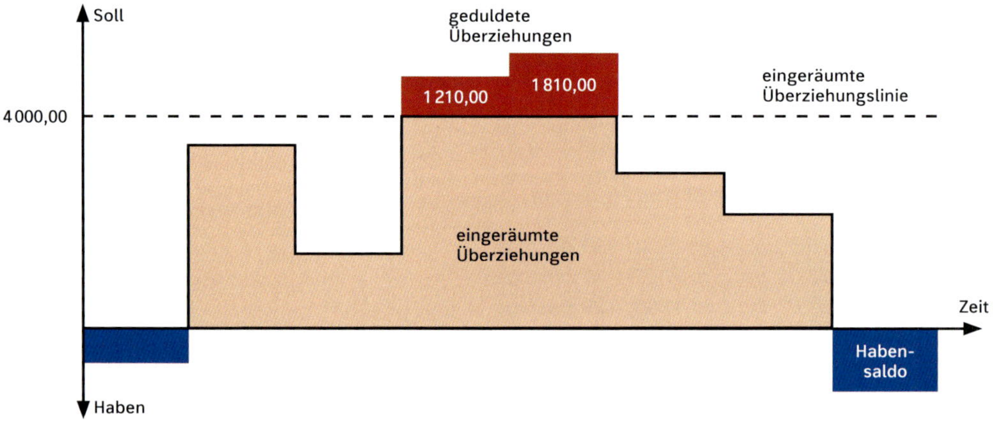

1.2 Ratenkredite

Ratenkredite werden in einer Summe auf einem Darlehenskonto bereitgestellt und in festen monatlichen Raten zurückgeführt. In der Praxis sind Laufzeiten von zwölf Monaten bis zu sechs Jahren üblich.

Kreditnehmer beantragen Ratenkredite zur

- Finanzierung von Gebrauchsgütern *(z. B. Wohnungseinrichtung, Pkw)* und Verbrauchsgütern *(z. B. Studium, Urlaubsreise)* sowie zur
- Umschuldung eines Überziehungskredites auf dem laufenden Konto.

Beispiel:
Allzweckratenkredit der Regio-Bank AG

Nettodarlehensbetrag (Auszahlungsbetrag)	*20 000,00 EUR*
Laufzeit	*48 Monate*
Sollzinssatz (Nominalzinssatz)	*6,0 %*
effektiver Jahreszins	*6,3 %*
Monatsrate	*469,70 EUR*
Gesamtrückzahlungsbetrag	*22 545,60 EUR*
Abschluss einer Restschuldversicherung	*432,50 EUR (Die Kosten sind abhängig von der Darlehenshöhe, der Laufzeit und dem Lebensalter des Darlehensnehmers.)*

Bei **Werbemaßnahmen** muss das Kreditinstitut den Verbraucher in verständlicher Weise über **alle wesentlichen Bedingungen** des Kreditangebotes informieren, damit der Kreditnehmer auf der Grundlage dieser Informationen die Angebote verschiedener Banken vergleichen und eine fundierte Entscheidung treffen kann.

Zum besseren Verständnis der in der Werbung herausgestellten Vertragsinhalte sind diese mit einem realistischen Beispiel zu versehen. Von dem dabei zugrunde gelegten effektiven Jahreszins muss zu erwarten sein, dass mindestens zwei Drittel der Verträge zu diesem oder zu einem niedrigeren Zinssatz zustande kommen.

Die **Verordnung über Preisangaben** *(§ 5 PAngV)* verpflichtet das Kreditinstitut, Regelsätze für seine Leistungen im standardisierten Privatkundengeschäft in einem **Preisaushang** auszuweisen, der in der Schalterhalle und zusätzlich im Schaufenster oder Schaukasten anzubringen ist.

Beurteilung von Ratenkrediten

Kunde	▪ sofortige Anschaffungen ohne vorheriges Ansparen sind möglich ▪ Ausnutzen von Skonto bei Barzahlung ▪ feste Monatsraten ▪ schnelle und unbürokratische Bearbeitung des Kreditantrages
Kreditinstitut	▪ Zinserträge bei relativ geringem Aufwand durch die standardisierte Bearbeitung ▪ geringes Gesamtkreditrisiko aufgrund der breiten Kundenstreuung ▪ Anschlussgeschäfte

2 Prozess der Kreditgewährung

Der Prozess der Kreditgewährung umfasst folgende Phasen:

Kreditantrag

↓

Kreditprüfung
- Prüfung der Geschäftsfähigkeit und des Güterstandes bei Eheleuten
- Prüfung der Kreditwürdigkeit

↓

Kreditangebot und Erfüllung der vorvertraglichen Informationspflichten

↓

Abschluss des Darlehensvertrages, Angebot einer Restschuldversicherung und Bestellung von Sicherheiten

↓

Bereitstellung des Kredites und Kreditüberwachung

↓

Beendigung des Kreditverhältnisses

In der Praxis ist der Prozess vom Darlehensantrag bis zum Abschluss des Darlehensvertrages weitgehend standardisiert. Dadurch ist eine schnelle Entscheidung, ob das Kreditinstitut zu einer Darlehensgewährung bereit ist oder nicht, möglich. Bei einer positiven Entscheidung kann der Darlehensnehmer schon nach kurzer Zeit über das Geld verfügen.

2.1 Kreditantrag

Allgemein-Verbraucherdarlehen können Kunden nach einer Beratung in einer Filiale oder online beantragen.

In einem Beratungsgespräch erörtert die Beraterin bzw. der Berater mit dem Kunden folgende Punkte:
- Höhe und Verwendungszweck des Kredits
- Zeitpunkt der Bereitstellung
- mögliche Kreditsicherheiten
- Konditionen (Zinsen, Provision)
- Laufzeit des Kredits bzw. Rückzahlung
- Einwilligung zur Einholung einer SCHUFA-Auskunft

Wenn nach der Einschätzung der Beraterin bzw. des Beraters eine Kreditvergabe möglich scheint, füllen sie in der Regel gemeinsam am PC einen Darlehensantrag aus.

Der Antrag enthält neben den persönlichen Daten des Kunden sowie den Merkmalen des Darlehens *(z. B. Darlehenshöhe, Laufzeit, Sicherheiten)* auch eine Selbstauskunft über dessen persönliche und wirtschaftliche Verhältnisse. Die Selbstauskunft in Verbindung mit entsprechenden Unterlagen ist eine wichtige Grundlage für die spätere Kreditwürdigkeitsprüfung.

Der Kreditantrag ist rechtlich unverbindlich und verpflichtet den Kunden nicht zum Abschluss des Darlehensvertrages.

2.2 Kreditprüfung

Die Kreditprüfung umfasst die Prüfung
- der Geschäftsfähigkeit (Kreditfähigkeit),
- des Güterstandes bei Eheleuten,
- der Kreditwürdigkeit und
- bei besicherten Darlehen die Werthaltigkeit der Sicherheiten.

2.2.1 Prüfung der Geschäftsfähigkeit und des Güterstandes

Prüfung der Geschäftsfähigkeit

Mithilfe eines amtlichen Lichtbildausweises stellt die Beraterin bzw. der Berater die Identität und das Alter des Kunden fest.

- **Personen sind ab 18. Jahren voll (unbeschränkt) geschäftsfähig**. Sie können allein Darlehensverträge rechtswirksam abschließen.
- **Darlehensnehmer** können auch **beschränkt Geschäftsfähige** (Minderjährige im Alter von sieben Jahren bis unter 18 Jahren) und **Geschäftsunfähige** (Kinder unter sieben Jahren) sein.
  Für den rechtswirksamen Abschluss eines Darlehensvertrages benötigen beschränkt Geschäftsfähige jedoch die Zustimmung der gesetzlichen Vertreter und eine Genehmigung des Familiengerichtes *(§ 1822 BGB)*.
  Eine Genehmigung des Familiengerichtes gibt es nur in seltenen Ausnahmefällen.
  Beispiel:
  Ein Minderjähriger hat eine vermietete Immobilie geerbt und erzielt Mieteinnahmen, aus denen er die Darlehensraten zahlen könnte. Er benötigt nun ein Darlehen für eine Reparatur des Hausdaches.

Bei unter **Betreuung** stehenden Personen ist zu prüfen, ob das Betreuungsgericht einen Einwilligungsvorbehalt für finanzielle Angelegenheiten angeordnet hat. In diesem Fall sind auch die Genehmigungen des Betreuers und des Betreuungsgerichts einzuholen.

Prüfung des Güterstandes

Für die Bestellung von Kreditsicherheiten und für eine Pfändung von Vermögenswerten bei Nichterfüllung des Kreditvertrages ist bei Eheleuten der Güterstand von Bedeutung.

- **Zugewinngemeinschaft** *(§ 1363 ff. BGB)*
  Zustimmung des Ehepartners ist nicht erforderlich.
  Ausnahme: Zustimmung des Ehepartners ist erforderlich bei Verfügungen über das Vermögen im Ganzen *(§ 1365 BGB)*.
- **Gütergemeinschaft** *(§ 1415 ff. BGB)*
  Zustimmung des Ehepartners ist erforderlich.
- **Gütertrennung** *(§ 1414 BGB)*

Zustimmung des Ehepartners ist nicht erforderlich.

In der Praxis wird der Ehepartner in der Regel als Mitantragsteller mitverpflichtet. Antragsteller und Mitantragsteller haften dann als Gesamtschuldner *(§ 427 BGB)*.

2.2.2 Prüfung der Kreditwürdigkeit

Vor dem Abschluss eines Darlehensvertrages muss das Kreditinstitut die Kreditwürdigkeit des Verbrauchers prüfen *(§ 18a KWG, §§ 505a, 505b, 505d BGB)*.

Bei einem **Allgemein-Verbraucherdarlehensvertrag** gilt der Darlehensnehmer als **kreditwürdig**, wenn **keine erheblichen Zweifel** daran bestehen, dass er seinen Verpflichtungen vertragsgemäß nachkommen wird *(§ 505a BGB)*. Zur Beurteilung der Kreditwürdigkeit ermittelt das Kreditinstitut auf der Grundlage der persönlichen und wirtschaftlichen Verhältnisse des Kunden eine Ausfallwahrscheinlichkeit (Kreditausfallrisiko) für das beantragte Darlehen.

Bei der Kreditwürdigkeitsprüfung sind zu unterscheiden:

- **persönliche Kreditwürdigkeit**: Beurteilung der persönlichen Verhältnisse und der Vertrauenswürdigkeit des Kreditnehmers
- **materielle Kreditwürdigkeit**: Beurteilung der wirtschaftlichen Verhältnisse des Kreditnehmers

Kreditwürdigkeit bei Privatkunden

Merkmale	Kriterien	Unterlagen *(siehe §§ 505b BGB)*
persönliche Verhältnisse	▪ Familienstand, Kinder ▪ berufliche Stellung ▪ Dauer des Arbeitsverhältnisses ▪ ordnungsgemäße Erfüllung bisheriger Verpflichtungen	▪ Selbstauskunft ▪ Kontounterlagen ▪ SCHUFA-Auskunft ▪ Arbeitsverträge ▪ ggf. Bankauskünfte von anderen Kreditinstituten
wirtschaftliche Verhältnisse	Ermittlung des frei verfügbaren Resteinkommens	▪ Gehaltsnachweise der letzten drei Monate ▪ Selbstauskunft ▪ Haushaltsrechnung mit einer Gegenüberstellung der monatlichen Einnahmen und Ausgaben ▪ Kontounterlagen
	Vermögen	▪ Konto- und Depotunterlagen ▪ ggf. Nachweise von Guthaben und Depotbeständen bei anderen Kreditinstituten ▪ ggf. Grundbuchauszug

Haushaltsrechnung

In einer Haushaltsrechnung (Kapitaldienstberechnung) werden Einnahmen und Ausgaben zur Ermittlung des frei verfügbaren Resteinkommens gegenübergestellt, um die Tragbarkeit der monatlichen Belastung zu beurteilen. Nebeneinnahmen und Überstundenentgelte werden nur berücksichtigt, wenn sie dauerhaft sind und nachgewiesen werden. Für die Lebenshaltungskosten legen die Kreditinstitute Pauschalbeträge zugrunde.

Beispiele:
Lebenshaltungskostenpauschalen

– *Alleinstehende*	*600,00 EUR*
– *Ehepaare/zusammenlebende Paare*	*900,00 EUR*
– *je Kind*	*150,00 EUR*

Die Pauschalwerte sind heranzuziehen, wenn die Lebensführung der Kreditnehmer den „normalen" Verhältnissen entspricht. Bei einer aufwendigen Lebensführung sind die Werte höher anzusetzen, bei einer sparsamen Lebensführung können die Werte eventuell niedriger angesetzt werden. Bei bestehenden Kontoverbindungen ist die Plausibilität der Werte durch die Kontoführung zu überprüfen.

Beispiel:
Haushaltsrechnung für die Eheleute Monika und Herbert Höhner, zwei Kinder

monatliche Einnahmen		monatliche Ausgaben	
Nettoeinkommen Antragsteller	*2 010,00 EUR*	*Miete inkl. Nebenkosten*	*675,00 EUR*
Nettoeinkommen Mitantragsteller	*735,00 EUR*	*Auto (laufende Kosten, Steuern, Versicherungen)*	*200,00 EUR*
Kindergeld (219,00 · 2)	*438,00 EUR*	*Lebenshaltungskosten (Pauschalbetrag)*	*1 200,00 EUR*
sonstige Einnahmen	–	*Versicherungen*	*125,00 EUR*
		Kreditraten/Leasingraten	*160,00 EUR*
		Sparpläne/Bausparraten	–
		sonstige regelmäßige Ausgaben	*40,00 EUR*
Gesamteinnahmen	*3 183,00 EUR*	***Gesamtausgaben***	*2 400,00 EUR*

Es verbleibt ein frei verfügbares Resteinkommen von 783,00 EUR (3 183,00 – 2 400,00).
Die maximale Monatsrate sollte unter diesem Betrag liegen (z. B. 20 %), um dem Kunden eine Liquiditätsreserve zu belassen.

Kreditscoring

Das **Kreditscoring** ist ein **Punktbewertungsverfahren** zur Beurteilung des Kreditausfallrisikos (Ausfallwahrscheinlichkeit).

Aus den Erfahrungen bei der Abwicklung von Krediten in der Vergangenheit lässt sich statistisch nachweisen, dass ein Zusammenhang (Korrelation) zwischen bestimmten personenbezogenen Merkmalen und dem Kreditausfallrisiko besteht. Mithilfe komplexer statistisch-mathematischer Verfahren bestimmt das Kreditinstitut, mit welcher Wahrscheinlichkeit eine nicht ordnungsgemäße Erfüllung des Kreditvertrages in Abhängigkeit von einzelnen Kundenmerkmalen zu erwarten ist. Insbesondere eine bestimmte Kombination von Kundenmerkmalen erhöht bzw. vermindert das Kreditausfallrisiko.

Vorgehensweise beim Kreditscoring

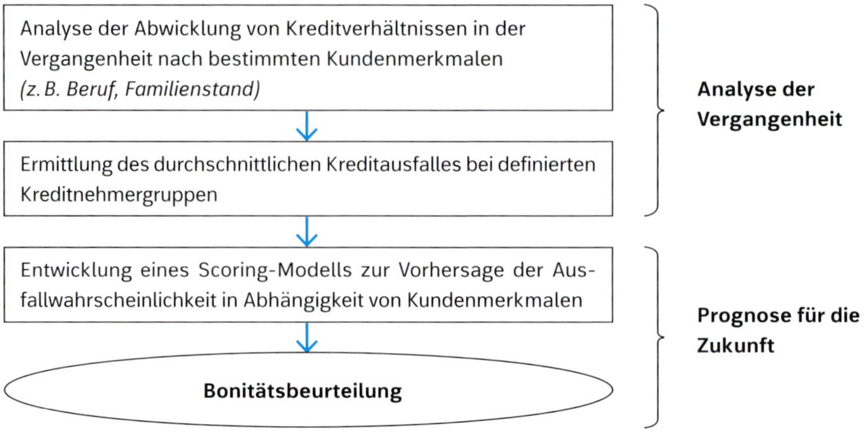

Die einzelnen Kundenmerkmale werden mit unterschiedlichen Punktwerten beurteilt und zu einem Gesamtergebnis zusammengefasst. Aufgrund der erreichten Gesamtpunktzahl wird der Kreditnehmer einer bestimmten Bonitäts-/Risikoklasse zugeordnet.

Folgende Merkmale sind beim Scoring-Verfahren von Bedeutung:
- Alter und Geschlecht
- Beruf und Dauer des Beschäftigungsverhältnisses
- Familienstand und Anzahl der unterhaltsberechtigten Personen
- Höhe und Verwendungszweck des Kredites
- Wohnung (Eigenheim, Mietwohnung, Dauer des Wohnverhältnisses)
- Dauer der Kontoverbindung
- bisherige Zahlungsmoral (Kontoüberziehungen, Kredittilgungen)
- Vermögen *(z. B. Sparguthaben, Wertpapiere)*

Beispiel:

Merkmal	Bedeutung	Kategorien	Punktzahl
Alter	*Ältere Kreditnehmer geraten seltener in Zahlungsschwierigkeiten als jüngere.*	*Kreditnehmer 20 Jahre alt*	*3*
		Kreditnehmer 40 Jahre alt	*5*
Beruf	*Kreditnehmer in bestimmten Berufen geraten seltener in Zahlungsschwierigkeiten.*	*Versicherungsangestellte*	*8*
		Bauhilfsarbeiter	*4*

Diese Bewertung führt dazu, dass z. B. ein 45-jähriger Versicherungsangestellter einen höheren Scorewert erreicht als ein 30-jähriger Bauhilfsarbeiter, weil nach den statistischen Erfahrungswerten der Vergangenheit die Wahrscheinlichkeit eines Forderungsausfalles bei der erstgenannten Person niedriger ist. Das Verfahren gründet sich auf allgemeine Durchschnittswerte einer Kundengruppe und nicht auf die individuellen Eigenschaften des Kreditnehmers. Daher kann die Einordnung im Einzelfall zu nicht zutreffenden Ergebnissen führen.

Nach Eingabe der Kundendaten in das Terminal errechnet das Programm die Bewertungszahl und bestimmt damit weitgehend die Kreditentscheidung. Eine von der Scoringbewertung abweichende Kreditentscheidung muss der Kreditsachbearbeiter hinreichend begründen.

Beispiel: Score-System der SCHUFA für Banken

Ratingstufe	Punktzahl	Anteil an allen gespeicherten Personen	Risikoquote
A	*662 – 1 000*	*ca. 20 %*	*0,85 %*
B	*564 – 661*	*ca. 20 %*	*1,69 %*
C	*517 – 563*	*ca. 10 %*	*2,46 %*
D	*467 – 516*	*ca. 10 %*	*3,13 %*
E	*410 – 466*	*ca. 10 %*	*4,16 %*
F	*341 – 409*	*ca. 10 %*	*5,51 %*
G	*247 – 340*	*ca. 10 %*	*8,03 %*
H	*177 – 246*	*ca. 5 %*	*12,17 %*
I	*137 – 176*	*ca. 2 %*	*16,21 %*
K	*111 – 136*	*ca. 1 %*	*19,76 %*
L	*77 – 110*	*ca. 1 %*	*23,96 %*
M	*0 – 76*	*ca. 1 %*	*34,75 %*

Arten des Kredit-Scorings

Antrag-Scoring

Anhand der zum Zeitpunkt des Kreditantrags vorliegenden Daten soll die Wahrscheinlichkeit einer ordnungsgemäßen Kreditrückzahlung prognostiziert werden.

↓

Unterstützung der Entscheidung über die Kreditvergabe

Verlauf-Scoring

Bei einem bereits bestehenden Kreditverhältnis sollen durch die regelmäßige Bewertung des Engagements Hinweise auf einen evtl. drohenden Kreditausfall gewonnen werden.

↓

Unterstützung der Kreditüberwachung und ggf. Einleitung entsprechender Maßnahmen, z. B. Verstärkung von Sicherheiten

Vorteile des Scorings

- objektivere Risikobeurteilung, da die persönliche Einflussnahme des Sachbearbeiters weitgehend ausgeschaltet wird
- bessere Kontrolle und damit auch Verbesserung der Qualität des gesamten Kreditportfolios einer Bank im bewerteten Kundensegment
- effiziente, schnelle und damit auch kostengünstige Kreditentscheidungen
- Unterstützung einer an das Risiko des Engagements angepassten Preispolitik
- Vergabe riskanter Kredite nur gegen entsprechende Sicherheiten bzw. nur bei strikter Kontrolle während der Laufzeit

Nach den Eigenmittelvorschriften (Basel III) müssen die Kreditinstitute die Kredite je nach Ausfallrisiko mit unterschiedlichen Eigenmittelsätzen unterlegen. Bei der Kalkulation der Kreditkonditionen sind in Abhängigkeit von der Bonität des Kreditnehmers Eigenmittel-

und Risikokosten zu berücksichtigen. Dabei gilt: Je besser die Bonität des Kreditnehmers, desto niedriger sind die Kreditzinsen.

Fallbeispiele:

Die Regio-Bank AG bietet Ratenkredite in Abhängigkeit von der Bonität des Kunden zu folgenden Konditionen an:

Höhe der Monatsraten bei einer Kreditsumme von 10 000,00 EUR									
Sollzins p. a.	Laufzeit in Monaten								
	24	30	36	42	48	54	60	66	72
3,00 %	429,81 €	346,41 €	290,81 €	251,11 €	221,34 €	198,20 €	179,69 €	164,55 €	151,94 €
3,50 %	432,03 €	348,61 €	293,02 €	253,32 €	223,56 €	200,42 €	181,92 €	166,79 €	154,18 €
4,00 %	434,25 €	350,83 €	295,24 €	255,55 €	225,79 €	202,66 €	184,17 €	169,04 €	156,45 €
4,50 %	436,48 €	353,06 €	297,47 €	257,78 €	228,03 €	204,91 €	186,43 €	171,32 €	158,74 €
5,00 %	438,71 €	355,29 €	299,71 €	260,03 €	230,29 €	207,18 €	188,71 €	173,62 €	161,05 €
5,50 %	440,96 €	357,54 €	301,96 €	262,29 €	232,56 €	209,47 €	191,01 €	175,93 €	163,38 €
6,00 %	443,21 €	359,79 €	304,22 €	264,56 €	234,85 €	211,77 €	193,33 €	178,26 €	165,73 €
6,50 %	445,46 €	362,05 €	306,49 €	266,85 €	237,15 €	214,08 €	195,66 €	180,61 €	168,10 €
7,00 %	447,73 €	364,32 €	308,77 €	269,14 €	239,46 €	216,42 €	198,01 €	182,98 €	170,49 €
7,50 %	450,00 €	366,60 €	311,06 €	271,45 €	241,79 €	218,76 €	200,38 €	185,37 €	172,90 €
8,00 %	452,27 €	368,88 €	313,36 €	273,77 €	244,13 €	221,12 €	202,76 €	187,78 €	175,33 €
8,50 %	454,56 €	371,18 €	315,68 €	276,10 €	246,48 €	223,50 €	205,17 €	190,21 €	177,78 €
9,00 %	456,85 €	373,48 €	318,00 €	278,45 €	248,85 €	225,89 €	207,58 €	192,65 €	180,26 €
9,50 %	459,14 €	375,79 €	320,33 €	280,80 €	251,23 €	228,30 €	210,02 €	195,12 €	182,75 €
10,00 %	461,45 €	378,11 €	322,67 €	283,17 €	253,63 €	230,72 €	212,47 €	197,60 €	185,26 €
10,50 %	463,76 €	380,44 €	325,02 €	285,55 €	256,03 €	233,16 €	214,94 €	200,10 €	187,79 €
11,00 %	466,08 €	382,78 €	327,39 €	287,94 €	258,46 €	235,61 €	217,42 €	202,61 €	190,34 €
11,50 %	468,40 €	385,13 €	329,76 €	290,34 €	260,89 €	238,08 €	219,93 €	205,15 €	192,91 €
12,00 %	470,73 €	387,48 €	332,14 €	292,76 €	263,34 €	240,57 €	222,44 €	207,71 €	195,50 €

Fall 1

Die Eheleute Claudia und Alexander Höhner beantragen bei der Regio-Bank AG zur Finanzierung eines Pkw einen Ratenkredit von 26 000,00 EUR. Die Laufzeit soll 54 Monate betragen. Die Regio-Bank AG bietet den Eheleuten ein Allgemein-Verbraucherdarlehen mit monatlicher Tilgungsverrechnung zu einem Sollzinssatz (Nominalzinssatz) von 8,50 % an.

Ermittlung der Monatsrate

Bei einer Kredithöhe von 10 000,00 EUR und einem Sollzinssatz von 8,50 % beträgt die Monatsrate nach der Tabelle 223,50 EUR. Für die Eheleute ergibt sich eine Monatsrate von 581,10 EUR.

10 000,00 EUR – 223,50 EUR
26 000,00 EUR – x

$$x = \frac{223{,}50 \cdot 26\,000{,}00}{10\,000{,}00} = \underline{\underline{581{,}10 \text{ EUR}}}$$

oder Ermittlung der Monatsrate mithilfe der finanzmathematischen Formel:

$$MR = ND \cdot \frac{q^m \cdot (q-1)}{(q^m - 1)}$$

$$MR = 26\,000{,}00 \cdot \frac{1{,}00708^{54} \cdot (1{,}00708 - 1)}{(1{,}00708^{54} - 1)}$$

$$MR = \underline{\underline{581{,}10\ EUR}}$$

MR: Monatsrate
ND: Nettodarlehensbetrag
p: Jahreszinssatz
m: Laufzeit in Monaten

$$q = (1 + \frac{p}{1200})$$

$$q = (1 + \frac{8{,}50}{1200})$$

$$q = 1{,}00708$$

Ermittlung des Gesamtrückzahlungsbetrages
54 Raten · 581,10 EUR = 31 379,40 EUR

Ermittlung der Kreditkosten

Gesamtrückzahlungsbetrag	31 379,40 EUR
– Nettodarlehensbetrag (Auszahlungsbetrag)	– 26 000,00 EUR
Kreditkosten	5 379,40 EUR

Fall 2

Pascal Reimann beantragt bei der Regio-Bank AG einen Ratenkredit über 17 000,00 EUR. Der Sollzinssatz beträgt 6,00 %. Die Haushaltsrechnung hat ergeben, dass der Kunde maximal eine monatliche Belastung von 400,00 EUR tragen kann.

Ermittlung der maximalen Monatsrate je 10 000,00 EUR Darlehensbetrag

17 000,00 EUR – 400,00 EUR Rate
10 000,00 EUR – x

$$x = \frac{400{,}00 \cdot 10\,000{,}00}{17\,000{,}00} = \underline{\underline{235{,}29\ EUR}}$$

Mithilfe der abgebildeten Tabelle kann die für Pascal Reimann „passende" Laufzeit ermittelt werden. Bei einer Kreditsumme von 10 000,00 EUR beträgt die monatliche Belastung bei einer Laufzeit von 48 Monaten und einem Zinssatz von 6,00 % 234,85 EUR.

Ermittlung der Monatsrate bei einem Darlehensbetrag von 17 000,00 EUR

10 000,00 EUR – 234,85 EUR Rate
17 000,00 EUR – x

$$x = \frac{234{,}85 \cdot 17\,000{,}00}{10\,000{,}00} = \underline{\underline{399{,}25\ EUR}}$$

Dieser Wert liegt unter der Maximalbelastung von monatlich 400,00 EUR.

Überschlägig (vereinfacht) kann die Laufzeit des Darlehens wie folgt berechnet werden:

Zu Beginn der Darlehensphase beträgt der Darlehensbetrag 17 000,00 EUR, der sich dann durch die Zahlung der Raten jeden Monat verringert. Im letzten Monat steht nur noch eine Rate von 400,00 EUR aus.

Der durchschnittliche Darlehensbetrag ist das arithmetische Mittel dieser Größen.

$$\frac{\text{Höchster Darlehensbetrag + niedrigster Darlehensbetrag}}{2} = \frac{17\,000{,}00 + 400{,}00}{2} = 8\,700{,}00 \text{ EUR}$$

Die Monatsraten umfassen einen Zins- und einen Tilgungsanteil.

$$\text{Zinsanteil} = \frac{8\,700{,}00 \cdot 6{,}0}{100 \cdot 12} = 43{,}50 \text{ EUR}$$

Tilgungsanteil pro Rate = Monatsrate – Zinsanteil = 400,00 – 43,50 = 356,50 EUR

Innerhalb der Laufzeit ist das Darlehen zu tilgen.

$$\text{Laufzeit} = \frac{\text{Darlehensbetrag}}{\text{Tilgungsanteil pro Rate}} = \frac{17\,000{,}00}{356{,}50}$$ = **47,69 Monate, aufgerundet 48 Monate**

Die Laufzeit ist auf volle Monate bzw. auf die nächst längere verfügbare Laufzeit aufzurunden.

2.3 Kreditangebot und Vorvertragliche Informationspflichten

Bei einer positiven Kreditentscheidung erstellt die Beraterin bzw. der Berater nach den Wünschen des Kunden und unter Berücksichtigung seiner Kapitaldienstfähigkeit ein Darlehensangebot, das in der Praxis direkt aus dem Terminal abrufbar ist. **Für ein rechtlich verbindliches Darlehensangebot ist die Zustimmung eines zweiten Kompetenzträgers notwendig.**

Vor dem Abschluss eines Allgemein-Verbraucherdarlehensvertrages muss das Kreditinstitut gegenüber dem Verbraucher **Vorvertragliche Informationspflichten (VVI)** erfüllen *(§ 491a BGB, Art. 247 § 2 EGBGB):*

- **Information des Darlehensnehmers** in Textform über die Inhalte des Darlehensvertrages nach der gesetzlichen Mustervorlage „**Europäische Standardinformation für Verbraucherkredite**" *(Anlage 4 zu Art. 247 § 2 EGBGB)*

Pflichtangaben bei Allgemein-Verbraucherdarlehensverträgen
▪ Nettodarlehensbetrag ▪ Gesamtbetrag (Gesamtrückzahlungsbetrag) einschließlich aller Zinsen und Kosten ▪ Höhe der Monatsraten und Laufzeit ▪ Sollzinssatz und alle sonstigen Kosten des Kredites ▪ effektiver Jahreszinssatz gemäß *§ 6 PAngV* ▪ Kosten einer Restschuld- oder sonstigen Versicherung, die im Zusammenhang mit dem Kreditvertrag abgeschlossen wird ▪ zu bestellende Sicherheiten ▪ Widerrufsrecht ▪ Recht auf vorzeitige Rückzahlung bzw. Kündigungsrechte ▪ Höhe der Vorfälligkeitsentschädigung bei vorzeitiger Rückzahlung des Kredites ▪ Auszahlungsbedingungen *(z. B. in einer Summe oder in Teilbeträgen)* ▪ Warnhinweis zu den Folgen ausbleibender Zahlungen *(z. B. Mahnkosten)* ▪ Verzugszinssatz

Auf Grundlage dieser Information hat der Verbraucher die Gelegenheit, das Darlehensangebot in Abwesenheit des Beraters eingehend zu prüfen und mit Angeboten von anderen Kreditinstituten zu vergleichen.

- **Bereitstellung eines Vertragsentwurfes**
  Der Darlehensnehmer kann vom Darlehensgeber einen Entwurf des Darlehensvertrages verlangen *(§ 491a Abs. 2 BGB).*
- **Angemessene Erläuterungen zum Darlehensvertrag**
  Dem Verbraucher ist zu erläutern, ob der Vertrag dem von ihm verfolgten Zweck und seinen Vermögensverhältnissen gerecht wird und welche Folgen bei einem Zahlungsverzug eintreten *(§ 491a Abs. 3 BGB).* Die Erläuterungen sollen den Verbraucher über alle Aspekte des Vertrages informieren, damit er auf dieser Grundlage eine fundierte Entscheidung treffen kann.
- **Effektiver Jahreszinssatz** *(§ 6 Preisangabenverordnung – PAngV)*
  Der effektive Jahreszinssatz drückt die **tatsächlichen Kosten** des Darlehens als jährlichen Prozentsatz des Nettodarlehensbetrags aus. In die Berechnung des anzugebenden effektiven Jahreszinses sind als Gesamtkosten die vom Verbraucher zu entrichtenden Zinsen und alle sonstigen Kosten einschließlich etwaiger Vermittlungskosten einzubeziehen, die der Verbraucher im Zusammenhang mit dem Allgemein-Verbraucherdarlehensvertrag zu entrichten hat.

5

Widerrufsrecht und Widerrufsbelehrung *(§§ 495, 355 BGB)*

Dem Kreditnehmer steht bei einem Verbraucherdarlehensvertrag ein **Widerrufsrecht** zu *(§ 495 BGB).* Mit der fristgerechten Erklärung des Widerrufs gegenüber dem Kreditinstitut ist der Kreditnehmer nicht mehr an seine auf den Abschluss des Kreditvertrages gerichtete Willenserklärung gebunden. Der Widerruf ist gegenüber dem Kreditinstitut zu erklären und muss keine Begründung enthalten *(§ 355 Abs. 1 BGB).*

Die **Widerrufsfrist** beträgt **14 Kalendertage**. Zur Fristwahrung genügt die rechtzeitige Absendung des Widerrufs *(§ 355 Abs. 2 BGB).* Die Frist beginnt mit Vertragsabschluss, jedoch erst, wenn der Darlehensnehmer über sein **Widerrufsrecht belehrt** wurde und er eine ordnungsgemäße **Vertragsurkunde mit allen gesetzlichen Pflichtangaben** *(§ 492 Abs. 2 BGB, Art. 247 §§ 6–13 EGBGB)* erhalten hat. Andernfalls beginnt die Frist erst mit Nachholung dieser Angaben. In diesem Fall beträgt die Widerrufsfrist **einen Monat** *(§ 356b Abs. 2 BGB).*

Wurde das Darlehen bereits an den Kreditnehmer ausgezahlt, muss der Darlehensnehmer den erhaltenen Betrag binnen **30 Tagen** nach Absendung des Widerrufs zurückzahlen. Der Darlehensnehmer ist aber verpflichtet, für den Zeitraum zwischen der Auszahlung und der Rückzahlung des Darlehens den vereinbarten Sollzins zu zahlen *(§ 357a BGB).*

Der Kreditnehmer ist bei Vertragsabschluss über sein **Widerrufsrecht** zu **informieren**. Die Widerrufsinformation muss in hervorgehobener und deutlich gestalteter Form den Verbraucher über sein **Widerrufsrecht** und über die **Widerrufsfolgen** aufklären *(Art. 247 § 6 EGBGB).*

Inhalte der Widerrufsinformation *(gemäß „Muster für eine Widerrufsinformation für Allgemein-Verbraucherdarlehensverträge", Anlage 7 zu Art 247 § 6 Abs. 2 EGBGB):*

- Hinweis auf das Recht zum Widerruf innerhalb von 14 Tagen ohne Angabe von Gründen

- Hinweis auf Beginn und Dauer der Widerspruchsfrist bei fehlenden Pflichtangaben
- Adressat des Widerrufs (Name und Anschrift des Kreditgebers)
- Hinweis, dass ein bereits ausgezahltes Darlehen innerhalb von 30 Tagen zurückzuzahlen ist, und Angabe des Zinsbetrages pro Tag, der bei einem Widerruf für den Zeitraum zwischen Auszahlung und Rückzahlung des Darlehens zu zahlen ist

2.4 Abschluss des Darlehensvertrages und Bestellung der Sicherheiten

Abschluss des Darlehensvertrages

Der Verbraucherdarlehensvertrag muss klar und verständlich alle für den Darlehensnehmer wesentlichen Vertragsbedingungen enthalten *(§ 492 BGB, Art. 246 EGBGB)*. Ferner muss die für den Darlehensgeber zuständige Aufsichtsbehörde angegeben werden. Der Darlehensnehmer muss darauf hingewiesen werden, dass er nach *§ 492 Abs. 3 Satz 2 BGB* einen Anspruch auf einen Tilgungsplan hat *(Art. 247, § 6 EGBGB)*. Verbraucherdarlehensverträge sind **schriftlich oder in elektronischer Form mit qualifizierter Signatur** abzuschließen *(§ 126a BGB)*. Der Vertrag ist nichtig, wenn die Form nicht eingehalten wurde oder eine der für den Verbraucherdarlehensvertrag vorgeschriebene Angaben fehlt *(§ 494 Abs. 1 BGB)*.

Der Kreditvertrag wird vom Kunden und von zwei Kompetenzträgern des Kreditinstitutes unterschrieben. Damit ist der Kreditvertrag durch zwei übereinstimmende Willenserklärungen geschlossen. Je nach Abwicklung erfolgt die erste Willenserklärung durch das Kreditinstitut oder durch den Kunden.

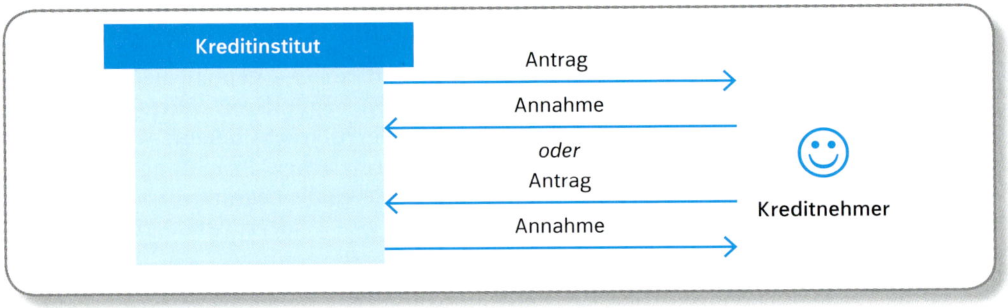

Auch wenn Pflichtangaben in dem Vertrag fehlen, bleibt der Kreditvertrag nach einer Auszahlung des Darlehens rechtswirksam. Fehlt allerdings die Angabe des Sollzinssatzes, des effektiven Jahreszinssatzes oder des Gesamtrückzahlungsbetrages, dann ermäßigt sich der Sollzinssatz des Darlehens auf den gesetzlichen Zinssatz von 4% *(§§ 494 Abs. 2, 246 BGB)*.

Nicht angegebene Kosten werden vom Kreditnehmer nicht geschuldet. Fehlen im Vertrag Angaben zum Kündigungsrecht, ist der Kreditnehmer jederzeit zur Kündigung berechtigt. Fehlen Angaben zu den Kreditsicherheiten, können diese nicht nachgefordert werden, sofern der Nettokreditbetrag 75 000,00 EUR nicht übersteigt *(§ 494 BGB)*.
Nach Vertragsabschluss stellt der Kreditgeber dem Kreditnehmer eine Abschrift des Kreditvertrages zur Verfügung *(§ 492 Abs. 3 BGB)*.

Bestellung der Sicherheiten

Das Kreditinstitut kann nur die Bestellung derjenigen Sicherheiten verlangen, die im Kreditvertrag aufgeführt sind. Die Bestellung der Sicherheiten erfolgt durch vertragliche Vereinbarung *(z. B. Bürgschaftsvertrag, Sicherungsübereignungsvertrag).*

SCHUFA-Meldung

Der Kunde erklärt mit der Unterzeichnung der SCHUFA-Klausel sein Einverständnis, dass die Daten des Darlehens der SCHUFA gemeldet werden.

Restschuldversicherung

Der Abschluss einer Restschuldversicherung dient der Absicherung der Zahlungsverpflichtung aus dem Kreditvertrag.

Je nach Ausgestaltung des Vertrages sind folgende Versicherungsleistungen üblich:

- Tod: Zahlung der Restschuld
- Berufsunfähigkeit: Zahlung der Restschuld
- Arbeitslosigkeit: Zahlung der Monatsraten
  Der Versicherte darf die Arbeitslosigkeit nicht selbst verschuldet haben. Oft darf die Arbeitslosigkeit nicht in den ersten drei Monaten nach Vertragsabschluss auftreten. Die Zahlung der Kreditraten ist häufig auf ein Kalenderjahr begrenzt.

Der Versicherungsnehmer kann seine Vertragserklärung innerhalb von 14 Tagen widerrufen. Die Widerrufsfrist beginnt, wenn er die Versicherungsunterlagen und die Widerrufsbelehrung erhalten hat *(§ 8 Abs. 1 VVG).* Über das Widerrufsrecht ist der Versicherungsnehmer eine Woche nach Abgabe der Vertragserklärung erneut in Textform zu belehren *(§ 7d VVG).*

Wenn bei der Aufnahme eines Ratenkredites der Abschluss einer Restschuldversicherung für den Kreditnehmer verpflichtend ist, müssen die Kosten der Restschuldversicherung bei der Ermittlung des effektiven Jahreszinses für den Ratenkredit berücksichtigt werden *(§ 492 BGB; Artikel 247 §§ 6–13 EGBGB; § 6 Abs. 3 PAngV).*

2.5 Bereitstellung des Kredites und Kreditüberwachung

Die Bereitstellung des Kreditbetrages durch das Kreditinstitut kann erfolgen

- auf dem laufenden Konto des Kreditnehmers,
- durch Überweisung an einen Verkäufer zur Begleichung einer Rechnung *(z. B. Pkw-Kauf),*
- durch Überweisung an ein anderes Kreditinstitut bei Umschuldungen.

Das Kreditinstitut prüft dabei, ob der Darlehensnehmer das Geld tatsächlich für den im Darlehensvertrag genannten Zweck verwendet.

Das Kreditinstitut belastet die Monatsraten bei Fälligkeit dem Girokonto des Darlehensnehmers.

Zur Vermeidung von Forderungsausfällen **überwacht das Kreditinstitut** laufend
- die persönlichen und wirtschaftlichen Verhältnisse des Kunden,
- die Gehaltseingänge,
- den Eingang der Monatsraten und
- die Werthaltigkeit der bestellten Sicherheiten.

Im Rahmen einer automatischen Kreditüberwachung erhält die Kundenbetreuerin bzw. der Kundenbetreuer eine Information, wenn auf dem Konto keine ausreichende Deckung vorhanden ist. In diesem Fall wird der Darlehensnehmer kontaktiert, um die Ursachen zu erfahren und bei Zahlungsschwierigkeiten nach Lösungen zu suchen.

2.6 Beendigung des Kreditverhältnisses

Freigabe von Sicherheiten

Nach kontraktgerechter Rückführung des Darlehens (also nach Zahlung der letzten Rate) ist das Kreditinstitut zur Freigabe der überlassenen Sicherheiten verpflichtet.

Recht des Kreditnehmers auf vorzeitige Rückzahlung des Darlehens

Der Darlehensnehmer kann seine Verbindlichkeiten aus einem Allgemein-Verbraucherdarlehensvertrag jederzeit ganz oder teilweise vorzeitig erfüllen *(§ 500 Abs. 2 BGB)*. Soweit der Kreditnehmer seine Verbindlichkeit vorzeitig erfüllt, vermindern sich die gesamten Kreditkosten um die Zinsen und die sonstigen laufzeitabhängigen Kosten, die in der Zeit nach der Fälligkeit (Rückzahlung) angefallen wären *(§ 501 BGB)*.

Der Kreditgeber kann im Falle einer vorzeitigen Rückzahlung eine angemessene **Vorfälligkeitsentschädigung** *(§ 502 BGB)* für den unmittelbar mit der Rückzahlung zusammenhängenden Schaden *(z. B. Bearbeitungskosten)* verlangen.

Die **Vorfälligkeitsentschädigung** darf folgende Beträge **jeweils** nicht überschreiten:

- 1 % des vorzeitig zurückgezahlten Betrags bei einer Restlaufzeit von über einem Jahr bzw. 0,5 % des vorzeitig zurückgezahlten Betrags, wenn der Zeitraum zwischen der vorzeitigen und der vereinbarten Rückzahlung ein Jahr nicht übersteigt
- Betrag der Sollzinsen, den der Darlehensnehmer in dem Zeitraum zwischen der vorzeitigen und der vereinbarten Rückzahlung noch zu entrichten hätte

Der Anspruch auf Vorfälligkeitsentschädigung ist ausgeschlossen, wenn

- die Rückzahlung aus den Mitteln einer Restschuldversicherung bewirkt wird oder
- im Vertrag die Angaben über die Laufzeit des Vertrags, das Kündigungsrecht des Darlehensnehmers oder die Berechnung der Vorfälligkeitsentschädigung unzureichend sind.

Das Kreditinstitut besitzt nur ein außerordentliches Kündigungsrecht, wenn der Kreditnehmer seinen Verpflichtungen aus dem Vertrag nicht nachkommt (*§ 498 BGB*).

3 Kreditsicherheiten

Kreditinstitute dürfen Verbraucherdarlehen nur gewähren, wenn die persönlichen und wirtschaftlichen Verhältnisse des Kunden eine ordnungsgemäße Erfüllung des Darlehensvertrages erwarten lassen. Aber auch wenn ein Kunde zum Zeitpunkt der Kreditgewährung als kreditwürdig erscheint, kommt es vor, dass er seine Verpflichtungen aus dem Kreditvertrag nicht erfüllt. Zum Schutz vor nicht vorhersehbaren Risiken verlangen Kreditinstitute oftmals eine Besicherung ihrer Ansprüche.

Nach dem Abschluss des Darlehensvertrages ist der Kreditnehmer verpflichtet, die im Vertrag benannten Sicherheiten bereitzustellen. Das Kreditinstitut kann nur die Bereitstellung der Sicherheiten verlangen, die im Darlehensvertrag aufgeführt sind. Die Bestellung der Sicherheiten erfolgt durch vertragliche Vereinbarung.

Im Fall der Verwertung hat das Kreditinstitut bei mehreren Sicherheiten ein Auswahlrecht *(AGB Nr. 21 Abs. 5 Sparkassen, AGB Nr. 17 Abs. 1 Banken).*

Kreditinstitute prüfen die Werthaltigkeit der Sicherheiten und ermitteln dabei den nachhaltig bei einer Verwertung erzielbaren Erlös.

In der Praxis dienen folgende Sicherheiten häufiger zur Besicherung von Allgemein-Verbraucherdarlehen:
- Sicherungsabtretung
- Bürgschaft
- Pfandrecht
- Sicherungsübereignung

5

Akzessorische und fiduziarische Sicherheiten

Bei den Kreditsicherheiten sind **akzessorische** und **fiduziarische Sicherheiten** zu unterscheiden.

akzessorische Sicherheiten	fiduziarische (treuhänderische) Sicherheiten
▪ Bürgschaft ▪ Pfandrecht an beweglichen Sachen und Forderungen ▪ Hypothek	▪ Sicherungsübereignung ▪ Sicherungsabtretung ▪ Sicherungsgrundschuld
Forderung und Sicherheit sind **gesetzlich** miteinander verbunden, und zwar ▪ **im Entstehen.** Die Sicherheit steht dem Gläubiger erst bei Entstehen der Forderung zu. ▪ **in der Höhe.** Die dem Gläubiger zustehende Sicherheit kann nicht höher sein als die Forderung. Verringert sich die Forderung, verringert sich auch die Sicherheit entsprechend.	Forderung und Sicherheit sind gesetzlich **nicht** miteinander verbunden. **Außenverhältnis:** Die Sicherheit ist von der Forderung unabhängig. Mit der Bestellung der Sicherheit erwirbt das Kreditinstitut alle Rechte am Sicherheitsgut bis zur Rückübertragung. **Innenverhältnis:** In einer **Sicherungszweckerklärung** wird vereinbart, dass die Bestellung der Sicherheit nur zur Besicherung eines Kredites (= Rechtsgrund) erfolgt. Forderung und Sicherheit sind **vertraglich** miteinander verbunden.

akzessorische Sicherheiten	fiduziarische (treuhänderische) Sicherheiten
▪ **im Erlöschen.** Mit der Rückzahlung des Kredites erlischt aufgrund der gesetzlichen Bestimmungen auch die dem Gläubiger zustehende Sicherheit. 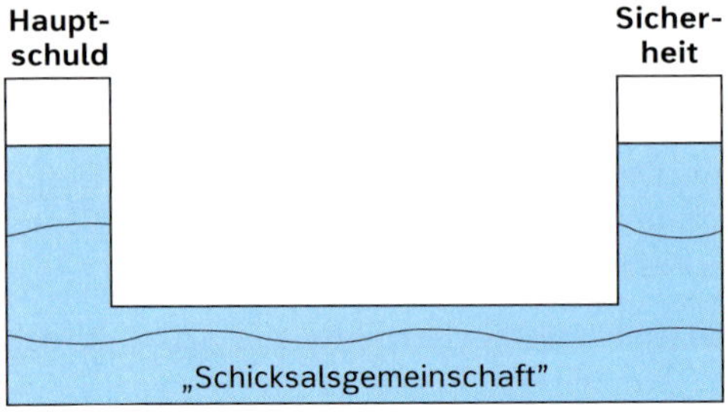 	Daraus ergeben sich folgende Besonderheiten: ▪ **eingeschränktes Verwertungsrecht** Das Kreditinstitut darf die Sicherheiten nur bei einer Nichterfüllung des Kreditvertrages bis zur Höhe der zugrunde liegenden Forderung verwerten. ▪ **Deckungsgrenze** Es wird eine Deckungsgrenze vereinbart, denn der **realisierbare** Wert der Sicherheiten darf die Höhe des Kredites nicht wesentlich übersteigen. ▪ **Freigabeverpflichtung** – Das Kreditinstitut ist verpflichtet, den Sicherungsgegenstand nach Beendigung des Kreditverhältnisses zurückzuübertragen. – Schon vor der vollständigen Kredittilgung sind auf Verlangen des Kreditnehmers Sicherheiten teilweise freizugeben, wenn der Wert der Sicherheiten die Ansprüche des Kreditinstitutes (Deckungsgrenze) nicht nur vorübergehend überschreitet.

Prioritätsprinzip

Ist eine Sache oder ein Recht mehrfach mit einem Kreditsicherungsrecht belastet, so hat das früher bestellte Recht Vorrang vor den später bestellten Rechten.

Das Prioritätsprinzip führt bei einer Sicherungsübereignung und Sicherungszession dazu, dass spätere Übereignungen bzw. Abtretungen unwirksam sind. Bei einer mehrfachen Verpfändung von Sachen oder Rechten besitzt der Pfandgläubiger mit dem älteren Recht den ersten Zugriff auf das Pfandgut. Erst wenn der bevorrechtigte Pfandgläubiger vollständig befriedigt wurde, kann ein nachrangiger Pfandgläubiger Ansprüche geltend machen.

Beispiele:

- *Svenja Lange hat am 25. Mai 20.. eine Lebensversicherung zur Sicherung eines Darlehens an die Regio-Bank AG abgetreten. Da Svenja nun nicht mehr Gläubigerin der Versicherungsansprüche ist, kann sie die Forderung kein zweites Mal rechtswirksam übertragen.*
- *Werner Lohmann, Kreditnehmer der Regio-Bank AG, ist in Zahlungsschwierigkeiten geraten. Aus einem Kreditverhältnis hat die Regio-Bank AG eine Forderung in Höhe von 9000,00 EUR. Ein Gläubiger betreibt die Zwangsvollstreckung in das Vermögen des Kunden und fordert aufgrund eines Pfändungs- und Überweisungsbeschlusses die Überweisung des Sparguthabens von 7000,00 EUR. Aufgrund des schon bei der Kontoeröffnung vereinbarten AGB-Pfandrechtes besitzt die Regio-Bank AG das ältere und damit vorrangige Pfandrecht.*

3.1 Sicherungsabtretung

Bei der Sicherungsabtretung (Sicherungszession) überträgt der Sicherungsgeber (Zedent, i.d.R. zugleich Kreditnehmer) treuhänderisch (fiduziarisch) eine Forderung, die er gegenüber einem Dritten (Drittschuldner) besitzt, auf den Sicherungsnehmer (Zessionar, Darlehensgeber) zur Besicherung eines Darlehens. Der Sicherungsnehmer wird neuer (rechtlicher) Gläubiger der Forderung, der Sicherungsgeber bleibt aber wirtschaftlicher Gläubiger der Forderung.

Die Sicherungsabtretung erfolgt nach den allgemeinen Vorschriften zur Übertragung von Forderungen *(§ 398 ff. BGB)*.

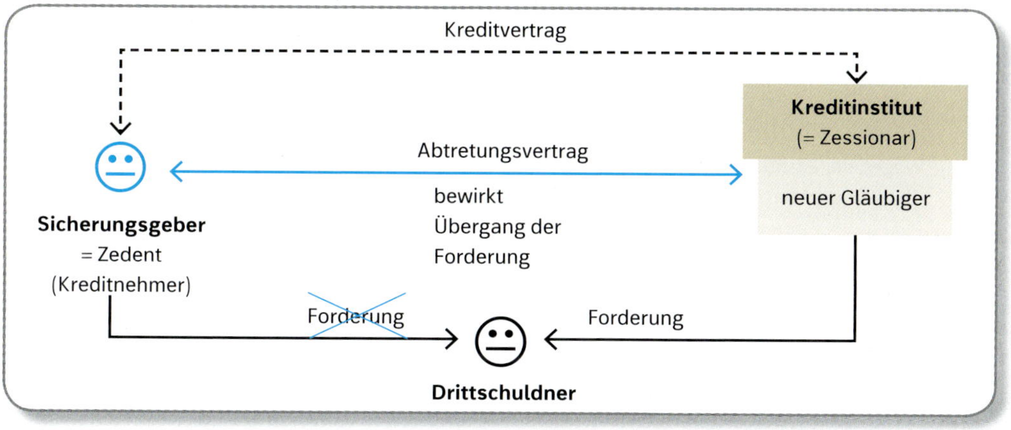

Mit der **Abtretung** geht die Forderung auf den Zessionar (Kreditinstitut) über **(Gläubigerwechsel)**. Der Abtretungsvertrag ist formfrei, jedoch ist die Schriftform banküblich und zur Beweissicherung zweckmäßig. Die Abtretung ist nur wirksam, wenn die als Sicherung dienende Forderung hinreichend „individualisiert" ist, d. h. sich aufgrund einer genauen Bestimmung von allen anderen Forderungen des Zedenten unterscheiden lässt.

Im **Außenverhältnis** gegenüber Dritten ist das Kreditinstitut mit der Abtretung **neuer (rechtlicher) Gläubiger** der Forderung.

In einer **Sicherungszweckerklärung** wird jedoch vereinbart, dass ...

- die Abtretung der Forderung nur **treuhänderisch (fiduziarisch)** zur Absicherung eines bestimmten Darlehens erfolgt,
- die abgetretenen Forderungen den Darlehensbetrag nicht wesentlich übersteigen dürfen **(Deckungsgrenze)**,
- die Forderung nach Beendigung des Kreditverhältnisses auf den Sicherungsgeber (Kreditnehmer) zurückzuübertragen ist **(Freigabeklausel)**.

Durch diese Vereinbarungen sind die Rechte des Kreditinstitutes an der abgetretenen Forderung gegenüber dem Sicherungsgeber im **Innenverhältnis beschränkt**. Das Kreditinstitut erwirbt nur ein **bedingtes Verwertungsrecht** an der Forderung für den Fall, dass der Kreditnehmer seine Verpflichtungen aus dem Darlehensvertrag nicht erfüllt. Dem Sicherungsgeber (Kreditnehmer) stehen weiterhin eventuelle Zinsansprüche zu und er trägt das Risiko eines Forderungsausfalles. Damit bleibt er **wirtschaftlicher Gläubiger** der Forderung.

5

Merkmale der Fiduziarität

→ **eingeschränktes Verwertungsrecht**
Das Kreditinstitut darf die abgetretene Forderung nur bis zur Höhe der Kreditverpflichtung des Kreditnehmers geltend machen, sofern dieser seine Zahlungsverpflichtungen nicht erfüllt. Ein ggf. erzielter Verwertungsüberschuss steht dem Sicherungsgeber zu.

→ **Anspruch auf Rückübertragung (Freigabeklausel)**
Das Kreditinstitut ist nach Tilgung der gesicherten Forderung zur Rückübertragung der Forderung verpflichtet.

→ **Bilanzierung beim Sicherungsgeber**
Wegen der Pfandrechtsnähe der Sicherungsabtretung wird die abgetretene Forderung beim Sicherungsgeber bilanziert. Das Risiko des Forderungseingangs trägt der Sicherungsgeber.

→ **Absonderungsrecht des Sicherungsnehmers**
Im Insolvenzverfahren des Sicherungsgebers hat das Kreditinstitut ein Absonderungsrecht.

→ **Risiko des Forderungsausfalls**
Das Risiko der Zahlungsunfähigkeit des Drittschuldners trägt der Sicherungsgeber.

Arten der Abtretung

stille Abtretung
▪ keine Abtretungsanzeige an den Drittschuldner ▪ Zahlungen des Drittschuldners mit schuldbefreiender Wirkung an den Zedenten möglich *(§ 407 BGB)* ▪ Abführung des Zahlungseingangs an den Zessionar ▪ In der Praxis wird durch entsprechende Angabe der Kontoverbindung auf den Rechnungen dafür gesorgt, dass die Drittschuldner nur auf das laufende Konto des Zedenten beim Zessionar überweisen.
offene Abtretung
▪ Abtretungsanzeige an den Drittschuldner ▪ Zahlungen des Drittschuldners mit schuldbefreiender Wirkung nur an den Zessionar

Eine stille Zession kann jederzeit durch die Zessionsanzeige an den Drittschuldner zu einer offenen Zession umgewandelt werden. Das Kreditinstitut lässt sich für den Fall einer späteren Offenlegung der Zession vom Kreditnehmer blanko unterzeichnete Benachrichtigungsschreiben aushändigen.

Sicherungsabtretung in der Kreditsicherungspraxis

In der Praxis sind folgende Abtretungen üblich:

	Einzelabtretungen (Abtretung von Forderungen gegenüber einem Drittschuldner)	Rahmenabtretungen (Globalzession) (Abtretung von Forderungen gegenüber mehreren Drittschuldnern)
stille Zession	Lohn- und Gehaltsabtretung	Abtretung von Forderungen aus Lieferungen und Leistungen
offene Zession	▪ Lebensversicherungsansprüche ▪ Ansprüche aus sonstigen Versicherungen *(z. B. Feuerversicherung, Kaskoversicherung)* ▪ Ansprüche aus Bausparverträgen ▪ Kontoguthaben bei anderen Kreditinstituten	X

Eine Sicherungsabtretung von Kontoguthaben eigener Kunden (= Gläubiger) an das kontoführende Kreditinstitut (= Schuldnerin) ist nicht möglich, da das Kreditinstitut durch eine Abtretung gleichzeitig Gläubigerin und Schuldnerin der Einlage würde, was zu einem Erlöschen der Forderung führt.

Arten	Erläuterung
Abtretung von Lohn- und Gehaltsansprüchen	▪ Abtretung der Ansprüche gegen derzeitige und zukünftige Arbeitgeber ▪ Prüfung, ob Abtretung vom Arbeitgeber vertraglich ausgeschlossen wurde ▪ gesetzliches Abtretungsverbot für unpfändbare Forderungen *(z. B. Erziehungsbeihilfen, Waisenrente)* ▪ Begrenzung der Abtretung auf einen Höchstbetrag (i. d. R. Gesamtrückzahlungsbetrag des Darlehens) ▪ Begrenzung der Abtretung auf den pfändbaren Teil des Lohnes/Gehaltes *(§ 850c ZPO)* ▪ Vorteilhaft für die Kreditüberwachung ist ein Gehaltskonto beim kreditgewährenden Kreditinstitut. ▪ Eine Offenlegung erfolgt nur aus wichtigem Grund *(z. B. Verzug mit zwei Monatsraten)* und nach Androhung und Ablauf einer angemessenen Nachfrist von mindestens einem Monat (analog zum Pfandrecht, *§ 1234 Abs. 2 BGB*). ▪ Jeder Arbeitgeberwechsel muss unverzüglich angezeigt werden. Für den Fall, dass der Sicherungsgeber dieser Verpflichtung nicht nachkommt, willigt er ein, dass die Krankenkasse und das Arbeitsamt dem Kreditinstitut den neuen Arbeitgeber mitteilen dürfen.
Abtretung von Ansprüchen aus Bausparverträgen	▪ Maßgeblich für den Wert der Sicherheit ist das Bausparguthaben. ▪ Nicht zuteilungsreife Bausparverträge werden von Kreditinstituten vorfinanziert. Bei der Zuteilung zahlt die Bausparkasse die Bausparsumme an das Kreditinstitut und tilgt damit den Kredit.
Abtretung von Kontoguthaben bei anderen Kreditinstituten	▪ Das kontoführende Kreditinstitut wird um folgende Angaben gebeten: – Mitteilung des aktuellen Kontostandes – Rücktrittserklärung hinsichtlich ihres AGB-Pfandrechts ▪ Sparbücher werden hereingenommen, da das kontoführende Kreditinstitut nur gegen Vorlage der Sparurkunde Zahlung leistet.

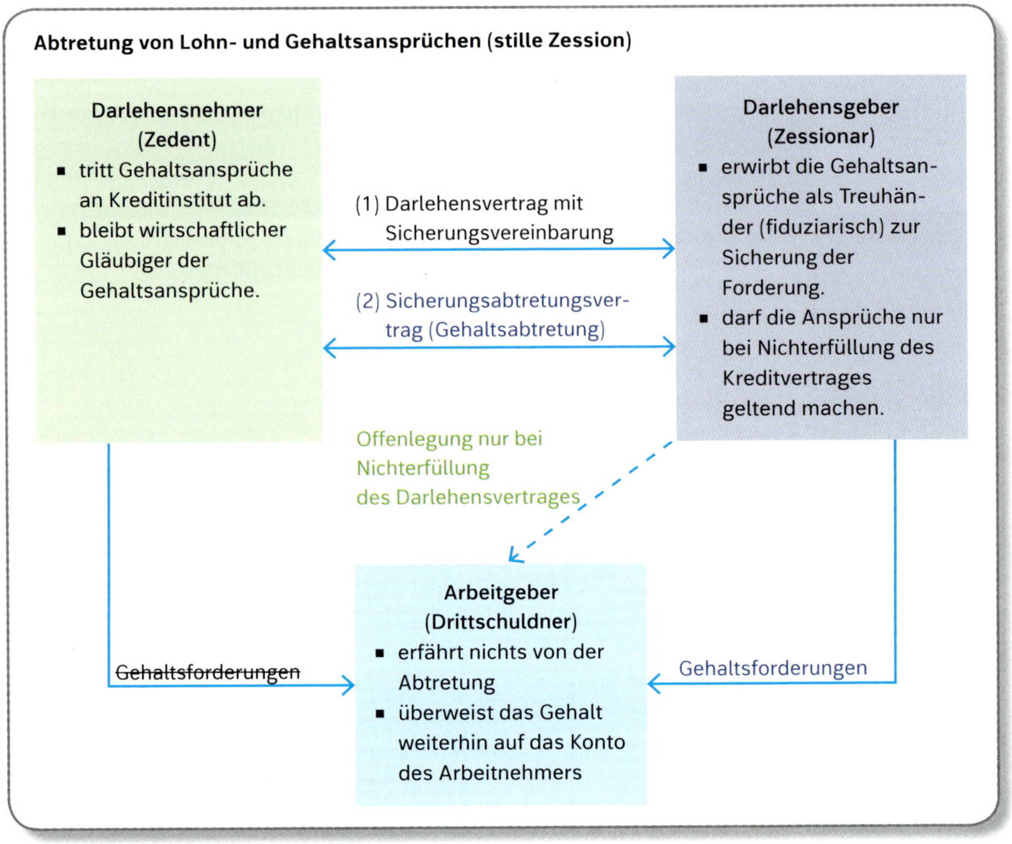

3.2 Bürgschaft

Durch den Bürgschaftsvertrag verpflichtet sich der Bürge gegenüber dem Gläubiger eines Dritten für die Erfüllung der Verbindlichkeit des Dritten einzustehen. Die Bürgschaft kann auch für eine künftige oder bedingte Verbindlichkeit übernommen werden *(§ 765 BGB)*.

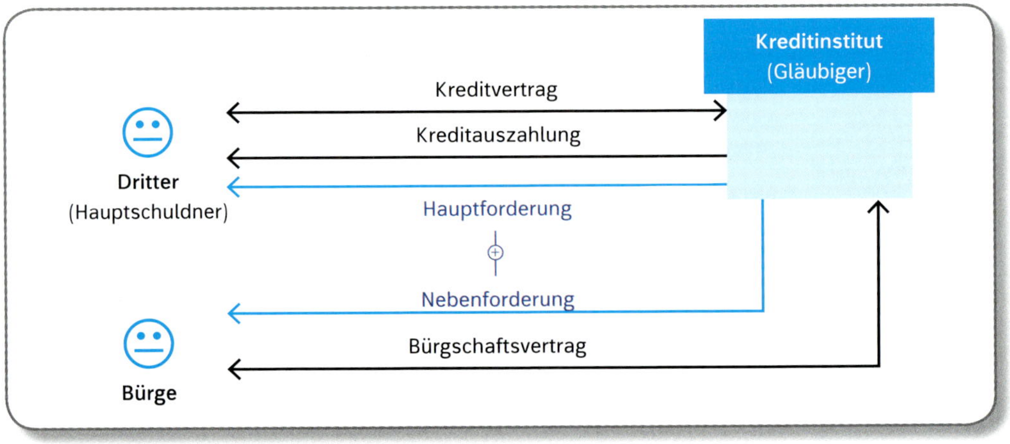

Merkmale	Erläuterung
Rechtsgeschäft	Die Bürgschaft ist ein einseitig verpflichtender Vertrag.
Schriftform	In der Bankpraxis werden aus folgenden Gründen nur **schriftliche** Bürgschaftserklärungen akzeptiert: ▪ Formvorschrift nach BGB Zur Gültigkeit des Bürgschaftsvertrages ist die schriftliche Erteilung der Bürgschaftserklärung erforderlich *(§ 766 BGB)*. Ausnahme: Ein Kaufmann kann im Rahmen eines Handelsgeschäftes auch mündlich bürgen *(§ 350 HGB)*. ▪ Beweissicherheit ▪ Vereinbarung besonderer vertraglicher Regelungen
Akzessorietät	Für die Verpflichtung des Bürgen ist der jeweilige Bestand der Hauptschuld maßgeblich *(§ 767 BGB)*. ▪ Die Verpflichtung aus der Bürgschaft entsteht erst mit dem Bestehen der Hauptschuld. ▪ Verringert sich die Hauptschuld, verringert sich die Bürgschaft. ▪ Erlischt die Hauptschuld, erlischt die Bürgschaft.

3.2.1 Bürgschaftsarten

<table>
<tr><th>Arten</th><th>Erläuterung</th></tr>
<tr><td>

gewöhnliche Bürgschaft

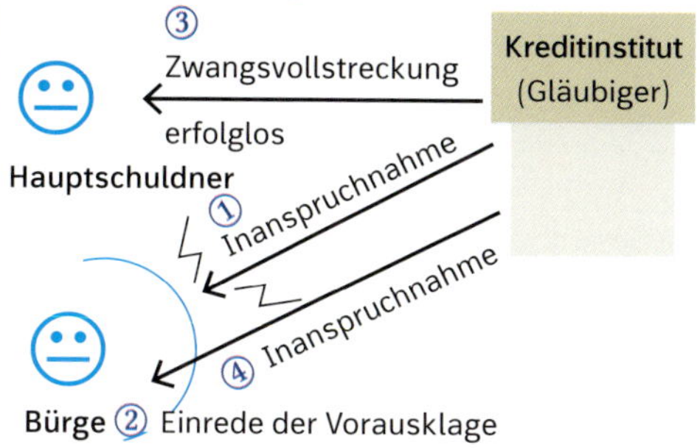

</td><td>Der Bürge kann die ① Zahlung (Inanspruchnahme) verweigern, solange der Gläubiger nicht eine Zwangsvollstreckung in das bewegliche Vermögen des Hauptschuldners ohne Erfolg versucht hat. → Einrede der Vorausklage (§§ 771, 772 BGB)
Macht der Bürge von der Einrede der Vorausklage ② Gebrauch, muss der Gläubiger zunächst die Zwangsvollstreckung ③ betreiben. Ist die Zwangsvollstreckung erfolglos, kann der Bürge endgültig in Anspruch genommen werden ④.</td></tr>
<tr><td>

selbstschuldnerische Bürgschaft

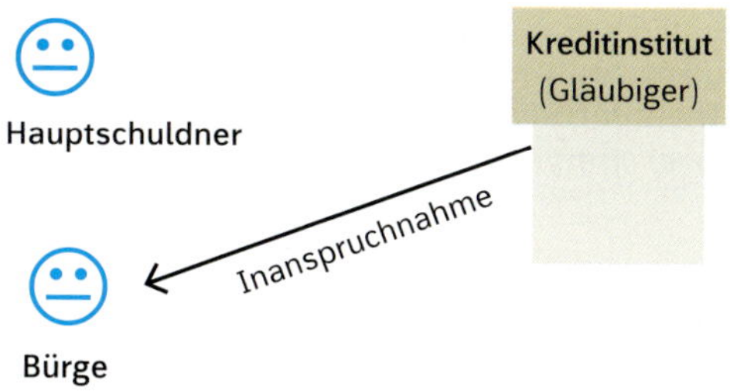

</td><td>Der Bürge verzichtet auf die Einrede der Vorausklage (selbstschuldnerische Bürgschaft kraft Vertrages, § 773 BGB). Ist für den Bürgen die Bürgschaft ein Handelsgeschäft, so steht ihm die Einrede der Vorausklage nicht zu (selbstschuldnerische Bürgschaft kraft Gesetzes, § 349 HGB).
Der Bürge haftet wie der Hauptschuldner selbst. Die Zahlungspflicht des Bürgen entsteht bei Fälligkeit der Forderung.</td></tr>
</table>

3.2.2 Beendigung des Bürgschaftsverhältnisses

Erlöschen der Bürgschaft

Die **Bürgschaft erlischt**, wenn ...

- die Hauptverbindlichkeit erlischt,
- die Bürgschaft zeitlich befristet war, die Bürgschaftsfrist abgelaufen ist und der Gläubiger den Einzug der Forderung nicht unverzüglich betreibt *(§ 777 BGB)*,
- der Gläubiger ein die Hauptschuld sicherndes Recht ohne Zustimmung des Bürgen aufgibt *(§ 776 BGB)*,
- die Verbindlichkeit des Hauptschuldners ohne Zustimmung des Bürgen von einem Dritten übernommen wird *(z. B. Geschäftsübernahme)*.

Die Bürgschaft **erlischt nicht mit dem Tod des Bürgen**. Die Bürgschaft gehört zu den Nachlassverbindlichkeiten.

Die Bürgschaft **erlischt nicht mit dem Tod des Hauptschuldners**. Die Haftung des Bürgen beschränkt sich auf die beim Tod des Hauptschuldners bestehende Schuld.

Ansprüche des Bürgen nach Befriedigung des Gläubigers

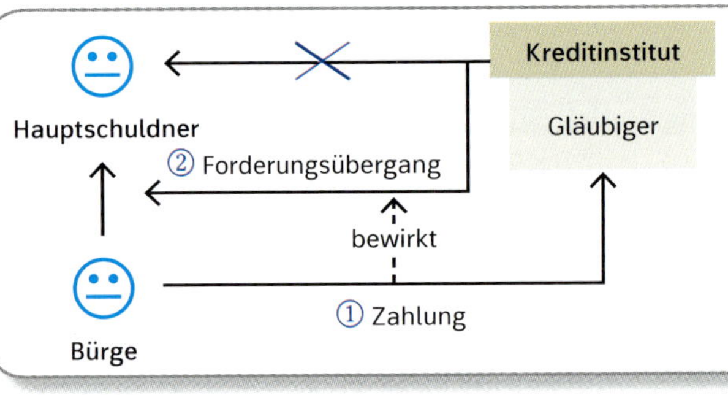

Zahlt der Bürge an den Gläubiger, geht die Forderung gegen den Hauptschuldner auf den Bürgen über *(gesetzlicher Forderungsübergang, § 774 BGB)*.

3.2.3 Bürgschaft in der Kreditsicherungspraxis

Voraussetzungen für die Hereinnahme einer Bürgschaft

- **Geschäftsfähigkeit des Bürgen**
- **Bonität des Bürgen**
  Der Wert der Bürgschaft ist abhängig von der Bonität des Bürgen. Deshalb ist eine Kreditwürdigkeitsprüfung wie beim Kreditnehmer selbst *(z. B. Selbstauskunft, Haushaltsrechnung, Kontoführung, SCHUFA-Anfrage)* sinnvoll.
- **Einwilligung zur SCHUFA-Meldung**
  Mit der Unterzeichnung der SCHUFA-Klausel willigt der Bürge ein, dass das Kreditinstitut der SCHUFA die Daten der Bürgschaftsübernahme *(Bürge, Kreditnehmer, Betrag, Laufzeit, Ratenbeginn des Kredites)* mitteilt.

- **Widerrufsbelehrung**
  Wenn der Bürge die Bürgschaftserklärung in seinen Wohn- oder Geschäftsräumen abgegeben hat, gelten die Vorschriften des BGB über das Widerrufsrecht bei Haustürgeschäften. Der Bürge muss über das Widerrufsrecht von 14 Tagen belehrt werden und die Widerrufsbelehrung unterschreiben. Die Bürgschaft wird wirksam, wenn kein Widerruf binnen 14 Tagen erfolgt *(§§ 312b ff., 355 BGB)*.

Besondere Vertragsinhalte

Inhalt	Erläuterung
selbstschuldnerische Bürgschaft	Kreditinstitute akzeptieren nur selbstschuldnerische Bürgschaften, d. h., der Bürge verzichtet auf das Recht auf Einrede der Vorausklage *(§§ 771, 773 BGB)*.
Höchstbetragsbürgschaft	Die Bürgschaft wird auf einen Höchstbetrag beschränkt. Der Bürge muss maximal für diesen Betrag einstehen, d. h., die Bürgschaftsverpflichtung erhöht sich **nicht** durch Zinsen, Provisionen und andere Kosten über diesen Betrag hinaus.
Sicherungszweck	Insbesondere bei Privatkunden werden nur Bürgschaften mit **enger Sicherungszweckerklärung** vereinbart, d. h., der Bürge haftet für die Erfüllung eines genau bezeichneten Kredites. Die Bürgschaft ist nach den Grundsätzen des BGH auf den Kredit zu beschränken, für den sie hereingenommen wurde. Dient die Bürgschaft zur Besicherung von Krediten mit wechselnden Schuldsalden *(z. B. Kontokorrentkredit)*, muss sich die Bürgschaft auch auf **zukünftige Forderungen** beziehen *(§ 765 Abs. 2 BGB)*.
Haftung mehrerer Bürgen	Mehrere Bürgen haften als Gesamtschuldner, d. h., jeder haftet für den gesamten Kredit *(§ 769 BGB)*. Bei einer Teilbürgschaft haftet jeder Bürge nur für eine Teilschuld.
Kündigung	Bei zeitlich unbefristeten Bürgschaften steht dem Bürgen ein Kündigungsrecht zu. Nach einer Kündigung beschränkt sich die Haftung des Bürgen auf den zum Kündigungszeitpunkt bestehenden Kreditbetrag. Kein Kündigungsrecht besteht bei zeitlich befristeten Bürgschaften und bei Bürgschaften für Kredite mit einer fest vereinbarten Laufzeit.
Verzicht auf Einreden	Der Bürge kann sich nicht darauf berufen, dass das Kreditinstitut die Ansprüche durch Aufrechnung gegen eine fällige Forderung des Hauptschuldners befriedigen kann *(Verzicht auf die Einrede der Aufrechenbarkeit; § 770 BGB)*.

Problematische Bürgschaften

- **Bürgschaften von Kindern**
  Bei minderjährigen Kindern ist neben der Zustimmung der Eltern auch die Einwilligung des Vormundschaftsgerichtes notwendig, die nur in Ausnahmefällen erteilt wird. Auch bei volljährigen Kindern kann die Bürgschaft ein vom Kreditinstitut erkennbarer Verstoß gegen die Verpflichtung zur familiären Rücksichtnahme *(§ 1618a BGB)* und damit nichtig sein. Nur wenn das Kind ein eigenes Interesse an der Kreditgewährung hat *(z. B. spätere Übernahme des Geschäftes)* sollten Bürgschaften von Kindern akzeptiert werden.

- **Bürgschaften von Angehörigen mit geringem Einkommen und Vermögen**
  Da der Sicherungswert der Bürgschaft von der Bonität des Bürgen abhängt, sollten Bürgschaften von Personen ohne ausreichendes Einkommen bzw. Vermögen grundsätzlich nicht akzeptiert werden. Solche Bürgschaften können sittenwidrig und damit nichtig sein *(§ 138 BGB)*, insbesondere wenn
  - ein auffälliges Missverhältnis zwischen der übernommenen Haftung und der Leistungsfähigkeit des Bürgen besteht,
  - der Bürge im „Rahmen der familiären Hilfsbereitschaft" zur Bürgschaft gedrängt wurde,
  - der Bürge auf absehbare Zeit einkommens- und vermögenslos ist und z. B. durch psychische Druckausübung zur Bürgschaftsübernahme veranlasst wurde.

3.3 Pfandrecht

Das **Pfandrecht** ist ein zur Sicherung einer Forderung bestelltes, dingliches Recht, das dem Pfandgläubiger die Befugnis einräumt, unter bestimmten Voraussetzungen Befriedigung aus dem verpfändeten Gegenstand zu suchen *(§ 1204 ff. BGB)*.

3.3.1 Arten des Pfandrechts

Arten	Entstehung
vertragliches Pfandrecht	Das Pfandrecht entsteht durch **Vertrag** zwischen dem Verpfänder und dem Pfandgläubiger. ***Beispiele:*** – *AGB-Pfandrecht* – *Pfandvertrag zwischen Kreditnehmer und Kreditgeber*
gesetzliches Pfandrecht	Das Pfandrecht besteht **kraft Gesetzes**, ohne dass die beteiligten Parteien ausdrücklich eine Verpfändung vereinbart haben. ***Beispiele:*** – *Pfandrecht des Kommissionärs (§ 397 HGB)* – *Vermieterpfandrecht (§ 562 BGB)* – *Verpächterpfandrecht (§ 592 BGB)*
Pfändungspfandrecht	Das Pfandrecht entsteht im Wege der **Zwangsvollstreckung** in das bewegliche Vermögen eines säumigen Schuldners *(§§ 803, 804 ZPO)*. ▪ Die **Pfändung** der im Gewahrsam des Schuldners befindlichen **beweglichen Sachen** erfolgt dadurch, dass der Gerichtsvollzieher diese Sachen in Besitz nimmt oder durch Anbringung des Pfandsiegels die Pfändung des Gegenstandes deutlich macht *(§ 808 ZPO)*. ▪ Die **Pfändung von Forderungen** erfolgt durch Zustellung eines gerichtlichen Pfändungsbeschlusses *(§ 829 ZPO)*. Die Pfändung eines Kontoguthabens bei einem Kreditinstitut umfasst das am Tag der Pfändungszustellung bestehende Guthaben und die Tagesguthaben der auf die Pfändung folgenden Tage *(§ 833a ZPO)*. Im Überweisungsbeschluss wird der Drittschuldner zur Zahlung an den Gläubiger aufgefordert *(§ 835 ZPO)*.

Die verschiedenen Pfandrechte gewähren dem jeweiligen Pfandgläubiger die gleichen Rechte *(§ 804 ZPO, § 1257 BGB)*.

3.3.2 Pfandrecht an beweglichen Sachen (Mobiliarpfandrecht)

Eine bewegliche Sache kann zur Sicherung einer Forderung in der Weise belastet werden, dass der Gläubiger berechtigt ist, Befriedigung aus der Sache zu suchen. Das Pfandrecht kann auch für eine künftige oder eine bedingte Forderung bestellt werden *(§ 1204 BGB)*.

- **„Faustpfandprinzip“**: Die Bestellung erfolgt durch Einigung über die Entstehung des Pfandrechtes und Übergabe der Sache *(§ 1205 BGB)*.
- **bedingtes Verwertungsrecht**: Der Pfandgläubiger kann das Pfand bei Nichterfüllung des Kreditvertrages verwerten *(§ 1228 BGB)*.
- **Akzessorietät**: Das Pfand haftet für die Forderung in ihrem jeweiligen Bestand *(§ 1210 BGB)*. Der Pfandgläubiger erwirbt das Pfandrecht erst bei Entstehung der Forderung.
- **Rückgabepflicht des Pfandes** bei Beendigung des Kreditverhältnisses *(§ 1223 BGB)*

Verpfänder ...
(= Kreditnehmer)

- bleibt Eigentümer der Sache und
- mittelbarer Besitzer der verpfändeten Sache.

1. Kreditvertrag ⟷
2. Bestellung des Pfandrechtes
   a) dingliche Einigung ⟷
   b) Übergabe der Sache →
3. Bereitstellung des Kredites ←

Pfandgläubiger ...
(= Kreditgeber)

- erwirbt den unmittelbaren Besitz und
- ein bedingtes Verwertungsrecht.

Situation	Abwicklung der Pfandrechtsbestellung bei beweglichen Sachen *(§ 1205 BGB)*	*Beispiele*
Gegenstand befindet sich beim Verpfänder.	Verpfänder ⟷ Einigung über die Entstehung des Pfandrechts + Übergabe → (Faustpfandprinzip) Pfandgläubiger 	*– Schmuck* *– Edelmetalle*
Gegenstand befindet sich bereits beim Pfandgläubiger *(§ 1205 Abs. 1 BGB; AGB Pfandklausel)*.	Verpfänder ⟷ Einigung über die Entstehung des Pfandrechts Pfandgläubiger 	*Effekten, die sich im Depot des Kreditgebers befinden (gilt auch für Girosammelverwahrung)*

3.3.3 Pfandrecht an Forderungen

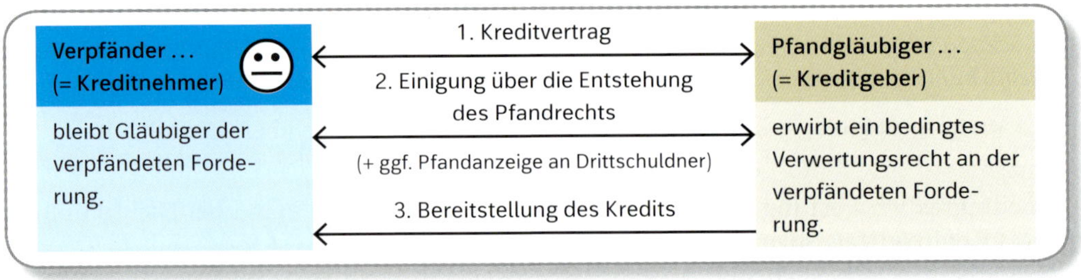

Situation	Abwicklung der Pfandrechtsbestellung bei Kontoguthaben und Versicherungsansprüchen	Beispiele
Forderungen an den Pfandgläubiger *(§§ 1273, 1280 BGB)*	Verpfänder ⟷ Einigung über die Entstehung des Pfandrechts ⟷ **Pfandgläubiger** = kontoführende Stelle ▪ AGB-Pfandrecht ▪ Pfandvertrag	*– Kontoguthaben beim Pfandgläubiger (Kreditgeber)* *– Sparguthaben* *– Sparbriefe* *– Festgelder*

Publizitätsprinzip: Bei der Verpfändung von Forderungen und von Sachen, die sich im Besitz eines Dritten befinden, ist für die Wirksamkeit des Pfandrechtes eine **Pfandanzeige** erforderlich *(§§ 1280, 1205 BGB)*.

3.3.4 Pfandrecht in der Kreditsicherungspraxis

Schon bei der Kontoeröffnung und der Anerkennung der AGB erwirbt das Kreditinstitut das sogenannte „**AGB-Pfandrecht**".

AGB Banken Nr. 14/AGB Sparkassen Nr. 21

(1) Der Kunde und die Bank sind sich darüber einig, dass die Bank ein Pfandrecht an den Wertpapieren und Sachen erwirbt, an denen eine inländische Geschäftsstelle im bankmäßigen Geschäftsverkehr Besitz erlangt hat oder noch erlangen wird. Die Bank erwirbt ein Pfandrecht auch an den Ansprüchen, die dem Kunden gegen die Bank aus der bankmäßigen Geschäftsverbindung zustehen oder künftig zustehen werden (z. B. Kontoguthaben).
(2) Das Pfandrecht dient der Sicherung aller bestehenden, künftigen und bedingten Ansprüche, die der Bank mit ihren sämtlichen in- und ausländischen Geschäftsstellen aus der bankmäßigen Geschäftsverbindung gegen den Kunden zustehen.

Aufgrund des AGB-Pfandrechtes besitzt das Kreditinstitut ein Pfandrecht an allen Konto- und Depotguthaben des Kreditnehmers, ohne dass ein besonderer Pfandvertrag geschlossen werden muss. Solange aber der Verwertungsfall nicht eingetreten ist, kann der Kunde jederzeit über die Konten und Depots frei verfügen.

Wenn in einem Kreditvertrag bestimmte Konto-/Depotguthaben als Sicherheit vereinbart werden, erfolgt der Abschluss eines besonderen Pfandvertrages, insbesondere um die Deckungsgrenze und Sicherheitenfreigabe zu regeln. Die Vermögenswerte sind grundsätzlich für die Zeit des Kreditverhältnisses gesperrt. Auch wenn der Kontoinhaber und der Kreditnehmer nicht identisch sind, ist ein besonderer Pfandvertrag notwendig.

Bei der Sicherung des Kredites durch Guthaben des Kreditnehmers ist zunächst immer die Frage zu klären, ob es nicht möglich bzw. sinnvoll ist, anstatt des Kredites das Guthaben für die geplanten Anschaffungen zu verwenden.

Das Kreditinstitut besitzt als Vermieter von Schrankfächern *(§ 562 BGB)* und als Kommissionär bei der Ausführung von Effekten- und Devisenhandelsgeschäften *(§ 397 HGB)* ein gesetzliches Pfandrecht für fällige Ansprüche aus dem Miet- bzw. Kommissionsvertrag.

Der Sicherungswert des Pfandobjektes wird durch die Beleihungsgrenze (Beleihungssatz) bestimmt. Die Höhe der Beleihungsgrenze richtet sich nach der Preisstabilität, der Marktgängigkeit und der Verwertbarkeit des Beleihungsobjektes.

Bei Kontoguthaben (Spareinlagen, Festgelder) ist eine Beleihungsgrenze von 100 % üblich.

3.3.5 Verwertung des Pfandes

Voraussetzungen

1. **Pfandreife**
   Die pfandgesicherte Forderung muss fällig sein *(§ 1228 BGB).*
2. **Androhung** der Pfandverwertung *(§ 1234 BGB)*
3. **Verwertung** nach Ablauf einer **Wartefrist**:
   - bei Privatleuten: ein Monat nach Androhung der Pfandverwertung *(§ 1234 BGB)*
   - bei Kaufleuten: eine Woche nach Androhung der Pfandverwertung *(§ 368 HGB)*
     Ein ggf. erzielter Verwertungsüberschuss steht dem Kreditnehmer zu. Ein Fehlbetrag bleibt als Forderung bestehen.

Formen der Verwertung

Pfandobjekt	Formen der Verwertung	Rechtsgrundlage
bewegliche Sachen und Wertpapiere	▪ Grundsatz: öffentliche Versteigerung Zeit und Ort der Versteigerung sind dem Verpfänder mitzuteilen sowie öffentlich bekannt zu machen. Pfandgläubiger und Verpfänder können bei der Versteigerung mitbieten. ▪ **Ausnahme: freihändiger Verkauf durch eine zur öffentlichen Versteigerung befugte Person** Voraussetzung: das Pfand hat einen Börsen- oder Marktpreis *(z. B. Verkauf von Effekten an der Börse).*	*§ 1235 BGB* *§ 1237 BGB* *§ 1239 BGB* *§§ 1221, 1235 BGB* *§§ 1293, 1295 BGB*
Forderungen	**Einziehung der Forderung durch den Pfandgläubiger** Nach der Pfandreife kann der Drittschuldner mit schuldbefreiender Wirkung nur noch an den Pfandgläubiger zahlen.	*§ 1282 BGB*

Erlöschen des Pfandrechts

- Der Pfandgegenstand wurde rechtmäßig verwertet *(§ 1242 BGB).*
- Die Forderung, für die das Pfandrecht bestellt wurde, besteht nicht mehr *(§ 1252 BGB).*
- Der Pfandgläubiger gibt das Pfand dem Verpfänder zurück *(§ 1253 BGB).*
- Der Pfandgläubiger verzichtet auf das Pfandrecht *(§ 1255 BGB).*

3.4 Sicherungsübereignung

Die **Sicherungsübereignung** ist eine Eigentumsübertragung mit der Vereinbarung, dass der Erwerber die übereignete Sache nur bei Nichterfüllung der gesicherten Forderung verwerten darf. Die Eigentumsübertragung dient ausschließlich der Sicherung der Forderung.

Die Sicherungsübereignung gehört zu den fiduziarischen Kreditsicherheiten. Im **Außenverhältnis** erwirbt das Kreditinstitut das uneingeschränkte (rechtliche) Eigentum am Sicherungsgut. Im **Innenverhältnis** ist in einer Sicherungszweckerklärung festzulegen, unter welchen Voraussetzungen das Kreditinstitut das Sicherungsgut verwerten darf.

Entstehung des Sicherungseigentums

Die Sicherungsübereignung erfolgt nach den allgemeinen Vorschriften über die Eigentumsübertragung durch Einigung und Besitzkonstitut *(§ 930 BGB).*

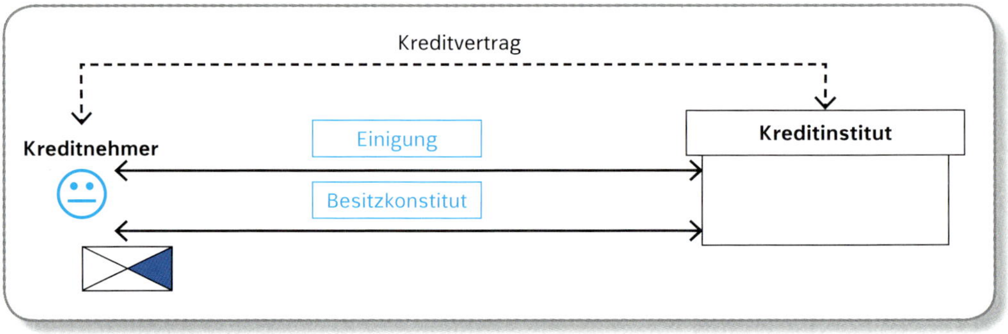

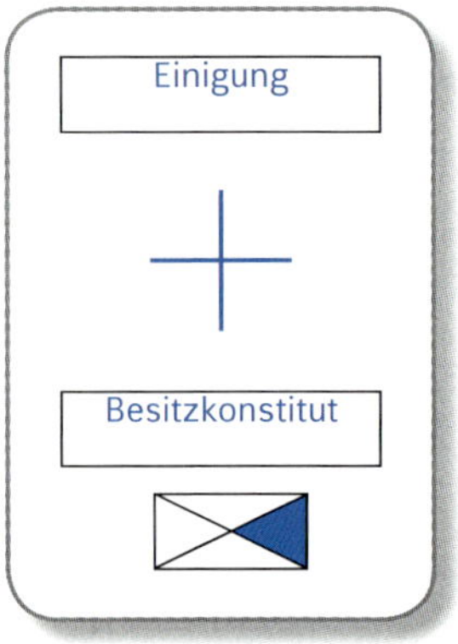

Die Vertragspartner einigen sich darüber, dass das Eigentum sicherungshalber auf das Kreditinstitut übergeht.

Die Übergabe des Sicherungsgutes wird durch einen Vertrag ersetzt, der den Kreditnehmer weiterhin zum unmittelbaren Besitz berechtigt *(z. B. Leihvertrag als Besitzkonstitut).*

Der Sicherungsübereignungsvertrag ist formfrei, jedoch ist die Schriftform banküblich und aus Beweisgründen zweckmäßig. Die Sicherungsübereignung ist nur wirksam, wenn das Sicherungsgut hinreichend individualisiert ist, d. h. sich aufgrund einer genauen Beschreibung bzw. Kennzeichnung von allen anderen Sachen des Kreditnehmers unterscheiden lässt.

Rechtsfolgen der Sicherungsübereignung

	Sicherungsübereignung	Pfandrecht
Kreditnehmer	▪ bleibt unmittelbarer Besitzer *(§ 854 BGB)* ▪ bleibt wirtschaftlicher Eigentümer	bleibt Eigentümer und mittelbarer Besitzer
Kreditinstitut	▪ wird mittelbarer Besitzer und fiduziarischer Eigentümer *(§ 868 BGB)* ▪ erwirbt ein bedingtes Verwertungsrecht	▪ wird unmittelbarer Besitzer ▪ erwirbt ein bedingtes Verwertungsrecht

Sicherungsübereignung von Kraftfahrzeugen

Im Sicherungsübereignungsvertrag sind die Daten des übereigneten Fahrzeugs festzuhalten:
- Name und Anschrift des Fahrzeughalters
- Fahrzeugart und Hersteller
- amtliches Kennzeichen
- Fahrzeugidentifikationsnummer (FIN)
- Tag der Erstzulassung

Der Darlehensnehmer ist als Halter in der Zulassungsbescheinigung Teil II eingetragen, obwohl er nicht Eigentümer des Fahrzeugs ist. Aus Sicherheitsgründen verlangen einige Kreditinstitute die Herausgabe der Zulassungsbescheinigung Teil II, um unrechtmäßige Verfügungen über das Fahrzeug auszuschließen. Die Übergabe der Zulassungsbescheinigung Teil II hat zwar für den Rechtserwerb keine Bedeutung, jedoch zerstört eine fehlende Zulassungsbescheinigung Teil II den guten Glauben des Erwerbers an das Eigentum des Veräußerers. Es gilt die Vermutung, dass demjenigen, der die Zulassungsbescheinigung Teil II nicht besitzt, auch das Fahrzeug nicht gehört.

Um die Ausstellung einer Zweitschrift der Zulassungsbescheinigung Teil II in betrügerischer Absicht zu verhindern, kann das Kreditinstitut dem Straßenverkehrsamt die Aushändigung der Zulassungsbescheinigung Teil II anzeigen. Das Straßenverkehrsamt bestätigt den Eingang der Anzeige.

Das Kreditinstitut verlangt in der Regel von dem Darlehensnehmer den Abschluss einer Vollkaskoversicherung und lässt sich die Versicherungsansprüche abtreten. Die Versicherung wird über die Abtretung der Ansprüche informiert und schickt als Bestätigung einen **Sicherungsschein** an das Kreditinstitut. In dem **Sicherungsschein** verpflichtet sich die Versicherung dazu, bei Prämienrückständen das Kreditinstitut zu informieren.

Verwertung des Sicherungsgutes

Voraussetzungen der Verwertung

1. **Verwertungsreife**
   Die gesicherte Forderung muss fällig sein.
   Eine fristlose Kündigung und damit die **Fälligstellung** des gesamten Kredites ist zulässig, wenn ein wichtiger Grund vorliegt *(§ 490 BGB, AGB Sparkassen Nr. 26 Abs. 2, AGB Banken Nr. 19 Abs. 3).*

   Beispiel:
   Es tritt eine wesentliche Verschlechterung der Vermögenslage des Kunden ein.

5

2. **Besitzverschaffung**
   Der Sicherungsnehmer hat mit Eintritt des Verwertungsrechtes einen Herausgabeanspruch gegenüber dem Sicherungsgeber. Verweigert der Sicherungsgeber die Herausgabe, kann die Besitzverschaffung durch Klage auf Herausgabe erzwungen werden.

Die Androhung der Verwertung und die Einhaltung einer Wartefrist wird in der Praxis mit dem Ziel vorgenommen, dem Sicherungsgeber vor Durchführung der Verwertungsmaßnahme die Möglichkeit zu bieten, die gesicherte Forderung zu tilgen bzw. das Sicherungsgut auszulösen.

Möglichkeiten der Verwertung

Das Kreditinstitut berücksichtigt bei der Verwertung des Sicherungsgutes gewöhnlich die gesetzlichen Regeln der Pfandverwertung. Es muss bei der Verwertung die **Interessen des Sicherungsgebers** *(z.B. Erzielung eines möglichst hohen Verwertungserlöses)* wahren und die für den Sicherungsgeber günstigste Verwertungsart wählen *(BGH-Urteil).*

Freihändiger Verkauf

Das Kreditinstitut schützt sich vor Schadenersatzansprüchen des Sicherungsgebers, indem es diesem vor der Veräußerung des Sicherungsgutes die Auslösung des Gutes zum vorgesehenen Verkaufspreis anbietet oder die Schätzung eines öffentlich bestellten und vereidigten Sachverständigen einholt.

Freihändige/öffentliche Versteigerung

Da der Versteigerungserlös wesentlich vom Engagement des Versteigerers abhängt *(z.B. Unterrichtung entsprechender Interessentenkreise, Hinweise auf die Versteigerung in Zeitungsanzeigen),* schalten Kreditinstitute nur solche Versteigerer ein, die auf dem Gebiet der Verwertung von Sicherungsübereignungsgut über entsprechende Erfahrungen verfügen oder öffentlich bestellt sind.

Freigabe des Sicherungsgutes

Der Sicherungsnehmer überträgt dabei das Eigentum am Sicherungsgut wieder auf den Sicherungsgeber, wenn der Kreditnehmer das gesicherte Darlehen vollständig zurückgezahlt hat. Wegen der Abstraktheit der Sicherungsübereignung erfolgt die Rückübereignung nicht automatisch mit Tilgung der Forderung. Der Sicherungsgeber hat nach der Tilgung der gesicherten Forderung einen schuldrechtlichen Anspruch auf Rückübereignung des Sicherungsgutes.

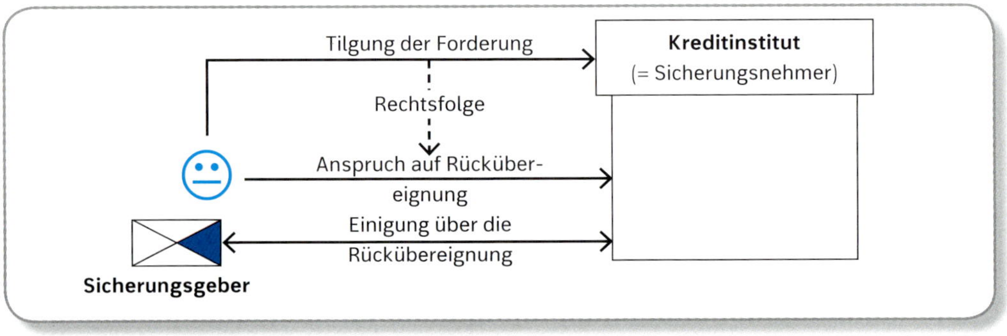

4 Leasing von Kraftfahrzeugen

Beim Leasing eines Kraftfahrzeuges erwirbt der Leasingnehmer gegen Zahlung der Leasingprämie ein Nutzungsrecht an einem Kraftfahrzeug während der vereinbarten Laufzeit *(z. B. 24 Monate).*

Der **Leasinggeber** bleibt **Eigentümer** der Sache, der **Leasingnehmer** ist während der Laufzeit **Besitzer** der Sache. Nach Ablauf der Frist gibt der Leasingnehmer das Fahrzeug an den Leasinggeber zurück.

In dem Leasingvertrag können die Beteiligten auch eine Kaufoption vereinbaren. Der Leasingnehmer hat dann das Recht, das Fahrzeug am Ende der Laufzeit zu einem bereits bei Vertragsabschluss festgelegten Preis zu erwerben.

Beim Erwerb eines Pkw ist Leasing eine Alternative zu einem darlehensfinanzierten Kauf.

Circa jedes vierte Auto in Deutschland ist geleast.

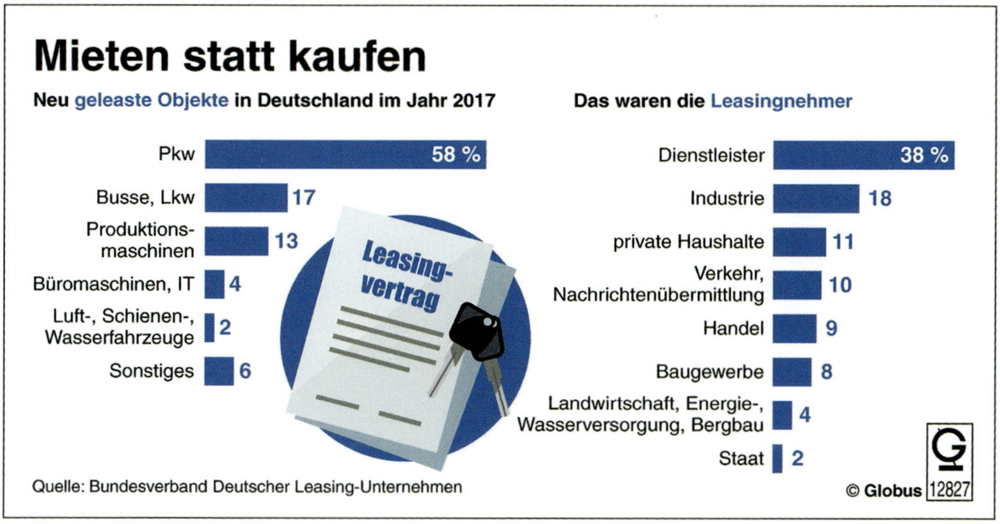

Anbieter von Pkw-Leasing

- herstellerverbundene Leasinggesellschaften (circa 80 % der Pkw-Leasing-Verträge)
  Beispiele:
  Volkswagen Leasing, BMW Leasing
- herstellerunabhängige Leasinggesellschaften
  Beispiele:
  CC-Leasing GmbH, Sparkassen Leasing (Leasing)

Pkw-Leasingverträge haben in der Regel eine Laufzeit von 24–48 Monaten. Beim privaten Pkw-Leasing hat der Leasingnehmer ein **Widerrufsrecht von 14 Tagen** *(§§ 500, 495, 355 BGB).* Der Vertrag kann während der Laufzeit nicht gekündigt werden.

Höhe der Leasingprämien	Zahlung der Leasingprämien
Für die Höhe der Leasingprämien sind von Bedeutung ▪ das Zinsniveau und ▪ der Wertverlust des Kfz während der Leasingdauer. Der Wertverlust ist die Differenz zwischen dem Kaufpreis und dem kalkulierten Restwert am Ende der Laufzeit des Leasingvertrages. Die Kalkulation des Restwertes orientiert sich an den Erfahrungen der Vergangenheit sowie den Berechnungen von Eurotax Schwacke und der Deutschen Automobil Treuhand (DAT).	▪ einmalige Sonderzahlung zu Beginn des Vertrages (ca. 20 % des Kaufpreises) ▪ monatliche Leasingraten Je höher die Sonderzahlung ist, desto niedriger sind die monatlichen Leasingraten.

Merkmale von Pkw-Leasing-Verträgen

- Der **Leasinggeber ist Eigentümer** des Fahrzeuges. Die Zulassungsbescheinigung Teil II wird vom Leasinggeber verwahrt.
- Der **Leasingnehmer ist Halter** des Fahrzeugs.
  - Der Pkw wird auf seinen Namen zugelassen.
  - Er trägt sämtliche Unterhaltskosten *(z.B. Steuern, Versicherungen)* sowie Wartungs- und Reparaturkosten.
- Der Leasingnehmer ist verpflichtet, eine Vollkaskoversicherung abzuschließen. Die Versicherungsansprüche werden an den Leasinggeber abgetreten.

Am Ende der Laufzeit endet die Nutzungsvereinbarung. Das Fahrzeug ist in einem ordnungsgemäßen Zustand an den Leasinggeber zurückzugeben.

Zwei Vertragsvarianten sind zu unterscheiden:

Leasingverträge	
Leasing mit Restwertabrechnung	**Leasing mit Kilometerabrechnung**
▪ Der Leasingnehmer garantiert die Erzielung des kalkulierten Restwertes. ▪ Wenn der **tatsächliche Fahrzeugwert** den **kalkulierten Restwert** übersteigt, ist der Leasingnehmer mit 75 % am Mehrerlös beteiligt. Ist der tatsächliche Fahrzeugwert niedriger als der kalkulierte Restwert, hat der Leasingnehmer die Differenz auszugleichen. ▪ **Der Leasingnehmer trägt das Restwertrisiko.**	▪ Bei Vertragsabschluss wird die voraussichtliche Gesamtfahrleistung während der Laufzeit vereinbart. ▪ Wenn **die tatsächliche Gesamtfahrleistung** die vereinbarte Gesamtfahrleistung übersteigt, erfolgt eine Nachberechnung der mehr gefahrenen Kilometer. Ist die tatsächliche Gesamtfahrleistung niedriger, erhält der Leasingnehmer eine Vergütung. ▪ **Der Leasinggeber trägt das Restwertrisiko.**

Bei **Leasingverträgen mit Verbrauchern** muss der Leasinggeber gegenüber dem Leasingnehmer die gesetzlichen Vorvertraglichen Informationspflichten (VVI) erfüllen *(§ 491a BGB, Art. 247 EGBGB)*. Der Vertrag kann schriftlich oder in elektronischer Form geschlossen werden.

Im Leasingvertrag sind folgende Inhalte aufzuführen:

- Beschreibung des Fahrzeugs (*z. B. Fabrikat, Ausstattung, Erstzulassung, amtliches Kennzeichen)*
- Höhe der Leasingraten und gegebenenfalls der Sonderzahlung
- Höhe des kalkulierten Restwertes beim Restwertleasing
- Fahrleistung bei Leasing mit Kilometerabrechnung, Mehrkosten bei Überschreitung, Vergütung bei Unterschreitung
- Vertragsdauer
- Nebenabreden (*z. B. Wartung in einer Vertragswerkstatt, Abschluss einer Vollkaskoversicherung)*

Fallbeispiel:
Markus Breuer möchte einen Minivan erwerben. Seine Ersparnisse betragen 5 550,00 EUR. Das Autohaus Plaun & Krüger GmbH bietet den Pkw einschließlich Sonderausstattung zu folgenden Konditionen an.

Bei einem Barkauf muss Markus Breuer einen Kredit von 20 650,00 EUR (= 26 200,00 EUR – 5 550,00 EUR) aufnehmen. Die Regio-Bank AG unterbreitet folgendes Kreditangebot:

- Nominalzinssatz 9,00 % p. a.
- Laufzeit 36 Monate
- Monatsrate 656,67 EUR

Vergleich der Alternativen

	Leasing		Kreditaufnahme und Barkauf	
monatliche Belastung	monatliche Rate	338,08 EUR	monatliche Rate:	656,67 EUR
	Die monatliche Rate ist bei der Kreditfinanzierung um 318,59 EUR höher.			
Gesamtaufwand	Sonderzahlung	5 550,00 EUR	Eigenkapital	5 550,00 EUR
	+ 338,08 EUR · 36 =	12 170,88 EUR	Gesamtkredit (36 · 656,67)	23 640,12 EUR
	Summe	17 720,88 EUR	Summe	29 190,12 EUR
	Der Mehraufwand bei der Kreditfinanzierung beträgt 11 469,24 EUR.			

Beurteilung der Alternativen

- Im Unterschied zum Leasing erwirbt Markus Breuer bei der Kreditfinanzierung das Eigentum an dem Fahrzeug. Entscheidend für die Beurteilung der alternativen Kreditfinanzierung oder Leasing ist der Restwert des Pkw nach drei Jahren.
  – Zeitwert des Pkw > 11 469,24 EUR → Kreditfinanzierung vorteilhaft
  – Zeitwert des Pkw < 11 469,24 EUR → Leasing vorteilhaft

  Das **Restwertrisiko** trägt bei der Kreditfinanzierung Markus Breuer. Hat er das Fahrzeug geleast, übernimmt die Leasinggesellschaft die Verwertung des Pkw. Der Leasinggeber trägt das Restwertrisiko.

- Weist das Fahrzeug bei der Rückgabe an den Leasinggeber Beschädigungen auf, sind diese vom Leasingnehmer zu tragen.

- Der Leasingnehmer hat die Pflicht, das Fahrzeug in einer Vertragswerkstatt warten zu lassen.
- Leasing bietet **Liquiditätsvorteile**, da die monatlichen Leasingraten niedriger als die Kreditraten sind.
- Beträgt die Fahrleistung mehr als 15000 km im Jahr, erhöhen sich die Leasingkosten. Bei einer niedrigeren Fahrleistung vermindern sich die Leasingkosten.
- Wird der Pkw für betriebliche Zwecke genutzt, können die **Leasingraten** in voller Höhe als **Betriebsausgaben** geltend gemacht werden und mindern dadurch den zu versteuernden Gewinn. Bei einer **Kreditfinanzierung** können die **Zinsen und Abschreibungen** steuerlich geltend gemacht werden.

Leasing mit Kilometerabrechnung ist vor allem für Personen eine Alternative,
- die stets ein neuwertiges Fahrzeug besitzen möchten,
- die nicht das Restwertrisiko tragen möchten und
- die sich nicht um einen Verkauf kümmern möchten.

Ob sich Leasing gegenüber der Kreditaufnahme und dem Barkauf lohnt, hängt von den Kosten und den persönlichen Präferenzen des Kunden ab. Der Kunde muss zur Entscheidungsfindung die Vor- und Nachteile des Leasings abwägen und bewerten.

5 Notleidender Kredit

Notleidende Kredite sind Darlehen, bei denen der Darlehensnehmer mit seinen Zahlungsverpflichtungen in Verzug gerät und mit einem Forderungsausfall zu rechnen ist.

Ist der Kreditkunde aufgrund einer Verschlechterung seiner wirtschaftlichen Situation nicht mehr in der Lage, die monatlichen Darlehensraten zu zahlen, sollte er sich unverzüglich mit dem Darlehensgeber in Verbindung setzen, seine Rückzahlungsprobleme schildern und gemeinsam mit dem Kreditinstitut nach einer Lösung suchen *(z. B. Umschuldung mit verminderten Raten, Tilgungsaussetzung für einen bestimmten Zeitraum).* Oft ist die Verschlechterung der finanziellen Situation eines Kunden mit plötzlicher Arbeitslosigkeit, dauerhafter Erkrankung oder anderen persönlichen Schicksalsschlägen verbunden.

Das Ignorieren einer finanziellen Schieflage und damit verbunden eine Verschlechterung der Kapitaldienstfähigkeit erschweren die Lösung des Rückzahlungsproblems. Falls das Kreditinstitut mit dem Kunden keine einvernehmliche Lösung seines Finanzierungsproblems erreichen kann, wird es die Abwicklung des notleidenden Kredites in Gang setzen.

5.1 Abwicklung notleidender Kredite

1. Schritt: Mahnungen bei Zahlungsverzug

Mahnungen
- 1. Mahnung und 2. Mahnung
  - Information des Kunden über den Zahlungsrückstand
  - Zahlungsaufforderung binnen einer bestimmten Frist *(z. B. eine Woche)*
  - Hinweis auf die Rechtsfolgen im Fall der Nichtzahlung
  - Gesprächsangebot (Bitte um Rücksprache bei Zahlungsproblemen)
- 3. Mahnung
  - letzte Fristsetzung
  - Androhung der Kündigung des Kredites
  - Androhung der Sicherheitenverwertung

Maßnahmen des Kreditinstitutes nach erfolglosen Mahnungen:
- Kontosperre
  - Nichteinlösung von Lastschriften und Schecks mangels Kontodeckung
  - Nichtausführung von Überweisungsaufträgen und Daueraufträgen
- Kündigung des Dispositionskredites
- Einzug der Bankkarte und der Kreditkarte

wenn erfolglos

2. Schritt: Fälligstellung von Darlehen

Gesamtfälligstellung von Teilzahlungsdarlehen

Voraussetzungen *(§ 498 BGB)*
- Verzug mit mindestens **zwei aufeinander folgenden Raten** ganz oder teilweise
- Zahlungsrückstand mindestens
  - 10 % der Kreditsumme bei einer Laufzeit bis zu **drei Jahren**
  - 5 % der Kreditsumme bei einer Laufzeit **über drei Jahren**
- **Fristsetzung von 2 Wochen mit der Erklärung der Gesamtfälligstellung** bei Nichtzahlung der rückständigen Raten

Gesprächsangebot
Der Kreditgeber soll dem Verbraucher spätestens mit der Fristsetzung ein Gespräch über die Möglichkeiten einer einverständlichen Regelung anbieten.

Beispiele:
- *Herabsetzung der Raten bei Verlängerung der Laufzeit*
- *Stundung von Raten bei Verlängerung der Laufzeit*

Die Fälligstellung des Kredites wird der **SCHUFA** gemeldet.

Ermittlung der Restschuld *(§§ 288, 497, 498 BGB)*
Für den rückständigen Betrag kann das Kreditinstitut **Verzugszinsen** von **5 % p. a. über dem Basiszinssatz** verlangen, wenn nicht im Einzelfall der Kreditgeber einen höheren oder der Verbraucher einen niedrigeren Schaden nachweist. Der Basiszinssatz *(§ 247 BGB)* ist abhängig von dem Zinssatz für Hauptrefinanzierungsoperationen der EZB und wird von der Bundesbank jeweils am 1. Januar und am 1. Juli jedes Jahres für das folgende Halbjahr festgelegt (www.bundesbank.de -> Basiszinssatz nach *§ 247 BGB)*.

Die Restschuld mindert sich um die Zinsen und sonstigen laufzeitabhängigen Kosten, die auf die Zeit nach Ablauf der Kündigungsfrist entfallen.

Fallbeispiel:
Arndt Kessler hat von der Regio-Bank AG einen Ratenkredit von 16 000,00 EUR zu folgenden Konditionen erhalten:

▪ Nominalzinssatz	9,50 % p. a.
▪ Laufzeit	48 Monate
▪ Monatsrate	401,97 EUR
▪ Gesamtrückzahlungsbetrag (48 · 401,97 EUR)	19 294,56 EUR
▪ Kosten insgesamt	3 294,56 EUR

Nach dem Eingang von 14 Monatsraten stellt der Kreditnehmer die Zahlungen ein. Die Regio-Bank AG kündigt nach mehrfachen Mahnungen den Kredit fristgerecht und fordert die Rückzahlung der gesamten Restschuld nach 18 Monaten. Der Basiszinssatz beträgt 3 %.

Monat	Darlehen	Zinsen	Tilgung	Rate	Restschuld
1.	16 000,00 EUR	126,67 EUR	275,30 EUR	401,97 EUR	15 724,70 EUR
2.	15 724,70 EUR	124,49 EUR	277,48 EUR	401,97 EUR	15 447,22 EUR
3.	15 447,22 EUR	122,29 EUR	279,68 EUR	401,97 EUR	15 167,54 EUR
4.	15 167,54 EUR	120,08 EUR	281,89 EUR	401,97 EUR	14 885,65 EUR
5.	14 885,65 EUR	117,84 EUR	284,13 EUR	401,97 EUR	14 601,52 EUR
6.	14 601,52 EUR	115,60 EUR	286,37 EUR	401,97 EUR	14 315,15 EUR
7.	14 315,15 EUR	113,33 EUR	288,64 EUR	401,97 EUR	14 026,51 EUR
8.	14 026,51 EUR	111,04 EUR	290,93 EUR	401,97 EUR	13 735,58 EUR
9.	13 735,58 EUR	108,74 EUR	293,23 EUR	401,97 EUR	13 442,35 EUR
10.	13 442,35 EUR	106,42 EUR	295,55 EUR	401,97 EUR	13 146,80 EUR
11.	13 146,80 EUR	104,08 EUR	297,89 EUR	401,97 EUR	12 848,91 EUR
12.	12 848,91 EUR	101,72 EUR	300,25 EUR	401,97 EUR	12 548,66 EUR
13.	12 548,66 EUR	99,34 EUR	302,63 EUR	401,97 EUR	12 246,03 EUR
14.	12 246,03 EUR	96,95 EUR	305,02 EUR	401,97 EUR	11 941,01 EUR
15.	11 941,01 EUR	94,53 EUR	307,44 EUR	401,97 EUR	11 633,57 EUR
16.	11 633,57 EUR	92,10 EUR	309,87 EUR	401,97 EUR	11 323,70 EUR
17.	11 323,70 EUR	89,65 EUR	312,32 EUR	401,97 EUR	11 011,38 EUR
18.	11 011,38 EUR	87,17 EUR	314,80 EUR	401,97 EUR	10 696,58 EUR

Restschuld nach 18 Monaten lt. Tilgungsplan	10 696,58 EUR
+ eine fällige Rate	401,97 EUR
+ drei rückständige Raten (15., 16. und 17. Rate)	1 205,91 EUR
+ 8 % Verzugszinsen (Basiszinssatz + 5 %) für rückständige Raten	
▪ 15. Rate: 3 Monate Verzug (401,97 · 3 · 8 : 100 : 12)	8,04 EUR
▪ 16. Rate: 2 Monate Verzug (401,97 · 2 · 8 : 100 : 12)	5,36 EUR
▪ 17. Rate: 1 Monat Verzug (401,97 · 1 · 8 : 100 : 12)	2,68 EUR
Rückzahlungsanspruch	12 320,54 EUR

Kündigung von Dispositionskrediten

Unbefristete Kredite kann das Kreditinstitut jederzeit ohne Einhaltung einer Kündigungsfrist kündigen. Dem Kunden wird jedoch eine angemessene Frist zur Rückzahlung eingeräumt *(z.B. 1 Monat)*. Bei einer Kündigung ist aber auf die berechtigten Belange des Kunden Rücksicht zu nehmen *(AGB Nr. 19 Banken, AGB Nr. 26 Sparkassen)*.
Insbesondere bei einer wesentlichen Verschlechterung der Vermögensverhältnisse des Kunden hat das Kreditinstitut ein außerordentliches Kündigungsrecht *(§ 490 BGB)*.

Beispiele:
Kündigungsgründe:
- *Scheck- und Lastschriftrückgaben mangels Kontodeckung*
- *Pfändungen beim Kunden*

nach Androhung und Fristsetzung

↓

3. Schritt: Verwertung der Sicherheiten

Im Fall der Verwertung hat das Kreditinstitut unter mehreren Sicherheiten ein Wahlrecht *(AGB Nr. 17 Abs. 1 Banken, AGB Nr. 21 Abs. 5 Sparkassen)*. Bei der Verwertung und der Auswahl der zu verwertenden Sicherheiten ist auf die berechtigten Belange des Kunden und eines dritten Sicherungsgebers Rücksicht zu nehmen.
Durch das AGB-Pfandrecht hat das Kreditinstitut das Recht, Konto- und Depotguthaben des Kreditnehmers als Pfand unter Beachtung der gesetzlichen Bestimmungen zu verwerten.
Abgetretene Gehaltsansprüche werden nach Androhung und Einhaltung einer angemessenen Wartefrist (i.d.R. 1 Monat) offengelegt. Der Arbeitgeber wird aufgefordert, den pfändbaren Teil des Gehaltes direkt an das Kreditinstitut zu zahlen.

bei verbleibender Restforderung

↓

4. Schritt: Erlangung eines vollstreckbaren Titels

Ein vollstreckbarer Titel ist die Rechtsgrundlage für die Durchführung einer Zwangsvollstreckung in das Vermögen des Schuldners.
Vollstreckbare Titel sind
- Vollstreckungsbescheid,
- Urteil,
- notarielle Schuldurkunden.

5.2 Gerichtliches Mahnverfahren

Das gerichtliche **Mahnverfahren** ist ein formularmäßig durchgeführter, abgekürzter Zivilprozess, der dem Gläubiger (= Antragsteller) schnell und kostengünstig einen Vollstreckungstitel verschafft *(§ 688 ff. ZPO)*.

Der Vollstreckungstitel berechtigt den Gläubiger zur Zwangsvollstreckung in das Vermögen des Schuldners (= Antragsgegner). Grundsätzlich ist das Amtsgericht des Gläubigers für das Mahnverfahren zuständig.

Aus Rationalisierungsgründen werden Mahnsachen zentral *(z.B. für den Oberlandesgerichtsbezirk Köln: Amtsgericht Euskirchen)* bearbeitet.

Der Gläubiger kann seine Ansprüche auch online im **automatisierten gerichtlichen Mahnverfahren** geltend machen.

Ablauf des Mahnverfahrens

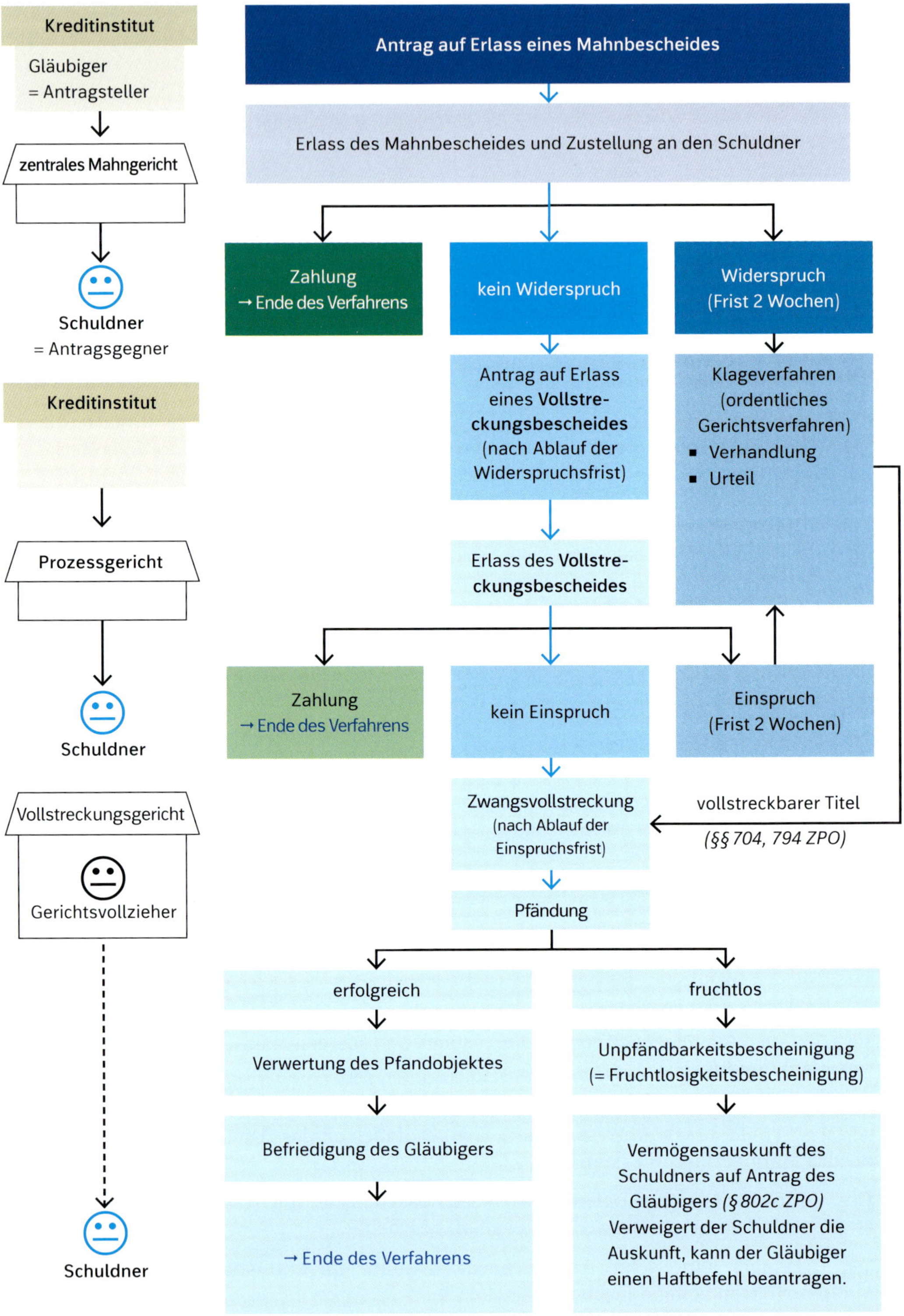

5.3 Klageverfahren

Das **Klageverfahren (Zivilprozess)** ist das ordentliche Verfahren der Gerichte zur Klärung von Rechtsstreitigkeiten und zur Durchsetzung von Rechtsansprüchen *(§§ 139, 253 ff. ZPO)*.

Zuständigkeit	
sachlich	**örtlich (Gerichtsstand)**
▪ **Amtsgericht:** Streitwert bis einschließlich 5 000,00 EUR (ohne Zinsen und Nebenkosten) ▪ **Landgericht:** Streitwert über 5 000,00 EUR	**Gericht des Erfüllungsortes** ▪ **Grundsatz:** Wohnort bzw. Sitz des Schuldners (Beklagter) *(§ 29 Abs. 1 ZPO)* ▪ **Ausnahme:** Eine Erfüllungsortvereinbarung mit Gerichtsstandsfolge ist nur möglich, wenn die Vertragspartner Kaufleute oder juristische Personen des öffentlichen Rechts sind und die Vereinbarung schriftlich erfolgte *(§§ 29, 38 ZPO)*.

Falls die unterlegene Partei mit dem Urteil nicht einverstanden ist, kann sie beim jeweils übergeordneten Gericht Rechtsmittel einlegen. Das übergeordnete Gericht muss dann das Urteil überprüfen.

Rechtsmittel	
Berufung	**Revision**
Die angefochtene Entscheidung wird in **tatsächlicher** und **rechtlicher Hinsicht** neu beurteilt.	Die angefochtene Entscheidung wird in **rechtlicher Hinsicht** überprüft (= korrekte Anwendung der Gesetze); die tatsächlichen Feststellungen werden von der Vorinstanz übernommen. Es erfolgt keine neue Beweisaufnahme.

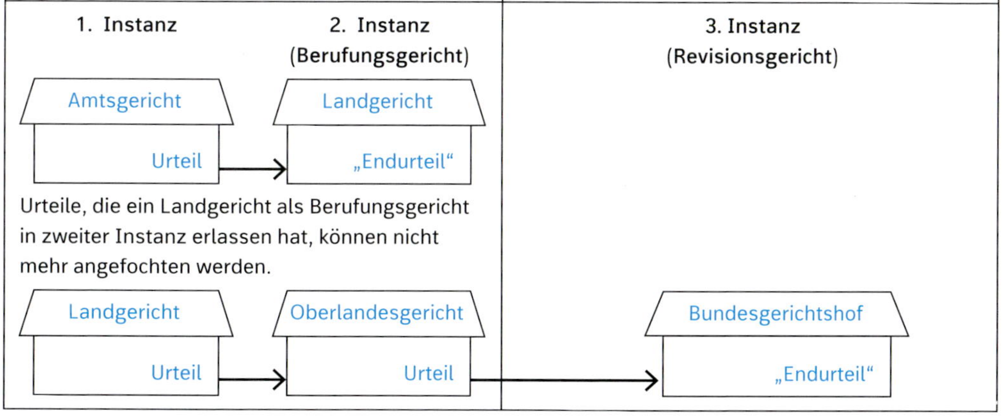

5

5.4 Zwangsvollstreckung

Die **Zwangsvollstreckung** ist ein gerichtliches Verfahren, mit dem ein Gläubiger zwangsweise seine Ansprüche gegen den Schuldner durchsetzen kann.

Voraussetzungen

Voraussetzung für eine Zwangsvollstreckung ist ein **vollstreckbarer Titel**. Vollstreckungstitel sind Urkunden, aus denen die Zwangsvollstreckung betrieben werden kann *(§§ 704, 794 ZPO)*:

- Urteile
- Vollstreckungsbescheide
- notarielle Schuldurkunden

Beispiel:

Der Schuldner unterwirft sich bei der Grundschuldbestellung der sofortigen Zwangsvollstreckung in den belasteten Grundbesitz.

Zwangsvollstreckung in bewegliche Sachen und Forderungen

Vollstreckungsmaßnahmen bei	
... beweglichen Sachen *(§ 808 ff. ZPO)*	**... Forderungen** *(§ 828 ff. ZPO)*
Vollstreckungsmaßnahmen werden nur auf Antrag des Gläubigers durchgeführt.	
▪ Pfändung und Verwertung	▪ Pfändung und Überweisung der Forderung
Vollstreckungsablauf	
▪ Die Pfändung erfolgt dadurch, dass der Gerichtsvollzieher die körperlichen Sachen in Besitz nimmt; bei größeren Objekten wird die Pfändung durch Anbringen des Pfandsiegels gekennzeichnet. ▪ Die gepfändeten Sachen sind vom Gerichtsvollzieher öffentlich zu versteigern. Der Verwertungserlös bzw. gepfändetes Geld wird nach Abzug der Vollstreckungskosten an den Gläubiger abgeführt. ▪ Gegenstände, die zur Lebensführung und zur Berufsausübung nötig sind, können nicht gepfändet werden.	▪ Der Pfändungs- und Überweisungsbeschluss wird dem Drittschuldner *(z. B. Kreditinstitut wegen Kontoguthaben des Hauptschuldners)* durch den Gerichtsvollzieher zugestellt. ▪ Der **Pfändungsbeschluss**[1] bewirkt, dass die gepfändete Forderung zugunsten des Gläubigers beschlagnahmt wird. ▪ Der **Überweisungsbeschluss** bewirkt, dass der Drittschuldner nur noch mit schuldbefreiender Wirkung an den Gläubiger zahlen kann. ▪ Arbeitseinkommen und andere laufende Bezüge sind nur zum Teil pfändbar (**Pfändungsfreigrenzen**). Nicht pfändbar sind bestimmte Sozialleistungen *(z. B. Kindergeld)*.

Vermögensauskunft *(§ 802c ff. ZPO)*

Ein Gläubiger kann sich mittels einer Vermögensauskunft einen Überblick über das vollstreckbare Vermögen des Schuldners verschaffen. Der Schuldner ist nämlich bei einer Vollstreckung verpflichtet, auf Verlangen des Gerichtsvollziehers innerhalb von zwei

[1] *Vgl. Seite 25 f.*

Wochen Auskunft über sein Vermögen zu erteilen. Der Schuldner hat an Eides statt zu versichern, dass seine Angaben nach bestem Wissen und Gewissen richtig und vollständig sind *(§§ 802c, 802f ZPO)*.

Kommt der Schuldner seiner Pflicht zur Abgabe der Vermögensauskunft nicht nach oder ist keine vollständige Befriedigung des Gläubigers zu erwarten, darf der Gerichtsvollzieher auch Auskünfte bei Dritten *(z. B. Auskunft der Rentenversicherung über Name und Anschrift des Arbeitgebers)* einholen *(§ 802l ZPO)*.

Verweigert der Schuldner die Abgabe der Vermögensauskunft, besteht die Möglichkeit, diese auf Antrag des Gläubigers durch **Erzwingungshaft** herbeizuführen *(§ 802g ZPO)*.

Der Gerichtsvollzieher ordnet von Amts wegen die Eintragung des Schuldners in das Schuldnerverzeichnis an, wenn der Schuldner seiner Pflicht zur Abgabe der Vermögensauskunft nicht nachgekommen ist oder der Schuldner dem Gerichtsvollzieher nicht innerhalb eines Monates nach Abgabe der Vermögensauskunft nachweist, dass er seine Schulden beglichen hat *(§ 882c ZPO)*. Das Schuldnerverzeichnis kann jeder einsehen, der Informationen für die Zwangsvollstreckung oder für eine Kreditwürdigkeitsprüfung benötigt.

5.5 Verbraucherinsolvenzverfahren

5

Das Verbraucherinsolvenzverfahren findet Anwendung bei natürlichen Personen, die keine oder nur eine geringfügige selbstständige Tätigkeit ausüben *(§ 304 InsO)*.

Das Verbraucherinsolvenzverfahren verläuft in vier Stufen:

1. Stufe: Versuch einer außergerichtlichen Einigung

- Der Schuldner muss zunächst auf der Grundlage eines Plans versuchen, mit seinen Gläubigern eine außergerichtliche Einigung (= Vergleich) über eine Schuldenbereinigung zu erzielen.
  Beispiele:
  Stundung, Teilerlass von Forderungen, Ratenzahlungen
- Er muss hierbei die Hilfe geeigneter Personen *(z. B. Schuldnerberatungsstellen, Rechtsanwälte, Steuerberater)* in Anspruch nehmen.
- Die Gläubiger entscheiden über die Annahme des Planes.

↓

Gerichtliches Verbraucherinsolvenzverfahren

Eröffnungsantrag des Schuldners *(§ 305 InsO)*

Folgende Unterlagen sind vom Schuldner einzureichen:

- Antrag auf Eröffnung des Insolvenzverfahrens
- Bescheinigung über den erfolglosen außergerichtlichen Einigungsversuch
- Antrag auf Erteilung einer **Restschuldbefreiung** *(§ 287 InsO)*
- Verzeichnis über die Einkommens- und Vermögensverhältnisse
- Verzeichnis der Gläubiger und ihrer Forderungen

↓

↓

2. Stufe: Versuch eines gerichtlichen Vergleichs

Vor der Eröffnung des Insolvenzverfahrens findet ein zweiter Einigungsversuch unter Mitwirkung des Gerichts statt, sofern dieser nicht von vornherein als aussichtslos erscheint *(§ 802a ZPO)*. Im Unterschied zum außergerichtlichen Vergleich kann die fehlende Zustimmung einzelner Gläubiger durch Gerichtsbeschluss ersetzt werden *(§ 309 InsO)*.

- **Schuldenbereinigungsplan:** Unter Berücksichtigung der Gläubigerinteressen sowie der Vermögens-, Einkommens- und Familienverhältnisse des Schuldners muss ein Schuldenbereinigungsplan vorgelegt werden, der geeignet ist, eine angemessene Schuldenbereinigung durch Stundung oder Teilerlass von Forderungen zu erreichen. In den Plan ist aufzunehmen, ob Bürgschaften, Pfandrechte und andere Sicherheiten der Gläubiger berührt werden sollen.
- **Ruhen des Verfahrens:** Das Insolvenzverfahren ruht bis zur Entscheidung über den Schuldenbereinigungsplan *(§ 306 InsO)*.

Entscheidung der Gläubiger

- Zustellung der Unterlagen an die Gläubiger
- Die Gläubiger werden aufgefordert, binnen eines Monats zu den Verzeichnissen und zu dem Schuldenbereinigungsplan Stellung zu nehmen *(§ 307 InsO)*.
- Hat kein Gläubiger Einwendungen gegen den Schuldenbereinigungsplan erhoben, gilt er als angenommen.
- Hat dem Schuldenbereinigungsplan mehr als die Hälfte der Gläubiger zugestimmt, und beträgt die Summe der Forderungen der zustimmenden Gläubiger mehr als die Hälfte aller Forderungen, so ersetzt das Insolvenzgericht die fehlende Zustimmung einzelner Gläubiger durch Gerichtsbeschluss. Der Schuldenbereinigungsplan ist für alle Gläubiger bindend *(§ 309 InsO)*.

  Ausnahmen:
  - Der Gläubiger wird in dem Schuldenbereinigungsplan im Verhältnis zu den anderen Gläubigern benachteiligt.
  - Der Gläubiger wird schlechter gestellt als bei Durchführung des Insolvenzverfahrens.

Rechtsfolgen

↓

Annahme des Schuldenbereinigungsplans ☺

Die Annahme hat die Wirkung eines Vergleichs *(§ 794 ZPO)*.

- Der Schuldenbereinigungsplan wird abgewickelt.
- Die Stundung und der Teilerlass der Forderungen sind rechtswirksam.
- Die Anträge auf Eröffnung des Insolvenzverfahrens und auf Erteilung der Restschuldbefreiung gelten als zurückgenommen *(§ 308 InsO)*.

↓

Ablehnung des Schuldenbereinigungsplans ☹

3. Stufe: Eröffnung eines vereinfachten Insolvenzverfahrens *(§ 311 ff. InsO)*

- Ein vom Gericht bestellter Treuhänder verwertet den pfändbaren Teil des Schuldnervermögens (= Insolvenzmasse) zur gemeinschaftlichen Befriedigung der Gläubigeransprüche.
- Der Treuhänder ist nicht zur Verwertung von Gegenständen berechtigt, an denen Pfandrechte oder andere Absonderungsrechte (Sicherungsübereignung, Sicherungszession) bestehen. Das Verwertungsrecht steht dem Gläubiger zu. Eine Gehaltsabtretung ist jedoch auf eine Dauer von zwei Jahren nach Abschluss des Insolvenzverfahrens begrenzt *(§ 114 InsO)*.

↓

4. Stufe: Restschuldbefreiung *(§ 286 ff. InsO)*

- Der Schuldner kann nach Ablauf einer **„Wohlverhaltensphase"** von **drei Jahren,** in der er versucht, einen möglichst großen Teil seiner Schulden zu tilgen, eine **Restschuldbefreiung** beantragen. Während dieser Phase muss der Schuldner sich um eine Erwerbstätigkeit bemühen und seine Lohn- und Gehaltsansprüche an den Treuhänder abtreten, der den pfändbaren Teil an die Gläubiger weiterleitet. In dieser Zeit sind Zwangsvollstreckungen in das Vermögen des Schuldners nicht möglich *(§§ 287, 294 InsO)*.
- Aus wichtigem Grund kann die Restschuldbefreiung versagt werden *(§ 290 InsO)*.

  Beispiele:
  - *„Mehrfachtäter": Erst nach Ablauf von elf Jahren kann der Schuldner einen erneuten Antrag auf Restschuldbefreiung stellen (§ 287a InsO).*
  - *falsche Angaben des Schuldners über seine Vermögens- oder Einkommensverhältnisse*
  - *Verletzung der Auskunfts- und Mitwirkungspflichten*
  - *Verletzung der Erwerbsobliegenheit*
  - *Straftäter, die in den vergangenen fünf Jahren in betrügerischer Absicht eine Insolvenz herbeigeführt haben*
- Während der „Wohlverhaltensphase" hat der Schuldner folgende Pflichten *(§ 295 InsO)*:
  - Er muss eine angemessene Erwerbstätigkeit ausüben bzw. sich darum bemühen.
  - Im Erbfall muss der Schuldner die Hälfte des Erbes an den Treuhänder übergeben.
  - Er muss jeden Wohnsitz- und Beschäftigungswechsel unverzüglich dem Insolvenzgericht und dem Treuhänder mitteilen.
  - Zahlungen zur Befriedigung der Insolvenzgläubiger darf er nur an den Treuhänder leisten und keinem Insolvenzgläubiger einen Sondervorteil verschaffen.
- Das Insolvenzgericht erteilt nach Ablauf der dreijährigen „Wohlverhaltensphase" die **Restschuldbefreiung** mit Wirkung gegen alle Insolvenzgläubiger, sofern der Schuldner seine Pflichten erfüllt hat *(§§ 286, 287 InsO)*.

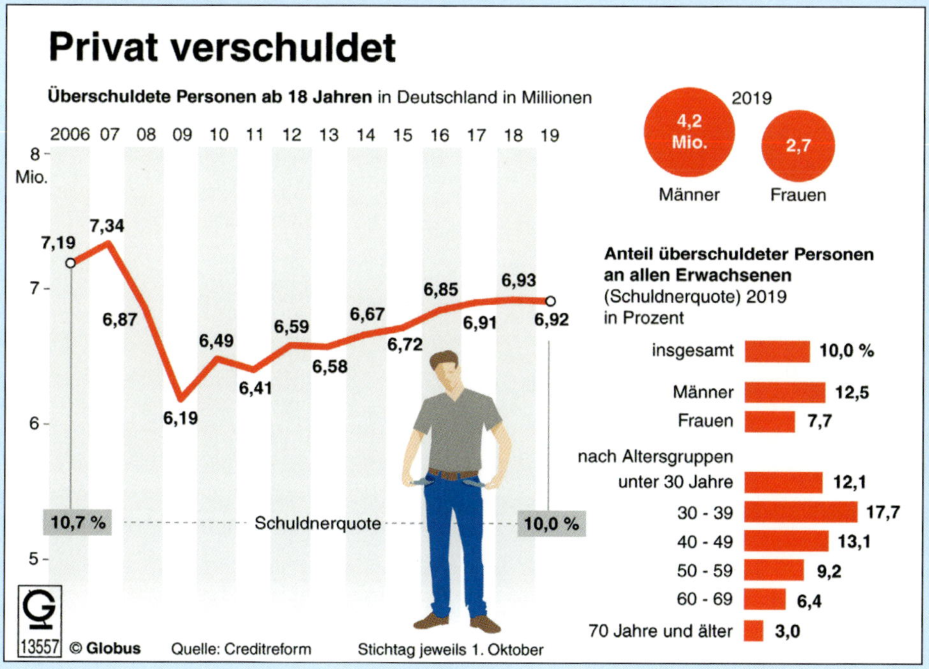

Lernfeld 8: Kunden über die Anlage in Finanzinstrumenten beraten

1 Anlageberatung in Finanzinstrumenten

Anlageberatung ist die Abgabe von persönlichen **Empfehlungen an Kunden**, die sich auf Geschäfte mit bestimmten **Finanzinstrumenten** beziehen, sofern die Empfehlung auf eine **Prüfung der persönlichen Umstände** des Anlegers gestützt oder als für ihn **geeignet** dargestellt wird *(§ 1 Abs. 1a Satz 2 Nr. 1a KWG, § 2 Abs. 8 Nr. 10 WpHG).*

Eine **Anlageberatung** ist darauf gerichtet, dem Anleger eine Geldanlage in für ihn persönlich geeigneten **Finanzinstrumenten** *(z.B. Anleihen, Aktien, Investmentfondsanteile)* zu empfehlen. Hierbei kommt es nicht darauf an, ob der Anleger der Empfehlung des Beraters folgt. Die Empfehlung kann sich auf den Kauf, den Verkauf und auch auf das Halten eines konkreten Finanzinstruments beziehen.

Keine Anlageberatung liegt vor, wenn Anlageempfehlungen ausschließlich über Informationsverbreitungskanäle *(z.B. Internet, Printmedien, Fernsehen)* oder für die Öffentlichkeit bekannt gegeben werden.

1.1 Grundlagen der Anlageberatung

1.1.1 Qualifikation der Anlageberater/-innen

Sachkundenachweis für Anlageberater/-innen

Anlageberater/-innen müssen die für eine Beratung erforderliche Sachkunde besitzen. Dazu gehören insbesondere Kenntnisse in folgenden Bereichen *(§ 87 WpHG, § 1 WpHG-MaAnzV)*:

- **Kundenberatung**
  Anlageberater müssen in der Lage sein, den Bedarf von Kunden zu ermitteln, Lösungsmöglichkeiten aufzuzeigen und sie über alle wesentlichen Produktmerkmale zu informieren.
- **Rechtsgrundlagen**
  Anlageberater müssen mit den rechtlichen Grundlagen der Anlageberatung vertraut sein und die Vorschriften des Wertpapierhandels- und des Investmentgesetzes beachten.
- **Fachkenntnisse**
  Anlageberater müssen ausreichende Fachkenntnisse über die Funktionsweise und Risiken der Finanzinstrumente sowie über alle anfallenden Kosten besitzen.

Mit dem Abschluss einer Ausbildung zur Bankkauffrau bzw. zum Bankkaufmann gilt die erforderliche Sachkunde als nachgewiesen *(§ 4 Nr. 2d WpHGMaAnzV).*

Mitarbeiter- und Beschwerderegister (Beraterregister)

Die Bundesanstalt für Finanzdienstleistungsaufsicht (BaFin) führt ein **Mitarbeiter- und Beschwerderegister**. In das Mitarbeiterregister müssen sich alle Anlageberater/-innen eintragen lassen, bevor sie die Tätigkeit aufnehmen. Diese Registrierung dient der Kontrolle und erleichtert Sanktionsmöglichkeiten bei Fehlberatungen. So kann die BaFin bei schwerwiegenden Fehlberatungen dem Kreditinstitut für die Dauer von bis zu zwei Jahren untersagen, den Mitarbeiter in der angezeigten Tätigkeit einzusetzen. Zur Führung des Beschwerderegisters sind der BaFin alle Beschwerden, die aufgrund der Tätigkeit eines Mitarbeiters gegenüber dem Kreditinstitut erhoben werden, anzuzeigen. In der Anzeige sind der Name des Mitarbeiters, seine Rolle im Kreditinstitut (Anlageberater/-in, Vertriebsbeauftragte/-r, Compliance-Beauftragte/-r) und das Beschwerdedatum anzugeben *(§ 87 WpHG, §§ 4b, 4d, 11 FinDAG).*

Schadenersatz bei Falschberatung

Eine **Falschberatung** liegt vor, wenn der Berater seine gesetzlichen Pflichten bei einer Anlageberatung nicht erfüllt hat.

Beispiele:
- *Die Beraterin bzw. der Berater hat den Kunden nicht umfassend über die Risiken der Anlage aufgeklärt.*
- *Das empfohlene Produkt ist nicht mit den Anlagezielen des Kunden kompatibel.*

Bei einer fehlerhaften Beratung hat der Kunde einen **Anspruch auf Schadenersatz** *(§ 675 Abs. 2 BGB).*

Schadenersatzansprüche unterliegen einer **dreijährigen Verjährungsfrist**, die am Ende des Jahres beginnt, in dem der Anleger von dem Schaden Kenntnis erlangt *(§ 195 ff. BGB).* Spätestens verjähren die Ansprüche jedoch zehn Jahre nach Entstehung des Anspruchs *(§ 199 BGB).*

Beispiel:
Anna Bücker hat am 23.03 2017 auf Empfehlung ihres Anlageberaters von der International-Investment-Bank herausgegebene DAX-Indexzertifikate erworben. Der Berater hat die Kundin nicht über das Emittentenrisiko informiert. Am 12.04.2020 erfährt Anna Bücker, dass die International-Investment-Bank in Zahlungsschwierigkeiten ist und die Kurse der Zertifikate deshalb stark gesunken sind.
Beginn der Verjährungsfrist für Schadenersatzsansprüche von Anna Bücker: 31.12.2020
Ende der Verjährungsfrist für Schadenersatzansprüche von Anna Bücker: 31.12.2023

1.1.2 Vergütung der Anlageberatung

Eine qualifizierte Kundenberatung verursacht einen erheblichen Aufwand. Neben dem Personalaufwand für die Berater sind auch die Kosten des Beraterplatzes zu berücksichtigen. Bei der Anlageberatung sind folgende Vergütungssysteme zu unterscheiden:

- **provisionsbasierte Anlageberatung**
  Dem Kunden wird die Beratungsleistung nicht ausdrücklich in Rechnung gestellt, sondern bei einem Geschäftsabschluss fällt eine Provision an, die oft von der Betragshöhe des Geschäftes abhängig ist.

Beispiel: *Kauf von Aktien: 1 % Provision vom Kurswert, mindestens aber 15,00 EUR*

Der Kunde ist darüber zu informieren, ob im Zusammenhang mit der Anlageberatung Zuwendungen von Dritten angenommen und behalten werden dürfen *(§ 63 WpHG).*

Beispiel: *jährliche Bestandsprovisionen beim Verkauf von Investmentfondsanteilen*

- **Honorar-Anlageberatung**
  Bei einer unabhängigen Honorar-Anlageberatung erhält das Kreditinstitut ausschließlich eine Vergütung vom Kunden, deren Höhe zumeist von der Dauer und Komplexität der Anlageberatung abhängig ist. Zuwendungen von Dritten (*z.B. von der Kapitalverwaltungsgesellschaft beim Verkauf von Investmentfondsanteilen*) dürfen nicht entgegengenommen bzw. müssen an den Kunden weitergeleitet werden.
  Der Berater muss seinen Empfehlungen eine nach Art und Anbieter hinreichend gestreute Anzahl von Finanzprodukten zugrunde legen, die nicht auf verbundene Unternehmen beschränkt sein dürfen (*§ 64 Abs. 5 WpHG*).

Vor Beginn der Beratung und vor Abschluss des Beratungsvertrages ist der Kunde in verständlicher Form darüber zu informieren, ob die Anlageberatung als unabhängige Honorar-Anlageberatung erbracht wird oder nicht (*§ 64 Abs. 1 WpHG*).

1.1.3 Kundengruppen

Bei der Anlageberatung sind **professionelle Kunden** und **Privatkunden** zu unterscheiden *(§ 67 Abs. 2, 3 WpHG).*

Professionelle Kunden sind Kunden, die über ausreichende Erfahrungen, Kenntnisse und Sachverstand verfügen, um die Risiken von Finanzinstrumenten zu beurteilen und um eigenständige Anlageentscheidungen zu treffen. Die Informations- und Aufklärungspflichten gegenüber diesen Personen sind gering.

Beispiele:
Banken, Versicherungen, Börsenhandler, große Unternehmen

Privatkunden sind alle nicht professionellen Kunden. Sie sind vor dem Abschluss von Finanzdienstleistungsgeschäften umfänglich über die Art des Geschäftes und die damit verbundenen Risiken aufzuklären.

1.1.4 Empfohlene Produkte

Ein Wertpapierdienstleistungsunternehmen, das Finanzinstrumente zum Verkauf konzipiert, muss ein Produktfreigabeverfahren einrichten und dabei einen Zielmarkt für das Finanzinstrument definieren, damit das Produkt nur Kunden angeboten wird, für die es geeignet ist *(§ 80 Abs. 9 WpHG).*

Kriterien für eine Zielmarktbestimmung sind
- Art der Kunden (Privatkunde oder professioneller Kunde),
- Kenntnisse und Erfahrung *(z.B. Finanzprodukt eignet sich nur für erfahrene Anleger),*
- Fähigkeit zum Tragen von Verlusten *(z.B. Verlustrisiko 100%),*
- Risikotoleranz *(z.B. Risikoklasse 7: spekulativ),*
- Ziele und Bedürfnisse der Kunden *(z.B. langfristige Anlage zur Altersvorsorge).*

Es ist sicherzustellen, dass die Vertriebsstrategie auf den entsprechenden Zielmarkt ausgerichtet ist.

8

Beispiele:
Kapitalverwaltungsgesellschaften definieren einen Zielmarkt für Investmentfonds. Banken definieren einen Zielmarkt für die von ihnen emittierten Zertifikate.

1.2 Verhaltensregeln bei der Anlageberatung

Allgemeine Verhaltensregeln *(§ 63 WpHG)*
Ein **Wertpapierdienstleistungsunternehmen** ... ▪ muss alle Leistungen ehrlich, redlich und professionell im **bestmöglichen Interesse seiner Kunden** erbringen. ▪ muss angemessene organisatorische Maßnahmen treffen, um **Interessenkonflikte** zu vermeiden *(§ 80 WpHG)*. Über trotzdem bestehende Interessenkonflikte ist der Kunden vor einem Geschäftsabschluss zu **informieren** („Information über unseren Umgang mit möglichen Interessenkonflikten“). ▪ **darf keine Anreize** für Mitarbeiter **schaffen**, nicht im bestmöglichen Interesse ihrer Kunden zu handeln. Insbesondere dürfen Mitarbeiter nicht durch Vergütungsvereinbarungen oder Verkaufsziele Anreize erhalten, einem Privatkunden bestimmte Produkte zu empfehlen, obwohl ein anderes Finanzinstrument eigentlich geeigneter für ihn ist. ▪ **muss Finanzinstrumente** so ausgestalten, das sie den Bedürfnissen eines bestimmten **Zielmarktes** entsprechen.

Verleitung zu Börsenspekulationsgeschäften *(§ 26 BörsG)*
(1) Es ist verboten, andere unter Ausnutzung ihrer Unerfahrenheit zu **Börsenspekulationsgeschäften** zu verleiten. (2) Börsenspekulationsgeschäfte sind insbesondere Termin- und Optionsgeschäfte, die darauf gerichtet sind, aus dem Unterschied zwischen dem für die Lieferzeit festgelegten Preis und dem zur Lieferzeit vorhandenen Börsen- oder Marktpreis einen Gewinn zu erzielen.

Bearbeitung von Kundenaufträgen *(§ 69 WpHG)*
(1) Ein Wertpapierdienstleistungsunternehmen muss geeignete Vorkehrungen treffen, um 1. Kundenaufträge **unverzüglich** auszuführen, 2. vergleichbare Kundenaufträge nach der **Reihenfolge ihres Eingangs** auszuführen. (2) Können limitierte Kundenaufträge in Bezug auf Aktien aufgrund der Marktbedingungen nicht unverzüglich ausgeführt werden, muss das Wertpapierdienstleistungsunternehmen diese Aufträge unverzüglich anderen Marktteilnehmern bekannt machen, soweit der Kunde keine andere Weisung erteilt.

Zuwendungen *(§ 70 WpHG)*
Ein Wertpapierdienstleistungsunternehmen darf im Zusammenhang mit der Erbringung von Wertpapierdienstleistungen oder Wertpapiernebendienstleistungen Zuwendungen von Dritten nur annehmen oder an Dritte gewähren, wenn sie die Qualität der für den Kunden erbrachten Dienstleistung verbessern und sie dem Kunden unmissverständlich offengelegt werden. Das Wertpapierdienstleistungsunternehmen muss seine Kunden mindestens einmal jährlich über die Höhe der erhaltenen Zuwendungen informieren.

Beispiel:
Kick-Back-Zahlungen von Investmentgesellschaften
Kick-Back-Zahlungen sind Provisionen für verkaufte Finanzprodukte und verwaltete Finanzprodukte.

Aufzeichnungs- und Aufbewahrungspflicht *(§ 83 WpHG)*

Ein Wertpapierdienstleistungsunternehmen muss Aufzeichnungen erstellen
- über die von ihm **erbrachten Wertpapierdienstleistungen** sowie die von ihm getätigten Geschäfte und
- über **Vereinbarungen mit Kunden**, die die Rechte und Pflichten der Vertragsparteien sowie die sonstigen Bedingungen festlegen.

Die Aufzeichnungen sind mindestens fünf Jahre ab dem Zeitpunkt der Erteilung aufzubewahren.

1.3 Ablauf einer Anlageberatung

1.3.1 Vorabinformationen zur Anlageberatung

Vor einer Anlageberatung ist der Kunde darüber zu informieren, ob ...

- die Anlageberatung als unabhängige Honorar-Anlageberatung erbracht wird oder nicht. Kreditinstitute erbringen die Anlageberatung in der Regel nicht als unabhängige Honorar-Anlageberatung. Sie stellen dem Kunden kein zeitabhängiges Honorar für die Anlageberatung in Rechnung, sondern berechnen Provisionen und erhalten oft Zuwendungen von Vertriebspartnern *(§ 70 WpHG)*.
- sich die Anlageberatung auf eine umfangreiche Analyse verschiedener Finanzinstrumente von mehreren Emittenten stützt oder auf eine eher beschränkte Auswahl bezieht. Insbesondere ist der Kunde darauf hinzuweisen, wenn nur Produkte des eigenen Unternehmens oder von bestimmten Vertriebspartnern angeboten werden.
- das Wertpapierdienstleistungsunternehmen dem Kunden regelmäßig eine Beurteilung der Geeignetheit der empfohlenen Finanzinstrumente zur Verfügung stellt *(§ 64 Abs. 1 WpHG)*.

8

1.3.2 Phasen einer Anlageberatung

Eine **Anlageberatung** umfasst **vier Phasen** *(§ 64 WpHG)*:

1. Einholung der erforderlichen Kundeninformationen

Das **Wertpapierdienstleistungsunternehmen** muss von dem Kunden alle Informationen

- über seine Kenntnisse und Erfahrungen in Bezug auf Geschäfte mit bestimmten Arten von Finanzinstrumenten und Wertpapierdienstleistungen (Art, Umfang und Häufigkeit der Geschäfte),
- über seine finanziellen Verhältnisse (Einkommen, Vermögen, Immobilienbesitz, regelmäßige finanzielle Verpflichtungen) einschließlich der Fähigkeit, Verluste zu tragen,

- über seine Anlageziele (Zeitraum und Zweck der Anlage) einschließlich der Risikotoleranz und
- über seinen Bildungsstand und Beruf *(Art. 55 Delegierte Verordnung EU 2017/565)*

einholen, soweit diese erforderlich sind, um dem Kunden **geeignete Finanzinstrumente** empfehlen zu können, die insbesondere seiner Risikotoleranz und seiner Fähigkeit, Verluste zu tragen, entsprechen.

Es ist sicherzustellen, dass die Kundeninformationen zuverlässig sind *(Art. 54 Delegierte Verordnung EU 2017/565)*.

- Der Kunde ist auf die Bedeutung wahrheitsgetreuer und aktueller Informationen hinzuweisen.
- Die zur Beurteilung eingesetzten Verfahren *(z. B. Risikobewertungen, Bewertungen der Kenntnisse und Erfahrungen des Kunden)* sollten zweckmäßig sein.
- Die gestellten Fragen sollten für den Kunden verständlich sein und ein genaues, widerspruchsfreies Abbild der Ziele und Bedürfnisse des Kunden liefern.

Bei einer auf Dauer angelegten Geschäftsbeziehung mit laufenden Beratungen sind geeignete Verfahren zur Pflege zweckdienlicher und aktueller Kundeninformationen anzuwenden.

↓

2. Analyse der Kundendaten und Ermittlung geeigneter Finanzinstrumente

Ein **Finanzinstrument** ist für den Kunden **geeignet**, wenn ...

- es den Anlagezielen und der Risikobereitschaft des Kunden entspricht.
- es aufgrund der Anlagerisiken für den Kunden finanziell tragbar ist.
- der Kunde mit seinen Kenntnissen und Erfahrungen die Risiken verstehen kann.

↓

3. Information des Kunden über alle wesentlichen Aspekte der Geldanlage

- Information über die **empfohlenen Finanzinstrumente**
  Der Anlageberater bzw. die Anlageberaterin erteilt dem Kunden eindeutige und nicht irreführende Informationen über die empfohlenen Finanzinstrumente, die vorgeschlagenen Anlagestrategien, die Risiken, die Ausführungsplätze und alle Kosten und Nebenkosten, die erforderlich sind, damit der Kunde die Art und Risiken der Produkte verstehen und auf dieser Grundlage seine Anlageentscheidungen treffen kann *(§ 63 Abs. 7 WpHG)*.
  Der Kunde ist umfänglich über die Kosten und Nebenkosten sowie über die erhaltenen oder gewährten Zuwendungen von Dritten *(z. B. Ausgabeaufschlag und Vertriebsfolge-/Bestandsprovisionen bei Investmentfonds)* aufzuklären. Zuwendungen darf das Finanzdienstleistungsunternehmen nur annehmen, wenn der Kunde darüber informiert wurde („**Information über Zuwendungen**") und die Zuwendung darauf ausgelegt ist, die Qualität der für den Kunden erbrachten Dienstleistungen zu verbessern *(§ 70 WpHG)*. Dies erfolgt vor einem Geschäftsabschluss in standardisierter Form mit allgemeingültigen Beispielen („**Standardisierte Kosteninformation**") und während der Laufzeit der Anlage jährlich auf Basis der tatsächlichen Kosten.

  Bei Depotumschichtungen ist in einer Kosten-Nutzen-Analyse darzustellen, dass die Vorteile der Umschichtung deren Kosten überwiegen.

- Bereitstellung eines **Informationsblattes** bzw. **Basisinformationsblattes** *(§ 62 Abs. 2 WpHG)*
  Bei **einfachen Finanzinstrumenten** *(z. B. Anleihen, Aktien, Wertpapierfonds)* ist dem Kunden vor dem Geschäftsabschluss ein kurzes und leicht verständliches **Informationsblatt** (bei Fonds: „Wesentliche Anlegerinformationen“) über die empfohlenen Finanzinstrumente auszuhändigen, sodass er insbesondere die Art des Finanzinstruments, seine Funktionsweise, die damit verbundenen Risiken, die Aussichten für die Kapitalrückzahlung und Erträge unter verschiedenen Marktbedingungen und die mit der Anlage verbundenen Kosten einschätzen und mit den Merkmalen anderer Finanzinstrumente bestmöglich vergleichen kann.

  Bei **verpackten Anlageprodukten** (Packaged Retail and Insurance-based Investment Products – **PRIIPs**) ist dem Kunden vor Vertragsabschluss ein **Basisinformationsblatt** (BIB; Key Information Documents, **KIDs**) auszuhändigen, das es ihm ermöglicht, die **grundlegenden Merkmale und Risiken** dieses Finanzinstrumentes zu verstehen und zu vergleichen *(Art. 2, PRIIPs-DVO)*. Als verpackte Anlageprodukte gelten Anlageprodukte und -verträge, bei denen das Geld der Kunden nur indirekt am Kapitalmarkt angelegt oder deren Rückzahlungsanspruch an die Wertentwicklung bestimmter Papiere oder Referenzwerte gekoppelt ist.

  Beispiele:
  Optionsscheine, Aktienanleihen, Hebelzertifikate, geschlossene Investmentfonds, fondsgebundene Lebensversicherungen

  In der Regel enthält das Basisinformationsblatt folgenden **Warnhinweis**: *„Sie sind im Begriff, ein Produkt zu erwerben, das nicht einfach ist und schwer zu verstehen sein kann.“*

- Aushändigung einer **Geeignetheitserklärung** *(§ 64 Abs. 4 WpHG)*
  Das Kreditinstitut muss dem Privatkunden auf einem dauerhaften Datenträger vor **Vertragsschluss** eine Erklärung über die Geeignetheit der Empfehlung zur Verfügung stellen. (Ausnahme: Bei einer Auftragserteilung mittels eines Fernkommunikationsmittels darf die Geeignetheitserklärung dem Kunden mit seiner Zustimmung auch unmittelbar nach Vertragsschluss zur Verfügung gestellt werden.)

  Die Geeignetheitserklärung muss die erbrachte Beratung nennen und erläutern, wie sie auf die Präferenzen, Anlageziele und die sonstigen Merkmale des Kunden abgestimmt wurde. Es ist darzulegen, inwieweit die empfohlenen Produkte den Zielen und persönlichen Umständen des Kunden hinsichtlich der Anlagedauer, seinen Kenntnisse und Erfahrungen sowie seiner Risikobereitschaft und Verlusttragfähigkeit gerecht wird. Der Kunde kann auf dieser Grundlage die Anlageempfehlung noch einmal prüfen.

  Kreditinstitute, die eine regelmäßige Eignungsbeurteilung vornehmen, überprüfen die Eignung der abgegebenen Empfehlungen mindestens einmal jährlich *(Art. 54, Ziff. 12, 13 Delegierte Verordnung EU 2017/565)*.

↓

4. Vertragsabschluss

Telefonisch oder mittels **elektronischer Kommunikation** *(z. B. Videokonferenz)* geführte **Beratungsgespräche** müssen **aufgezeichnet** und für mindestens **fünf Jahre** gespeichert werden. Der Kunde ist vorab über die Aufzeichnung des Gespräches zu informieren. Wenn der Kunde der Aufzeichnung widerspricht, darf das Kreditinstitut keine Wertpapierdienstleistungen erbringen *(§ 83 Abs. 4, 8 WpHG)*.

1.3.3 Bestimmung geeigneter Finanzinstrumente

Grundlage für die Bestimmung geeigneter Finanzinstrumente sind die persönlichen Umstände des Kunden, die zu Beginn des Anlageberatungsgespräches erfragt werden.

Prüfung der persönlichen Umstände des Kunden
(§ 64 Abs. 3 WpHG)

allgemeine Informationen
- Beruf
- Bildungsstand

finanzielle Verhältnisse
- Vermögen
- Einkommen
- Verlusttragfähigkeit

Kenntnisse und Erfahrungen
- Selbsteinschätzung der Kenntnisse
- Dauer, Anzahl und Volumen der bisher getätigten Geschäfte

Anlageziele
- Anlagezweck
- Anlagedauer
- Risikotoleranz

Finanzinstrumente unterscheiden sich insbesondere durch folgende Merkmale:

- Rentabilität (Verzinsung des eingesetzten Kapitals unter Berücksichtigung von Kosten und Steuern)
- Risiko (Gefahr, das eingesetzte Kapital teilweise oder ganz zu verlieren)
- Liquidität (Möglichkeit, die Anlage durch Veräußerung oder Kündigung aufzulösen)

„Magisches Dreieck" der Vermögensanlage

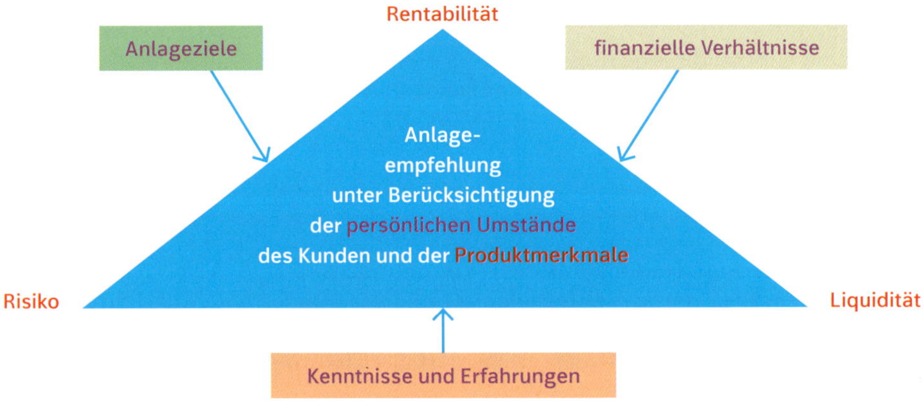

Es gibt einen **Zielkonflikt** zwischen dem **Risiko** und der **Rentabilität** bei der Geldanlage. Grundsätzlich gilt, dass größere Renditechancen immer auch mit einem höheren Risiko verbunden sind. Die Risikotoleranz des Kunden ist deshalb bei einer Anlageberatung sorgfältig zu analysieren.

Der Anlageberater hat nun die Aufgabe, **Finanzinstrumente** zu identifizieren, die aufgrund ihrer Merkmale (Rentabilität, Risiko, Liquidität) für den Kunden unter Berücksichtigung seiner **persönlichen Umstände** als Anlageobjekte geeignet sind *(§§ 63, 64 WpHG, Art. 54, 55 Delegierte Verordnung EU 2017/565).*

1.3.4 Prüfung der persönlichen Umstände des Kunden

Grundlage der Prüfung der persönlichen Umstände des Kunden sind die Kundenangaben auf dem sogenannten **WpHG-Bogen** (Kundeninformationen gemäß § 64 Abs. 3, 10; Art. 54, 55 Delegierte Verordnung (EU) 2017/565):
- allgemeine Kundeninformationen *(z. B. Alter, Familienstand, Beruf)*
- Kenntnisse und Erfahrungen in Bezug auf bestimmte Finanzprodukte
- finanzielle Verhältnisse (Einkommen und Vermögen)
- Anlageziele (Anlagezweck, Anlagedauer, Risikotoleranz)

Allgemeine Kundeninformationen

Das Alter und der Familienstand des Kunden können Auswirkungen auf das Beratungsgespräch und auf Produktempfehlungen haben.

Beispiele:
- *Älteren Kunden empfiehlt die Beraterin bzw. der Berater oft eher risikoärmere und liquide Anlagen.*
- *Bei Eheleuten sollte die Beraterin bzw. der Berater das Vermögen beider Ehegatten berücksichtigen.*

Dem Kunden sind alle wesentlichen Aspekte der Geldanlage so zu erläutern, dass er sie verstehen und beurteilen kann. Um die Gesprächsführung auf das intellektuelle Niveau (Auffassungsgabe, Sprachverständnis) des Kunden ausrichten zu können, erkundigt sich der Berater nach dem Beruf und Bildungsstand des Kunden.

Kenntnisse und Erfahrungen in Bezug auf bestimmte Finanzprodukte

Je niedriger die Kenntnisse und Erfahrungen des Kunden sind, umso umfänglicher muss die Beratung sein. Finanzinstrumente erfordern in Abhängigkeit von ihrer Komplexität und ihrem Risiko unterschiedliche Kenntnisse und Erfahrungen.

Beispiele:

Kenntnisse/Erfahrungen	*mögliche Produkte*
Basiskenntnisse/-erfahrungen	Rentenfonds, Aktienfonds, Mischfonds, Indexzertifikate
erweiterte Kenntnisse/Erfahrungen	Aktien, Anleihen, Discountzertifikate, Aktienanleihen
umfangreiche Kenntnisse/Erfahrungen	Wandelanleihen, Optionsscheine, Hebelzertifikate
spezielle Kenntnisse/Erfahrungen	Futures, Optionsgeschäfte, CFDs

Finanzielle Verhältnisse

Bei einer Geldanlage ist zu prüfen, wie hoch das bisherige Vermögen ist und wie es angelegt ist. Die Neuanlage sollte zur Diversifikation (Streuung) des Gesamtvermögens beitragen.

Bei regelmäßigen Geldanlagen ist das frei verfügbare Einkommen zu ermitteln, um die Sparraten festzulegen.

Kreditinstitute dürfen Finanzinstrumente mit einem Verlustpotenzial nur empfehlen, wenn der Kunde die möglichen Verluste auch tragen kann.

Beispiele:

Verlusttragfähigkeit	*mögliche Produkte*
niedrig: Der Anleger kann keine bzw. nur geringe Verluste des eingesetzten Kapitals tragen.	Spareinlagen, Geldmarktfonds, Garantiefonds
mittel: Der Anleger kann einen teilweisen Verlust bis zu circa 50 % des eingesetzten Kapitals tragen.	Rentenfonds, Aktienfonds, Standardaktien, Bundeswertpapiere
hoch: Der Anleger kann Verluste bis zur Höhe des eingesetzten Kapitals tragen.	Optionsscheine, Hebelzertifikate
sehr hoch: Der Anleger kann Verluste auch über das eingesetzten Kapitals hinaus tragen.	Stillhalter bei Optionen, Futures

Anlageziele

Der **Anlagezweck** zielt auf die beabsichtigte spätere Verwendung der Geldmittel ab.

Beispiele:

Anlagezweck	*mögliche Produkte*
Anlage der vermögenswirksamen Leistungen zum Vermögensaufbau für einen Immobilienerwerb	Bausparvertrag, der mit Arbeitnehmersparzulage oder Wohnungsbauprämie gefördert wird
Altersvorsorge	riestergeförderter Fondssparplan
allgemeiner Vermögensaufbau	Fonds, Anleihen, Aktien

Nur bei einer längeren **Anlagedauer** kann der Berater dem Kunden auch risikoreichere Anlagen empfehlen, da zwischenzeitliche Kursschwankungen über einen längeren Zeitraum an Bedeutung verlieren. Aktienkurse unterliegen beispielsweise an der Börse starken Kursschwankungen, über Jahrzehnte betrachtet erzielen die Anleger jedoch fast immer hohe Erträge.

Beispiele:

Anlagedauer	*mögliche Produkte*
kurzfriste Anlagen bis unter drei Jahren	Spareinlagen, Festgelder, Geldmarktfonds
mittelfristige Anlagen von drei bis fünf Jahren	Rentenfonds, Anleihen
langfristige Anlagen von mehr als fünf Jahren	Aktienfonds, Aktien

Bei einer langfristigen Anlage in festverzinslichen Wertpapieren ist der Zinseszinseffekt von großer Bedeutung.

Beispiel:

Ein Anleger legt 10 000,00 EUR für 25 Jahre an.

Anlage zu 4 % p. a.	Anlage zu 6 % p. a.
$10\,000{,}00 \cdot 1{,}04^{25} = 26\,658{,}26$ EUR	$10\,000{,}00 \cdot 1{,}06^{25} = 42\,918{,}71$ EUR

Bei einer Verzinsung von 6 % ist das Endkapital um 16 260,45 EUR höher als bei einem Zinssatz von 4 %.

Risikotoleranz (Risikobereitschaft) ist die Grenze, bis zu der ein Anleger bereit ist, Verlustrisiken bei der Kapitalanlage einzugehen. Die individuelle Risikobereitschaft der Menschen ist sehr unterschiedlich und von vielen Faktoren abhängig.

Bei einer Einschätzung der Risikobereitschaft ist zu beurteilen, wie der Anleger auf eventuelle Verluste reagieren wird. Kann er es psychologisch „verkraften", einen Teil seines „schwer verdienten" Geldes zu verlieren?

Die Risikobereitschaft des Anlegers ist auch von „Stimmungen" abhängig:

- Bei einem Boom an den Aktienmärkten leidet er unter dem Gefühl entgangener Gewinne, ignoriert die Risiken und kauft zu Höchstkursen.
- Gefährlich ist die Neigung vieler Menschen, in Verlustsituationen höhere Risiken einzugehen, um die Verluste auszugleichen.

Im Allgemeinen gelten deutsche Anleger als eher risikoscheu. Tendenziell sinkt die Risikobereitschaft mit zunehmendem Alter.

Auf der Grundlage dieser Analyse wird der Kunde einer bestimmten **Risikoklasse** zugeteilt. Die Risikoklassen sind nicht gesetzlich geregelt und werden von den Finanzdienstleistungsunternehmen selbst definiert. Praxisüblich sind fünf bis sieben Risikoklassen. Jeder Risikoklasse sind bestimmte Finanzinstrumente und definierte Anlageziele zugeordnet, wobei eine höhere Klasse die Produkte der darunter liegenden Klassen einschließt.

Bei einer Zuordnung des Kunden zu einer bestimmten Risikoklasse ist prüfen, ob ...

- diese Klasse der **individuellen Risikotoleranz** des Kunden entspricht.
- die Risiken für den Kunden **finanziell tragbar** sind.
- der Kunde aufgrund seiner bisherigen Kenntnisse und Erfahrungen die **Risiken verstehen** kann.

Das Kreditinstitut darf dem Anleger keine Produkte einer höheren Risikoklasse empfehlen. Solche Finanzinstrumente kann er nur nach einem entsprechenden Warnhinweis mit einer beratungsfreien Order erwerben.

Informationen über die mit einer Geldanlage in Finanzinstrumenten verbundenen Risiken und Chancen enthalten die Kundenbroschüren ...

- „Basisinformationen über Wertpapiere und weitere Kapitalanlagen" und
- „Basisinformationen über Termingeschäfte".

Beispiel für Risikoklassen

Risikoklasse		Anlageziel	Produkte
Risiko sehr niedrig	1 konservativ	sicherer und langfristiger Vermögensaufbau: → Verzinsung auf Geldmarktniveau	▪ Spareinlagen, Tagesgeld, Termingelder, Festgeld ▪ EUR-Geldmarktfonds
	2 risikobewusst	risikobewusster und langfristiger Vermögensaufbau: → Ertragserwartung über dem Geldmarktzinsniveau	▪ EUR-Anleihen mit sehr guter Schuldnerbonität ▪ EUR-Rentenfonds ▪ Garantiezertifikate ▪ offene Immobilienfonds
	3 risikobereit	wachstumsorientierter Kapitalaufbau: → Erwartung eines höheren Ertrages einhergehend mit der Bereitschaft, Kurs- und Kapitalrückzahlungsrisiken einzugehen	▪ deutsche und europäische Standardaktien und entsprechende Fonds ▪ Euro-Auslandsanleihen ▪ Indexzertifikate auf den DAX 30 und EURO-Stoxx 50 ▪ Fremdwährungsanleihen in USD mit sehr guter Schuldnerbonität ▪ gemischte Fonds
	4 spekulativ	spekulativer Vermögensaufbau: → Nutzung von Finanzinstrumenten zur überdurchschnittlichen Partizipation an Marktbewegungen mit der Bereitschaft und Fähigkeit, die damit verbundenen Risiken zu tragen	▪ außereuropäische Aktien und Aktienfonds ▪ deutsche Aktiennebenwerte ▪ Investmentfonds auf Nebenwerte und außereuropäische Standardaktien ▪ internationale Rentenfonds
Risiko sehr hoch	5 hoch spekulativ	hochriskanter Vermögensaufbau: → Erwirtschaftung äußerst hoher Renditen bei zugleich extrem hohem Verlustrisiko	▪ ausländische Aktiennebenwerte ▪ Emerging-Market-Aktienfonds ▪ Anleihen von Schuldnern mit schlechter Bonität und entsprechende Rentenfonds ▪ Optionen, Optionsscheine, Hebelzertifikate ▪ Futures

Diversifikation (Risikostreuung)

Ausgehend von der persönlichen Situation des Kunden und insbesondere seiner Risikobereitschaft ist für den Kunden eine Anlagestrategie zu entwickeln, bei der eine Aufteilung der Vermögenswerte auf verschiedene Anlageformen erfolgt („Asset Allocation"). Es sollte immer eine größere Anzahl von Anlageklassen *(z. B. Anleihen, Aktien, Immobilien, Rohstoffe)* und von Einzelwerten *(z. B. 15 verschiedene Aktien)* gewählt werden, um das Risiko durch eine Streuung (Diversifikation) der Vermögensanlagen zu vermindern.

Wichtige Kennzahlen zur Bestimmung des Risikos von Finanzinstrumenten und von Portfolios sind die **Volatilität** und der **Value at Risk**.

Volatilität

Die **Volatilität** zeigt die **Schwankungsintensität** des Preises eines Basiswertes innerhalb eines bestimmten Zeitraumes *(z. B. 250 Tage)* an. Je höher die Volatilität, umso größer sind die Kursschwankungen und das Risiko, aber auch die Ertragschancen. Bei Aktien ist die Volatilität zum Beispiel erheblich höher als bei Anleihen.

Wertentwicklung von Aktienanlagen (DAX) und Anlagen in EUR-Anleihen (REX) im 15-Jahres-Vergleich

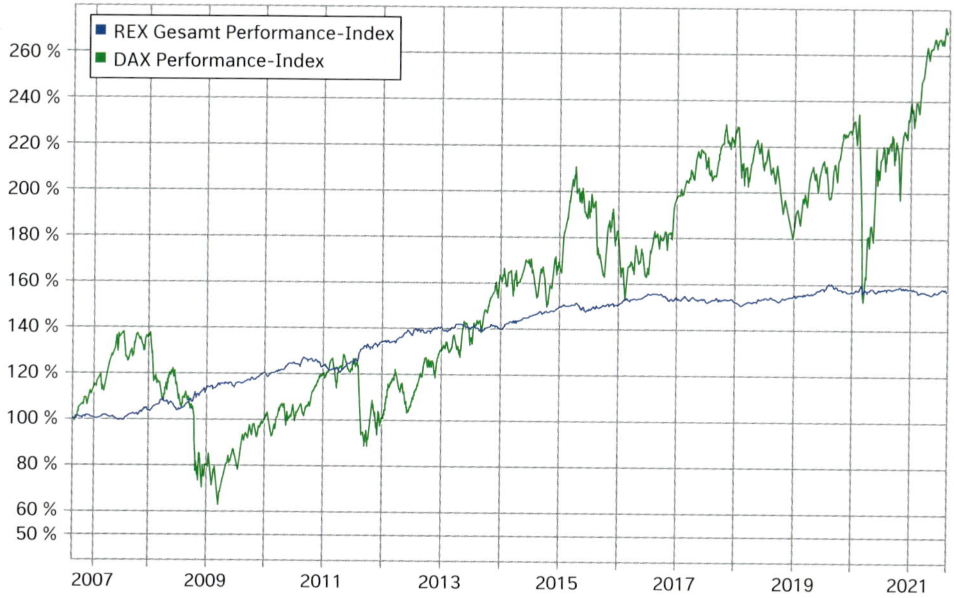

Im Vergleich zu Aktienanlagen weist die Wertentwicklung von Euro-Anleihen nur geringe Schwankungen auf. Der Gesamtertrag (Zinsen und Kursgewinne) war bei Aktienanlagen trotz zwischenzeitlicher Kurseinbrüche erheblich höher als bei Anleihen.

Value at Risk (VaR)

Der **Value at Risk** gibt den **maximalen Verlust** an, der mit einer vorgegebenen Wahrscheinlichkeit *(z. B. 95 %)* innerhalb eines bestimmten Zeitraumes *(z. B. zehn Börsentage)* nicht überschritten wird. Je höher der Value at Risk, desto höher ist das Verlustrisiko.

1.3.5 Geeignetheitserklärung

Anlageberater dürfen Kunden nur für sie **geeignete Finanzinstrumente** empfehlen. Geeignet ist das Produkt, wenn es hinsichtlich seiner Merkmale „Liquidität, Rentabilität und Sicherheit“ den Zielen und persönlichen Umstände des Kunden (Anlagedauer, Kenntnisse, Erfahrungen, Risikobereitschaft, Verlusttragfähigkeit) gerecht wird *(Art. 54 Abs. 12 Delegierte Verordnung (EU) 2017/565)*.

Ein Wertpapierdienstleistungsunternehmen muss dem Privatkunden eine **Geeignetheitserklärung** auf einem dauerhaften Datenträger **vor Vertragsschluss** zur Verfügung stellen. Die Geeignetheitserklärung muss die erbrachte Beratung nennen sowie erläutern, wie sie auf die Präferenzen, Anlageziele und die sonstigen Merkmale des Kunden abgestimmt wurde *(§ 64 Abs. 4 WpHG)*. Der Kunde ist auch darüber zu informieren, ob die Anlageempfehlungen regelmäßig zu überprüfen sind *(Art. 54 Abs. 12 Delegierte Verordnung (EU) 2017/565)*.

Der Vertrag über das empfohlene Finanzprodukt darf grundsätzlich erst geschlossen werden, wenn dem Kunden die Geeignetheitserklärung ausgehändigt wurde.

Ausnahme:
Bei einer **Beratung mittels eines Fernkommunikationsmittels** *(z. B. telefonische Beratung)* darf die Geeignetheitserklärung dem Kunden unter folgenden Voraussetzungen auch erst unverzüglich nach Vertragsabschluss zur Verfügung gestellt werden:

- Eine vorherige Übermittlung der Geeignetheitserklärung ist bei dem genutzten Fernkommunikationsmittel nicht möglich.
- Der Kunde muss einer nachträglichen Übermittlung der Geeignetheitserklärung ausdrücklich zustimmen.
- Der Berater muss dem Kunden anbieten, die Ausführung des Geschäftes bis nach Übermittlung der Geeignetheitserklärung zu verschieben.

Im Streitfall ist die Geeignetheitserklärung ein wichtiges Beweismittel und sollte deshalb sorgfältig ausgefüllt werden. Viele Berater gehen am Schluss der Beratung die Erklärung mit dem Kunden noch einmal durch und lassen sich die Richtigkeit der Dokumentation durch Unterschrift bestätigen. Anlegern ist zu empfehlen, vor der Unterzeichnung den Inhalt kritisch zu prüfen.

1.3.6 Erteilung eines Auftrages (Order)

Erteilt der Kunde nach der Beratung einen Auftrag zum Kauf oder Verkauf eines Finanzinstrumentes, muss das Wertpapierdienstleistungsunternehmen in Schriftform folgende Inhalte dokumentieren *(§ 83 WpHG Abs. 2; Art. 58 der Delegierten Verordnung (EU) 2017/565)*:
- Zeitpunkt und Ort der Beratung
- Namen der bei der Besprechung anwesenden Personen
- Initiator des Gespräches
- Angaben zum Auftrag *(z. B. Preis, Umfang, Auftragsart)*

Der Kunde kann verlangen, dass ihm diese Dokumentation ausgehändigt wird.

1.4 Beratungsfreie Order

Insbesondere Direktbanken bieten ihre Leistungen ohne eine Beratungsleistung an. Der Kunde kann die Bankgeschäfte deshalb oft zu günstigeren Konditionen tätigen. Auch Filialbanken bieten ihren Kunden beratungsfreie Geschäfte zu verminderten Kosten an. Dies setzt voraus, dass der Kunde seine Anlageentscheidung entsprechend seinen finanziellen Verhältnissen in eigener Verantwortung trifft.

Viele die Kreditinstitute lassen sich von den Kunden, die beratungsfreie Aufträge erteilen möchten, eine Erklärung unterschreiben, dass

- die Aufträge ohne Beratungsleistung erfolgten,
- der Kunde keine Haftungsansprüche wegen einer fehlenden Beratung geltend machen kann,
- der Kunde alle Vermögensverluste der Anlage selbst zu tragen hat.

Auch wenn eine Beratung abgebrochen wird, weil der Kunde zum Beispiel Angaben verweigert oder er für ihn ungeeignete Produkte erwerben möchte, kann der Kunde eine beratungsfreie Order erteilen.

Das Kreditinstitut muss bei einer **beratungsfreien Order** aber eine **Angemessenheitsprüfung** durchführen *(§ 63 Abs. 10 WpHG)*. Bei der Angemessenheitsprüfung ist zu prüfen, ob der Kunde die Risiken des beabsichtigten Geschäftes verstehen und beurteilen zu kann. Dazu benötigt der Mitarbeiter Informationen vom Kunden über seine bisherigen Kenntnisse und Erfahrungen bei derartigen Geschäften, nicht aber Informationen über seine Anlageziele und über seine finanziellen Verhältnisse.

Es sind vom Kunden Informationen einzuholen, soweit diese nach Art, Komplexität und Risiko des Finanzinstrumentes erforderlich sind *(Artikel 55 Delegierten Verordnung EU 2017/565)*. Gelangt das Wertpapierdienstleistungsunternehmen zu der Auffassung, dass das Geschäft für den Kunden nicht angemessen ist, hat es den Kunden darauf hinzuweisen.

Eine Angemessenheitsprüfung ist nicht erforderlich beim Kauf von nicht komplexen Finanzinstrumenten *(z. B. börsennotierte Aktien und Anleihen, Wertpapierinvestmentfonds)*. In diesem Fall ist der Kunde darüber zu informieren, dass keine Angemessenheitsprüfung vorgenommen wurde *(§ 63 Abs. 11 WpHG, Art. 57 Delegierten Verordnung EU 2017/565)*.

Wenn der Kunde nicht bereit ist, Informationen über seine Kenntnisse und Erfahrungen mitzuteilen oder wenn eine Prüfung dieser Informationen ergibt, dass das Produkt nicht für den Kunden angemessen ist, muss der Kunde einen deutlichen **Warnhinweis** über das beabsichtigte Geschäft erhalten. Nun kann der Kunde entscheiden, ob er die Order trotz der Warnung erteilen möchte.

Anlageberatung und beratungsfreie Orderausführung im Vergleich

Anlageberatung	**beratungsfreie Orderausführung (bei komplexen Finanzinstrumenten)**
Kunde erwartet eine Anlageempfehlung. ***Beispiel:*** *„Ich möchte 10 000,00 EUR anlegen."*	Kunde möchte direkt eine Order erteilen. ***Beispiel:*** *„Ich möchte 100 Anteile des Europa-Immobilienfonds kaufen."*
↓	↓
Der Berater erfragt Informationen über **Beruf und Bildung, Kenntnisse und Erfahrungen, finanzielle Verhältnisse und Anlageziele.**	Der Bankmitarbeiter erfragt Informationen über **Kenntnisse und Erfahrungen** im Hinblick auf das beabsichtigte Geschäft.
↓	↓
Der Berater gibt eine **Anlageempfehlung**, die für den Kunden unter Berücksichtigung aller Kundeninformationen **geeignet** sein muss. **Der Kunde entscheidet.**	Der Bankmitarbeiter **prüft**, ob das Geschäft aufgrund seiner Kenntnisse und Erfahrungen für den Kunden **angemessen** ist. Andernfalls warnt er den Kunden.
↓	↓
Erteilung und Ausführung der Order	Erteilung und Ausführung der Order

8

2 Finanzinstrumente

Finanzinstrumente nach dem WpHG

Finanzinstrumente im Sinne des Wertpapierhandelsgesetzes (WpHG) sind …
- Wertpapiere *(§ 2 Abs. 1 WpHG)*,
- Geldmarktinstrumente *(z. B. Interbankenkredite)* und
- derivative Geschäfte (Derivate, *§ 2 Abs. 2, 3 WpHG*).

Wertpapiere	und	Derivate
▪ Aktien ▪ Anleihen ▪ Investmentfondsanteile ▪ Genussscheine ▪ Zertifikate ▪ Optionsscheine in verbriefter oder unverbriefter Form		Derivate sind Termin- und Optionsgeschäfte, deren Wertentwicklung vom jeweiligen Preis eines Basiswertes *(z. B. Aktien, Anleihen, Indizes, Devisen, Rohstoffe)* abhängig ist. *Beispiele:* *– CALL-Optionen (Kaufoptionen)* *– PUT-Optionen (Verkaufsoptionen)* *– Futures*

Wertpapiere sind Urkunden, bei denen das **Recht und die Urkunde** eine **Einheit** bilden:
- Zur Geltendmachung des Rechts ist die Vorlage der Urkunde notwendig.
- Das Recht kann nur zusammen mit der Urkunde übertragen werden.

Wertpapiere im Sinne des Wertpapierhandelsgesetzes sind **übertragbare Kapitalwertpapiere (Effekten)**, die der Kapitalanlage dienen und die an den Finanzmärkten *(z. B. Börse)* handelbar sind.

Effekten, die gleiche Rechte verbriefen, gehören zu einer **Wertpapiergattung**. Innerhalb einer Gattung verbriefen alle Effekten die **gleichen Rechte**. Sie sind damit untereinander **austauschbar (vertretbar, fungibel)**.

Jeder Gattung sind eine nationale Wertpapierkennnummer **(WKN)** und eine internationale Wertpapierkennnummer (International Securities Identification Number: **ISIN**) zugeordnet, die eine eindeutige Identifizierung der Wertpapiere im Börsenhandel und bei der Depotverwaltung ermöglicht.

Aufbau und Beispiel der ISIN

Bayer Aktie:

DE	000575200	0
↓	↓	↓
Ländercode ISO 3166	Nationale Kennnummer (WKN)	Prüfziffer

Beispiele:

Gattung	*WKN*	*ISIN*
Bayer Aktie	*575200*	*DE0005752000*
2,5 % Anleihe Bundesrepublik Deutschland, fällig 15.08.2046	*110234*	*DE0001102341*
Investmentfonds Uniglobal	*849105*	*DE0008491051*

Übertragung von Effekten

Eine **Übertragung von Effekten** auf den Erwerber erfolgt nach sachenrechtlichen Grundsätzen *(§ 929 ff. BGB)*. Das Wertpapier wird wie eine bewegliche Sache übereignet. Der Erwerber erwirbt mit dem Papier automatisch auch die in dem Papier verbrieften Rechte („Das Recht aus dem Papier folgt dem Recht am Papier.").

Nach der Form der Übertragung sind Inhaberpapiere oder Orderpapiere zu unterscheiden.

	Inhaberpapiere	Orderpapiere
Merkmale	Der Emittent (Herausgeber) verspricht, die geschuldete Leistung an jeden Vorleger des Wertpapiers zu erbringen.	Der Emittent verspricht, die geschuldete Leistung an die namentlich benannte Person oder an eine andere Person, die durch Indossament als (neuer) Berechtigter bezeichnet wird, gegen Vorlage der Urkunde zu erbringen.
Übertragung	dingliche Einigung (Einigung über den Eigentumsübergang) und Übergabe des Wertpapiers *(§ 929 ff. BGB)*	dingliche Einigung und Übergabe des indossierten Wertpapiers (Das Indossament ist ein unterschriebener Übertragungsvermerk auf dem Wertpapier.)

Verbriefung von Effekten

Effekten können in **Einzelurkunden** oder in **Globalurkunden** verbrieft sein.

Einzelurkunden (effektive Stücke) verbriefen einzelne Rechte *(z. B. 1 Aktie der Bayer AG)* einer Gattung. Die Einzelurkunden können vom Anleger selbst oder in Sonderverwahrung bei einem Kreditinstitut verwahrt werden. Einzelurkunden kommen in der Praxis nur noch selten vor.

8

Praxisüblich ist die Verbriefung von Effekten in **Sammelurkunden (Globalurkunden)**, in denen jeweils mehrere Rechte einer Wertpapiergattung verbrieft sind. Eine Sammelurkunde ersetzt demnach eine Vielzahl von Einzelurkunden.

Beispiel:
2%-Anleihe der Rheinische Hypothekenbank AG, Pfandbriefe Emission 473, Globalurkunde über nominell 50 Mio. EUR

Sammelurkunden sind nur zur **Girosammelverwahrung** bei einer **Wertpapiersammelbank** *(z. B. Clearstream Banking AG)* geeignet *(§ 9a DepotG)*. Beim Kauf von Wertpapieren erlangt der Erwerber ein **Miteigentum an der Sammelurkunde** (Wertpapiersammelbestand) durch **Depotgutschrift**.

Effekten nach dem verbrieften Recht

Gläubigereffekten verbriefen Forderungsrechte.	▪ Anleihen ***Beispiele:*** *Bundesanleihen, Pfandbriefe* ▪ Zertifikate ***Beispiele:*** *Indexzertifikate, Discountzertifikate*
Teilhabereffekten verbriefen Beteiligungsrechte.	▪ Aktien ▪ Investmentfondsanteile

3 Anlage in Wertpapieren

Damit der Kunde eine Anlageentscheidung treffen kann, muss die Beraterin bzw. der Berater ihn umfassend über die Merkmale und Eigenschaften des Finanzinstruments informieren:

- Inhalt der verbrieften Rechte
- Risiken *(z. B. Kursrisiken, Rückzahlungsrisiken)*
- Erträge *(z. B. Zinsen, Dividenden)*
- Kosten

Zur Beurteilung des Finanzinstruments werden auch Kennzahlen *(z. B. Kurs-Gewinn-Verhältnis bei Aktien)* und Börsenindizes *(z. B. DAX)* hinzugezogen.

3.1 Anleihen

Anleihen (Schuldverschreibungen) verbriefen den schuldrechtlichen Anspruch aus einer Darlehensgewährung an den Emittenten. Der Inhaber der Anleihe hat das Recht auf **Rückzahlung** (Tilgung) des Darlehens und auf **Zinszahlung**.

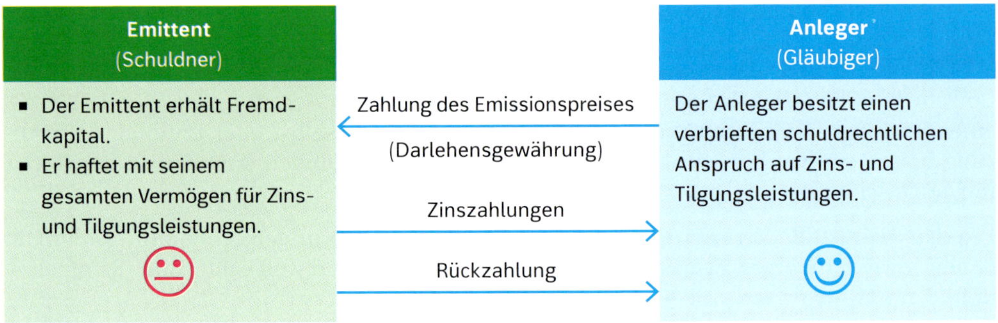

Emittenten von Anleihen:

- Öffentliche Hand *(z. B. Bundesanleihen)*
- Geschäftsbanken *(z. B. Inhaberschuldverschreibungen der Deutschen Bank AG)*
- Pfandbriefbanken (Realkreditinstitute) *(z. B. Hypothekenpfandbriefe und Öffentliche Pfandbriefe)*
- Spezialkreditinstitute *(z. B. Anleihe der KfW)*
- Unternehmen *(z. B. Unternehmensanleihe der Daimler AG)*

INLÄNDISCHE RENTENWERTE

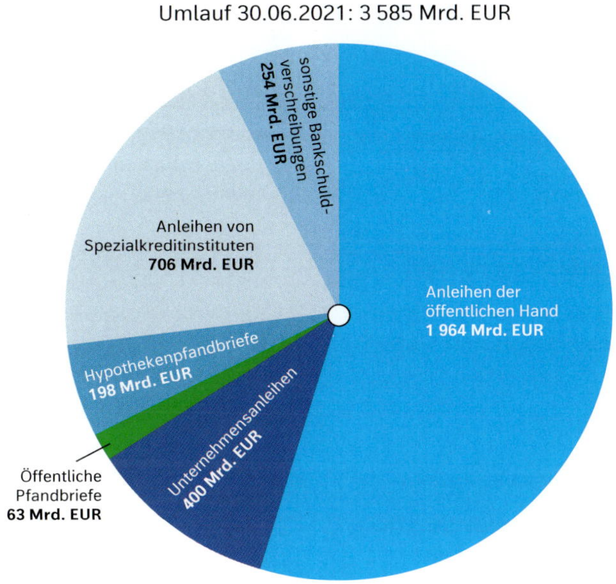

Eigene Darstellung nach Zahlen der Deutschen Bundesbank

3.1.1 Verzinsung und Rückzahlung

Der Kapitalanleger kann bei seiner Anlageentscheidung aus einer Vielzahl unterschiedlich ausgestatteter Anleihen wählen, die sich insbesondere in der **Verzinsung** und der **Rückzahlung** unterscheiden.

UMLAUFRENDITE ÖFFENTLICHER ANLEIHEN

Die Verzinsung öffentlicher Anleihen war in den vergangenen Jahren extrem niedrig bzw. sogar negativ.

Verzinsung von Anleihen

Anleihen mit Zinsschein (Kuponanleihen)

→ mit laufender Zinszahlung

Gegen Vorlage des fälligen Zinsscheines (Kupons) zahlt der Emittent die Zinsen für die zurückliegende Zinsperiode.

Festzinsanleihen

gleich bleibender Nominalzinssatz über die gesamte Laufzeit

Beispiel:

4 % Bundesanleihe

Stufenzinsanleihen

steigender (fallender) **Nominalzinssatz nach festem Plan**

Beispiel:

1. Jahr: 2,00 %

2. Jahr: 2,50 %

3. Jahr: 3,00 %

⋮

Floating Rate Notes

(variabler Nominalzins)

Der Nominalzins wird **laufend** an einen **Referenzzins** *(z. B. EURIBOR)* angepasst.

Beispiel:

Verzinsung:

3-Monats-EURIBOR + 0,10 %

Zinsanpassung alle drei Monate

inflationsindexierte Anleihen

Der Norminalzins wird laufend an die Inflationsentwicklung *(z. B. Steigerung des HVPI – Harmonisierter Verbraucherpreisindex)* angepasst.

Beispiel:

Verzinsung:

1,00 % + Inflationsrate

Anleihen ohne Zinsschein

(Nullkuponanleihen/Zerobonds)

→ ohne laufende Zinszahlung

Der Zinsbetrag ergibt sich aus der Differenz zwischen dem Emissionspreis und dem Rückzahlungsbetrag.

Abzinsungspapiere

Die Anleihe wird **unter dem Nennwert ausgegeben** und zum Nennwert zurückgezahlt.

  Nennwert
– Ausgabepreis
= Zinsen

Aufzinsungspapiere

Die Anleihe wird **zum Nennwert ausgegeben** und mit einem Betrag über dem Nennwert zurückgezahlt.

  Rückzahlungsbetrag
– Nennwert
= Zinsen

Rückzahlung von Anleihen

Planmäßige Rückzahlung

gesamtfällige Anleihen

Die Rückzahlung erfolgt in einer Summe am Ende der Laufzeit.

Gesamtfällige Anleihen sind der **Regelfall** in Deutschland. Die Rückzahlung erfolgt bei …
- Kuponanleihen zum Nennwert.
- Abzinsungspapieren zum Nennwert.
- Aufzinsungspapieren zum Rückzahlungsbetrag (Nennwert + Zinsen).

Tilgungsanleihen

Die Rückzahlung erfolgt in mehreren gleichbleibenden, steigenden oder fallenden Jahresraten.

Die Rückzahlung beginnt in der Regel nach einigen tilgungsfreien Jahren. Die zurückzuzahlenden Stücke können durch Auslosung von Endziffern, Serien usw. bestimmt werden.

Außerplanmäßige Rückzahlung

Rückzahlung nach Kündigung

Das Kündigungsrecht muss in den Emissionsbedingungen vereinbart worden sein. In der Praxis ist das Kündigungsrecht eher selten.

Schuldnerkündigungsrecht des Emittenten
Die Kündigung ist sinnvoll, wenn der Nominalzins der Anleihe höher ist als der aktuelle Marktzins.

Gläubigerkündigungsrecht des Anlegers
Die Kündigung ist sinnvoll, wenn der Nominalzins der Anleihe niedriger ist als der aktuelle Marktzins.

freihändiger (börsenmäßiger) Rückkauf

Von dieser Möglichkeit macht der Emittent gelegentlich Gebrauch, wenn er über ausreichende Liquidität verfügt.

Die **Laufzeit** beträgt bei Neuemissionen von circa einem Jahr bis zu 30 Jahren.

Nominalverzinsung

Die **Nominalverzinsung** einer Anleihe mit Zinsschein (Kuponanleihe) stellt den **verbrieften Zinsanspruch bezogen auf den Nennwert** (Nominalwert) dar.

Der **Nominalzins** wird grundsätzlich in Anlehnung an das zum Emissionszeitpunkt herrschende Marktzinsniveau für die Dauer der Laufzeit festgelegt. Die Kupons werden in der Regel mit einem „glatten" Nominalzins *(z. B. 3,00 %)* ausgestattet. Wenn die **Marktrendite** zum Zeitpunkt der Emission nicht genau der Nominalverzinsung *(z. B. 3,00 %)* entspricht, erfolgt die Ausgabe unter bzw. über dem Nennwert (unter bzw. über pari), um die tatsächliche Rendite der Anleihe der Marktrendite anzupassen.

Dabei gilt:
- Nominalzins der Anleihe > Marktrendite → Ausgabepreis über 100 % *(z. B. 101 %)*
- Nominalzins der Anleihe < Marktrendite → Ausgabepreis unter 100 % *(z. B. 99 %)*

Zinslauf

Der Emittent zahlt die Nominalzinsen bei Fälligkeit des Kupons **nachträglich** für den zurückliegenden Zeitraum.

Der **Zinslauf** beginnt mit dem Tag der letzten Zinszahlung und endet am Kalendertag vor der aktuellen Zinszahlung.

Beispiel:
3,00 % Hypothekenpfandbrief der Westfälischen Hypothekenbank von 2018 (2028); Nennwert 1 000,00 EUR, Zinszahlungen jeweils am 18. Mai jedes Jahres (18. Mai gzj.)

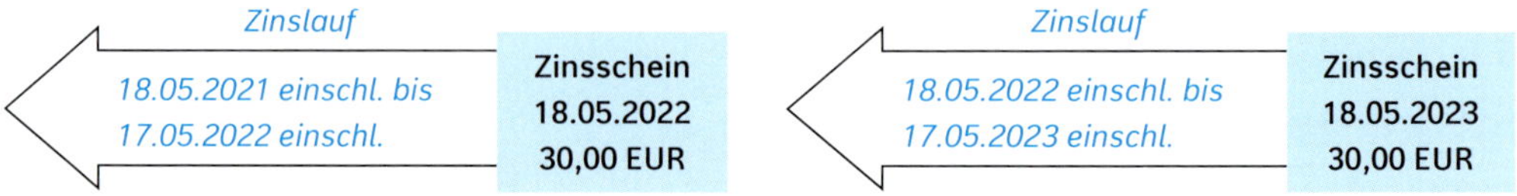

Laufende Verzinsung

Die **laufende Verzinsung** ist der jährliche Anlageertrag bei einem Kapitaleinsatz von 100,00 EUR ohne Berücksichtigung des Rückzahlungsgewinnes bzw. -verlustes.

$$\textbf{laufende Verzinsung} = \frac{\text{Nominalzins} \cdot 100}{\text{Erwerbskurs}}$$

Beispiel:
6 % Unternehmensanleihe, Kurs 108 % laufende Verzinsung $= \frac{6{,}0 \cdot 100}{108} = \underline{\underline{5{,}56\,\%\ p.a.}}$

Effektivverzinsung (Rendite)

Die **Effektivverzinsung** (Rendite) ist der Anlageertrag bezogen auf eine Anlagedauer von einem Jahr und einem Kapitaleinsatz von 100,00 EUR.

Erwirbt bzw. veräußert ein Anleger eine festverzinsliche Schuldverschreibung zu einem Kurs über oder unter pari, so ergibt sich folglich eine gegenüber dem Nominalzins niedrigere bzw. höhere effektive Verzinsung. Des Weiteren sind auch die Kosten der Anlage (Provisionen, Depotgebühren usw.) zu berücksichtigen.

Beim Erwerb einer Anleihe kann der Anleger die Rendite ermitteln, die sich ergibt, wenn er das Papier bis zur Endfälligkeit behält. Bei einer zweifelsfreien Bonität des Emittenten wird die Anleihe bei Fälligkeit zum Nennwert zurückgezahlt. Die Rendite bestimmt sich dann aus den laufenden Zinszahlungen (Kupons) unter Berücksichtigung des Rückzahlungsgewinnes bzw. -verlustes.

Ermittlung der Rendite

Die Rendite wird hier nach einem vereinfachten Berechnungsschema ermittelt. Der dargestellte Lösungsansatz ist finanzmathematisch nicht korrekt, da der Rückzahlungsgewinn bzw. -verlust tatsächlich erst am Ende der Laufzeit – und nicht jährlich – realisiert wird. In der Praxis ermitteln Rechenprogramme unter Berücksichtigung der tatsächlichen Zahlungszeitpunkte (Auf- bzw. Abzinsung) die exakten Werte.

$$\textbf{Effektivverzinsung (Rendite)} = \frac{\text{Jahresnettoertrag} \cdot 100}{\text{Erwerbskurs}}$$

Jahresnettoertrag = Nominalzins + Rückzahlungsgewinn pro Jahr bzw.
= Nominalzins – Rückzahlungsverlust pro Jahr

Effektivzinsformel:

$$P_{eff} = \frac{\left[P_{nom} + \left(\frac{R_K - E_K}{J}\right)\right] \cdot 100}{E_K}$$

P_{eff} = Effektivverzinsung/Rendite
P_{nom} = Nominalverzinsung
J = Anlagedauer (Restlaufzeit) in Jahren
E_K = Erwerbskurs
R_K = Rückzahlungskurs

Ermittlung des Erwerbskurses:

$$E_K = \frac{(P_{nom} \cdot J) + R_K}{\left(\frac{P_{eff} \cdot J}{100}\right) + 1}$$

8

Beispiel:
2,50 % Rheinische Hypothekenbank AG Pfandbriefe; Kauf: nominal 1 000,00 EUR zu 94 %. Neben dem jährlichen Zinsertrag von 25,00 EUR erzielt der Kapitalanleger einen Rückzahlungsgewinn von 60,00 EUR, da am Ende der Laufzeit der volle Nennwert zurückgezahlt wird. Bei einer Restlaufzeit von fünf Jahren ergibt sich folglich ein Rückzahlungsgewinn von 12,00 EUR pro Jahr.

Kapitaleinsatz	*Ertrag p. a.*
940,00 EUR	*25,00 EUR Zinsen* *12,00 EUR Rückzahlungsgewinn* *(60,00 EUR : 5 Jahre = 12,00 EUR)*

Effektivverzinsung: $\frac{37{,}00 \cdot 100}{940} = \underline{\underline{3{,}94\,\%\ p.\,a.}}$

oder $P_{eff} = \frac{\left[2{,}5 + \left(\frac{100 - 94}{5}\right)\right] \cdot 100}{94} = \underline{\underline{3{,}94\,\%\ p.\,a.}}$

3.1.2 Handel

Beim Kauf einer **Kuponanleihe** zahlt der Käufer neben dem **Kurswert** auch die aufgelaufenen **Stückzinsen** an den Verkäufer.

Berechnung von Stückzinsen

Der Verkäufer liefert beim Verkauf einer Kuponanleihe neben der Anleihe (Mantel) auch die Zinsscheine (Bogen) an den Käufer, sodass der Käufer bei Fälligkeit des nächsten Zinsscheines die Zinsen für die gesamte Zinsperiode erhält, obwohl die Zinsen bis zum Kauf nicht ihm, sondern dem Verkäufer zustehen. Deshalb muss der Käufer dem Verkäufer die anteiligen Stückzinsen **vom Beginn des Zinslaufs bis zum Kauf** in der Kaufabrechnung erstatten.

Bei der Abrechnung sind zu unterscheiden:

Erfüllungsvaluta

Börsengeschäfte werden **zwei Börsentage nach dem Abschluss des Kaufvertrages (= Handelstag/Schlusstag)** erfüllt.

Mit der Erfüllungsvaluta
- wird das Geldkonto des Käufers belastet und die Depotgutschrift erteilt,
- werden die Effekten aus dem Depot des Verkäufers ausgebucht und die Kontogutschrift erteilt.

Stückzinsvaluta

Für die Berechnung der Stückzinsen ist eine besondere Stückzinsvaluta maßgeblich. **Der Stückzinsvalutatag ist der Kalendertag vor dem Erfüllungsvalutatag.**

Beispiel:

Handelstag (Schlusstag)	Montag, 06.03.20..	Donnerstag, 06.05.20..
+ 2 Börsentage	+ 2 Börsentage	+ 2 Börsentage
= Erfüllungsvaluta	Mittwoch, 08.03.20..	Montag, 10.05.20..
– 1 Kalendertag	– 1 Kalendertag	– 1 Kalendertag
= Zinsvaluta	Dienstag, 07.03.20..	Sonntag, 09.05.20..

Anleihen mit fester Verzinsung

Die **Berechnung der Stückzinsen** erfolgt bei Anleihen mit **fester Verzinsung** nach der international üblichen taggenauen Methode „actual/actual" („act/act").
- Die **Stückzinstage** werden kalendermäßig gezählt.
- Das **Jahr hat 365 bzw. 366 Zinstage**.

Anleihen mit variabler Verzinsung (Floating Rate Notes)

Bei Anleihen mit **variabler Verzinsung** werden die Stückzinsen nach der Methode „actual/360" („act/360") ermittelt:
- Die **Stückzinstage** werden **kalendermäßig** gezählt.
- Das **Jahr** wird zu **360 Zinstagen** gerechnet.

Fallbeispiel:

Am 3. Juni 20.. (Donnerstag) wird folgende Anleihe an der Börse gehandelt:

- 6,00 % Unternehmensanleihe, Nennwert 20 000,00 EUR; Kurs 103 %; Zinstermin 20.09. ganzjährig
- Kosten: 0,5 % Provision vom Kurswert, mindestens aber vom Nennwert;
  0,75 ‰ Courtage vom Nennwert

Ermittlung der Stückzinsen

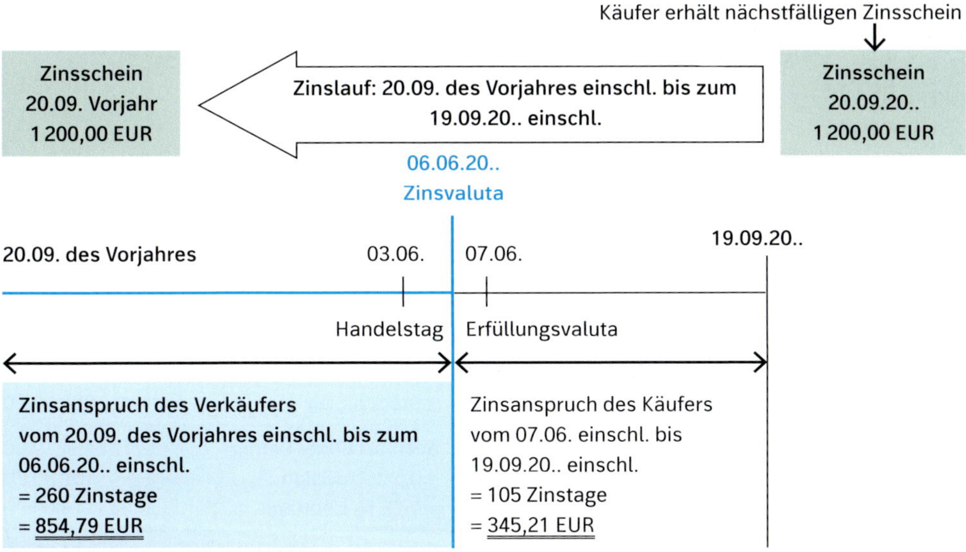

$$\text{Berechnung der Stückzinsen} = \frac{20\,000{,}00 \cdot 6 \cdot 260}{100 \cdot 365} = \underline{\underline{854{,}79 \text{ EUR}}}$$

- **Dem Verkäufer stehen die Zinsen vom Beginn des Zinslaufs bis einschließlich Stückzinsvalutatag zu.**
- **Dem Käufer stehen die Zinsen vom Erfüllungsvalutatag einschließlich bis zum Ende des Zinslaufs zu.**
- Der Käufer erhält bei Fälligkeit des Zinsscheins am 20.09.20.. 1 200,00 EUR Zinsen.
- Beim Kauf der Anleihe zahlt der Käufer 854,79 EUR Stückzinsen an den Verkäufer (Plusstückzinsen). Damit erhält der Verkäufer die ihm zustehenden Zinsen vom Beginn des Zinslaufs bis einschließlich dem Zinsvalutatag. Im Ergebnis bleiben dem Käufer 345,21 EUR Zinsen. Dies ist der ihm zustehende Zinsertrag vom Erfüllungstag (einschließlich) bis zum Ende des Zinslaufs.

Erstellung der Abrechnungen

Verkäuferbank

Abrechnung des Börsengeschäftes	
Kurswert (103 % von 20 000,00 EUR) + Stückzinsen	 20 600,00 EUR 854,79 EUR
ausmachender Betrag	21 454,79 EUR

Abrechnung für den Verkäufer mit Freistellungsauftrag	
Kurswert + Stückzinsen	20 600,00 EUR 854,79 EUR
ausmachender Betrag – 0,5 % Provision vom Kurswert – 0,75 ‰ Courtage (Börsenentgelt) vom Nennwert	21 454,79 EUR – 103,00 EUR – 15,00 EUR
Gutschrift **Wert 07.06.20..**	21 336,79 EUR

Abrechnung für den Verkäufer ohne Freistellungsauftrag Der steuerpflichtige Kursgewinn beträgt 530,00 EUR. Kirchensteuer ist nicht zu berücksichtigen.	
Kurswert + Stückzinsen	20 600,00 EUR 854,79 EUR
ausmachender Betrag – 25 % KESt von 1 384,79 (854,79 + 530,00) – 5,5 % SolZ von 346,20 – 0,5 % Provision – 0,75 ‰ Courtage	21 454,79 EUR 346,20 EUR – 19,04 EUR – 103,00 EUR – 15,00 EUR
Gutschrift **Wert 07.06.20..**	20 971,55 EUR

Käuferbank

Abrechnung des Börsengeschäftes	
Kurswert + Stückzinsen	20 600,00 EUR 854,79 EUR
ausmachender Betrag	21 454,79 EUR

Abrechnung für den Käufer	
Kurswert + Stückzinsen	20 600,00 EUR 854,79 EUR
ausmachender Betrag + 0,5 % Provision + 0,75 ‰ Courtage	21 454,79 EUR 103,00 EUR 15,00 EUR
Belastung **Wert 07.06.20..**	21 572,79 EUR

Beispiele für die Ermittlung von Stückzinstagen:
(ohne Schaltjahre)

Zinstermin der Anleihe	Handelstag	Erfüllungs-valuta	Stückzins-valuta	Zeitraum zur Berechnung der Stückzinsen (jeweils einschließlich der genannten Daten)	Stück-zins-tage
01.04. ganzjährig	*14.01.20.. (Donnerstag)*	*18.01.20.. (Montag)*	*17.01.20.. (Sonntag)*	*01.04. Vorjahr bis 17.01.20..*	*292*
10.07. ganzjährig	*09.08.20.. (Montag)*	*11.08.20.. (Mittwoch)*	*10.08.20.. (Dienstag)*	*10.07.20.. bis 10.08.20..*	*32*
15.09. ganzjährig	*10.09.20.. (Freitag)*	*14.09.20.. (Dienstag)*	*13.09.20.. (Montag)*	*15.09. Vorjahr bis 13.09.20..*	*364*
15.09. ganzjährig	*13.09.20.. (Montag)*	*15.09.20.. (Mittwoch)*	*14.09.20.. (Dienstag)*	*Der Zinsschein 15.09.20.. wurde getrennt und nicht mitgeliefert!*	*0*
15.09. ganzjährig	*14.09.20.. (Dienstag)*	*16.09.20.. (Donnerstag)*	*15.09.20.. (Mittwoch)*	*Die Zinsen für den 15.09.20.. stehen dem Verkäufer zu.*	*1*

Berücksichtigung von Schaltjahren bei der Ermittlung von Stückzinsen

Jedes vierte Kalenderjahr ist ein Schaltjahr, in dem der Februar 29 Tage und das Jahr somit 366 Tage hat. Schaltjahre sind alle Jahre, die glatt durch die Zahl vier teilbar sind *(z. B. 2020, 2024, 2028)*.

Wenn der **29. Februar in den Zinslauf des nächstfälligen Kupons fällt**, ist bei der Stückzinsberechnung ein Schaltjahr zu berücksichtigen.

Beispiel:

- *Kauf einer 4,00 % Unternehmensanleihe am 18.08.2019 (Mittwoch, Handelstag)*
- *Nennwert 15 000,00 EUR*
- *Zinstermin 15.05. ganzjährig*

Die nächste Zinszahlung erfolgt am 15.05.2020 für den Zeitraum vom 15.05.2019 (einschließlich) bis zum 14.05.2020 (einschließlich). Es ist ein Schaltjahr zu berücksichtigen, da der 29.02.2020 in dem Zinslauf liegt.

Der Käufer hat dem Verkäufer Stückzinsen vom 15.05.2019 (einschließlich) bis zum 19.08.2019 (einschließlich) zu vergüten.

$$\text{Stückzinsen} = \frac{15\,000{,}00 \cdot 4{,}00 \cdot 97}{100 \cdot 366} = \underline{\underline{159{,}02 \text{ EUR}}}$$

Wenn der Zinstermin und die Erfüllungsvaluta gleich sind, verbleibt der fällige Zinsschein beim Verkäufer. Es fallen keine Stückzinsen an.

Deshalb sind maximal 364 (Schaltjahr 365) Stückzinstage möglich.

Stückelung/Mindestanlage

In der Regel beträgt die Stückelung 0,01 EUR, sodass jeder beliebige Nennwert erworben werden kann.

Aufgrund der Mindestprovisionen der Kreditinstitute sollte aber jeder Auftrag eine bestimmte Mindestgröße *(z. B. 1 000,00 EUR)* umfassen, da sonst überproportional hohe Kosten entstehen.

Lieferung

Anleihen von **privatrechtlichen Emittenten** sind in der Regel in **Dauerglobalurkunden** verbrieft. **Öffentliche Anleihen** werden als **Wertrechte**[1] emittiert. Die Auslieferung von Einzelurkunden (effektive Stücke) ist ausgeschlossen. Der Anleger erhält eine Depotgutschrift über die erworbenen Papiere. Die Übertragung erfolgt im Wege des (stückelosen) Effektengiroverkehrs.

3.1.3 Risiken

Die **Risiken** bei einer Geldanlage in Anleihen sind:

- Bonitätsrisiko des Emittenten
- Kursrisiko bei einer vorzeitigen Veräußerung durch Änderung der Kapitalmarktzinsen

[1] *Wertrechte vgl. Seite 284*

8

Bonitätsrisiko

Unter dem **Bonitätsrisiko** versteht man die Gefahr der Zahlungsunfähigkeit des Schuldners, sodass er die Zins- und Tilgungsleistungen nicht oder nur teilweise erbringen kann. Je niedriger die Bonität des Emittenten, desto höhere Zinsen muss er als Risikoausgleich zahlen. Ratingagenturen *(z. B. Moody's, Standard & Poor's, Fitch)* beurteilen im Rahmen einer umfassenden Analyse laufend die Bonität großer Emittenten. Das Ergebnis wird in einem Ratingsymbol zusammengefasst und veröffentlicht.

Ratingklassen von Moody's, Standard & Poor's (S & P) und Fitch Ratings					
Rating-Symbol			Bonitätsbewertung	Ausfallrisiko p. a.	Verzinsung
Moody's	S & P	Fitch			
			Investment-Grade		
Aaa Aa1 Aa2 Aa3	AAA AA+ AA AA–	AAA AA+ AA AA–	**Sehr gute Anleihen** beste Qualität, geringstes Ausfallrisiko; hohe Qualität, aber etwas größeres Risiko als die Spitzengruppe	**niedrig** 0,0 %–0,2 %	**niedrig**
A1 A2 A3 Baa1 Baa2 Baa3	A+ A A– BBB+ BBB BBB–	A+ A A– BBB+ BBB BBB–	**Gute und mittlere Anleihen** gute Qualität, viele gute Investmentattribute, aber auch Elemente, die sich bei veränderter Wirtschaftsentwicklung negativ auswirken können; mittlere Qualität, aber mangelnder Schutz gegen die Einflüsse sich verändernder Wirtschaftsentwicklung	0,2 %–1,0 %	
			Speculative-Grade		
Ba1 Ba2 Ba3 B1 B2 B3	BB+ BB BB– B+ B B–	BB+ BB BB– B+ B B–	**Spekulative Anleihen** spekulative Anlage, nur mäßige Deckung für Zins- und Tilgungsleistungen; sehr spekulativ, generell fehlende Charakteristika eines wünschenswerten Investments, langfristige Zinszahlungserwartung gering	1,0 %–20,0 %	
Caa Ca C	CCC CC C	CCC CC C	**Junk Bonds** (hochverzinslich, hochspekulativ) niedrigste Qualität, geringster Anlegerschutz, in Zahlungsverzug oder in direkter Gefahr des Verzugs	über 20,0 % **hoch**	**hoch**

Viele institutionelle Anleger *(z. B. Pensionsfonds)* dürfen nur Anleihen aus dem Investment-Grade-Bereich erwerben.

Eine **Verbesserung der Bonität** des Schuldners führt zu **steigenden Kursen** der Anleihe und damit zu einer **Verminderung der Umlaufrendite**.

Eine **Verschlechterung der Bonität** des Schuldners führt zu **sinkenden Kursen** der Anleihe und damit zu einer **Erhöhung der Umlaufrendite**. Die Renditeaufschläge stellen ein Art „Risikoprämie" für das höhere Ausfallrisiko dar.

Zusammenhang zwischen Anleiherendite und Rating

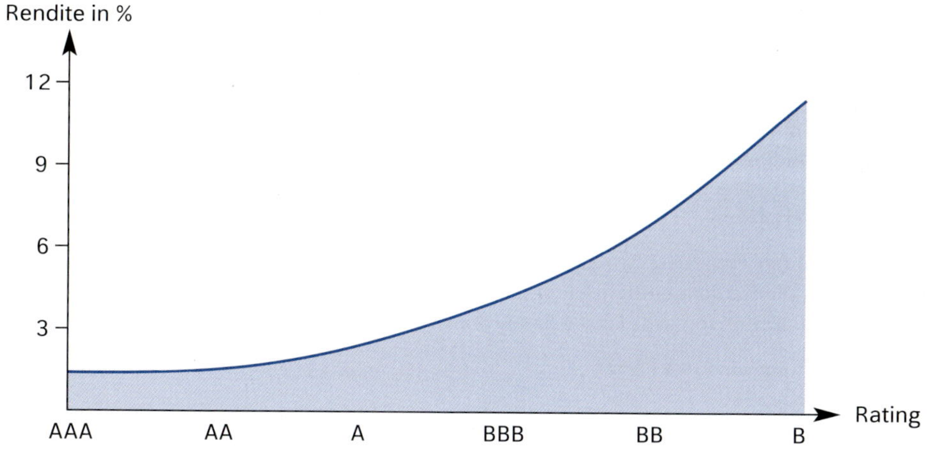

Ein Sicherheitsmerkmal bei Anleihen ist die **Mündelsicherheit**.

Mündelsicher sind Anleihen, die zur Anlage des Vermögens unter Vormundschaft stehender Personen (Mündel) geeignet sind *(§ 1807 BGB)*.

Beispiele:
- *Bundeswertpapiere*
- *Pfandbriefe*

Kursrisiko bei Änderung der Kapitalmarktzinsen

Bei einer vorzeitigen Veräußerung ist die Rendite abhängig vom erzielten Börsenkurs. Das Kursrisiko von Festzinsanleihen ergibt sich aus einer Veränderung des Zinsniveaus am Kapitalmarkt.

- Bei **steigenden Marktzinsen** wird eine Anleihe, die mit einem festen Nominalzins (Kupon) ausgestattet ist, unattraktiver im Vergleich zu neu emittierten Anleihen mit einem höheren Nominalzins.
  Die relativ schlechtere Verzinsung der Anleihe führt zu einem **Kursrückgang**.
- Bei **sinkenden Marktzinsen** wird eine Anleihe, die mit einem festen Nominalzins (Kupon) ausgestattet ist, attraktiver im Vergleich zu neu emittierten Anleihen mit einem niedrigeren Nominalzins.
  Die relativ hohe Verzinsung der Anleihe führt zu einem **Kursanstieg**.

Allgemein gilt:
Steigende Marktzinsen führen zu fallenden Kursen; sinkende Marktzinsen führen zu steigenden Kursen.

Beispiel:

Nominalverzinsung (Festzinsanleihe)	Kapitalmarktzinsen	Kurs
3,00 %	Marktzins unverändert: 3,00 %	100 %
3,00 %	Marktzinsen gestiegen: 5,00 %	Kurs < 100 %
3,00 %	Marktzinsen gesunken: 1,00 %	Kurs > 100 %

Fallbeispiel:

Kursrisiko von Anleihen

- Leo Läusel erwarb bei einem Kapitalmarktzinsniveau von 3,00% eine Anleihe im Nennwert von 10 000,00 EUR mit einer Laufzeit von zehn Jahren und einer Nominalverzinsung von 3,00% p.a. Die Zinsen sind jährlich zahlbar (Jahreskupon). Der Erwerbskurs betrug 100%.

  Renditeerwartung von Leo Läusel:
  Die Rendite des Anlegers bezogen auf die Endfälligkeit beträgt 3,00% p.a. und entspricht damit der Nominalverzinsung.

- Nach zwei Jahren veräußert Leo Läusel die Anleihe an der Börse. Käuferin der Papiere ist Erika Klever. Die Kapitalmarktzinsen sind inzwischen gestiegen und betragen für Anleihen mit einer Restlaufzeit von acht Jahren 5,00% p.a.

  Renditeerwartung von Erika Klever:
  - 5,00% Marktrendite
  - Da die Anleihe nur eine Nominalverzinsung von 3,00% besitzt, wird der Kurs < 100 sein. Durch den Rückzahlungsgewinn erhöht sich die Rendite für die Käuferin auf 5,00%.

$$E_K = \frac{(P_{nom} \cdot J) + R_K}{\left(\frac{P_{eff} \cdot J}{100}\right) + 1} = \frac{(3{,}00 \cdot 8) + 100}{\left(\frac{5{,}00 \cdot 8}{100}\right) + 1} = \underline{\underline{88{,}57\,\%}}$$

P_{eff} = Effektivverzinsung/Rendite
P_{nom} = Nominalverzinsung
J = Anlagedauer (Restlaufzeit) in Jahren
E_K = Erwerbskurs
R_K = Rückzahlungskurs

Bei einem Erwerbskurs von 88,57 % erzielt Erika Klever bezogen auf die Endfälligkeit der Anleihe eine Rendite von 5,00 %.

$$P_{eff} = \frac{\left[P_{nom} + \left(\frac{R_K - E_K}{J}\right)\right] \cdot 100}{E_K} = \frac{\left[3{,}00 + \left(\frac{100{,}00 - 88{,}57}{8}\right)\right] \cdot 100}{88{,}57} = \underline{\underline{5{,}00\,\%}}$$

Ermittlung der tatsächlich von Leo Läusel erzielten Rendite:
Durch den Zinsanstieg und den dadurch verursachten Kursverlust hat Leo Läusel eine negative Rendite (Verlust) von 2,72% p.a. erzielt.

$$P_{eff} = \frac{\left[3{,}00 + \left(\frac{88{,}57 - 100}{2}\right)\right] \cdot 100}{100} = \underline{\underline{-2{,}72\,\%}}$$

Aufzinsungs- und Abzinsungspapiere

Bei **Aufzinsungs-/Abzinsungspapieren** fallen keine periodischen Zinszahlungen an. Zinsen und Zinseszinsen werden erst am Ende der Laufzeit gezahlt.

Der Kapitalanleger erzielt bei der Tilgung einen Rückzahlungsgewinn (= Differenz zwischen Ausgabepreis und Rückzahlungswert), der den gesamten Zinsertrag der Anlage beinhaltet.

Beispiele:
- *Nullkupon-Anleihen (Zero-Bonds)*
- *Aufzinsungs-/Abzinsungssparbriefe*

Nullkupon-Anleihen *(Zero-Bonds)* weisen ein deutlich **höheres Kursrisiko** als Festzinsanleihen auf. Steigen die Marktzinsen, so erleiden Nullkupon-Anleihen höhere Kursverluste als andere Anleihen mit gleicher Laufzeit und Schuldnerbonität. Bei fallenden Marktzinsen kann der Anleger erhebliche Kursgewinne erzielen. Handelt es sich um eine Nullkupon-Anleihe in Fremdwährung, so ergibt sich außerdem ein erhöhtes Währungsrisiko, da die Zinszahlungen nicht über die Laufzeit der Anleihe verteilt, sondern zu einem einzigen Termin, nämlich zusammen mit der Rückzahlung des Kapitals bei Endfälligkeit, erfolgen.

Beispiel:
Kursrisiko/-chance und Besteuerung bei Festzinsanleihen und Nullkupon-Anleihen

	Festzinsanleihe (jährliche Zinsausschüttung)	Nullkupon-Anleihe (Abzinsungstyp)
Laufzeit	10 Jahre	10 Jahre
Nominalzins	6 % p. a.	–
Emissionsrendite	6 % p. a.	6 % p. a.
Emissionskurs	100 %	$\frac{1}{1{,}06^{10}} = 55{,}84\,\%$
Zinsausschüttung je nom. 100,00 EUR Anleihe nach Ablauf des 1. Jahres	6,00 EUR	0,00 EUR
rechnerischer Kurs der Anleihe nach Ablauf des 1. Jahres Prämisse: Der Kapitalmarktzins beträgt unverändert 6 % p. a.	100 %	$\frac{1}{1{,}06^{9}} = 59{,}19\,\%$
zu versteuernder Zinsertrag nach Ablauf des 1. Jahres je nom. 100,00 EUR Prämisse: Der Kapitalanleger war das gesamte Jahr über im Besitz der Anleihe.	6,00 EUR	0,00 EUR

	Festzinsanleihe (jährliche Zinsausschüttung)	Nullkupon-Anleihe (Abzinsungstyp)
rechnerischer Kurs der Anleihe nach Ablauf des 2. Jahres auf der Basis der aktuellen Marktrendite Prämisse: Der Kapitalmarktzins beträgt jetzt 5 % p. a.	105,71 %	$\frac{1}{1{,}05^8} = 67{,}68\,\%$
Kursanstieg der Anleihe nach Ablauf des 2. Jahres (in Prozent) gegenüber dem Emissionskurs	5,71 %[1]	$\frac{(67{,}68 - 55{,}84) \cdot 100}{5584} =$ 21,20 %
zu versteuernder Zinsertrag nach Ablauf des 10. Jahres je nom. 100,00 EUR Prämisse: Der Kapitalanleger war die gesamte Laufzeit über im Besitz der Anleihe.	6,00 EUR	100,00 – 55,84 = 44,16 EUR

Floating-Rate-Notes

Bei Anleihen mit einer variablen Verzinsung (Floating-Rate-Notes, FRN) wird der Zinssatz regelmäßig (i. d. R. vierteljährlich) für den sich unmittelbar anschließenden Zeitraum an einen Referenzzinssatz angepasst.

Der **EURIBOR** (**E**uro **I**nterbank **O**ffered **R**ate) dient häufig als **Referenzzinssatz**. 57 Europäische Kreditinstitute (davon elf aus Deutschland) melden täglich ihre Angebotssätze für Geldmarktkredite (Interbankkredite) mit einer Laufzeit von einem Monat bis zu einem Jahr an eine Zentralstelle. Es wird ein Durchschnittszins gebildet und täglich veröffentlicht. Der EURIBOR wird auf der Basis der **Eurozinsmethode** (act/360) ermittelt und täglich veröffentlicht.

Fallbeispiel:

Fred Ohlsen kauft am 20. April 20.. (Dienstag) folgende Anleihe:

Nennwert:	20 000,00 EUR
Kurs:	99,80 %
Zinssatz:	3-Monats-EURIBOR plus 0,04000 % p. a., zahlbar vierteljährlich nachträglich am 20. März, 20. Juni, 20. September und 20. Dezember eines jeden Jahres. Der jeweils geltende Zinssatz wird am zweiten Geschäftstag vor dem Beginn einer Zinsperiode festgelegt.
Kosten:	0,5 % Provision vom Kurswert, mindestens vom Nennwert; 0,75 ‰ Courtage vom Nennwert

Der EURIBOR für 3-Monats-Gelder betrug am 18. März 20.. 3,45875 %.

Der Zinssatz für die Anleihe beträgt in der Zeit vom 20. März 20.. bis zum 19. Juni 20.. 3,49875 % p. a.

[1] *Bei einem Renditevergleich der Papiere ist zu berücksichtigen, dass es bei der Festzinsanleihe zwei Zinszahlungen gab.*

Abrechnung

Kurswert	19960,00 EUR
+ Stückzinsen für 33 Zinstage	64,14 EUR
+ 0,5 % Provision	100,00 EUR
+ 0,75 ‰ Courtage	15,00 EUR
Belastung, Wert 22.04.20..	20139,14 EUR

Nebenrechnung:
Stückzinsen vom 20.03. einschl. – 21.04. einschl.

$$\frac{20000{,}00 \cdot 3{,}49875 \cdot 33}{100 \cdot 360} = 64{,}14 \text{ EUR}$$

Floating-Rate-Notes weisen folgende Merkmale auf:

- **geringes Kursrisiko**
  Die Zinsen der Anleihe werden laufend den Marktzinsen angepasst. Aufgrund der marktgerechten Verzinsung liegt der Kurs immer nahe an 100%. Der Anleger erleidet bei steigenden Marktzinsen keine Kursverluste. Er kann jedoch bei fallenden Marktzinsen auch keine Kursgewinne erzielen.
- **unsichere Zinserträge**
  Durch die laufende Zinsanpassung sind die zukünftigen Zinsen nicht bekannt. Bei fallenden Marktzinsen sinken auch die Anleihezinsen.
- **niedrigere Zinserträge**
  Trotz der langfristigen Laufzeit der Anleihe ist die Verzinsung an einen Geldmarktreferenzzins gebunden. Bei einer normalen Zinsstruktur sind die Geldmarktzinsen niedriger als die Kapitalmarktzinsen für langfristige Anlagen.

Anlageempfehlungen

Entscheidend für Anlageempfehlungen bei festverzinslichen Wertpapieren ist die Erwartung über die Entwicklung der Kapitalmarktzinsen.
- Steigende Kapitalmarktzinsen führen zu sinkenden Kursen.
- Sinkende Kapitalmarktzinsen führen zu steigenden Kursen.

Zinserwartung	Anlageempfehlung
steigende Zinsen → sinkende Anleihenkurse	▪ Festgeldanlage ▪ Anleihen mit kurzen Restlaufzeiten ▪ Floating-Rate-Notes ▪ Geldmarktfonds
sinkende Zinsen → steigende Anleihenkurse	▪ Anleihen mit fester Verzinsung und langer Restlaufzeit ▪ Zero-Bonds

8

Personen- und produktbezogene Anlageempfehlungen

Anlageempfehlung	Festzinsanleihen	Floating-Rate-Notes (variabel verzinsliche Anleihe)	Zero-Bonds (Ab- und Auf- zinsungspapiere)
... für spekulativ eingestellte Anleger 	Bei Erwartung fallender Zinsen ist mit einem Kursanstieg zu rechnen, der um so höher ausfällt, je länger die Restlaufzeit und je geringer die Nominalverzinsung der Schuldverschreibungen ist.	Bei Erwartung steigender Zinsen als Zwischenanlage geeignet: der Anleger partizipiert automatisch an Zinssteigerungen und kann bei Erreichen des Zinsgipfels ohne Kursverluste auf eine hochverzinsliche, längerfristige Anlage „umsteigen".	Bei Erwartung fallender Zinsen ist mit einem Kursanstieg zu rechnen, der um so höher ausfällt, je länger die Restlaufzeit der Schuldverschreibung ist: Der Anleger kann bei Erreichen des Zinstiefs mit hohem Kursgewinn z. B. auf einen Floater „umsteigen".
... für konservativ eingestellte Anleger 	Wenn die Anlagedauer feststeht, Erwerb einer Schuldverschreibung mit gleichlanger (Rest-) Laufzeit: kein Kursrisiko, da die Schuldverschreibung am Ende der Laufzeit zu pari getilgt wird.	Wenn die Anlagedauer unbestimmt ist, kann der Anleger jederzeit ohne Kursverlust „aussteigen".	Wenn die Anlagedauer feststeht, Erwerb einer Schuldverschreibung mit gleichlanger (Rest-) Laufzeit: kein Kursrisiko, da die Schuldverschreibung am Ende der Laufzeit zum Rückzahlungswert (Kapital plus Zinsen) eingelöst wird.
... unter steuerlichem Aspekt 	jährliche Versteuerung der Zinsausschüttungen	jährliche Versteuerung der Zinsausschüttungen	einmalige Versteuerung am Ende der Laufzeit bzw. bei Liquidation der Anlage (Steuerverlagerungseffekt)

3.1.4 Bundeswertpapiere

Bundeswertpapiere sind Inhaberschuldverschreibungen der Bundesrepublik Deutschland und dienen der Haushaltsfinanzierung.

Bundeswertpapiere gelten als **sichere** und **liquide Anlage**:

- sicher, weil der Staat für die Rückzahlung haftet (Rating AAA),
- liquide, weil sie jederzeit an der Börse verkauft werden können.

Bei der Emission haben nur Kreditinstitute, die der „Bietergruppe Bundesemissionen" angehören, die Möglichkeit zum Ersterwerb (Primärmarkt). Dabei werden die Papiere im Rahmen eines Tenderverfahrens „versteigert".

Nach der Platzierung der Emission werden die Papiere in den Börsenhandel (Sekundärmarkt) eingeführt und können dort von allen Anlegern jederzeit zum aktuellen Kurs gekauft und verkauft werden. Eine vorzeitige Rückgabe an den Emittenten ist nicht möglich.

Die Zinsberechnung erfolgt nach der taggenauen Methode („act/act").

Zu den wichtigsten Bundeswertpapieren gehören …
- Bundesschatzanweisungen,
- Bundesobligationen und
- Bundesanleihen.

Bundesschatzanweisungen

Merkmale von Bundesschatzanweisungen
▪ Nennwert: 0,01 EUR ▪ Laufzeit: 2 Jahre ▪ fester Nominalzins ▪ jährliche Zinszahlung ▪ Rückzahlung zum Nennwert

Bundesobligationen

Merkmale von Bundesobligationen
▪ Nennwert: 0,01 EUR ▪ Laufzeit: circa 5 Jahre ▪ fester Nominalzins ▪ jährliche Zinszahlungen ▪ Rückzahlung zum Nennwert

8

Fallbeispiel:

Erwerb von Bundesobligationen
Rita Gerber erteilt der Rheinbank eG am Morgen des 06.05.20.. (Donnerstag, kein Schaltjahr) folgenden Kaufauftrag:

8 000,00 EUR Nennwert 1,25 % Bundesobligationen der Serie 176
Börsenkurs 101,00 %
Zinstermin 19.08. jedes Jahres
Kosten: 0,5 % Provision vom Kurswert, mindestens aber vom Nennwert; 0,75 ‰ Courtage vom Nennwert

Kaufabrechnung

Kurswert 101,00 %	8 080,00 EUR
+ 1,25 % Stückzinsen für 264 Zinstage (19.08. Vorjahr einschl. bis 09.05. einschl.)	72,33 EUR
+ 0,5 % Provision vom Kurswert	41,40 EUR
+ 0,75 ‰ Courtage vom Nennwert	6,00 EUR
Belastung Wert 10.05.20..	8 199,73 EUR

Nebenrechnung:

$$\frac{8\,000{,}00 \cdot 1{,}25 \cdot 264}{100 \cdot 365} = 72{,}33 \text{ EUR}$$

Bundesanleihen

Merkmale von Bundesanleihen
▪ Nennwert: 0,01 EUR ▪ Laufzeit: circa zehn Jahre, in einigen Fällen auch 30 Jahre ▪ fester Nominalzins, in einigen Fällen auch variable Verzinsung (Floating-Rate-Notes) ▪ jährliche Zinszahlung bei Anleihen mit festem Zinssatz; bei Floating-Rate-Notes mehrere Zinszahlungen im Jahr ▪ Stripping: Bei einigen zugelassenen Bundesanleihen ist ein getrennter Handel der Anleihe und der einzelnen Zinsscheine möglich. Die Anleihe ohne Zinsscheine sowie die einzelnen in der Zukunft fälligen Zinsscheine sind als Zero-Bonds anzusehen. ▪ Rückzahlung zum Nennwert

Tenderverfahren

Bundesanleihen, Bundesobligationen und Bundesschatzanweisungen werden im Tenderverfahren platziert. Die Deutsche Bundesbank fordert im Wege der öffentlichen Ausschreibung die Anleger zur Abgabe von (Zeichnungs-)Geboten auf. Die Gebote enthalten den gewünschten Betrag und den Kurs, den der einzelne Anleger maximal zu zahlen bereit ist. An den Ausschreibungen können sich nur Mitglieder der „Bietergruppe Bundesemissionen“ unmittelbar beteiligen. Mitglieder der Bietergruppe sind in- und ausländische Kreditinstitute sowie Wertpapierdienstleistungsunternehmen. Der „Bietergruppe Bundesemissionen“ gehören zurzeit ca. 35 Kreditinstitute an.

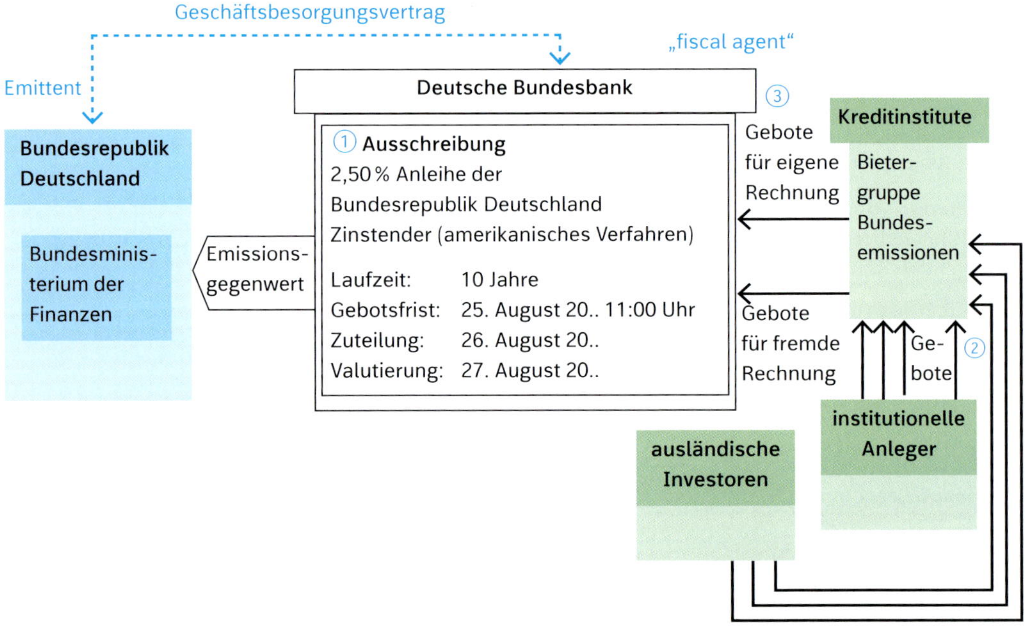

Verfahrensregeln für das Tenderverfahren

- Kaufgebote sind am Bietungstag bis 11:00 Uhr per E-Mail an die Bundesbank zu übermitteln.
- Die Gebote müssen über einen Nennbetrag von mindestens 1 Mio. EUR oder ein Vielfaches lauten.
- Kursgebote müssen auf 0,01 Prozentpunkte lauten. Gebote ohne Angabe eines Bietungskurses („Billigst-Gebote") sowie mehrere Gebote zu unterschiedlichen Kursen sind möglich.
- Die Zuteilung erfolgt in der Reihenfolge nach der Höhe der gebotenen Kurse, bis das von der Bundesbank beabsichtigte Emissionsvolumen untergebracht ist. Eine volle Zuteilung erhalten die Gebote, die über dem Grenzkurs liegen. Zum Grenzkurs abgegebene Gebote sowie Gebote ohne Angabe eines Kurses (nicht limitierte Gebote) werden ggf. repartiert; darunter liegende Gebote bleiben unberücksichtigt.
- **Amerikanisches Verfahren**: Bei einer Zuteilung muss der Bieter den jeweils gebotenen Kurs zahlen. Gebote ohne Angabe eines Kurses werden zum gewogenen Durchschnittskurs der akzeptierten Kursangebote zugeteilt.

Fallbeispiel:

Emission einer 2,50 % Bundesanleihe

beabsichtigtes Platzierungsvolumen: 4 Mrd. EUR

Das Kreditinstitut A gibt drei Gebote zu unterschiedlichen Kursen ab.

Bieter[1]	Kursgebote	Gebote in Mio. EUR (Nennwert)	Zuteilung in Mio. EUR	Zuteilungskurs	Kurswert der Gebote in Mio. EUR	
A	101,15 %	500	500	101,15 %	505,75	Zuteilung zu individuellen Bietungskursen
B	100,98 %	700	700	100,98 %	706,86	
C	100,96 %	800	800	100,96 %	807,68	
D	100,92 %	750	750	100,92 %	756,90	
E	100,85 %	650	650	100,85 %	655,53	
A	100,80 %	1 000	350 repartiert	100,80 %	352,80	
F	100,75 %	750	0			keine Zuteilung
G	100,72 %	1 100	0			
A	100,70 %	1 000	0			
Summe		7 250	3 750		3 785,52	
G	billigst	250	250	$\frac{3785{,}52 \cdot 100}{3750}$ 100,95 %	= 252,37	Zuteilung zum Durchschnittskurs
Summe		7 500	4 000		4 037,89	

Das Kreditinstitut A erhält für zwei Gebote eine Zuteilung:

- 500 Mio. EUR zum Kurs von 101,15 %
- 350 Mio. EUR zum Kurs von 100,80 %

[1] *Die Zahl der Bieter ist in der Praxis bedeutend höher.*

Bestimmung des Bietungskurses bei einer bestimmten Renditevorstellung

$$E_K = \frac{(P_{nom} \cdot J) + R_K}{\left(\frac{P_{eff} \cdot J}{100}\right) + 1}$$

E_K = Bietungskurs/Erwerbskurs
P_{nom} = Nominalverzinsung
J = Anlagedauer in Jahren
R_K = Rückzahlungskurs
P_{eff} = Effektivverzinsung/Renditevorstellung

Beispiel:
Renditevorstellung: 2,30 % p. a.
Nominalverzinsung: 2,50 % p. a.
Laufzeit: 10 Jahre

$$E_K = \frac{(2{,}50 \cdot 10) + 100}{\left(\frac{2{,}30 \cdot 10}{100}\right) + 1} = \underline{\underline{101{,}63\,\%\text{ p. a.}}}$$

Wertrechte und Bundesschuldbuch

Wertpapiere des Bundes werden ausschließlich als **unverbriefte Wertrechte** begeben und in das **Bundesschuldbuch** eingetragen. Das Bundesschuldbuch wird von der **Bundesrepublik Deutschland – Finanzagentur GmbH** in Frankfurt geführt *(§ 1ff. Bundesschuldenwesengesetz – BSchuWG).*

Da es keine Einzelurkunden gibt, erfolgt die gesamte Geschäftsabwicklung ausschließlich durch Buchungen auf Depotkonten. Tafelgeschäfte sind nicht möglich.

Für die gesamte Emission wird die Clearstream Banking AG (Wertpapiersammelbank) als treuhänderischer Gläubiger in das Bundesschuldbuch eingetragen (Sammelschuldbuchforderung). Der Anleger erwirbt die Rechte an den Bundeswertpapieren, indem er eine Beteiligung an dieser Sammelschuldbuchforderung erhält. Die Beteiligung an einer Sammelschuldbuchforderung ist rechtlich einer Beteiligung an einem Wertpapiersammelbestand gleichgestellt (**Wertrechte**).

Sammelschuldbuchforderung *(§ 6 BSchuWG)*

Sammelschuldbuchforderungen sind auf den Namen der **Wertpapiersammelbank Clearstream Banking AG** in das Bundesschuldbuch eingetragen.
Die Clearstream Banking AG verwaltet als **Treuhänder** die Depotbestände der Kreditinstitute. Der Anleger ist durch Depotgutschrift indirekt an der Sammelschuldbuchforderung beteiligt.
Bei der Übertragung der Bundeswertpapiere werden die veränderten Eigentumsverhältnisse in den Depotkonten bei der Wertpapiersammelbank und dem Kreditinstitut gebucht. Die Sammelschuldbuchforderung bei der Deutschen Finanzagentur GmbH ändert sich nicht.

↓

Eintragung einer treuhänderischen Sammelschuldbuchforderung in das Bundesschuldbuch zugunsten der Wertpapiersammelbank

↓

Die Wertpapiersammelbank erteilt den Kreditinstituten Depotgutschrift für ...

- Eigenbestände der Kreditinstitute und
- Kundenbestände

↓

Das Kreditinstitut erteilt ihren Kunden Depotgutschrift.

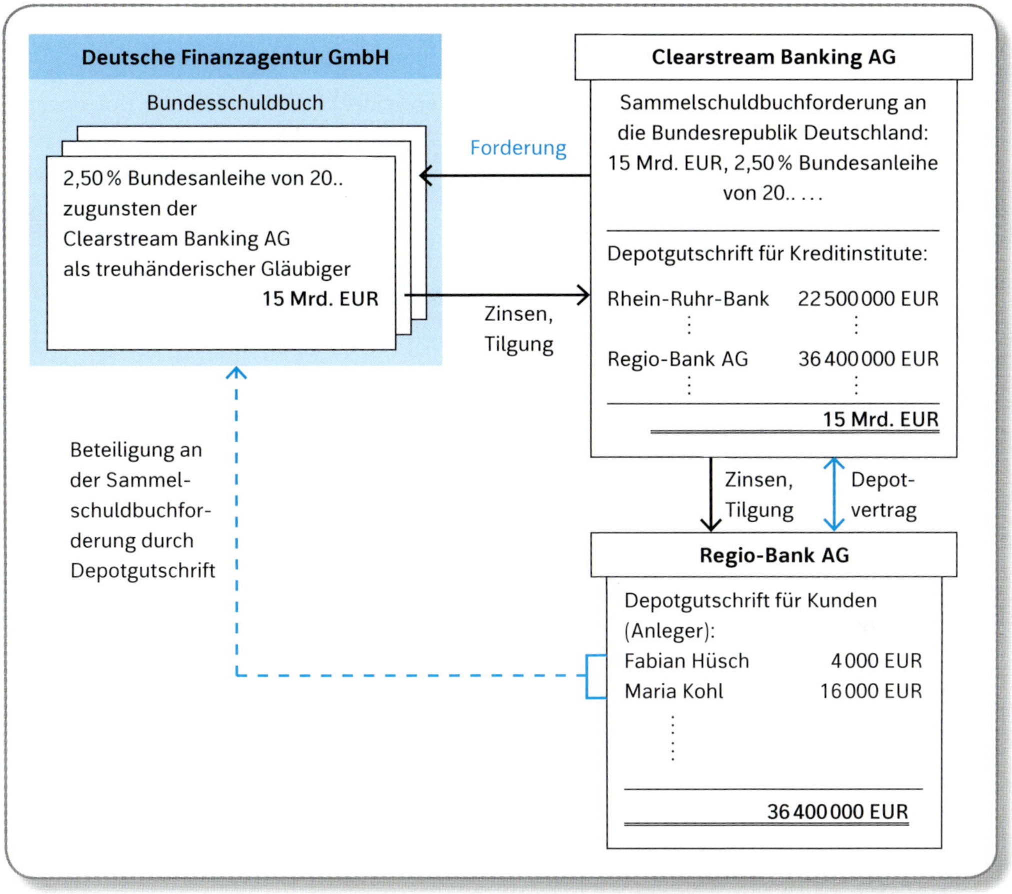

3.1.5 Pfandbriefe

Pfandbriefe sind von **Pfandbriefbanken** ausgegebene **gedeckte Schuldverschreibungen** (Anleihen).

Pfandbriefe sind Anleihen, die einen Anspruch auf Rückzahlung und Zinszahlung aus einer Darlehensgewährung an den Emittenten verbriefen und sich dadurch auszeichnen, dass besondere Vermögenswerte zur Deckung der Zahlungsverpflichtungen dienen (gedeckte Schuldverschreibungen). Im Fall der Zahlungsunfähigkeit des Emittenten dient die Deckungsmasse zur Erfüllung der Ansprüche der Pfandbriefinhaber.

Pfandbriefbanken sind Kreditinstitute (Spezialinstitute und Universalbanken), deren Geschäftsbetrieb das Pfandbriefgeschäft umfasst. Sie benötigen vor Aufnahme der Geschäftstätigkeit eine Erlaubnis der Bundesanstalt für Finanzdienstleistungsaufsicht (BaFin) *(§§ 1, 2, PfandBG).*

Nach der Deckung sind folgende Pfandbriefgattungen zu unterscheiden:

- **Hypothekenpfandbriefe** sind durch Grundpfandrechte an Grundstücken und grundstücksgleichen Rechten *(z.B. Wohnungseigentum)* gedeckt. Dabei darf die Beleihungsgrenze 60 % des Beleihungswertes der Immobilie nicht übersteigen. Die Beleihungswertermittlung ist von einem von der Kreditentscheidung unabhängigen Gutachter vorzunehmen *(§§ 13, 14, 16 PfandBG).*

- **Öffentliche Pfandbriefe** sind durch Forderungen aus Darlehen an staatliche Stellen (Körperschaften und Anstalten des öffentlichen Rechts) gedeckt *(§ 20 PfandBG)*.
- **Schiffspfandbriefe** sind durch Schiffshypotheken gedeckt. Dabei darf die Beleihungsgrenze 60 % des Beleihungswertes des Schiffes nicht übersteigen *(§ 22 PfandBG)*.

Pfandbriefbank
(Schuldnerin des Pfandbriefes)

- Die Pfandbriefbank haftet mit ihrem gesamten Vermögen für die Pfandbriefverbindlichkeiten.
- Deckungsmasse: Zusätzlich sind die Pfandbriefverbindlichkeiten durch besondere Vermögenswerte (Grundpfandrechte, Forderungen an staatliche Stellen, Schiffshypotheken) gedeckt.

Pfandbrief →
← Emissionspreis
Zinszahlungen →
Tilgung bei Fälligkeit →

Anleger
(Gläubiger des Pfandbriefes)

- Recht auf Zinszahlung und auf Rückzahlung
- Insolvenzvorrecht: Bei Insolvenz der Pfandbriefbank sind die Forderungen der Pfandbriefinhaber vorrangig aus der Deckungsmasse zu befriedigen.

Sicherheitsmerkmale von Pfandbriefen

- **Deckungskongruenz** *(§ 4 PfandBG)*
  Die jederzeitige Deckung der umlaufenden Pfandbriefe nach dem Barwert (Zeitwert) muss sichergestellt sein. Der jeweilige Gesamtbetrag der im Umlauf befindlichen Pfandbriefe einer Gattung muss auch in Höhe des Nennwertes jederzeit durch Deckungswerte von mindestens gleicher Höhe gedeckt sein.
- **Deckungsregister** *(§ 5 PfandBG)*
  Die zur Deckung der Pfandbriefe verwendeten Deckungswerte sind in das für die jeweilige Pfandbriefgattung geführte Deckungsregister einzutragen.
- **Treuhänder** *(§§ 7–11 PfandBG)*
  Die Bundesanstalt für Finanzdienstleistungsaufsicht (BaFin) bestellt einen Treuhänder, der darauf zu achten hat, dass jederzeit die vorschriftsmäßige Deckung vorhanden und im Deckungsregister eingetragen ist. Der Treuhänder verwahrt die in den Deckungsregistern eingetragenen Werte und Urkunden *(z. B. Grundschuldbestellungsurkunden)* unter dem Mitverschluss der Pfandbriefbank.
- **Aufsicht durch die BaFin** *(§ 3 PfandBG)*
  Die BaFin prüft regelmäßig auf der Grundlage geeigneter Stichproben die Deckung der Pfandbriefe.
- **Risikomanagement** *(§ 27 PfandBG)*
  Die Pfandbriefbank muss über ein geeignetes Risikomanagementsystem verfügen.
- **Transparenzvorschriften** *(§ 28 PfandBG)*
  Die Pfandbriefbank muss in Quartalsberichten alle wesentlichen Daten *(z. B. Umlauf der Pfandbriefe, Deckungsmasse)* veröffentlichen.
- **Insolvenzvorrecht** *(§ 30 PfandBG)*
  Im Fall der Insolvenz der Pfandbriefbank fallen die in den Deckungsregistern eingetragenen Werte nicht in die Insolvenzmasse. Die Forderungen der Pfandbriefgläubiger sind aus den im Deckungsregister eingetragenen Werten voll zu befriedigen; sie werden von der Eröffnung des Insolvenzverfahrens über das Vermögen der Pfandbriefbank nicht berührt.

Emission und Ausgestaltung von Pfandbriefen

Pfandbriefbanken emittieren laufend neue Pfandbriefserien (Daueremissionen).

Die Laufzeit bei Neuemissionen ist unterschiedlich (Schwerpunkt vier bis zehn Jahre). Eine vorzeitige Rückgabe an den Emittenten ist nicht möglich. Pfandbriefe werden aber an der Börse gehandelt.

Risiken bei der Geldanlage in Pfandbriefen

- **Bonitätsrisiko**
  Die besonderen Sicherheitsmerkmale von Pfandbriefen führen dazu, dass eine Geldanlage in Pfandbriefen hinsichtlich des Bonitätsrisikos als sehr sicher gilt. Pfandbriefe erhalten in der Regel von den Ratingagenturen beste Noten (AAA).
- **Marktrisiko (Zinsänderungsrisiko)**
  Bei einer vorzeitigen Veräußerung an der Börse besteht ein Kursrisiko. Bei steigenden Marktzinsen fällt der Kurs der Anleihe; bei sinkenden Marktzinsen steigt der Kurs.

  Der jederzeitige Handel der Pfandbriefe an der Börse zu marktgerechten Preisen wird durch die Kurspflege der emittierenden Pfandbriefbank gewährleistet, die laufend bereit ist, die eigenen Papiere zu kaufen und zu verkaufen.

3.2 Aktien

Die **Aktie** verbrieft ein **Mitgliedschaftsrecht** in einer Aktiengesellschaft.

Der Aktionär ist durch seinen Aktienbesitz am **Grundkapital** (= gezeichnetes Kapital) der AG beteiligt. Das **Mindestgrundkapital** beträgt 50 000,00 EUR. Durch die Emission von Aktien beschafft sich die AG Eigenkapital.

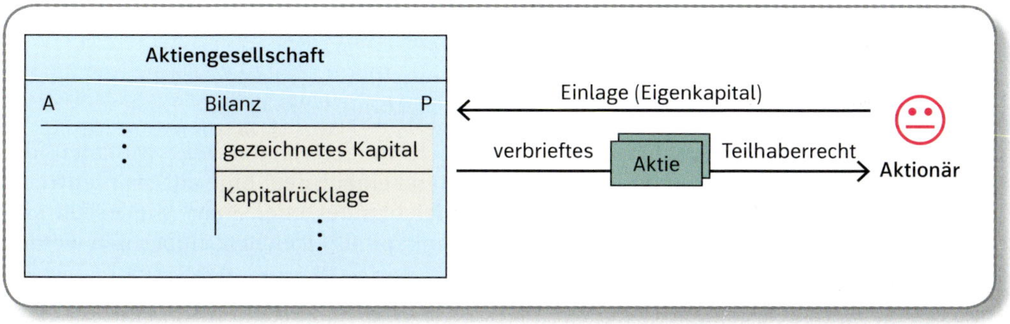

Die AG ist eine **Kapitalgesellschaft**, für deren Verbindlichkeiten nur das Gesellschaftsvermögen haftet. Eine persönliche Haftung der Aktionäre besteht nicht. Ihr Risiko beschränkt sich auf die Höhe des Kapitaleinsatzes beim Aktienerwerb. Die Rechtsverhältnisse der AG ergeben sich aus dem **Aktiengesetz** *(AktG)* und der **Satzung** der AG.

Grundsätzlich sind Aktien in Einzelurkunden (effektiven Stücken) verbrieft.

In der Satzung kann jedoch der Anspruch des Aktionärs auf Verbriefung seines Anteils ausgeschlossen werden *(§ 10 Abs. 5 AktG)*. Die Aktien sind dann in Globalurkunden verbrieft, die bei einer Wertpapiersammelbank hinterlegt werden. Die Aktionäre erhalten entsprechend ihres Aktienbesitzes Miteigentum an der Globalurkunde durch Depotgutschrift. Dieses Verfahren ist praxisüblich.

3.2.1 Rechte des Aktionärs

Recht auf Gewinnbeteiligung *(§§ 58 ff., 150 AktG)*

Für den Jahresüberschuss der AG gibt es zwei Verwendungsmöglichkeiten:

- **Zahlung einer Dividende**
  Die Hauptversammlung entscheidet über die Verwendung des Bilanzgewinns und damit auch über die Zahlung einer Dividende, die den Aktionären am dritten Geschäftstag nach der Hauptversammlung ausgezahlt wird. Die Höhe der Dividende ist abhängig von der Höhe des Gewinns. In Verlustjahren wird in der Regel keine Dividende gezahlt.
- **Erhöhung der Rücklagen**
  Auf Weisung des Vorstandes oder auf der Grundlage eines Beschlusses der Hauptversammlung wird der nicht ausgeschüttete Gewinn den Rücklagen zugeführt. Da die Beteiligung des Aktionärs am Grundkapital der AG nur der „Schlüssel" für seine Beteiligung am gesamten Eigenkapital (Grundkapital + Rücklagen) ist, profitiert der Aktionär auch von nicht ausgeschütteten Gewinnen (Gewinnthesaurierung). Ein höheres Eigenkapital wird in Verbindung mit entsprechenden Gewinnaussichten langfristig zu Kurssteigerungen der Aktie führen.

Teilnahme an der Hauptversammlung *(§ 118 ff. AktG)*

Die Aktionäre üben ihre Rechte in der Hauptversammlung aus. Die **Hauptversammlung beschließt** u. a. über

- Verwendung des Bilanzgewinns,
- Bestellung der Aktionärsvertreter für den Aufsichtsrat,
- Entlastung der Mitglieder des Vorstands und des Aufsichtsrats,
- Bestellung der Abschlussprüfer,
- Satzungsänderungen,
- Maßnahmen der Kapitalbeschaffung und -herabsetzung.

Die **ordentliche Hauptversammlung** hat jährlich in den ersten acht Monaten des Geschäftsjahres stattzufinden und wird vom Vorstand einberufen. Eine **außerordentliche Hauptversammlung** kann auf Verlangen des Aufsichtsrates oder einer Minderheit von Aktionären, deren Anteile zusammen 5 % des Grundkapitals erreichen, einberufen werden *(§§ 111, 122 AktG)*.

Bei **Inhaberaktien** börsennotierter Gesellschaften sind diejenigen Aktionäre zur Teilnahme an der Hauptversammlung berechtigt, die am **21. Tag vor der Hauptversammlung** die Aktien besitzen. Den dafür notwendigen Nachweis stellen die Verwahrstellen (Depotbanken) aus *(§ 123 Abs. 3 AktG)*. Bei **Namensaktien** sind die im Aktienregister eingetragenen Aktionäre zur Teilnahme an der Hauptversammlung berechtigt.

Stimmrecht *(§§ 134, 135 AktG)*

Das **Stimmrecht** wird nach Aktiennennbeträgen bzw. nach der Zahl der Stückaktien der in der Hauptversammlung vertretenen Aktien ausgeübt. Der Aktionär kann sein Stimmrecht auch von einem Bevollmächtigten *(z.B. Verwandte, Kreditinstitute, Aktionärsvereinigungen)* wahrnehmen lassen.

Das **Stimmrecht** wird **nach der Anzahl** der in der Hauptversammlung vertretenen Aktien ausgeübt. Die Beschlussfassung erfolgt grundsätzlich mit **einfacher Mehrheit. Satzungsänderungen** bedürfen einer **qualifizierten Mehrheit** von mindestens 3/4 des vertretenen Kapitals. Eine mehr als 25%ige Beteiligung in der Hand eines Aktionärs bezeichnet man als **Sperrminorität**. Mit der Sperrminorität kann der betreffenden Aktionär Beschlüsse verhindern, die einer qualifizierten Mehrheit bedürfen.

Anspruch auf Auskunft durch den Vorstand *(§ 131 f. AktG)*

Jedem Aktionär ist auf Verlangen in der Hauptversammlung vom Vorstand Auskunft über die geschäftlichen Angelegenheiten der AG zu geben. Der Vorstand darf die Auskunft verweigern, wenn diese der AG einen nicht unerheblichen Schaden zufügen könnte.

Angabe der Bezüge des Vorstandes *(§§ 285, 286 HGB)*

Bei börsennotierten Aktiengesellschaften müssen die gesamten Bezüge für jedes einzelne Vorstandsmitglied offengelegt werden. Die Veröffentlichung kann unterbleiben, wenn die Hauptversammlung dies mit 3/4 des bei der Beschlussfassung vertretenen Grundkapitals (qualifizierte Mehrheit) beschließt.

Bezugsrecht *(§§ 186 ff., 221 AktG)*

Bei der Ausgabe neuer („junger") Aktien sowie von Wandel-/Optionsanleihen, Gewinnschuldverschreibungen und Genussrechten steht den Aktionären ein Bezugsrecht zu. Jedem Aktionär muss auf sein Verlangen ein seinem Anteil am bisherigen Grundkapital entsprechender Teil der Emission zugeteilt werden.

Das Bezugsrecht kann ganz oder teilweise durch einen Hauptversammlungsbeschluss mit ¾-Mehrheit des bei der Beschlussfassung vertretenen Grundkapitals ausgeschlossen werden.

Ein **Ausschluss des Bezugsrechts** ist zulässig, wenn

- die Kapitalerhöhung gegen Einlagen 10% des Grundkapitals nicht übersteigt und
- der Ausgabepreis der Aktien den Börsenkurs nicht wesentlich (max. 5%) unterschreitet *(§ 186 Abs. 3 AktG)*.

Als Ausschluss des Bezugsrechts ist es nicht anzusehen, wenn die Emission von einem Bankenkonsortium mit der Verpflichtung übernommen wird, sie den Aktionären zum Bezug anzubieten.

Durch diese Voraussetzungen wird der Aktionär einerseits vor einer vermögensmäßigen Verwässerung seiner Beteiligung, andererseits einer übermäßigen Einschränkung seines Stimmrechtsanteils geschützt.

- Das **Bezugsverhältnis** ist das Verhältnis, in dem der Aktionär aufgrund des Bestandes an alten Aktien neue Aktien bzw. Wandel-/Optionsanleihen beziehen kann. Es ergibt sich aus der Relation:

(bisheriges) Grundkapital : Nennwert des Emissionsvolumens

bzw.

Anzahl alte Aktien : Anzahl junge Aktien

- Das **Bezugsangebot** an die Aktionäre ist unter Angabe der **Bezugsfrist** (mindestens zwei Wochen) und des **Bezugskurses** (= Ausgabepreis) vom Vorstand in den Gesellschaftsblättern zu veröffentlichen.
- Während der Bezugsfrist ist das Bezugsrecht an der Börse handelbar. Der **Bezugsrechtshandel** beginnt am 1. Tag der Bezugsfrist und endet zwei Börsentage vor Ablauf der Bezugsfrist. Die beiden letzten Tage der Bezugsfrist dienen der Erfüllung der am letzten Handelstag abgeschlossenen Geschäfte. Der Bezugsrechtshandel ermöglicht den Aktionären den Kauf bzw. den Verkauf fehlender/überschüssiger Bezugsrechte. Die alten Aktien notieren mit Beginn des Bezugsrechtehandels **„ex Bezugsrecht"**.
- Als **Bezugsrechtsausweis** wird ein vom Aktienbogen zu trennender Gewinnanteilschein bestimmt, der zur Ausübung des Bezugsrechts in der erforderlichen Anzahl bei den im Bezugsangebot genannten **Bezugsstellen** einzureichen ist. Bei Aktien in Girosammelverwahrung werden die Bezugsrechte zu Beginn der Bezugsfrist in das Depot des Anlegers eingebucht.
  Das Bezugsrecht ermöglicht dem Aktionär,
  - seinen prozentualen Anteil am Grundkapital aufrechtzuerhalten und
  - den Kursverlust auszugleichen, der aufgrund des Bezugsrechtsabschlags bei alten Aktien mit Beginn des Bezugsrechtshandels entsteht.

Anspruch auf Teilnahme am Liquidationserlös *(§ 271 AktG)*

Bei Auflösung der AG wird das nach Begleichung der Verbindlichkeiten verbleibende Vermögen unter den Aktionären verteilt.

3.2.2 Aktienarten

Aktienarten nach der Beteiligung am Grundkapital

Aktien können entweder als Stückaktien oder Nennbetragsaktien ausgegeben werden *(§ 8 AktG)*.

Stückaktie	Nennbetragsaktie
▪ Der Aktionär ist zu einem Bruchteil am Grundkapital der AG beteiligt. ▪ Die Gesamtzahl der ausgegebenen Aktien ist in der Satzung angegeben. ▪ Die Aktien besitzen keinen Nennwert. ▪ Durch Division des Grundkapitals durch die Zahl der ausgegebenen Aktien kann rechnerisch der Anteil einer Aktie am Grundkapital ermittelt werden. ▪ Der rechnerische Anteil am Grundkapital muss pro Aktie mindestens 1,00 EUR betragen.	▪ Der Aktionär ist mit dem Nennbetrag der Aktie am Grundkapital der AG beteiligt. ▪ Der Mindestnennbetrag pro Aktie beträgt 1,00 EUR. ▪ Die Summe der Nennbeträge aller ausgegebenen Aktien entspricht dem Grundkapital der AG.

Stückaktie	Nennbetragsaktie
Beispiel: *Das Grundkapital der Datex AG beträgt 6 780 325,00 EUR. Es wurden 2 645 000 Stückaktien ausgegeben. Maria Köhler besitzt 25 000 Aktien.* $\frac{6\,780\,325{,}00}{2\,645\,000} = 2{,}56345$ EUR *Der rechnerische Anteil einer Aktie am Grundkapital beträgt 2,56345 EUR (= rechnerischer Nennwert).* $25\,000 \cdot 2{,}56345 = 64\,086{,}25$ EUR *Die Aktionärin ist rechnerisch mit 64 086,25 EUR am Grundkapital der AG beteiligt.* $\frac{25\,000 \cdot 100}{2\,645\,000} = \frac{64\,086{,}25 \cdot 100}{6\,780\,325{,}00} = \underline{\underline{0{,}945\,\%}}$ *Die Aktionärin besitzt eine Beteiligungsquote von 0,945 % an der AG.*	***Beispiel:*** *Das Grundkapital der Petro-Chemie AG beträgt 23 650 500,00 EUR. Der Nennwert der Aktie beträgt 10,00 EUR. Markus Förster besitzt 30 000 Aktien.* *Der Aktionär ist mit 300 000,00 EUR am Grundkapital der AG beteiligt.* 23 650 500,00 EUR – 100 % 300 000,00 EUR – x $= \frac{300\,000{,}00 \cdot 100}{23\,650\,500{,}00} = 1{,}268\,\%$ *Der Aktionär besitzt eine Beteiligungsquote von 1,268 % an der AG.*

Aktien werden in der Praxis zu einem über dem tatsächlichen Nennwert bei Nennbetragsaktien bzw. über dem rechnerischen Nennwert bei Stückaktien liegenden Preis ausgegeben (Überpari-Emission). Das bei der Emission erzielte **Aufgeld** ist in die **Kapitalrücklage** einzustellen. Eine Unterpari-Emission ist nicht zulässig.

Aktienarten nach dem Umfang der verbrieften Rechte *(§§ 11, 139–142 AktG)*

Stammaktien	Stammaktien verbriefen alle satzungsmäßigen und gesetzlichen Aktionärsrechte.
Vorzugsaktien	Vorzugsaktien sind gegenüber den Stammaktien mit Vorrechten *(z. B. bei der Verteilung des Gewinns, Anteil am Liquidationserlös)* ausgestattet. Von Bedeutung sind in Deutschland **kumulative stimmrechtslose Vorzugsaktien**. ▪ Vorzugsaktien ohne Stimmrecht dürfen nur bis zur Hälfte des Grundkapitals ausgegeben werden. ▪ Vorzugsaktien haben kein Stimmrecht in der Hauptversammlung. Die AG beschafft sich durch die Ausgabe von Vorzugsaktien neues Eigenkapital, ohne dass sich die Stimmrechtsverhältnisse in der Hauptversammlung ändern. ▪ Dividendenvorrechte *(§§ 139, 140 AktG)* – Mehrdividende Die Vorzugsaktionäre erhalten eine höhere Dividende *(z. B. 0,10 EUR mehr)* als die Stammaktionäre. – Vorabdividende (Mindestdividende) Den Vorzugsaktionären wird bei einer ausreichenden Gewinnlage vorab eine bestimmte Dividende gezahlt *(z. B. 0,20 EUR)*. Bevor die Stammaktionäre eine Dividende erhalten, muss zunächst die Zahlung der Mindestdividende an die Vorzugsaktionäre gesichert sein. Wenn die Ertragsverhältnisse der AG eine Ausschüttung in der versprochenen Höhe nicht zulassen, ist die Mindestdividende im nächsten Jahr nachzuzahlen. Falls das nicht möglich ist, haben die Aktionäre das Stimmrecht, bis alle Rückstände der vergangenen Jahre nachgezahlt sind.

	Vorzugsaktien werden oft von Aktiengesellschaften emittiert, die sich im Familienbesitz befinden, um durch den Stimmrechtsausschluss zu verhindern, dass sich die Stimmrechtverhältnisse im Unternehmen verschieben.

In der Praxis notieren die Stammaktien meist deutlich höher als die Vorzugsaktien. Insbesondere für Großanleger und ausländische Investoren hat das Stimmrecht eine größere Bedeutung als die Dividendenvorrechte. Für Kleinanleger, die nur einen geringen Einfluss auf die Unternehmenspolitik besitzen, sind Vorzugsaktien oft eine günstige Alternative. Aufgrund der niedrigeren Kurse und der höheren Dividende weisen die Vorzugsaktien eine höhere Dividendenrendite als die Stammaktien auf.

Aktienarten nach der Form der Übertragung *(§§ 10, 67, 68 AktG)*

Inhaberaktien	**Übertragung durch:** ▪ dingliche Einigung und ▪ Übergabe der Aktie	**Vorteile** ▪ Inhaberaktien sind leicht übertragbar. ▪ Der Aktionär bleibt anonym.
Namensaktien (Orderpapiere) vinkulierte Namensaktie	**Übertragung durch:** ▪ dingliche Einigung ▪ Übergabe der indossierten Aktie (In der Praxis wird die Indossierung in der Regel durch eine Blanko-Zessionserklärung ersetzt.) ▪ Eintragung des Aktionärs in das elektronisch geführte Aktienregister der Gesellschaft (Name, Geburtsdatum und Anschrift) Jeder Aktionär hat das Recht, jederzeit die ihn betreffenden Daten einzusehen. ▪ Bei einer **vinkulierten Namensaktie** ist zur Übertragung <u>zusätzlich</u> die Zustimmung durch den Vorstand der Gesellschaft erforderlich *(§ 68 Abs. 2 AktG)*. **Vorteile** ▪ Namensaktien sind international üblich. In vielen Ländern *(z. B. USA)* sind nur Namensaktien zum Börsenhandel zugelassen. ▪ Das Unternehmen kann sich direkt an die Aktionäre wenden (Investor-Relations), was zu einer höheren Bindung des Aktionärs (Shareholders) an das Unternehmen beiträgt. ▪ Feindliche Übernahmeversuche sind frühzeitig zu erkennen. ▪ Die Börsenaufsicht kann Insidergeschäfte leichter identifizieren.	

3.2.3 Kapitalerhöhung und Emission von Aktien

Zu einer **Erhöhung des Grundkapitals** (gezeichnetes Kapital) und der damit verbundenen Ausgabe von neuen Aktien ist ein **Beschluss der Hauptversammlung** mit einer qualifizierten Mehrheit von mindestens 75% des bei der Beschlussfassung vertretenen Grundkapitals notwendig *(§ 182 Abs. 1 AktG)*. Der Hauptversammlungsbeschluss kann sich direkt auf die Kapitalmaßnahme beziehen oder den Vorstand zu einer Kapitalerhöhung ermächtigen (genehmigtes Kapital).

Die jungen Aktien können gegen Zahlung des Emissionspreises (Kapitalerhöhung gegen Einlagen und bedingte Kapitalerhöhung) oder unentgeltlich („gratis"; Kapitalerhöhung aus Gesellschaftsmitteln) ausgegeben werden.

Rechtsgrundlage:
Beschluss der Hauptversammlung mit mindestens ¾ des vertretenen Kapitals

- **direkter HV-Beschluss** *(§§ 182–189 AktG)*
  Die Hauptversammlung beschließt eine konkrete Kapitalerhöhung.
  oder
- **genehmigtes Kapital** *(§§ 202–206 AktG)*
  Die Hauptversammlung ermächtigt den Vorstand, das Grundkapital
  - in einem Zeitraum von maximal fünf Jahren
  - bis zu maximal 50 % des bisherigen Grundkapitals zu erhöhen.

  Das genehmigte Kapital gestattet es dem Vorstand, den Zeitpunkt der Kapitalerhöhung frei zu wählen und damit eine für die Emission günstige Kapitalmarktsituation abzuwarten.

↓

Arten der aktienrechtlichen Kapitalerhöhung

▪ Kapitalerhöhung gegen Einlagen *(§ 182ff. AktG)* ▪ bedingte Kapitalerhöhung *(§ 192ff. AktG)*	Kapitalerhöhung aus Gesellschaftsmitteln *(§ 207ff. AktG)* *(immer auf der Grundlage eines direkten HV-Beschlusses)*
↓	↓
effektive (ordentliche) Kapitalerhöhung	**nominelle Kapitalerhöhung**
Die AG erhält **zusätzliches Eigenkapital.** Die Aktionäre zahlen für die jungen Aktien den Emissionspreis. Das Vermögen der Gesellschaft steigt. → **Aktiv-Passiv-Mehrung**	Die AG erhält **kein zusätzliches Eigenkapital.** Die Aktionäre erhalten Berichtigungsaktien („Gratisaktien“). Das Vermögen der Gesellschaft ändert sich nicht. → **Passivtausch**

3.2.3.1 Kapitalerhöhung gegen Einlagen

Die Hauptversammlung kann eine **Erhöhung des Grundkapitals** durch **Ausgabe neuer Aktien** gegen Bezahlung des Ausgabepreises (= ordentliche Kapitalerhöhung) beschließen. Bei Gesellschaften mit Stückaktien muss sich die Zahl der Aktien in demselben Verhältnis wie das Grundkapital erhöhen *(§§ 182–191 AktG)*. Mit der Eintragung ihrer Durchführung in das Handelsregister ist das Grundkapital erhöht.

Der Ausgabepreis (Emissionspreis) der neuen Aktien ist oft erheblich niedriger als der aktuelle Börsenkurs, um eine Platzierung der Aktien zu erleichtern. Die Altaktionäre besitzen ein gesetzliches Bezugsrecht auf diese „preiswerten“ Aktien. Je größer die Differenz zwischen dem aktuellen Börsenpreis und dem Emissionspreis ist, desto wertvoller ist das Bezugsrecht. Für den Wert des einzelnen Bezugsrechtes sind zudem das Bezugsverhältnis und gegebenenfalls Dividendennachteile zu berücksichtigen.

Das Bezugsrecht wird an der Börse gehandelt, sodass der Altaktionär mehrere Optionen hat:

- Ausübung aller Bezugsrechte und Bezug der neuen Aktien zum Emissionspreis
- Verkauf aller Bezugsrechte an der Börse

- Verkauf eines Teils seiner Bezugsrechte und Bezug neuer Aktien mit den restlichen Bezugsrechten
- Kauf weiterer Bezugsrechte, um eine noch größere Anzahl von neuen Aktien zu beziehen

Die Depotbank informiert den Kunden über die Kapitalerhöhung und bittet um Weisung, ob er Bezugsrechte verkaufen oder hinzukaufen möchte und gegebenenfalls wie viele neue Aktien er beziehen will.

Preislich unlimitierte Aufträge zum Kauf oder Verkauf von Bezugsrechten sind für die Dauer des Bezugsrechtshandels gültig. **Preislich limitierte Aufträge** erlöschen mit Ablauf des vorletzten Tages des Bezugsrechtshandels (*Sonderbedingungen für Wertpapiergeschäfte Nr. 7*).

Wenn der Kunde bis zum Ablauf des vorletzten Tages des Bezugsrechtshandels keine andere Weisung erteilt hat, **verkauft** das Kreditinstitut seine Bezugsrechte am letzten Tag des Bezugsrechtshandels **bestens** (ohne Preislimit) an der Börse (*Sonderbedingungen für Wertpapiergeschäfte Nr. 15*).

Die Ausgabe neuer Aktien zu einem Emissionspreis unter dem aktuellen Aktienkurs führt zu einem sinkenden Aktienkurs. Dieser **Verwässerungseffekt** tritt ein, weil sich der Unternehmenswert (Marktwert der alten Aktien + Emissionserlös) auf eine größere Anzahl von Aktien verteilt. Das Bezugsrecht schützt den Altaktionär vor dem daraus entstehenden Vermögensverlust:

- Wenn der Aktionär seine Bezugsrechte ausübt, gewinnen seine neuen Aktien genauso viel an Wert wie seine alten Aktien an Wert verlieren.
- Wenn der Aktionär seine Bezugsrechte verkauft, ist der Verkaufserlös genauso hoch wie der Kursverlust seiner alten Aktien.

Damit sind die Alternativen aus Sicht des Aktionärs vermögensneutral.

Der **rechnerische (innere) Wert des Bezugsrechts (Bezugsrechtsparität)** ist von folgenden Größen abhängig:
- Differenz zwischen dem alten Aktienkurs und dem Emissionspreis
- Bezugsverhältnis
- eventuellen Dividendennachteilen der neuen Aktien

Zwischen dem Kurs der alten Aktie, dem Emissionspreis und dem Wert der Bezugsrechte gibt es folgende Zusammenhänge:

	Beispiele:
alter Aktienkurs (Kurs vor Kapitalerhöhung)	*81,00 EUR*
– Kurs der Aktie nach Kapitalerhöhung	*– 78,00 EUR*
Wert eines Bezugsrechtes	*3,00 EUR*

	Beispiele:
Kurs der Aktie nach Kapitalerhöhung	*78,00 EUR*
– Emissionspreis	*– 63,00 EUR*
Wert der zum Bezug einer Aktie benötigten Bezugsrechte	*15,00 EUR*
	(Bezugsverhältnis 5:1)

Fallbeispiel:
Die Timex AG erhöht ihr Grundkapital durch die Ausgabe junger Aktien um 14 Mio. EUR auf 84 Mio. EUR. Die jungen Aktien werden den Aktionären in der Zeit vom 12. Juni bis zum 26. Juni zum Bezug angeboten. Der Ausgabepreis für die Aktien (= Kn) im Nennwert von 5,00 EUR beträgt 63,00 EUR. Die alten Aktien (= Ka) notieren vor Beginn der Bezugsfrist an der Börse zu 81,00 EUR.

Ermittlung des Bezugsverhältnisses

altes Grundkapital	:	Kapitalerhöhung		
(m)	:	(n)		
70 Mio. EUR	:	14 Mio. EUR	=	5 : 1

Handel der Bezugsrechte
Bezugsrechte werden vom Beginn der Bezugsfrist bis zwei Börsentage vor dem Ende der Bezugsfrist (12. Juni bis 24. Juni) gehandelt.

Ermittlung des rechnerischen (inneren) Wertes der Bezugsrechte

5 alte Aktien	zu 81,00 EUR	=	405,00 EUR	
1 junge Aktie	zu 63,00 EUR	=	63,00 EUR	
6 Aktien			468,00 EUR	: 6 = 78,00 EUR = rechnerischer Aktienkurs nach der Kapitalerhöhung (Kex BR)

Bei der Kapitalerhöhung werden junge Aktien unter dem Börsenkurs emittiert, sodass sich durch diesen **Verwässerungseffekt** der Kurs auf 78,00 EUR vermindert.

Ein Anleger, der die Aktie erwerben möchte, hat zwei Möglichkeiten:

1. Direktkauf der Aktie zu 78,00 EUR
2. Kauf von fünf Bezugsrechten und Bezug der jungen Aktie zu 63,00 EUR
   Der Gesamtaufwand der zweiten Möglichkeit wird in einem funktionsfähigen Markt dem Aufwand der ersten Möglichkeit entsprechen.
   - Wäre der Aufwand höher, würde der Anleger die Aktie direkt an der Börse erwerben.
   - Wäre der Aufwand niedriger, würde der Inhaber der Bezugsrechte zunächst die jungen Aktien beziehen und sie dann an der Börse verkaufen.

Wert von 5 BR = 78,00 EUR − 63,00 EUR = 15,00 EUR
Wert von 1 BR = 15,00 EUR : 5 = 3,00 EUR

oder

Börsenkurs der alten Aktie	81,00 EUR
− rechnerischer Aktienkurs nach Kapitalerhöhung	− 78,00 EUR
= rechnerischer Wert des Bezugsrechtes	3,00 EUR

In der Praxis erfolgt die Berechnung mithilfe der **Bezugsrechtsformel**, die sich aus der im Beispiel aufgezeigten Durchschnittsrechnung ableiten lässt.

$$BR = \frac{Ka - Kn}{\frac{m}{n} + 1}$$

BR: Wert des Bezugsrechts
Ka: Börsenkurs der alten Aktien
Kn: Ausgabepreis der neuen Aktien

$\frac{m}{n}$ = Bezugsverhältnis

Das Bezugsrecht hat einen inneren Wert, da die jungen Aktien unterhalb des Börsenkurses erworben werden können.

8

Der Wert des Bezugsrechtes ist abhängig von
- der Differenz zwischen Aktienkurs und Emissionspreis,
- dem Bezugsverhältnis und
- evtl. Dividendennachteilen der jungen Aktien.

$$BR = \frac{Ka - Kn - \text{Dividendennachteile}}{\frac{m}{n} + 1}$$

Handlungsalternativen eines Aktionärs

Der Aktionär Hubert Brause besitzt 500 Aktien der Timex AG.

- Bezug von 100 jungen Aktien
  - Aufwand: 100 Stück · 63,00 EUR = 6 300,00 EUR
  - Kursverlust der alten Aktien: 500 Stück · 3,00 EUR = 1 500,00 EUR } Vermögensausgleich
  - Kursgewinn der jungen Aktien: 100 Stück · 15,00 EUR = 1 500,00 EUR }
- Verkauf der 500 Bezugsrechte
  - Erlös (ohne Kosten): 500 Bezugsrechte · 3,00 EUR = 1 500,00 EUR } Vermögensausgleich
  - Kursverlust der alten Aktien: 500 Stück · 3,00 EUR = 1 500,00 EUR }

Der bei der Kapitalerhöhung eintretende Verwässerungseffekt wird durch den Wert der Bezugsrechte ausgeglichen.

Rechnerischer (innerer Wert) der Bezugsrechte während des Bezugsrechtshandels

Bei Beginn der Bezugsfrist wird das Bezugsrecht *(z. B. Gewinnanteilschein Nr. 23)* von der Aktie getrennt und separat an der Börse gehandelt.

Bei unveränderten Marktverhältnissen gibt es am 12. Juni folgende Notierungen:

Timex Aktie: 78,00 EUR ex BR
BR Timex Aktie: 3,00 EUR

Der Wert der Aktie ist um den Wert des BR gesunken.

$$BR = \frac{K_{exBR} - Kn}{\frac{m}{n}} = \frac{78{,}00 - 63{,}00}{5} = \underline{\underline{3{,}00\ EUR}}$$

Abweichungen des tatsächlichen Wertes der Bezugsrechte von dem rechnerischen Wert

Der **tatsächliche Wert des Bezugsrechts**, sein Börsenkurs, ergibt sich aus der während des Bezugsrechtehandels angebotenen und nachgefragten Menge an Bezugsrechten und weicht je nach den Marktverhältnissen von seinem rechnerischen (= inneren) Wert ab.

Timex Aktie: 80,00 EUR ex BR
BR Timex Aktie: 3,20 EUR = tatsächlicher Wert

$$BR = \frac{K_{exBR} - Kn}{\frac{m}{n}} = \frac{80{,}00 - 63{,}00}{5} = \underline{\underline{3{,}40\ EUR}} = \text{innerer Wert}$$

Das Bezugsrecht notiert unter dem inneren Wert.

Der Kauf von Bezugsrechten ist vorteilhaft. Der Gesamtaufwand einschließlich des Emissionspreises ist niedriger als beim Direktkauf der Aktie.

- Direktkauf: 80,00 EUR
- Bezug der jungen Aktie: 5 BR · 3,20 EUR = 16,00 EUR + 63,00 EUR Emissionspreis = 79,00 EUR

Gleichungen zur Ermittlung des rechnerischen Wertes von Bezugsrechten

Wert vor Beginn der Bezugsfrist	Wert vor Beginn der Bezugsfrist unter Berücksichtigung von Dividendennachteilen	Wert während des Bezugsrechtehandels
$BR = \frac{Ka - Kn}{\frac{m}{n} + 1}$	$BR = \frac{Ka - Kn - \text{Div.-nachteile}}{\frac{m}{n} + 1}$	$BR = \frac{K_{exBR} - Kn - \text{Div.-nachteile}}{\frac{m}{n}}$

Opération blanche

Aktionäre, die an einer Kapitalerhöhung teilnehmen, aber keine zusätzlichen Mittel einsetzen wollen, können wie folgt verfahren:

Sie veräußern von den vorhandenen Bezugsrechten gerade so viele, dass sie mit dem erzielten Verkaufserlös den Ausgabepreis für eine bestimmte Anzahl junger Aktien aufbringen können und beziehen diese mit den übrigen nicht verkauften Bezugsrechten.

Ermittlung der Anzahl junger Aktien (JA), die der Aktionär ohne Einsatz zusätzlicher Mittel erwerben kann:

$$JA = \frac{\text{Gesamtwert aller Bezugsrechte des Aktionärs}}{\text{Gesamtaufwand für den Erwerb einer junge Aktie (Ausgabepreis + Bezugsrechte für Erwerb einer jungen Aktie)}}$$

Beispiel:

Anzahl der vorhandenen Bezugsrechte (BN)	*550 Stück*
Ausgabepreis der jungen Aktien (Kn)	*40,00 EUR*
Bezugsverhältnis (m/n)	*5 : 1*
Kurs der alten Aktie (Ka)	*58,00 EUR*
Wert des Bezugsrechts (BR)	*3,00 EUR*

$$BR = \frac{58{,}00 \cdot 40{,}00}{\left[\frac{5}{1} + 1\right]} = 3{,}00 \text{ EUR}$$

$$JA = \frac{BN \cdot BR}{K_n + \left[\frac{m}{n} \cdot BR\right]} = \frac{550 \cdot 3{,}00}{40{,}00 + \left[\frac{5}{1} \cdot 3{,}00\right]} = \frac{1\,650{,}00}{55{,}00} = \underline{\underline{30 \text{ junge Aktien}}}$$

- Aufwand beim Bezug von 30 jungen Aktien (30 · 40,00 EUR) 1 200,00 EUR
  Für den Erwerb der 30 jungen Aktien werden 150 Bezugsrechte benötigt.
- Erlös aus dem Verkauf von 400 nicht benötigten Bezugsrechten
  (550 – 150) · 3,00 EUR = 1 200,00 EUR

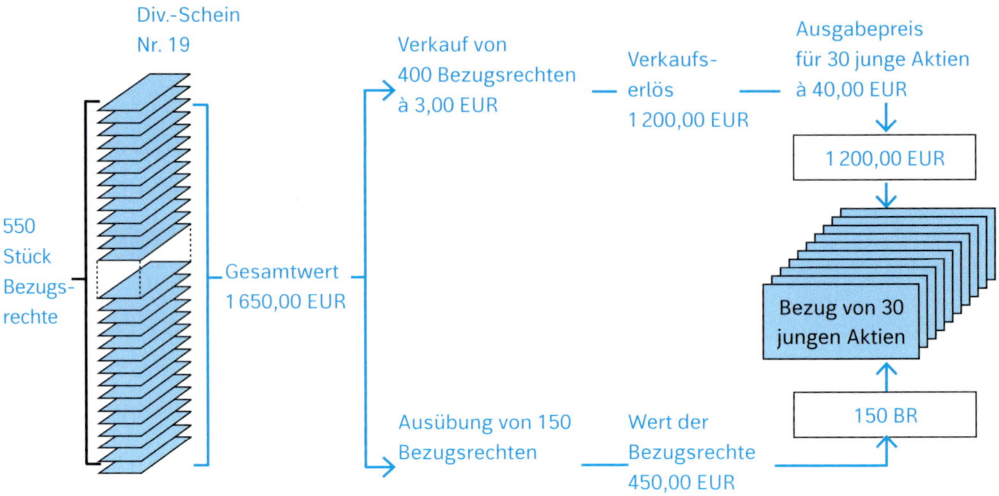

Bedeutung

- kein Einsatz zusätzlicher Geldmittel
- keine Veränderung der Depotstruktur
  Da der Anleger den absolut gleichen Betrag in die Aktie investiert hat, bleibt die relative Gewichtung der Aktie in seinem Depot gleich.
- Verringerung seiner Stimmrechtsanteile
  Da er nicht alle Bezugsrechte ausgeübt hat, verringert sich sein relativer Anteil am Grundkapital der Gesellschaft.

Fallbeispiel:

Aufgrund der Ermächtigung gemäß § 4 der Satzung (genehmigtes Kapital) hat der Vorstand der Transum AG mit Zustimmung des Aufsichtsrates beschlossen, das Grundkapital um 16 Mio. auf 72 Mio. EUR zu erhöhen.

Emissionspreis: 70,00 EUR für eine junge Stückaktie

Die jungen Aktien sind ab September des laufenden Jahres gewinnanteilberechtigt. Das Geschäftsjahr entspricht dem Kalenderjahr. Es wird eine Dividende von 1,20 EUR erwartet. Die jungen Aktien können nach dem Bezugsverhältnis oder einem Vielfachen davon bezogen werden.

Bezugsfrist: 8. Juli bis 22. Juli

Der Aktionär Heinrich Olling besitzt 600 Aktien der Transum AG. Er beabsichtigt, einen Teil seiner Bezugsrechte zu verkaufen, um mit dem Verkaufserlös junge Aktien beziehen zu können (Opération blanche).

Der Aktienkurs am 7. Juli beträgt 90,00 EUR.

Ermittlung des Bezugsverhältnisses

altes Grundkapital	:	Kapitalerhöhung		
(m)	:	(n)		
56 Mio. EUR	:	16 Mio. EUR	=	7 : 2

Ermittlung des rechnerischen Wertes des Bezugsrechtes auf der Grundlage des Aktienkurses vom 7. Juli

Dividendennachteil Januar bis August = 8 Monate = 0,80 EUR

$$BR = \frac{90 - 70 - 0{,}80}{\frac{7}{2} + 1} = \underline{\underline{4{,}27\ \text{EUR}}}$$

Ermittlung der Anzahl der zu beziehenden jungen Aktien und der zu verkaufenden Bezugsrechte

Gesamtwert seiner Bezugsrechte	600 Bezugsrechte · 4,27 EUR = 2 562,00 EUR
Anzahl der zu beziehenden jungen Aktien	▪ Gesamtaufwand für eine junge Aktie einschließlich der Bezugsrechte: Emissionspreis 70,00 EUR + $\frac{7}{2}$ Bezugsrechte zu 4,27 EUR $70{,}00 + \left(\frac{7}{2} \cdot 4{,}27\right) = \underline{\underline{84{,}95}}$ EUR ▪ Anzahl der zu beziehenden jungen Aktien: $= \frac{\text{Gesamtwert der Bezugsrechte}}{\text{Gesamtaufwand für eine junge Aktie}}$ 2 562,00 : 84,95 = 30,16 = **30 junge Aktien** werden bezogen. Da die jungen Aktien nur in der Anzahl von zwei oder einem Mehrfachen davon bezogen werden können, ist das Ergebnis auf eine durch zwei teilbare Zahl abzurunden.
Anzahl der zu verkaufenden Bezugsrechte	▪ Anzahl der benötigten Bezugsrechte: 2 junge Aktien – 7 BR 30 junge Aktien – x $x = \frac{7 \cdot 30}{2}$ = **105 Bezugsrechte** werden zum Bezug der 2 jungen Aktien benötigt ▪ Anzahl der zu verkaufenden Bezugsrechte: 600 Bezugsrechte – 105 Bezugsrechte = **495 Bezugsrechte** können verkauft werden.

Abrechnung für den Verkauf der nicht benötigten Bezugsrechte

Die Bezugsrechte werden an der Börse zum tatsächlichen Kurs, der höher oder niedriger als der rechnerische Wert sein kann, verkauft. Der tatsächliche Kurs beträgt 4,50 EUR.

Es ist 1% Provision und 0,8‰ Courtage zu berücksichtigen.

Kurswert 495 · 4,50	2 227,50 EUR
– 1 % Provision	22,28 EUR
– 0,8 ‰ Courtage	1,78 EUR
Gutschrift	2 203,44 EUR

Abrechnung für den Bezug der jungen Aktien
Es ist 1 % Provision zu berücksichtigen.

Bezugspreis 30 junge Aktien zu 70,00 EUR	2 100,00 EUR
+ 1 % Provision	21,00 EUR
Belastung	2 121,00 EUR

3.2.3.2 Bedingte Kapitalerhöhung

Die Hauptversammlung kann eine **Erhöhung des Grundkapitals** beschließen, die nur insoweit durchgeführt werden soll, wie von einem **Umtausch- oder Bezugsrecht** Gebrauch gemacht wird, das die Gesellschaft auf die neuen Aktien einräumt *(§§ 192–201 AktG).*

Die bedingte Kapitalerhöhung soll nur zu folgenden Zwecken beschlossen werden:
1. zur Gewährung von Umtausch- oder Bezugsrechten an die Gläubiger von Wandel-/Optionsanleihen
2. zur Vorbereitung des Zusammenschlusses der Gesellschaft mit anderen Unternehmen
3. zur Ausgabe von Belegschaftsaktien

Der Nennbetrag des bedingten Kapitals darf 50 % des bisherigen Grundkapitals nicht übersteigen.

3.2.3.3 Kapitalerhöhung aus Gesellschaftsmitteln und Aktiensplit

Kapitalerhöhung aus Gesellschaftsmitteln

Die Hauptversammlung kann eine Erhöhung des Grundkapitals durch **Umwandlung von Kapital- und Gewinnrücklagen in Grundkapital** beschließen *(§§ 207–220 AktG).* Mit der Eintragung des Beschlusses über die Erhöhung des Grundkapitals in das Handelsregister ist das Grundkapital erhöht. Die neuen Aktien (Berichtigungsaktien) gelten als voll eingezahlt. Sie stehen den Aktionären im Verhältnis ihrer Anteile am bisherigen Grundkapital zu. Der gelegentlich benutzte Begriff „Gratisaktien“ ist irreführend, da die Vermögenssituation des Aktionärs sich nicht ändert. Das vorhandene Eigenkapital wird lediglich auf eine größere Anzahl von Aktien verteilt.

Das **Berichtigungsverhältnis** entspricht dem Bezugsverhältnis bei der ordentlichen Kapitalerhöhung.

Führt die Kapitalerhöhung dazu, dass auf einen Anteil am bisherigen Grundkapital nur ein Teil einer neuen Aktie entfällt, so ist dieses **Teilrecht** selbstständig handelbar *(§ 213 AktG).* Die zum Bezug einer neuen Aktie fehlenden/überschüssigen Teilrechte können auf diese Weise – meist im Wege einer von der Verwahrstelle (Depotbank) vermittelten Spitzenregulierung – erworben bzw. veräußert werden. Teilrechte werden nicht an der Börse gehandelt. Durch die Formulierung des Teilrechts als Bruchteil einer Aktie kann der Wert des Teilrechts börsentäglich auf der Basis des aktuellen Kurses berechnet werden.

Der rechnerische **Wert des Berichtigungsabschlags** (BA) wird analog zur Ermittlung der Bezugsrechtsparität errechnet.

$$BA = \frac{Ka}{\frac{m}{n} + 1}$$

Ka : Börsenkurs der alten Aktien

$\frac{m}{n}$: Berichtigungsverhältnis

Grund für die Ausgabe von Berichtigungsaktien ist es, den Aktienkurs zu ermäßigen, um so die Aktie verkehrsfähiger zu machen. Auch erhöht sich die Dividendenrendite, sofern der bisherige Dividendensatz beibehalten wird. Mit dem Stichtag für die Ausgabe der Berichtigungsaktien werden die alten Aktien **„ex Berichtigungsaktien"** (ex BA) gehandelt. Als **Berechtigungsnachweis** für das Teilrecht wird ein vom Aktienbogen zu trennender Gewinnanteilschein bestimmt, der zur Entgegennahme der Berichtigungsaktien in der erforderlichen Anzahl bei bestimmten Kreditinstituten einzureichen ist. In den Emissionsbedingungen wird in der Regel festgelegt, dass die Berichtigungsaktien nur in dem Berichtigungsverhältnis oder einem Vielfachen davon bezogen werden können, da ansonsten eine gebrochene Zahl von Gewinnanteilscheinen als Berechtigungsnachweis dient.

Beispiel:

Berichtigungsverhältnis 7 : 2

Zum Bezug einer Berichtigungsaktie wären $^7/_2$ = 3,5 Gewinnanteilscheine notwendig. Deshalb ist nur der Bezug einer Zahl von Berichtigungsaktien möglich, die durch zwei teilbar ist.

7 Gewinnanteilscheine – 2 Berichtigungsaktien

14 Gewinnanteilscheine – 4 Berichtigungsaktien usw.

Fallbeispiel:

Kapitalerhöhung aus Gesellschaftsmitteln mit geradem Berichtigungsverhältnis

Die DataSoft AG erhöht ihr Grundkapital (Gezeichnetes Kapital) durch Ausgabe von Berichtigungsaktien von 45 Mio. EUR auf 60 Mio. EUR. Die jungen Stückaktien sind voll gewinnanteilberechtigt. Als Bezugsnachweis dient der Gewinnanteilschein Nr. 18. Der Aktienkurs beträgt vor der Kapitalerhöhung 260,00 EUR.

Die Aktionärin Lisa Hoppe besitzt 50 Aktien der DataSoft AG.

Auswirkung auf die Bilanz der DataSoft AG:

- **Bilanz vor der Kapitalerhöhung**

Aktiva		Bilanz	Passiva
Anlagevermögen	610 Mio. EUR	Eigenkapital	
Umlaufvermögen	215 Mio. EUR	– gezeichnetes Kapital	45 Mio. EUR
		– Rücklagen	220 Mio. EUR
		Fremdkapital	560 Mio. EUR
	825 Mio. EUR		825 Mio. EUR

8

- **Bilanz nach der Kapitalerhöhung**

Aktiva		Bilanz	Passiva
Anlagevermögen	610 Mio. EUR	Eigenkapital	
Umlaufvermögen	215 Mio. EUR	– gezeichnetes Kapital	60 Mio. EUR
		– Rücklagen	205 Mio. EUR
		Fremdkapital	560 Mio. EUR
	825 Mio. EUR		825 Mio. EUR

- Das **Vermögen der Gesellschaft ändert sich nicht** (kein Liquiditätszufluss).
- Die **Summe des Eigenkapitals ändert sich nicht**. Es erfolgt nur eine Umschichtung innerhalb der Eigenkapitalpositionen (Passivtausch).

Ermittlung des Berichtigungsverhältnisses	altes Grundkapital : Kapitalerhöhung (m) : (n) 45 Mio. EUR : 15 Mio. EUR = 3 : 1
Ermittlung des rechnerischen Berichtigungsabschlages	Berichtigungsabschlag = $\frac{260{,}00}{3/1 + 1}$ = 65,00 EUR
Rechnerischer Kurs der Aktie nach Emission der Berichtigungsaktien (Kurs ex BA)	Kurs der alten Aktie – Berichtigungsabschlag 260,00 EUR – 65,00 EUR = 195,00 EUR
Zahl der Berichtigungsaktien, die der Aktionärin aufgrund ihres Aktienbesitzes ohne Weiteres zugeteilt werden.	3 alte Aktien – 1 Berichtigungsaktie 50 alte Aktien – x $x = \frac{1 \cdot 50}{3}$ = 16 $^2/_3$ oder 16,67 = 16 Berichtigungsaktien
Zahl der zum Bezug notwendigen Gewinnanteilscheine	1 Berichtigungsaktie – 3 Gewinnanteilscheine 16 Berichtigungsaktien – x $x = \frac{3 \cdot 16}{1}$ = 48 Gewinnanteilscheine werden benötigt. Ein Gewinnanteilschein berechtigt zum Bezug von $^1/_3$ Berichtigungsaktie (= Teilrecht). 48 Gewinnanteilscheine berechtigen zum Bezug von 48 · $^1/_3$ = 16 Berichtigungsaktien.
verbleibende Teilrechte	16 $^2/_3$ – 16 = $^2/_3$ Teilrechte $^1/_3$ Teilrechte sind in einem Gewinnanteilschein verbrieft. $^2/_3$ Teilrechte sind in 2 Gewinnanteilscheinen verbrieft.
1. Alternative: Veräußerung der überschüssigen Teilrechte; Provision 5,00 EUR	$^2/_3$ Teilrechte · 195,00 EUR (Kurs ex BA) oder 2 Gewinnanteilscheine · 65,00 EUR 130,00 EUR – Provision 5,00 EUR Gutschrift für Teilrechte 125,00 EUR
2. Alternative: Kauf von Teilrechten zum Bezug einer weiteren Berichtigungsaktie; Provision 5,00 EUR	$^1/_3$ Teilrechte · 195,00 EUR (Kurs ex BA) oder 1 Gewinnanteilschein · 65,00 EUR 65,00 EUR + Provision 5,00 EUR Belastung 70,00 EUR

Fallbeispiel:

Kapitalerhöhung aus Gesellschaftsmitteln mit ungeradem Berichtigungsverhältnis

Die ordentliche Hauptversammlung der Argus AG hat beschlossen, das Grundkapital durch Umwandlung von Gewinnrücklagen in Grundkapital um 27 Mio. auf 126 Mio. EUR zu erhöhen. Die jungen Stückaktien sind voll gewinnanteilberechtigt.
Als Bezugsnachweis dient der Gewinnanteilschein Nr. 36.
Die Aktien notieren an der Börse zu 385,00 EUR.
Die Aktionärin Heike Gerber besitzt 250 Aktien der Argus AG.

Ermittlung des Berichtigungsverhältnisses	altes Grundkapital : Kapitalerhöhung (m) : (n) 99 Mio. EUR : 27 Mio. EUR = **11 : 3**
Ermittlung des rechnerischen Berichtigungsabschlages	$\frac{385}{^{11}/_{3} + 1} =$ **82,50 EUR**
rechnerischer Kurs der Aktie nach Emission der Berichtigungsaktien (Kurs ex BA)	Kurs der alten Aktie – Berichtigungsabschlag 385,00 EUR – 82,50 EUR = **302,50 EUR**
Anzahl junger Aktien, die der Aktionärin Heike Gerber aufgrund ihres Aktienbesitzes ohne Weiteres zugeteilt werden. **Nach den Emissionsbedingungen können die Berichtigungsaktien nur in dem Berichtigungsverhältnis oder einem Vielfachen davon bezogen werden.**	11 alte Aktien – 3 Berichtigungsaktien 250 alte Aktien – x $x = \frac{3 \cdot 250}{11} = 68\,^{2}/_{11}$ oder 68,18 = **66 Berichtigungsaktien** 3 Berichtigungsaktien – 11 Gewinnanteilscheine 66 Berichtigungsaktien – x $x = \frac{11 \cdot 66}{3} =$ **242 Gewinnanteilscheine** werden benötigt. Ein Gewinnanteilschein berechtigt zum Bezug von $^{3}/_{11}$ Berichtigungsaktie. 242 Gewinnanteilscheine berechtigen zum Bezug von 66 Berichtigungsaktien ($242 \cdot {}^{3}/_{11}$).
verbleibende Teilrechte	$68\,^{2}/_{11} - 66 =$ **$2\,^{2}/_{11}$ Teilrechte** $^{3}/_{11}$ Teilrecht sind in einem Gewinnanteilschein verbrieft. $2\,^{2}/_{11} = {}^{24}/_{11}$ Teilrechte sind in 8 Gewinnanteilscheinen verbrieft. ($^{24}/_{11} : {}^{3}/_{11}$).
Heike Gerber veräußert die überschüssigen Teilrechte. Bei der Verkaufsabrechnung ist 1 % Provision zu berücksichtigen.	$2\,^{2}/_{11}$ Teilrechte · 302,50 EUR (Kurs ex BA) oder 8 Gewinnanteilscheine · 82,50 EUR 660,00 EUR – 1 % Provision 6,60 EUR Gutschrift **653,40 EUR**

Aktiensplit

Die Hauptversammlung kann eine **Neueinteilung des Grundkapitals durch die Ausgabe neuer Aktien (Aktiensplit)** beschließen. Ein Aktiensplit wird in erster Linie bei nennwertlosen Stückaktien durchgeführt. Der auf die einzelne Aktie entfallende rechnerische Anteil am Grundkapital sinkt dadurch. Die neuen Aktien stehen den Aktionären der Gesellschaft entsprechend ihrer bisherigen Beteiligung zu. Die dem Aktionär zustehenden neuen Aktien werden von den Verwahrstellen (Depotbanken) am Tag der Neueinteilung ohne besondere Weisung des Aktionärs in das Depot eingebucht. Die Beteiligung des Aktionärs an der Gesellschaft verändert sich durch einen Aktiensplit nicht, sie ist jedoch in einer größeren Zahl von Aktien verbrieft.

Das Ziel von Aktiensplits ist analog zur Kapitalerhöhung aus Gesellschaftsmitteln die Verringerung des Aktienkurses, um die Verkehrsfähigkeit der Aktie zu erhöhen. Ein Aktiensplit darf nicht dazu führen, dass der rechnerische Anteil einer Stückaktie am Grundkapital bzw. der Nennbetrag der Aktie 1,00 EUR unterschreitet.

Fallbeispiel:
Aktiensplit in Verbindung mit einer Kapitalerhöhung aus Gesellschaftsmitteln

Die Argus AG hat ein Grundkapital von 9 Mio. EUR. Bei 4,5 Mio. ausgegebenen Stückaktien hat die einzelne Stückaktie einen rechnerischen Anteil am Grundkapital von 2,00 EUR. Der Aktienkurs beträgt 480,00 EUR.

Die ordentliche Hauptversammlung der Argus AG hat am 12.02.20.. beschlossen, …

- das Grundkapital aus Gesellschaftsmitteln um 9 Mio. EUR auf 18 Mio. EUR ohne Ausgabe neuer Aktien zu erhöhen. Dadurch erhöht sich der auf die einzelne Stückaktie entfallende anteilige Betrag des Grundkapitals von 2,00 EUR auf 4,00 EUR.
- das auf 18 Mio. EUR erhöhte Grundkapital in 18 Mio. Stückaktien neu einzuteilen, sodass auf die einzelne Stückaktie ein anteiliger Betrag des Grundkapitals von je 1,00 EUR entfällt.

Als Folge dieser Maßnahmen treten an die Stelle je einer alten Stückaktie vier neue Stückaktien mit einem rechnerischen Anteil am Grundkapital von 1,00 EUR. Aufgrund der vierfachen Anzahl von Stückaktien sinkt der Aktienkurs bei unveränderten Marktverhältnissen nach der Kapitalmaßnahme auf ein Viertel des bisherigen Kurses (120,00 EUR). Da der Aktionär aber die vierfache Anzahl von Aktien besitzt, erleidet er keinen Vermögensverlust.

3.2.3.4 Emission von Aktien

Die Aktiengesellschaft (Emittent) beauftragt in der Regel ein **Emissionskonsortium** mit der Platzierung der Wertpapiere. Ein Emissionskonsortium ist ein Zusammenschluss von mehreren Kreditinstituten und Wertpapierhandelshäusern zu einer **Gesellschaft bürgerlichen Rechts** *(GbR; §§ 705–740 BGB)*.

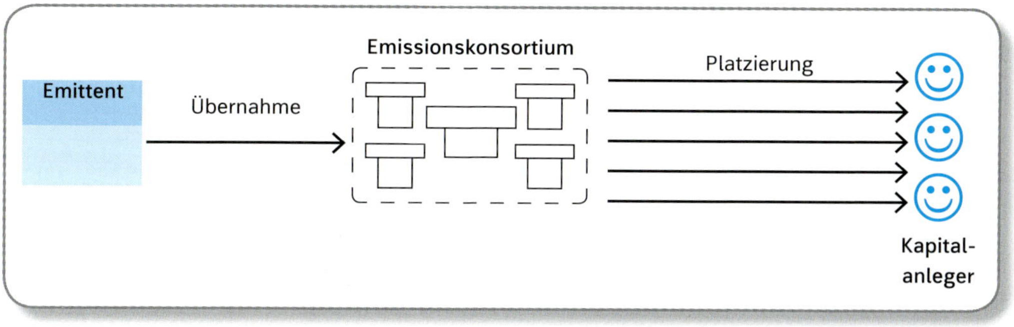

Konsortialvertrag

Der Konsortialvertrag regelt im **Innenverhältnis** die Aufgaben, Rechte und Pflichten der beteiligten Banken. Abweichend von der gesetzlichen Regelung übernimmt der **Konsortialführer** allein die Geschäftsführung und Vertretung der GbR. Die Konsortialbanken verpflichten sich, jeweils einen bestimmten Anteil der neu emittierten Aktien zu übernehmen und am Markt unterzubringen.

Emissionsvertrag

Der **Emissionsvertrag** regelt im **Außenverhältnis** das Rechtsverhältnis zwischen dem Emissionskonsortium und dem Emittenten. Ein **Konsortialführer (Lead Manager)** übernimmt die Leitung des Emissionskonsortiums und trägt die Hauptverantwortung für die erfolgreiche Durchführung der Kapitalerhöhung. Der Konsortialführer berät das Unternehmen über die Ausgestaltung der Emission, erstellt einen Verkaufsprospekt und übernimmt die Auswahl und Ansprache der Investoren. Für die Übernahme dieser Aufgaben erhält der Konsortialführer eine Provision.

In der Praxis schließt das Konsortium mit dem Emittenten zumeist einen **Kaufvertrag** und übernimmt das **Platzierungsrisiko**. In diesem Fall handelt es sich um ein **Übernahmekonsortium**. Wenn es dem Konsortium nicht gelingt, die Wertpapiere am Markt unterzubringen, müssen die beteiligten Banken die Aktien selbst bis zur vereinbarten Quote übernehmen.

Rechtsverhältnisse der Übernahme und Platzierung	
Übernahmekonsortium	**Platzierungskonsortium** (Begebungskonsortium)
▪ Das Konsortium schließt mit dem Emittenten einen **Kaufvertrag** *(§ 433 BGB)*. ▪ Das **Konsortium** trägt das **Platzierungsrisiko**. ▪ praxisübliches Verfahren	▪ Das Konsortium schließt mit dem Emittenten einen **Kommissionsvertrag** *(§ 383 HGB)* oder einen **Geschäftsbesorgungsvertrag** *(§ 675 BGB)*. ▪ Der Emittent trägt das **Platzierungsrisiko**.

Das Emissionskonsortium löst sich nach erfolgreicher Durchführung der Aktienplatzierung wieder auf.

8

Rechtsverhältnisse des Emissionskonsortiums

Rechtsverhältnis zum Emittenten (Außenverhältnis)	Rechtsverhältnis der Konsortialbanken untereinander (Innenverhältnis)
Vertragsinhalt: ▪ Emissionsvolumen ▪ Ausstattung der Emission ▪ Art und Bedingungen der Übernahme ▪ Emissionsvergütung	Vertragsinhalt: ▪ Konsortialzweck ▪ Konsortialmitglieder ▪ Konsortialführung ▪ Konsortialquoten

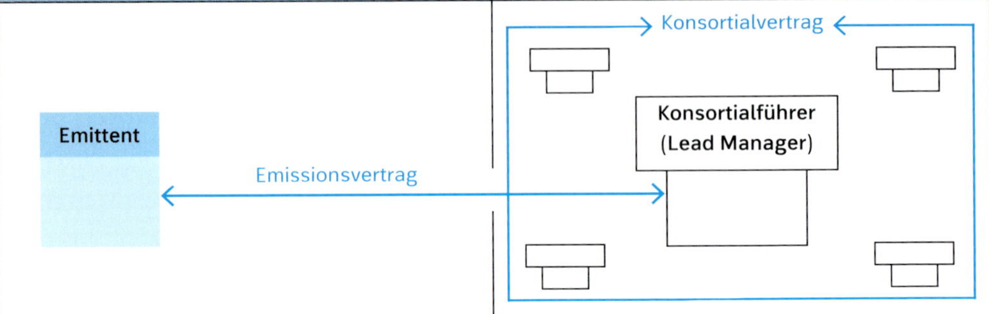

Funktionen der Kreditinstitute im Emissionsgeschäft

Kreditinstitute ...

- besitzen das **Know-how**, um den Emittenten in allen für das Gelingen der Emission wichtigen finanztechnischen Fragen (Ausstattung, Zeitpunkt, Abwicklung) zu beraten und zu unterstützen,
- verfügen über ein **dichtes Vertriebsnetz** und **Kontakt zum anlagesuchenden Publikum** („Platzierungskraft"),
- sind aufgrund ihrer **Kapitalkraft** in der Lage, dem Emittenten den Gegenwert der Emission sofort zur Verfügung zu stellen, und tragen im Fall der festen Übernahme das Absatzrisiko,
- genießen beim Anlegerpublikum ein hohes **Vertrauen**, das sich bei entsprechender Anlageempfehlung auf die Emission und den Emittenten überträgt („Emissionskredit"),
- übernehmen im Anschluss an die Platzierung sämtliche **Servicefunktionen** im Zusammenhang mit der weiteren Betreuung der Emission (Börseneinführung, Designated Sponsor, Kurspflege, Zahlstellendienst),
- übernehmen die **Haftung** für die Richtigkeit des Inhaltes des Emissionsprospektes und ggf. des Börseneinführungsprospektes (Prospekthaftung gemäß *§§ 21–24 Wertpapierprospektgesetz*),
- informieren Anleger über **Verkaufsbeschränkungen** von Alt- oder Großaktionären (Lock-up-Vereinbarungen).

Emissionsverfahren

Festpreisverfahren

Das **Festpreisverfahren** findet in erster Linie bei Kapitalerhöhungen gegen Einlagen Anwendung, bei denen die Aktionäre ein Bezugsrecht besitzen und die Aktien schon an der Börse notieren. Der Emittent legt in Absprache mit dem Konsortium einen **verbindlichen Emissionspreis** fest. Der Emissionspreis liegt zumeist unter dem aktuellen Börsenkurs der Aktie, da in diesem Fall das Bezugsrecht einen inneren Wert besitzt. Die Anleger haben keinen Einfluss auf den Ausgabepreis. Das Konsortium übernimmt die Aktien mit der Verpflichtung, die Wertpapiere den Aktionären gegen Vorlage der entsprechenden Bezugsrechte zum festgelegten Emissionspreis anzubieten.

Durch die Veröffentlichung eines **Verkaufsprospektes** werden die Anleger über die Emissionsbedingungen informiert. Bei Inhaberaktien erhalten die Aktionäre eine entsprechende Information von ihrer Verwahrstelle (Depotbank), bei Namensaktien direkt von der Aktiengesellschaft.

Mit der **Zeichnung** bei einer Konsortialbank verpflichtet sich der Anleger zur Abnahme der Aktien in der von ihm gewünschten Menge zum Emissionspreis. Die für den Bezug der Aktien notwendigen Bezugsrechte bestimmen sich nach dem Bezugsverhältnis der Kapitalerhöhung.

Bookbuilding-Verfahren

Das **Bookbuilding-Verfahren** beteiligt interessierte Anleger an der Preisfindung. Sie können innerhalb einer bestimmten Frist in einer vorgegebenen Preisspanne Gebote zum Kauf von Aktien abgeben. Gerade wenn eine Aktie erstmals in den Börsenhandel eingeführt werden soll, fördert dies die Festlegung eines marktgerechten Emissionspreises. Die angebotenen Aktien bei diesem Börsengang (**I**nitial **P**ublic **O**ffering – IPO) stammen aus einer Kapitalerhöhung gegen Einlagen oder aus den Beständen der bisherigen Aktionäre. Das Bezugsrecht der Aktionäre ist beim Bookbuilding-Verfahren regelmäßig ausgeschlossen.

Ablauf des Bookbuilding-Verfahrens

1. Unternehmensanalyse

In einer umfänglichen **Unternehmensanalyse** (Due Diligence) ermittelt der Konsortialführer den voraussichtlichen Marktwert der Aktie und erstellt einen Verkaufsprospekt.

↓

2. Pre-Marketing und Roadshows

Die potenziellen Investoren werden von den platzierenden Kreditinstituten angesprochen. Die Interessenten werden durch Prospekte, Researchstudien und Veranstaltungen über den Emittenten informiert. Die Konsortialbanken erkunden das Interesse ausgewählter Investoren. Vorläufige Orders werden entgegengenommen. Anhand dieser Orders wird ein Preisrahmen für das Zeichnungsangebot festgesetzt.

↓

3. Marketing/Order Taking

Der Preisrahmen mit einer Preisspanne von ca. 10%–20% wird bekanntgegeben. Die Öffentlichkeit wird über die Emission eingehend informiert. Investoren werden aufgefordert, Zeichnungen innerhalb des Preisrahmens abzugeben.

4. Pricing

Die Gebote der Investoren werden in einem zentralen EDV-Orderbuch (book) beim Konsortialführer (bookrunner) erfasst. Die Bietungen enthalten u. a. die Zeichnungsvolumina, Preislimite und Investortypos *(z. B. Kreditinstitut, Versicherung, Pensionsfonds)*. Billigst-Gebote sind möglich. Der Zuteilungspreis wird auf der Grundlage der vorliegenden Orders festgesetzt.

5. Zuteilung

Die Zuteilung erfolgt grundsätzlich direkt an die Investoren („directed allocation"). Vorrangig werden hierbei Gebote von Investoren berücksichtigt, die eine langfristige Anlage beabsichtigen. Ein Teil der Gesamtzuteilung wird den Kreditinstituten als „free retention" zugewiesen. Dieser Anteil an der Emission kann von den Kreditinstituten nach freiem Ermessen zugeteilt werden.

Die Vereinbarung eines **Greenshoe** erlaubt den Kreditinstituten eine Mehrzuteilung für den Fall, dass die Emission überzeichnet wird. In diesem Fall können von den Emissionsbanken mehr Aktien (üblicherweise 10–15%) zugeteilt werden, als aus dem ursprünglichen Platzierungsvolumen zur Verfügung stehen. Die hierzu notwendigen Aktien werden entweder von den Altaktionären oder von der Gesellschaft aufgrund einer Kapitalerhöhung zur Verfügung gestellt.

Beurteilung des Bookbuilding-Verfahrens

Vorteile	Nachteile
▪ Investoren mit langfristigen Anlageabsichten und guter Bonität können bei der Platzierung bevorzugt berücksichtigt werden. ▪ Die Preisfindung ist marktnäher, da die Präferenzen der Investoren berücksichtigt werden. ▪ Bei Erstplatzierungen kann die Streuung der Aktien besser gesteuert werden. ▪ Die Zeichnungsangebote können einer veränderten Marktlage angepasst werden. ▪ Der Bekanntheitsgrad der Aktie erhöht sich durch Berichte in den Medien.	▪ Die Preisfindung orientiert sich vor allem an den Geboten von Großanlegern. ▪ Private Anleger sind benachteiligt, da – die Emissionsbanken oft aus Gründen der Platzierungsstabilität institutionelle Anleger bevorzugt berücksichtigen, – der private Anleger die Marktsituation relativ schlecht einschätzen kann und deshalb nur mit unlimitierten Aufträgen gute Chancen auf eine Zuteilung hat.

Emissionsverfahren im Vergleich	
Festpreisverfahren	**Bookbuilding-Verfahren**
▪ Der Emittent legt in Absprache mit dem Konsortium einen verbindlichen Emissionspreis fest. Die Anleger haben keinen Einfluss auf den Ausgabepreis. ▪ Der Emissionspreis liegt zumeist unter dem aktuellen Börsenkurs der Aktie. ▪ Die Altaktionäre haben in der Regel ein Bezugsrecht. ▪ Das Verfahren findet Anwendung bei Kapitalerhöhungen gegen Einlagen, wenn die Aktie schon an der Börse notiert.	▪ Der Emittent berücksichtigt bei der Festsetzung des Emissionspreises auch die Preisvorstellungen potenzieller Anleger. ▪ Der im Dialog mit den Marktteilnehmern ermittelte Emissionspreis entspricht tendenziell dem aktuellen Marktwert der Aktie. ▪ Das Bezugsrecht der Altaktionäre ist in der Regel ausgeschlossen. ▪ Das Verfahren findet oft Anwendung vor einer erstmaligen Notierung der Aktie an der Börse.

3.2.3.5 Rückkauf eigener Aktien

Unternehmen können eigene Aktien an der Börse zurückkaufen. Dies führt dazu, dass
- die Zahl der umlaufenden Aktien sinkt und sich
- die liquiden Mittel der Gesellschaft vermindern.

Voraussetzung für den Erwerb eigener Aktien ist eine auf höchstens fünf Jahre befristete Ermächtigung durch die Hauptversammlung.

Die Gesellschaft darf **maximal 10 %** der eigenen Aktien erwerben.

Der Rückkauf eigener Aktien führt zu einer steigenden Nachfrage, die tendenziell steigende Börsenkurse und damit eine Steigerung des Unternehmenswertes bewirkt (Steigerung des Shareholder-Values).

3.2.4 Chancen und Risiken bei Aktienanlagen

3.2.4.1 Rendite von Aktienanlagen

Die Rendite einer Aktienanlage kann erst nach einem Verkauf der Aktien ermittelt werden, da der durch Kurssteigerungen bzw. Kursminderungen bedingte Veräußerungsgewinn bzw. -verlust eine wichtige Größe bei der Erfolgsermittlung ist.

Die Rendite einer Aktienanlage ist abhängig von
- erhaltenen Dividenden,
- Kursgewinnen bzw. -verlusten,
- Bezugsrechtserlösen,
- Kosten (An- und Verkaufsprovision, Depotgebühren) und
- Steuern.

Fallbeispiel:
Martina Schenker hat nach einer Besitzdauer von 18 Monaten 500 Aktien der Weirich AG zum Kurs von 43,00 EUR verkauft, die sie zu 38,00 EUR erworben hatte. Sie hat eine Dividende von 1,00 EUR je Aktie erhalten.

Beim An- und Verkauf der Aktien wurden 1 % Provision und 0,8 ‰ Courtage in Rechnung gestellt. Die anteiligen Depotgebühren betragen 30,00 EUR.

Es liegt kein Freistellungsauftrag der konfessionslosen Kundin vor.

Kaufabrechnung Aktien	
Kurswert	19 000,00 EUR
+ 1 % Provision	190,00 EUR
+ 0,8 ‰ Courtage	15,20 EUR
Belastung	19 205,20 EUR

Dividendenabrechnung	
Bruttodividende	500,00 EUR
– 25 % KESt	– 125,00 EUR
– 5,5 % SolZ	– 6,87 EUR
Gutschrift	368,13 EUR

Verkaufsabrechnung Aktien	
Kurswert	21 500,00 EUR
– 1 % Provision	– 215,00 EUR
– 0,8 ‰ Courtage	– 17,20 EUR
Verkaufserlös nach Kosten	21 267,80 EUR
– 25 % KESt von 2 062,60 EUR (21 267,80 – 19 205,20)	– 515,65 EUR
– 5,5 % SolZ von 515,65 EUR	– 28,36 EUR
Gutschrift	20 723,79 EUR

Nettoergebnis der Anlage nach Steuern	
Kursgewinn (20 723,79 – 19 205,20)	1 518,59 EUR
+ Dividendenerträge	368,13 EUR
– Depotgebühren	– 30,00 EUR
Nettoergebnis	1 856,71 EUR

$$\textbf{Rendite} = \frac{\textbf{Nettoergebnis} \cdot \textbf{100} \cdot \textbf{12}}{\textbf{eingesetztes Kapital} \cdot \textbf{Monate}} = \frac{1\,856{,}71 \cdot 100 \cdot 12}{19\,205{,}20 \cdot 18} = 6{,}45\,\%\ \text{p. a.}$$

3.2.4.2 Beurteilung von Aktienanlagen

Aktienkurse bilden sich nach Angebot und Nachfrage und geben Auskunft über den aktuellen Börsenwert **(Marktkapitalisierung)** von Unternehmen.

Beispiel:
Aktienkurs der Interfinanz AG 45,00 EUR, Zahl der ausgegebenen Aktien 620 Mio.
Marktkapitalisierung: 45,00 · 620 Mio. = 27,9 Mrd. EUR

Mit dem Erwerb einer Aktie beteiligt sich der Anleger am Eigenkapital der Aktiengesellschaft. Das Eigenkapital bezeichnet man auch als **Risikokapital**, weil
- die Aktionäre (Eigentümer) nur eine gewinnabhängige Erfolgsbeteiligung erhalten,
- Verluste der Aktiengesellschaft zulasten des Eigenkapitals gehen.

Der Erfolg einer Aktienanlage ist langfristig abhängig vom wirtschaftlichen Erfolg der Aktiengesellschaft, d.h. von den zukünftigen Gewinnen des Unternehmens.

Dividendenrisiko	Kursrisiko
▪ Bei steigenden Gewinnen wird sich die Dividende in der Zukunft erhöhen. ▪ Bei sinkenden Gewinnen wird sich die Dividende in der Zukunft vermindern. ▪ In Verlustjahren wird in der Regel keine Dividende gezahlt.	Aktienkurse weisen große Schwankungen auf. Ursachen hierfür sind: ▪ **unternehmensspezifische Gegebenheiten** (unsystematische Risiken) ***Beispiele:*** *Verminderung des Absatzes, höhere Beschaffungskosten* ▪ **allgemeine Marktgegebenheiten** (systematische Risiken) ***Beispiel:*** *allgemein fallende Aktienkurse aufgrund steigender Zinsen*

Verfahren zur Aktienanalyse

Ziel der Aktienanalyse ist es, die Preiswürdigkeit und die zukünftigen Kursaussichten der Aktien zu beurteilen.

Verfahren der Aktienanalyse

	Fundamentalanalyse	Technische Analyse (Chartanalyse)
Annahmen	▪ Der Börsenkurs schwankt um den inneren Wert der Aktie. ▪ Der innere Wert der Aktie bestimmt sich vor allem nach den zukünftigen Ertragsaussichten des Unternehmens.	▪ Börsenkurse entwickeln sich durch das gleichgerichtete Verhalten der Marktteilnehmer in Trends. ▪ Aus dem Kursverlauf der Vergangenheit kann der zukünftige Kursverlauf prognostiziert werden.
Vorgehensweise	▪ Ermittlung des inneren Wertes der Aktie unter Berücksichtigung der gesamtwirtschaftlichen, branchenspezifischen und unternehmensindividuellen Faktoren ▪ Kapitalisierung der zukünftigen Erträge	▪ Erkennen von Börsentrends und von Trendumkehrungen ▪ Analyse börsenbezogener Daten wie Kursverlauf, Handelsvolumen und technischer Indikatoren

8

Fundamentalanalyse

Die **Fundamentalanalyse** beruht auf der Annahme, dass der Aktienkurs vom zukünftigen Unternehmenserfolg abhängt. Ziel der Fundamentalanalyse ist es, das zukünftige Gewinn- und Wachstumspotenzial der Gesellschaft zu beurteilen, um durch eine Kapitalisierung (Abzinsung) der **zukünftigen Gewinne den Ertragswert** (inneren Wert) des Unternehmens zu ermitteln.

Der **Kapitalisierungszinssatz** ist abhängig von dem Zinssatz für sichere Geldanlagen *(z. B. Verzinsung von Bundesanleihen)* und einem Risikozuschlag für das höhere Risiko bei Aktienanlagen. Je höher der Kapitalisierungszinssatz ist, desto niedriger ist der Ertragswert.

$$\textbf{Ertragswert} = \frac{\text{erwarteter Jahresgewinn} \cdot 100}{\text{Kapitalisierungszinssatz}}$$

Fallbeispiel:

Analysten schätzen die zukünftigen, durchschnittlichen Jahresgewinne der Argus AG auf 26 Mio. EUR. Der Kapitalisierungszinssatz beträgt 8 %. Die Anzahl der ausgegebenen Stückaktien beträgt 5 Mio. Aktien.

$$\textbf{Ertragswert} = \frac{26 \text{ Mio. EUR} \cdot 100}{8} = \underline{\underline{325 \text{ Mio. EUR}}}$$

Auf der Basis des Ertragswertes kann der **„faire" Aktienkurs** ermittelt werden, indem der Ertragswert durch die Zahl der ausgegebenen Aktien dividiert wird.

$$\textbf{„fairer" Aktienkurs} = \frac{\text{Ertragswert des Unternehmens}}{\text{Zahl der Aktien}}$$

$$\textbf{„fairer" Aktienkurs} = \frac{325 \text{ Mio. EUR}}{5 \text{ Mio. Aktien}} = \underline{\underline{65{,}00 \text{ EUR}}}$$

Bei einem Erwerbskurs von 65,00 EUR erzielt der Anleger unter der Voraussetzung, dass das Unternehmen in der Zukunft immer einen jährlichen Ertrag von 325 Mio. EUR erwirtschaftet, eine Verzinsung von 8 % p. a. seines investierten Kapitals.

Liegt der aktuelle Börsenkurs unter 65,00 EUR, ist dies ein Kaufsignal, da zu erwarten ist, dass sich der Börsenkurs mittelfristig dem „fairen" Aktienkurs (innerer Wert) annähert. Ein Börsenkurs von über 65,00 EUR ist dementsprechend ein Verkaufssignal.

In der Praxis ist es jedoch nicht möglich, den Gewinn zukünftiger Jahre genau vorherzusagen. Zudem gibt es bei den Unternehmensgewinnen von Jahr zu Jahr große Schwankungen. Aufgrund der unsicheren Gewinnprognosen ist der Ertragswert eines Unternehmens nicht eindeutig zu ermitteln.

Ausgehend von den gesamtwirtschaftlichen, branchenspezifischen und unternehmensspezifischen Daten versuchen Aktienanalysten die zukünftige Unternehmensentwicklung in den nächsten Jahren (ein bis drei Jahre) zu prognostizieren.

Fundamentalanalyse

Globalanalyse	Branchenanalyse	Unternehmensanalyse
▪ Konjunktur ▪ Zinsen ▪ Wechselkurse ▪ Preisentwicklung	▪ Auftragseingänge ▪ Branchenzyklus ▪ Lagerbestände ▪ Markteintrittsbarrieren	▪ Unternehmenskennzahlen ▪ Unternehmensstrategie ▪ Managementqualität ▪ Konkurrenzsituation

Wichtige **Kennzahlen zur Beurteilung von Aktien** sind:

- Kurs-Gewinn-Verhältnis (KGV)
- Dividendenrendite
- Buchwert und Substanzwert von Aktien

Kurs-Gewinn-Verhältnis (KGV)

$$\textbf{Kurs-Gewinn-Verhältnis (KGV)} = \frac{\text{Aktienkurs}}{\text{erwarteter Gewinn pro Aktie}}$$

Der Gewinn pro Aktie wird nach den Regeln der „Deutschen Vereinigung für Finanzanalyse und Anlageberatung" (DVFA) ermittelt und ist um außerordentliche Einflüsse bereinigt. Das Ergebnis je Aktie wird von den Research-Abteilungen der Kreditinstitute für die umsatzstarken Aktien laufend prognostiziert.

Beispiel:

Die Weirich-AG-Aktie notiert mit 38,00 EUR.

Der erwartete Gewinn für das nächste Jahr pro Aktie der Weirich AG beträgt 2,30 EUR.

$$KGV = \frac{38{,}00}{2{,}30} = \underline{\underline{16{,}5}}$$

Das KGV zeigt an, mit welchem Faktor des Gewinnes die Aktie an der Börse gehandelt wird. Es gibt an, wie viele Jahre das Unternehmen diesen Gewinn erzielen müsste, um den Aktienkurs zu erwirtschaften. Diese Betrachtung geht davon aus, dass der Aktionär langfristig an den Gewinnen des Unternehmens über Dividenden und Kurssteigerungen partizipiert. Je niedriger das KGV, desto günstiger ist die Aktie bewertet.

Das KGV ist abhängig vom Aktienkurs und vom erwarteten Gewinn. Jede Veränderung einer dieser Größen verändert das KGV.

In den verschiedenen Branchen ist das KGV oft unterschiedlich. Insbesondere in den Wachstumsbranchen mit einer hohen Gewinndynamik gibt es sehr hohe KGV. Werden die Zukunftsaussichten hingegen pessimistisch beurteilt, weisen die Aktien ein niedriges KGV auf. Dementsprechend sind Aktien, die ein niedriges KGV aufweisen, nicht unbedingt die lukrativsten Anlagen.

Fallbeispiel:

Ausgangssituation

Weirich AG Maschinenbau		**Handy AG Telekommunikation**	
Aktienkurs am 10.04.20..	40,00 EUR	Aktienkurs am 10.04.20..	84,00 EUR
erwarteter Gewinn pro Aktie für das nächste Jahr	5,00 EUR	erwarteter Gewinn pro Aktie für das nächste Jahr	3,00 EUR
$KGV = \frac{40,00}{5,00} = \underline{\underline{8}}$		$KGV = \frac{84,00}{3,00} = \underline{\underline{28}}$	

Während die Weirich-Aktien mit dem 8-fachen des erwarteten Jahresgewinns pro Aktie gehandelt werden, beträgt dieser Faktor bei den Handy-Aktien 28. Der Markt beurteilt die Wachstumsaussichten der Handy AG positiver als die zukünftige Entwicklung der Weirich AG. Die Anleger sind bereit, für die Aktien der Handy AG einen relativ höheren Preis zu zahlen.

Änderungen im Zeitablauf

Weirich AG Maschinenbau		**Handy AG Telekommunikation**	
Änderung des Aktienkurses		**Änderung der Gewinnerwartung**	
Aktienkurs am 20.04.20..	50,00 EUR	Aktienkurs am 20.04.20..	84,00 EUR
Erwarteter Gewinn pro Aktie für das nächste Jahr	5,00 EUR	Erwarteter Gewinn pro Aktie für das nächste Jahr nach einer neuen Einschätzung	4,00 EUR
$KGV = \frac{50,00}{5,00} = \underline{\underline{10}}$		$KGV = \frac{84,00}{4,00} = \underline{\underline{21}}$	
Durch den Kursanstieg hat sich bei unveränderter Gewinnerwartung das KGV erhöht. Die Bewertungsrelation hat sich verschlechtert.		Die höhere Gewinnerwartung pro Aktie führt bei unverändertem Aktienkurs zu einem niedrigeren KGV. Die Bewertungsrelation hat sich verbessert.	

Der DVFA-Gewinn eines Unternehmens plus Abschreibungen ergibt den Cashflow. Analog zum KGV kann das Verhältnis von Aktienkurs und Cashflow ermittelt werden. Das Kurs/Cashflow-Verhältnis (KCV) entspricht dem Aktienkurs dividiert durch den Cashflow je Aktie.

Dividendenrendite

Die Dividendenrendite gibt an, welche Verzinsung der Aktionär jährlich durch die Ausschüttungen der Gesellschaft erhält. Vor allem bei langfristigen Anlagen ist die Dividendenrendite von Bedeutung.

$$\text{Dividendenrendite} = \frac{\text{Bruttodividende}}{\text{Aktienkurs}} \cdot 100$$

Beispiel:
Der Kurs der Weirich-Aktie beträgt 38,00 EUR. Es wird eine Bruttodividende von 1,00 EUR erwartet.

$$\text{Dividendenrendite} = \frac{1{,}00 \cdot 100}{38{,}00} = \underline{\underline{2{,}63\,\%}}$$

Je höher die Dividendenrendite, desto höher verzinst sich das eingesetzte Kapital. Bei der Interpretation dieser Kennzahl ist jedoch zu berücksichtigen, dass die Dividende gewinnabhängigen Schwankungen unterliegt. Zudem führt jede Ausschüttung tendenziell zu einem Kursrückgang der Aktie.

Buchwert und Substanzwert von Aktien

Der Aktionär ist mit der Aktie am Grundkapital der Aktiengesellschaft beteiligt. Diese Beteiligung ist aber nur der „Schlüssel" für seine Gesamtbeteiligung. Als Gesellschafter ist er nämlich gemäß seiner Beteiligung am Grundkapital auch anteilig an den anderen Eigenkapitalpositionen der AG (= offene Rücklagen, Bilanzgewinn und stille Reserven) beteiligt.

Der anteilige Wert einer Aktie an den in der Bilanz ausgewiesenen Eigenkapitalpositionen wird als **Buchwert der Aktie** bezeichnet. Werden auch die stillen Reserven berücksichtigt, ergibt sich der **Substanzwert einer Aktie**.

Fallbeispiel:
Die Weirich AG hat 160 000 Stückaktien emittiert.

Folgende Bilanz wird veröffentlicht:

Aktiva	Bilanz der Weirich AG	zum 31. Dez. 20..	Passiva
Anlagevermögen		**Eigenkapital**	
Grundstücke und Gebäude	1 300 000,00 EUR	gezeichnetes Kapital	800 000,00 EUR
Maschinen	4 680 000,00 EUR	Kapitalrücklage	2 400 000,00 EUR
Umlaufvermögen		Gewinnrücklage	1 100 000,00 EUR
Vorräte, Rohstoffe	1 850 000,00 EUR	Bilanzgewinn	200 000,00 EUR
Forderungen	1 540 000,00 EUR	**Fremdkapital**	
Bankguthaben	280 000,00 EUR	langfristige Bankkredite	3 000 000,00 EUR
		kurzfristige Bankkredite	1 700 000,00 EUR
		Verbindl. geg. Lieferanten	450 000,00 EUR
	9 650 000,00 EUR		9 650 000,00 EUR

Durch eine Unterbewertung bestimmter Vermögensgegenstände *(z. B. der Grundstücke)* in der Bilanz sind zudem **stille Reserven** von circa 900 000,00 EUR entstanden.

- **Ermittlung des Buchwertes (Bilanzkurses) der Aktien:**

$$\frac{\text{gezeichnetes Kapital + Rücklagen + Bilanzgewinn}}{\text{Gesamtzahl der Aktien}} = \frac{4\,500\,000{,}00}{160\,000} = \underline{\underline{28{,}13\text{ EUR}}}$$

- **Ermittlung des Substanzwertes der Aktien:**

$$= \frac{\text{gezeichnetes Kapital + Rücklagen + Bilanzgewinn + stille Reserven}}{\text{Gesamtzahl der Aktien}}$$

$$\frac{4\,500\,000{,}00 + 900\,000{,}00}{160\,000} = \underline{\underline{33{,}75\text{ EUR}}}$$

Der Buchwert und der Substanzwert sind nur erste Anhaltspunkte zur Beurteilung der Aktien. Der tatsächliche Börsenkurs kann z. B. aufgrund von hohen oder niedrigen Gewinnerwartungen bei dem Unternehmen erheblich von diesen Werten abweichen.

Technische Analyse (Chartanalyse)

Im Rahmen der technischen Analyse wird vor allem die grafische Darstellung des Kursverlaufs (Chart) einer Aktie untersucht. Ausgehend von den grafisch dargestellten historischen Kursen und Umsätzen wird die weitere Entwicklung der Aktie prognostiziert.

Die technische Analyse gründet sich auf folgende Prämissen:
- Der Marktpreis als Resultat von Angebot und Nachfrage berücksichtigt alle vorliegenden wirtschaftlichen und politischen Daten.
- Kursverläufe ergeben sich trendartig, d. h., es gibt Phasen steigender, stagnierender und fallender Kurse. **Das Hauptziel der Chartanalyse ist das Erkennen von Trends und von Trendumkehrungen.**

In der Vergangenheit beobachtete Kursverläufe wiederholen sich in der Zukunft. Dieses Phänomen ist dadurch erklärbar, dass die Marktteilnehmer aufgrund der Psychologie des Marktes zu einem gleichartigen Verhalten neigen. Die Psyche eines Marktteilnehmers verändert sich mit dem Kursverlauf (Börsenzyklus). Steigende Kurse wecken die Hoffnung auf noch mehr Gewinn. Es wächst der Glaube, dass die Kurse immer weiter steigen (Euphorie). Die Marktteilnehmer sind voll investiert, die Nachfrage sinkt, und die Kurse beginnen zu fallen. Fallende Kurse verunsichern die Anleger und führen zu weiteren Verkäufen. Der Pessimismus steigt, die Kurse fallen, bis auf einem niedrigeren Niveau „mutige" Anleger die ersten Käufe tätigen und eine Trendwende bewirken.

Die technische Analyse hat in erster Linie für kurz- bis mittelfristige Prognosen eine große Bedeutung. Dabei tritt das **„Self-fulfilling-prophecy"-Phänomen** auf: Wenn viele Marktteilnehmer bei ihren Anlageentscheidungen die technischen Indikatoren beachten, führt gerade dies dazu, dass die erwarteten Kursänderungen eintreten.

Begriffe der Chartanalyse
Chart Grafische Darstellung von Preisen, die in ein Koordinatensystem eingetragen werden, das aus einer Zeit- und einer Preisachse besteht; Beispiele sind Linien-, Balken- und Candle-Chart. Zeitunabhängige Charts bestehen nur aus einer Preisachse, mit der Absicht, die Volatilität eines Marktes zu messen (Point & Figure Chart).
Boden Ausgeprägter Tiefpunkt einer Kursentwicklung, an dem die Preise ihre Richtung von einer Abwärts- in eine Aufwärtsbewegung ändern.
Spitze Ausgeprägter Hochpunkt einer Preisentwicklung, an dem die Preise ihre Richtung von einer Aufwärts- in eine Abwärtsbewegung ändern.
Unterstützung (Support) Kursbereich, in dem wiederholt stärkere Nachfrage (Kaufinteresse) festgestellt werden kann. Damit ist zumindest eine vorläufige untere Begrenzungslinie für den weiteren Kursverlauf gegeben. Wird eine Unterstützung gebrochen, wird sie im weiteren Verlauf häufig zum Widerstand.
Widerstand (Resistance) Eine Zone verstärkten Angebots (Verkaufsdruck). Sie stellt eine vorläufige Obergrenze für die Kursentwicklung dar. Wird ein Widerstand überwunden, kann er später zu einer Unterstützung werden.

Begriffe der Chartanalyse

Aufwärtstrend
Ein Aufwärtstrend ist durch steigende Hoch- und Tiefpunkte im Kursverlauf gekennzeichnet. Im einfachsten Fall verbindet eine Trendlinie in einem aufwärtsstrebenden Markt (Haussemarkt) zwei steigende Tiefpunkte (Böden) miteinander, zwischen denen mindestens ein klar definierter Hochpunkt (Spitze) liegen muss.

Abwärtstrend
Ein Abwärtstrend ist durch fallende Maxima und Minima im Kursverlauf gekennzeichnet. Im einfachsten Fall verbindet eine Trendlinie in einem abwärts strebenden Markt (Baissemarkt) zwei fallende Hochpunkte (Spitzen) miteinander, zwischen denen mindestens ein deutlich erkennbarer Tiefpunkt (Boden) vorhanden sein muss.

Gleitende Durchschnittslinien
Sie sind aufgrund ihrer Einfachheit beliebt. Man addiert die Kurse *(z. B. Schlusskurse)* eines bestimmten Zeitintervalls und teilt diese Summe durch die Anzahl der in den Durchschnitt eingehenden Daten. Trendindikationen ergeben sich dann, wenn die Preiskurve eines Marktes seine gleitende Durchschnittslinie überquert. Schneidet die Preislinie die Durchschnittskurve von unten nach oben, wird ein Haussemarkt erwartet. Analog rechnet man mit einem Baissemarkt, wenn die Preise die Durchschnittslinie von oben nach unten durchstoßen.

Beispiel:

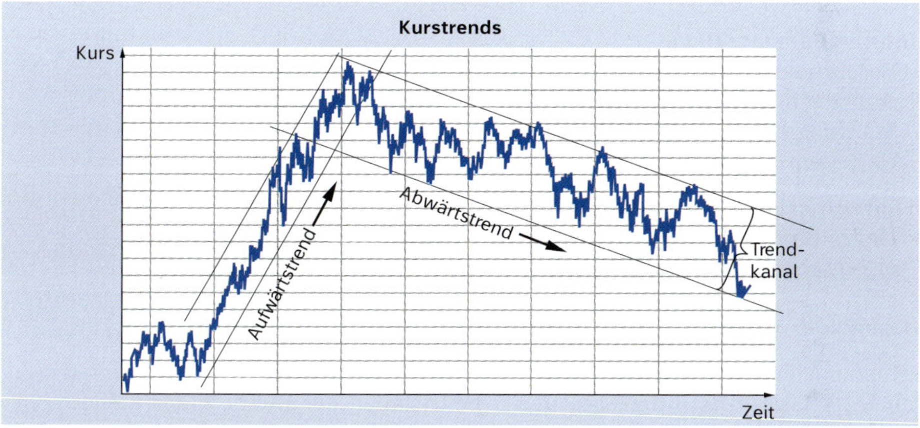

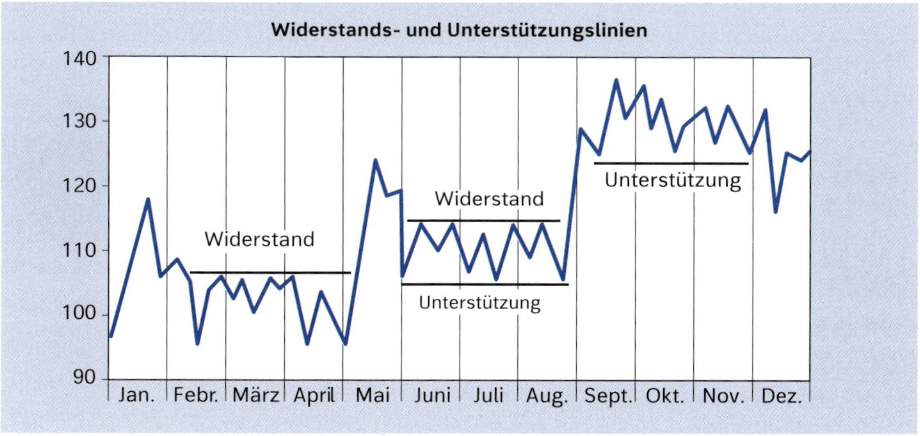

Shareholder-Value

Shareholder-Value bezeichnet eine Unternehmensstrategie, die darauf gerichtet ist, den **Wert des Unternehmens nachhaltig** zu erhöhen. Der Unternehmenswert ist langfristig von der Profitabilität und dem Wachstum des Unternehmens abhängig. Die Interessen der Aktionäre werden in den Mittelpunkt des unternehmerischen Handelns gestellt:

- **Die Aktionäre sollen eine marktkonforme Verzinsung ihres eingesetzten Kapitals erhalten.**
  - Zahlung einer angemessenen Dividende
  - Kurssteigerungen der Aktie
- **Alle Aktivitäten der Gesellschaft werden nach ihren Gewinnaussichten beurteilt.** Von Bedeutung sind dabei insbesondere künftige, frei verfügbare Einzahlungsüberschüsse („free cashflows").

In der Unternehmenspolitik äußern sich diese Ziele in folgenden Merkmalen:

- **Transparenz und Öffentlichkeitsarbeit**
  - Die Aktionäre werden über die Lage des Unternehmens schnell und umfassend informiert.
  - Der Jahresabschluss erfolgt nach internationalem Standard (IFRS, US-GAAP[1]).
- **Unternehmensstrategie**
  - Beschränkung auf die Kerngeschäfte des Unternehmens
  - Aufgabe unrentabler Produkte und Märkte
  - Stärkung der Marktpositionen in wachstumsträchtigen Bereichen
  - Kosteneinsparungen
- **zielorientierte Managemententlohnung**
  - Definition von Ertragszielen *(z. B. Eigenkapitalrendite)*
  - erfolgsabhängige Vergütung für das Management

Stakeholder-Value

Stakeholder-Value bezeichnet eine Unternehmensstrategie, die neben den Interessen der Aktionäre verstärkt die Interessen der Arbeitnehmer, der Kunden, der Lieferanten, der Kreditgeber und des Staates sowie den Umweltaspekt im unternehmerischen Zielsystem berücksichtigt. Beim Stakeholder-Ansatz versucht das Unternehmen, seine vielfältigen Wechselbeziehungen zu den verschiedenen Anspruchsgruppen (Arbeitnehmer, Kapitalgeber, Umweltverbände, Verbraucherschutzeinrichtungen usw.) zu erfassen und deren Bedürfnisse in Einklang zu bringen.

---

[1] *IFRS = **I**nternational **F**inancial **R**eporting **S**tandards*
*GAAP = **G**enerally **A**ccepted **A**ccounting **P**rinciples*

Aktienindizes

Aktienindizes spiegeln die Kursentwicklung an den Aktienmärkten wider.

Ermittlung von Aktienindizes

- **Zahl der im Index enthaltenen Aktien**
  In jedem Index ist eine bestimmte Zahl von Aktien enthalten. Die Zusammensetzung wird regelmäßig *(z. B. halbjährlich)* überprüft.
- **Gewichtung**
  Bei der Ermittlung des Indexes werden die Aktien nach ihrer Marktbedeutung gewichtet.
- **Basiszeitpunkt und Basiszahl**
  Der gewichtete Gesamtwert der im Index enthaltenen Aktien zum Basiszeitpunkt *(z. B. DAX 31.12.1987)* wird mit einer Basiszahl von 1 000 *(z. B. DAX 40)* bzw. 100 *(z. B. CDAX)* gleichgesetzt.

Performance- und Kursindizes

Performanceindizes werden um alle Einflüsse bereinigt, die zu Kursänderungen führen, ohne dass sich die tatsächliche Marktlage geändert hat. Insbesondere Bezugsrechte und Dividendenzahlungen verursachen Kursverluste, die nicht durch eine Veränderung der Marktverhältnisse bedingt sind. In einem Performanceindex erfolgt eine Korrektur dieser exogenen Faktoren. Die Dividenden und Bezugsrechterlöse werden rechnerisch in das Indexportfolio reinvestiert.

Der Performanceindex spiegelt deshalb nur die tatsächlich vom Markt ausgelösten Kursveränderungen wider.

Kursindizes geben unabhängig von den Ursachen die tatsächliche Kursentwicklung wider. Sie werden nur um Bezugsrechte und Sonderzahlungen, nicht aber um Dividendenzahlungen bereinigt.

Die DAX- und die STOXX-Indizes werden als Performance- und als Kursindizes laufend berechnet. Im Blickfeld der Öffentlichkeit stehen in erster Linie die Performanceindizes *(z. B. DAX 40)*.

Indizes der Deutsche Börse AG

Zu den an der Frankfurter Wertpapierbörse gelisteten Aktien veröffentlicht die Deutsche Börse AG eine Vielzahl von „DAX-Indizes“ (**D**eutscher **A**ktien **I**nde**x**). Zu den wichtigsten gehören DAX 40 (oft nur als DAX bezeichnet), MDAX, SDAX und TecDAX.

Für die Aufnahme in einen DAX-Index müssen die Unternehmen folgende Voraussetzungen erfüllen:

- In den beiden Jahren vor der Aufnahme in den Index müssen die Unternehmen einen Gewinn erzielt haben.
- Die Unternehmen müssen Quartalsberichte veröffentlichen.
- Die Unternehmen müssen Standardanforderungen an eine „gute Unternehmensführung“ (Corporate Governance Kodex) erfüllen.

8

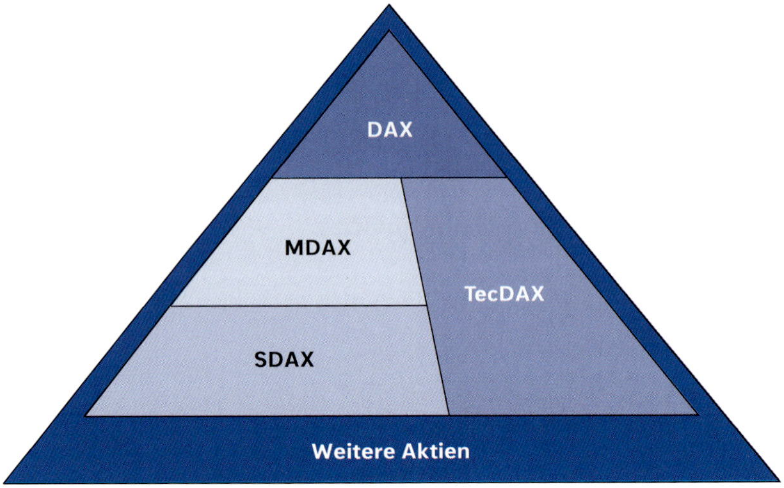

vgl. Deutsche Börse AG

Deutscher Aktienindex (DAX 40)

Der **Deutsche Aktienindex *(DAX 40)*** ist der wichtigste Index für den deutschen Aktienmarkt. Der DAX beinhaltet die **40 deutschen Aktien** mit der **höchsten Marktkapitalisierung**. Die Marktkapitalisierung entspricht dem Zeitwert (Börsenwert) aller Aktien eines Unternehmens.

Beispiel:
Marktkapitalisierung der BASF AG

Anzahl der Aktien	*Kurs der Aktie am 06.12.2021*	*Marktkapitalisierung*
918 000 000 Stück	*58,80 EUR*	*53 978 400 000,00 EUR (918 Mio. · 58,80)*

Die Aktien sind im DAX nach ihrer Marktkapitalisierung gewichtet.

Beispiele:

DAX-Unternehmen	*Gewichtung im DAX 40 (06.12.2021)*
SAP SE	*8,19 %*
BASF SE	*3,28 %*
Deutsche Bank AG	*1,37 %*

Da SAP-Aktien im Index eine höhere Gewichtung als Deutsche Bank-Aktien haben, beeinflussen Kursänderungen der SAP-Aktien den Index circa vier Mal stärker als Kursänderungen der Deutsche Bank-Aktien.

Basiszeitpunkt für den DAX war der 31.12.1987 mit einer **Basiszahl von 1 000**.

Der Handel in DAX-40-Werten umfasst circa 85 % der gesamten Börsenumsätze in deutschen Aktien. Der DAX zeichnet ein umfassendes und aktuelles Bild des deutschen Aktienmarktes. Zweimal im Jahr (März und September) wird die Zusammensetzung der DAX-Werte überprüft und ggf. verändert.

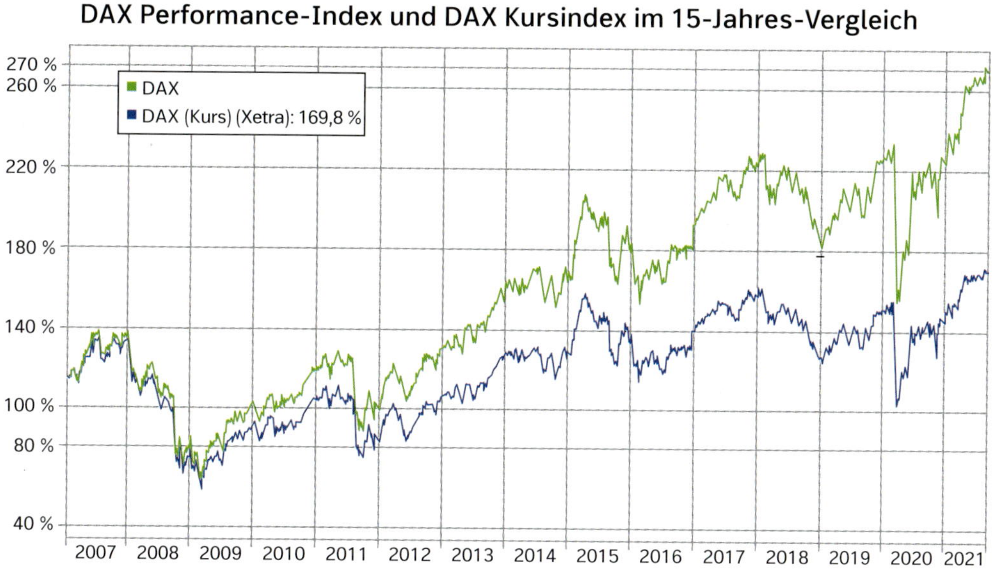

Eigene Darstellung nach Daten von der Deutschen Börse AG

Die erheblich bessere Entwicklung des DAX-Performance-Indexes macht deutlich, dass bei einer langfristigen Betrachtung Dividendenzahlungen von großer Bedeutung für den Erfolg von Aktienanlagen sind. So stand der DAX-Kursindex am 31.07.2021 bei 6600 Punkten, während der DAX-Performance-Index einen Wert von 15600 hatte. Beide Indizes starteten zu Beginn des Jahres 1988 bei 1000 Punkten.

8

Aktienindizes im Überblick	
DAX	
DAX 40 umfasst die 40 größten deutschen Aktien („blue chips“).	**TecDAX** (Technology-DAX) umfasst die 30 größten Werte der Technologiebranchen.
MDAX (Midcap-DAX) umfasst 50 Aktien, die in der Größe den DAX-40-Werten folgen („mid caps“).	**Prime All Share** umfasst alle im Prime Standard gehandelten Aktien.
SDAX (Smallcap-DAX) umfasst die 70 größten auf den MDAX folgenden Werte der klassischen Branchen.	**DivDAX** umfasst die 15 dividendenstärksten Unternehmen des DAX 40.
CDAX (Composite Index) umfasst alle in Frankfurt im Prime Standard und im General Standard notierten Aktien. Zusätzlich ist der CDAX in 18 Branchenindizes untergliedert.	**GEX** umfasst eigentümergeführte mittelständische Unternehmen.

Dow Jones STOXX	
EURO STOXX 50 umfasst die 50 größten und umsatzstärksten Aktien der Währungsunion („blue chips des Eurolandes“).	STOXX 50 umfasst die 50 größten und umsatzstärksten westeuropäischen Aktien („blue chips aus ganz Westeuropa“).
EURO STOXX ▪ umfasst 326 umsatzstarke Aktien aus der Währungsunion; ▪ zusätzlich ist der EURO STOXX in 19 Branchenindizes untergliedert.	STOXX ▪ umfasst 666 Aktien aus 16 westeuropäischen Ländern; ▪ zusätzlich ist der STOXX in 19 Branchenindizes untergliedert.

Bedeutung der Indizes

- Information über die Marktentwicklung
- Benchmark
  Indizes dienen bei der Beurteilung des Anlageerfolges als Vergleichsmaßstab.
- Basis für Optionen, Futures, Indexzertifikate und Indexfonds

Risiken von Aktienanlagen

Die Schwankungen des DAX verdeutlichen, dass eine Aktienanlage mit erheblichen Risiken verbunden ist. Obwohl sich die Aktienkurse langfristig sehr positiv entwickelt haben, gab es zwischenzeitlich immer wieder Kurseinbrüche.

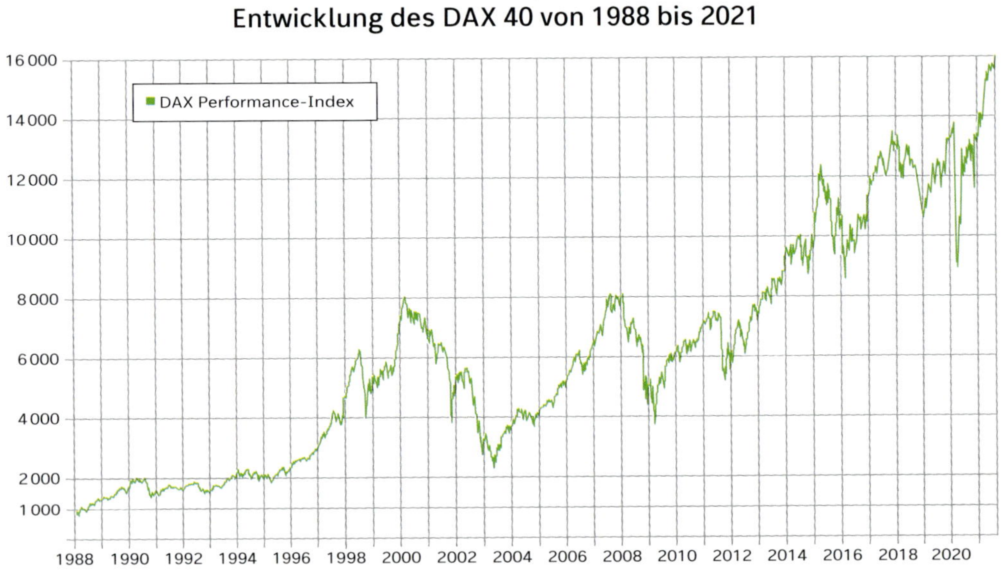

Eigene Darstellung nach Daten von der Deutschen Börse AG

In dem Zeitraum von 1988 bis 2021 waren unter anderem folgende Kursänderungen zu beobachten:

Zeitraum	Veränderung des DAX	Veränderung in Prozent
Jan. 1988 – März 2000	DAX steigt von 1 000 auf 8 300	730 % Gewinn
März 2000 – März 2003	DAX fällt von 8 300 auf 2 300	72 % Verlust
März 2003 – Jan. 2008	DAX steigt von 2 300 auf 8 000	248 % Gewinn
Jan. 2008 – März 2009	DAX fällt von 8 000 auf 3 700	54 % Verlust
März 2009 – Mai 2011	DAX steigt von 3 700 auf 7 500	103 % Gewinn
Mai 2011 – Sept. 2011	DAX fällt von 7 500 auf 5 500	27 % Verlust
Sept. 2011 – Dez. 2019	DAX steigt von 5 500 auf 13 250	141 % Gewinn
Dez. 2019 – April 2020	DAX fällt von 13 250 auf 10 340	22 % Verlust
April 2020 – Dezember 2021	DAX steigt von 10 340 auf 15 950	54 % Gewinn

Grundsätze der Aktienanlage

- **Anleger sollten sich der Risiken von Aktienanlagen bewusst sein.**
  In einem Anlageberatungsgespräch muss der Kunde über die besonderen Risiken von Aktienanlagen umfassend aufgeklärt werden. Des Weiteren muss die Risikobereitschaft des Kunden beurteilt werden. Bei Anlageempfehlungen müssen seine wirtschaftlichen Verhältnisse und Erfahrungen in Wertpapiergeschäften berücksichtigt werden.
- **Aktienanlagen sollten breit gestreut werden.**
  Anleger sollten nicht „alles auf eine Karte" setzen, sondern immer mehrere verschiedene Aktien *(z.B. mindestens fünf)* erwerben, um die unternehmensspezifischen (= unsystematischen) Risiken zu begrenzen. Durch eine **Diversifizierung** (= Streuung) kann das Risiko deutlich gesenkt werden, da hohe Kursverluste einzelner Aktien nur begrenzt den Gesamtwert des Depots vermindern bzw. Kursverluste einzelner Aktien durch Kursgewinne anderer Aktien kompensiert werden. Aktiendepots sollten Aktien verschiedener Branchen enthalten. Es ist insbesondere bei größeren Depots auch ratsam, einen Teil des Geldes in ausländischen Aktien zu investieren. Beim Aktienkauf sollte der einzelne Auftrag eine bestimmte Mindestgröße *(circa 1 000,00 EUR bis 2 000,00 EUR)* nicht unterschreiten, da ansonsten die Kosten durch die Mindestprovisionen *(z.B. 10,00 EUR bis 30,00 EUR)* der Kreditinstitute überproportional hoch sind. Dementsprechend sollte der Mindestbetrag, der insgesamt in Aktien angelegt wird, eine gewisse Höhe *(z.B. 10 000,00 bis 15 000,00 EUR)* erreichen. Kleinere Beträge sollten sinnvoller in Investmentfonds (Aktienfonds) angelegt werden.
- **Aktienanlagen sollten langfristig ausgerichtet sein.**
  Aktienmärkte zeichnen sich durch eine hohe Volatilität (= hohe Kursschwankungen) aus. Aktien bieten zwar langfristig hohe Ertragschancen, kurzfristig sind jedoch auch hohe Kursverluste möglich, denn die Börse ist kein Spiegelbild der wirtschaftlichen Realität, sondern ein von Erwartungen und Hoffnungen bewegtes „Stimmungsbarometer". Bei einer allgemeinen „Stimmungsänderung" neigen die Wertpapiermärkte zu Über- bzw. zu Untertreibungen. Diese allgemeinen Marktrisiken können auch durch eine Diversifizierung der Depotwerte nicht begrenzt werden. Damit der Anleger nicht gerade bei einem Kurstief seine Aktien veräußern muss, sollte er einen möglichst langen Anlagehorizont *(z.B. mindestens fünf Jahre)* besitzen. Der Anleger, der sich durch kurz- und mittelfristige Kurseinbrüche nicht irritieren lässt, wird langfristig einen höheren Ertrag erzielen als ein Anleger, der nur festverzinsliche Wertpapiere erwirbt.

8

3.3 Investmentfonds

Mit dem Erwerb von **Investmentfondsanteilen** beteiligt sich der Anleger an einem von einer Kapitalverwaltungsgesellschaft verwalteten **Investmentvermögen** (Sondervermögen).

3.3.1 Investmentvermögen

Investmentvermögen ist jeder **Organismus für gemeinsame Anlagen**, der von Anlegern Kapital einsammelt, um es nach einer festgelegten Anlagestrategie zum Nutzen der Anleger zu investieren (*§ 1 KAGB*).

Kapitalverwaltungsgesellschaften (Investmentgesellschaften) sind Unternehmen, deren Geschäftsbetrieb darauf gerichtet ist, **Investmentvermögen** (Sondervermögen) zu verwalten und weitere Dienstleistungen *(z.B. Verwahrung und Verwaltung von Anteilen)* zu erbringen *(§§ 17, 20 KAGB)*. Eine Kapitalverwaltungsgesellschaft darf mehrere Investmentvermögen bilden. Diese müssen sich aber durch ihre Bezeichnung unterscheiden und sind getrennt zu halten *(§ 92 KAGB)*.

Fondsarten (Investmentvermögen) nach dem Kapitalanlagegesetzbuch

Fondsarten nach den Anlageobjekten *(§ 1 Abs. 2, 3 KAGB)*

- **Wertpapierfonds**
  Das Investmentvermögen ist in Anlageformen nach der **OGAW-Richtlinie** (Organismen für gemeinsame Anlagen in Wertpapieren) angelegt. Dazu gehören insbesondere börsennotierte Wertpapiere, Geldmarktinstrumente, Bankguthaben, Investmentanteile und Derivate.
- **Alternative Investmentfonds (AIF)**
  Das Investmentvermögen ist in anderen Anlageformen (keine OGAW-Vermögenswerte) angelegt. Dazu gehören z. B. Immobilien, Unternehmensbeteiligungen, Schiffe und Edelmetalle.

Fondsarten nach dem Erwerberkreis *(§ 1 Abs. 6 KAGB)*

- **Publikumsfonds**
  Publikumsfonds können von **allen** Anlegern erworben werden.
- **Spezialfonds**
  Spezialfonds können nur von **professionellen und semiprofessionellen** („halbprofessionellen") **Anlegern** erworben werden. Professionelle Anleger verfügen über ausreichende Erfahrungen, Kenntnisse und Sachverstand, um ihre Anlageentscheidung selbst treffen und die damit verbundenen Risiken beurteilen zu können. Professionelle Anleger sind insbesondere institutionelle Anleger wie Versicherungsunternehmen, Pensionsfonds und Finanzinstitute *(§ 67 Abs. 2 WpHG)*. Semiprofessionelle Anleger verfügen über umfänglich Marktkenntnisse und -erfahrungen und investieren mindestens 200 000,00 EUR *(§ 1 KAGB Abs. 19, Nr. 33)*.

Fondsarten nach der Zahl der Anleger

- **Offene Publikumsfonds** *(§ 162 ff. KAGB)*
  Offene Publikumsfonds haben **eine unbegrenzte Zahl von Anlegern**. Der Fonds gibt laufend neue Anteile aus, die von den Anlegern erworben werden können. Geschäftsberichte, Halbjahresberichte, Verkaufsprospekte sowie die Ausgabe- und Rücknahmepreise der Anteile sind laufend zu veröffentlichen. Der Anleger hat grundsätzlich keinen Einfluss auf die Anlage- und Ausschüttungspolitik des Fondsmanagements.

Zu den offenen Publikumsfonds gehören alle **Wertpapierfonds** (OGAW-Sondervermögen) und diejenigen alternativen Investmentfonds, bei denen der Anleger das Recht hat, mindestens einmal pro Jahr seine Anteile zulasten des Sondervermögens an die KVG zurückzugeben. Mindesthaltefristen und die zeitweise Aussetzung oder Beschränkung der Rücknahme sind zulässig. Bei den Alternativen Investmentfonds sind insbesondere **Offene Immobilienfonds** von Bedeutung. Das Investmentvermögen wird in **Mietwohngrundstücken, Geschäftsgrundstücken** und gemischt genutzten Grundstücken angelegt.

- **Geschlossene Publikumsfonds** *(§ 262 ff. KAGB)*
  Geschlossene Publikumsfonds haben nur eine begrenzte Anzahl von Anlegern. Der Fonds wird geschlossen, wenn die für die Finanzierung des Investmentvermögens benötigte Geldsumme erreicht wurde. Eine Rückgabe der Anteile zulasten des Fondsvermögens ist in der Regel während der Laufzeit nicht möglich. Nach Ablauf der geplanten Investitionsdauer *(z. B. zehn Jahre)* wird das Investmentvermögen liquidiert und an die Anleger ausgeschüttet.
  Zur Risikostreuung müssen die Fonds mindestens drei Sachwerte erwerben. Andernfalls dürfen Privatanleger diese Fonds nur erwerben, wenn sie mindestens 20 000,00 EUR investieren.
  Beispiele: *geschlossene Immobilienfonds, Schiffsfonds, Flugzeugfonds, Unternehmensbeteiligungsfonds (Venture-Capital-Fonds)*

3.3.2 Offene Wertpapierfonds

Offene Wertpapierfonds (Investmentvermögen nach der OGAW-Richtlinie) müssen nach dem **Grundsatz der Risikostreuung** gebildet werden. Dies bedeutet, dass in dem Sondervermögen eine Vielzahl von verschiedenen Wertpapieren enthalten sein muss. Da sich die Kurse der verschiedenen Papiere in der Regel unterschiedlich entwickeln, wird der Kursverlust eines Wertpapiers oftmals durch Kurssteigerungen anderer Papiere ausgeglichen. Durch eine optimale Zusammensetzung des Fondsvermögens kann das Risiko der Anlage deutlich gesenkt werden. In der Praxis befinden sich oft mehr als 100 verschiedene Wertpapiere in einem Sondervermögen.

Um eine hinreichende Streuung (Diversifizierung) des Fondsvermögens sicherzustellen, gibt es gesetzliche Höchstgrenzen für den Anteil einzelner Wertpapiere am Fondsvermögen. Die Kapitalverwaltungsgesellschaft darf grundsätzlich nur bis zu 5 % des Investmentvermögens in Wertpapieren und Geldmarktinstrumenten eines Ausstellers anlegen. In den Vertragsbedingungen des Fonds kann aber diese Grenze bis auf maximal 10 % erhöht werden. In diesem Fall darf jedoch der Gesamtwert der Wertpapiere von Ausstellern, deren Anteil am Investmentvermögen 5 % übersteigt, insgesamt nicht mehr als 40 % des Investmentvermögens betragen *(§ 206 ff. KAGB)*.

Die Kapitalverwaltungsgesellschaft darf für **Wertpapierfonds** nur Papiere erwerben, die an einer **Börse** gehandelt werden *(§ 193 KAGB)*.

Mit dem Erwerb von offenen Wertpapierfonds kann der Anleger auch mit kleinen Beträgen eine optimierte Risikostreuung seiner Anlage erreichen.

8

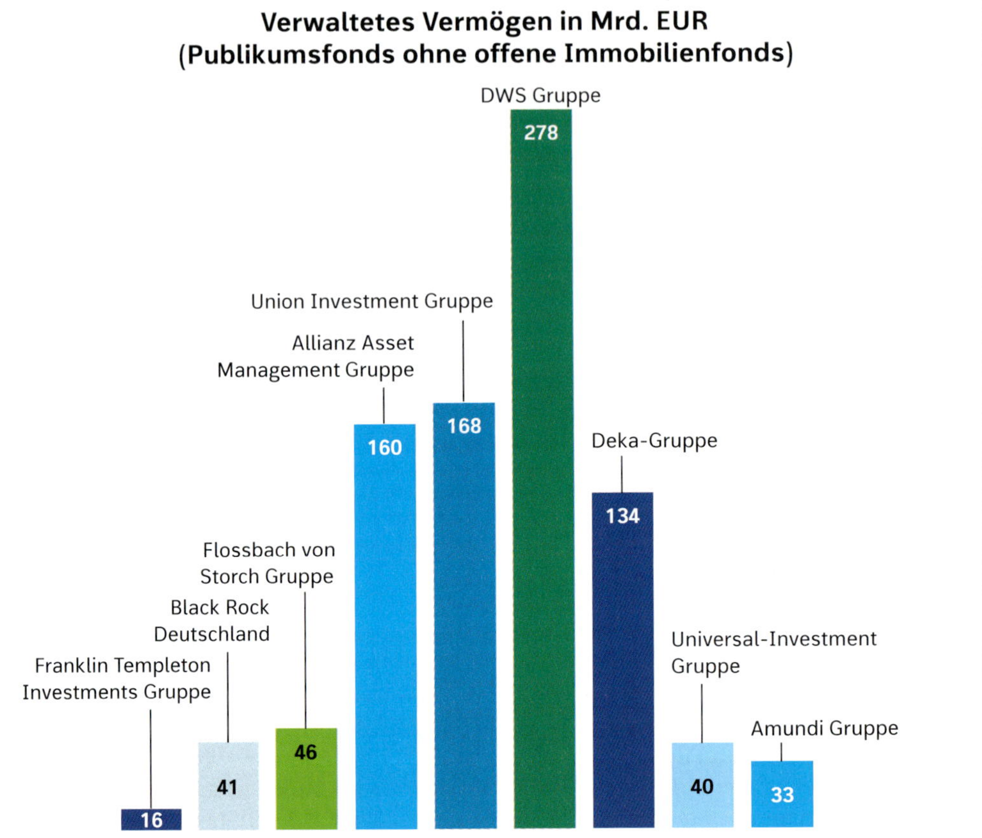

Eigene Darstellung, Zahlenwerte nach BVI, Stand 31.12.2020

3.3.2.1 Rechte und Pflichten der Beteiligten

Anleger erwerben die Fondsanteile von einer **Kapitalverwaltungsgesellschaft**, die die erhaltenen Gelder in einem Sondervermögen anlegt, das von einer **Verwahrstelle** verwahrt und verwaltet wird.

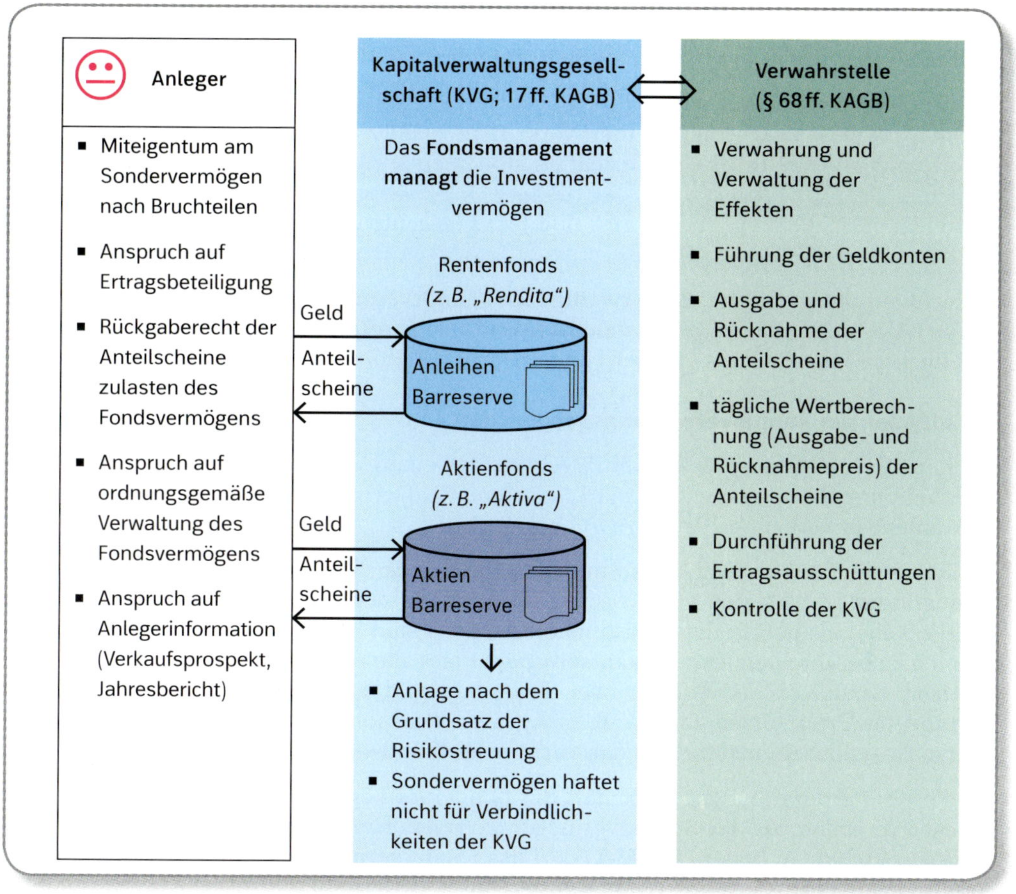

Rechte des Anlegers

Der Inhaber von Investmentfondsanteilen (Anleger) hat insbesondere folgende Rechte:

- Miteigentum nach Bruchteilen am Sondervermögen *(§ 92 KAGB)*
  Das Sondervermögen haftet nicht für Verbindlichkeiten der Kapitalverwaltungsgesellschaft (KVG; *§ 93 KAGB*). Bei einer Insolvenz der KVG können die Anteilsinhaber die Herausgabe ihres Anteils am Sondervermögen verlangen.
- Recht auf Ertragsbeteiligung
  Da das Fondsvermögen den Anlegern gehört, erhalten diese auch alle erzielten Erträge (Zinsen, Dividenden, Kursgewinne). Die KVG darf dem Sondervermögen nur die in den Bedingungen vereinbarten Verwaltungskosten und angefallene Transaktionskosten entnehmen.
- Recht auf Rückgabe der Anteile an die KVG zulasten des Fondsvermögens *(§ 98 KAGB)*
  Jeder Anleger kann mindestens zweimal im Monat verlangen, dass ihm gegen Rückgabe des Anteils sein Anteil an dem Sondervermögen aus diesem ausgezahlt wird. In den Anlagebedingungen kann vorgesehen werden, dass die KVG die Rücknahme der Anteile aussetzen darf, wenn außergewöhnliche Umstände vorliegen, die eine Aussetzung unter Berücksichtigung der Interessen der Anleger erforderlich erscheinen lassen.

In der Praxis kann der Anleger unter normalen Umständen seine Anteile an einem offenen Wertpapierfonds jederzeit (börsentäglich) an die KVG zurückgeben.

- Recht auf Anlegerinformation
  Die KVG muss dem Anleger einen Verkaufsprospekt und die wesentlichen Anlegerinformationen (Key Investor Information Documents, KIIDs) vor einem Erwerb zukommen lassen *(§ 164 KAGB).*
  Zudem muss die KVG Halbjahres- und Jahresberichte über die Fondsentwicklung veröffentlichen *(§§ 102, 103 KAGB).*
- Recht auf ordnungsgemäße Verwaltung des Fondsvermögens
  Die KVG muss mit der gebotenen Sachkenntnis, Sorgfalt und Gewissenhaftigkeit und redlich im Interesse der Anleger handeln *(§ 26 KAGB).*

Aufgaben der Kapitalverwaltungsgesellschaft

Die Kapitalverwaltungsgesellschaft (KVG) darf für einen Wertpapierfonds gemäß OGAW-Richtlinie nur Wertpapiere, Geldmarktinstrumente, Derivate, Bankguthaben und Investmentanteile erwerben *(§ 192ff. KAGB).*

Die KVG legt das Fondsvermögen unter Beachtung der Risikostreuung nach den in den Bedingungen festgelegten Grundsätzen im Interesse der Anleger an *(§ 26 KAGB).* Die Anlageziele und -politik des Investmentvermögens sind in einem Verkaufsprospekt ausführlich zu beschreiben. Der Verkaufsprospekt muss alle Angaben enthalten, die erforderlich sind, damit sich der Anleger über die Anlage und das damit verbundene Risiko ein begründetes Urteil bilden kann *(z.B. Anlageziele, Risikoprofil, Kosten).* Der Verkaufsprospekt muss redlich, eindeutig und darf nicht irreführend sein *(§§ 164, 165 KAGB).*

Da die Kapitalverwaltungsgesellschaft das Sondervermögen nur als Treuhänder für die Anleger verwaltet, ist das Sondervermögen getrennt vom Vermögen der Kapitalverwaltungsgesellschaft zu halten. Die KVG darf das Sondervermögen nicht als Kreditsicherheit verpfänden oder in sonstiger Weise belasten *(§§ 92, 93 KAGB).*

Aufgaben der Verwahrstelle

Die Kapitalverwaltungsgesellschaft muss für jedes von ihr verwaltete Investmentvermögen eine **Verwahrstelle** (Depotbank) beauftragen.

Die Verwahrstelle hat insbesondere folgende Aufgaben:

- Verwahrung und Verwaltung des Investmentvermögens auf Treuhanddepots (Wertpapiere) und Treuhandkonten („Barreserve“); *(§ 72 KAGB)*
- Kauf und Verkauf von Wertpapieren und sonstigen Vermögensgegenständen für das Investmentvermögen auf Weisung der KVG *(§ 74 KAGB)*
- Ausschüttung der Gewinnanteile an die Anleger *(§ 74 KAGB)*
- Ermittlung der Anteilspreise (Ausgabe und Rücknahmepreis) *(§ 71 KAGB)*
- Abwicklung der Ausgabe und Rücknahme von Anteilen *(§ 71 KAGB)*
- Kontrolle der KVG *(§ 76 KAGB)*

Die Verwahrstelle erhält für ihre Tätigkeit eine Vergütung, die aus dem Investmentvermögen gezahlt wird. Die ordnungsgemäße Erfüllung der Pflichten als Verwahrstelle ist einmal jährlich von einem Wirtschaftsprüfer zu kontrollieren *(§ 68 Abs. 7, 7a KAGB).*

Aufgaben der Kapitalverwaltungsgesellschaft und der Verwahrstelle

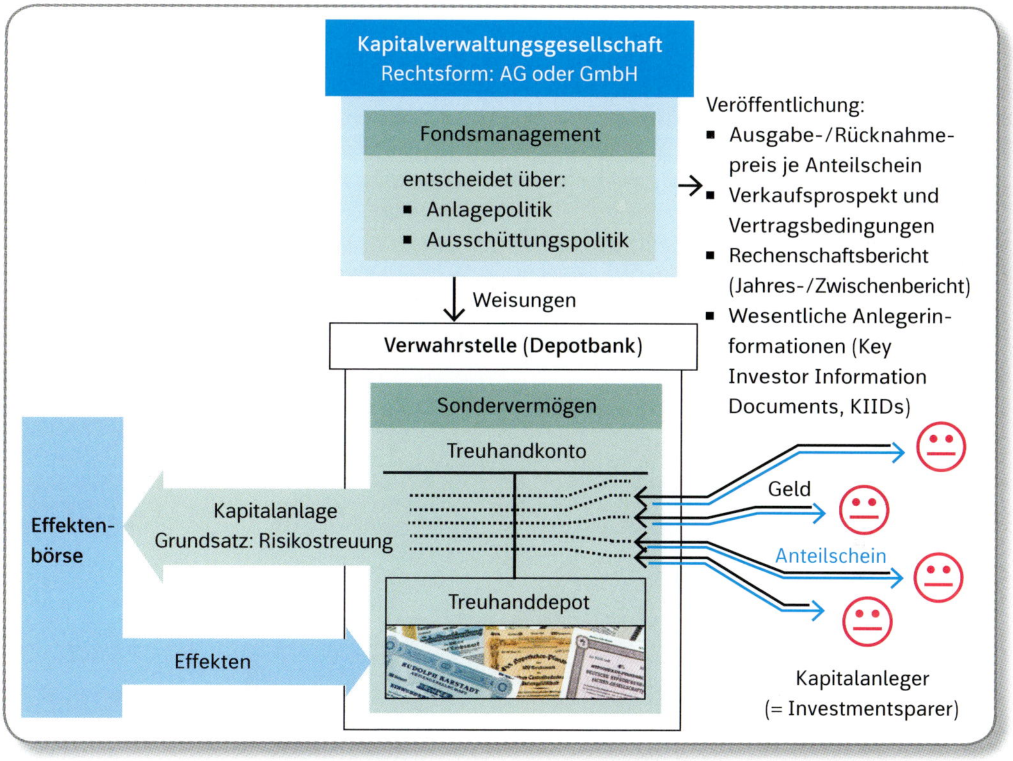

3.3.2.2 Arten von Wertpapierfonds

Fondsarten nach Anlageschwerpunkten

Anlagepolitik und -ziele sind bei den einzelnen Fonds unterschiedlich. In Abhängigkeit von den Anlageschwerpunkten können die mit der Fondsanlage verbundenen Chancen und Risiken niedrig, aber auch sehr groß sein. Das besondere Fondsprofil ist den Vertragsbedingungen und dem Verkaufsprospekt zu entnehmen.

Wertpapierfonds unterteilen sich hauptsächlich in
- Aktienfonds,
- Rentenfonds (Anleihefonds),
- Mischfonds,
- Geldmarktfonds und
- Dachfonds.

Aktien- und Rentenfonds

Aktienfonds weisen ein tendenziell höheres Risiko auf als Rentenfonds. Mischfonds investieren in Aktien und Anleihen und haben demnach ein mittleres Risiko.

Beispiele:
- *Rentenfonds „Euro-Rendita"*
  Der Fonds legt seine Mittel überwiegend in EURO-Anleihen an.

Neben dem Bonitätsrisiko des Emittenten ist bei Anleihen das Zinsänderungsrisiko von großer Bedeutung. Steigen die Marktzinsen, fällt der Kurs der Anleihen. Je länger die Restlaufzeit der Anleihe ist, desto größer wird der Kursverlust sein. Bei Erwartung steigender Zinsen können die Fondsmanager das Risiko durch den Erwerb von Anleihen mit kürzeren Restlaufzeiten vermindern.

- ***Aktienfonds „Aktiva-Europa"***
  Der Fonds legt seine Mittel überwiegend in europäischen Aktien an.
  Gerade beim Erwerb von Aktien ist eine breite Streuung sinnvoll, um „nicht alles auf eine Karte zu setzen". Durch den Erwerb von jeweils mehreren Aktien aus verschiedenen Branchen kann das ***nicht systematische Risiko*** *(Kursrisiko von einzelnen Aktien) begrenzt werden. Das* ***systematische Risiko*** *(allgemeines Marktrisiko) von Aktien bleibt jedoch erhalten.*

Fondsvermögen deutscher Publikumsfonds
insgesamt 1 354 Mrd. EUR

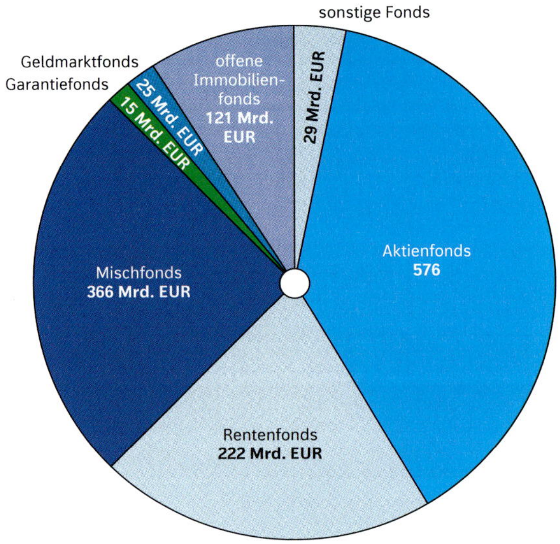

Eigene Darstellung, Zahlen nach BVI, Stand 30.06.2021

Die Anlageschwerpunkte von Aktien- und Rentenfonds und das damit verbundene Anlagerisiko sind unterschiedlich.

Anlageschwerpunkte von Aktienfonds	
Standard-Aktienfonds („Blue Chips")	**Aktienfonds Deutschland** Aktien großer deutscher Unternehmen, die in der Regel im DAX vertreten sind
	Aktienfonds Europa Aktien großer europäischer Unternehmen, die in der Regel im Euro Stoxx vertreten sind
	internationale Aktienfonds weltweite Anlage in Aktien großer Unternehmen

Anlageschwerpunkte von Aktienfonds	
spezielle Aktienfonds	**Nebenwerte** (Smallcap-Fonds) Aktien mittlerer und kleinerer Unternehmen
	Branchen-/Themenfonds Aktien bestimmter Industriezweige oder Wirtschaftssektoren ***Beispiele:*** *Rohstofffonds, Technologiefonds, Medienfonds*
	Indexfonds Nachbildung eines bestimmten Aktienindexes ***Beispiel:*** *DAX-Fonds*
	Emerging-Market-Fonds Aktien aus sogenannten Schwellenländern, die sich von Entwicklungsländern zu Industrienationen entwickeln
	Länderfonds Aktien aus einzelnen Ländern ***Beispiele:*** *USA-Fonds, Russland-Fonds*

Anlageschwerpunkte von Rentenfonds	
Standard-Rentenfonds	**Euro-Rentenfonds** Anleihen in Euro von Emittenten mit bester Bonität
	internationale Rentenfonds Anleihen in verschiedenen Währungen von Emittenten mit bester Bonität
spezielle Rentenfonds	**Geldmarktnahe Rentenfonds** Anlage in Anleihen mit variabler Verzinsung und in Anleihen mit kurzen Restlaufzeiten
	Währungs-Rentenfonds Anleihen in einer Fremdwährung von Emittenten mit bester Bonität *(z. B. USD-Rentenfonds)*
	Laufzeit-Rentenfonds Am Ende der Laufzeit wird das Fondsvermögen verwertet und an die Anleger verteilt.
	High-Yield-Fonds hoch verzinsliche Anleihen von Emittenten unterschiedlicher Bonität *(z. B. Unternehmensanleihen)*

Geldmarktfonds

Geldmarktfonds legen ihre Mittel kurzfristig am Geldmarkt, in Geldmarktpapieren und in Floating Rate Notes an. Da der Fonds die Gelder nur kurzfristig anlegt, besteht nur ein **geringes Kursrisiko** im Hinblick auf eine Veränderung der Marktzinsen. Der Ertrag ist abhängig von der Entwicklung der Geldmarktzinsen:

- Zinssteigerungen am Geldmarkt erhöhen den Ertrag.
- Zinssenkungen am Geldmarkt vermindern den Ertrag.

8

Eine Anlage in Geldmarktfonds empfiehlt sich demnach vor allem, wenn der Anleger sein Geld sicher anlegen möchte oder wenn er steigende Zinsen erwartet.

Einige Geldmarktfonds investieren ihre Mittel jedoch auch in Wertpapiere von Staaten und Unternehmen mit eingeschränkter Bonität. In diesem Fall erhöht sich das Risiko der Fondsanlage erheblich. Wenn sich nämlich die Bonität der Emittenten weiter verschlechtert oder sogar eine Insolvenz eintritt, verlieren die Fondsanteile entsprechend an Wert.

Da bei Geldmarktfonds in der Regel **kein Ausgabeaufschlag** anfällt, eignen sie sich auch für kurzfristige Geldanlagen.

Dachfonds

Dachfonds investieren die Fondsmittel ausschließlich in andere Investmentfonds.

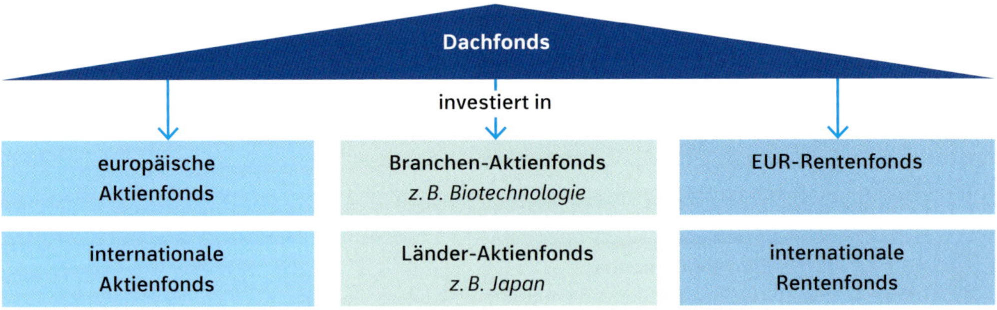

Je nach Anlagezielen und Risikoneigung kann der Anleger meist zwischen drei bis vier Dachfonds mit unterschiedlichen Anlageschwerpunkten wählen. Der Erwerb von Dachfonds ist mit einer standardisierten Vermögensverwaltung vergleichbar.

Beispiele:
- *niedriges Risiko: Dachfonds, die nur in Rentenfonds investieren*
- *mittleres Risiko: Dachfonds, die einen gleichen Anteil von Renten- und Aktienfonds besitzen*
- *hohes Risiko: Dachfonds, die ausschließlich Aktienfonds erwerben*

Diversifikationsgebot

Die Kapitalgesellschaft darf nicht mehr als 25% der ausgegebenen Anteile eines anderen Sondervermögens erwerben *(§ 210 Abs. 3 KAGB)*. Maximal 20% des Sondervermögens dürfen in Anteilen eines anderen Sondervermögens erworben werden *(§ 207 KAGB)*.

Vorteile für den Anleger

- Das professionelle Management des Dachfonds übernimmt die Auswahl der Fonds.
- Der Anleger erzielt auch bei der Anlage kleinerer Beträge eine größtmögliche Streuung.

Nachteile für den Anleger

- Es fallen doppelte Kosten an, da beim Dachfonds und auch bei den erworbenen Fonds jährliche Verwaltungskosten und ggf. beim Erwerb ein Ausgabeaufschlag anfallen.
- Viele Dachfonds investieren nur in Fonds der eigenen Kapitalverwaltungsgesellschaft.
- Das standardisierte Risikoprofil der Dachfonds entspricht nur begrenzt der individuellen Risikoneigung des Anlegers.

Fondsarten nach dem Fondsmanagement

Hinsichtlich des Fondsmanagements sind **aktiv gemanagte Fonds** und **passiv gemanagte Fonds** (Indexfonds) zu unterscheiden.

Bei **aktiv gemanagten Fonds** analysieren die Fondsmanager den Aktienmarkt und kaufen die nach ihrer Ansicht aussichtsreichsten Werte mit dem Ziel, die Wertentwicklung des Referenzindexes zu übertreffen. Der Referenzindex dient als **Benchmark** (Vergleichsmaßstab) und gibt Auskunft über den relativen Erfolg des Fonds.

Beispiel:
Der relative Erfolg eines Aktienfonds mit deutschen Standardaktien kann im Vergleich zur Entwicklung des DAX als Benchmark beurteilt werden.
Der Fondsmanager des Fonds versucht, für den Fonds diejenigen Aktien zu kaufen, die nach seiner Ansicht ein überdurchschnittliches Kurspotenzial aufweisen. Er beobachtet das Börsengeschehen und analysiert die Unternehmen, um auf dieser Grundlage seine Anlageentscheidungen fortlaufend an die aktuellen Entwicklungen anzupassen. Die Zusammensetzung des Sondervermögens weicht deshalb vom Vergleichsindex DAX ab.

Bei **passiv gemanagten Fonds** (Indexfonds) bestimmt sich die Zusammensetzung des Fondsvermögens nach einem bestimmten Index *(z.B. DAX 30, MDAX, DJ EURO STOXX 50)*, sodass die Wertentwicklung des Fonds weitgehend der Performance (Gesamtertrag) des Indexes entspricht. Das Fondsmanagement beschränkt sich auf die laufende Anpassung des Fondsvermögens an den Referenzindex (passives Management). Deshalb sind die Verwaltungskosten niedriger als bei aktiv gemanagten Fonds.

DAX 30-Indexfonds: Das Fondsvermögen besteht aus den 30 DAX-Werten in der entsprechenden Indexgewichtung.

In dem Marktsegment **Exchange Traded Funds (ETFs)** der Deutschen Börse AG werden viele Indexfonds und auch einige aktiv gemanagte Fonds in dem Handelssystem Xetra gehandelt. Der Anleger kann diese Fonds in der Regel nur an der Börse kaufen und verkaufen. Die Kapitalverwaltungsgesellschaft ermittelt und veröffentlicht während der Börsenzeiten laufend den aktuellen Nettoinventarwert des Fonds, von dem der Börsenpreis in der Regel nur gering abweicht.

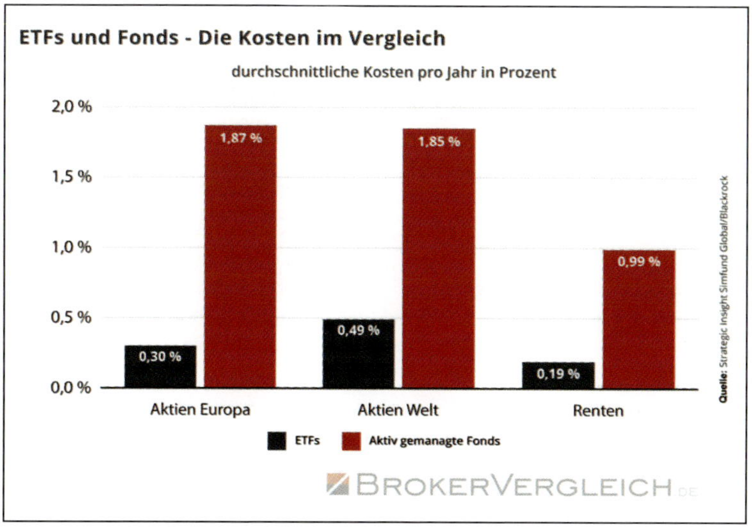

Quelle: https://www.brokervergleich.de

	Indexfonds	aktiv gemanagte Fonds
Ertragsziel	Erzielung einer Wertentwicklung, die der Veränderung des Referenzindexes entspricht	Erzielung einer höheren Wertentwicklung als die des Referenzindexes
Risiko	Marktrisiko	▪ Marktrisiko ▪ Managementrisiko
Kosten	niedrigere Verwaltungskosten (Managementgebühr)	höhere Verwaltungskosten (Managementgebühr)

Niedrige Erfolgsquote aktiv gemanagter Fonds

Nur ein kleiner Teil der aktiv gemanagten Fonds schafft es, auf längere Sicht den Vergleichsindex (Benchmark) zu schlagen. Ursache hierfür sind insbesondere die Verwaltungskosten, die an der Fondsrendite zehren.

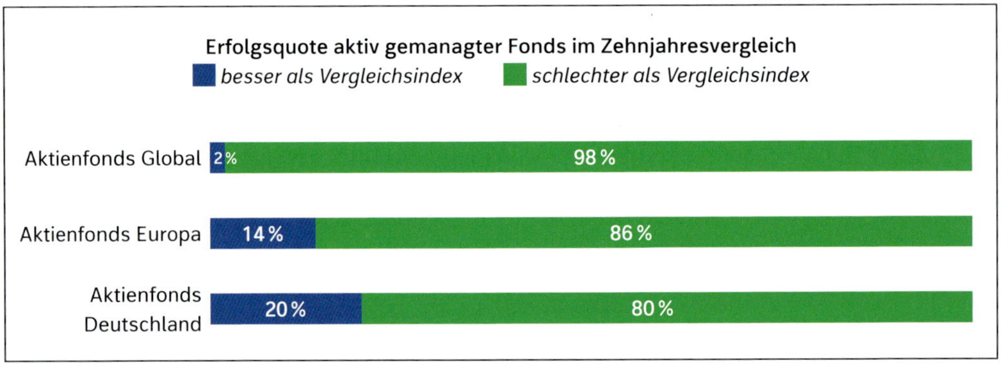

Eigene Darstellung, Zahlen von SPIVA® Europe Scorecard, Stand 31.12.2020

Fondsarten nach Ausgabeaufschlag, Ausschüttung und Garantien

Merkmal	Arten	Erläuterung
Ausgabeaufschlag	Investmentfonds ... ▪ mit Ausgabeaufschlag ▪ ohne Ausgabeaufschlag („No-Load-Fonds“)	Bei Investmentfonds ohne Ausgabeaufschlag ist in der Regel die jährliche Verwaltungsvergütung höher als bei Fonds mit Ausgabeaufschlag. Insbesondere bei einer kurzfristigen Geldanlage sind Fonds ohne Ausgabeaufschlag vorteilhaft.
Ausschüttung	Investmentfonds ... ▪ mit laufender Ausschüttung (Ausschüttungsfonds) ▪ ohne laufende Ausschüttung (Thesaurierungsfonds)	Bei thesaurierenden Fonds werden die Erträge nicht ausgeschüttet, sondern verbleiben im Fondsvermögen. Trotzdem muss der Anleger die Erträge jährlich versteuern. Laufzeitfonds und Garantiefonds sind oft thesaurierende Fonds.

Merkmal	Arten	Erläuterung
Rückzahlungs- oder Ertragsgarantie	Investmentfonds ... ▪ ohne Ertrags-/Kapitalgarantie ▪ mit Ertrags-/Kapitalgarantie (Garantiefonds)	Eine Ertrags- oder Kapitalgarantie vermindert für den Anleger das Risiko. Die Absicherung des Fondsvermögens verursacht jedoch Kosten, die den Ertrag bei einer positiven Entwicklung mindern.

3.3.3 Immobilienfonds

3.3.3.1 Offene Immobilienfonds

Offene Immobilienfonds gehören zu den alternativen Investmentfonds (AIF) und haben wie die offenen Wertpapierfonds eine unbegrenzte Anzahl von Anlegern und Anlageobjekten. Wenn das Sondervermögen durch die Ausgabe von Anteilen wächst, investiert der Fonds das Geld in weitere Immobilien. Wenn viele Anleger ihre Anteile zulasten des Fondsvermögens an die KVG zurückgeben, muss der Fonds Immobilien verkaufen.

Offene Immobilienfonds investieren in Gewerbeimmobilien *(z. B. Bürogebäude, Einzelhandelszentren)*, Wohnimmobilien und Immobiliengesellschaften.

Zur **Risikostreuung** muss der Fonds die Mittel in einer Vielzahl von Objekten anlegen *(§§ 214, 230 ff. KAGB)*.

Die **Ertragsaussichten** bei einer Geldanlage in Immobilienfonds sind abhängig von den zukünftig erzielbaren Mieten und von der Wertentwicklung der Immobilien.

Für den Anleger sind Anlagen in Immobilienfonds steuerlich interessant, weil Veräußerungsgewinne, die der Fonds beim Verkauf von Immobilien nach einer Besitzdauer von mindestens zehn Jahren erzielt, steuerfrei sind. Oft bleiben 30 % bis 40 % der Erträge von Immobilienfonds steuerfrei.

Grundsätzlich besteht bei Immobilienfonds ein **Liquiditätsrisiko**. Bei einer vermehrten Rückgabe von Anteilscheinen muss die Kapitalverwaltungsgesellschaft zur Liquiditätsbeschaffung Immobilien zulasten des Sondervermögens verkaufen. Anders als bei Wertpapieren, die in der Regel jederzeit an der Börse veräußert werden können, ist die Verwertung von Immobilien sehr zeitaufwendig. Deshalb ist die Rückgabe von Anteilen erst nach Ablauf einer **Mindesthaltedauer von 24 Monaten** möglich und muss zudem vorher mit einer Frist von **zwölf Monaten** gekündigt werden *(§ 255 KAGB)*. Haben Anleger die Anteilscheine jedoch schon vor dem 22.07.2013 erworben, können sie auch ohne Kündigung Anteile im Wert von bis zu 30 000,00 EUR je Kalenderhalbjahr an die Kapitalverwaltungsgesellschaft zurückgeben.

Reicht die Liquidität des Fonds trotz dieser Schutzvorschriften nicht aus, um die Rücknahmewünsche der Anleger zu erfüllen, kann die Kapitalverwaltungsgesellschaft die Rücknahme der Anteile vorübergehend aussetzen *(§ 257 KAGB)*.

3.3.3.2 Geschlossene Immobilienfonds

Bei geschlossenen Immobilienfonds beteiligt sich der Anleger in der Regel als Kommanditist an einer Kommanditgesellschaft, die gegründet wurde, um eine oder mehrere größere Immobilien (z. B. Bürogebäude) zu erwerben bzw. neu zu errichten und zu verwalten. Da die Gelder nur in ein oder wenige Objekte investiert werden, ist das Risiko aufgrund der fehlenden Risikostreuung höher als bei offenen Immobilienfonds.

Zur Finanzierung der Immobilien werden oft auch Darlehen aufgenommen. Die Fremdkapitalaufnahme erhöht das Risiko für den Anleger.

Die Höhe des Anlagekapitals richtet sich nach der Höhe des für den Erwerb bzw. die Bebauung des Fondsobjektes benötigten Eigenkapitals; die Anteilausgabe ist demzufolge beschränkt („geschlossener" Kreis von Investoren).

Die Erträge zählen steuerlich zu „Einkünften aus Vermietung und Verpachtung". Die mit dem Immobilienerwerb und -besitz verbundenen Steuervergünstigungen (Werbungskosten, z. B. Abschreibungen) können vom Kapitalanleger selbst steuerlich wahrgenommen werden (ggf. in Form steuermindernder Verlustzuweisungen).

Angesprochen werden nur kapitalkräftige Anleger (Mindestanlagebetrag häufig erst ab 10 000,00 EUR).

Die Liquidierbarkeit der Anlage ist schwierig, da kein Rücknahmeanspruch besteht und die Anteilsrechte weder börsenfähig noch fungibel sind.

3.3.4 Hedgefonds

Hedgefonds *(§ 283 KAGB)* verfolgen sehr **risikoreiche Handelsstrategien**, um hohe Erträge zu erwirtschaften. Dabei spekulieren sie sowohl auf steigende als auch auf fallende Kurse an den Devisen-, Rohstoff- und Kapitalmärkten. Die Investmentgesellschaften haben ihren Sitz oft in Ländern, in denen ihre Geschäfte nicht beschränkt und nicht überwacht werden *(z. B. Cayman Islands, Bermuda)*. Der Einsatz von Derivaten, Leerverkäufe von Wertpapieren und die Aufnahme von Fremdkapital sind üblich.

Anlagestrategien von Hedgefonds	
Global Macro	Der Fonds versucht auf der Basis makroökonomischer Analysen, Wertveränderungen bei Aktien, Anleihen, Währungen oder börsengehandelten Waren (Öl, Edelmetalle usw.) zu prognostizieren. Ziel ist es, Trendveränderungen und Marktunvollkommenheiten zu erkennen und gewinnbringend auszunutzen.
Long/Short Equity	Der Fonds kauft unterbewertete Aktien und verkauft zugleich überbewertete Aktien als Leerverkauf. Bei einem Leerverkauf leiht sich der Fonds Aktien von institutionellen Anlegern in der Erwartung, sie später zu einem niedrigeren Preis zurückkaufen zu können.
Event Driven	Bei dieser Strategie versuchen Hedgefonds-Manager, aus spezifischen Ereignissen in einzelnen Unternehmen *(z. B. erwartete Fusionen, Übernahmen, Insolvenzen)* Kapital zu schlagen.
Managed Futures	Der Fonds erwirbt Derivate (Futures, Optionen) an Terminbörsen, um auf steigende oder fallende Zinsen, Aktien, Indizes, Rohstoffe und Devisen zu spekulieren.

In Deutschland werden Single-Hedgefonds und Dach-Hedgefonds angeboten.

- **Single-Hedgefonds** sind Einzelfonds, die gemäß ihrer Anlagestrategie das Fondsvermögen direkt in Finanzinstrumenten *(z.B. Aktien, Futures, Optionen)* anlegen. Single-Hedgefonds sind immer Spezialfonds und können nur von professionellen und semi-professionellen Anlegern erworben werden *(§ 282, 295 KAGB)*.
- **Dach-Hedgefonds** *(§ 225 KAGB)* investieren die Gelder ausschließlich in andere Single-Hedgefonds (Zielfonds). Sie können als Publikums- oder Spezialfonds aufgelegt werden. Zur Reduzierung des Risikos darf der Dach-Hedgefonds
  - maximal 20% des Fondsvermögens in einen einzelnen Zielfonds,
  - in nicht mehr als zwei Zielfonds eines Emittenten und
  - maximal 40% des Fondsvermögens in Zielfonds mit derselben Anlagestrategie investieren.

Dach-Hedgefonds weisen aufgrund der großen Streuung niedrigere Risiken auf als Single-Hedgefonds.

3.3.5 Geldanlage in Investmentfondsanteilen

3.3.5.1 Risiken von Fondsanlagen

Aufgrund der Einschaltung eines professionellen Fondsmanagements eröffnen Investmentvermögen dem Anleger die Möglichkeit, auf bequeme Weise Kapital nach dem Grundsatz der Risikomischung anzulegen. Auch bei der Geldanlage in Investmentanteilen treten jedoch spezielle Risiken auf, die den Wert der Vermögensanlage nachhaltig beeinträchtigen können.

- **Managementrisiko**
  Beim Erwerb von Investmentanteilen trifft der Kapitalanleger eine Anlageentscheidung durch die Auswahl eines bestimmten Investmentfonds. Seine Entscheidung orientiert sich dabei an den von diesem Fonds einzuhaltenden Anlagegrundsätzen. Einfluss auf die Zusammensetzung des Fondsvermögens kann er darüber hinaus nicht nehmen. Die konkreten Anlageentscheidungen trifft das Management der Kapitalverwaltungsgesellschaft. Das Risiko von Fehleinschätzungen des Fondsmanagements trägt der Kapitalanleger.
- **Allgemeines Marktrisiko**
  Eine breite Streuung des Fondsvermögens kann nicht verhindern, dass eine rückläufige Entwicklung des Gesamtmarktes sich in Rückgängen bei den Anteilpreisen niederschlägt. Das hierdurch bestehende Risikopotenzial ist bei Aktienfonds grundsätzlich höher als bei Rentenfonds.
- **Risiko durch spezielle Anlageschwerpunkte**
  Das Risiko des Fonds ist abhängig von seinem Anlageschwerpunkt. Dabei gibt es eine große Spanne von relativ sicheren Fonds *(z.B. Euro-Geldmarktfonds)* bis zu hoch spekulativen Fonds *(z.B. Derivate-Fonds)*. Ein höheres Risiko bedeutet andererseits aber auch größere Kurschancen.
  Die Kapitalverwaltungsgesellschaften ordnen ihre Fonds einer bestimmten Risikoklasse zu.

8

Beispiel:
Risikoklassen bei Investmentfonds

1	2	3	4	5	6	7
niedrigstes Risiko			→			**höchstes Risiko**
niedrigste Ertragschancen						**höchste Ertragschancen**
EUR-Geld-marktfonds	EUR-Rentenfonds	Mischfonds	deutscher Aktienfonds	internatio-naler Aktienfonds	China-Aktienfonds	Derivate-Fonds

Zur Beurteilung von Chancen und Risiken eines Fonds dienen Performance und Volatilität.

Die **Performance** zeigt die Wertentwicklung des Fonds. Je **höher** die Wertentwicklung, desto erfolgreicher war der Fonds.

Die **Volatilität** gibt Auskunft über die Wertschwankungen eines Anteils im Zeitverlauf. Je **niedriger** die Wertschwankungen, desto erfolgreicher war der Fonds.

Risiko-/Ertragsprofil von Fonds in idealtypischer Darstellung

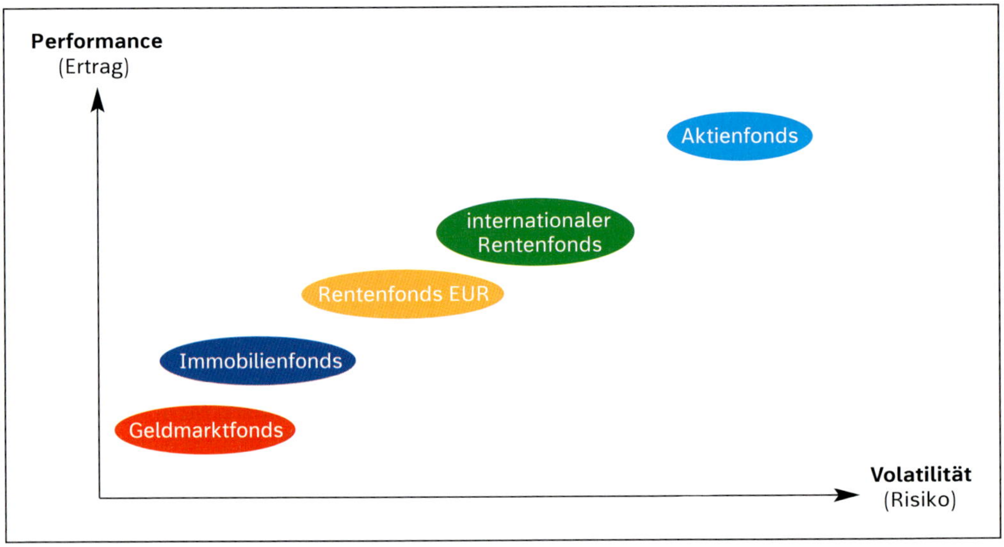

Wertentwicklung bei regelmäßigen Fondsanlagen

Durchschnittliche Ansparergebnisse bei Einzahlungen von 100,00 EUR pro Monat
Durchschnittliche jährliche Renditen in % p. a.

Eigene Darstellung, Zahlen nach BVI; Stichtag 30.06.2021; Ergebnisse berücksichtigen alle Kosten inkl. Ausgabeaufschlag. Angaben sind Durchschnittswerte der jeweiligen Fondsgruppe.

- **Liquiditätsrisiko**
  Die Rücknahme von Investmentanteilen kann Beschränkungen unterliegen. Die Vertragsbedingungen können vorsehen, dass die KVG die Rücknahme der Anteile aussetzen darf, wenn außergewöhnliche Umstände vorliegen, die eine Aussetzung im Interesse der Investmentsparer erforderlich erscheinen lassen *(§ 98 KAGB)*.

8

3.3.5.2 Kosten von Fondsanlagen

- **einmaliger Ausgabeaufschlag beim Erwerb**
  Beim Direkterwerb von Fondsanteilen von der Kapitalverwaltungsgesellschaft zahlt der Erwerber in der Regel einen um einen Ausgabeaufschlag erhöhten Ausgabepreis (Ausnahme: Geldmarktfonds). Der Ausgabeaufschlag ist eine Vertriebsprovision für das Kreditinstitut und als Entgelt für die Beratungsleistung anzusehen. Bei einem Kauf der Fondsanteile an der Börse fällt kein Ausgabeaufschlag an, es entstehen jedoch die bei Börsengeschäften üblichen Transaktionskosten.
- **laufende Kosten**
  Folgende Kosten werden dem Fondsvermögen zu bestimmten Terminen belastet:
  - Managementvergütung (Verwaltungsvergütung) für die Kapitalverwaltungsgesellschaft
  - Vergütung für die Verwahrstelle (Depotbankgebühr)
  - sonstige Betriebskosten (*z. B. Kosten für Fondsprospekte, Rechenschaftsberichte, Wirtschaftsprüfer, Werbung*)

Eine **Gesamtkostenquote** (**T**otal **E**xpense **R**atio – TER) gibt Auskunft über die Höhe der jährlich anfallenden Kosten.

$$\textbf{Gesamtkostenquote} = \frac{\text{laufende Kosten}}{\text{Fondsvolumen}} \cdot 100$$

- **Transaktionskosten**
  Beim Kauf und Verkauf von Wertpapieren fallen Transaktionskosten an, die ebenfalls aus dem Fondsvermögen bezahlt werden. Je häufiger die Fondsmanager den Fonds umschichten, desto höher sind die Kosten.
- **Depotgebühren**
  Für die Verwahrung und Verwaltung seiner Fondsanteile zahlt der Anleger Depotgebühren an sein Kreditinstitut.

3.3.5.3 Erwerb von Fondsanteilen

Handelsplatz

Aktiv gemanagte Geldmarkt-, Renten-, Aktien- und offene Immobilienfonds kann der Anleger erwerben bzw. veräußern
- im Direktgeschäft mit der Kapitalverwaltungsgesellschaft (KVG) oder
- im Börsenhandel.

Passiv gemanagte Fonds (ETF) kann der Anleger in der Regel nur an der Börse erwerben.

Beim Börsenhandel von Fonds sorgen Market-Maker während der Börsenzeiten für einen liquiden Handel und für marktgerechte Börsenkurse, die sich am jeweiligen inneren Wert der Fondsanteile (Inventarwert) orientieren. Market-Maker sind verpflichtet, laufend verbindliche Kauf- und Verkaufskurse zu stellen. Die Spanne zwischen Kauf- und Verkaufskursen (Spread) darf eine festgelegte Höchstspanne nicht übersteigen.

Erwerb und Rückgabe von Fondsanteilen an die KVG	Handel von Fondsanteilen an der Börse
▪ Der Anleger kann Fondsanteile direkt von der KVG erwerben. Mindestens zweimal im Monat kann er die Rücknahme seiner Anteile zulasten des Sondervermögens verlangen *(§ 98 KAGB)*. Nach den Fondsbedingungen ist in der Regel eine Rückgabe an jedem Geschäftstag möglich. ▪ Der Ausgabe- und Rücknahmepreis wird aus dem Inventarwert des Investmentvermögens ermittelt. ▪ Die Preisfeststellung erfolgt einmal börsentäglich. ▪ Eine Order kann nicht limitiert werden. ▪ Der Ausgabepreis ist in der Regel um einen Ausgabeaufschlag erhöht. Es fallen keine weiteren Transaktionskosten an. ▪ Der Anleger kann auch Bruchteile von Anteilen erwerben. ▪ Ein Fondserwerb erhöht das Investmentvermögen, eine Rückgabe vermindert das Investmentvermögen.	▪ Die Börsenpreise bilden sich nach Angebot und Nachfrage und können von den Inventarwerten abweichen. ▪ Die Preisfeststellung erfolgt laufend während des Börsenhandels. ▪ Eine Order kann limitiert werden. ▪ Es fällt kein Ausgabeaufschlag an, jedoch gibt es eine Spanne (Spread) zwischen An- und Verkaufspreisen. ▪ Es fallen die bei Börsengeschäften üblichen Transaktionskosten an. ▪ Es werden nur ganze Anteile gehandelt. ▪ Der Fondshandel verändert nicht die Höhe des Investmentvermögens.

Ausgabe- und Rücknahmepreise von Fondsanteilen

Der Preis der Fondsanteile bestimmt sich nach dem Nettoinventarwert des Investmentvermögens.

Einmal börsentäglich ermittelt die Verwahrstelle (Depotbank) den Nettoinventarwert des Sondervermögens (Vermögen – Schulden). Der Rücknahmepreis von Fondsanteilen entspricht in der Regel dem Nettoinventarwert pro Anteil. Der Ausgabepreis erhöht sich gegebenenfalls um den Ausgabeaufschlag.

Beispiel:

	Wertpapiervermögen (einschl. Stückzinsen)	*102 780 000,00 EUR*
+	*Bankguthaben (einschl. aufgelaufene Zinsen)*	*17 970 000,00 EUR*
+	*sonstiges Vermögen*	*234 000,00 EUR*
–	*Fondsverbindlichkeiten (einschl. aufgelaufene Zinsen)*	*85 000,00 EUR*
	Nettoinventarwert des Sondervermögens	*120 899 000,00 EUR*

Anteile im Umlauf	*3 751 234 Stück*	
Nettoinventarwert je Anteil (120 899 000,00 : 3 751 234)	*32,23 EUR*	◂ *Rücknahmepreis*
3 % Ausgabeaufschlag	*0,97 EUR*	
	33,20 EUR	◂ *Ausgabepreis*

Cost-Average-Effekt

Bei einem Fondssparplan mit festen Sparbeiträgen nutzt der Anleger den sogenannten Cost-Average-Effekt (Durchschnittskosten-Effekt). Durch regelmäßige Anlage eines bestimmten Geldbetrages in Investmentanteilen erlangt der Anleger einen niedrigeren Durchschnittserwerbspreis als beim regelmäßigen Kauf einer bestimmten Anzahl von Anteilen, da er bei hohem Ausgabepreis automatisch weniger, bei niedrigem Ausgabepreis jedoch mehr Fondsanteile erwirbt.

Beispiel:

	Ausgabepreis	Alternative (1) *monatlicher Erwerb von 3 Anteilen*		Alternative (2) *monatliche Anlage von 150,00 EUR*	
Monat 1	*40,00 EUR*	*3 · 40,00 =*	*120,00 EUR*	*150 : 40 =*	*3,75 Anteile*
Monat 2	*60,00 EUR*	*3 · 60,00 =*	*180,00 EUR*	*150 : 60 =*	*2,50 Anteile*
Monat 3	*50,00 EUR*	*3 · 50,00 =*	*150,00 EUR*	*150 : 50 =*	*3,00 Anteile*
		9 Anteile	*450,00 EUR*	*450,00 EUR*	*9,25 Anteile*
		Ø Preis	*50,00 EUR*	*Ø Preis:*	*48,65 EUR*

Investment-Anlagekonto

Die Eröffnung eines Investment-Anlagekontos und der Abschluss eines Investment-Sparvertrages ermöglichen einen systematischen Vermögensaufbau.

Das **Investment-Anlagekonto** ist ein bei einer Kapitalverwaltungsgesellschaft für den Investmentsparer geführtes Konto, das

- der regelmäßigen und/oder unregelmäßigen Anlage

8

- konstanter und/oder schwankender Geldbeträge
- zum Zweck der Vermögensbildung und -anlage
- in Investmentanteilen ggf. auch Bruchteilen hiervon

dient.

Vorteile des Investment-Anlagekontos für den Kunden:

- Nutzung des Cost-Average-Effektes
- keine bzw. niedrige Depot- und Kontoführungsgebühren
- automatische Wiederanlage ausgeschütteter Beträge unter Berücksichtigung eines Wiederanlagerabatts
- Vermögensbildung per „Dauerauftrag"
- Möglichkeit der Anlage vermögenswirksamer Leistungen; bei Aktienfonds: ggf. staatliche Förderung durch Arbeitnehmer-Sparzulage in Höhe von 20 %
- Nach Erreichen des Sparziels kann mit der Kapitalverwaltungsgesellschaft die monatliche Teilliquidierung des Sparkapitals und die Auszahlung eines Festbetrages *(z. B. als „Zusatzrente")* vereinbart werden (Auszahlungsplan).

Abwicklung eines Investment-Sparvertrages

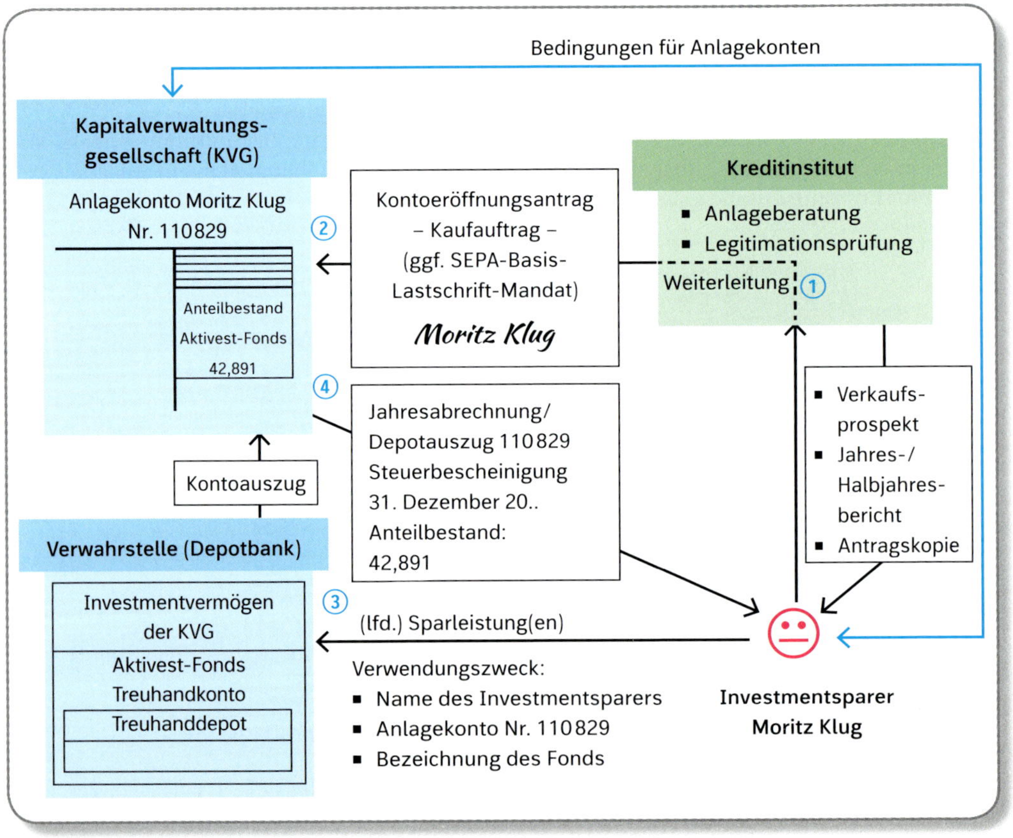

3.3.6 Anlegerschutzbestimmungen nach dem Kapitalanlagegesetzbuch (KAGB)

Vertragsbedingungen Verkaufsprospekt *(§§ 163, 164, 165, 166, 306 KAGB)*	▪ Die Vertragsbedingungen, nach denen sich das Rechtsverhältnis der KVG zu den Anteilinhabern bestimmt, sind vor Ausgabe der Anteile schriftlich festzulegen und bedürfen der Genehmigung durch die Bundesanstalt für Finanzdienstleistungsaufsicht (BaFin). ▪ Dem Erwerber eines Anteils sind die Vertragsbedingungen und ein Verkaufsprospekt bereitzustellen. ▪ Die KVG sowie Kreditinstitute, die Anteile im eigenen Namen verkaufen, haften für die Richtigkeit des Prospekts.
zulässige Wertpapiere *(§ 193 ff. KAGB)*	Die Kapitalverwaltungsgesellschaft darf nur Wertpapiere erwerben, die an einer Börse oder an einem organisierten Markt gehandelt werden.
Investmentvermögen (Sondervermögen, *§ 92 KAGB)*	▪ Das bei der KVG gegen Ausgabe von Anteilen eingelegte Geld und die damit angeschafften Vermögensgegenstände bilden ein Investmentvermögen. Das Investmentvermögen ist getrennt vom eigenen Vermögen der KVG zu halten und haftet nicht für Verbindlichkeiten der KVG. ▪ Die KVG darf mehrere Investmentvermögen bilden; diese haben sich durch ihre Bezeichnung zu unterscheiden und sind getrennt zu halten.
Verwahrstelle *(Depotbank, § 68 ff. KAGB)*	▪ Die Auswahl sowie jeder Wechsel der Verwahrstelle (Depotbank) bedürfen der Genehmigung der BaFin. ▪ Die zu einem Investmentvermögen gehörenden Wertpapiere sind von der Verwahrstelle in einem gesperrten Depot zu verwahren. Der Preis für die Ausgabe von Anteilen ist an die Verwahrstelle zu entrichten und von dieser auf einem für das Investmentvermögen eingerichteten gesperrten Konto zu buchen. Der Wert des Investmentvermögens ist von der Verwahrstelle zu ermitteln. ▪ Die Verwahrstelle wickelt auf Weisung der KVG den Erwerb bzw. die Veräußerung von Wertpapieren des Investmentvermögens sowie die Ausgabe bzw. Rücknahme von Anteilen und die Ausschüttung von Gewinnanteilen an die Anteilinhaber ab.
Diversifikationsgebot *(§§ 206, 210 KAGB)*	▪ Max. 10 % eines Investmentvermögens dürfen in Wertpapieren desselben Emittenten angelegt werden. Der Gesamtwert der Wertpapiere, deren Anteil am Investmentvermögen 5 % übersteigt, darf jedoch nicht mehr als 40 % des Investmentvermögens betragen. ▪ Max. 10 % des Grundkapitals einer AG dürfen für alle von der KVG verwalteten Wertpapier-Investmentvermögen erworben werden.
Begrenzung der Kreditaufnahme *(§ 199 KAGB)*	Die KVG darf für gemeinschaftliche Rechnung der Anteilinhaber kurzfristige Kredite bis zur Höhe von 10 % des Investmentvermögens aufnehmen, wenn die Bedingungen der Kreditaufnahme marktüblich sind und dies in den Vertragsbedingungen vorgesehen ist.

Pflicht zur Rücknahme der Anteilscheine *(§ 98 KAGB)*	Jeder Anteilinhaber kann verlangen, dass ihm gegen Rückgabe seiner Anteile sein Anteil am Investmentvermögen ausgezahlt wird. In den Vertragsbedingungen kann vorgesehen werden, dass die KVG die Rücknahme der Anteile aussetzen darf, wenn außergewöhnliche Umstände vorliegen.
Publizitäts-, Anzeige-, Prüfungspflicht *(§ 101 ff. KAGB)*	Die KVG hat für jedes Investmentvermögen am Ende des Geschäftsjahres einen Jahresbericht zu erstellen.

3.4 Wertpapiersonderformen

3.4.1 Wandelanleihen

Wandelanleihen (Convertible Bonds) sind Schuldverschreibungen von Aktiengesellschaften, die neben den gewöhnlichen Rechten einer Anleihe ein **Umtauschrecht in Aktien** der betreffenden AG verbriefen. Die Rechte aus der Anleihe erlöschen beim Umtausch.

Für die Emission von Wandelanleihen und für die zur Sicherung der Umtauschrechte erforderliche bedingte Kapitalerhöhung sind Beschlüsse der Hauptversammlung notwendig *(§§ 192, 221 AktG)*. Den Aktionären steht ein Bezugsrecht zu *(§§ 186, 221 AktG)*.

Bedeutung für den Emittenten

Wandelanleihen sind aufgrund der Umtauschrechte mit einer vergleichsweise niedrigen Verzinsung ausgestattet. Die AG erhält bei der Emission der Wandelanleihe zunächst **zinsgünstiges Fremdkapital**, das bei Ausübung der Umtauschrechte durch die Anleger in **Eigenkapital** umgewandelt wird.

Rechte der Inhaber und Ausstattungsmerkmale

Der Anleger hat folgende Wahlrechte:

- **Nichtausübung des Umtauschrechtes**
  Der Anleger erhält die laufenden Zinszahlungen und bei Fälligkeit den Nennwert als Rückzahlungsbetrag.
- **Ausübung des Umtauschrechtes**
  Nach Ablauf einer Sperrfrist kann der Anleger die Wandelanleihe innerhalb der **Wandlungsfrist** in einem festgelegten **Wandlungsverhältnis** und gegebenenfalls unter Zuzahlung eines Geldbetrages in Aktien der Gesellschaft umtauschen. Damit erlöschen die Ansprüche aus der Anleihe auf weitere Zinszahlungen und auf Rückzahlung.

Bei einigen Wandelanleihen ist in den Emissionsbedingungen eine Pflichtumwandlung am Ende der Laufzeit festgelegt.

Fallbeispiel:
Die Taurus AG veröffentlicht folgendes Bezugsangebot:

2,50 % Wandelschuldverschreibung von 2018/2024	
Gesamtnennbetrag	400 000 000,00 EUR
Bezugsfrist	12. Mai 2018 bis 26. Mai 2018
Bezugsverhältnis	Jeweils 30 Aktien berechtigen zum Bezug einer Wandelschuldverschreibung im Nennwert von 500,00 EUR.
Ausgabekurs	100 %
kleinste Stückelung	500,00 EUR
Verzinsung	2,50 % p. a. zahlbar am 1. Juni jedes Jahres
Rückzahlung	1. Juni 2024, sofern nicht gewandelt wurde
Wandlungsfrist	1. Juni 2022 bis 31. März 2024
Wandlungsrecht	Eine Teilschuldverschreibung im Nennwert von 500,00 EUR kann in 10 Aktien der Taurus AG unter Zuzahlung von 5,00 EUR je Aktie umgetauscht werden.

Die Stückaktien der Taurus AG haben einen rechnerischen Anteil am Grundkapital von 2,00 EUR.

Wandelanleihe der Taurus AG
1. Rechte eines festverzinslichen Wertpapiers ▪ Zinsanspruch 2,50 % p. a. ▪ Rückzahlungsanspruch am 01.06.2024 zum Nennwert **+** **2. Umtauschrecht in Aktien** ▪ innerhalb der Wandlungsfrist vom 01.06.2022 bis zum 31.03.2024 ▪ gemäß dem Wandlungsverhältnis + eventuell Zuzahlung Bei Ausübung des Umtauschrechtes erlöschen die Rechte auf Zinszahlung und auf Rückzahlung.

Zur Sicherung der Umtauschrechte muss die Hauptversammlung eine bedingte Kapitalerhöhung über 16 Mio. EUR beschließen.

500,00 EUR Nennwert – 10 Aktien
400 000 000,00 EUR Nennwert – x

$$x = \frac{10 \cdot 400\,000\,000{,}00}{500{,}00} = \underline{\underline{8\,000\,000}} \text{ Anzahl der jungen Aktien}$$

8 000 000 Aktien · 2,00 EUR rechnerischer Nennwert = $\underline{\underline{16\,000\,000{,}00 \text{ EUR}}}$

Hannah Bröhl möchte Wandelanleihen im Nennwert von 10 000,00 EUR beziehen. Für den Erwerb der Wandelanleihen benötigt sie 600 Bezugsrechte.

500,00 EUR Nennwert – 30 Bezugsrechte
10 000,00 EUR Nennwert – x

$$x = \frac{30 \cdot 10\,000{,}00}{500{,}00} = \underline{\underline{600 \text{ Bezugsrechte}}}$$

Die Ausübung des Wandlungsrechtes lohnt sich, wenn der Wandlungspreis niedriger ist als der Aktienkurs. Da sich aus dem Wandlungsverhältnis und der Zuzahlung von 5,00 EUR ein Wandlungspreis von 55,00 EUR ergibt, ist eine Ausübung sinnvoll, wenn der Aktienkurs über diesem Wert liegt.

$$\frac{500{,}00 \text{ EUR Nennwert}}{10 \text{ Aktien}} = 50{,}00 \text{ EUR} + 5{,}00 \text{ EUR} = \underline{\underline{55{,}00 \text{ EUR}}}$$

Da die Aktie der Taurus AG sich positiv entwickelt hat, möchte Hannah Bröhl die Wandelanleihen zu Beginn der Wandlungsfrist in Aktien tauschen.

Sie erhält 200 Aktien und muss einen Zuzahlungsbetrag von 1 000,00 EUR leisten.

500,00 EUR Nennwert	–	10 Aktien
10 000,00 EUR Nennwert	–	x

Zuzahlungsbetrag: 200 Aktien · 5,00 EUR = $\underline{\underline{1\,000{,}00 \text{ EUR}}}$

Falls während der Wandlungsfrist alle Anleger von ihrem Wandlungsrecht Gebrauch machen, wandelt sich bei der Taurus AG Fremdkapital von 400 Mio. EUR in Eigenkapital um. Zudem erhält die AG einen Zuzahlungsbetrag von 40 Mio. EUR, sodass sich das Eigenkapital um insgesamt 440 Mio. EUR erhöht.

Nennwert (Umwandlungsbetrag)	400 Mio. EUR
+ Zuzahlung 8 Mio. Aktien · 5,00 EUR	40 Mio. EUR
Summe	440 Mio. EUR

Das Grundkapital der Gesellschaft erhöht sich um 16 Mio. EUR (8 Mio. Aktien · 2,00 EUR rechnerischer Anteil am Grundkapital), der Restbetrag von 424 Mio. EUR wird der Kapitalrücklage zugeführt.

3.4.2 Optionsanleihen

Optionsanleihen sind Schuldverschreibungen von Aktiengesellschaften, in denen neben den gewöhnlichen Rechten einer Anleihe in beigefügten Optionsscheinen das Recht zum **Bezug** von Aktien der betreffenden AG verbrieft ist. Anleihe und Optionsscheine sind getrennt handelbar.

Rechtliche Voraussetzungen der Emission

Die Emission sowie die zur Sicherung der Bezugsrechte erforderliche **bedingte Kapitalerhöhung** bedürfen entsprechender **Hauptversammlungsbeschlüsse** mit ¾-Mehrheit des vertretenen Grundkapitals *(§§ 192, 221 AktG)*. Den Aktionären steht ein **Bezugsrecht** zu *(§§ 221, 186 AktG)*. Eine Ermächtigung des Vorstandes zur Ausgabe von Optionsanleihen kann höchstens für fünf Jahre im Voraus erteilt werden.

Bedeutung für den Emittenten

Optionsanleihen sind aufgrund der Sonderrechte mit einer vergleichsweise niedrigen Verzinsung ausgestattet. Die AG sichert sich mit ihrer Emission **zinsgünstiges Fremdkapital** und die **Möglichkeit der späteren Beschaffung zusätzlichen Eigenkapitals**.

Bedeutung für den Anleger

Der Anleger erzielt zwar mit der Optionsanleihe nur einen niedrigen Zinsertrag, profitiert mit den Optionsscheinen aber von steigenden Aktienkursen, da er die Aktien zum festgelegten Basispreis beziehen kann.

Rechte der Inhaber und Ausstattungsmerkmale

Eine Optionsanleihe besteht aus zwei voneinander unabhängigen Wertpapieren. Der eigentlichen Optionsanleihe (= Schuldverschreibung) sind Optionsscheine (Warrants) beigefügt, die das Recht verbriefen,
- innerhalb einer bestimmten Frist (Optionsfrist)
- eine bestimmte Anzahl von Aktien der AG
- zu einem bestimmten Preis (Optionspreis, Basispreis)

zu beziehen.

Fallbeispiel:
Die **Petro AG** veröffentlicht folgendes Bezugsangebot:

Angebot zum Bezug einer 3,25 %-Options-Schuldverschreibung von 2018/2026	
Gesamtnennbetrag	500 000 000,00 EUR
Bezugsfrist	12. März 2018 bis zum 26. März 2018
bezugsberechtigtes Grundkapital	3 000 000 000,00 EUR verbrieft in 600 000 000 Aktien (5,00 EUR beträgt der rechnerische Anteil am Grundkapital je Aktie.)
Bezugsverhältnis	Jeweils 1 200 Stückaktien berechtigen zum Bezug einer Optionsanleihe im Nennwert von 1 000,00 EUR.
Ausgabekurs	100 %
Ausstattung der Anleihe ▪ Verzinsung ▪ Rückzahlung	 3,25 % p. a. zahlbar am 1. April jedes Jahres 1. April 2026
Ausstattung der Optionsscheine (Optionsrecht)	Jeder Optionsanleihe im Nennwert von 1 000,00 EUR sind zwei Optionsscheine mit Berechtigung zum Bezug von jeweils einer und sechs, also insgesamt sieben Aktien der Petro AG beigefügt.
Basispreis (Bezugs-, Optionspreis)	140,00 EUR je Aktie
Optionsfrist	vom 1. April 2018 bis zum 31. März 2026

Die Wertpapiere lassen sich wie folgt darstellen:

Optionsschuldverschreibung der Petro AG		Optionsschein (Warrant) der Petro AG
festverzinsliches Wertpapier (Anleihe) ▪ Zinsanspruch 3,25 % p. a. ▪ Rückzahlungsanspruch am 1. April 2026 zum Nennwert	+	**Verbriefung von Optionsrechten** ▪ Recht zum Bezug junger Aktien zum Basispreis von 140,00 EUR ▪ während der Optionsfrist vom 1. April 2018 bis zum 31. März 2026

Kursnotierungen
An der Börse gibt es für die Optionsanleihe der Petro AG folgende Kursnotierungen:

- **Optionsanleihe mit Optionsscheinen (m. O.; cum)**
- **Optionsanleihe ohne Optionsscheine (o. O.; ex)**
  Kursbestimmend ist der jeweilige Kapitalmarktzins. Da die Anleihe nur mit einem niedrigen Nominalzins ausgestattet ist, wird der Kurs nach der Trennung der Optionsscheine auf das vom allgemeinen Kapitalmarktzins bestimmte Kursniveau fallen.
- **Optionsschein**
  Der Wert des Optionsscheins orientiert sich am jeweiligen Kurs der Aktie und ihrem weiteren Kurspotenzial. Da der Optionsschein-Inhaber die Aktie zum festgelegten Optionspreis beziehen kann, wird mit steigendem/fallendem Aktienkurs auch der Kurs des Optionsscheins steigen/fallen. Anlagen in Optionsscheinen weisen ein hohes Risiko auf, da die Kursschwankungen des Optionsscheins aufgrund des geringen Kapitaleinsatzes bedeutend höher sind.

3.4.3 Genussscheine

Genussscheine sind **Gläubigerpapiere**, die sowohl **anleihenähnliche Rechte** *(z. B. Recht auf Rückzahlung zum Nennwert)* als auch **aktienähnliche Rechte** *(z. B. Recht auf Gewinnbeteiligung)* verbriefen können.

Bei Aktiengesellschaften ist für die Emission von Genussscheinen ein Beschluss der Hauptversammlung notwendig. Die Aktionäre besitzen ein Bezugsrecht *(§ 221 AktG)*.

Die Ausgestaltung der Genussrechte ist in der Praxis sehr unterschiedlich; sie verbriefen jedoch **keine Mitwirkungsrechte** im Unternehmen, insbesondere kein Teilnahmerecht an der Hauptversammlung und kein Stimmrecht.

Ausgestaltung von Genussscheinen	
anleihenähnliche Genussscheine	aktienähnliche Genussscheine
▪ Rückzahlung des Nennwertes bei Fälligkeit ▪ feste Verzinsung ggf. mit gewinnabhängiger Zusatzverzinsung	▪ unbegrenzte Laufzeit (Rückzahlung nur nach besonderer Kündigung) ▪ gewinnabhängiger Ertragsanspruch

Genussscheine von Kreditinstituten

Kreditinstitute emittieren anleihenähnliche Genussscheine, da das Genussrechtskapital (rechtliches Fremdkapital) dem haftenden Eigenkapital (wirtschaftliches Eigenkapital) zuzurechnen ist. Zu einer aufsichtsrechtlichen Anerkennung sind jedoch folgende Voraussetzungen einzuhalten:

- **Verlustbeteiligung**
  Bei einem Bilanzverlust vermindern sich anteilig die Rückzahlungsansprüche des Genussscheininhabers. In den Emissionsbedingungen vieler Kreditinstitute ist jedoch vereinbart, dass die Rückzahlungsansprüche sich wieder bis zum Nennwert erhöhen, wenn in den folgenden Jahren wieder ein Gewinn erzielt wird. Dies gilt jedoch nur während der Laufzeit der Genussscheine.

- **Nachrangigkeit**
  Im Insolvenzfall werden die Genussscheine erst nach Befriedigung aller nicht nachrangigen Gläubiger des Emittenten zurückgezahlt.
- **Mindestlaufzeit**
  Die Gesamtlaufzeit der Genussscheine muss mindestens fünf Jahre betragen. Der Rückzahlungsanspruch darf in nicht weniger als zwei Jahren fällig sein.

4 Finanzderivate

Derivate (im weiteren Sinne) sind Finanzinstrumente, bei denen die Wertentwicklung vom jeweiligen Preis eines bestimmten Basiswertes abhängig ist. Basiswerte können Aktien, Anleihen, Indizes und andere Vermögenswerte (z. B. Rohstoffe, Edelmetalle) sein.

Zu den Derivaten gehören
- Indexzertifikate,
- Optionsscheine und Optionen,
- Futures sowie
- strukturierte Zertifikate.

4.1 Indexzertifikate

Indexzertifikate sind Schuldverschreibungen von Kreditinstituten und verbriefen das Recht auf Zahlung eines Geldbetrages, dessen Hohe vom Wert des zugrunde liegenden Indexes am Fälligkeitstag abhängt.

Der Preis eines Indexzertifikats entspricht der Höhe des zugrunde liegenden Indexes bzw. eines Bruchteils davon.
- Ein steigender Index führt zu höheren Preisen des Zertifikats.
- Ein fallender Index führt zu sinkenden Preisen des Zertifikats.

Beispiele:

Bezugsverhältnis	Preisveränderung des Zertifikats bei einer DAX-Veränderung von 1 Punkt	Preis des Zertifikats bei einem DAX-Stand von 10500	Preis des Zertifikats bei einem DAX-Stand von 13500
1 : 1	1,00 EUR	10500,00 EUR	13500,00 EUR
1 : 10	0,10 EUR	1050,00 EUR	1350,00 EUR
1 : 100	0,01 EUR	105,00 EUR	135,00 EUR

Indexzertifikate mit einer mehrjährigen oder unbegrenzten Laufzeit werden von vielen Kreditinstituten für alle bedeutenden Aktienindizes angeboten.

Beispiele:
Dax, Euro-Stoxx, S & P 500, Nikkei

Vorteile

- **Diversifikation**
  Die Veränderungen des Indexes spiegeln die Kursveränderungen der im Index enthaltenen Aktien wider. Der Kauf eines Indexzertifikates ist damit eine Alternative zum Kauf einer Vielzahl von Aktien oder von Investmentanteilen.
- **Produkttransparenz**
  Der Wert des Zertifikats ergibt sich aus dem Stand des Indexes. Aktienindizes werden börsentäglich ermittelt und veröffentlicht.
- **Niedrige Kosten**
  Neben den An- und Verkaufskosten und den Depotgebühren fallen keine weiteren Kosten an. Damit sind Indexzertifikate kostengünstiger als Investmentzertifikate, bei denen ein Ausgabeaufschlag und jährliche Verwaltungskosten anfallen.
- **Geringer Mindestkapitaleinsatz**
  Bei entsprechendem Bezugsverhältnis ist der Erwerb schon mit niedrigen Beträgen möglich.
- **Liquidität**
  Indexzertifikate werden börslich und/oder außerbörslich gehandelt. Die Emittenten stellen i. d. R. täglich An- und Verkaufskurse für die Zertifikate.
- **Performance (Ertrag)**
  Der Anleger erzielt mit seiner Anlage die Marktrendite.

Indexzertifikate und börsengehandelte Indexfonds im Vergleich

	Indexzertifikate	börsengehandelte Indexfonds
Emittenten	Kreditinstitute	Kapitalverwaltungsgesellschaft (KVG)
Rechte des Inhabers	▪ Gläubigerrecht ▪ Recht auf Zahlung eines Geldbetrages in Abhängigkeit vom Stand des Indexes	▪ Miteigentum nach Bruchteilen an einem Sondervermögen ▪ Recht auf Rückgabe an die KVG
Risiko	▪ Marktrisiko ▪ Insolvenzrisiko des Emittenten (keine Einlagensicherung)	Marktrisiko
Kosten	▪ Kosten beim Kauf und Verkauf ▪ Depotgebühren	▪ Kosten beim Kauf und Verkauf ▪ Verwaltungskosten (Managementgebühr; kein Ausgabeaufschlag) ▪ Depotgebühren

4.2 Optionen

Optionen verbriefen das Recht
- nach einem bestimmten Bezugsverhältnis
- einen bestimmten Basiswert (Aktien, Anleihen, Währungen, Indizes)
- zu einem festgelegten Basispreis
- innerhalb einer bestimmten Bezugsfrist
- zu kaufen (= Call) oder zu verkaufen (= Put).

Optionen können in **Optionsscheinen** verbrieft sein. Emittenten von Optionsscheinen (Wertpapiere) sind Kreditinstitute. Anleger können Optionsscheine jederzeit an der Börse *(z. B. Frankfurter Wertpapierbörse)* kaufen und auch verkaufen.

Optionen werden als **unverbriefte Rechte** an der Derivatebörse **Eurex AG** gehandelt.

4.2.1 Optionsscheine

Optionsscheine sind börsengehandelte Schuldverschreibungen von Kreditinstituten, in denen Optionsrechte verbrieft sind. Die Optionsscheine können zum Kauf (Long-Call-Optionen) oder Verkauf (Long-Put-Optionen) von verschiedenen Basiswerten *(z. B. Aktien, Indizes, Anleihen)* während der Laufzeit zu einem festgelegten Basispreis berechtigen.

Mit Optionsscheinen kann der Anleger auf steigende oder auf fallende Kurse von bestimmten Basiswerten (*z. B. Bayer Aktie*) spekulieren.

- Mit einer **Kaufoption** (Long-Call-Option) spekuliert er auf **steigende** Preise des Basiswertes.
- Mit einer **Verkaufsoption** (Long-Put-Option) spekuliert er auf **fallende** Preise des Basiswertes.

Wenn die Spekulation des Anlegers nicht aufgeht, verliert er mit hoher Wahrscheinlichkeit einen großen Teil oder sogar sein gesamtes beim Kauf des Optionsscheins eingesetztes Kapital. Darüber hinaus gibt es aber keine Nachschusspflichten für ihn.

	Call: Recht zum Kauf von ...	Put: Recht zum Verkauf von ...
Aktienoptionsscheine (Covered Warrants)	Aktien *(z. B. Bayer-Aktien)* → Erwartung steigender Aktienkurse	Aktien → Erwartung fallender Aktienkurse
Zinsoptionsscheine	Anleihen *(z. B. 6 % Bundesanleihe 1999/2009)* → Erwartung fallender Zinsen, d. h. steigender Anleihekurse	Anleihen → Erwartung steigender Zinsen, d. h. fallender Anleihekurse
Währungsoptionsscheine	Währungen *(z. B. USD, GBP, YEN)* → Erwartung eines steigenden Wertes der betreffenden Währung, d. h. eines fallenden EURO-Kurses	Währungen → Erwartung eines fallenden Wertes der betreffenden Währung, d. h. eines steigenden EURO-Kurses
Indexoptionsscheine	Indizes *(z. B. DAX, MDAX, Nikkei, S & P 500)* → Erwartung steigender Marktkurse	Indizes → Erwartung fallender Marktkurse

4.2.1.1 Call-Aktienoptionsschein

Der Inhaber des Optionsscheins hat das Recht, jederzeit während der Laufzeit des Optionsscheins von dem Emittenten (Kreditinstitut) die Lieferung einer bestimmten Aktie zum vereinbarten Basispreis zu verlangen **(Kaufoption, Long-Call)**. Für dieses Recht zahlt er eine Optionsprämie.

Fallbeispiel:
Ein Anleger ist von der positiven Kursentwicklung der Argus-Aktie überzeugt. Der aktuelle Aktienkurs liegt bei 40,00 EUR.

Von der Regio-Bank AG erwirbt er einen Optionsschein, der zum Kauf einer Argus-Aktie zum Basispreis von 35,00 EUR während der Laufzeit von 30 Monaten berechtigt.

Der Preis des Optionsscheins beträgt 10,00 EUR. Ein Optionsschein berechtigt zum Bezug einer Aktie (Bezugsverhältnis 1 : 1).

Spätestens bei Fälligkeit des Optionsscheins (OS) muss sich der Anleger entscheiden, ob er die Option ausüben möchte oder nicht. Maßgeblich für diese Entscheidung ist der Aktienkurs der Argus-Aktie am Fälligkeitstag.

Aktienkurs bei Fälligkeit	Entscheidung des Anlegers	Gewinn bzw. Verlust des Anlegers
30,00 EUR	keine Ausübung, weil Basispreis > Aktienkurs	Verlust 10,00 EUR Ein Bezug der Aktie über den Optionsschein (OS) zum Basispreis von 35,00 EUR wäre teurer als ein Kauf an der Börse zu 30,00 EUR. Totalverlust der beim Kauf des OS aufgewendeten Mittel.
35,00 EUR	Alternativen sind gleichwertig, weil Basispreis = Aktienkurs	Verlust 10,00 EUR Die Aktie ist beim Kauf an der Börse und beim Bezug über den Optionsschein gleich teuer. Totalverlust der beim Kauf des OS aufgewendeten Mittel.
40,00 EUR	Ausübung, weil Basispreis < Aktienkurs	Verlust 5,00 EUR Preis des OS – Preisvorteil = Verlust 10,00 – 5,00 = 5,00 EUR Verlust Der Anleger bezieht die Aktie zum Basispreis von 35,00 EUR und erzielt einen Preisvorteil von 5,00 EUR im Vergleich zum Börsenkurs.
45,00 EUR	Ausübung, weil Basispreis < Aktienkurs	Gewinn bzw. Verlust 0,00 EUR (Break-Even-Point; Gewinnschwelle) Basispreis + Preis OS = Aktienkurs 35,00 + 10,00 = 45,00 EUR Der Preisvorteil beim Bezug der Aktie über den OS entspricht dem gezahlten Preis für den OS.
50,00 EUR	Ausübung Basispreis < Aktienkurs	Gewinn 5,00 EUR Aktienkurs – (Basispreis + Preis OS) = Gewinn 50,00 – (35,00 + 10,00) = 5,00 EUR Bei weiter steigendem Aktienkurs sind unbegrenzte Gewinne möglich.

Risikoprofil einer Kaufoption (Long-Call)

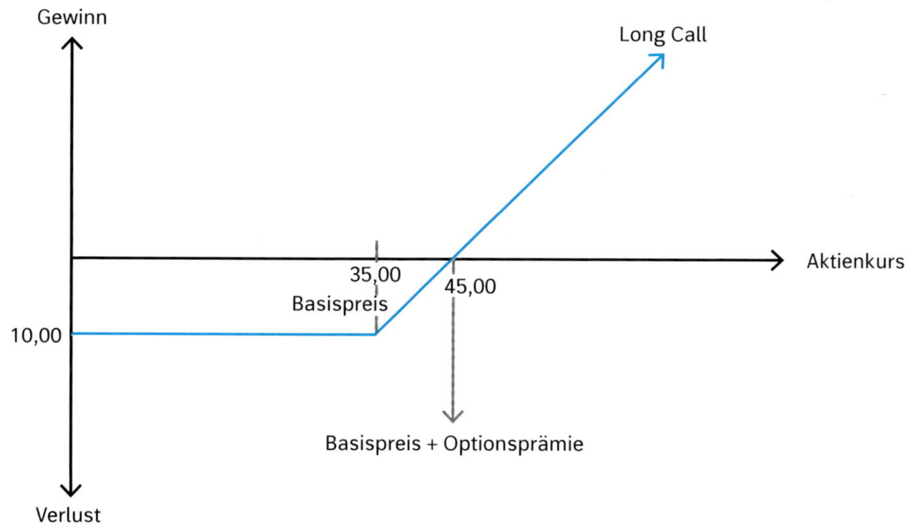

Letztlich gibt es bei Optionen immer einen Gewinner und einen Verlierer. Wenn der Aktienkurs bei Fälligkeit über dem Basispreis liegt, kann der Anleger durch Ausübung der Option einen Gewinn erzielen bzw. zunächst seinen Verlust mindern. Er bezieht die Aktie zum niedrigeren Basispreis und verkauft sie sofort zum höheren Börsenkurs.

In der Praxis sehen die Optionsbedingungen deshalb häufig vor, dass anstatt einer Lieferung der Aktien der Emittent eine Ausgleichssumme an den Anleger zahlt, wenn der Börsenkurs bei Fälligkeit höher ist als der Basispreis **(Barausgleich, cash settlement)**.

8

Beispiel:
Bei Fälligkeit der Option beträgt der Börsenkurs der Aktie 50,00 EUR. Der Emittent zahlt an den Inhaber des Optionsscheins 15,00 EUR.

Kennzahlen zur Beurteilung einer Aktien-Kaufoption (Long-Call-Option)

Wichtige **Kennzahlen** zur qualitativen Beurteilung von Optionsscheinen sind
- Hebel,
- Aufgeld,
- Parität (innerer Wert),
- Zeitwert und
- Delta.

Fallbeispiel:
Ein Anleger ist von der positiven Kursentwicklung der Argus-Aktie überzeugt. Er möchte deshalb die Aktie oder einen Optionsschein, der zum Bezug der Aktie berechtigt, erwerben.

- Aktienkurs 40,00 EUR
- Kurs des Optionsscheins 12,00 EUR
- Basispreis 35,00 EUR
- Laufzeit des Optionsscheins 30 Monate
- Bezugsverhältnis 1 : 1

Hebel (Leverage-Effekt)

Die Kursentwicklung der Aktie und damit der Erfolg der Anlage ist nicht vorhersehbar. Deshalb soll der Erfolg einer Direktanlage in Aktien und einer Anlage in Optionsscheinen bei alternativen Börsenkursen im Vergleich dargestellt werden. Dabei wird unterstellt, dass die absoluten Kursänderungen des Optionsscheins und der Aktie gleich sind.

Szenarien: Aktienkurs nach einem Jahr	absolute Kursänderung	Kurs des OS nach einem Jahr	Rendite einer Aktienanlage (ohne Berücksichtigung von Dividenden)	Rendite einer Anlage in Optionsscheinen	Hebel (Rendite des OS im Vergleich zur Aktie)
50,00 EUR	+10,00 EUR	22,00 EUR	$\frac{10{,}00 \cdot 100}{40{,}00} = +25{,}00\,\%$	$\frac{10{,}00 \cdot 100}{12{,}00} = +83{,}33\,\%$	$\frac{83{,}33}{25{,}00} = 3{,}33$
45,00 EUR	+5,00 EUR	17,00 EUR	$\frac{5{,}00 \cdot 100}{40{,}00} = +12{,}50\,\%$	$\frac{5{,}00 \cdot 100}{12{,}00} = +41{,}67\,\%$	$\frac{41{,}67}{12{,}50} = 3{,}33$
40,00 EUR	+0,00 EUR	12,00 EUR	0 %	0 %	–
35,00 EUR	–5,00 EUR	7,00 EUR	$\frac{-5{,}00 \cdot 100}{40{,}00} = -12{,}50\,\%$	$\frac{-5{,}00 \cdot 100}{12{,}00} = -41{,}67\,\%$	$\frac{41{,}67}{12{,}50} = 3{,}33$
30,00 EUR	–10,00 EUR	2,00 EUR	$\frac{-10{,}00 \cdot 100}{40{,}00} = -25{,}00\,\%$	$\frac{-10{,}00 \cdot 100}{12{,}00} = -83{,}33\,\%$	$\frac{83{,}33}{25{,}00} = 3{,}33$

Bei gleichen absoluten Kursänderungen des Optionsscheins und der Aktie ergibt sich der Hebel aus dem geringeren Kapitaleinsatz beim Erwerb des Optionsscheins.

$$\textbf{Hebel} = \frac{\text{Aktienkurs}}{\text{Kurs des Optionsscheins}} = \frac{40{,}00}{12{,}00} = \underline{\underline{3{,}33}}$$

- Wenn die absoluten Kursänderungen bei der Aktie und dem Optionsschein gleich hoch sind, beträgt die relative Kursänderung des Optionsscheins aufgrund des geringeren Kapitaleinsatzes das 3,33-fache der relativen Kursänderung der Aktie. *Steigt die Aktie z. B. um 1 % im Kurs, steigt der Kurs des Optionsscheins um 3,33 %.*

- Hierbei wird ein gleichbleibendes Aufgeld unterstellt. Diese Voraussetzung ist in der Praxis aber selten erfüllt, sodass durch den Aufbau oder Abbau des Aufgeldes die tatsächliche Kursänderung des Optionsscheins nicht exakt dem Hebel entsprechen wird.

Aufgeld der Option

Dem Anleger bietet sich zum Erwerb der Aktie folgende Alternative:
- Kauf der Aktie an der Börse zum aktuellen Börsenkurs
- Kauf des Optionsscheins und Bezug der Aktie zum Basispreis

Das **Aufgeld** gibt an, um welchen Betrag der Kauf des Optionsscheins und der anschließende Bezug der Aktie zum Basispreis teurer ist als der Direktkauf der Aktie an der Börse.

Vergleich der alternativen Bezugsmöglichkeiten

Kurs des Optionsscheins 12,00 EUR und Bezug der Aktie zum Basispreis 35,00 EUR	= 47,00 EUR
– Aktienkurs (Aufwand bei Direktkauf der Aktie)	– 40,00 EUR
= Aufgeld	7,00 EUR

Der Anleger ist bereit, ein Aufgeld zu zahlen, da der Optionsschein aufgrund der Hebelwirkung besondere Chancen (aber auch Risiken) bietet.

Um das Aufgeld von verschiedenen Optionsscheinen mit unterschiedlichen Basispreisen und Laufzeiten vergleichen zu können, wird nur das **relative Aufgeld** (Aufgeld in Prozent vom Aktienkurs) pro Jahr ermittelt.

$$\frac{\text{Aufgeld} \cdot 100}{\text{Aktienkurs}} = \frac{7{,}00 \cdot 100}{40{,}00} = \underline{\underline{17{,}50\,\%}}$$

Aufgeld in Prozent pro Jahr bei einer Laufzeit von 30 Monaten

$$\frac{17{,}50\,\% \cdot 12 \text{ Monate}}{30 \text{ Monate}} = \underline{\underline{7{,}00\,\%}}$$

Wenn der Kurs der Argus-Aktie während der Restlaufzeit um durchschnittlich 7,00 % pro Jahr auf 47,00 EUR bei Fälligkeit des Optionsscheins steigt, erreicht der Anleger die Gewinnschwelle. Aufgrund des hohen Risikos erwartet der Anleger eine bessere Kursentwicklung als 7,00 % p. a.

Bestimmungsgrößen des Aufgeldes

- Aktienkurs
- Basispreis
- Hebel
- Restlaufzeit des Optionsscheins
- Volatilität (Schwankungsintensität) der Aktie

Die **Volatilität** drückt die Schwankungsintensität der Kurse aus. Mathematisch entspricht die Volatilität der Standardabweichung. Auf der Grundlage der Wahrscheinlichkeitstheorie wird angenommen, dass sich der Kurs eines Wertpapiers im Rahmen einer Normalverteilung um den Mittelwert verteilt. Auf der Grundlage des bisherigen Kursverlaufs der Aktie wird die Standardabweichung um die Trendlinie ermittelt (historische Volatilität). Die Standardabweichung gibt den Korridor ober- und unterhalb der Trendlinie an, in den 68 % aller Kurse fallen. Von besonderer Bedeutung für den Wert von Optionsscheinen sind jedoch zukünftig erwartete Kursschwankungen. Je höher die erwartete Volatilität, desto höher ist das Aufgeld, da eine hohe Chance besteht, dass die Kursziele innerhalb der Optionsfrist erreicht werden.

8

Beispiel:
Kurs der Argus-Aktie 40,00 EUR
erwartete einjährige Volatilität 20 %

40,00 EUR – 8,00 EUR (= 20 % von 40,00 EUR) = 32,00 EUR
40,00 EUR + 8,00 EUR (= 20 % von 40,00 EUR) = 48,00 EUR

Interpretation: *Mit einer Wahrscheinlichkeit von 68 % schwankt der Kurs der Aktie im nächsten Jahr zwischen 32,00 EUR und 48,00 EUR.*

Innerer Wert (Parität)

Der innere Wert ist die Differenz zwischen dem aktuellen Aktienkurs und dem Basispreis. Der Optionsschein hat einen ...

- **positiven inneren Wert**, wenn der Bezug der Aktie über den Optionsschein günstiger ist als der Direktkauf der Aktie an der Börse.
- **negativen inneren Wert**, wenn der Bezug der Aktie über den Optionsschein teurer ist als der Direktkauf der Aktie an der Börse.

Aktienkurs	Basispreis	innerer Wert	Art der Option
40,00 EUR	35,00 EUR	5,00 EUR	▪ **Option ist im Geld (in the money)** ▪ Aktienkurs > Basispreis ▪ positiver innerer Wert
35,00 EUR	35,00 EUR	0,00 EUR	▪ **Option ist am Geld (at the money)** ▪ Aktienkurs = Basispreis ▪ kein innerer Wert
30,00 EUR	35,00 EUR	– 5,00 EUR	▪ **Option ist aus dem Geld (out of the money)** ▪ Aktienkurs < Basispreis ▪ (rechnerisch) negativer innerer Wert ▪ Ausübung nicht sinnvoll

Zeitwert des Optionsscheins

Der **Zeitwert** eines Optionsscheins ist der nicht durch den inneren Wert gedeckte Teil des Optionsscheinkurses. Bei einem Aktienkurs von 40,00 EUR betragen der innere Wert der Option 5,00 EUR und der Zeitwert 7,00 EUR.

Kurs des Optionsscheins	12,00 EUR
– innerer Wert	– 5,00 EUR
= Zeitwert	7,00 EUR

Bei einer im Geld befindlichen (in the money) Option und einem Bezugsverhältnis von 1 : 1 (1 Optionsschein berechtigt zum Bezug von 1 Aktie) entspricht der Zeitwert dem Aufgeld.

Der Zeitwert (das Aufgeld) nimmt im Zeitablauf ab. Bei Fälligkeit des Optionsscheins wird der Kurs des Optionsscheins dem inneren Wert entsprechen. Der Käufer eines Optionsscheins muss also die Erwartung haben, dass der Aktienkurs während der Laufzeit des Optionsscheins um mehr als das Aufgeld steigt.

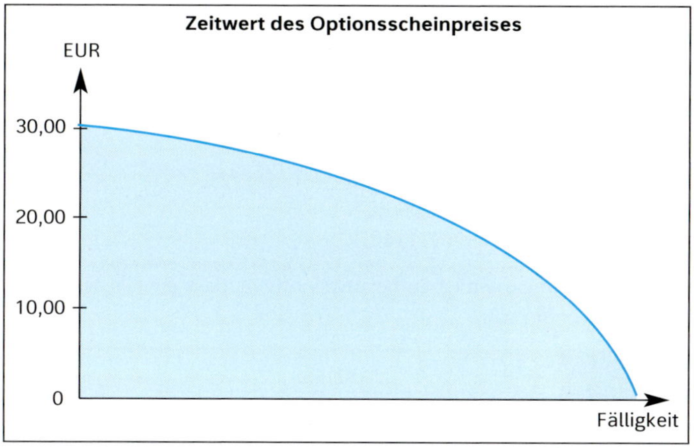

Aufgrund des Aufgeldes ist es sinnvoll, den Optionsschein an der Börse zu verkaufen, anstatt die jungen Aktien zu beziehen. Deshalb werden in der Praxis die Optionsrechte in der Regel erst am Ende der Optionsfrist ausgeübt.

Delta

Die Annahme beim Hebel, dass die absoluten Kursänderungen bei der Aktie und dem Optionsschein gleich hoch sind, entspricht nicht den praktischen Erfahrungen. Vielmehr können die Kursänderungen des Optionsscheins größer oder auch kleiner sein als bei der Aktie.

Das **Delta** (Preissensitivität) gibt Auskunft über die tatsächliche Veränderung des Optionsscheinkurses auf eine Kursveränderung der Aktie. Die Berechnung des Deltas erfolgt mit finanztheoretischen Optionsbewertungsmodellen *(z. B. Black-Scholes-Modell)*.

Das Delta gibt an, um wie viel Cent sich der Kurs des Optionsscheins ändert, wenn sich der Aktienkurs um 1,00 EUR ändert. Das Delta bei einem Optionsschein, der zum Bezug von Aktien berechtigt, liegt zwischen 0 und 1.

Kursänderung der Aktie	Kursänderung des Optionsscheins	Delta
+80,00 EUR	+80,00 EUR	1,0
+60,00 EUR	+48,00 EUR	0,8
−20,00 EUR	−10,00 EUR	0,5
−40,00 EUR	− 8,00 EUR	0,2

In der Praxis emittieren Kreditinstitute häufig Aktien-Optionsscheine, die ein Bezugsverhältnis von 10 : 1 aufweisen. Dies bedeutet, dass jeweils zehn Optionsscheine zum Bezug einer Aktie berechtigen.

Einige Kreditinstitute bezeichnen dieses Bezugsverhältnis als 1 : 10 oder 0,10, weil ein Optionsschein zum Bezug von 0,10 Aktien berechtigt.

Das Bezugsverhältnis ist bei der Ermittlung der Kennzahlen zu berücksichtigen.

Fallbeispiel:

Call-Aktienoptionsschein

Die Regio-Bank AG emittiert Optionsscheine, die zum Bezug von Aktien der Teltec AG berechtigen, zu folgenden Bedingungen:

- Bezugsverhältnis: **10 : 1**

  Je zehn Optionsscheine berechtigen zum Bezug einer Teltec-Aktie.

- Basispreis: 180,00 EUR
- Bezugsfrist: 2 Jahre

Kurs der Teltec-Aktie: 160,00 EUR
Kurs des Teltec-Optionsscheines 2,40 EUR

Bei der Ermittlung der Kennzahlen ist zu berücksichtigen, dass jeweils zehn Optionsscheine zum Bezug einer Aktie notwendig sind.

<table>
<tr><td>Hebel</td><td>

$$\frac{\text{Aktienkurs}}{\text{Kurs des Optionsscheines} \cdot \text{Bezugsverhältnis}} = \frac{160{,}00}{2{,}40 \cdot 10} = \underline{\underline{6{,}67}}$$

Die prozentuale Kursänderung des Optionsscheines ist um das 6,67-fache größer als die prozentuale Kursänderung der Aktie.</td></tr>
<tr><td>innerer Wert des Optionsscheines (Parität)</td><td>

$$\frac{\text{Aktienkurs} - \text{Basispreis}}{\text{Bezugsverhältnis}} = \frac{160{,}00 - 180{,}00}{10} = -\underline{\underline{2{,}00\ \text{EUR}}}$$

Der Optionsschein ist nicht „im Geld“ (out of the money). Eine Ausübung des Optionsrechtes ist zurzeit nicht sinnvoll, da die Aktie beim direkten Kauf an der Börse billiger bezogen werden kann als über den Optionsschein. Der rechnerische innere Wert der Option ist negativ.</td></tr>
<tr><td>Aufgeld</td><td>

Aufgeld in EUR (absolutes Aufgeld)

Aufwand bei Kauf der Aktie über Optionsschein (OS)

Kauf der OS (2,40 · 10)	24,00 EUR	
+ Kauf der Aktie zum Basispreis	180,00 EUR	204,00 EUR
– Aufwand bei Direktkauf der Aktie		– 160,00 EUR
= absolutes Aufgeld (Mehraufwand bei Bezug über OS)		44,00 EUR

Aufgeld in Prozent (relatives Aufgeld)

$$\frac{\text{Aufgeld} \cdot 100}{\text{Aktienkurs}} = \frac{44{,}00 \cdot 100}{160{,}00} = \underline{\underline{27{,}50\,\%}}$$

Der Aktienerwerb über Kauf und sofortige Ausübung der Optionsrechte ist um 44,00 EUR bzw. 27,50 % teurer als der Direktkauf der Aktie an der Börse.

Relatives Aufgeld pro Jahr

Die Restlaufzeit beträgt 2 Jahre.

$$\frac{\text{Aufgeld in Prozent}}{\text{Restlaufwert}} = \frac{27{,}50}{2} = \underline{\underline{13{,}75\,\%\ \text{p. a.}}}$$

Nur wenn die Aktie in der restlichen Zeit der Optionsfrist pro Jahr um durchschnittlich mehr als 13,75 % steigt, erzielt der Käufer einen Gewinn, da sich das Aufgeld bis zur Fälligkeit vollständig abbaut.</td></tr>
</table>

Zeitwert des Optionsscheines	Kurs des Optionsscheines	2,40 EUR
	– positiver innerer Wert des Optionsscheines	0,00 EUR
	= Zeitwert	2,40 EUR
	Da der Optionsschein einen rechnerisch negativen inneren Wert besitzt (out-of-money-Option), ergibt sich der Kurs des Optionsscheines vollständig aus dem Zeitwert.	

4.2.1.2 Put-Aktienoptionsschein

Der Inhaber des Optionsscheins hat das Recht, jederzeit während der Laufzeit des Optionsscheins eine bestimmte Aktie zum vereinbarten Basispreis an den Emittenten (Kreditinstitut) zu verkaufen **(Verkaufsoption, Long-Put)**. Für dieses Recht zahlt er eine Optionsprämie.

Für den Erwerb einer Aktien-Verkaufsoption gibt es zwei Motive:

- Spekulation auf fallende Aktienkurse
  Wenn der Aktienkurs während der Laufzeit des Optionsscheins fällt, kann der Anleger die Aktie billiger an der Börse kaufen und dann zum höheren Basispreis an den Emittenten verkaufen.
- Absicherung eines Aktienbestandes
  Wenn die Aktienkurse fallen, vermindert sich zwar der Wert des Aktienbestandes, gleichzeitig erhöht sich aber der Wert der erworbenen Verkaufsoptionen.

Fallbeispiel:
Ein Anleger erwartet fallende Kurse bei der Data-Soft-Aktie und möchte auf diese Kursentwicklung spekulieren.

Er kauft von der Regio-Bank AG 10 000 Put-Aktienoptionsscheine, die zum Verkauf von 1 000 Aktien zum Basispreis von 40,00 EUR an den Emittenten berechtigen.

- Bezugsverhältnis: 10 : 1

- Je zehn Optionsscheine berechtigen zum Verkauf einer DataSoft-Aktie.
- Basispreis: 40,00 EUR
- Bezugsfrist: 18 Monate

Kurs DataSoft-Aktie: 38,00 EUR
Kurs des DataSoft-Optionsscheines 0,85 EUR

Der Kaufpreis für die 10 000 Optionsscheine (OS) beträgt 8 500,00 EUR. Mit diesen OS kann der 1 000 Aktien zum Basispreis von 40,00 EUR an die Regio-Bank AG verkaufen.
Zum Verkauf einer Aktie sind zehn Optionsscheine notwendig, die insgesamt 8,50 EUR kosten.

Spätestens bei Fälligkeit des Optionsscheins (OS) muss sich der Anleger entscheiden, ob er die Option ausüben möchte oder nicht. Maßgeblich für diese Entscheidung ist der Aktienkurs der Argus-Aktie am Fälligkeitstag.

Aktienkurs bei Fälligkeit	Entscheidung des Anlegers	Gewinn bzw. Verlust des Anlegers
45,00 EUR	keine Ausübung, weil Basispreis > Aktienkurs	Verlust 8 500,00 EUR Ein Verkauf der Aktie über den Optionsschein (OS) zum Basispreis von 40,00 EUR wäre ungünstiger als ein Verkauf an der Börse zu 45,00 EUR. Totalverlust der beim Kauf des OS aufgewendeten Mittel.
40,00 EUR	Alternativen sind gleichwertig, weil Basispreis = Aktienkurs	Verlust 8 500,00 EUR Ein Verkauf der Aktie an der Börse oder über den Optionsschein bringt einen gleichen Ertrag. Totalverlust der beim Kauf des OS aufgewendeten Mittel.
35,00 EUR	Ausübung, weil Basispreis < Aktienkurs	Verlust 3 500,00 EUR Preis der OS – [1 000 · (Basispreis – Aktienkurs)] = Verlust 8 500,00 – (1 000 · 5,00) = 3 500,00 EUR Verlust Der Anleger kauft die Aktie zu 35,00 EUR an der Börse und verkauft sie zu 40,00 EUR an den Emittenten des OS. Er erzielt einen Preisvorteil von 5,00 EUR je Aktie.
31,50 EUR	Ausübung, weil Basispreis < Aktienkurs	Gewinn bzw. Verlust 0,00 EUR (Break-Even-Point; Gewinnschwelle) Preis der OS = (Basispreis – Aktienkurs)
25,00 EUR	Ausübung Basispreis < Aktienkurs	Gewinn 6 500,00 EUR (Basispreis – Aktienkurs) – Preis OS = Gewinn (40 000,00 – 25 000,00) – 8 500,00 = 6 500,00 EUR

Verkaufsoptionen (Put)

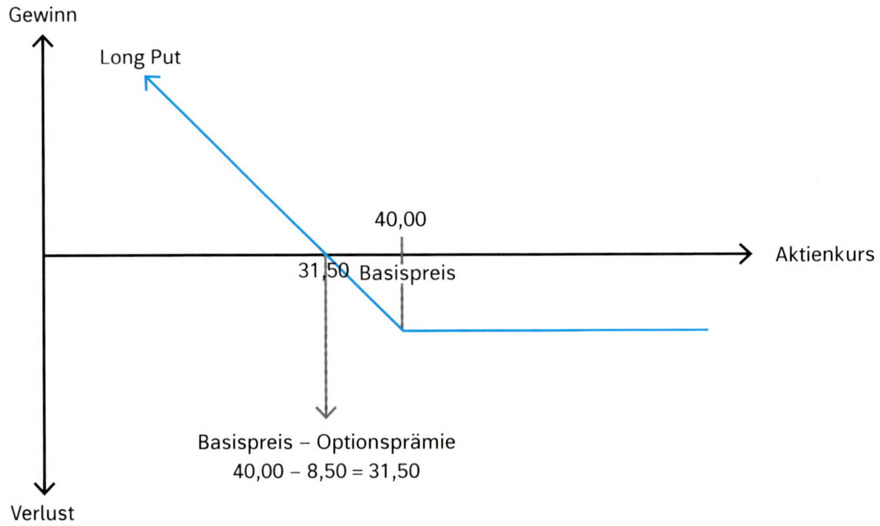

Fallbeispiel:
Auch bei Put-Optionen sehen die Optionsbedingungen häufig vor, dass anstatt einer Lieferung der Aktien der Emittent eine Ausgleichssumme an den Anleger zahlt, wenn der Börsenkurs bei Fälligkeit niedriger ist als der Basispreis (Barausgleich, **cash settlement**).

Ermittlung der Kennzahlen
Basispreis 40,00 EUR, Bezugsverhältnis 10 : 1, Bezugsfrist 18 Monate
Kurs des OS 0,85 EUR, aktueller Aktienkurs 38,00 EUR

Hebel	$\frac{\text{Aktienkurs}}{\text{Kurs des Optionsscheines} \cdot \text{Bezugsverhältnis}} = \frac{38{,}00}{0{,}85 \cdot 10} = \underline{\underline{4{,}47}}$ Die prozentuale Kursänderung des Optionsscheines ist um das 4,47-fache größer als die prozentuale Kursänderung der Aktie.
innerer Wert des Optionsscheines (Parität)	$\frac{\text{Basispreis} - \text{Aktienkurs}}{\text{Bezugsverhältnis}} = \frac{40{,}00 - 38{,}00}{10} = \underline{\underline{0{,}20\ \text{EUR}}}$ Der Optionsschein ist „im Geld" (in the money), da bei einer Ausübung des Optionsrechtes ein höherer Preis (40,00 EUR) erzielt wird als bei einem Verkauf an der Börse (38,00 EUR). Der innere Wert der Option ist positiv.
Aufgeld	**Aufgeld in EUR (absolutes Aufgeld)** Erlös bei Direktverkauf der Aktie — 38,00 EUR – Erlös bei Verkauf der Aktie über Optionsschein (OS) Kauf der OS (0,85 · 10) — – 8,50 EUR Verkauf der Aktien zum Basispreis — 40,00 EUR — – 31,50 EUR = absolutes Aufgeld (Mindererlös bei Verkauf über OS) — 6,50 EUR **Aufgeld in Prozent (relatives Aufgeld)** $\frac{\text{Aufgeld} \cdot 100}{\text{Aktienkurs}} = \frac{6{,}50 \cdot 100}{38{,}00} = \underline{\underline{17{,}11\ \%}}$ Der Aktienverkauf über Kauf und sofortige Ausübung der Optionsrechte führt zu einem Mindererlös von 6,50 EUR bzw. 17,11 % im Vergleich zum Direktverkauf der Aktie an der Börse. **Relatives Aufgeld pro Jahr** Die Restlaufzeit beträgt 18 Monate. $\frac{\text{Aufgeld in Prozent}}{\text{Restlaufwert}} = \frac{17{,}11 \cdot 12}{18} = \underline{\underline{11{,}41\ \%\ \text{p. a.}}}$ Nur wenn die Aktie in der restlichen Zeit der Optionsfrist pro Jahr um durchschnittlich mehr als 11,41 % fällt, erzielt der Käufer einen Gewinn, da sich das Aufgeld bis zur Fälligkeit vollständig abbaut.
Zeitwert des Optionsscheines	Kurs des Optionsscheines — 0,85 EUR – positiver innerer Wert des Optionsscheines — 0,20 EUR = Zeitwert — 0,65 EUR Der Kurs des Optionsscheines setzt sich zusammen aus dem inneren Wert und dem Zeitwert des Optionsscheines

8

Einflussfaktoren auf den Preis von Optionsscheinen

Einflussfaktoren			Preis des Optionsscheins	
			Call	Put
Basispreis	hoch	→	niedrig	hoch
	niedrig		hoch	niedrig
Laufzeit	lang	→	hoch	hoch
	kurz		niedrig	niedrig
Kurs des Basiswertes	steigt ↗	→	steigt ↗	fällt ↘
	fällt ↘		fällt ↘	steigt ↗
Volatilität	steigt ↗	→	steigt ↗	steigt ↗
	fällt ↘		fällt ↘	fällt ↘

Beurteilung der Geldanlage in Optionsscheinen

Optionsscheine weisen aufgrund des Hebels (geringer Kapitaleinsatz) hohe Gewinnmöglichkeiten auf. Sollte aber die erwartete Kursänderung des Basiswertes während der begrenzten Laufzeit nicht eintreten, droht der Totalverlust des eingesetzten Kapitals.

Anlageziele beim Erwerb von Optionsscheinen

- Spekulation
- Absicherung

Beispiel zur Absicherung eines Aktienbestandes:

Der Anleger verfügt über einen Bestand an 5000 Teltec-Aktien; aktueller Kurs: 160,00 EUR. Er erwirbt 5000 Put-Optionsscheine, Basispreis 160,00 EUR, Laufzeit zwei Jahre, zum aktuellen Kurs von 10,00 EUR. Nach einem halben Jahr ist der Kurs der Aktie auf 120,00 EUR gefallen. Der Teltec-Optionsschein notiert mit 50,00 EUR. Der Kursverlust bei den Teltec-Aktien ist durch einen Kursanstieg des Teltec-Optionsscheins ausgeglichen worden.

4.2.2 Unverbriefte Optionen

An der **Derivatebörse Eurex** (**Eur**opean **Ex**change) werden unverbriefte **Optionen** und **Futures** (Terminkontrakte) gehandelt. Die Eurex AG ist eine Tochtergesellschaft der Deutsche Börse AG und eine der weltgrößten Terminbörsen.

Termingeschäfte	
Optionen	**Futures**
Kaufvertrag über ein Optionsrecht Der Käufer zahlt beim Abschluss des Optionsgeschäftes eine Optionsprämie an den Verkäufer. ▪ Der Käufer erwirbt das Recht, innerhalb einer bestimmten Frist einen bestimmten Basiswert *(z. B. Aktie)* zum vereinbarten Basispreis zu kaufen („Call") oder zu verkaufen („Put"). ▪ Der Verkäufer erhält als Gegenleistung für die Gewährung des Rechtes eine Optionsprämie.	**Kaufvertrag über einen Basiswert** *(z. B. Bundesanleihe)* mit der Vereinbarung, dass die Erfüllung erst zu einem späteren Zeitpunkt (Fälligkeit) erfolgen soll: ▪ Der Käufer zahlt bei Fälligkeit den beim Abschluss des Kaufvertrages vereinbarten Kaufpreis und erhält den Basiswert. ▪ Der Verkäufer liefert bei Fälligkeit den Basiswert in der beim Abschluss des Kaufvertrages vereinbarten Menge und erhält den Kaufpreis.
↓	↓
Optionen sind **bedingte Termingeschäfte**, da die Käufer auf die Ausübung der Optionsrechte verzichten können.	Futures sind **unbedingte Termingeschäfte**, da sie bei Fälligkeit von beiden Vertragspartnern erfüllt werden müssen.

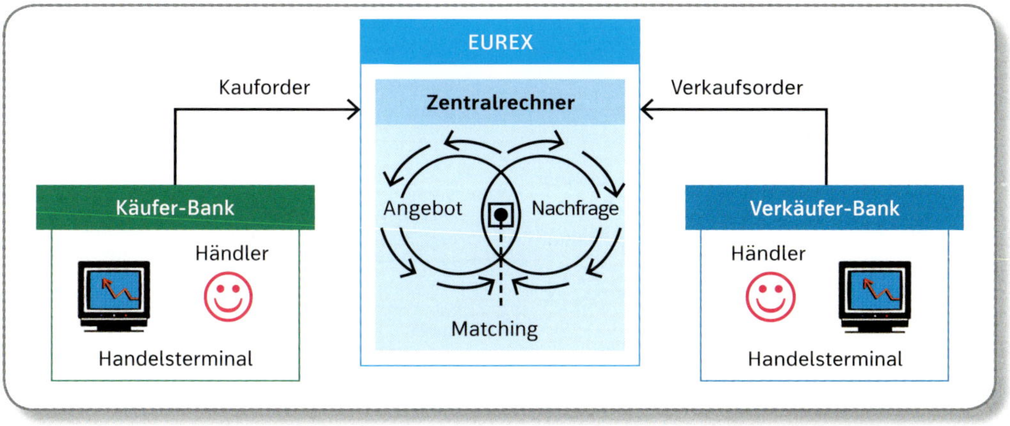

Die Eurex vermittelt Verträge über Optionen und Futures zwischen den Marktteilnehmern. Aus rechtlicher Sicht ist jedoch immer die **Eurex Clearing AG** als **zentraler Kontrahent** Vertragspartner für alle abgeschlossenen Geschäfte und garantiert damit die Erfüllung aller Geschäfte.

8

Aktienoptionen

- beinhalten den Erwerb bzw. die Veräußerung des Rechts,
- eine bestimmte Menge zum Optionshandel zugelassener Aktien
- jederzeit innerhalb einer bestimmten Frist (Optionsfrist)
- zu einem im Voraus vereinbarten Preis (Basispreis)
- entweder vom Kontrahenten zu fordern oder an ihn zu liefern.

Für dieses Recht hat der Käufer beim Abschluss des Optionsgeschäftes den Optionspreis (Optionsprämie) zu zahlen.

Optionsarten

Optionsgeschäfte umfassen zwei Verträge:
1. Kauf eines Optionsrechtes und
2. Abschluss eines aufschiebend bedingten Wertpapierkaufvertrages, der durch die Optionsausübung wirksam wird

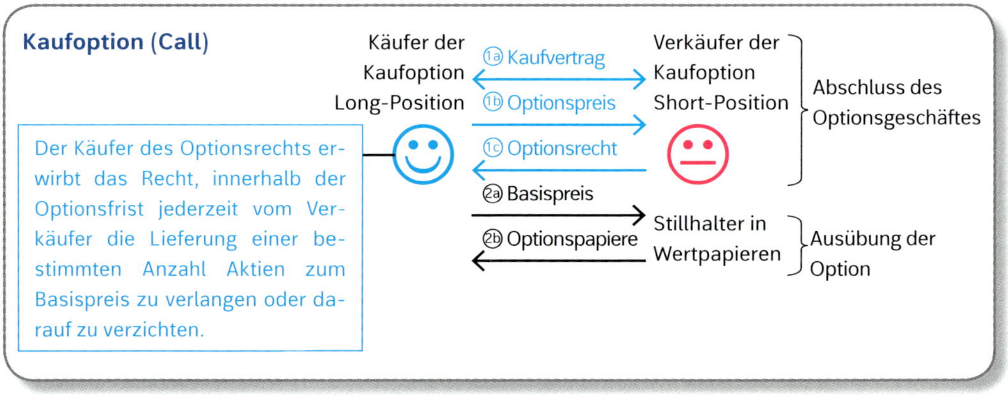

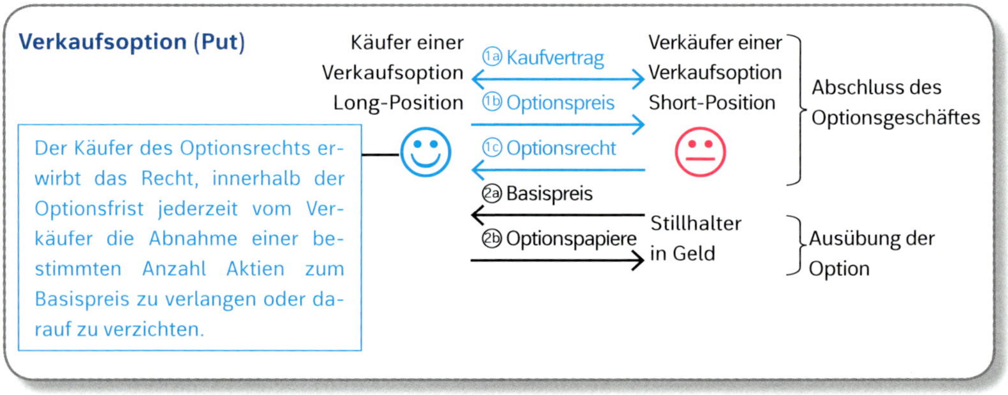

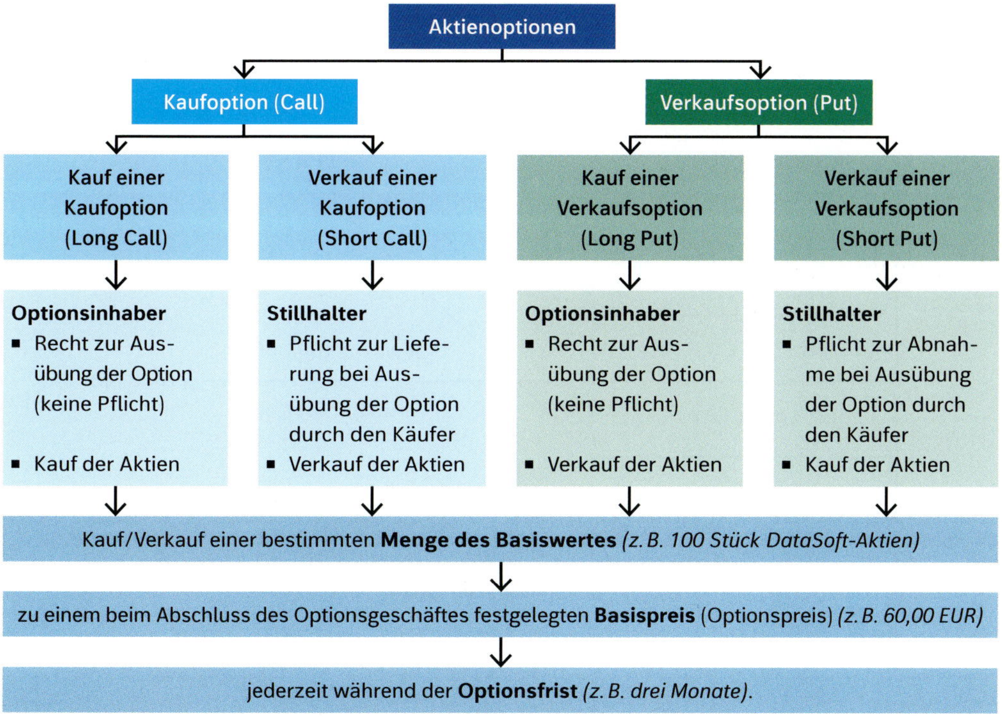

Erwartungshaltungen/Grundstrategien bei Aktienoptionen

Call (Kaufoption)		Put (Verkaufsoption)	
Long-Position (Käufer der Kaufoption)	**Short-Position** (Verkäufer der Kaufoption) (Stillhalter)	**Long-Position** (Käufer der Verkaufsoption)	**Short-Position** (Verkäufer der Verkaufsoption) (Stillhalter)
Erwartungshaltungen			
steigende Kurse („bullish“)	gleichbleibende oder leicht fallende Kurse	fallende Kurse („bearish“)	gleichbleibende oder leicht steigende Kurse
Strategien			
Steigt der Kurs wie erwartet, kauft der Anleger die Aktie vom Stillhalter zum vereinbarten Basispreis und verkauft sie zum höheren aktuellen Kurs. Stagniert oder sinkt der Kurs, lässt der Anleger die Option verfallen. Sein Verlust ist auf den Optionspreis beschränkt.	Fällt oder stagniert der Kurs, vereinnahmt der Anleger den Optionspreis. Er steigert dadurch den Ertrag seines Aktienbestandes trotz stagnierender oder sogar fallender Kurse. Steigt der Kurs entgegen seiner Erwartung, übt der Käufer die Option aus. Sein Verlust ergibt sich aus der Differenz von aktuellem Aktienkurs und Basispreis.	Fällt der Kurs wie erwartet, kauft der Anleger die Aktien am Markt und verkauft sie an den Stillhalter zum höheren Basispreis. Stagniert oder steigt der Kurs, lässt der Anleger die Option verfallen. Sein Verlust ist auf den Optionspreis beschränkt.	Steigt oder stagniert der Aktienkurs, vereinnahmt der Anleger den Optionspreis. Sinkt der Kurs entgegen seiner Erwartung, übt der Käufer die Option aus. Sein Verlust ergibt sich aus der Differenz von Basispreis und aktuellem Aktienkurs.

Gewinn- und Verlustpotenzial bei Aktienoptionen

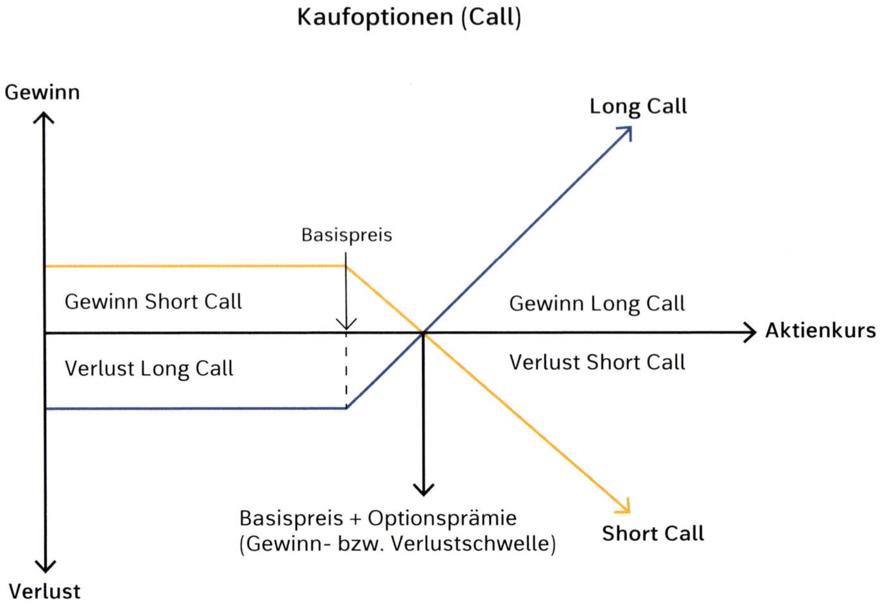

Aktienkurs	Gewinn bzw. Verlust	
	Long Call Position (Inhaber der Option)	**Short Call Position (Stillhalter der Option)**
Aktienkurs < Basispreis Der Inhaber **verzichtet auf die Ausübung** der Option.	Der Inhaber verliert die Optionsprämie. Die **Optionsprämie** entspricht seinem **maximalen Verlustrisiko**.	Der Stillhalter vereinnahmt die Optionsprämie als Gewinn. Die **Optionsprämie** entspricht seinem **maximalen Gewinn**.
Aktienkurs > Basispreis **aber** < (**Basispreis + Optionsprämie**) Der Inhaber **übt** die Option **aus**.	Der Inhaber erhält die Aktien zum günstigeren Basispreis und kann sie mit Gewinn an der Börse verkaufen. Da er aber eine Optionsprämie gezahlt hat, mindert sich zunächst sein Verlust.	Der Stillhalter muss die Aktien zum Basispreis liefern, obwohl sie einen höheren Zeitwert (Börsenpreis) haben. Dadurch erleidet er einen Verlust. Da er aber die Optionsprämie erhalten hat, mindert sich zunächst nur sein Gewinn.
Aktienkurs = (Basispreis + Optionsprämie) Der Inhaber **übt** die Option **aus**.	Der Inhaber erzielt **keinen Verlust und keinen Gewinn**. Bei diesem Aktienkurs erreicht er die **Gewinnschwelle**, da er bei weiter ansteigenden Aktienkursen Gewinne erzielt.	Der Stillhalter erzielt **keinen Verlust und keinen Gewinn**. Bei diesem Aktienkurs erreicht er die **Verlustschwelle**, da er bei weiter ansteigenden Aktienkursen Verluste erzielt.
Aktienkurs > (Basispreis + Optionsprämie) Der Inhaber **übt** die Option **aus**.	Bei weiter ansteigenden Aktienkursen erzielt der Inhaber **unbegrenzte Gewinne**.	Bei weiter ansteigenden Aktienkursen erleidet der Stillhalter **unbegrenzte Verluste**.

Verkaufsoptionen (Put)

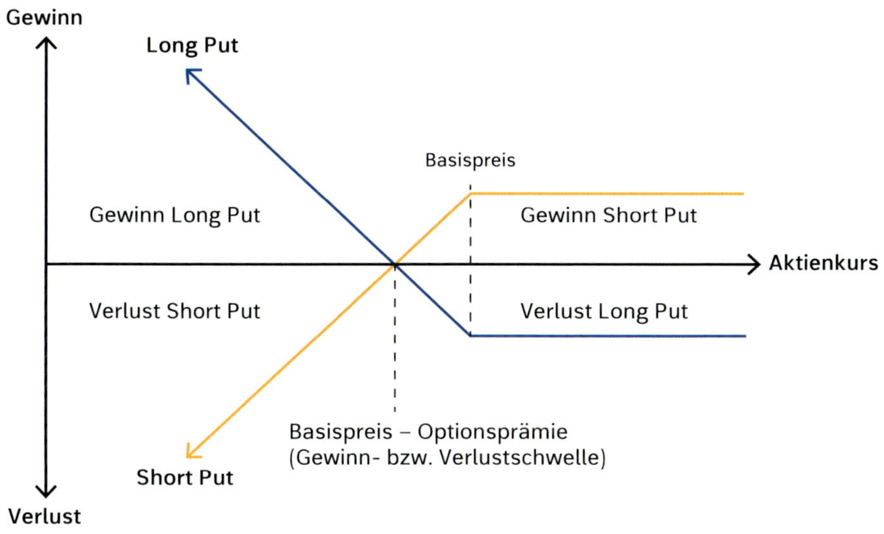

Aktienkurs	Gewinn bzw. Verlust	
	Long Put Position (Inhaber der Option)	**Short Put Position (Stillhalter der Option)**
Aktienkurs > Basispreis Der Inhaber **verzichtet auf die Ausübung** der Option.	Der Inhaber verliert die Optionsprämie. Die **Optionsprämie** entspricht seinem **maximalen Verlustrisiko**.	Der Stillhalter vereinnahmt die Optionsprämie als Gewinn. Die **Optionsprämie** entspricht seinem **maximalen Gewinn**.
Aktienkurs < Basispreis **aber** > **(Basispreis – Optionsprämie)** Der Inhaber **übt** die Option **aus**.	Der Inhaber verkauft die Aktien zum höheren Basispreis an den Stillhalter. Da er aber eine Optionsprämie gezahlt hat, mindert sich zunächst sein Verlust.	Der Stillhalter muss die Aktien zum Basispreis abnehmen, obwohl sie einen niedrigeren Zeitwert (Börsenpreis) haben. Dadurch erleidet er einen Verlust. Da er aber die Optionsprämie erhalten hat, mindert sich zunächst nur sein Gewinn.
Aktienkurs = (Basispreis – Optionsprämie) Der Inhaber **übt** die Option **aus**.	Der Inhaber erzielt **keinen Verlust und keinen Gewinn**. Bei diesem Aktienkurs erreicht er die **Gewinnschwelle**, da er bei weiter sinkenden Aktienkursen Gewinne erzielt.	Der Stillhalter erzielt **keinen Verlust und keinen Gewinn**. Bei diesem Aktienkurs erreicht er die **Verlustschwelle**, da er bei weiter sinkenden Aktienkursen Verluste erzielt.
Aktienkurs < (Basispreis – Optionsprämie) Der Inhaber **übt** die Option **aus**.	Bei weiter sinkenden Aktienkursen erzielt der Inhaber **unbegrenzte Gewinne**. *(Das Gewinnpotenzial ist nur dadurch begrenzt, dass der Kurs des Basiswertes nicht unter Null sinken kann.)*	Bei weiter sinkenden Aktienkursen erleidet der Stillhalter **unbegrenzte Verluste**. *(Das Verlustpotenzial ist nur dadurch begrenzt, dass der Kurs des Basiswertes nicht unter Null sinken kann.)*

Fallbeispiel: Call-Option

Am 11. März 20.. wird folgende Kaufoption auf DataSoft-Aktien an der Eurex gehandelt:

- 5 Kontrakte à 100 Stück 500 Stück
- Basispreis 60,00 EUR
- Optionspreis 5,00 EUR
- Laufzeit bis 19. Sept. 20..

Käufer (Optionsinhaber, long call)	Kaufvertrag am 11. März 20..	Verkäufer (Stillhalter, short call)
▪ erwartet steigende Kurse Der Käufer erwirbt das **Recht,** – jederzeit bis zum 19. Sept. d. J. – 500 DataSoft-Aktien – zum Preis von 60,00 EUR vom Verkäufer zu verlangen. ▪ Risiko auf den Verlust des Optionspreises **begrenzt**	= schuldrechtliche Einigung Zahlung des Optionspreises 2 500,00 EUR → Einräumung des Optionsrechtes ←	▪ erwartet **fallende** oder **stagnierende** Kurse Der Verkäufer hat die **Pflicht,** auf Verlangen des Käufers – jederzeit bis zum 19. Sept. d. J. – 500 DataSoft-Aktien zum Preis – von 60,00 EUR zu liefern. ▪ unbegrenztes Risiko

↓

Käufer	Ausübung/Verzicht bis zum 19. Sept. 20..	Verkäufer
keine Ausübung **Verlust** des Optionspreises von 2 500,00 EUR	**1. Fall:** ▪ **Kurs < Basispreis** ▪ DataSoft-Aktie notiert bei 56,00 EUR	▪ Gewinn in Höhe des Optionspreises von 2 500,00 EUR
Ausübung Aktienwert 500 · 62,00 EUR = 31 000,00 EUR – gezahlter Optionspreis 2 500,00 EUR – gezahlter Basispreis 30 000,00 EUR = **Verlust** 1 500,00 EUR	**2. Fall:** ▪ **Kurs > Basispreis** ▪ **Kurs < (Basispreis + Optionspreis)** ▪ DataSoft-Aktie notiert bei 62,00 EUR Lieferung von 500 DataSoft-Aktien ← Zahlung 500 · 60,00 = 30000,00 EUR →	erhaltener Optionspreis 2 500,00 EUR + erhaltener Basispreis 30 000,00 EUR – Zeitwert der Aktien 31 000,00 EUR = **Gewinn** 1 500,00 EUR
Ausübung Aktienwert 500 · 65,00 EUR = 32 500,00 EUR – gezahlter Optionspreis 2 500,00 EUR – gezahlter Basispreis 30 000,00 EUR = **Nettoerfolg** 0,00 EUR	**3. Fall:** ▪ **Kurs = (Basispreis + Optionspreis)** ▪ DataSoft-Aktie notiert bei 65,00 EUR Lieferung von 500 DataSoft-Aktien ← Zahlung 500 · 60,00 = 30000,00 EUR →	erhaltener Opitonspreis 2 500,00 EUR + erhaltener Basispreis 30 000,00 EUR – Zeitwert der Aktien 32 500,00 EUR = **Nettoerfolg** 0,00 EUR
Ausübung Aktienwert 500 · 72,00 EUR = 36 000,00 EUR – gezahlter Optionspreis 2 500,00 EUR – gezahlter Basispreis 30 000,00 EUR = **Gewinn** 3 500,00 EUR	**4. Fall:** ▪ **Kurs > (Basispreis + Optionspreis)** ▪ DataSoft-Aktie notiert bei 72,00 EUR Lieferung von 500 DataSoft-Aktien ← Zahlung 500 · 60,00 = 30000,00 EUR →	erhaltener Optionspreis 2 500,00 EUR + erhaltener Basispreis 30 000,00 EUR – Zeitwert der Aktien 36 000,00 EUR = **Verlust** 3 500,00 EUR

Da **Stillhalter** bei Optionen ein hohes Risiko eingehen, müssen Anleger bei ihrem Kreditinstitut und Kreditinstitute für die Börsengeschäfte bei der Eurex **Sicherheiten** (Margin) hinterlegen.

Optionen werden nicht nur zur **Spekulation** auf eine bestimmte Kursentwicklung gekauft und verkauft, sondern dienen auch der **Absicherung** von Aktienbeständen oder der **Erzielung von Mehrerträgen** bei Aktienbeständen.

- **Absicherung**

  Beispiel:

  Ein Anleger erwartet zwar, dass sich seine Aktien weiterhin positiv entwickeln, hat aber Angst vor einem Börsencrash. Er kauft eine Verkaufsoption (Long-Put-Position), um seinen Aktienbestand vorübergehend gegen einen Kursverfall abzusichern. Der gezahlte Optionspreis entspricht einer „Versicherungsprämie".

- **Erzielung von Mehrerträgen**

  Beispiel:

  Ein Anleger verkauft Kaufoptionen (Short-Call-Position) auf seinen Aktienbestand und vereinnahmt die Optionsprämie. Sein Risiko besteht nur darin, dass der Käufer die Option ausübt und er die Aktien zum Basispreis abgeben muss. Bei einem höheren Kursanstieg entgehen ihm dadurch Gewinne.

Fallbeispiel:

Absicherung des Aktienbestandes durch eine Put-Long-Position

Situation: Ein Anleger besitzt 1 000 Aktien eines Unternehmens, die an der Börse mit 61,00 EUR notiert werden.
Gesamtkurswert: 61 000,00 EUR

Strategie: Der Anleger möchte sich gegen fallende Kurse versichern. Er erwirbt eine Verkaufsoption über 1 000 Aktien.
Basispreis: 61,00 EUR
Optionspreis: 1,00 EUR
Gesamtwert der Option: 1 000,00 EUR

Szenario: Der Kurs der Aktie fällt auf 55,00 EUR.
Gesamtkurswert: 55 000,00 EUR
Der Optionspreis steigt rechnerisch auf 6,00 EUR (Basispreis 61,00 EUR – aktueller Kurs 55,00 EUR).
Gesamtwert der Option: 6 000,00 EUR
Gesamtwert Aktien + Option 61 000,00 EUR

Ergebnis: Die Kursverluste bei den Aktien wurden durch die Preissteigerung bei der Option aufgefangen.

Der Anleger kann
- die Option an der Eurex glattstellen und durch den Verkaufserlös seine Kursverluste ausgleichen,
- die Option ausüben und die Aktien dem Stillhalter zu 61,00 EUR pro Stück liefern.

In beiden Fällen hat der Anleger, trotz fallender Kurse, sein Vermögen in voller Höhe gehalten.

Der Nettoaufwand für die Absicherung beträgt (ohne Berücksichtigung der Kosten) 1 000,00 EUR. Dieser Aufwand kann als „Versicherungsprämie" für die Begrenzung des Kursrisikos angesehen werden.

Grafische Darstellung der Gewinn-/Verlust-Position

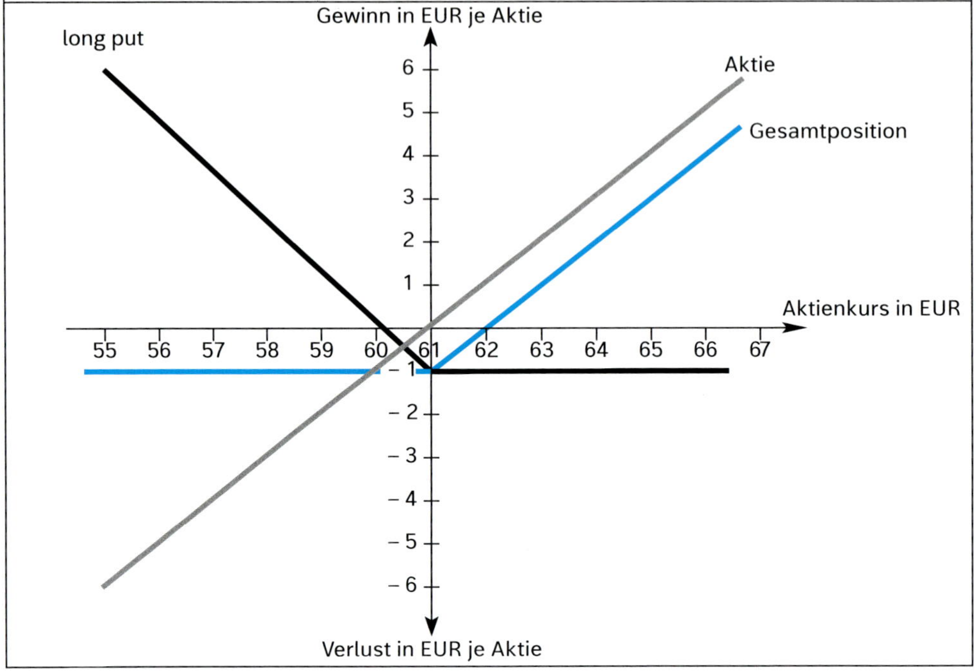

Handlungsalternativen bei Optionen

Der Optionsinhaber kann ...

... die Option verfallen lassen.
- Verlust des gezahlten Optionspreises (Prämie)
- Der Verzicht ist ratsam, bei einem ...
  Call:
  Basispreis > Aktienkurs
  Put:
  Basispreis < Aktienkurs

... die Option „glattstellen“.
- Durch den **Verkauf einer Option der gleichen Art** wird die Option durch ein gleiches Gegengeschäft „glattgestellt“. Die Position ist geschlossen.
- Der Gewinn bzw. Verlust ist die Differenz zwischen dem früher gezahlten Optionspreis und dem jetzt erhaltenen Optionspreis unter Berücksichtigung der Kosten.

... die Option ausüben.
- Bei der Ausübung werden die Aktien zum vereinbarten Basispreis geliefert.
- Die Ausübung ist nur sinnvoll, wenn die Option „im Geld“ ist.
  Call:
  Basispreis < Aktienkurs
  Put:
  Basispreis > Aktienkurs

Der Stillhalter kann ...

... warten (stillhalten).
Wenn der Inhaber die Option nicht ausübt, hat der Stillhalter den Optionspreis abzüglich der Kosten verdient.

... die Option „glattstellen".
- Durch den **Kauf einer Option der gleichen Art** wird die Option durch ein gleiches Gegengeschäft „glattgestellt". Die Position ist geschlossen.
- Der Gewinn bzw. Verlust ist die Differenz zwischen dem früher erhaltenen Optionspreis und dem jetzt gezahlten Optionspreis unter Berücksichtigung der Kosten.

In der Praxis werden Optionen in der Regel „glattgestellt" bzw. sie verfallen bei Endfälligkeit, wenn sie aus dem Geld sind.

Optionsbegriffe

	Call	Put
„in-the-money"-Optionen	Aktienkurs > Basispreis ***Beispiel:*** *78,00 EUR > 70,00 EUR*	Aktienkurs < Basispreis ***Beispiel:*** *62,00 EUR < 70,00 EUR*
„at-the-money"-Optionen	Aktienkurs = Basispreis ***Beispiel:*** *70,00 EUR = 70,00 EUR*	Aktienkurs = Basispreis ***Beispiel:*** *70,00 EUR = 70,00 EUR*
„out-of-the-money"-Optionen	Aktienkurs < Basispreis ***Beispiel:*** *65,00 EUR < 70,00 EUR*	Aktienkurs > Basispreis ***Beispiel:*** *74,00 EUR > 70,00 EUR*
innerer Wert	Aktienkurs – Basispreis ***Beispiel:*** *„out-of-the-money-Option"* *65,00 – 70,00 = –5,00 EUR bzw. 0 EUR*	Basispreis – Aktienkurs ***Beispiel:*** *„out-of-the-money-Option"* *70,00 – 74,00 = –4,00 EUR bzw. 0 EUR*
Aufgeld	(Optionspreis + Basispreis) – Aktienkurs ***Beispiel:*** *8,00 + 70,00 – 65,00 = 13,00 EUR*	Aktienkurs – (Basispreis – Optionspreis) bzw. Aktienkurs – Basispreis + Optionspreis ***Beispiel:*** *74,00 – 70,00 + 6,00 = 10,00 EUR*
Zeitwert	Optionspreis – positiver innerer Wert ***Beispiel:*** *8,00 – 0 = 8,00 EUR*	Optionspreis – positiver innerer Wert ***Beispiel:*** *6,00 – 0 = 6,00 EUR*

Aktienoptionen an der Eurex

Die Liquidität des Optionshandels an der Eurex wird insbesondere durch Market Maker sichergestellt, die laufend Geld- und Briefkurse für Aktienoptionen stellen.

- Zum Geldkurs sind sie bereit, Optionen zu kaufen.
- Zum Briefkurs sind sie bereit, Optionen zu verkaufen.

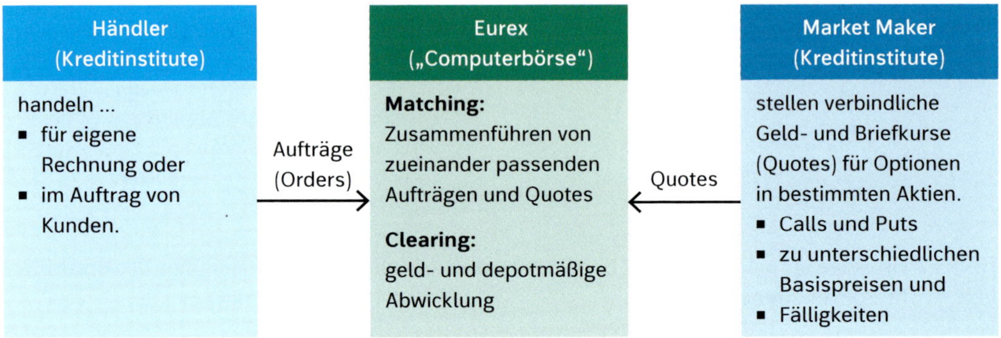

Bedingungen für Aktienoptionen an der Eurex

- **Stückzahl (Kontraktgröße)**
  Der Kontrakt bezieht sich in der Regel auf 100 Aktien.

- **Optionsfrist**
  Aktienoptionen werden nach Laufzeiten in drei Gruppen gehandelt, denen einzelne Aktien zugeordnet sind.

Gruppe A	Gruppe B	Gruppe C
Laufzeiten: 1, 2, 3, 6, 9, 12 Monate ***Beispiel:*** *Puma-Aktien*	Laufzeiten: 1, 2, 3, 6, 9, 12, 18, 24 Monate ***Beispiel:*** *Lufthansa-Aktien*	Laufzeiten: 1, 2, 3, 6, 9, 12, 18, 24, 30, 36, 48, 60 Monate ***Beispiel:*** *Siemens-Aktien*

- Basispreis
  - Optionsgeschäfte können nur zu bestimmten gerundeten Basispreisen abgeschlossen werden, die sich grundsätzlich am aktuellen Börsenkurs des Wertpapiers orientieren.
  - Der vereinbarte Basispreis ist erst bei der Ausübung der Option zu entrichten.

Für jeden Call und Put stehen für jede Fälligkeit mindestens drei Serien mit je einem Basispreis im Geld (in the money), am Geld (at the money) und aus dem Geld (out of the money) für den Handel zur Verfügung.

Beispiel:

aktueller Aktienkurs: 46,00 EUR		
Verhältnis aktueller Aktienkurs zu Basispreis	*Basispreise*	
	Call	*Put*
in the money	*44,00 EUR*	*48,00 EUR*
at the money	*46,00 EUR*	*46,00 EUR*
out of the money	*48,00 EUR*	*44,00 EUR*

- Optionspreis
  - Der Optionspreis (Optionsprämie) bei Optionsgeschäften über Aktien wird pro Aktie angegeben (Stücknotierung).
  - Der Optionspreis ist an dem Börsentag, der dem Handelstag folgt, zu entrichten.
  - Der Optionspreis ist abhängig von der
    - Kurserwartung des Basiswertes,
    - Laufzeit der Option,
    - Höhe des gewählten Basispreises.
  - Der Auftrag sollte aufgrund der starken Kursschwankungen stets limitiert werden.
- **Verfalltag**
  Verfalltag einer Optionsserie ist grundsätzlich der auf den letzten Handelstag folgende Börsentag.
- **Letzter Handelstag**
  Grundsätzlich am dritten Freitag eines Verfallmonats, sofern dieser ein Börsentag ist, andernfalls der davor liegende Börsentag
- **Ausübungszeit**
  Ausübung an jedem Börsentag während der Börsenzeit (amerikanische Art), mit Ausnahme des Tages eines Dividendenbeschlusses
- **Erfüllungstag**
  Zwei Börsentage nach der Ausübung
- **Erfüllung**
  Physische Lieferung des zugrunde liegenden Basiswertes

4.3 Futures

Futures sind **unbedingte Termingeschäfte**, bei denen das Verpflichtungsgeschäft (Kaufvertrag) und das Verfügungsgeschäft (Erfüllungsgeschäft) zeitlich auseinander fallen. Die im Kaufvertrag versprochenen Leistungen werden erst bei Fälligkeit erbracht. Im Unterschied zum Optionsgeschäft müssen beide Vertragspartner das Geschäft bei Fälligkeit erfüllen.

Financial Futures beinhalten die Pflicht,
- eine bestimmte Menge eines bestimmten Finanzwertes *(z. B. Bundesanleihen, Aktienindizes)*
- zu dem am Handelstag vereinbarten Preis (Future-Preis)
- an einem bestimmten Termin (Fälligkeit) anzunehmen bzw. zu liefern.

Bei einigen Futures *(z. B. DAX-Future)* erfolgt bei Fälligkeit nicht die Lieferung des Basiswertes, sondern ein **Barausgleich** (cash settlement).

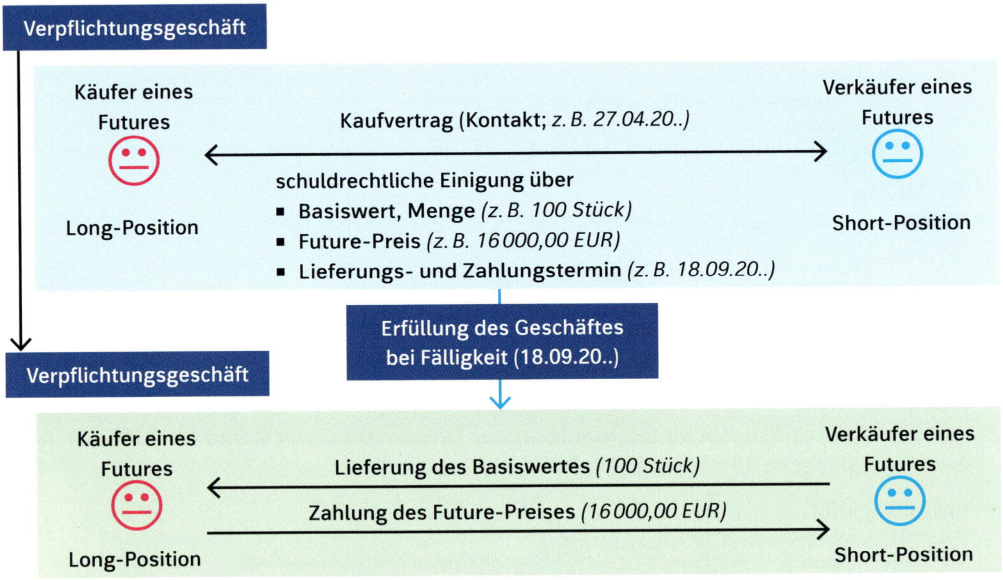

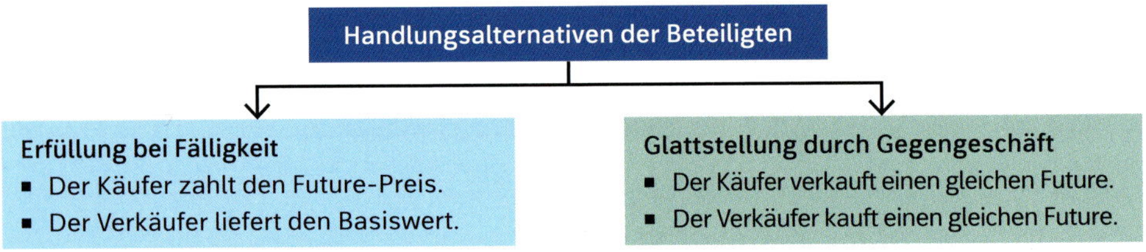

Motive und Risiken

Absicherung (Hedging)

Viele Future-Geschäfte dienen der Absicherung von Finanzpositionen.

- Verkauf eines Wertpapierbestandes auf Termin
  Vorteil: Kurssicherheit
  Nachteil: Der Anleger profitiert nicht von steigenden Marktpreisen.
  Beispiel:
  Sven Mayer möchte 500 Powertec-Aktien, die stark im Kurs gestiegen sind, verkaufen. Er verkauft die Aktien auf Termin in sechs Monaten zu einem schon jetzt vereinbarten Kaufpreis.
- Kauf von Wertpapieren auf Termin mit der Absicht, die Papiere zu halten
  Vorteil: Kurssicherheit
  Nachteil: Auch bei sinkenden Marktpreisen müssen die Papiere zum höheren Future-Preis abgenommen werden.
  Beispiel:
  Lea Jansen erwartet eine positive Kursentwicklung der Powertec-Aktien. Zurzeit besitzt sie aber nicht die finanziellen Mittel zum Kauf der Aktien. Sie erwartet jedoch in vier Monaten eine größere Erbschaft. Sie kauft die Aktien auf Termin in vier Monaten zum heutigen Terminkurs.

Spekulation

Bei einer Spekulation möchte der ...

- **Käufer** dadurch einen Gewinn erzielen, dass der Preis des Basiswertes bei Fälligkeit des Kontraktes höher ist als der Future-Preis. Er bezahlt bei Fälligkeit den niedrigeren Future-Preis an den Verkäufer des Futures und verkauft den Basiswert sofort zum höheren Preis am Kassamarkt.

  Chance/Risiko: Bei steigenden Marktpreisen besteht ein unbegrenztes Gewinnpotenzial, bei fallenden Marktpreisen ein sehr hohes Verlustpotenzial, das weit über die geleisteten Sicherheiten hinausgehen kann. Im Extremfall erhält der Käufer einen wertlosen Basiswert zum vereinbarten Future-Preis.

- **Verkäufer** dadurch einen Gewinn erzielen, dass der Preis des Basiswertes bei Fälligkeit des Kontraktes niedriger ist als der Future-Preis. Er kauft bei Fälligkeit den Basiswert zum niedrigeren Preis am Kassamarkt und liefert den Basiswert zum höheren Future-Preis an den Käufer des Futures.

  Chance/Risiko: Bei fallenden Marktpreisen besteht ein sehr hohes Gewinnpotential, bei steigenden Marktpreisen ein unbegrenztes Verlustpotenzial, das weit über die geleisteten Sicherheiten hinausgehen kann.

Da das **Risiko** einer nicht gedeckten Position unbegrenzt ist, sollen die Beteiligten das Marktgeschehen stets aufmerksam beobachten, um jederzeit auf Preisänderungen reagieren zu können. Engagements am Terminmarkt werden in der Praxis oft schon nach kurzer Zeit wieder glattgestellt.

Sicherheitenstellung (Margin)

Käufer und Verkäufer eines Futures haben zur Gewährleistung ihrer Kontraktverpflichtungen Sicherheiten in Geld oder Wertpapieren zu hinterlegen. Die Eurex berechnet die Höhe der erforderlichen Sicherheit börsentäglich aufgrund der Differenz zwischen dem vereinbarten Future-Preis und dem aktuellen Kassakurs.

DAX-Future

Der **DAX-Future** ist ein unbedingtes Termingeschäft auf den **Deutschen Aktienindex (DAX 30)**, der die Kursentwicklung der umsatzstärksten deutschen Standardaktien widerspiegelt. **Cash settlement**: Da der Basiswert nicht effektiv lieferbar ist, werden erzielte Gewinne oder Verluste am Liefertag bar ausgeglichen.

Merkmale

Basiswert	Deutscher Aktienindex (DAX) Gedanklich ist die Vorstellung hilfreich, der DAX sei ein Wertpapier („DAX-Wertpapier"), das tatsächlich gehandelt wird.
Kontraktwert	25,00 EUR je DAX-Punkt Gedanklich würden dann jeweils 25 Stück „DAX-Wertpapiere" gehandelt.
Notierung	in Indexpunkten auf eine Dezimalstelle
minimale Kursveränderung	0,5 Punkte (= 1 Tick), Tickwert 12,50 EUR
Liefermonate	die jeweils nächsten drei Quartalsmonate (März, Juni, September, Dezember)
Abrechnungstag	Schlussabrechnung ist der dritte Freitag des jeweiligen Liefermonats.
Erfüllung	Barausgleich (cash settlement)

Fallbeispiel:

Notierungen am 27.04.20..	DAX:	12130 Pkt.
	DAX-Future Fälligkeit 18.09.20..:	12220 Pkt.

Käufer	Kaufvertrag am 27.04.20..	Verkäufer
▪ erwartet **steigende** Kurse ▪ muss am 18.09.20.. „25 Stück DAX-Wertpapiere" zu je 12220,00 EUR „abnehmen" ▪ geht ein **unbegrenztes** Risiko ein	= schuldrechtliche Einigung ⟷ ▪ Preis 12220,00 EUR ▪ Menge „25 Stück" ▪ Erfüllung 18.09.20..	▪ erwartet **fallende** Kurse ▪ muss am 18.09.20.. „25 Stück DAX-Wertpapiere" zu je 12220,00 EUR „liefern" ▪ geht ein **unbegrenztes** Risiko ein

↓

Käufer	Erfüllung am 18.09.20..	Verkäufer
kein Gewinn/Verlust	**1. Fall:** DAX am 18.09.20.. 12220 Pkt. keine Ansprüche der Vertragspartner	kein Gewinn/Verlust

Käufer	Erfüllung am 18.09.20..	Verkäufer
11 250,00 EUR Gewinn	**2. Fall:** DAX am 18.09.20.. 12 670 Pkt. Barausgleich ← Differenzzahlung des Verkäufers an den Käufer 12 670 – 12 220 = 450 Pkt. 450 · 25,00 = <u>11 250,00 EUR</u>	11 250,00 EUR Verlust
14 000,00 EUR Verlust	**3. Fall:** DAX am 18.09.20.. 11 660 Pkt. Barausgleich → Differenzzahlung des Käufers an den Verkäufer 11 660 – 12 220 = – 560 Pkt. 560 · 25,00 = <u>14 000,00 EUR</u>	14 000,00 EUR Gewinn

Grafische Darstellung des Gewinn-/Verlustpotenzials

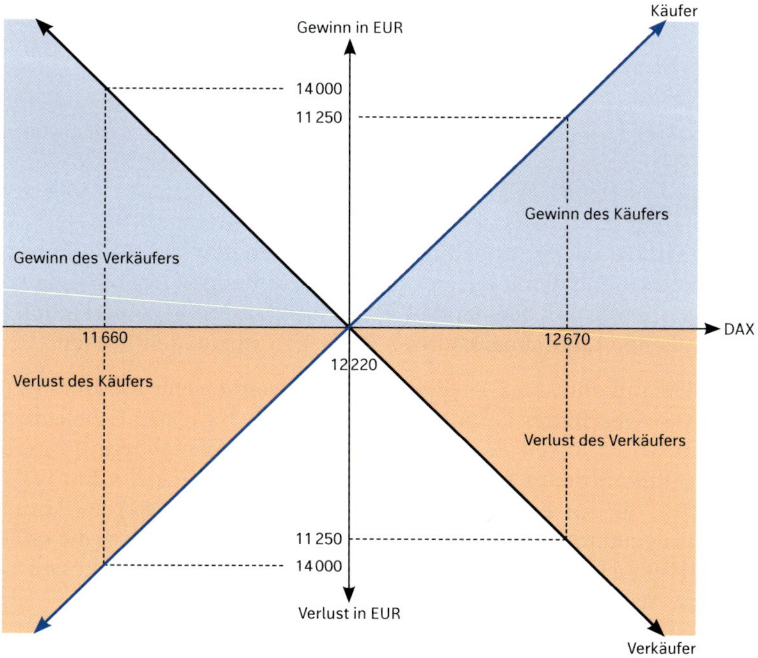

Erwartungshaltungen/Grundstrategien beim DAX-Future

Long-Position (Käufer)	**Short-Position (Verkäufer)**
Erwartungshaltung	
steigende Kurse („bullish")	**fallende Kurse („bearish")**
Steigt der DAX wie erwartet, stellt der Anleger glatt, d. h., er verkauft die gleichen Kontrakte zum aktuellen Terminpreis. Liegt der aktuelle Terminpreis im Vergleich zum früher vereinbarten Futurepreis höher, erzielt er einen Gewinn, liegt er darunter, macht er Verlust. Falls der **Käufer** des Futures nicht glattstellt, erfolgt bei Fälligkeit ein **Barausgleich** von 25,00 EUR je Differenzpunkt zwischen dem aktuellen DAX und dem Futurepreis. Ein **gestiegener DAX** führt zu **Gewinnen**, ein **gefallener** DAX zu **Verlusten**. Dabei gilt für ihn folgende Erfolgsgleichung: DAX bei Fälligkeit = Futurepreis → kein Gewinn bzw. Verlust DAX bei Fälligkeit > Futurepreis → Gewinn DAX bei Fälligkeit < Futurepreis → Verlust	Fällt der DAX wie erwartet, stellt der Anleger glatt, d. h., er kauft die gleichen Kontrakte zum aktuellen Terminpreis. Liegt der aktuelle Terminpreis im Vergleich zum früher vereinbarten Futurepreis niedriger, erzielt er einen Gewinn, liegt er darüber, macht er Verlust. Falls der **Verkäufer** des Futures nicht glattstellt, erfolgt bei Fälligkeit ein **Barausgleich** von 25,00 EUR je Differenzpunkt zwischen dem aktuellen DAX und dem Futurepreis. Ein **gefallener DAX** führt zu **Gewinnen**, ein **gestiegener** DAX zu **Verlusten**. Dabei gilt für ihn folgende Erfolgsgleichung: DAX bei Fälligkeit = Futurepreis → kein Gewinn bzw. Verlust DAX bei Fälligkeit > Futurepreis → Verlust DAX bei Fälligkeit < Futurepreis → Gewinn

Euro-Bund-Future

Der **Euro-Bund-Future** ist ein unbedingtes Termingeschäft auf **Anleihen des Bundes**. Der Kurs von Anleihen und damit auch des Euro-Bund-Futures ist abhängig von der Zinsentwicklung am Kapitalmarkt. Steigende Kapitalmarktzinsen bedeuten fallende Kurse bei den Anleihen. Sinkende Kapitalmarktzinsen führen zu steigenden Kursen.

Grundlage des Terminkontraktes ist eine fiktive, idealtypische 6% Bundesanleihe. Zur Erfüllung des Futuresgeschäftes kann grundsätzlich jede Bundesanleihe geliefert werden, deren Restlaufzeit bei Fälligkeit des Kontraktes 8,5 bis maximal zehn Jahre beträgt. Vor Fälligkeit des Terminkontraktes veröffentlicht die Clearing-Stelle der Eurex AG eine Auswahl von Anleihen, die zur Erfüllung des Geschäftes geliefert werden können. Es wird hierbei durch ein sogenanntes Preis-Faktor-System sichergestellt, dass die effektiv verfügbare Anleihe im Hinblick auf ihre Rendite mit der dem Terminkontrakt zugrunde liegenden synthetischen Anleihe übereinstimmt.

Der Verkäufer entscheidet, welche der möglichen Bundesanleihen er zur Erfüllung seiner Verpflichtung liefert. Er wird sich für die „günstigst lieferbare Anleihe" (cheapest to deliver) entscheiden, die ihm den größten Gewinn bzw. den geringsten Verlust bringt. Verglichen werden hierbei die Erwerbskosten mit dem Veräußerungserlös bei Erfüllung des Kontraktes.

Merkmale

Basiswert	▪ fiktive langfristige Schuldverschreibung des Bundes mit einer Laufzeit von 8,5 bis zehn Jahren ▪ und einem Zinssatz von 6 %
Kontraktwert	100 000,00 EUR Nennwert
Notierung	in Prozent vom Nominalwert auf zwei Dezimalstellen
minimale Preisveränderung	0,01 %; dies entspricht einem Wert von 10,00 EUR.
Liefermonate	▪ die jeweils nächsten drei Quartalsmonate (März, Juni, September, Dezember) ▪ Liefertag ist der 10. Kalendertag des jeweiligen Liefermonats.
Erfüllung	Lieferung bestimmter börsennotierter Bundesanleihen mit einer Restlaufzeit von 8,5 bis zehn Jahren

Fallbeispiel:

Käufer	Kaufvertrag am 27.04.20..	Verkäufer
▪ erwartet **steigende Kurse,** d. h. **fallende Zinsen** ▪ muss am 10.09.20.. 100 000,00 EUR Bundesanleihen zu 103,40 % abnehmen ▪ geht ein **unbegrenztes** Risiko ein	= schuldrechtliche Einigung ⟵⟶ ▪ Preis 143,40 % ▪ Menge 100 000,00 EUR Nennwert ▪ Erfüllung 10.09.20..	▪ erwartet **fallende Kurse,** d. h. **steigende Zinsen** ▪ muss am 10.09.20.. 100 000,00 EUR Bundesanleihen zu 103,40 % „liefern" ▪ geht ein **unbegrenztes** Risiko ein

↓

Käufer	Erfüllung am 18.09.20..	Verkäufer
kein Gewinn/Verlust	**1. Fall:** ▪ **Zinsen haben sich nicht verändert** ▪ **Kurs der Anleihe: 143,40 %** ▪ **Zeitwert der Anleihen 143 400,00 EUR** ⟵ **Lieferung 100 000,00 EUR Nennwert Bundesanleihen** **Zahlung 143 400,00 EUR** ⟶	kein Gewinn/Verlust

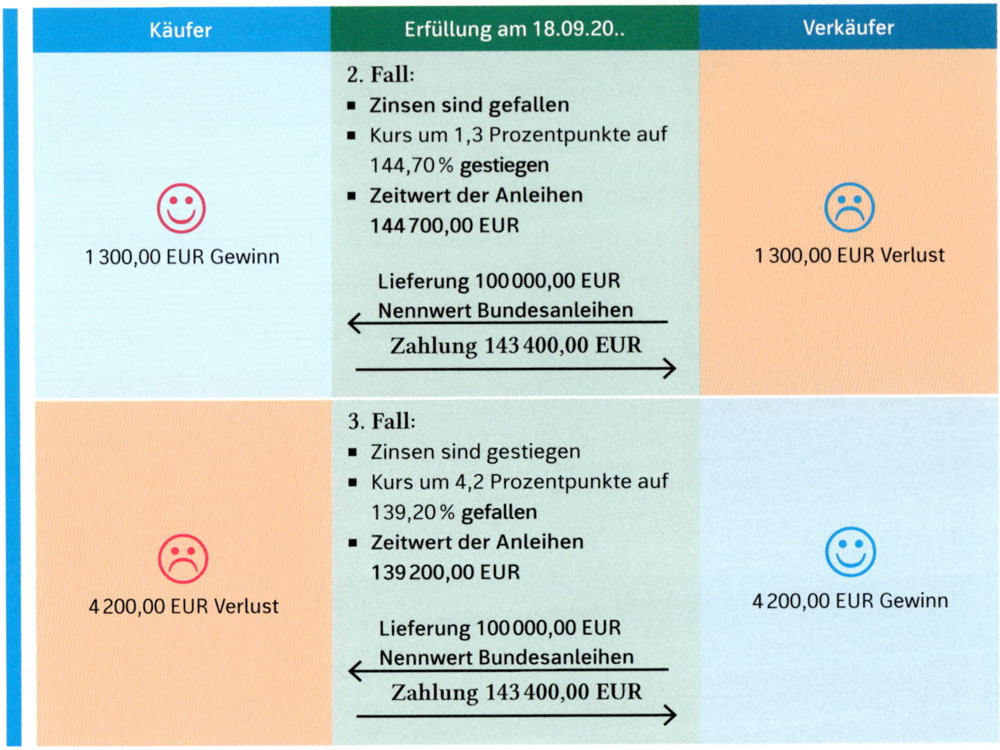

4.4 Strukturierte Zertifikate

Strukturierte Zertifikate sind Schuldverschreibungen, deren Wertentwicklung von der Kursentwicklung eines Basiswertes *(z. B. Aktie, Index)* abhängig ist und die zudem Risikoelemente von Optionen oder Futures enthalten.

Kreditinstitute bieten eine Vielzahl von strukturierten Zertifikaten an, die hinsichtlich ihres Risiko-Chance-Profils sehr unterschiedlich sind. Die Spanne reicht von Garantiezertifikaten, bei denen der Kapitalerhalt gesichert ist, bis zu hochspekulativen Hebelzertifikaten.

Strukturierte Zertifikate sind **komplexe Finanzinstrumente**. Aufgrund der vielfältigen Gestaltungsmöglichkeiten können Zertifikate alle Risiken in sich tragen, die bei einer Anlage in einem Finanzinstrument auftreten können, und zwar bis hin zum Totalverlust. Teilweise können mit einem Zertifikat auch gleich mehrere Risiken auf einmal verbunden sein. Die Wertentwicklung hängt dann von verschiedenen Parametern ab, die sich zusätzlich noch untereinander beeinflussen können.

Anleger sollten nur in ein Zertifikat investieren, wenn sie das Produkt und seine Risiken sowie die Anlagestrategie verstanden haben.

4.4.1 Aktienanleihe

Die **Aktienanleihe** ist eine verzinsliche Schuldverschreibung, bei der die Rückzahlung nach Wahl des Emittenten entweder in Höhe des Nominalbetrages oder durch die Lieferung einer bestimmten Anzahl von Aktien erfolgt.

Emittenten von Aktienanleihen sind Kreditinstitute.

Aus der Sicht des Anlegers handelt es sich bei der Aktienanleihe um eine Kombination aus dem Kauf einer festverzinslichen Schuldverschreibung und dem Verkauf einer Verkaufsoption.

- Der **Anleiheschuldner** (Emittent) kann bei Fälligkeit anstelle der Rückzahlung des Nennwertes die Lieferung der vereinbarten Anzahl von Aktien wählen. Dieses Recht entspricht dem Erwerb einer Verkaufsoption (long put).
- Der **Anleihegläubiger** (Anleger) hat die Pflicht, auf Verlangen des Emittenten die vereinbarte Anzahl von Aktien (Basiswert) zu einem bestimmten Preis (Basispreis) abzunehmen. Er ist in der Stillhalterposition einer Verkaufsoption (short put).

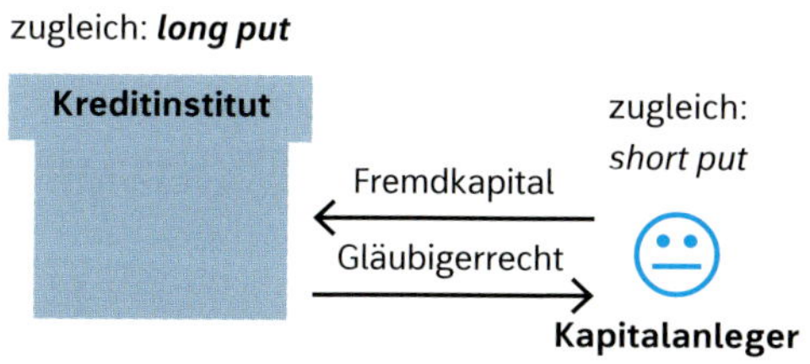

Der Kapitalanleger spekuliert auf gleichbleibende oder steigende Kurse des zugrunde liegenden Basiswertes. Wenn seine Kurserwartung eintritt, erhält er am Ende der Laufzeit der Anleihe den vollen Anleihenennwert zurück und erzielt damit eine deutlich über dem Marktzins liegende Rendite.

Der Zinssatz der Aktienanleihe liegt deutlich über dem Marktzins. Die Differenz zwischen dem Anleihezins und dem Marktzins entspricht der Optionsprämie des Stillhalters. Die Anleihe kann während der Laufzeit jederzeit über die Börse veräußert werden. Kursbestimmend für die Aktienanleihe ist insbesondere die Kursentwicklung der zugrunde liegenden Aktien. Ein Kursanstieg der Aktie führt zu einem Kursanstieg der Aktienanleihe, weil in diesem Fall die Rückzahlung in Aktien unwahrscheinlicher wird. Umgekehrt führt ein Kursrückgang der Aktien auch zu einem Kursrückgang der Aktienanleihe, weil in diesem Fall eher mit einer Rückzahlung in Aktien zu rechnen ist.

Fallbeispiel:

11 % Aktienanleihe der Hansabank AG

- Laufzeit: zwei Jahre
- kleinste Stückelung: 5 000,00 EUR
- anfänglicher Verkaufspreis: 100 %
- Rückzahlung wahlweise zum Nennwert oder durch Lieferung von 32 DELTA-Aktien

Der Marktzins für gewöhnliche Schuldverschreibungen mit zweijähriger Laufzeit beträgt 3 %. Der Kurs der DELTA-Aktie bei Berechnung des anfänglichen Verkaufspreises beträgt 171,70 EUR.

Ausschlaggebend für die Art der Rückzahlung ist der Kurs der Aktie bei Fälligkeit der Anleihe.

Der Emittent wird die Rückzahlung in Aktien vornehmen, wenn der Kurswert der zu liefernden 32 Aktien unter dem Nennwert der Anleihe von 5 000,00 EUR liegt.
Dies ist bei Aktienkursen unter 156,25 EUR (5 000,00 : 32) der Fall.

Fall (1):
Der Kurs der DELTA-Aktie beträgt am Ende der Laufzeit mindestens 156,25 EUR:

Der Kapitalanleger erhält bei Fälligkeit 5 000,00 EUR zurück. →

Fall (2):
Der Kurs der DELTA-Aktie ist am Ende der Laufzeit niedriger als 156,25 EUR:

Der Anleger erhält bei Fälligkeit 32 DELTA-Aktien. →

1. Ermittlung des maximalen Ertrages

11 % Zinsen pro Jahr = 550,00 EUR
in zwei Jahren 1 100,00 EUR
Rendite: 11 % p. a.

2. Ermittlung des Basispreises

5 000,00 : 32 = 156,25 EUR

3. Ermittlung der Gewinnschwelle

Kaufaufwand: 5 000,00 EUR
Zinseinnahmen: 1 100,00 EUR
$5\,000{,}00 - (32 \cdot x) = 1\,100{,}00$ EUR
$\underline{\underline{x = 121{,}88 \text{ EUR}}}$

4. Ermittlung des Grenzkurses, bei dessen Unterschreitung eine Anlage in normalen festverzinslichen Wertpapieren vorteilhafter wäre

Der Marktzins beträgt 3 %.
3 % von 5 000,00 EUR in zwei Jahren: 300,00 EUR Zinsen
$1\,100{,}00 - (5\,000{,}00 - 32 \cdot x) = 300{,}00$ EUR
$\underline{\underline{x = 131{,}25 \text{ EUR}}}$

5. Ermittlung des maximalen Verlustes

Bei einer Insolvenz der Gesellschaft fällt der Kurs der DELTA-Aktie auf null.
Der Kapitalanleger erhält am Ende der Laufzeit 32 wertlose Aktien und die Anleihezinsen.

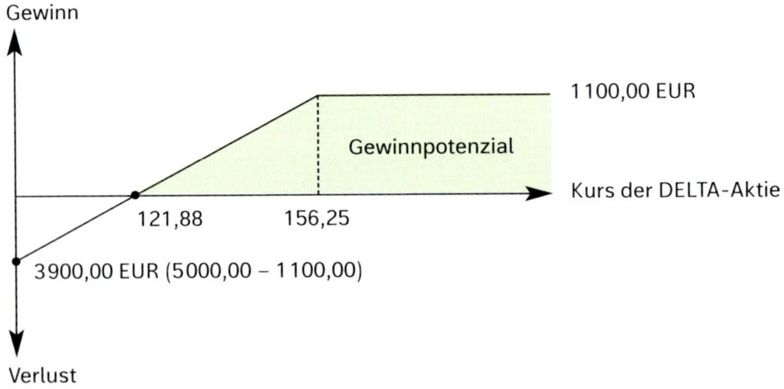

4.4.2 Discountzertifikat

Das Discountzertifikat ist eine unverzinsliche Schuldverschreibung, die das Recht verbrieft, nach Wahl des Emittenten bei Fälligkeit eine bestimmte Aktie (Basiswert) oder einen bestimmten Geldbetrag vom Emittenten zu erhalten.

Emittenten von Discountzertifikaten sind Kreditinstitute.

Beim Kauf des Zertifikates zahlt der Anleger einen unterhalb des aktuellen Börsenkurses der Aktie liegenden Preis. Am Ende der Laufzeit des Zertifikats liefert der Emittent die entsprechende Aktie, wenn der Börsenkurs der Aktie bei Fälligkeit einen bestimmten Höchstbetrag (Cap) nicht erreicht. Andernfalls zahlt der Emittent den vereinbarten Höchstbetrag an den Anleger. Der Anleger profitiert von Kurssteigerungen der Aktie also nur bis zu diesem Höchstbetrag, während er von den Kursverlusten in unbegrenzter Höhe betroffen ist.

Fallbeispiel:

Discountzertifikat auf die Aktie der DataSoft AG	
Emittent:	Regio-Bank AG
Bezugsverhältnis:	1 : 1
Preis für ein Discountzertifikat:	85,00 EUR
Zinszahlungen während der Laufzeit:	keine
Höchstbetrag (Cap):	105,00 EUR
aktueller Kurs der DataSoft-Aktie:	100,00 EUR
Laufzeit:	12 Monate

Der Käufer des Discountzertifikates erhält am Ende der Laufzeit vom Emittenten entweder eine Data-Soft-Aktie oder 105,00 EUR. Für dieses Recht zahlt er beim Kauf des Zertifikates einen Preis von 85,00 EUR. Bezogen auf den aktuellen Börsenkurs erhält der Anleger einen Discount (Preisnachlass) von 15,00 EUR. Der maximale Ertrag des Anlegers beträgt somit 20,00 EUR (105,00 – 85,00). Sein Verlustrisiko ist hingegen unbegrenzt.

Bei Fälligkeit des Discountzertifikates sind vier Fälle zu unterscheiden:

1. Fall: Kurs der DataSoft-Aktie über 120,00 EUR (Cap + Discount)

Beträgt der Aktienkurs z.B. 140,00 EUR, zahlt der Emittent an den Inhaber des Zertifikates den Höchstbetrag von 105,00 EUR. Bei einem Gewinn von 20,00 EUR erzielt der Anleger folgende Rendite (PZ):

$$PZ = \frac{(\text{Rückzahlungsbetrag} - \text{Kaufpreis des Zertifikates})}{\text{Kaufpreis des Zertifikates}} \cdot 100$$

$$PZ = \frac{(105{,}00 - 85{,}00)}{85{,}00} \cdot 100 = \underline{\underline{23{,}53\,\%}}$$

8

Hätte der Anleger statt des Discountzertifikates direkt die Aktie zum Kurs von 100,00 EUR gekauft, wäre jedoch seine Rendite (PA) höher gewesen.

$$PA = \frac{(\text{neuer Aktienkurs} - \text{alter Aktienkurs})}{\text{alter Aktienkurs}} \cdot 100$$

$$PA = \frac{(140{,}00 - 100{,}00)}{100{,}00} \cdot 100 = \underline{\underline{40{,}00\,\%}}$$

2. Fall: Kurs der DataSoft-Aktie von 105,00 EUR bis 120,00 EUR ***(z. B. 110,00 EUR)***

Der Anleger erhält den Höchstbetrag von 20,00 EUR und erzielt die maximale Rendite von 23,53 %. Obwohl er an den Kurssteigerungen über 105,00 EUR nicht partizipiert, ist seine Rendite aufgrund des Preisnachlasses beim Kauf des Zertifikats höher als bei einer Direktanlage in Aktien (10 %).

$$PA = \frac{(110{,}00 - 100{,}00)}{100{,}00} \cdot 100 = \underline{\underline{10{,}00\,\%}}$$

3. Fall: Kurs der DataSoft-Aktie von 85,00 EUR bis unter 105,00 EUR ***(z. B. 92,00 EUR)***

Beträgt der Kurs der DataSoft-Aktie am Ende der Laufzeit 92,00 EUR, erfolgt die Rückzahlung durch Lieferung einer DataSoft-Aktie je Discountzertifikat. Bei einem Kaufaufwand von 85,00 EUR hat er trotz des Kursrückganges der Aktie von 8,00 EUR einen Gewinn von 7,00 EUR erzielt.

$$PZ = \frac{(92{,}00 - 85{,}00)}{85{,}00} \cdot 100 = \underline{\underline{8{,}24\,\%}}$$

Bei einem Direktkauf der Aktie hätte er hingegen einen Kursverlust von 8,00 EUR erlitten.

$$PA = \frac{(92{,}00 - 100{,}00)}{100{,}00} \cdot 100 = -\underline{\underline{8{,}00\,\%}}$$

4. Fall: Kurs der DataSoft-Aktie unter 85,00 EUR ***(z. B. 50,00 EUR)***

Der Anleger erhält die Aktie und erleidet einen Kursverlust von 35,00 EUR. Seine Rendite beträgt:

$$PZ = \frac{(50{,}00 - 85{,}00)}{85{,}00} \cdot 100 = -\underline{\underline{41{,}18\,\%}}$$

Bei einem Direktkauf der Aktie wäre sein Verlust jedoch noch größer gewesen.

$$PA = \frac{(50{,}00 - 100{,}00)}{100{,}00} \cdot 100 = -\underline{\underline{50{,}00\,\%}}$$

Die Rendite einer Geldanlage in Discountzertifikaten ist immer höher als die Rendite bei einer Direktanlage in Aktien, wenn folgende Bedingung eintritt:

Der Aktienkurs ist bei Fälligkeit des Discountzertifikates nicht höher als der Höchstbetrag (Cap) zuzüglich des Discountes.

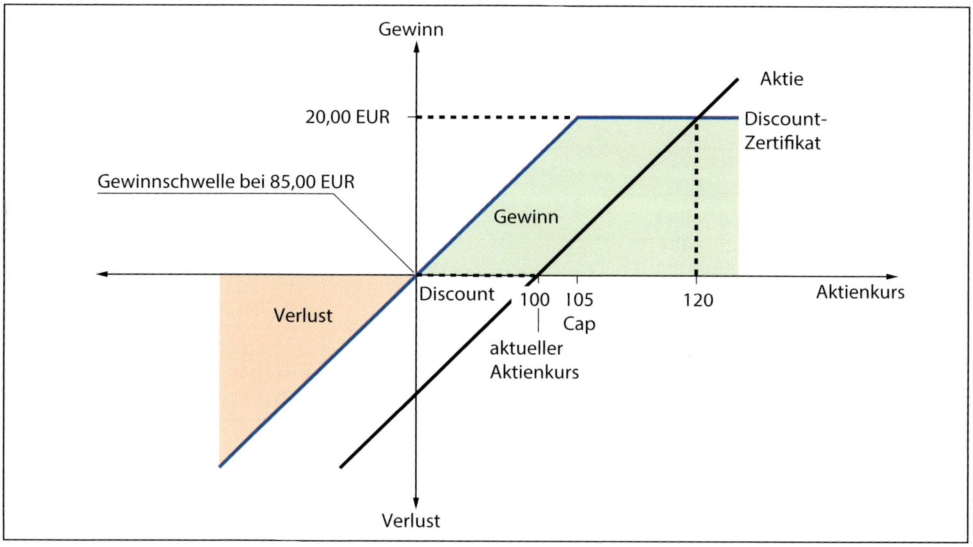

Discountzertifikate ermöglichen einen defensiven Einstieg in die Aktie und bieten eine attraktive Rendite. Besonders bei stagnierenden und leicht steigenden Aktienkursen ist eine Anlage in Discountzertifikaten lohnenswert. Rechnet der Anleger hingegen mit stark steigenden Kursen des Basiswertes, sollte er sich für den direkten Kauf der Aktie entscheiden.

Discountzertifikate gehören zu den sogenannten strukturierten Finanzprodukten. Aus der Sicht des Anlegers entsprechen die in dem Zertifikat verbrieften Rechte folgenden Geschäften:

- Kauf einer Aktie
- Verkauf einer Kaufoption (short call)

Bezogen auf das Beispiel könnte der Anleger nämlich alternativ zum Erwerb der Discountzertifikate direkt die Aktien zum Kurs von 100,00 EUR kaufen und gleichzeitig eine Kaufoption mit einem Basispreis von 105,00 EUR zu einer Optionsprämie von 15,00 EUR verkaufen. Sein Nettoaufwand würde dann wie beim Discountzertifikat 85,00 EUR betragen. Bei Aktienkursen von über 105,00 EUR müsste er auf Verlangen des Käufers der Kaufoption (long call) die Aktien liefern und erhielte dafür 105,00 EUR. Bei einem Nettokaufaufwand von 85,00 EUR würde er ebenso wie der Käufer eines Zertifikates dann einen maximalen Gewinn von 20,00 EUR erzielen. Bei Kursen unter 105,00 EUR würde die Option nicht ausgeübt, und der Gewinn minderte sich in der Kursspanne von 85,00 bis 105,00 EUR. Bei Kursen unter 85,00 EUR ergäbe sich in der Gesamtposition (Aktien + Option) ein Verlust.

Das Gewinn- und Verlustprofil der Gesamtposition (Aktienkauf + short call) entspricht dem des Discountzertifikates.

4.4.3 Bonuszertifikat

Bonuszertifikate verbriefen das Recht, bei Fälligkeit den aktuellen Kurswert des Basiswertes, mindestens aber einen bestimmten Geldbetrag (Bonusbetrag) vom Emittenten zu erhalten, wenn der zugrunde liegende Basiswert während der Laufzeit eine bestimmte Barriere (Kursuntergrenze) nicht unterschreitet. Unterschreitet der Kurs des Basiswertes auch nur zeitweilig die Barriere, ist die Wertentwicklung des Bonuszertifikates und des Basiswertes identisch.

8

Fallbeispiel:

Bonuszertifikat auf die Aktie der Argus AG	
Emittent:	Regio-Bank AG
Bezugsverhältnis:	1 : 1
Preis für ein Bonuszertifikat:	100,00 EUR
aktueller Kurs der Argus-Aktie:	100,00 EUR
Barriere:	70,00 EUR
Bonuslevel:	125,00 EUR
Laufzeit:	4 Jahre

Der Emittent zahlt bei Fälligkeit des Zertifikates 125,00 EUR an den Inhaber, sofern der Aktienkurs während der Laufzeit niemals den Kurs von 70,00 EUR (Barriere) unterschritten hat. Demnach sind folgende Fälle zu unterscheiden:

1. **Fall: Der Aktienkurs hat während der Laufzeit niemals die Barriere von 70,00 EUR unterschritten. Der Anleger erhält bei Fälligkeit einen Geldbetrag in Höhe des aktuellen Kurswertes der Argus-Aktie, mindestens aber den Bonusbetrag von 125,00 EUR.**

Aktienkurs bei Fälligkeit	Veränderung des Aktienkurses	Rückzahlungsbetrag des Zertifikates	Gewinn bzw. Verlust des Bonuszertifikates
72,00 EUR	– 28,00 EUR	125,00 EUR	+ 25,00 EUR
105,00 EUR	+ 5,00 EUR	125,00 EUR	+ 25,00 EUR
122,00 EUR	+ 22,00 EUR	125,00 EUR	+ 25,00 EUR
135,00 EUR	+ 35,00 EUR	135,00 EUR	+ 35,00 EUR

2. **Fall: Der Aktienkurs hat zumindest zeitweilig die Barriere von 70,00 EUR unterschritten Die Rückzahlung erfolgt zum aktuellen Wert der Aktie.**

Aktienkurs bei Fälligkeit	Veränderung des Aktienkurses	Rückzahlungsbetrag des Zertifikates	Gewinn bzw. Verlust des Bonuszertifikates
60,00 EUR	– 40,00 EUR	60,00 EUR	– 40,00 EUR
105,00 EUR	+ 5,00 EUR	105,00 EUR	+ 5,00 EUR
122,00 EUR	+ 22,00 EUR	122,00 EUR	+ 22,00 EUR
135,00 EUR	+ 35,00 EUR	135,00 EUR	+ 35,00 EUR

Auszahlungsprofil des Bonuszertifikates

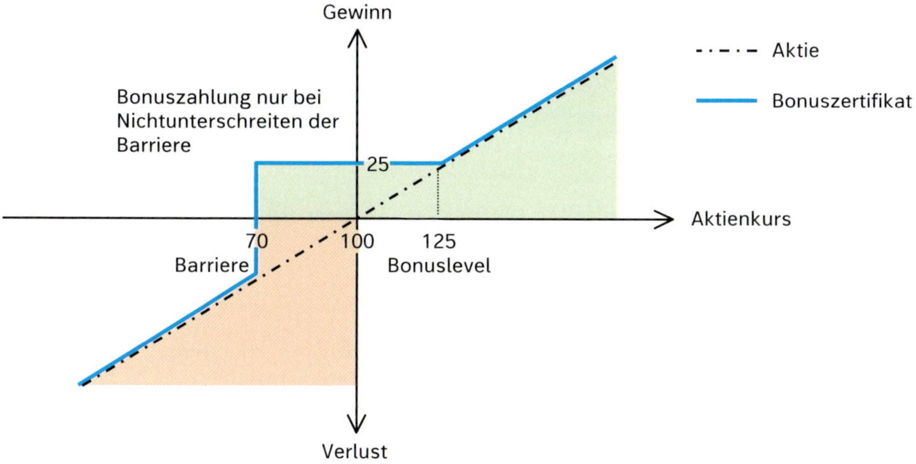

Die Wertentwicklung des Bonuszertifikates kann niemals schlechter sein als die des Basiswertes. Wenn die Barriere während der Laufzeit nicht unterschritten wird und der Kurs bei Fälligkeit unter dem Bonuslevel liegt, ist der Ertrag des Bonuszertifikates höher als bei einer Direktanlage in dem Basiswert, ansonsten ist er gleich.

Im Unterschied zu einer Direktanlage in Aktien erhält der Inhaber des Bonuszertifikates jedoch keine Dividende.

Aus der Sicht des Anlegers beinhalten Bonuszertifikate folgende Positionen:

- Kauf einer Aktie
- Kauf einer Verkaufsoption (long put)

Zur Deckung seiner Zahlungsverpflichtung erwirbt der Emittent den Basiswert und eine sogenannte „Down-and-out-Put-Option“ (Verkaufsoption mit einer Knock-out-Barriere). Wenn der Kurs des Basiswertes die Knock-out-Barriere unterschreitet, verfällt die Option sofort wertlos. Diese besondere Form der Option ist aufgrund des höheren Risikos preiswerter als eine Standardoption, die bis zur Fälligkeit gültig bleibt. Als Basispreis der Option wird das Bonusniveau gewählt. Durch diese Konstruktion kann der Emittent unabhängig von der Kursentwicklung des Basiswertes seine Zahlungsverpflichtung aus dem Zertifikat immer erfüllen.

4.4.4 Outperformancezertifikat

Outperformancezertifikate verbriefen das Recht, bei Fälligkeit in Abhängigkeit von der Kursentwicklung eines Basiswertes einen bestimmten Betrag zu erhalten. Die Rückzahlung erfolgt zum Kurs des Basiswertes, wenn der Kurs des Basiswertes bei Fälligkeit eine bestimmte Grenze (Basisbetrag) nicht überschreitet. Übersteigt der Kurs des Basiswertes den Basisbetrag, erhält der Anleger den aktuellen Kurs des Basiswertes zuzüglich einer prozentualen Partizipationsrate.

Aus der Sicht des Anlegers beinhalten Outperformancezertifikate folgende Positionen:

- Kauf einer Aktie
- Kauf einer Kaufoption (long call)

Die mit dem Zertifikat verbundenen Optionsrechte führen zu einem Hebeleffekt. Von Kurssteigerungen über den Basisbetrag hinaus profitiert der Inhaber des Zertifikates überproportional.

Fallbeispiel:

Outperformancezertifikat auf die Aktie der Taurus AG	
Emittent:	Regio-Bank AG
Bezugsverhältnis:	1 : 1
Preis für ein Bonuszertifikat:	30,00 EUR
aktueller Kurs der Taurus-Aktie:	30,00 EUR
Basisbetrag:	30,00 EUR
Partizipationsrate:	150 %
Laufzeit:	3 Jahre

Der Emittent zahlt bei Fälligkeit des Zertifikates den aktuellen Kurs des Basiswertes an den Inhaber, sofern der Aktienkurs bei Fälligkeit 30,00 EUR nicht übersteigt. Bei einem höheren Kurs des Basiswertes erhält der Anleger den Basisbetrag zuzüglich 150 % der Differenz zwischen dem aktuellen Kurs des Basiswertes und dem Basisbetrag.

Aktienkurs bei Fälligkeit	Veränderung des Aktienkurses	Rückzahlungsbetrag des Zertifikates	Gewinn bzw. Verlust des Outperfomancezertifikates
20,00 EUR	– 10,00 EUR	20,00 EUR	– 10,00 EUR
30,00 EUR	– EUR	30,00 EUR	– EUR
40,00 EUR	+ 10,00 EUR	45,00 EUR [30,00 + (150 % von 10,00)]	+ 15,00 EUR
50,00 EUR	+ 20,00 EUR	60,00 EUR [30,00 + (150 % von 20,00)]	+ 30,00 EUR

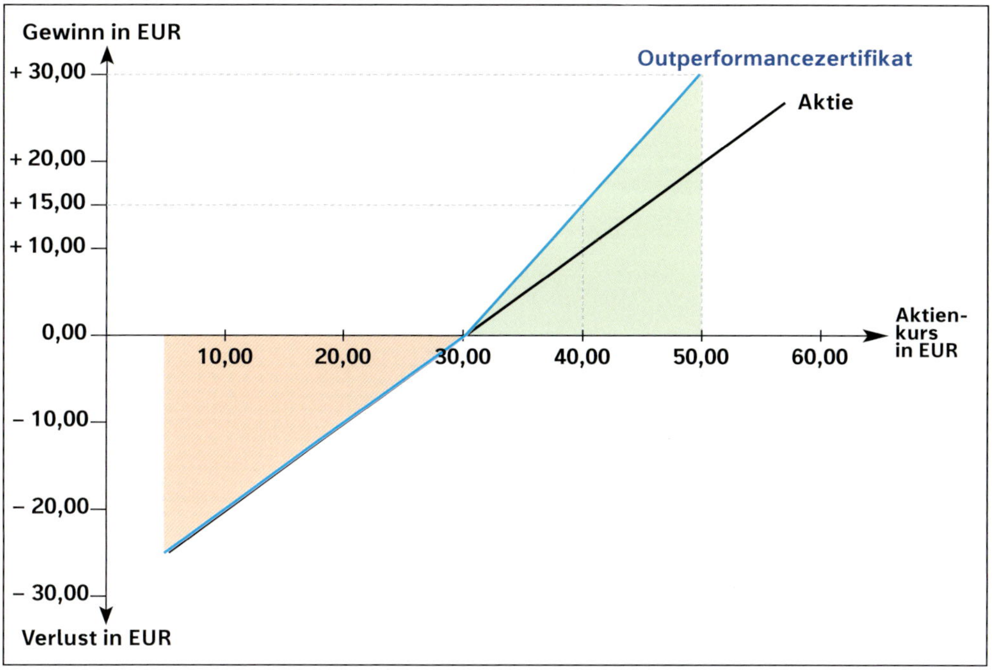

Der Anleger profitiert überproportional von Kurssteigerungen über den Basisbetrag hinaus (Hebeleffekt). Je höher die Partizipationsrate, desto größer die Kurssteigerungen des Zertifikates bei steigenden Kursen. Bei fallenden Kursen ist das Risiko von Outperformancezertifikat und Basiswert identisch. Der Inhaber des Zertifikates erhält jedoch keine Dividende. Der Emittent finanziert aus diesen vorenthaltenen Dividenden den Kauf von Kaufoptionen (long call) zur Absicherung seiner Verpflichtungen.

Struktur ausgewählter Zertifikate aus Anlegersicht			
Aktienanleihe	**Discountzertifikat**	**Bonuszertifikat**	**Outperformancezertifikat**
Kauf einer Anleihe + Verkauf einer Verkaufsoption (short put)	Kauf eines Basiswertes + Verkauf einer Kaufoption (short call)	Kauf eines Basiswertes + Kauf einer Verkaufsoption (long put)	Kauf eines Basiswertes + Kauf einer Kaufoption (long call)

4.4.5 Garantiezertifikat

Garantiezertifikate verbriefen das Recht, bei Fälligkeit in Abhängigkeit von der Kursentwicklung des Basiswertes *(z. B. Aktienindex)* eine bestimmte Geldsumme zu erhalten, zumindest aber einen garantierten Kapitalbetrag.

Unabhängig vom Kursverlauf des Basiswertes garantiert der Emittent dem Inhaber des Zertifikates einen Mindestrückzahlungsbetrag (Kapitalgarantie) bei Fälligkeit. Die **Kapitalgarantie** kann eine Voll- oder Teilgarantie des eingesetzten Kapitals umfassen. Bei fallenden Kursen des Basiswertes profitiert der Inhaber von dieser Garantie. An steigenden Kursen des Basiswertes ist der Inhaber jedoch nur teilweise beteiligt. Die **Partizipationsrate** gibt an, in welchem Maße der Anleger an der positiven Wertentwicklung eines Basiswertes beteiligt ist.

Fallbeispiel:

Garantiezertifikat auf den EuroStoxx50	
Emittent:	Regio-Bank AG
Bezugsverhältnis:	100 : 1
Preis für ein Garantiezertifikat:	32,00 EUR
aktueller Stand des EuroStoxx50:	3200
Garantiebetrag:	32,00 EUR
Partizipationsrate:	50 %
Laufzeit:	3 Jahre

Beispiele für die Rückzahlung des Zertifikates bei alternativen Indexständen

EuroStoxx50 bei Fälligkeit	Veränderung des EuroStoxx50	Rückzahlungsbetrag des Zertifikates	Gewinn des Garantiezertifikates
2800	-400	32,00 EUR	0,00 EUR
3200	0	32,00 EUR	0,00 EUR
3600	+400	34,00 EUR (32,00 + 50 % von 400/100)	+2,00 EUR (34,00 – 32,00)

Der Emittent sichert seine Rückzahlungsverpflichtungen, indem er einen Großteil des erhaltenen Kapitals in Anleihen *(z. B. Zerobonds)* investiert, um damit den Garantiebetrag bis zur Fälligkeit zu erwirtschaften. Den Rest des Kapitals investiert er in Kauf-Optionen auf den Basiswert. Bei sinkenden Kursen des Basiswertes verfallen die Optionen wertlos. Bei steigenden Kursen des Basiswertes sichern die Optionen die Zahlung der Partizipationsrate.

Garantiespannenzertifikate (Airbag-Zertifikate) bieten nur einen begrenzten Schutz vor Kursverlusten. Der Inhaber erhält bei Fälligkeit den Garantiebetrag, sofern der Basiswert nicht unterhalb einer bestimmten Kursschwelle notiert. Bei höheren Kursverlusten vermindert sich der Rückzahlungsbetrag. An den Kurssteigerungen des Basiswertes ist der Inhaber des Zertifikates entsprechend der vereinbarten Partizipationsrate beteiligt.

4.4.6 Hebelzertifikat

Ein Hebelzertifikat ist ein Finanzinstrument, durch dessen Hebeleffekt ein Anleger einen höheren Gewinn bzw. Verlust als mit einer Direktanlage in den Basiswert (Aktie, Index, Währung oder Rohstoff) erzielen kann. Es besteht jedoch das Risiko, dass das Zertifikat schon während der Laufzeit seinen Wert vollständig verliert. Berührt der Kurs des Basiswertes nämlich eine vorher festgelegte Kursmarke (die sogenannte Knock-Out-Schwelle oder Stoppschwelle), tritt das „Knock-Out-Ereignis“ ein, und das Hebelzertifikat verfällt wertlos.

Hebelzertifikate gibt es in zwei Varianten:

- **Long-Zertifikat (Bull-Zertifikat)**
  Der Anleger profitiert von steigenden Kursen des Basiswertes.
- **Short-Zertifikat (Bear-Zertifikat)**
  Der Anleger profitiert von sinkenden Kursen des Basiswertes.

Fallbeispiel:

Long-Hebelzertifikat auf die Aktie der Data-Soft AG	
Emittent:	Regio-Bank AG
Bezugsverhältnis:	1 : 1
Preis für ein Hebelzertifikat:	51,04 EUR
Basispreis:	50,00 EUR
Knock-Out-Schwelle:	50,00 EUR
Laufzeit:	12 Monate
Rückzahlung bei Fälligkeit (sofern das Knock-Out-Ereignis nicht bei Fälligkeit und Basispreis eingetreten ist):	Differenz zwischen Aktienkurs bei Fälligkeit und Basispreis.

Ein Anleger erwartet steigende Kurse bei den Aktien der Data-Soft AG, die zurzeit an der Börse zu **100,00 EUR** notieren. Um von den erhofften Kurssteigerungen zu profitieren, besitzt er folgende Möglichkeiten:

- Direktkauf der Aktie zum Kurs von 100,00 EUR
- Kauf eines Long-Hebelzertifikates zum Preis von 51,04 EUR

Bei Fälligkeit zahlt der Emittent die Differenz zwischen dem aktuellen Aktienkurs und dem Basispreis (50,00 EUR) an den Inhaber des Zertifikates. Der Gewinn bzw. Verlust des Anlegers ist die Differenz zwischen dem eingesetzten Kapital von 51,04 EUR und dem Rückzahlungsbetrag.

Innerer Wert

Der **innere Wert** des Zertifikates entspricht dem Betrag, den der Anleger bei einer sofortigen Ausübung erhalten würde.

innerer Wert = Aktienkurs – Basispreis

100,00 EUR – 50,00 EUR = 50,00 EUR

8

Aufgeld

Das **Aufgeld** gibt an, welchen Betrag der Anleger bei einer sofortigen Ausübung des Zertifikates verlieren würde.

Aufgeld = Preis des Zertifikates – innerer Wert

51,04 EUR – 50,00 EUR = 1,04 EUR

Das Aufgeld ist bei Hebelzertifikaten deutlich niedriger als bei Optionsscheinen.

Rendite

In Abhängigkeit von der Kursentwicklung der Aktie ergibt sich für den Inhaber des Zertifikates folgender Gewinn bzw. Verlust:

Aktienkurs bei Fälligkeit	Rückzahlungsbetrag	Gewinn bzw. Verlust (Rückzahlungsbetrag – Kaufpreis)	Rendite
180,00 EUR	130,00 EUR	78,96 EUR (130,00 – 51,04 EUR)	$\frac{78{,}96 \cdot 100}{51{,}04} = +155\,\%$
130,00 EUR	80,00 EUR	28,96 EUR	+57 %
100,00 EUR	50,00 EUR	–1,04 EUR	–2 %
70,00 EUR	20,00 EUR	–31,04 EUR	–61 %
50,00 EUR	0,00 EUR	–51,04 EUR	–100 %

Hebel

Die absoluten Preisänderungen der Aktie und des Hebelzertifikates sind identisch. Aufgrund des geringeren Kapitaleinsatzes ist die relative Kursänderung und damit Rendite des Zertifikates im Vergleich zu einer Aktienanlage jedoch erheblich größer – in positiver wie in negativer Richtung.

$$\text{Hebel} = \frac{\text{Aktienkurs zum Kaufzeitpunkt} \cdot \text{Bezugsverhältnis}}{\text{Preis des Zertifikates}} \cdot 100$$

$$\text{Hebel} = \frac{100{,}00 \cdot 1}{51{,}04} = \underline{\underline{1{,}96}}$$

Der Hebel von 1,96 bedeutet, dass eine Kursveränderung bei der Aktie um 1 % zu einer Kursveränderung des Zertifikates von 1,96 % führt. Das Risiko der Anlage steigt mit der Höhe des Hebels, der wiederum vom Basispreis abhängig ist. Je näher der Basispreis beim aktuellen Aktienkurs liegt, umso niedriger ist der Preis des Long-Zertifikates. Es steigt aber die Gefahr, dass der Aktienkurs zu irgendeinem Zeitpunkt während der Laufzeit die Knock-Out-Schwelle berührt oder unterschreitet. In diesem Fall verfällt das Zertifikat wertlos.

Hebelzertifikate eignen sich nur für risikobereite, informierte Anleger, die laufend den Kurs des Basiswertes beobachten, um gegebenenfalls sofort auf Kursveränderungen zu reagieren. Ein Verkauf der Zertifikate ist jederzeit an der Börse möglich.

5 Besteuerung von Kapitalerträgen

Kapitalerträge unterliegen einer **pauschalen Einkommensteuer (Abgeltungsteuer) von 25 %.** Die auszahlenden Stellen halten von den Kapitalerträgen eine **Kapitalertragsteuer** (KESt) **von 25 %** zuzüglich 5,5 % Solidaritätszuschlag (SolZ) und ggf. Kirchensteuer (KiSt) ein und führen die Steuern an das Finanzamt ab. Damit ist die Steuerpflicht des Anlegers grundsätzlich erfüllt („abgegolten“).

Die **Kapitalertragsteuer** *(§§ 43, 44 EStG)* wird von der inländischen auszahlenden Stelle (Kreditinstitut) bei Gutschrift der Kapitalerträge einbehalten und anonym – das heißt ohne Namensnennung des Konto- bzw. Depotinhabers – an das Bundeszentralamt für Steuern (BZSt) abgeführt.

5.1 Grundlagen

Steuerpflichtige Kapitalerträge

- Zinsen aus Kontoguthaben und festverzinslichen Wertpapieren
- Dividenden
- Erträge aus Investmentfonds
- Erträge aus Zertifikaten
- Veräußerungsgewinne bei Finanzinstrumenten (Wertpapiere, Optionen, Termingeschäfte) unabhängig von der Besitzdauer, sofern die Papiere bzw. Rechte nach dem **31.12.2008** (Zertifikate nach dem 15.03.2007) erworben wurden
- Stillhalterprämien bei Optionsgeschäften
- Erträge aus Lebensversicherungen

Zuflussprinzip

Kapitalerträge sind zu versteuern, wenn sie dem Anleger zufließen. Veräußerungsgewinne sind bei Realisierung des Gewinnes steuerpflichtig:

- Verkauf an der Börse oder
- Rückgabe an den Emittenten oder
- Fälligkeit der Papiere

Beispiele:

- *Kauf einer 4 %-Anleihe im Nennwert von 10 000,00 EUR zum Kurs von 95 %, Laufzeit fünf Jahre: Die Zinsen von 400,00 EUR sind jährlich zu versteuern, ein eventueller Veräußerungsgewinn beim Verkauf. Behält der Anleger die Anleihe bis zur Fälligkeit, muss er im 5. Jahr 900,00 EUR (400,00 EUR Zinsen + 500,00 EUR Rückzahlungsgewinn) versteuern.*
- *Kauf von 100 Argus-Aktien zum Kurs von 48,00 EUR: Die Dividende ist jährlich zu versteuern, ein eventueller Veräußerungsgewinn beim Verkauf.*

Sparerpauschbetrag und Freistellungsauftrag

Kapitalerträge sind nur steuerpflichtig, soweit sie den Sparerpauschbetrag übersteigen.

Sparerpauschbeträge	
Alleinstehende	801,00 EUR
zusammen veranlagte Eheleute und eingetragene Lebenspartnerschaften	1 602,00 EUR

Der Abzug von Werbungskosten *(z. B. Depotgebühren, Reisekosten zu Hauptversammlungen)* ist nicht möglich.

5.2 Abgeltungsteuer und Veranlagungswahlrecht

Mit der Zahlung der **Kapitalertragsteuer** ist die pauschale Einkommensteuer **(Abgeltungsteuer)** von 25% des Anlegers abgegolten *(§ 32 d EStG)*. Der Anleger muss die Kapitalerträge grundsätzlich nicht mehr in seiner Einkommensteuererklärung angeben. Der Anleger hat aber ein **Veranlagungswahlrecht**, d.h. er kann die Kapitalerträge in seiner Einkommensteuererklärung angeben und zu seinem persönlichen Einkommensteuersatz versteuern (Tarifbesteuerung). Ergibt die Günstigerprüfung, dass die sich aus der Tarifbesteuerung ergebende Einkommensteuer niedriger ist als die einbehaltene KESt von 25%, erhält der Anleger eine Steuererstattung in Höhe der Differenz. Anleger, deren Grenzsteuersatz unter 25% liegt, profitieren von dieser Regelung. Zum Nachweis der Kapitalerträge und der abgeführten Steuern benötigt der Anleger eine **Jahressteuerbescheinigung** von seinem Kreditinstitut. Im Rahmen einer sogenannten **Günstigerprüfung** prüft das Finanzamt dann, ob die Besteuerung zum Abgeltungsteuersatz von 25% oder zum persönlichen Steuersatz für den Steuerpflichtigen günstiger ist.

In bestimmten Fällen ist die Angabe der Kapitalerträge in der Einkommensteuererklärung ratsam bzw. vorgeschrieben.

Der Anleger **kann** seine Kapitalerträge in der Einkommensteuererklärung angeben, um

- Gewinne und Verluste bei verschiedenen Banken zu verrechnen,
- eine Steuererstattung zu erreichen, weil sein persönlicher Steuersatz unter dem Abgeltungsteuersatz von 25% liegt oder weil der Freistellungsauftrag ungünstig auf einzelne Kreditinstitute verteilt worden war.

Beispiel:
Melanie Blum, ledig, hat ihr Freistellungsvolumen wie folgt aufgeteilt: Bank A: 300,00 EUR – Bank B: 501,00 EUR. Bei Bank A hat sie Kapitalerträge von 550,00 EUR erzielt, bei Bank B von 250,00 EUR. Obwohl ihre Kapitalerträge mit 800,00 EUR unter dem Sparerpauschbetrag liegen, hat Bank A für Kapitalerträge von 250,00 EUR KESt und SolZ einbehalten. Im Rahmen der Einkommensteuererklärung kann sich Melanie Blum die Steuern erstatten lassen.

Der Anleger **muss** seine Kapitalerträge in der ESt-Erklärung angeben, wenn er ...

- kirchensteuerpflichtig ist, aber das Kreditinstitut aufgrund eines Sperrvermerkes keine KiSt einbehalten hat,
- Einkünfte aus Kapitalvermögen erzielt, bei denen kein Steuerabzug erfolgte.

Beispiel:
Zinseinnahmen auf Auslandskonten

Der Anleger muss die Erträge in seiner Einkommensteuererklärung angeben und zu 25 % Abgeltungssteuer versteuern. Eine eventuell im Ausland abgeführte Quellensteuer wird dabei angerechnet.

- Kapitalerträge erzielt, die einer anderen Einkunftsart *(z. B. Einkünfte aus Gewerbetrieb bei einem betrieblichen Anlagekonto)* zuzurechnen sind. In diesem Fall ist die abgeführte KESt lediglich eine Vorauszahlung auf die Einkommensteuer. Die Erträge werden im Rahmen der Veranlagung zum persönlichen Steuersatz versteuert.

5.3 Kirchensteuer

Angehörige einer Religionsgemeinschaft zahlen neben der Einkommensteuer und dem Solidaritätszuschlag auch Kirchensteuer (KiSt) für ihre Einkünfte. Dies gilt auch für Kapitalerträge. Die KiSt beträgt je nach Bundesland 8 % oder 9 % von der Einkommensteuer.

Zahlung der Kirchensteuer:

- Kreditinstitute sind verpflichtet, im Rahmen eines automatisierten Datenabrufs beim Bundeszentralamt für Steuern (BZSt) das Religionsmerkmal (Zugehörigkeit zu einer Religionsgemeinschaft) ihrer Kunden abzufragen, um gegebenenfalls bei Kapitalerträgen Kirchensteuer einzubehalten und an das Finanzamt abzuführen. Aufgrund einer Verschlüsselung der Daten ist jedoch die Konfession des Kunden für Bankmitarbeiter nicht erkennbar.
- Wenn der Kunde nicht möchte, dass das BZSt Kreditinstituten seine Religionszugehörigkeit mitteilt, kann er dem automatisierten Datenabruf widersprechen und einen Sperrvermerk eintragen lassen. Der Antrag auf Eintragung eines Sperrvermerkes ist auf einem amtlich vorgeschriebenen Formular beim BZSt einzureichen. Bei einem Sperrvermerk erhält das Kreditinstitut keine Kenntnis von der Religionszugehörigkeit des Kunden und behält keine KiSt ein. Der Steuerpflichtige ist nun aber verpflichtet, seine Kapitalerträge in der Einkommensteuererklärung anzugeben, damit die KiSt festgesetzt werden kann. Das BZSt meldet den Sperrvermerk an das zuständige Finanzamt des Steuerpflichtigen.

Da die Kirchensteuer grundsätzlich als Sonderausgabe abzugsfähig ist und dadurch die Bemessungsgrundlage für die Einkommensteuer vermindert, gilt im Fall des Kirchensteuerabzuges ein reduzierter KESt-Satz, der wie folgt ermittelt wird:

$$\text{Kapitalertragsteuer bei Kirchensteuer} = \frac{\text{Kapitalertrag}}{4 + (\text{Kirchensteuersatz} : 100)}$$

Bei einem Kirchensteuersatz von 9 % (8 %) reduziert sich die KESt damit auf 24,45 % (24,51 %).

Fallbeispiel:

Steuerabzug unter Berücksichtigung der Kirchensteuer

Charlotte Stehler erhält aus festverzinslichen Wertpapieren 1 000,00 EUR Zinsen. Sie ist katholisch und muss 9 % Kirchensteuer zahlen.

1. **Fall**: Charlotte Stehler hat keinen Sperrvermerk beim BZSt eintragen lassen.

Abrechnung der Bank		
Kapitalertrag	1 000,00 EUR	
– 24,45 % KESt	– 244,50 EUR	279,94 EUR
– 5,50 % SolZ von 244,50 EUR	– 13,44 EUR	
– 9,00 % KiSt von 244,50 EUR	– 22,00 EUR	
Gutschrift Kundenkonto	720,06 EUR	

Somit beträgt die gesamte Steuerbelastung circa 28 %.

2. **Fall**: Charlotte Stehler hat einen Sperrvermerk beim BZSt eintragen lassen.

Abrechnung der Bank		
Kapitalertrag	1 000,00 EUR	
– 25,00 % AbSt	– 250,00 EUR	263,75 EUR
– 5,50 % SolZ	– 13,75 EUR	
Gutschrift Kundenkonto	736,25 EUR	

Sie gibt die Kapitalerträge in ihrer Einkommensteuererklärung an. Es ergibt sich folgende Abrechnung für die Veranlagung der Kirchensteuer:

Kapitalertrag 1 000,00 EUR	Steuerschuld	bereits gezahlte Steuern	Erstattung (–) bzw. Nachzahlung (+)
24,45 % ESt (Abgeltungsteuer)	244,50 EUR	250,00 EUR	–5,50 EUR
5,50 % SolZ	13,44 EUR	13,75 EUR	–0,31 EUR
9,00 % KiSt	22,00 EUR	0 EUR	+22,00 EUR
Summe	279,94 EUR	263,75 EUR	+16,19 EUR

Die Steuerbelastung ist in beiden Fällen mit 279,94 EUR gleich hoch.

1. **Fall**: 244,50 + 13,44 + 22,00 = 279,94 EUR
2. **Fall**: 250,00 + 13,75 + 16,19 = 279,94 EUR

5.4 Freistellungsauftrag und Nichtveranlagungsbescheinigung

Freistellungsauftrag

Durch die Erteilung eines **Freistellungsauftrages** (FSA) an ein Kreditinstitut kann der Anleger Kapitalerträge bis zur Höhe des **Sparerpauschbetrages von 801,00 EUR bzw. 1 602,00 EUR** vom Steuerabzug (KESt, SolZ und ggf. KiSt) freistellen.

Dabei gelten folgende Regelungen:

- Der Anleger kann das ihm zustehende Freistellungsvolumen auf mehrere Stellen *(z. B. Kreditinstitut, Investmentgesellschaft)* verteilen.
- Eheleute und eingetragene Lebenspartnerschaften können entweder einen gemeinsamen Freistellungsauftrag bis zum gemeinsamen Sparerpauschbetrag von 1 602,00 EUR oder Einzel-Freistellungsaufträge bis zu jeweils 801,00 EUR erteilen. Ein gemeinsamer Freistellungsauftrag ist von beiden Eheleuten/Lebenspartnern zu unterschreiben, ein Einzel-Freistellungsauftrag nur von dem jeweiligen Ehegatten/Lebenspartner.
- Bei Minderjährigen ist der Freistellungsauftrag von den gesetzlichen Vertretern zu erteilen.
- Der Freistellungsauftrag gilt jeweils für ein Kalenderjahr und verlängert sich automatisch, sofern der Kunde keine andere Weisung erteilt. Ein Widerruf ist nur mit Wirkung zum Jahresende möglich.
- Der nicht ausgeschöpfte Teil des Freistellungsbetrages verfällt am Jahresende.
- Bei folgenden Konten ist die Erteilung eines Freistellungsauftrages nicht möglich:
  - Treuhandkonten
  - Nachlasskonten
  - Gemeinschaftskonten von nicht zusammen veranlagten Personen
- Ein Freistellungsauftrag kann nur für private Kapitalerträge (Einkünfte aus Kapitalvermögen) erteilt werden. Sind die Kapitalerträge einer anderen Einkunftsart zuzurechnen, kann kein Freistellungsauftrag erteilt werden *(z. B. Zinserträge eines Unternehmens sind Einkünfte aus Gewerbebetrieb).*

Das Kreditinstitut muss dem Bundeszentralamt für Steuern (BZSt) die

- Daten des Freistellungsauftrages (Name, Anschrift, Geburtsdatum, Steuer-Identifikationsnummer) und
- die Höhe der freigestellten Kapitalerträge melden.

Das BZSt kann dadurch prüfen, ob ein Steuerpflichtiger das zulässige Freistellungsvolumen durch die Erteilung mehrerer Freistellungsaufträge bei verschiedenen Kreditinstituten überschritten hat.

Nichtveranlagungsbescheinigung

Auch bei Vorlage einer **Nichtveranlagungsbescheinigung** (NV-Bescheinigung) zahlt das Kreditinstitut die Kapitalerträge ohne Steuerabzug aus. Eine NV-Bescheinigung stellt das

Finanzamt auf Antrag des Steuerpflichtigen aus, wenn seine Kapitalerträge voraussichtlich nicht einkommensteuerpflichtig sind. Die betraglich nicht begrenzte NV-Bescheinigung gilt für maximal drei Jahre und kann nach Fristablauf neu beim Finanzamt beantragt werden.

Nach Vorlage einer NV-Bescheinigung schreibt das Kreditinstitut dem Kunden Kapitalerträge ohne Steuerabzug gut.

Die Höhe der freigestellten Kapitalerträge meldet das Kreditinstitut an das Bundeszentralamt für Steuern.

Eine NV-Bescheinigung ist insbesondere für Personen sinnvoll, die
- nicht zur Einkommensteuer veranlagt werden und
- Kapitalerträge über den Sparerpauschbetrag hinaus erzielen.

Beispiele:
Kinder, Studenten, Rentner, gemeinnützige Vereine

Eltern sollten für ihre Kinder eine NV-Bescheinigung beantragen, wenn die Kinder eigene Kapitalerträge erzielen, die über 801,00 EUR hinausgehen. Die Kinder werden bei eigenen Einkünften selbstständig besteuert und können alle Freieträge einschließlich des Grundfreibetrages sowie alle sonstigen abzugsfähigen Beträge in Anspruch nehmen. Erzielt das Kind keine anderen Einkünfte, bleiben Kapitalerträge bis zu 10821,00 EUR (Jahr 2022: Grundfreibetrag 9984,00 EUR + Sparerpauschbetrag 801,00 EUR + Sonderausgabenpauschbetrag 36,00 EUR) steuerfrei.

5.5 Veräußerungsgewinne und -verluste

Veräußerungsgeschäfte und Steuererstattungen

Veräußerungsgewinne bei Finanzinstrumenten (Wertpapiere, Options- und Termingeschäfte) sind als **positive Kapitalerträge** steuerpflichtig, sofern die Papiere nach dem **31.12.2008** (Zertifikate nach dem 15.03.2007) erworben wurden. Ein Veräußerungsgewinn ist die positive Differenz zwischen dem beim Erwerb gezahlten Kaufpreis und dem bei der Veräußerung erzielten Verkaufserlös unter Berücksichtigung der An- und Verkaufskosten.

Veräußerungsverluste können als **negative Kapitalerträge** mit positiven Kapitalerträgen verrechnet werden. Zu den negativen Kapitalerträgen zählen auch **gezahlte Stückzinsen** beim Kauf von Anleihen.

Negative Kapitalerträge begründen einen **Steuererstattungsanspruch** an das Finanzamt, der auf drei unterschiedlichen Wegen geltend gemacht werden kann:

1. rückwirkende Steuererstattung durch die Bank innerhalb eines Kalenderjahres
2. Einstellung des Verlustes in ein Verlustverrechnungskonto, wenn keine sofortige Steuerverrechnung möglich ist
3. Ausstellung einer Verlustbescheinigung durch die Bank und Geltendmachung des Verlustes in der Einkommensteuererklärung

Fallbeispiel:

Steuererstattung durch die Bank

Claudia Kraus, ledig, konfessionslos, hat bei der Regio-Bank AG zu Beginn des Jahres einen Freistellungsauftrag über 801,00 EUR erteilt. Sie erzielte im Laufe des Jahres folgende Kapitalerträge:

Kapitalerträge		Summe der abgeführten Steuern
10.03.20..:		
Zinsgutschrift	2 100,00 EUR	
– 25 % KESt von 1 299,00 EUR (2 100,00 – 801,00)	– 324,75 EUR	324,75 EUR KESt
– 5,5 % SolZ von 324,75 EUR	– 17,86 EUR	17,86 EUR SolZ
Gutschrift	1 757,39 EUR	
25.07.20..:		
Verkauf von 100 Zertifikaten zum Kurs von 60,00 EUR		
Der Kaufaufwand einschließlich Kosten betrug beim Erwerb vor zwei Jahren 5 250,00 EUR.		
Verkaufsabrechnung:		
Kurswert	6 000,00 EUR	
– 1 % Provision	– 60,00 EUR	
Erlös nach Kosten	5 940,00 EUR	
– 25 % KESt von 690,000 EUR (5 940,00 – 5 250,00)	– 172,50 EUR	497,25 EUR KESt (324,75 + 172,50)
– 5,5 % SolZ von 172,50 EUR	– 9,48 EUR	27,34 EUR SolZ
Gutschrift	5 758,02 EUR	(17,86 + 9,48)
		Summe der abgeführten Steuern
07.10.20..:		
Rückgabe von 200 Investmentanteilen an die Kapitalverwaltungsgesellschaft; steuerlicher Veräußerungsverlust 800,00 EUR.		
Der Veräußerungsverlust von 800,00 EUR ist ein negativer Kapitalertrag, den die Bank mit den positiven Kapitalerträgen im gleichen Jahr verrechnet. Der Kunde erhält eine Steuererstattung.		
Veräußerungserlös (200 · 38,50 EUR)	7 700,00 EUR	297,25 EUR KESt
+ 25 % KESt-Erstattung von 800,00 EUR	200,00 EUR	(497,25 – 200,00)
+ 5,5 % SolZ-Erstattung von 200,00 EUR	11,00 EUR	16,34 EUR SolZ (27,34 – 11,00)
Gutschrift	7 911,00 EUR	

Im Laufe des Jahres 20.. hat die Regio-Bank AG insgesamt 297,25 EUR KESt und 16,34 EUR SolZ an das Bundeszentralamt für Steuern abgeführt.

8

Günstigerprüfung durch das Finanzamt

Auf Antrag von Claudia Kraus führt das Finanzamt eine Günstigerprüfung durch. Der für die Günstigerprüfung maßgebliche persönliche Einkommensteuersatz beträgt im Durchschnitt 20 %.

Kapitalerträge

10.03. Zinserträge	2 100,00 EUR
25.07. Veräußerungsgewinn Zertifikate	690,00 EUR
07.10. Veräußerungsverlust Fondsanteile	– 800,00 EUR
Einnahmen aus Kapitalvermögen	1 990,00 EUR
– Sparerpauschbetrag	– 801,00 EUR
Einkünfte aus Kapitalvermögen	1 189,00 EUR

Steuerschuld		bereits gezahlte Steuern	Steuererstattung
20 % Einkommensteuer von 1 189,00 EUR	= 237,80 EUR	297,25 EUR	59,45 EUR
+ 5,5 % SolZ von 237,80 EUR	= 13,07 EUR	16,34 EUR	3,27 EUR
Summe	250,87 EUR	313,59 EUR	62,72 EUR

Claudia Kraus erhält im Rahmen ihrer Einkommensteuererklärung eine Steuererstattung von insgesamt 62,72 EUR.

Verlustverrechnungstöpfe

Negative Kapitalerträge, die nicht sofort mit positiven Kapitalerträgen des laufenden Jahres verrechnet werden können, werden in Verlustverrechnungstöpfen erfasst und mit späteren positiven Kapitalerträgen verrechnet.

Dabei gelten folgende Regelungen:

- **Veräußerungsverluste aus Aktiengeschäften** dürfen nur mit **Gewinnen aus Aktiengeschäften** verrechnet werden. **Veräußerungsgewinne aus Aktiengeschäften** können hingegen mit **allen** anderen negativen Kapitalerträgen verrechnet werden.
  Beispiele:
  Verluste aus Aktiengeschäften, Verluste bei der Rückgabe von Investmentanteilen an die Kapitalverwaltungsgesellschaft, gezahlte Stückzinsen
- **Andere negative Kapitalerträge** *(z. B. Veräußerungsverluste bei Zertifikaten oder Investmentanteilen, gezahlte Stückzinsen beim Erwerb von Anleihen)* können mit allen positiven Kapitalerträgen *(z. B. Zinserträgen, Dividenden, Veräußerungsgewinnen bei Aktien oder Zertifikaten)* verrechnet werden.

Aufgrund dieser Regelungen muss die Bank zwei unterschiedliche Verlustverrechnungstöpfe führen.

Verlustverrechnungstöpfe für nicht sofort verrechenbare Verluste	
Aktienverlustverrechnungstopf	**allgemeiner Verlustverrechnungstopf**
▪ Erfassung der Veräußerungsverluste aus Aktiengeschäften ▪ Verrechnung nur mit späteren Gewinnen aus Aktiengeschäften	▪ Erfassung aller anderen negativen Kapitalerträge ▪ Verrechnung mit allen späteren positiven Kapitalerträgen einschließlich der Gewinne aus Aktiengeschäften

Für Eheleute und eingetragene Lebenspartnerschaften sind grundsätzlich getrennte Verlustverrechnungstöpfe für Einzel- und Gemeinschaftskonten zu führen. Für **Eheleute und Lebenspartner**, die mehrere Einzel- und Gemeinschaftskonten bei einem Kreditinstitut unterhalten, findet am Jahresende eine übergreifende Verlustverrechnung statt. Voraussetzung für die **übergreifende Verlustverrechnung** ist die Erteilung eines gemeinsamen Freistellungsauftrages. Falls das Freistellungsvolumen bereits durch Freistellungsaufträge bei anderen Kreditinstituten aufgebraucht ist, können die Eheleute/Lebenspartner einen „Null-Freistellungsauftrag" erteilen, um in den Genuss der übergreifenden Verlustverrechnung zu kommen.

Ein am Jahresende verbliebener Bestand auf den Verlustverrechnungskonten wird von dem Kreditinstitut automatisch auf das nächste Jahr vorgetragen.

Der Kunde kann aber auf Antrag auch von seiner Bank eine **Verlustbescheinigung** verlangen, mit der er die negativen Kapitalerträge im Rahmen seiner Einkommensteuererklärung beim Finanzamt geltend machen kann. Die Antragstellung muss bis zum 15.12. des Jahres erfolgen und kann sich auf alle oder auf einzelne Verlustverrechnungstöpfe beziehen. Vorteilhaft ist dies z.B., wenn ein Kunde Verluste und Gewinne bei verschiedenen Banken erzielt hat und diese bei der Steuererklärung verrechnen möchte. Wenn das Kreditinstitut eine Verlustbescheinigung für die Einkommensteuererklärung ausstellt, verfällt der Verlustverrechnungstopf und wird nicht auf das nächste Jahr übertragen.

Bei einem **unentgeltlichen Depotübertrag** im Inland meldet das abgebende Institut die Anschaffungskosten und -daten der einzelnen Wertpapiere an die neue Verwahrstelle, damit diese bei einem späteren Verkauf der Papiere den steuerpflichtigen Gewinn ermitteln kann. Bei einem vollständigen Übertrag aller Wertpapiere auf ein anderes Depot des Depotinhabers kann der Kunde auch die Verlustverrechnungstöpfe auf die neue Depotbank übertragen lassen. Alternativ kann der Kunde eine Verlustbescheinigung beantragen.

Verlustverrechnung und Freistellungsauftrag

Die **Verlustverrechnung** hat **Vorrang** vor der Belastung des Freistellungsauftrages.

Beispiel:

Das Verlustverrechnungskonto von Simon Reuter weist einen Bestand von 1200,00 EUR auf. Er besitzt einen nicht ausgenutzten Freistellungsauftrag von 801,00 EUR. Simon Reuter erzielt nun einen Kapitalertrag von 1500,00 EUR.

1. *Schritt: Verrechnung mit dem Verlustverrechnungskonto*
   Das Verlustverrechnungskonto weist keinen Bestand mehr auf.

2. *Schritt: Verrechnung mit dem Freistellungsauftrag*
   neues Freistellungsvolumen: 801,00 EUR – 300,00 EUR = 501,00 EUR

8

Wenn ein Anleger Verluste erleidet, nachdem der Freistellungsauftrag durch frühere Kapitalerträge vermindert wurde, führt dies zu einem **Wiederaufleben** des Freistellungsauftrages bis zur Höhe des erteilten Freistellungsvolumens.

Fallbeispiel:

Wiederaufleben des Freistellungsauftrages

Lara Kaufholz hat einen Freistellungsauftrag über 600,00 EUR erteilt. Sie erzielt folgende Kapitalerträge bzw. Verluste:

15.05.20..	Veräußerungsgewinn bei Zertifikaten 400,00 EUR Das Freistellungsvolumen sinkt um 400,00 EUR auf 200,00 EUR. Es fallen keine Steuern an.
24.08.20..	Zinsen aus Anleihen 150,00 EUR Das Freistellungsvolumen sinkt auf 50,00 EUR. Es fallen keine Steuern an.
09.11.20..	Veräußerungsverlust bei Optionen 900,00 EUR Die am 15.05. und am 24.08. erfolgten Belastungen des Freistellungsvolumens um 400,00 EUR bzw. 150,00 EUR werden rückgängig gemacht. Der Freistellungsauftrag lebt wieder bis zur ursprünglich erteilten Höhe von 600,00 EUR auf. 50,00 + 400,00 + 150,00 = 600,00 EUR Der restliche Verlust von 350,00 EUR (900,00 – 400,00 – 150,00) wird in den allgemeinen Verlustverrechnungstopf eingestellt. Das Freistellungsvolumen von 600,00 EUR verfällt am Jahresende, während der Bestand des Verlustverrechnungstopfes von 350,00 EUR auf das nächste Jahr übertragen wird. Diese Berechnungsart führt im Ergebnis dazu, dass bei einem negativen Jahreskapitalertrag der Anleger nicht vom Sparerpauschbetrag profitiert.

Verrechnung von positiven und negativen Kapitalerträgen (ohne Aktiengewinne und -verluste)	
Verrechnung von positiven Kapitalerträgen	**Verrechnung von negativen Kapitalerträgen**
1. **Schritt**: Verrechnung mit dem Bestand im Verlustverrechnungstopf ↓ 2. **Schritt**: Belastung des Freistellungsauftrages ↓ 3. **Schritt**: Steuerabzug: 25 % KESt, 5,5 % SolZ und ggf. 8 % bzw. 9 % KiSt	1. **Schritt**: Verrechnung mit positiven Kapitalerträgen und Erstattung von bereits im laufenden Jahr gezahlten Steuern ↓ 2. **Schritt**: Erhöhung des Freistellungsauftrages bis zur ursprünglichen Höhe ↓ 3. **Schritt**: Einstellung in den allgemeinen Verlustverrechnungstopf

Verrechnung von Veräußerungsgewinnen und -verlusten aus Aktiengeschäften	
Aktiengewinne	**Aktienverluste**
1. **Schritt**: Verrechnung mit dem Aktienverlustverrechnungstopf ↓ 2. **Schritt**: Verrechnung mit dem allgemeinen Verlustverrechnungstopf ↓ 3. **Schritt**: Belastung des Freistellungsauftrages ↓ 4. **Schritt**: Steuerabzug: 25 % KESt, 5,5 % SolZ und ggf. 8 % bzw. 9 % KiSt	1. **Schritt**: Verrechnung mit Aktiengewinnen des laufenden Jahres und Erstattung von bereits im laufenden Jahr gezahlten Steuern ↓ 2. **Schritt**: Erhöhung des Freistellungsauftrages, soweit er bereits im laufenden Jahr durch Aktiengewinne vermindert wurde ↓ 3. **Schritt**: Einstellung in den Aktienverlustverrechnungstopf

Fallbeispiel:

Verlustverrechnung

Maria Schlösser, ledig, hat einen Freistellungsauftrag über 801,00 EUR erteilt. Die Verlustverrechnungstöpfe weisen keinen Vortrag auf. Im Jahr 20.. erzielt sie folgende Kapitalerträge bzw. Veräußerungsverluste:

10.02.20.. Zinsgutschrift über 1 801,00 EUR

18.03.20.. Veräußerungsverlust bei Zertifikaten über	600,00 EUR
27.05.20.. Veräußerungsverlust bei Aktien über	2 000,00 EUR
22.09.20.. Veräußerungsgewinn bei Aktien über	2 500,00 EUR
12.11.20.. Veräußerungsverlust bei Optionsscheinen über	3 000,00 EUR

10.02.20..	Bei der Zinsgutschrift unterliegen nach Berücksichtigung des Freistellungsauftrages 1 000,00 EUR (1 801,00 – 801,00) der KESt. **Steuerabzug**: 25 % KESt von 1 000,00 EUR = 250,00 EUR 5,5 % SolZ von 250,00 EUR = 13,75 EUR Die Bank führt 263,75 EUR Steuern an das Bundeszentralamt für Steuern ab.
18.03.20..	Der Veräußerungsverlust bei Zertifikaten kann mit allen positiven Kapitalerträgen verrechnet werden. Die Bank macht dies auch rückwirkend mit allen innerhalb des Kalenderjahres erhaltenen Kapitalerträgen. Der Verlust von 600,00 EUR führt demnach zu einer Steuererstattung für den Kunden, da er am 10.02. Steuern für 1 000,00 EUR Kapitalertrag gezahlt hat. **Steuererstattung**: 25 % KESt von 600,00 EUR = 150,00 EUR 5,5 % SolZ von 150,00 EUR = 8,25 EUR Damit hat der Kunde bis zu diesem Zeitpunkt im Jahr 20.. tatsächlich nur die Abgeltungsteuer für einen Kapitalertrag von 400,00 EUR (1 000,00 EUR – 600,00 EUR) gezahlt.
27.05.20..	Der Veräußerungsverlust bei Aktien kann nicht mit anderen Kapitalerträgen, sondern nur mit Gewinnen aus Aktiengeschäften verrechnet werden. Die Bank stellt den Verlust in einen besonderen Aktienverlustverrechnungstopf ein. Eine Steuererstattung oder eine Erhöhung des Freistellungsauftrages sind nicht möglich, da im laufenden Jahr noch keine Aktiengewinne angefallen sind.

22.09.20..	Der Gewinn aus Aktiengeschäften von 2500,00 EUR wird zunächst mit dem Bestand im Aktienverlustverrechnungstopf (2000,00 EUR) verrechnet. Der Aktienverlustverrechnungstopf ist damit vollständig aufgebraucht und weist keinen Bestand mehr auf. Der Restgewinn von 500,00 EUR unterliegt der Abgeltungsteuer. **Steuerabzug:** 25 % KESt von 500,00 EUR = 125,00 EUR 5,5 % SolZ von 25,00 EUR = 6,87 EUR Damit hat die Kundin bis zum 22.09.20.. Kapitalerträge von insgesamt 900,00 EUR versteuert. positiver Ertrag am 10.02. 1000,00 EUR – negativer Ertrag am 18.03. – 600,00 EUR + positiver Ertrag am 22.09. 500,00 EUR versteuerte Kapitalerträge 900,00 EUR Unter Berücksichtigung der Steuergutschriften hat die Bank insgesamt (ohne Berücksichtigung des SolZ) 225,00 EUR (250,00 – 150,00 + 125,00) KESt an das Bundeszentralamt für Steuern gezahlt. Dies sind 25 % von 900,00 EUR.
12.11.20..	Der Verlust von 3000,00 EUR bei der Veräußerung von Optionsscheinen führt nun zunächst zu einer Steuererstattung, da er mit den anderen Kapitalerträgen des Jahres 20.. verrechnet werden kann. **Steuererstattung**: 25 % KESt von 900,00 EUR = 225,00 EUR 5,5 % SolZ von 225,00 EUR = 12,37 EUR Die verbleibenden 2100,00 EUR führen zu folgenden Veränderungen: ▪ Wiederaufleben des Freistellungsauftrages 801,00 EUR ▪ Einstellung in den allgemeinen Verlustverrechnungstopf 1299,00 EUR

Verluste aus unverbrieften Optionsgeschäften (Eurex-Optionen), Futures und CFDs (Contracts for Difference) dürfen nur mit Gewinnen aus diesen Geschäften verrechnet werden. Die Verlustverrechnung ist auf maximal 20000,00 EUR pro Jahr begrenzt.

Ermittlung von Veräußerungsgewinnen

Hat der Anleger mehrere Veräußerungsgeschäfte in einer Wertpapiergattung über ein Depot abgewickelt, ist der Veräußerungsgewinn bzw. -verlust nach der sogenannten **FiFo-Methode (first in – first out)** zu ermitteln. Dabei gilt der Grundsatz, dass die zuerst erworbenen Papiere auch als erste wieder verkauft werden.

Fallbeispiel:

Ermittlung der steuerpflichtigen Veräußerungsgewinne

Max Pfiffig tätigt folgende Transaktionen mit Aktien der DataSoft AG:

Kauf/Verkauf	Datum	Stück	Kurs
Kauf	12.05.2007	70 Stk.	20,00 EUR
Kauf	19.02.2014	50 Stk.	30,00 EUR
Kauf	03.04.2015	80 Stk.	25,00 EUR
Verkauf	12.03.2017	60 Stk.	35,00 EUR
Verkauf	17.08.2017	90 Stk.	40,00 EUR

Der konfessionslose Max Pfiffig hat keinen Freistellungsauftrag erteilt. Es ist kein Verlustvortrag zu berücksichtigen. Die Transaktionskosten bleiben unberücksichtigt.

Besteuerung der Kapitalerträge im Jahr 2017

- **Verkauf von 60 Stück am 12.03.2017 zum Kurs von 35,00 EUR:**
  Das Finanzamt unterstellt, dass die verkauften Papiere aus dem Kauf vom 12.05.2007 stammen. Da es sich um einen „Altbestand" (Erwerb vor dem 01.01.2009) handelt, fällt keine Abgeltungsteuer an. Der Kunde erhält eine Kontogutschrift von 2 100,00 EUR (60 · 35,00).

- **Verkauf von 90 Stück am 17.08.2017 zum Kurs von 40,00 EUR:**
  10 Stück (70 Stk. – 60 Stk.) stammen aus dem Kauf vom 12.05.2007 und sind steuerfrei. 50 Aktien stammen aus dem Kauf vom 19.02.2014 und sind steuerpflichtig (Erwerb nach dem 31.12.2008).

Verkaufserlös (50 · 40,00 EUR)	2 000,00 EUR
– Kaufaufwand (50 · 30,00 EUR)	– 1 500,00 EUR
Gewinn	500,00 EUR

Die restlichen 30 Anteile wurden aus dem Kauf vom 03.04.2015 verkauft und sind steuerpflichtig.

Verkaufserlös (30 · 40,00 EUR)	1 200,00 EUR
– Kaufaufwand (30 · 25,00 EUR)	– 750,00 EUR
Gewinn	450,00 EUR

Kundenabrechnung:	
Verkaufserlös (90 · 40,00 EUR)	3 600,00 EUR
– 25 % KESt von 950,00 EUR (500,00 + 450,00)	– 237,50 EUR
– 5,5 % SolZ	– 13,06 EUR
Gutschrift	3 349,44 EUR

Mit der Errichtung eines zweiten Depots (**„Zwei-Depot-Strategie"**) kann der Anleger das FiFo-Prinzip umgehen und selbst entscheiden, welche Papiere er jeweils verkaufen möchte. Dies kann zu einer Steuerersparnis führen.

8

5.6 Besteuerung von Fondserträgen

Steuerpflichtige Erträge *(§ 16 InvStG)* aus Investmentfonds sind ...
- Ausschüttungen,
- Vorabpauschale *(§ 18 InvStG)*,
- Veräußerungsgewinne.

Ausschüttungen

Ausschüttende Fonds zahlen regelmäßig (meist jährlich) die Fondserträge (Dividenden, Zinsen, Veräußerungsgewinne) an den Anleger aus. Bei **thesaurierenden Fonds** gibt es **keine** Ausschüttungen; die Fondserträge erhöhen das Fondsvermögen.

Vorabpauschale

Mit der **Vorabpauschale** ist auch ein Teil der Wertsteigerungen des Fonds jährlich zu versteuern. Damit unterliegen auch Fonds, die keine oder nur niedrige Ausschüttungen vornehmen, einer laufenden Besteuerung.

Die **Vorabpauschale** ist die **positive Differenz** zwischen dem **Basisertrag** und den **Ausschüttungen.**

Der **Basisertrag** beträgt **70% des Basiszinssatzes** *(§ 203 Abs. 2 BewG)* vom **Rücknahmepreis** des Fonds zu Beginn des Kalenderjahres, **maximal** aber die **positive Differenz** zwischen dem Rücknahmepreis am Ende des Jahres im Vergleich zum Rücknahmepreis am Anfang des Jahres.

Basisertrag = Rücknahmepreis am Jahresanfang · 70% des Basiszinssatzes

Der Basisertrag kann im Laufe des Jahres ausgeschüttet werden oder das Fondsvermögen erhöhen. Der nicht ausgeschüttete Teil bildet die Vorabpauschale, soweit dieser Betrag durch eine Wertsteigerung der Fondsanteile gedeckt ist.

Vorabpauschale = Basisertrag – Ausschüttungen

Bei einem Erwerb des Fonds während des Jahres wird die Vorabpauschale anteilig nach den Monaten der Besitzdauer ermittelt.

Gesamtertrag = Ausschüttungen + Vorabpauschale

Bei thesaurierenden Fonds muss der Anleger jährlich nur die Vorabpauschale versteuern. Die dafür benötigten Geldmittel muss der Anleger aus seinem sonstigen Vermögen bereitstellen.

Beispiel:
Rücknahmepreis des Activest-Aktienfonds zu Beginn des Jahres: 85,00 EUR
Basiszinssatz nach § 203 BewG: 1,10%; davon 70% = 0,77%
Ausschüttung: 0,20 EUR

Rücknahmepreis am Jahresende	Differenz der Rücknahmepreise	Basisertrag	Ausschüttung	Vorabpauschale	Gesamtertrag
89,00 EUR	+4,00 EUR	+0,65 EUR (0,77% von 85,00 EUR)	0,20 EUR	0,45 EUR	0,65 EUR
85,65 EUR	+0,65 EUR	+0,65 EUR	0,20 EUR	0,45 EUR	0,65 EUR
85,30 EUR	+0,30 EUR	+0,65 EUR	0,20 EUR	0,30 EUR	0,50 EUR
85,00 EUR	0,00 EUR	+0,65 EUR	0,20 EUR	0,00 EUR	0,20 EUR
82,00 EUR	–3,00 EUR	+0,65 EUR	0,20 EUR	0,00 EUR	0,20 EUR

Eine Vorabpauschale ist demnach nur zu berücksichtigen, wenn der Rücknahmepreis am Jahresende höher ist als am Jahresanfang.

Teilfreistellung der Erträge *(§ 20 InvStG)*
Bei **Aktien-, Misch- und Immobilienfonds** ist nur ein Teil des Gesamtertrages (Ausschüttungen und Vorabpauschale) steuerpflichtig, um einen Ausgleich für die bereits auf Fondsebene erhobene Körperschaftsteuer auf Dividenden und Mieterträge zu schaffen und eine Doppelbesteuerung zu vermeiden.

Fondsarten (§ 2 InvStG)	Freistellung (steuerfreier Anteil § 20 InvStG)
Aktienfonds mit einer Aktienquote von über 50 %	30 %
Mischfonds mit einer Aktienquote von mindestens 25 %	15 %
Immobilienfonds mit einer Immobilienquote von über 50 %	▪ 60 % inländische Immobilien ▪ 80 % ausländische Immobilien

Beispiele:

Fondsart	Gesamtertrag (Ausschüttung + Vorabpauschale)	Freistellung	steuerpflichtiger Ertrag	25 % KESt
Aktienfonds	*0,60 EUR*	*30 %*	*0,42 EUR (70 % von 0,60 EUR)*	*0,11 EUR*
Mischfonds	*0,80 EUR*	*15 %*	*0,68 EUR (85 % von 0,80 EUR)*	*0,17 EUR*
Immobilienfonds (inländische Immobilien)	*0,70 EUR*	*60 %*	*0,28 EUR (40 % von 0,70 EUR)*	*0,07 EUR*
Rentenfonds	*1,00 EUR*	*0 %*	*1,00 EUR*	*0,25 EUR*

Veräußerungsgewinne

Bei der Rückgabe der Fonds an die KVG (Kapitalverwaltungsgesellschaft) oder bei einem Verkauf an der Börse ist die Differenz zwischen dem Verkaufserlös und dem früheren Kaufpreis steuerpflichtig. Der Gewinn mindert bzw. ein Verlust erhöht sich aber über die während der Besitzdauer angefallenen **Vorabpauschalen**. Sind die Vorabpauschalen höher als der Veräußerungsgewinn, entstehen negative Kapitalerträge (Verluste). Bei Aktien-, Misch- und Immobilienfonds ist die Teilfreistellung der Erträge zu berücksichtigen.

Beispiel:

Veräußerung eines Aktienfonds; 30 % der Erträge steuerfrei

Kaufaufwand pro Anteil	Veräußerungserlös pro Anteil	Veräußerungsgewinn bzw. -verlust	Vorabpauschalen während der Haltedauer	Ertrag	steuerlicher Ertrag bzw. Verlust (70 % bei Aktienfonds)
100,00 EUR	*140,00 EUR*	*40,00 EUR*	*15,00 EUR*	*25,00 EUR*	*17,50 EUR*
100,00 EUR	*115,00 EUR*	*15,00 EUR*	*15,00 EUR*	*0,00 EUR*	*0,00 EUR*
100,00 EUR	*100,00 EUR*	*0,00 EUR*	*15,00 EUR*	*–15,00 EUR*	*–10,50 EUR*
100,00 EUR	*90,00 EUR*	*–10,00 EUR*	*15,00 EUR*	*–25,00 EUR*	*–17,50 EUR*

Die Teilfreistellung für Veräußerungsgewinne bei Fonds gilt ab dem 01.01.2018. Wurden Fonds in der Zeit vom 01.01.2009 bis zum 31.12.2017 erworben, sind die in dieser Zeit erzielten Wertsteigerungen voll steuerpflichtig, während für die Wertsteigerungen ab dem 01.01.2018 die Teilfreistellung gilt. Vor dem 01.01.2009 erworbene Fonds gelten als steuerbegünstige „Altbestände".

Beispiel:
Kauf eines Aktienfonds am 15.04.2012 zu 50,00 EUR, Preis am 31.12.2017 80,00 EUR; Verkauf am 10.08.2018 zu 90,00 EUR → steuerpflichtiger Veräußerungsgewinn: 30,00 + 7,00 EUR (70 % von 10,00 EUR) = 37,00 EUR

Bestandsschutz für Altbestände
Fondsanteile, die der Anleger **vor dem Jahr 2009** erworben hat, gelten als steuerbegünstigte Altbestände. Alle bis zum 31.12.2017 angefallenen Wertsteigerungen sind steuerfrei, die danach entstehenden Kursgewinne sind grundsätzlich steuerpflichtig. Jedoch hat der Anleger einen **Freibetrag von 100 000,00 EUR** für Veräußerungsgewinne aus Altbeständen. Maßgeblich sind dabei die **Wertsteigerungen ab dem Jahr 2018**. Der Anleger kann den Freibetrag in seiner Einkommensteuererklärung geltend machen.

6 Abwicklung von Kundenaufträgen

Die Abwicklung des Kundenauftrages nach einer Beratung oder als beratungsfreie Order erfolgt in drei Stufen:

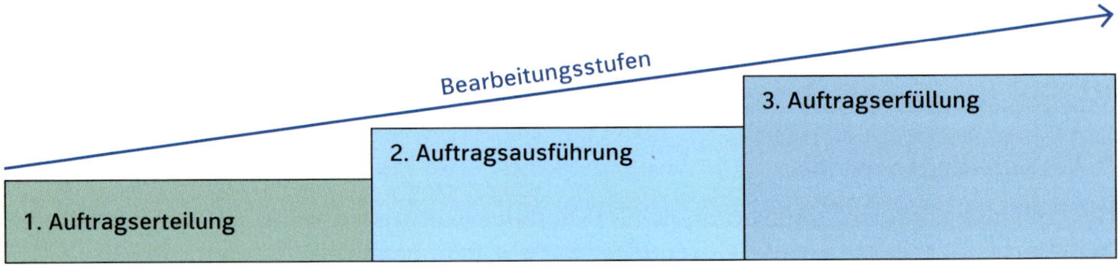

6.1 Erteilung einer Effektenorder

Der Kunde kann einen Auftrag zum Kauf oder Verkauf von Finanzinstrumenten schriftlich, telefonisch oder online erteilen. Erteilt er den Auftrag im Rahmen eines persönlichen Gesprächs, darf der Berater auch schriftliche Protokolle oder Vermerke über den Inhalt des Gesprächs anfertigen. Telefongespräche, elektronische Kommunikation, Protokolle und Vermerke sind auf einem dauerhaften Datenträger für mindestens fünf Jahre zu speichern *(§ 83 Abs. 8 WpHG)*. Bei einer Kauforder ist zu prüfen, ob die **Informations- und Beratungspflichten** nach dem WpHG erfüllt sind. Insbesondere beim Kauf von Wertpapieren einer höheren Risikoklasse ist der Kunde vor der Auftragsausführung zu einem Beratungsgespräch einzuladen. Aus dem Auftrag müssen alle für die Auftragsausführung wichtigen Daten hervorgehen:

- Art des Auftrags (Kauf- oder Verkaufsauftrag)
- Daten des Kunden: Name, Depot-Nr., Konto-Nr.
- Wertpapierbezeichnung und Kenn-Nr. (WKN oder ISIN)
  Beispiel: *Bayer-Aktien – WKN 575 200 oder ISIN DE 0005752000*
- Umfang des Auftrags
  - Stückzahl bei Aktien und Investmentanteilen
  - Nominalwert bei Schuldverschreibungen
- Angaben zum Kurs

Auftrag	Erläuterung
preislich unlimitierter Auftrag („billigst"/„bestens")	Der Auftrag soll auf jeden Fall ausgeführt werden; der Kunde ist mit jedem erzielten Kurs einverstanden. Kaufaufträge werden „billigst", Verkaufsaufträge „bestens" ausgeführt.
preislich limitierter Auftrag	Der als Limit festgesetzte Kurs darf bei Käufen nicht überschritten und bei Verkäufen nicht unterschritten werden.
Stop-Market-Order	▪ **Stop-loss-Aufträge** sind Verkaufsaufträge, die „bestens" ausgeführt werden, sobald der aktuelle Kurs ein vom Anleger gesetztes Limit unterschreitet. ▪ **Stop-buy-Aufträge** sind Kaufaufträge, die „billigst" ausgeführt werden, sobald der aktuelle Kurs ein gesetztes Limit überschreitet.

Preislich limitierte Aufträge in Aktien erlöschen

- bei **Dividendenzahlungen** und sonstigen Ausschüttungen am ersten Börsentag nach der Hauptversammlung,
- bei **Einräumung von Bezugsrechten** mit Ablauf des letzten Börsentages vor dem Beginn des Bezugsrechtehandels *(§ 75 Börsenordnung FWB).*

- Ausführungsplatz
- Gültigkeitsdauer des Auftrages
- Datum und Uhrzeit der Auftragserteilung

Ausführungsplatz

Der Kunde kann bei Auftragserteilung den Ausführungsplatz bestimmen:

- Präsenzhandel an den Börsen Berlin, Düsseldorf, Hamburg-Hannover, München oder Stuttgart
- XETRA (elektronische Handelsplattform der Deutschen Börse AG)
- außerbörslicher Handel: Direkthandel mit Emittenten *(z. B. bei Investmentfondsanteilen)* oder Banken

Wenn der Kunde **keine Weisung** über den **Ausführungsplatz** erteilt, ist der Auftrag nach den „Grundsätzen zur bestmöglichen Ausführung von Kundenaufträgen" auszuführen.

Grundsätze zur bestmöglichen Ausführung („Best Execution") von Kundenaufträgen *(§ 82 WpHG)*
Das Wertpapierdienstleistungsunternehmen muss bei der Aufstellung der Ausführungsgrundsätze alle relevanten Kriterien zur Erzielung des bestmöglichen Ergebnisses, ▪ insbesondere die Preise der Finanzinstrumente, ▪ die mit der Auftragsausführung verbundenen Kosten, ▪ die Geschwindigkeit, ▪ die Wahrscheinlichkeit der Ausführung und ▪ die Abwicklung des Auftrags sowie ▪ den Umfang und die Art des Auftrags berücksichtigen und die Kriterien unter Berücksichtigung der Merkmale des Kunden, des Kundenauftrags, des Finanzinstrumentes und des Ausführungsplatzes gewichten. Bei **Privatkunden** muss sich das bestmögliche Ergebnis am Gesamtentgelt orientieren. Das Gesamtentgelt ergibt sich aus dem Preis für das Finanzinstrument und sämtlichen mit der Auftragsausführung verbundenen Kosten.

8

Gültigkeitsdauer des Auftrags

Die Gültigkeitsdauer eines Auftrags ist zwischen dem Kreditinstitut und dem Kunden individuell vereinbar.

Beispiele:
- *Tagesorder:* *gültig für einen Tag*
- *befristete Order:* *gültig bis 15.10.20..*

Gültigkeitsdauer von unbefristeten Aufträgen:

- **Preislich unlimitierte Aufträge** gelten nur für einen Börsentag. Aufträge, die am Tag des Eingangs nicht mehr rechtzeitig an die Börse weitergeleitet werden konnten, werden für den nächsten Börsentag vorgemerkt.
- **Preislich limitierte Aufträge** sind bis zum letzten Börsentag des laufenden Monats gültig. Ein am letzten Börsentag eines Monats eingehender Auftrag wird, sofern er nicht am selben Tag ausgeführt wird, für den nächsten Monat vorgemerkt *(Sonderbedingungen für Wertpapiergeschäfte Ziff. 6).*
- **Name und Anschrift des Auftraggebers**
- **Depotnummer und Verrechnungskonto**
- **Verwahrungsart bzw. Angaben zur Lieferung** (*Girosammelverwahrung, Streifbandverwahrung, effektive Auslieferung)*
- **Datum und ggf. Uhrzeit der Auftragserteilung**
- **Unterschrift des Auftraggebers** (bei telefonischer Auftragserteilung: Unterschrift des Kundenberaters)

Das Kreditinstitut hat bei der Erbringung von Wertpapierdienstleistungen aufzuzeichnen,

- den **Auftrag** und hierzu erteilte **Anweisungen** des Kunden sowie die **Ausführung** des Auftrags,
- den **Namen** des Angestellten, der den Auftrag angenommen hat, sowie die Uhrzeit der Erteilung und Ausführung des Auftrags,
- die dem Kunden für den Auftrag in Rechnung gestellten **Provisionen** und **Spesen** *(§ 83 WpHG).*

Auftragsausführung

Vor seiner Ausführung wird der Auftrag disponiert (Deckungsprüfung):

- **Gelddisposition**: Bei **Kaufaufträgen** prüft das Kreditinstitut, ob das Verrechnungskonto eine entsprechende Deckung (Guthaben oder Kreditlinie) aufweist.
- **Stückedisposition**: Bei **Verkaufsaufträgen** prüft das Kreditinstitut, ob der Depotbestand die Ausführung des Auftrags zulässt.
  (Sonderbedingungen für Wertpapiergeschäfte Ziff. 4)
  Das Kreditinstitut leitet Börsenaufträge online an die Börse weiter.

Rechtsstellung des ausführenden Kreditinstituts

Das Kreditinstitut führt die Aufträge seiner Kunden zum Kauf oder Verkauf von Wertpapieren im Rahmen eines Kommissionsgeschäftes oder eines Festpreisgeschäftes aus.

Kommissionsgeschäft

Das Kreditinstitut führt Aufträge der Kunden zum Kauf oder Verkauf von Wertpapieren im In- und Ausland als Kommissionär aus. Hierzu schließt das Kreditinstitut für Rechnung des Kunden mit einem anderen Marktteilnehmer oder einer zentralen Gegenpartei ein Kauf- oder Verkaufsgeschäft (Ausführungsgeschäft) ab, oder es beauftragt einen anderen Kommissionär (Zwischenkommissionär), ein Ausführungsgeschäft abzuschließen. Im Rahmen des elektronischen Handels an der Börse kann der Auftrag des Kunden auch gegen die Bank oder den Zwischenkommissionär unmittelbar ausgeführt werden *(Sonderbedingungen für Wertpapiergeschäfte Ziff. 1)*.

Das Kreditinstitut kauft oder verkauft die Wertpapiere **im eigenen Namen für Rechnung des Auftraggebers** *(§ 383 HGB)*.

Es ist verpflichtet,
- das Geschäft mit der Sorgfalt eines ordentlichen Kaufmannes auszuführen,
- das Interesse des Kommittenten zu wahren,
- seine Weisungen zu befolgen,
- den Abschluss des Ausführungsgeschäftes anzuzeigen,
- dem Kommittenten Rechenschaft über das Ausführungsgeschäft abzulegen *(§ 384 ff. HGB)*.

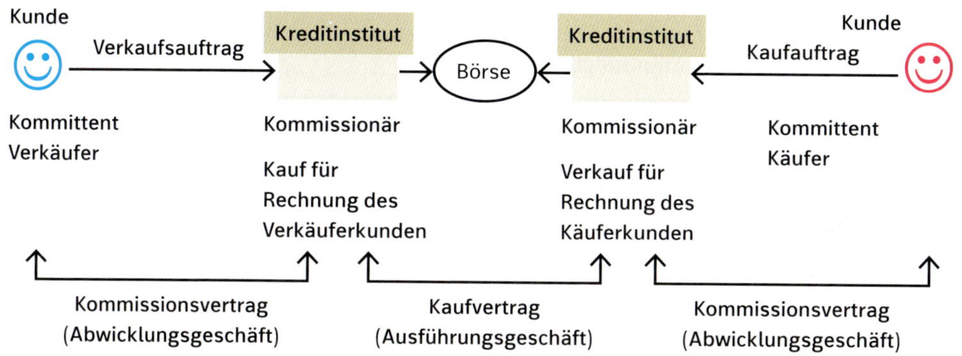

Das Kreditinstitut haftet für die ordnungsgemäße Erfüllung des Ausführungsgeschäftes durch ihren Vertragspartner.
(Sonderbedingungen für Wertpapiergeschäfte Ziff. 9)

Kommissionsgeschäfte werden brutto abgerechnet, d.h., in der Abrechnung sind alle Kosten *(z.B. Provision)* auszuweisen.

Festpreisgeschäft

Vereinbaren Kreditinstitut und Kunde für das einzelne Geschäft einen festen Preis (Festpreisgeschäft), so kommt ein Kaufvertrag zustande; dementsprechend übernimmt das Kreditinstitut vom Kunden die Wertpapiere als Käufer oder es liefert die Wertpapiere an ihn als Verkäufer *(Sonderbedingungen für Wertpapiergeschäfte Ziff. 1)*.

Das Kreditinstitut kauft oder verkauft die Wertpapiere im eigenen Namen für eigene Rechnung. Zwischen dem Kreditinstitut und dem Kunden kommt ein Kaufvertrag zustande.

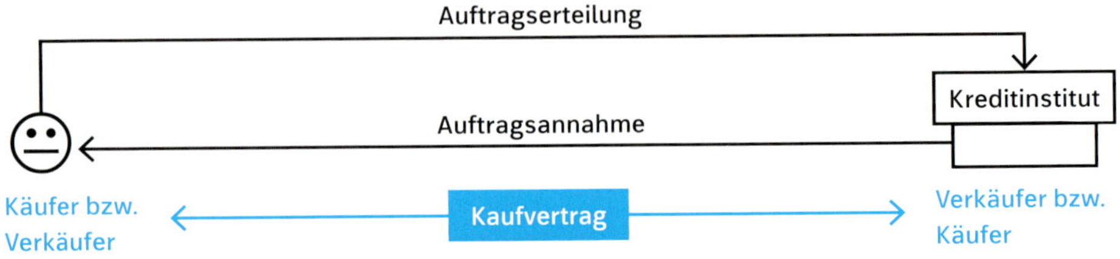

Das Kreditinstitut kann grundsätzlich dem Kunden einen Kurs in Rechnung stellen, der von einem evtl. abgeschlossenen Ausführungsgeschäft unabhängig ist.

Festpreisgeschäfte werden netto abgerechnet, d. h., dem Kunden wird keine Provision in Rechnung gestellt. Die Bank berücksichtigt ihre Gewinnspanne ggf. in dem Kurs.

Beispiele:
- *Verkauf von festverzinslichen Inhaberschuldverschreibungen des Kreditinstituts*
- *Verkauf von selbst emittierten Discountzertifikaten*

6.2 Ausführung einer Effektenorder im Börsenhandel

Die **Effektenbörse** ist ein von staatlichen Stellen genehmigter, geregelter und überwachter **organisierter Markt**, auf dem nach festgelegten Bestimmungen zugelassene **Finanzinstrumente** (Wertpapiere und Derivate) gehandelt werden *(§ 2 Abs. 11 WpHG)*.

Bei der Auftragserteilung kann der Kunde festlegen, an welchem Börsenplatz er die Wertpapiere kaufen bzw. verkaufen möchte.

	elektronischer Handel	Präsenzhandel (Parketthandel)
Handelsplätze	ortsungebunden am Terminal: ▪ Xetra (Deutsche Börse AG) ▪ Tradegate Exchange GmbH	ortsgebunden in den Börsensälen an den Plätzen: ▪ Frankfurt ▪ Berlin ▪ München ▪ Stuttgart ▪ Düsseldorf ▪ Hamburg ▪ Hannover
Geschäftsabschluss	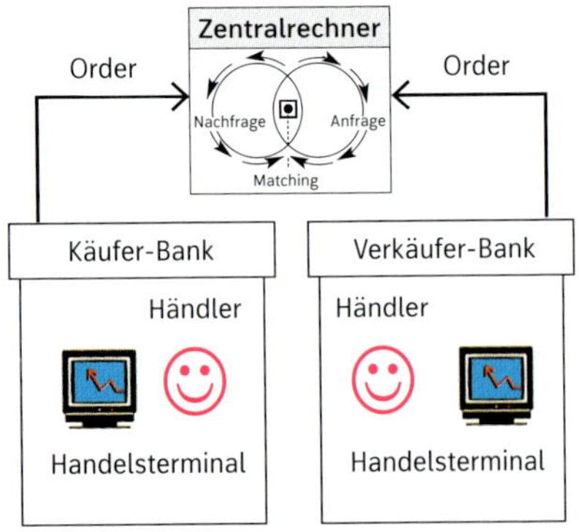 Geschäftsabschluss durch elektronische Zuordnung von Kauf- und Verkaufsorders (Matching)	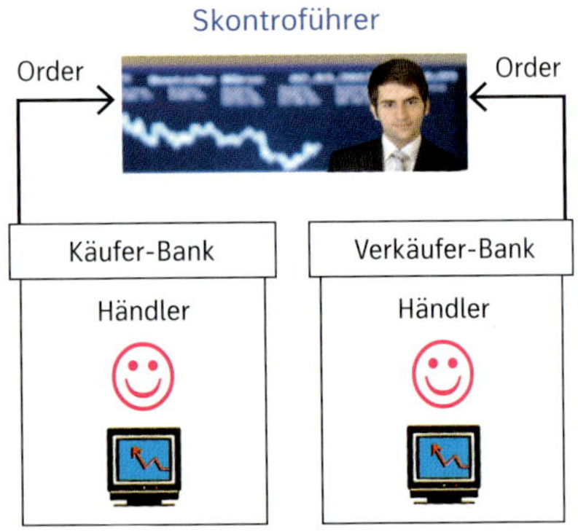 Geschäftsabschluss durch Vermittlung eines Skontroführers (Maklers)

Die Börse Frankfurt ist eine Tochtergesellschaft der Deutsche Börse AG.

Die BÖAG Börsen AG betreibt die Börsen in Düsseldorf, Hamburg und Hannover.

An der Börse werden Kaufverträge über Effekten (Verpflichtungsgeschäfte) geschlossen. Die Erfüllung der Geschäfte (Verfügungsgeschäfte) erfolgt am zweiten Börsentag nach Abschluss des Geschäftes über die Wertpapiersammelbank (Clearstream Banking AG).

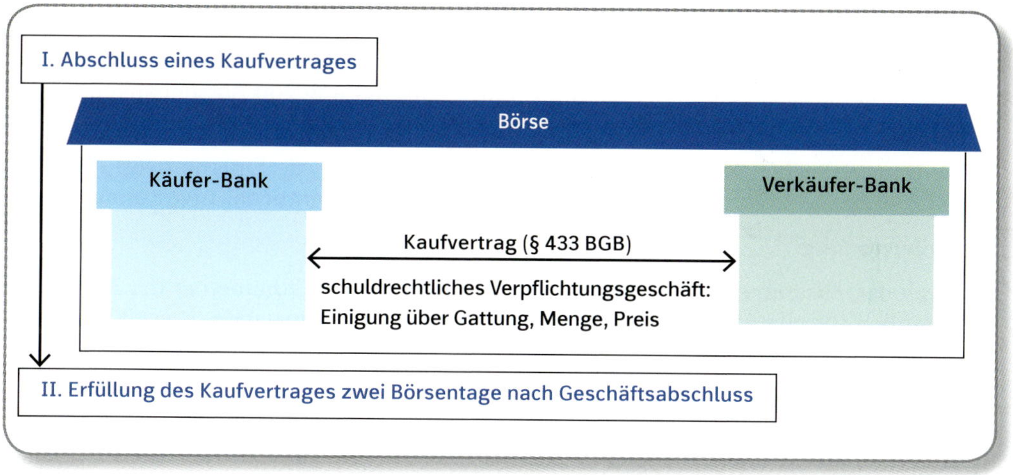

Zum Börsenhandel ist eine Zulassung durch die Geschäftsführung der Börse erforderlich, die nur Kreditinstituten und Finanzdienstleistungsunternehmen erteilt werden darf *(§ 19 BörsG)*.

Der **außerbörsliche Handel** (Telefonverkehr) umfasst alle außerhalb der Börse abgeschlossenen Geschäfte in notierten und unnotierten Werten.

Zentrale Gegenpartei

Beim **Börsenhandel inländischer Aktien** wird die Eurex Clearing AG als „zentraler Kontrahent" (Central Counterparty: **CCP**) zwischengeschaltet. Käufer und Verkäufer schließen an der Börse nur indirekt einen Kaufvertrag, denn sowohl für den Käufer als auch für den Verkäufer fungiert die Eurex Clearing AG als zentraler Vertragspartner.

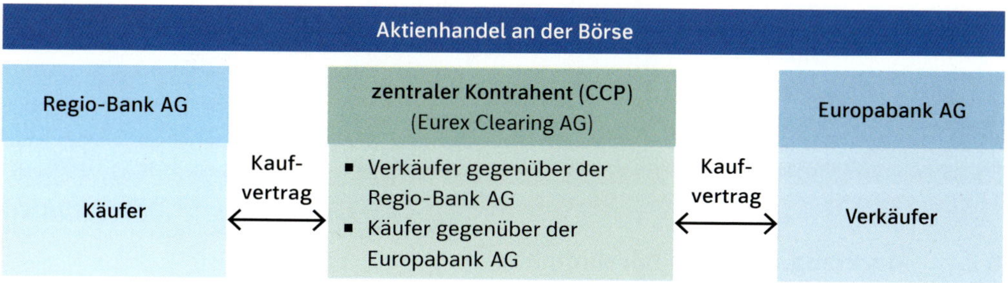

Vorteile

- Der zentrale Kontrahent garantiert die Erfüllung der Geschäfte (Lieferung der Aktien bzw. Zahlung des Kaufpreises). Dadurch verringert sich das Risiko für die Marktteilnehmer.

- Bei einem zentralen Kontrahenten können gegenläufige Geschäfte saldiert werden, sodass nur die Abrechnungsspitze tatsächlich erfüllt wird. Dies führt zu einer Kostenersparnis.
- Da der eigentliche Vertragspartner nicht bekannt ist, sind anonyme Geschäfte möglich.

Funktionen der Effektenbörse

Kapitalumschlag

- Anleger können jederzeit über die Börse unter Einschaltung von Börsenbanken liquide Mittel in Effekten anlegen und Effekten in liquide Mittel umwandeln.
- Die Börse erleichtert durch die Handelbarkeit der Papiere die Emission von Anleihen und Aktien. Sie trägt so zur Finanzierung privater und öffentlicher Investitionen bei.

Kapitalbewertung

- Durch das Zusammentreffen einer Vielzahl von Aufträgen kommen in der Regel börsentäglich für alle gehandelten Effekten Kursnotierungen zustande. Diese Kurse werden veröffentlicht.
- Die strengen Vorschriften des Börsengesetzes zur Kursermittlung garantieren dem Anleger, dass als Börsenpreis ein Kurs ermittelt wird, der der wirklichen Geschäftslage an der Börse entspricht.

Struktur der Deutsche Börse AG

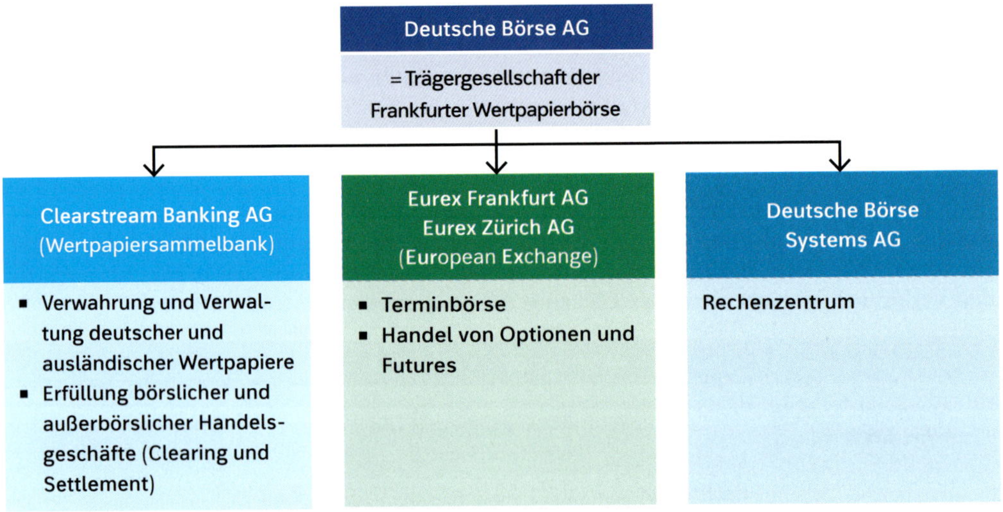

6.2.1 Marktsegmente im Börsenhandel

Wertpapiere, die an einer Börse gehandelt werden, benötigen nach den Vorschriften des Börsengesetzes eine Zulassung zum
- regulierten Markt oder zum
- Freiverkehr.

	regulierter Markt *(§ 32ff. BörsG, § 45ff. Börsenordnung FWB)*	**Freiverkehr (Open Market)** *(§§ 48, 48a BörsG, § 116 Börsenordnung FWB)*
Zulassungsvoraussetzungen	▪ Antrag durch Emittenten und Finanzdienstleistungsunternehmen ▪ Emissionsprospekt mit Unternehmens- und Emissionsbeschreibung ▪ Zulassung zum Handel durch die Geschäftsführung der Börse ▪ Prospekthaftung *(§ 21 WpPG)* des Emittenten und des Finanzdienstleistungsunternehmens für die Richtigkeit der Angaben	▪ Antrag auf Zulassung von Finanzdienstleistungsunternehmen ▪ keine weiteren gesetzlichen Zulassungsvoraussetzungen Unter bestimmten Bedingungen kann der Börsenträger bei der Börsenaufsichtsbehörde einen Freiverkehr als Wachstumsmarkt für kleine und mittlere Unternehmen registrieren lassen *(§ 48a BörsG)*.
Handel	Reglementierung des Handels durch die Bestimmungen des Börsengesetzes Die Geschäftsführung kann die Zulassung zum Handel widerrufen, wenn ein ordnungsgemäßer Börsenhandel auf Dauer nicht mehr gewährleistet ist.	Die Geschäftsführung der Börse erlässt Handelsrichtlinien.
Publizitätsvorschriften	Die Geschäftsführung kann verlangen, dass der Emittent Auskünfte veröffentlicht, wenn dies zum Schutz des Publikums oder für einen ordnungsgemäßen Börsenhandel erforderlich ist.	keine gesetzlichen Publizitätsvorschriften

Über die gesetzlichen Bestimmungen hinaus *(§ 32f. BörsG)* kann die Börsenordnung für Teilbereiche des regulierten Marktes zusätzliche Anforderungen *(z.B. weitere Unterrichtungspflichten)* vorsehen *(§ 42 BörsG)*.

Teilbereiche des regulierten Marktes an der Frankfurter Wertpapierbörse *(§§ 48, 49 Börsenordnung FWB)*	
Prime Standard	**General Standard**
Die im Prime Standard gelisteten Unternehmen verpflichten sich zu hoher Transparenz, die internationalen Anforderungen entspricht: ▪ Quartalsberichte nach den Vorgaben der Börsenordnung ▪ Jahresabschluss nach internationalen Rechnungslegungsstandards (IFRS oder USGAAP) ▪ mindestens eine Analystenkonferenz pro Jahr ▪ Unternehmenskalender ▪ Ad-hoc-Mitteilungen in englischer Sprache	Es gelten die gesetzlichen Mindestanforderungen: ▪ Jahresbericht/Halbjahresbericht ▪ Ad-hoc-Mitteilungen in deutscher Sprache Dieses Marktsegment ist vor allem für kleinere und mittlere Unternehmen geeignet, die überwiegend nationale Investoren ansprechen. Die Notierung im General Standard verursacht niedrigere Kosten als die im Prime Standard.

Umsatzschwächere Werte werden im Börsenhandel von Designated Sponsors (Market Maker) betreut.

Der **Designated Sponsor** ...

- ist ein zum Börsenhandel zugelassenes Kredit- oder Finanzdienstleistungsunternehmen;
- stellt auf Anfrage oder auf eigene Initiative verbindliche Geld- und Briefkurse, zu denen er bereit ist, Aktien zu kaufen bzw. zu verkaufen. Dadurch ist die jederzeitige Handelbarkeit der Aktie zu marktgerechten Kursen gewährleistet;
- analysiert fortlaufend das Unternehmen und veröffentlicht Research-Berichte;
- vertreibt aktiv die Aktien des betreuten Unternehmens an institutionelle und private Anleger im In- und Ausland;
- berät das Unternehmen *(z.B. Durchführung von Hauptversammlungen, Ad-hoc-Publizität, Quartalsberichte).*

Scale

Scale ist ein Marktsegment des Freiverkehrs (Open Market) an der Frankfurter Wertpapierbörse für Aktien und Anleihen von **kleinen und mittleren Unternehmen** (KMU).

Für eine Notierung im Marktsegment Scale gelten unter anderem folgende Voraussetzungen:

- Marktkapitalisierung mindestens 30 Mio. EUR, Umsatz mindestens 10 Mio. EUR
- mindestens 20 Prozent Streubesitz oder mindestens 1 Mio. Aktien im Streubesitz
- Vertrag mit einem betreuenden Deutsche Börse Capital Market Partner, der den Emittenten laufend unterstützt und berät
- halbjährlicher Research Report, der eine qualitative Beschreibung und Einschätzung des Geschäftsmodells, der Unternehmensdaten sowie des Wettbewerbs- und Marktumfelds umfasst

6.2.2 Ermittlung von Börsenpreisen

Börsenpreise sind während der Börsenzeit an einer Börse festgestellte Preise, die ordnungsgemäß zustande gekommen sind und der wirklichen Marktlage des Börsenhandels entsprechen *(§ 24 BörsG).*

Grundlage der Preisermittlung sind die jeweils vorliegenden Börsenaufträge, die limitiert oder nicht limitiert sein können.

limitierte und nicht limitierte Aufträge		
limitierte Order	**Kaufaufträge**	**Verkaufsaufträge**
	Limit = Höchstpreis ***Beispiel:*** *Limit: 57,00 EUR* *Der Käufer ist bereit, maximal 57,00 EUR zu zahlen. Er kauft auch zu niedrigeren Preisen.*	Limit = Mindestpreis ***Beispiel:*** *Limit: 57,00 EUR* *Der Verkäufer möchte mindestens 57,00 EUR erzielen. Er verkauft auch zu höheren Preisen.*
nicht limitierte Order (Market Order)	Billigstorder Der Käufer ist bereit, zu jedem Börsenpreis zu kaufen.	Bestensorder Der Verkäufer ist bereit, zu jedem Börsenpreis zu verkaufen.

Handelbar sind bei
- Aktien und Optionsscheinen ein Stück oder ein Vielfaches,
- Anleihen 0,01 EUR oder ein Vielfaches.

Kursnotierung von Effekten	
Stücknotierung	**Prozentnotierung**
Der Kurs notiert in EUR je Stück. ***Beispiele:*** *– Aktien* *– Optionsscheine* *– Bezugsrechte*	Der Kurs notiert in Prozent des Nennwertes. ***Beispiele:*** *– Anleihen* *– Genussscheine* *– Optionsanleihen*

Die Ermittlung von Börsenpreisen erfolgt
- im elektronischen Handel oder
- durch Skontroführer an der Präsenzbörse.

8

Preisbildung im elektronischen Xetra-Handel

Xetra (Exchange Electronic Trading) ist ein elektronisches Handelssystem der Deutsche Börse AG. Nach der Börsenzulassung und der Einrichtung eines Terminals haben alle Marktteilnehmer einen gleichberechtigten, standortunabhängigen Zugang zu dieser Handelsplattform. Die Börsenhändler der Kreditinstitute geben die Kauf- und Verkaufsaufträge am Bildschirm in das System ein. Mit der Zusammenführung passender Orders durch den Zentralrechner (Matching) ist das Börsengeschäft geschlossen.

Das Handelssystem Xetra zeichnet sich durch folgende Merkmale aus:

- **zentrales Orderbuch**: Alle Kauf- und Verkaufsaufträge werden in einem elektronischen Orderbuch zusammengeführt, sodass es zu einem Zeitpunkt keine unterschiedlichen Kurse für ein Wertpapier geben kann.
- **Transparenz**: Alle Marktteilnehmer erhalten unabhängig von ihrem Standort am Terminal einen gleichberechtigten Zugang zum Handelssystem. Da auf dem Handelsbildschirm stets die aktuelle Orderlage dargestellt ist, besitzen alle Marktteilnehmer gleiche Marktchancen.

- **Liquidität**: Durch die zentrale Zusammenführung von Kauf- und Verkaufsaufträgen ist der Umsatz in den einzelnen Wertpapieren und damit die Liquidität sehr hoch. Darüber hinaus soll durch Designated Sponsors bzw. Spezialisten, die Geld-/Brief-Kurse („Quotes“) in das Orderbuch einstellen, die Liquidität in den Nebenwerten („Mid- und Small-Caps“) weiter erhöht werden. Emissionshäuser von Anleihen und Optionsscheinen sind sowohl bei der Einstellung von Geld-/Brief-Limiten als auch beim Marktausgleich beteiligt.

Die **Preisbildung** im Xetra-Handelssystem erfolgt
- in Auktionen und
- im fortlaufenden Handel.

Auktionen

Für alle im Xetra-System gehandelten Wertpapiere gibt es täglich mindestens eine Auktion. Bei umsatzschwachen Werten gibt es als Handelsform nur die Auktion. In der Auktion werden alle vorliegenden Orders der Händler und die Quotes (Geld-/Briefkurse) der Designated Sponsors (Betreuer) berücksichtigt.

Die Auktion umfasst drei Phasen:

- **Aufrufphase**
  Die Auktion beginnt mit der Aufrufphase. In dieser Phase können die Teilnehmer Orders und Quotes eingeben sowie bestehende Orders und Quotes ändern oder löschen. Dabei sind sie jederzeit über die aktuelle Ordersituation informiert.

- **Preisermittlungsphase**
  Auf der Basis der Orderbuchlage am Ende der Aufrufphase wird binnen weniger Sekunden der Auktionspreis nach dem **Meistausführungsprinzip** ermittelt.

  Sofort nach der Auktionspreisermittlung erhalten alle Kontrahenten eine Ausführungsbestätigung über die zustande gekommenen Abschlüsse. Diese Bestätigungen informieren über Ausführungspreis, -zeit und -volumen.

- **Marktausgleichsphase**
  Die Marktausgleichsphase wird nur durchgeführt, wenn ein Überhang vorhanden ist, d. h. ein Teil der ausführbaren Orders in der Preisermittlungsphase nicht ausgeführt werden konnte. Dieser Nachfrage- (Geld) oder Angebotsüberhang (Brief) wird in zwei Phasen zunächst den Designated Sponsors des Wertpapiers, im Anschluss daran dem gesamten Markt zum Auktionspreis angeboten.

Fallbeispiel: Bei der Auktion der DataSoft-Aktien liegen folgende Orders vor.

Kaufaufträge	
Stück	**Limit**
350	billigst
610	53,00 EUR
830	53,50 EUR
450	54,00 EUR
540	54,50 EUR
580	55,00 EUR
790	55,50 EUR
890	56,00 EUR
550	56,50 EUR
670	57,00 EUR

Verkaufsaufträge	
Stück	**Limit**
160	bestens
580	57,00 EUR
800	56,50 EUR
780	56,00 EUR
750	55,50 EUR
540	55,00 EUR
670	54,50 EUR
380	54,00 EUR
530	53,50 EUR
420	53,00 EUR

Orderbuch der DataSoft-Aktien				
Kurs in EURO	Summe der ausführbaren Kaufaufträge	Summe der ausführbaren Verkaufsaufträge	Nachfrage-überhang	Angebots-überhang
57,00	1 020 (350 + 670)	5 610 (alle Verkaufsaufträge)		4 590
56,50	1 570 (350 + 670 + 550)	5 030 (alle Verkaufsorders – 580)		3 460
56,00	2 460	4 230		1 770
55,50	**3 250**	**3 450**		**200**
55,00	3 830	2 700	1 130	
54,50	4 370	2 160	2 210	
54,00	4 820	1 490	3 330	
53,50	5 650	1 110	4 540	
53,00	6 260	580	5 680	

Nach dem Meistausführungsprinzip ergibt sich für die Aktien der DataSoft AG ein Auktionspreis von 55,50 EUR. Bei diesem Kurs verbleibt zunächst ein Angebotsüberhang von 200 Aktien.

In der anschließenden Marktausgleichsphase wird nun versucht, den Angebotsüberhang auszugleichen und noch Käufer für die 200 Aktien zu finden.

Falls dies nicht gelingt, werden folgende Aufträge ausgeführt:
- alle nicht limitierten Kauf- und Verkaufsaufträge
- alle zu 55,50 EUR und darüber limitierten Kaufaufträge
- alle unter 55,50 EUR limitierten Verkaufsaufträge
- 550 Stück der zu 55,50 EUR limitierten Verkaufsaufträge

Hierbei gilt das Zeitprinzip: Die zuerst eingestellte Order hat Vorrang vor den später erteilten Aufträgen.

8

Fortlaufender Handel

Im fortlaufenden Handel kann der Händler sich jederzeit die Limits und die je Limit kumulierten Ordervolumina anzeigen lassen (offenes Orderbuch). Sobald eine neue Order oder ein neuer Quote ins System gestellt wird, überprüft das System sofort die Ausführbarkeit mit den Orders auf der gegenüberliegenden Seite des Orderbuches. Bei größeren Orders ist eine Teilausführung möglich. Über jede dieser Teilausführungen erhält der Verkäufer eine separate Abrechnung.

Das **Matching** (Ausführung) erfolgt nach folgenden Kriterien:

- **Preispriorität** (primäres Kriterium)
  Kauforders mit einem höheren bzw. Verkauforders mit einem niedrigeren Limit haben Vorrang. Nicht limitierte Orders (Bestens-/Billigst-Orders) haben Vorrang vor Limit Orders.
- **Zeitpriorität** (sekundäres Kriterium)
  Bei Orders mit gleicher Limitierung hat die zuerst eingegebene Order Vorrang. Auch zwischen nicht limitierten Aufträgen (Market Orders) gilt die zeitliche Priorität.

Eine **nicht limitierte Kauforder** wird mit der am **niedrigsten limitierten Verkaufsorder** zusammengeführt. Eine **nicht limitierte Verkaufsorder** wird mit der am **höchsten limitierten Kauforder** zusammengeführt.

Die Ausführung einer Order kann in einem oder mehreren Schritten, teilweise oder gar nicht erfolgen. Demnach können entweder kein, ein oder mehrere Abschlüsse durch eine Xetra-Order generiert werden. Die nicht ausgeführten Orders bzw. Teile werden dann ins Orderbuch gestellt und nach der Preis-/Zeitpriorität sortiert.

Fallbeispiel:
Im fortlaufenden Handel der DataSoft-Aktien ergibt sich folgende Orderlage:

Xetra-Orderbuch			
Kauforder		Verkaufsorder	
Stück (BidQty)	Limit (Bid)	Limit (Ask)	Stück (AskQty)
100	56,00 EUR	56,50 EUR	200
250	55,50 EUR	57,00 EUR	250
200	55,00 EUR	57,50 EUR	500
250	54,50 EUR	58,00 EUR	350
300	54,00 EUR	58,50 EUR	100
100	53,50 EUR	59,00 EUR	250
400	53,00 EUR	59,50 EUR	400
350	52,50 EUR	60,00 EUR	150

Die Kölnbank gibt nun eine neue Kauforder über 300 Stück DataSoft-Aktien mit Limit 56,50 EUR in das System ein.

Folgende Geschäftsabschlüsse kommen zustande (Matching):

- 200 Aktien werden sofort mit der auf der Verkaufsseite stehenden, auf 56,50 EUR limitierten Order gematcht. Über diese Teilausführung der Order erhalten die Kontrahenten umgehend eine Ausführungs- und Geschäftsbestätigung.

- Die restlichen 100 Aktien der Order können bei der derzeitigen Orderlage nicht ausgeführt werden. Sie verbleiben im Orderbuch.

Es ergibt sich folgende neue Orderlage:

Xetra-Orderbuch			
Kauforder		Verkaufsorder	
Stück (BidQty)	Limit (Bid)	Limit (Ask)	Stück (AskQty)
100	56,50 EUR	57,00 EUR	250
100	56,00 EUR	57,50 EUR	500
250	55,50 EUR	58,00 EUR	350
200	55,00 EUR	58,50 EUR	100
250	54,50 EUR	59,00 EUR	250
300	54,00 EUR	59,50 EUR	400
100	53,50 EUR	60,00 EUR	150
400	53,00 EUR	60,50 EUR	220

Die Rheinbank erteilt einige Minuten später eine neue nicht limitierte Verkaufsorder über 400 Aktien.

Dies führt zu folgenden Geschäftsabschlüssen:

- Abschluss eines Geschäfts über 100 Aktien zu 56,50 EUR
- Abschluss eines Geschäfts über 100 Aktien zu 56,00 EUR
- Abschluss eines Geschäfts über 200 Aktien zu 55,50 EUR

Über jede dieser Teilausführungen erhält der Verkäufer eine separate Abrechnung.

8

Das Matching eines Geschäftes wird automatisch über eine elektronische Schnittstelle in die Börsengeschäftsabwicklung (BÖGA) weitergeleitet. Hier werden die Abwicklungsdaten weiterverarbeitet und die erforderlichen Dokumentationen (Schlussnoten) erstellt.

Die **Schlussnoten** sind Grundlage für die

- Kundenabrechnung,
- Erfüllung der Meldepflicht an die BaFin *(§ 22 WpHG)*,
- Erstellung der Lieferlisten zur späteren Erfüllung der Geschäfte.

Aus den Daten der Schlussnoten bildet das Börsenrechenzentrum elektronische Datensätze und übermittelt sie den Rechenzentren der beteiligten Banken zur weiteren Verarbeitung. Durch Zusammenführen der Auftraggeberdaten mit den Daten des Börsengeschäfts werden die Kundenabrechnungen erstellt und die notwendigen Buchungen durchgeführt. Die Abrechnung wird anschließend auf dem Postweg an den Kunden versandt.

Orderarten in Xetra

Gültigkeit der Order

- Good-for-day: nur für einen Tag
- Good-till-date: bis zu einem bestimmten Datum
- Good-till-cancelled: bis zur Rücknahme der Order

Stop Order	
Stop-Loss-Order	**Stop-Buy-Order**
Mit einer **Stop-Loss-Order** erteilt der Anleger einen **Verkaufsauftrag**, der erst dann wirksam wird, wenn ein bestimmter unterhalb des aktuellen Börsenpreises liegender Kurs erreicht oder unterschritten wird.	Mit einer **Stop-Buy-Order** erteilt der Anleger einen Kaufauftrag, der erst dann wirksam wird, wenn ein bestimmter oberhalb des aktuellen Börsenpreises liegender Kurs erreicht oder überschritten wird.
Die Stop-Loss-Order dient dazu, **Verluste zu begrenzen** bzw. **Kursgewinne** zu sichern. Der Anleger schützt sich vor weiter fallenden Kursen.	Eine Stop-Buy-Order erteilt ein Anleger, der eine Aktie erst beim Erreichen eines höheren Kurses kaufen möchte, da hier z. B. ein **technischer Widerstand durchbrochen** wurde und der Anleger weitere Kurssteigerungen erwartet.

Eine Stop-Order kann als Market- oder als Limit-Order erteilt werden. Bei einer **Stop-Market-Order** wird der Auftrag nach Erreichen der Kursschwelle als nicht limitierte Order zum nächsten Kurs ausgeführt. Bei einer **Stop-Limit-Order** wird der Auftrag nach Erreichen der Kursschwelle als limitierte Order wirksam.

Ausführung der Order

- **Auction only:** nur im Auktionshandel
- **Opening Auction only:** nur in der Eröffnungsauktion
- **Closing Auction only:** nur in der Schlussauktion
- **Fill-or-Kill:** Kann die Order nicht sofort vollständig ausgeführt werden, verfällt die Order.
- **Immediate-or-Cancel:** Die Order ist sofort vollständig oder teilweise auszuführen, dann erlischt sie.

Xetra-Handel von Aktien und Aktienoptionsscheinen

Wertpapiere	Start der Eröffnungsauktion	fortlaufender Handel	Start der Intraday-Auktion	fortlaufender Handel	Start der Schlussauktion
DAX TecDAX			13:00 Uhr		
MDAX SDAX			13:05 Uhr		
EuroStoxx 50 ETF	08:50 Uhr	Beginn: 09:00 Uhr	13:10 Uhr	Ende: 17:30 Uhr	17:30 Uhr
Xetra US Stars			13:15 Uhr		
sonstige liquide Aktien			13:15 Uhr		
illiquide Aktien			13:25 Uhr (nur eine Auktion)		

Preisbildung im Präsenzhandel

Ein von der Geschäftsführung der Börse bestellter **Skontroführer** vermittelt Börsengeschäfte und stellt die Börsenpreise fest. Dabei handelt er neutral und weisungsfrei *(§§ 27, 28 BörsG).*

Auch an den Präsenzbörsen gibt es ein elektronisches Orderbuch *(z. B. Quotrix Börse Düsseldorf)*, in dem laufend Geschäftsabschlüsse zustande kommen.

Skontroführer *(z. B. Renell Wertpapierhandelsbank AG, Baader Bank AG)* stellen für die von ihnen betreuten Wertpapiere laufend Geld- und Briefkurse (Quotes) in das Handelssystem ein und sorgen damit für einen liquiden Markt. Durch die Anbindung an andere Handelssysteme *(z. B. Xetra)* garantieren einige Präsenzbörse einen „bestmöglichen" Börsenpreis. Für die Vermittlung von Geschäftsabschlüsen erhalten Skontroführer in der Regel eine Maklergebühr (Courtage).

An der Frankfurter Wertpapierbörse sind sogenannte Spezialisten für die Betreuung einzelner Wertpapiere zuständig. Die Spezialisten stellen im Xetra-Handelssystem für die von ihnen betreuten Wertpapiere Quotes – das sind unverbindliche wahrscheinliche Ausführungspreise, die dem Markt als Orientierung dienen – und überwachen die Ausführung.

Bei der **Preisbildung** an der Präsenzbörse sind zu unterscheiden:
- Kurse im variablen Handel
- Einheitskurse

Kursfeststellung im variablen Handel

Für Wertpapiere mit regelmäßigen Umsätzen wird ein fortlaufender Handel („variable Notierung") durchgeführt.

Beispiel:
Kursnotierungen im fortlaufenden Handel

Wertpapier	Eröffnungskurs (EUR) – erster Kurs –	fortlaufende Notierung	Schlusskurs (EUR)
Petro-Aktien	*37,10*	*36,90 - 37,10 - 37,20 - 37,50 - 37,70 - 37,50*	*37,40*

Der **Eröffnungskurs** wird nach den Regeln der Einheitskursermittlung errechnet.

Die **fortlaufenden Notierungen** ergeben sich von Fall zu Fall aus dem laufenden Wertpapierhandel. Der **Schlusskurs** ist der letzte an einem Börsentag festgestellte Kurs. Er wird nach den Regeln der Einheitskursfeststellung ermittelt.

Feststellung des Einheitskurses

Der **Skontroführer** ermittelt nur einmal börsentäglich einen **Einheitskurs** für Wertpapiere, die aufgrund ihres geringen Handelsvolumens nicht zum variablen Handel zugelassen sind.

Der Skontroführer sammelt bis zu einem festgelegten Annahmeschluss *(z. B. 12:00 Uhr)* alle Verkaufs- und Kaufaufträge und ermittelt einen Einheitskurs, zu dem dann alle Geschäfte abgerechnet werden. Der Einheitskurs ist der Kurs, der der wirklichen Geschäftslage entspricht und bei dem der größtmögliche Umsatz **(Meistausführungsprinzip)** zustande kommt.

Die rechnerische Ermittlung der Einheitskurse entspricht der Feststellung von Auktionspreisen im Xetra-Handel.

Für Einheitskurse gelten folgende Regeln:
- Ausführung aller nicht limitierten Aufträge
- Ausführung aller über dem Einheitskurs limitierten Kaufaufträge und aller unter dem Einheitskurs limitierten Verkaufsanträge
- Zum Einheitskurs limitierte Kauf- und Verkaufsaufträge müssen wenigstens teilweise ausgeführt werden. In diesem Fall kann der Skontroführer für die Ausführung Prioritäten setzen (Rationierung). Je nach Art und Umfang der Ausführung ergänzt der Skontroführer die Einheitskurse mit Kurszusätzen.

Kurszusätze und Kurshinweise im Präsenzhandel

Kurszusätze und Kurshinweise beschreiben die jeweilige Marktsituation an der Börse.

Kürzel	im Wortlaut	Bedeutung
I. Kurszusätze		
b oder Kurs ohne Zusatz	bezahlt	▪ Ausführung aller nicht limitierten Aufträge ▪ Ausführung aller zum oder über dem Kurs limitierten Kaufaufträge ▪ Ausführung aller zum oder unter dem Kurs limitierten Verkaufsaufträge
bG	bezahlt Geld	Die zum Kurs limitierten Kaufaufträge wurden nicht vollständig ausgeführt; es bestand weitere Nachfrage.
bB	bezahlt Brief	Die zum Kurs limitierten Verkaufaufträge wurden nicht vollständig ausgeführt; es bestand weiteres Angebot.
II. Kurshinweise		
ex D	ohne Dividende	Kurs nach Dividendenzahlung
ex BR	ohne Bezugsrecht	Kurs zu Beginn der Bezugsfrist bei einer Kapitalerhöhung gegen Einlagen
ex BA	ohne Berichtigungsaktien	Kurs nach Ausgabe von Berichtigungsaktien bei einer Kapitalerhöhung aus Gesellschaftsmitteln

Börsenentgelt und Courtage

Die Börsen legen die Preise für ihre Dienstleistungen in ihren Geschäftsbedingungen fest. Im Xetra-Handel stellt die Börse dem Verkäufer und dem Käufer für jeden Geschäftsabschluss ein **Börsenentgelt** in Höhe von 1,75 EUR in Rechnung.
An den Präsenzbörsen berechnen die Börsen oft auch ein pauschales Börsenentgelt (*z. B. 2,50 EUR*) und stellen den Handelsteilnehmern zudem eine **Courtage** (Frankfurt: Handelsentgelt) in Rechnung. Die Courtage ist ein Entgelt für den Skontroführer, der das Geschäft vermittelt hat. Die Höhe der Courtage ist an den verschiedenen Börsenplätzen unterschiedlich und nach Wertpapierarten sowie nach dem Handelsvolumen gestaffelt.

Beispiele für die Höhe der Courtage:
- *DAX-Aktien: 0,40 ‰*
- *andere Aktien: 0,80 ‰*
- *Anleihen bis 25 000,00 EUR Nennwert: 0,75 ‰*
- *Anleihen über 25 000,00 EUR bis 50 000,00 EUR Nennwert: 0,40 ‰*
- *Anleihen über 50 000,00 EUR bis 125 000,00 EUR Nennwert: 0,28 ‰*

Kursbeeinflussende Faktoren

Angebot und Nachfrage werden durch eine Vielzahl von Einflüssen bestimmt. Die verschiedenen Einflüsse stehen untereinander in Wechselbeziehung.

außenwirtschaftliche Einflüsse

- Importe/Exporte
- Rohstoffpreise
- Devisenkurse
- Zinsniveau Inland – Ausland
- konjunkturelle und politische Lage im Ausland

unternehmensbezogene Einflüsse

- Ertragslage des Emittenten
- Dividendenpolitik des Emittenten
- Zukunftsaussichten des Emittenten
- Änderung im Rahmen der Steuergesetzgebung

gesamtwirtschaftliche Einflüsse

- konjunkturelle Entwicklung
  - Wirtschaftswachstum
  - Beschäftigungsgrad
  - Investitionsneigung
  - Preisniveau
- strukturelle Veränderungen
- Lohnforderungen der Gewerkschaften

markttechnische Einflüsse

- Kurspflege der Emissionshäuser
- Käufe zur Erlangung einer Aktienmehrheit
- Auslandsaufträge
- „technische“ Kurssteigerungen nach starken Kursrückgängen bzw. Kursrückgänge nach starken Kurssteigerungen
- Optionstermine

Effektenbörse

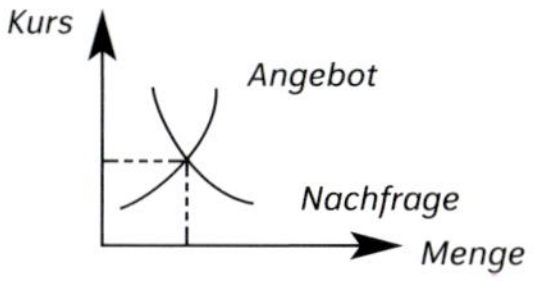

marktpsychologische Einflüsse

- Grundstimmung der Kapitalanleger
- Kursentwicklung
  - bei steigenden Kursen wird gekauft,
  - bei fallenden Kursen wird verkauft („Herdentrieb, Trittbrettfahrer“)
- „Börsengerüchte“

geldmarktpolitische Einflüsse

- Zinsniveau Geldmarkt – Kapitalmarkt
- erwartete Zinsentwicklung
- geldpolitische Maßnahmen der Europäischen Zentralbank

innenpolitische Einflüsse

- Wahlausgang/Regierungserklärung
- Besteuerung der Einkommen
- Haushaltssituation und Finanzierungsverhalten der öffentlichen Hand
- Maßnahmen im Bereich der Sozialpolitik
- Auflagen zur Förderung des Umweltschutzes

kapitalmarktpolitische Einflüsse

- Liquidität der Kapitalanleger
- Zinsentwicklung
  - steigende Zinsen → fallende Kurse
  - fallende Zinsen → steigende Kurse
- Ertragsfähigkeit der Effekten im Vergleich zu alternativen Anlageformen

8

6.2.3 Anlegerschutz bei Börsengeschäften

6.2.3.1 Aufsicht über den Wertpapierhandel

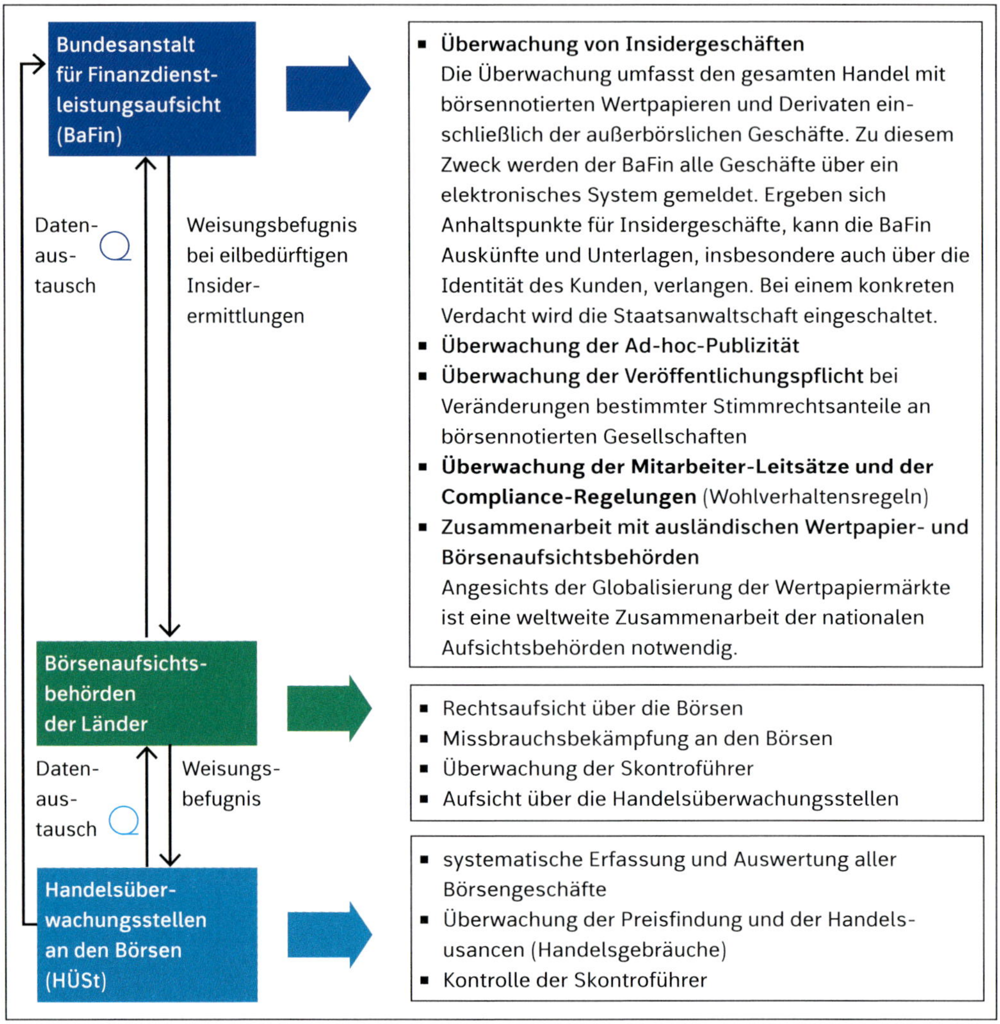

6.2.3.2 Verbot von Insidergeschäften

Ein funktionsfähiger Kapitalmarkt setzt voraus, dass alle Marktteilnehmer über gleiche Chancen verfügen. Es muss verhindert werden, dass sogenannte Insider ihren Informationsvorsprung ausnutzen, um risikolose Gewinne zu erzielen (Insidergeschäfte).

- **Insidergeschäfte sind unter Strafandrohung verboten** *(Art. 7, 8, 14 Marktmissbrauchsverordnung; EU Nr. 596/2014).*
  Insider ist jeder, der aufgrund seines Berufs, seiner Tätigkeit oder in sonstiger Weise Kenntnis von einer nicht öffentlich bekannten Tatsache hat, die im Falle ihres öffentlichen Bekanntwerdens geeignet ist, den Kurs des Wertpapiers erheblich zu beeinflussen *(z. B. bevorstehende Fusion, erhebliche Gewinnänderungen).* Einem Insider ist es verboten, unter Ausnutzung seiner Kenntnisse
  - Geschäfte auf eigene oder fremde Rechnung zu tätigen,
  - einem anderen die Kenntnisse zugänglich zu machen,
  - einem anderen den Erwerb oder die Veräußerung der Papiere zu empfehlen.

- **Ad-hoc-Publizität: Wertpapieremittenten müssen kursbeeinflussende Tatsachen unverzüglich veröffentlichen** *(Art. 17 Marktmissbrauchsverordnung).*
  Emittenten müssen unverzüglich Informationen veröffentlichen und an das Unternehmensregister zur Speicherung übermitteln, die wegen der Auswirkungen auf die Vermögens- und Finanzlage oder auf den allgemeinen Geschäftsverlauf geeignet sind, den Börsenpreis der Wertpapiere erheblich zu beeinflussen.

- **Veröffentlichungspflicht bei Veränderungen der Stimmrechtsanteile an börsennotierten Gesellschaften** *(§ 33 ff. WpHG)*
  Meldepflichtig ist das Über- und Unterschreiten von bedeutenden Beteiligungen (3 %, 5 %, 10 %, 25 %, 30 %, 50 %, 75 %). Die Kenntnis solcher Beteiligungen am Aktienkapital ist eine wichtige Marktinformation. Durch frühzeitige Bekanntgabe bedeutender Käufe und Verkäufe wird der Missbrauch von Insiderwissen eingeschränkt.

- **Veröffentlichung von Geschäften des Vorstandes und Aufsichtsrates** *(Art. 19 Marktmissbrauchsverordnung)*
  Meldepflichtig sind alle Geschäfte von Vorstands- und Aufsichtsratmitgliedern sowie ihrer Ehepartner, eingetragenen Lebenspartner und der Verwandten ersten Grades in Aktien der eigenen Gesellschaft, die 5 000,00 EUR in einem Kalenderjahr übersteigen. Geschäfte dieser Personen sind für die Marktteilnehmer von großem Interesse, weil sie eventuell ein Indiz dafür sind, wie diese Unternehmensinsider die weitere Unternehmensentwicklung einschätzen.

6.2.3.3 Verbot der Marktmanipulation

Es ist **verboten**, ...

- unrichtige oder irreführende Angaben über Umstände zu machen, die für die Bewertung eines Finanzinstruments erheblich sind,
- Geschäfte vorzunehmen oder Kauf- oder Verkaufsaufträge zu erteilen, die geeignet sind, falsche oder irreführende Signale für das Angebot, die Nachfrage oder den Börsen- oder Marktpreis von Finanzinstrumenten zu geben,

- sonstige Täuschungshandlungen vorzunehmen, die geeignet sind, auf den Börsen- oder Marktpreis eines Finanzinstruments einzuwirken *(Art. 12, 15 Marktmissbrauchsverordnung).*

6.2.3.4 Compliance-Regelungen

Compliance bedeutet: „Handeln im Einklang mit dem geltenden Recht." Bei der Anlageberatung von Kunden, aber auch bei Eigengeschäften können Interessenkonflikte entstehen, da die Kreditinstitute aus den verschiedenen Geschäftsbereichen *(z.B. Kreditgeschäft, Emissionsgeschäft)* über Informationen verfügen können, die anderen Marktteilnehmern (noch) nicht bekannt sind.

Wertpapierdienstleistungsunternehmen müssen **Mitarbeiter-Leitsätze** aufstellen, eine **Compliance-Organisation** einrichten und **Transparenzvorschriften bei der Veröffentlichung von Wertpapieranalysen** beachten, um zu verhindern, dass ...
- Interessenkonflikte bei Mitarbeitern entstehen.
- Mitarbeiter Insidergeschäfte tätigen können.
- Marktteilnehmer bei Wertpapieranalysen getäuscht werden.

Das Unternehmen muss einen **Compliance-Beauftragten** (Compliance-Officer) ernennen, der für die ordnungsgemäße Aufstellung von Compliance-Regelungen und deren Einhaltung durch interne Kontrollverfahren verantwortlich ist.

Mitarbeiter-Leitsätze

Mitarbeiter, die Geschäfte für eigene Rechnung oder für Rechnung Dritter (insbesondere für Familienangehörige) tätigen, sollen nicht besser als andere Kunden gestellt sein.

Es gelten folgende Grundsätze:

- Wertpapiergeschäfte von Mitarbeitern dienen der Vermögensanlage. Overnight-Prinzip: Untersagt werden deshalb sogenannte „Trading-Geschäfte", d.h., Kauf und Verkauf eines Investments dürfen grundsätzlich nicht am selben Tag erfolgen.

- Mitarbeiter sollen ihre Konten und Depots grundsätzlich beim arbeitgebenden Institut unterhalten und ihre Mitarbeitergeschäfte darüber abwickeln. Die Mitarbeiter sind zur Auskunft über ihre Geschäfte verpflichtet.

- Der Mitarbeiter darf bankinterne Informationen nicht für eigene Zwecke nutzen. Dazu gehören z.B. das Ausnutzen unternehmensspezifischer, kursrelevanter Informationen und die sogenannten „Front-Running-Geschäfte", bei denen der Mitarbeiter in Kenntnis einer großen Kauf- bzw. Verkaufsorder, die den Kurs beeinflussen wird, vorher ein Eigengeschäft tätigt.

Compliance-Organisation

- **Abschottung** des Informationsflusses zwischen den Geschäftsbereichen (Errichtung von „Chinese Walls"(*MaComp AT 6.2.*))

  Beispiel: *Anlageberater sollen keine internen Informationen vom Firmenkundenberater erhalten.*

- **Kontrolle** des Informationsflusses sowie aller Eigenhandels- und Mitarbeitergeschäfte durch den Compliance-Beauftragten

Veröffentlichung von Wertpapieranalysen

Wertpapieranalysen sind mit der erforderlichen Sachkenntnis, Sorgfalt und Gewissenhaftigkeit zu erbringen und dürfen nicht irreführend sein (*MaComp BT 3.2., BT 3.3.1.*).

Mögliche Interessenkonflikte sind offenzulegen:

- Beteiligung an der analysierten Gesellschaft mit mindestens 1% des Grundkapitals
- Mitgliedschaft in einem Konsortium, das in den letzten fünf Jahren Wertpapiere der analysierten Gesellschaft am Markt platziert hat
- Betreuung von Wertpapieren der Gesellschaft an der Börse

6.3 Erfüllung von Effektengeschäften

Die **Erfüllung** von Börsengeschäften erfolgt am **zweiten Börsentag** nach dem Geschäftsabschluss über die Wertpapiersammelbank (Clearstream Banking AG).

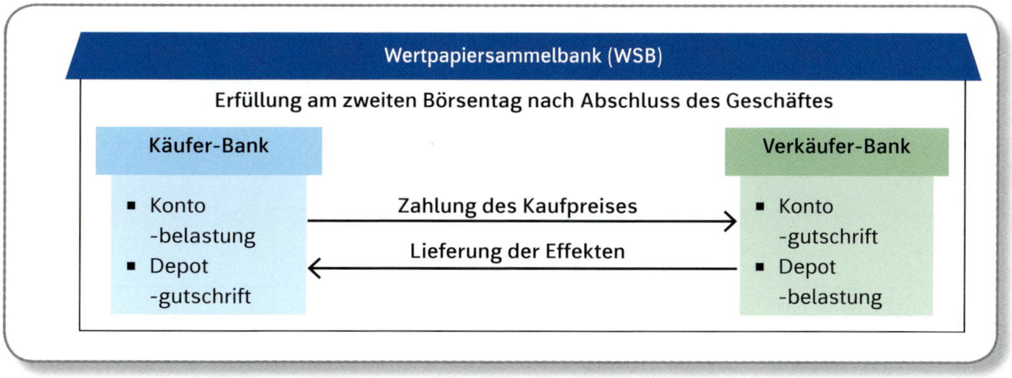

Die Auftragserfüllung erfolgt durch

- Zahlung des Kaufpreises und
- Übertragung des Eigentums an den Effekten.
- Die im Börsenhandel geschlossenen Geschäfte werden den Kontrahenten durch Ausführungsanzeigen bestätigt.
- Das Rechenzentrum der Börse erstellt sogenannte **Lieferlisten**, getrennt nach Kauf und Verkauf. Die Lieferlisten werden den **beteiligten Kreditinstituten** als Liefer- bzw. Erwartungsbeleg elektronisch zugestellt. Die Lieferlisten bilden die Grundlage für die **Erfüllung des Börsengeschäftes.**
- Auf der Grundlage der Lieferlisten bucht die **Wertpapiersammelbank** (Clearstream Banking AG) auf den betreffenden Konten. Am Mittag des Erfüllungstages übermittelt die Wertpapiersammelbank ihren Kontoinhabern die **Depot-Tagesauszüge** mit dem aktuellen Depotbestand.

8

Abwicklung von Effektenhandelsgeschäften

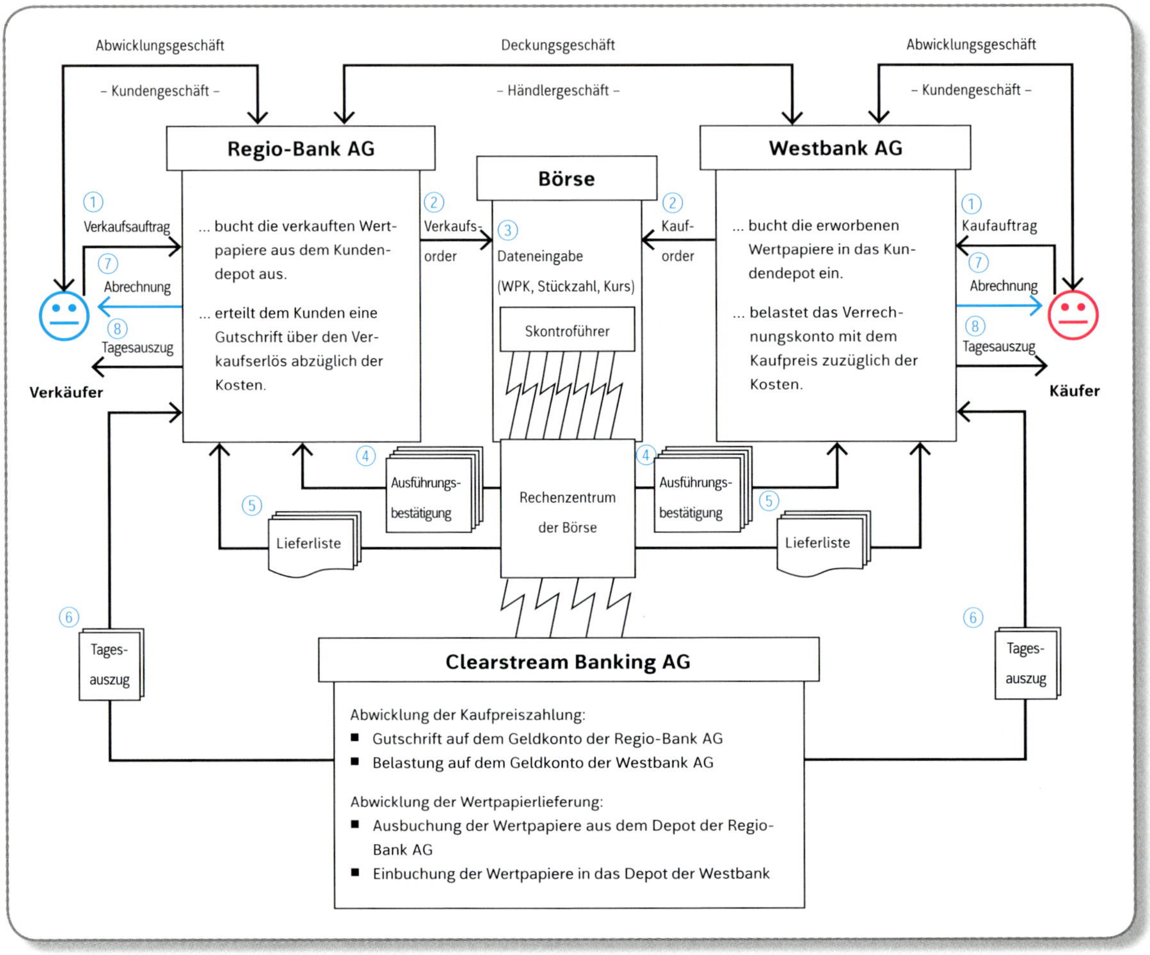

Mit der Valuta zwei Börsentage nach Abschluss des Börsengeschäftes buchen die beteiligten Kreditinstitute die Belastungen bzw. Gutschriften in den Kundenkonten und Kundendepots.

Regio-Bank AG (Verkäuferbank)
▪ Ausbuchung der Wertpapiere aus dem Kundendepot ▪ Gutschrift des Gegenwertes abzüglich der Kosten auf dem Girokonto

Westbank AG (Käuferbank)
▪ Einbuchung der Wertpapiere in das Kundendepot ▪ Belastung des Gegenwertes zuzüglich der Kosten auf dem Girokonto

7 Depotgeschäft

Geschlossenes Depot	Offenes Depot
▪ Vermietung von Schrankfächern ▪ Annahme von Verwahrstücken Dem Kreditinstitut werden Wertgegenstände in verschlossenem Zustand anvertraut; d. h., das Kreditinstitut nimmt vom Inhalt des Schrankfaches bzw. des Verwahrstückes keine Kenntnis. Der Kunde bleibt Alleinbesitzer des Inhalts und muss sich selbst um seine Verwaltung kümmern.	▪ Verwahrung und Verwaltung von Effekten Dem Kreditinstitut werden Effekten offen zur Verwahrung und Verwaltung anvertraut. Das Kreditinstitut wird als Verwahrstelle unmittelbarer Besitzer der hinterlegten Effekten, der Kunde bleibt (in der Regel) Eigentümer und mittelbarer Besitzer.

Zu jeder Art von Depotgeschäften ist eine Legitimationsprüfung des Kunden erforderlich. Wer ein Konto führt, **Wertsachen verwahrt** oder ein **Schließfach überlässt**, hat sich zuvor Gewissheit über die Person des Verfügungsberechtigten zu verschaffen und die entsprechenden Angaben festzuhalten *(§ 154 AO)*.

7.1 Geschlossenes Depot

Merkmale	Vermietung von Schrankfächern	Annahme von Verwahrstücken
Vertragsinhalt	**Entgeltliche Gebrauchsüberlassung** eines Schrankfaches zur Unterbringung von kleineren Wertgegenständen und Urkunden, die der Mieter unter dem Schutz der Tresorräume und des Stahlschrankes des Kreditinstitutes selbst aufbewahren will. Das Schrankfach steht unter dem eigenen Verschluss des Mieters und dem Mitverschluss des Kreditinstitutes; es kann nur von beiden gemeinsam geöffnet werden.	**Entgeltliche Aufbewahrung** von verpackten Wertgegenständen unter dem Schutz der Tresorräume des Kreditinstitutes. Das Verwahrstück ist so zu verschließen, dass sein Inhalt nicht erkennbar ist, und so zu versiegeln, dass es ohne Verletzung des Siegels nicht geöffnet werden kann. Auf dem Verwahrstück sind Name und Anschrift des Hinterlegers zu vermerken.
Rechtsgrundlagen	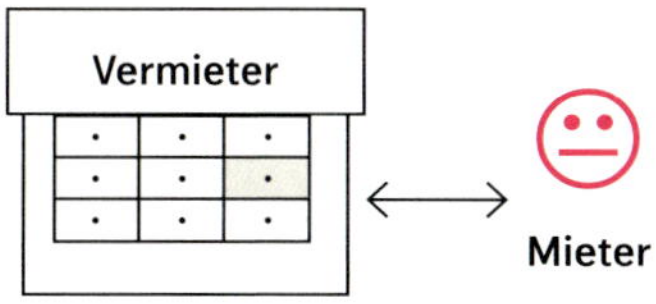 ▪ **Mietvertrag** *(§ 535 ff. BGB)* ▪ Bedingungen für die Vermietung von Schrankfächern ▪ AGB	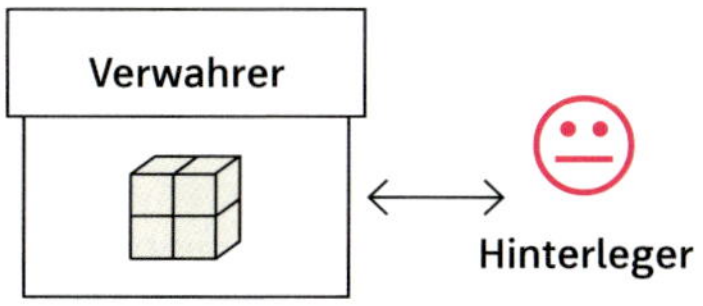 ▪ **Verwahrungsvertrag** *(§ 688 ff. BGB)* ▪ Bedingungen für die Annahme von Verwahrstücken ▪ AGB

<table>
<tr><th>Merkmale</th><th>Vermietung von Schrankfächern</th><th>Annahme von Verwahrstücken</th></tr>
<tr><td>Haftung des Kreditinstitutes für die nicht vertragsgemäße Sicherung der Tresoranlagen</td><td colspan="2">Das Kreditinstitut verpflichtet sich, bei der Sicherung der Tresoranlagen die im Verkehr erforderliche Sorgfalt zu beachten, haftet jedoch grundsätzlich nur bis zu einem festgelegten Höchstbetrag (z. B. 20 000,00 EUR je Schrankfach/Verwahrstück). Nur bei grober Fahrlässigkeit haftet das Kreditinstitut unbeschränkt. Es bleibt dem Mieter/Hinterleger überlassen, das darüber hinausgehende Risiko durch eine Versicherung zu decken.</td></tr>
<tr><td>Zutritt zum Schrankfach bzw. Anspruch auf Herausgabe des Verwahrstückes</td><td>▪ Mieter
▪ Bevollmächtigter („Schrankfachvollmacht“)
Vor dem Zutritt hat sich der Mieter oder sein Bevollmächtigter auszuweisen durch …
▪ Abgabe der Unterschrift,
▪ ggf. Nennung des Schlüsselwortes,
▪ ggf. Vorzeigen der Einlasskarte.</td><td>▪ Hinterleger
▪ Bevollmächtigter
Die Herausgabe erfolgt gegen …
▪ Quittung des Hinterlegers,
▪ ggf. Rückgabe des Depotscheines.</td></tr>
<tr><td rowspan="2">Haftung des Schrankfachinhaltes bzw. des Verwahrstückes für die Verbindlichkeiten des Kunden …</td><td>nur wegen rückständiger Schrankfachmiete (gesetzliches Vermieterpfandrecht, § 562 BGB)</td><td>nur wegen rückständiger Gebühren aus dem Verwahrvertrag (gesetzliches Zurückbehaltungsrecht, § 273 BGB)</td></tr>
<tr><td colspan="2">Der Inhalt des Schrankfaches bzw. des Verwahrstückes wird nicht von der AGB-Pfandklausel erfasst, da das Kreditinstitut nicht dessen Besitz erlangt.</td></tr>
</table>

7.2 Verwahrung und Verwaltung von Finanzprodukten

Kreditinstitute übernehmen für Kunden die Verwahrung und Verwaltung ihrer Effekten. Dazu muss der Kunde bei seinem Kreditinstitut ein **Depot** eröffnen. Bei der Depoteröffnung ist die Identität des Inhabers und aller Verfügungsberechtigten zu prüfen *(§ 154 AO, § 11 GwG)*.

Im Depot des Kunden (Personendepot) sind die ihm gehörenden Effekten nach Gattung (WKN, ISIN), Stückzahl bzw. Nennbetrag und Lagerstelle *(z. B. Girosammelverwahrung bei der Clearstream Banking AG)* erfasst *(§ 14 DepotG)*.

Mit der **Depotgutschrift** erwirbt der Kunde das **Eigentum** an den Effekten.

Nach dem Depotgesetz sind bei der Verwahrung von Wertpapieren die **Sonderverwahrung** und die **Sammelverwahrung** zu unterscheiden.

Sonderverwahrung *(§ 2 DepotG)*

Der Verwahrer ist verpflichtet, die Wertpapiere unter äußerlich erkennbarer Bezeichnung jedes Hinterlegers gesondert von seinen eigenen Beständen und von denen Dritter aufzubewahren, wenn es sich um Wertpapiere handelt, die nicht zur Sammelverwahrung zugelassen sind, oder wenn der Hinterleger die gesonderte Aufbewahrung verlangt.
Mäntel und Bogen werden grundsätzlich getrennt aufbewahrt (Mantel-/Bogentresor).

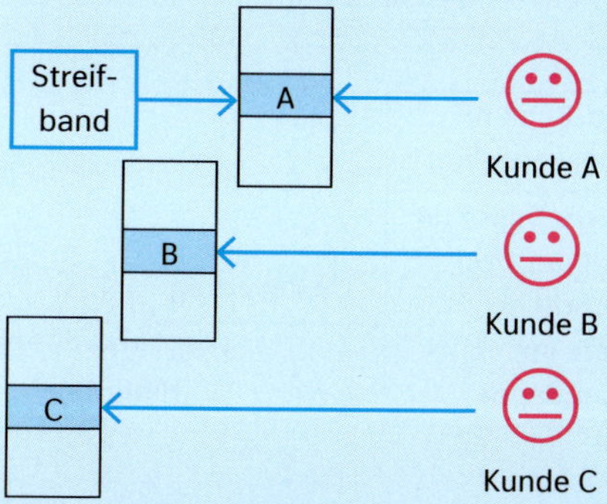

Der Hinterleger ist **Alleineigentümer** nummernmäßig genau bestimmter Stücke.
Das für den Kunden ausgefertigte **Stückverzeichnis** enthält die Nummern der verwahrten Wertpapiere und beweist seinen Anspruch auf das Sondereigentum an ihnen.
Der Kunde erwirbt das Eigentum an neu erworbenen Effekten mit Absendung des Stückeverzeichnisses.

Sonderverwahrfähig sind nur **effektive Stücke.**

Die **Sonderverwahrung** kommt in der Praxis nur noch **selten** vor.

Sammelverwahrung *(§ 5 DepotG)*

Der Verwahrer darf vertretbare Wertpapiere, die zur Sammelverwahrung durch eine Wertpapiersammelbank zugelassen sind, dieser zur Sammelverwahrung anvertrauen, es sei denn, der Hinterleger hat die Sonderverwahrung verlangt.
Bei der Sammelverwahrung werden vertretbare Wertpapiere derselben Gattung ungetrennt von den eigenen Beständen des Verwahrers und von denen Dritter zu einem Sammelbestand zusammengefasst.

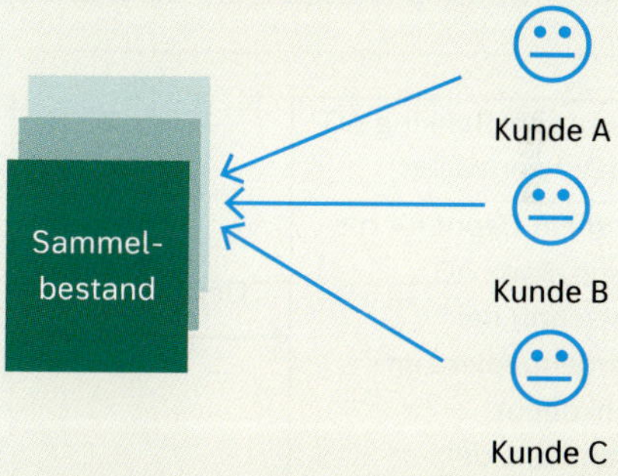

Der Hinterleger ist **Miteigentümer nach Bruchteilen** am Sammelbestand der betreffenden Gattung. Er kann verlangen, dass ihm aus dem Sammelbestand die ihm zustehende Menge an Wertpapieren ausgeliefert wird. Die von ihm eingelieferten Stücke kann er nicht zurückfordern *(§§ 6, 7 DepotG)*. Der Anspruch auf Auslieferung effektiver Stücke entfällt bei Dauerglobalurkunde und bei Sammelschuldbuchforderungen.

Der Kunde erwirbt das Eigentum an neu erworbenen Effekten bei der Gutschrift in seinem Depot.

Sammelverwahrfähig sind
- effektive Stücke (Orderpapiere mit Blankoindossament bzw. Blankozession)

im Falle der Girosammelverwahrung auch:
- Globalurkunden
- Sammelschuldbuchforderungen

Bei Insolvenz der Depotbank hat der Hinterleger ein **Aussonderungsrecht** *(§ 32 DepotG)*.

Drittverwahrung

Der **Verwahrer** ist ohne besondere Ermächtigung des Hinterlegers berechtigt, die Wertpapiere unter seinem Namen einem anderen Kreditinstitut zur Verwahrung anzuvertrauen *(§ 3 DepotG)*.

7.2.1 Girosammelverwahrung

In der Praxis üblich ist die **Girosammelverwahrung** bei einer **Wertpapiersammelbank** (Drittverwahrung bei der Clearstream Banking AG). Eine ausdrückliche Zustimmung des Kunden zu dieser Verwahrungsform ist nicht notwendig. Bei einem Wertpapierverkauf erwirbt der Kunde das Eigentum an den Papieren durch Depotgutschrift.

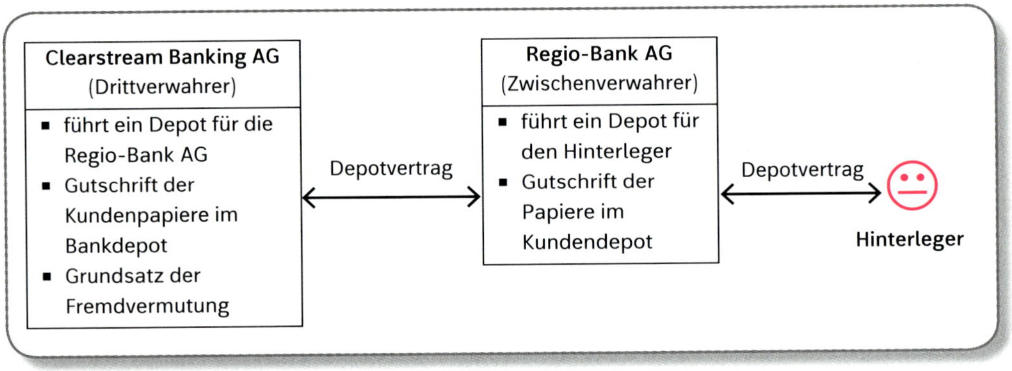

Grundsatz der Fremdvermutung

Grundsatz: Fremdvermutung	**Ausnahme: Eigenanzeige**
Dem Drittverwahrer gilt als bekannt, dass die eingelieferten Wertpapiere dem Zwischenverwahrer nicht gehören. Er muss die eingelieferten Wertpapiere als Kundenpapiere ansehen *(§ 4 Abs. 1 DepotG)*. ↓ Kundenpapiere haften nicht für die Verbindlichkeiten des Zwischenverwahrers. Buchung: Depot B („Fremddepot“)	Der Grundsatz der Fremdvermutung gilt nicht, wenn der Zwischenverwahrer dem Drittverwahrer für das einzelne Geschäft ausdrücklich und schriftlich mitteilt, dass er selbst Eigentümer der Wertpapiere ist *(§ 4 Abs. 2 DepotG)*. ↓ Eigene Wertpapiere haften für die Verbindlichkeiten des Zwischenverwahrers. Buchung: Depot A („Eigendepot“)

Haftungsregelung bei der Verwahrung von Kundenpapieren

Inlandsverwahrung	Bei der Verwahrung von Wertpapieren im Inland haftet die Bank für jedes Verschulden ihrer Mitarbeiter und der Personen, die sie zur Erfüllung ihrer Verpflichtungen hinzuzieht. Soweit dem Kunden eine GS-Gutschrift erteilt wird, haftet die Bank auch für die Erfüllung der Pflichten der Clearstream Banking AG *(Sonderbedingungen für Wertpapiergeschäfte, Ziff. 19 (1))*.
Auslandsverwahrung	Bei der Verwahrung von Wertpapieren im Ausland beschränkt sich die Haftung der Bank auf die sorgfältige Auswahl und Unterweisung des von ihr beauftragten ausländischen Verwahrers oder Zwischenverwahrers. Bei einer Zwischenverwahrung durch die Clearstream Banking AG oder einen anderen inländischen Zwischenverwahrer sowie einer Verwahrung durch eine eigene ausländische Geschäftsstelle haftet die Bank für deren Verschulden *(Sonderbedingungen für Wertpapiergeschäfte, Ziff. 19 (2))*.

Die **Clearstream Banking AG** ist ein Spezialkreditinstitut (Wertpapiersammelbank), dessen Geschäftskreis auf

- die **Verwahrung und Verwaltung von Effekten (GS-Verwahrung) und**
- die **Abwicklung des Effektengiroverkehrs** und des damit ggf. verbundenen Geldausgleichs zwischen den Kreditinstituten

beschränkt ist.

Die Clearstream Banking AG ist an den inländischen Wertpapierbörsen mit einer Niederlassung vertreten.

Kontoinhaber (Depot- und EURO-Konten) sind nur Kreditinstitute sowie Maklerfirmen. Die Unterscheidung zwischen Depot A und Depot B ist bei der Clearstream Banking AG nicht üblich; die verwahrten Wertpapiere gelten als Kundenpapiere.

Bei den meisten Neuemissionen werden die Rechte der Hinterleger – anstelle des Ausdrucks effektiver Stücke – von Beginn an zu einem Sammelbestand zusammengefasst; dieser wird aufgrund einer Globalurkunde (bei privatrechtlichen Emittenten) oder einer Sammelschuldbuchforderung (bei Emissionen der öffentlichen Hand) von der Clearstream Banking AG im Auftrag der Hinterleger in Form der Girosammelverwahrung treuhänderisch verwaltet.

Effektengiroverkehr

Der **Effektengiroverkehr** ist die buchmäßige, stückelose Lieferung von Wertpapieren durch Vermittlung einer Wertpapiersammelbank.

Voraussetzung des Effektengiroverkehrs ist die Girosammelverwahrung. Da die zu übertragenden Rechte nur nach Nennbetrag oder Stückzahl bestimmt werden, brauchen die

Wertpapiere nicht mehr effektiv bewegt, sondern stattdessen lediglich der Nennbetrag bzw. die Stückzahl der einzelnen Verfügungen auf den bei der Wertpapiersammelbank geführten Depotkonten umgebucht zu werden.

Verfügungen über Sammelbestandsanteile werden durch elektronische Auftragserteilung veranlasst.

Beispiel:
Aufgrund eines Wohnsitzwechsels erteilt Lars Böhm der Regio-Bank AG den Auftrag, sein Depot zu schließen und den vorhandenen Bestand auf das bei seiner neuen Hausbank, der Sparkasse Rhein-Ruhr, eröffnete Depot zu übertragen.

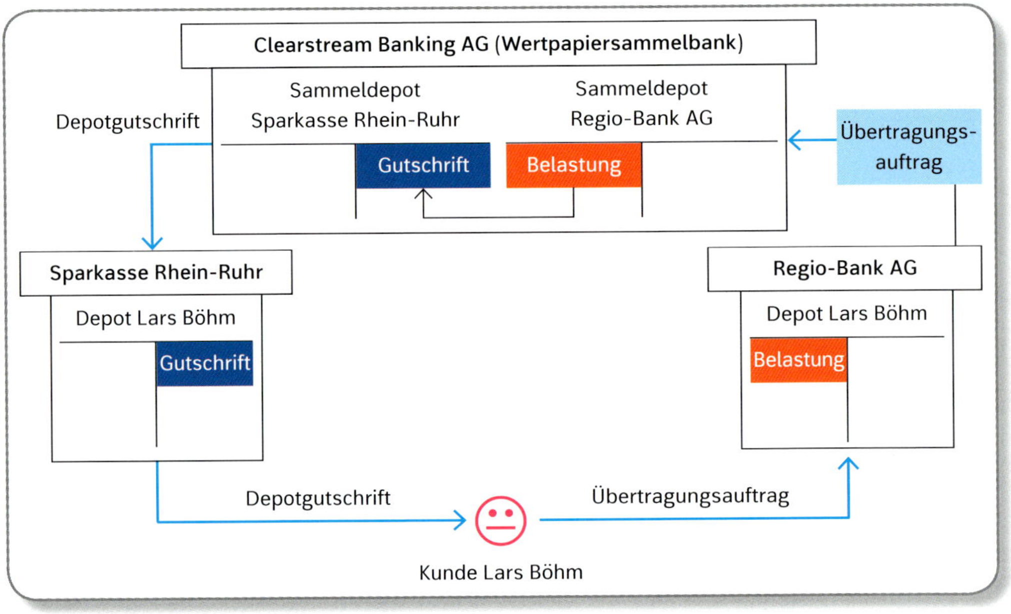

Vorteile der GS-Verwahrung:

- **Verfügungen** über Sammelbestandsanteile können **stückelos** im Effektengiroverkehr ausgeführt werden. Dadurch ist eine schnelle und kostengünstige Übertragung möglich. Es entstehen keine Versandkosten und -risiken.
- Die mit der Verwahrung des Sammelbestandes verbundenen **Verwaltungstätigkeiten** *(z. B. Kuponinkasso)* lassen sich **rationell** durchführen, insbesondere wenn der Sammelbestand statt einer Vielzahl effektiver Stücke durch eine Globalurkunde bzw. Sammelschuldbuchforderung repräsentiert wird. Der Depotinhaber profitiert von diesen Vorteilen durch niedrigere Depotgebühren.

7.2.2 Gutschrift in Wertpapierrechnung

Die Verwahrung von Wertpapieren erfolgt im Ausland, wenn

- der Kauf der Papiere im Ausland erfolgt oder
- die an einer deutschen Börse erworbenen ausländischen Papiere üblicherweise im Ausland verwahrt werden *(Sonderbedingungen für Wertpapiergeschäfte Ziff. 12)*. Insbesondere bei ausländischen Namensaktien ist aus rechtlichen Gründen eine Verwahrung im Ausland üblich.

Beispiele:
Sony, Microsoft, Motorola

Die Verwahrung der Wertpapiere unterliegt den Rechtsvorschriften des ausländischen Verwahrungsortes.

Als Zwischenverwahrer wird oft die Clearstream Banking AG eingeschaltet. Das Kreditinstitut verschafft sich treuhänderisch für den Kunden das Allein- bzw. Miteigentum an den im Ausland verwahrten Wertpapieren oder eine andere am Lagerort übliche, gleichwertige Rechtsposition.

Das Kreditinstitut erteilt dem Kunden **Gutschrift in Wertpapierrechnung** (WR) unter Angabe des Staates, in dem sich die Wertpapiere befinden. Der Hinterleger erwirbt kein Eigentum an den Wertpapieren, sondern nur einen **schuldrechtlichen Anspruch** gegenüber der inländischen Depotbank **auf Lieferung der entsprechenden Stückzahl aus dem im Ausland unterhaltenen Deckungsbestand**. Der Deckungsbestand besteht aus den für die Kunden und für das Kreditinstitut verwahrten Wertpapieren derselben Gattung.

8

7.2.3 Verwaltungsarbeiten

Aufgrund des Depotvertrages ist das Kreditinstitut verpflichtet, neben der Verwahrung alle **Verwaltungstätigkeiten** auszuführen und den Kunden laufend über die Entwicklung des Portfolios zu **informieren**. Das Kreditinstitut muss stets die Interessen des Hinterlegers wahren und haftet diesem für Nachteile, die durch sein Verschulden entstehen.

Zu den **Verwaltungstätigkeiten** gehören das Inkasso und die Gutschrift von Zinsen, Dividenden und fälligen Schuldverschreibungen. Die Depotbank leitet Informationen der Emittenten an den Kunden weiter *(z.B. Einladung zur Hauptversammlung bei Inhaberaktien, Information über Kapitalerhöhungen und Bezugsrechte)*. Wichtige Informationsgrundlage für die Veranlassung der verschiedenen Verwaltungsarbeiten sind die **„Wertpapier-Mitteilungen“**, in denen die aktuellen Bekanntmachungen und Nachrichten über die im Umlauf befindlichen Wertpapiere dargestellt sind.

Die Depotbank unterrichtet den Kunden mindestens **vierteljährlich** über

- die Zusammensetzung und Bewertung des Portfolios mit Einzelangaben zu jedem gehaltenen Finanzinstrument,
- die Wertentwicklung des Portfolios während des Berichtszeitraums,
- den Gesamtbetrag der in dem Berichtszeitraum angefallenen Gebühren und Entgelte,
- den Gesamtbetrag der erhaltenen Dividenden, Zinsen und sonstigen Zahlungen *(Art. 60 Delegierten Verordnung EU 2017/565)*.

Zudem ist der Kunde spätestens am Ende des Geschäftstages über **Kursverluste** zu informieren, wenn

- der Gesamtwert des Portfolios um mindestens 10 % im Vergleich zum letzten Quartalsreport gesunken ist, weitere Verluste sind in 10 %-Schritten zu melden,
- bei kreditfinanzierten Finanzinstrumenten ein Verlust von mindestens 10 % eingetreten ist, weitere Verluste sind in 10 %-Schritten zu melden *(Art. 62 Delegierten Verordnung EU 2017/565).*

Jährlich erhält der Kunde
- einen Jahresdepotauszug,
- eine Erträgnisaufstellung,
- eine Steuerbescheinigung und
- auf Antrag eine Verlustbescheinigung.

Das Personendepot ist eine wichtige **Grundlage für die Anlageberatung**. Eine Depotanalyse zeigt die Streuung (Diversifikation) der Anlagen auf verschiedene Vermögensklassen *(z. B. Anleihen und Aktien)* und verdeutlicht das Risiko einzelner Wertpapiere und des Gesamtportfolios.

Verwaltungstätigkeiten im Zusammenhang mit der Hauptversammlung (HV)

Einberufung der ordentlichen Hauptversammlung durch den Vorstand
(binnen acht Monaten nach Abschluss des Geschäftsjahres)

↓

Die **Depotbank** verschickt die Hauptversammlungsunterlagen an den Aktionär (Einladung, Tagesordnung usw.) bei
- Inhaberaktien und
- Namensaktien, sofern die Depotbank als sogenannter Legitimationsaktionär in das Aktienregister eingetragen ist. (Aktionäre, die selbst im Aktienregister eingetragen sind, erhalten die Hauptversammlungsunterlagen direkt von der Aktiengesellschaft.)

↓

Aktionär möchte an der Hauptversammlung selbst teilnehmen.

↓

- Bei **Inhaberaktien von börsennotierten Gesellschaften** sind diejenigen Aktionäre zur Teilnahme an der Hauptversammlung berechtigt, die am **21. Tag vor der Hauptversammlung** die Aktien besessen haben. Den entsprechenden Nachweis liefern die Depotbanken. Bei **Namensaktien** erfolgt die Legitimation der Aktionäre anhand des Aktienregisters.
- Depotbank schickt dem Kunden die **Eintrittskarte und die Stimmkarten**.

↓

Aktionär möchte an der Hauptversammlung nicht selbst teilnehmen.

↓

Viele Depotbanken bieten dem Aktionär an, das Stimmrecht für ihn auszuüben.

Voraussetzungen *(§§ 128, 135 AktG):*
- **Stimmrechtsvollmacht**
  - **Einzelstimmrechtsvollmacht** für eine bestimmte Hauptversammlung
  - **Allgemeine Stimmrechtsvollmacht** für alle inländischen Aktien im Depot des Kunden; gültig bis auf Widerruf
- **Mitteilungspflichten**
  Der Aktionär ist darüber zu informieren, wenn ein Vorstandsmitglied der Depotbank dem Aufsichtsrat der Aktiengesellschaft oder ein Vorstandsmitglied der Aktiengesellschaft dem Aufsichtsrat der Depotbank angehört.
- **Abstimmungsvorschlag im Aktionärsinteresse**
  Die Depotbank teilt dem Kunden mit, wie sie abstimmen wird, wenn der Kunde keine Weisungen erteilt.
- **Kundenweisungen**
  Die Depotbank bittet den Kunden auf einem Formblatt um Weisungen zu den einzelnen Tagesordnungspunkten.

↓

Abstimmungen in der Hauptversammlung:
- Anwesende Aktionäre stimmen selbst ab (Stimmkarten).
- Die Depotbank stimmt im Rahmen ihrer Vollmacht für den Aktionär ab und zwar in
  - **verdeckter Form** ohne Namensnennung des Aktionärs oder in
  - **offener Form** unter Namensnennung des Aktionärs.

Abstimmung gemäß den Kundenanweisungen bzw. nach den eigenen Abstimmungsvorschlägen
In folgenden Fällen darf das Kreditinstitut das Vollmachtstimmrecht nur aufgrund einer besonderen Weisung des Aktionärs ausüben:
- HV der Depotbank
- HV einer Gesellschaft, an der die Depotbank mit mehr als fünf Prozent beteiligt ist

Lernfeld 9: Baufinanzierungen abschließen

1 Grundstücke und grundstücksgleiche Rechte

Immobiliar-Verbraucherdarlehen dienen hauptsächlich der Finanzierung von **Grundstücken** und grundstücksgleichen Rechten. Zu den grundstückgleichen Rechten gehören **Wohnungseigentum** und **Erbbaurechte**.

1.1 Grundstücke

Grund- und Flurstücke

Ein **Grundstück** ist ein abgegrenzter Teil der Erdoberfläche. Ein Grundstück kann aus einem oder mehreren Flurstücken bestehen. Ein **Flurstück** ist die kleinste Einheit aus dem **Liegenschaftskataster**.

Beispiel:
Die Eheleute Schneider besitzen ein Reihenmittelhaus. Die Garagen und der Platz für die Mülltonnen liegen am Rand des Gebäudekomplexes. Das Grundstück besteht aus drei Flurstücken:
- *Flurstück 423: 320 m² Wohnhaus mit Garten*
- *Flurstück 428: 18 m² Garage*
- *Flurstück 431: 2 m² Platz für Mülltonnen*

Im **Liegenschaftskataster**, das beim kommunalen Vermessungs- und Katasteramt der Kreis- bzw. Stadtverwaltung geführt wird, sind alle Flurstücke mit ihrer **örtlichen Lage, Form, Größe und Nutzungsart** *(z. B. Gebäude- und Freifläche, Ackerland)* verzeichnet und beschrieben.

Auskunft über die örtliche Lage und Form von Flurstücken gibt die **Flurkarte**, in der alle Grundstücke eines Bezirkes zeichnerisch dargestellt sind.

Auskunft über die Größe und Nutzungsart von Flurstücken gibt das **Liegenschaftsbuch**, in dem alle Flurstücke eines Eigentümers aufgeführt sind.

Die Vermessung von Grundstücken erfolgt von den Vermessungsbehörden sowie durch öffentlich bestellte Vermessungsingenieure. **Grenzzeichen** (Grenzsteine, Grenzplaketten) markieren Grenzpunkte zwischen Flurstücken. Die Verbindung zweier Grenzpunkte bildet eine Flurstückgrenze.

Flurkarte

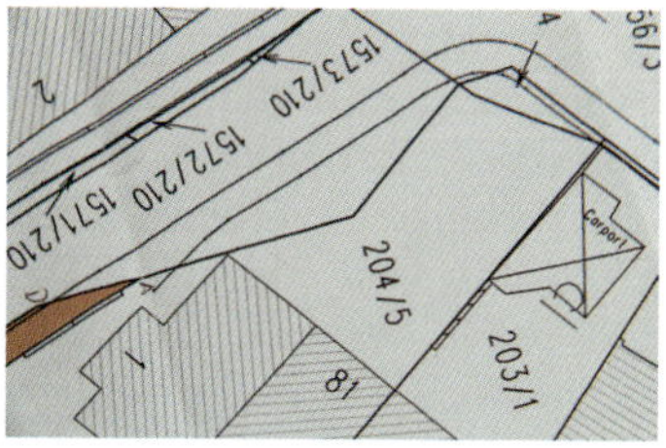

Grenzzeichen

Bei Grenzstreitigkeiten oder fehlenden Grenzpunkten kann die Vermessungsbehörde eine neue Vermessung durchführen.

Bestandteile von Grundstücken

Bestandteile eines Grundstücks sind neben dem Grundstück auch seine **wesentlichen Bestandteile** und das **Zubehör**.

Wesentliche Bestandteile einer Sache können nicht voneinander getrennt werden, ohne dass ein Teil zerstört oder in seinem Wesen gemindert wird. Wesentliche Bestandteile können nicht Gegenstand besonderer Rechte sein *(§ 93 BGB)*. Ein Eigentumserwerb oder die Belastung mit einem Pfandrecht ist nur zusammen mit der Hauptsache möglich.

Wesentliche Bestandteile von Grundstücken sind Sachen, die mit dem Grund und Boden fest verbunden sind, insbesondere **Gebäude**, sowie die Erzeugnisse des Grundstücks, solange sie mit dem Boden zusammenhängen *(z. B. Bäume)*. Zu den wesentlichen Bestandteilen eines Gebäudes und damit auch des Grundstücks gehören die zur Herstellung des Gebäudes eingefügten Sachen *(z. B. Fenster, Heizungsanlage, Einbauküche) (§ 94 BGB)*. Beim Kauf erwirbt der neue Eigentümer auch das Eigentum an den wesentlichen Bestandteilen des Grundstücks.

Wesentliche Bestandteile

Gebäude, Pool, Pflanzen, Gartenmauer

Rechte, die mit dem Eigentum an einem Grundstück verbunden sind *(z. B. Mietforderungen)*, gelten ebenfalls als Bestandteile des Grundstücks *(§ 96 BGB)*.

Zubehör sind bewegliche Sachen, die **dauerhaft dem wirtschaftlichen Zweck des Grundstücks dienen** und in einem bestimmten räumlichen Verhältnis zum Grundstück stehen *(§ 97 BGB)*. Bei einem Gewerbebetrieb gelten als Zubehör alle **Maschinen und sonstigen Gerätschaften** *(§ 98 BGB)*. Die auf einem Fabrikgelände lagernden Rohstoffe und Fertigprodukte sind kein Zubehör des Grundstücks.

Produktionsmaschinen als Zubehör

Zubehör ist sonderrechtsfähig, das heißt, die Gegenstände können unabhängig vom Grundstück verkauft oder belastet werden. Wenn jedoch nichts anderes vereinbart wurde, erwirbt der Käufer eines Grundstücks auch das Zubehör *(§§ 311c, 926 BGB)*. Bei einem **Grundpfandrecht** gehört das **Zubehör** zum **Haftungsverbund des Grundstücks** *(§ 1120 BGB)*. Voraussetzung dafür ist aber, dass der Grundstückseigentümer auch Eigentümer des Zubehörs ist.

1.2 Wohnungseigentum

Wohnungseigentum

Wohnungseigentum (Eigentumswohnungen) ist das **Sondereigentum an einer Wohnung** in Verbindung mit dem **Miteigentumsanteil an dem gemeinschaftlichen Eigentum**, zu dem es gehört *(§ 1 Abs. 2 WEG)*. Zum Gemeinschaftseigentum gehören das Grundstück, das Gebäude und das Verwaltungsvermögen der Wohnungseigentümergemeinschaft.

Teileigentum ist das Sondereigentum an nicht zu Wohnzwecken dienenden *Räumen (z.B. Büroräume, Ladenlokal)* eines Gebäudes in Verbindung mit dem Miteigentumsanteil an dem gemeinschaftlichen Eigentum, zu dem es gehört *(§ 1 Abs. 3 WEG)*.

Jedes Wohnungs- und Teileigentum verfügt über ein eigenes Grundbuchblatt und kann wie jede andere Immobilie verkauft, vererbt, verschenkt oder belastet werden.

Sondereigentum

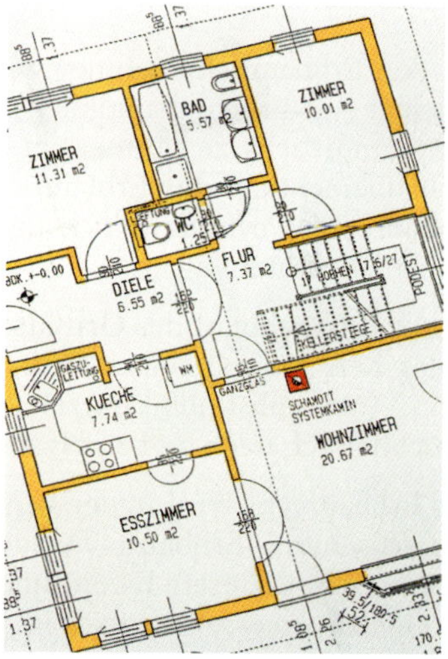

Das **Sondereigentum** an einer Wohnung ergibt sich aus der Teilungserklärung und dem Aufteilungsplan des Gebäudes. Der Eigentümer kann sein Sondereigentum frei nutzen (Selbstnutzung oder Vermietung) und gestalten *(§ 13 Abs. 1 WEG)*.

Gemeinschaftliches Eigentum aller Wohnungseigentümer sind alle Teile des Gebäudes, die nicht zum Sondereigentum gehören *(z.B. Garten, Treppenhaus, Dach, Außenwände)*. Der Wohnungseigentümer ist zum Mitgebrauch des gemeinschaftlichen Eigentums berechtigt *(§ 13 Abs. 2 WEG)*, allerdings auch verpflichtet, die Lasten des gemeinschaftlichen Eigentums *(z.B. Heizkosten, Renovierungen, Reparaturen)* nach seinem Miteigentumsanteil zu tragen *(§ 16 Abs. 2 WEG)*. Die Eigentümer beschließen auf der **Wohnungseigentümerversammlung** nach Stimmenmehrheit insbesondere folgende Inhalte *(§§ 26, 21 Abs. 3 WEG)*:

- Bestellung und Abberufung eines Verwalters
  Der Verwalter setzt die Beschlüsse der Eigentümer um, schließt Verträge mit Dritten im Namen der Gemeinschaft, verwaltet die Rücklagen, begleicht Rechnungen und erstellt die Kostenabrechnungen *(§ 27 WEG)*.
- Aufstellung einer Hausordnung
- Instandhaltungsmaßnahmen für das gemeinschaftliche Eigentum
- Abschluss einer Gebäudeversicherung
- Ansammlung einer angemessenen Instandhaltungsrücklage
- Aufstellung eines Wirtschaftsplans

1.3 Erbbaurecht

Ein **Erbbaurecht** ist das veräußerliche, belastbare und vererbliche Recht – zumeist gegen Zahlung eines regelmäßigen Erbbauzinses an den Grundstückseigentümer – auf einem **fremden Grundstück** ein **Bauwerk zu errichten und zu nutzen** *(§ 1 ErbbauRG)*.

Der **Erbbaurechtsnehmer** ist **Eigentümer des Gebäudes** und hat das alleinige Nutzungsrecht des Grundstücks. Das Bauwerk ist nicht wesentlicher Bestandteil des Grundstücks, sondern des Erbbaurechtes *(§ 12 ErbbauRG)*. Der **Erbaurechtsgeber** bleibt **Eigentümer des Grundstücks**.

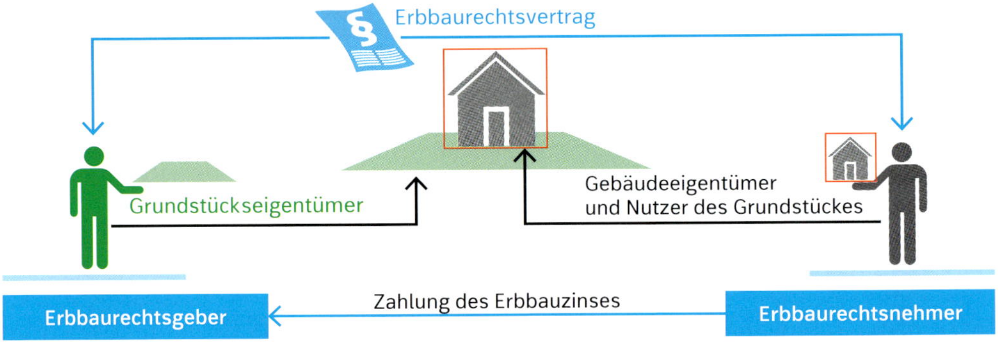

Für den Erbbaurechtsnehmer wird ein besonderes **Grundbuchblatt (Erbbaugrundbuch)** angelegt. Im Erbbaugrundbuch sind auch der Eigentümer und jeder spätere Erwerber des Grundstücks zu vermerken *(§ 14 ErbbauRG)*. Bei einer Darlehensvergabe kann der Erbbauberechtigte das Erbbaurecht mit einem Grundpfandrecht belasten. Der Wert des Erbbaurechtes bestimmt sich nach dem Wert der Gebäude unter Berücksichtigung der Erbbauzinszahlungen.

Das Grundbuchblatt des **Grundstückeigentümers** ist mit einem Erbbaurecht belastet, das in der 2. Abteilung seines Grundbuchblattes als Belastung eingetragen wird. Da er das Grundstück selbst nicht nutzen kann, bestimmt sich der Wert des belasteten Grundstücks ausschließlich nach den zu erzielenden Erbbauzinsen.

Das Erbbaurecht wird in der Regel für 99 Jahre vereinbart. Nach Ablauf der vereinbarten Zeit erlischt das Erbbaurecht, sofern es nicht erneuert wird. Der Grundstückseigentümer wird nun kraft Gesetz Eigentümer des Bauwerkes. Er muss jedoch dem Erbbauberechtigten eine angemessene Entschädigung für das Bauwerk zahlen.

In der Praxis bieten öffentliche *(z. B. katholische Diözesanverwaltungen, evangelische Landeskirchen, Städte)* und private Grundstückseigentümer Erbbaurechte an. Grundsätzlich finanzieren die Kreditinstitute bei einem Erbbaurecht Häuser nur dann, wenn die restliche Erbpachtfrist mindestens die gleiche Laufzeit hat wie das Darlehen.

2 Rechtliche Rahmenbedingungen einer Baufinanzierung

2.1 Immobiliar-Verbraucherdarlehensverträge

Immobiliar-Verbraucherdarlehensverträge sind entgeltliche Darlehensverträge zwischen einem Unternehmer als Darlehensgeber und einem Verbraucher als Darlehensnehmer, die ...

1. durch ein Grundpfandrecht oder eine Reallast besichert sind oder
2. für den Erwerb oder für die Erhaltung von Immobilien bestimmt sind *(§ 491 Abs. 3 BGB).*

Bei der Beratung und dem Angebot von Immobiliar-Verbraucherdarlehensverträgen sind umfängliche **Verbraucherschutzvorschriften zu** beachten:

- **Pflicht zur Beratungsleistung** *(§ 511 Abs. 1 BGB, Art. 247 § 18 EGBGB)*
  Bevor ein Darlehensgeber einem Verbraucher Baufinanzierungsprodukte anbietet, **muss** er den Kunden beraten. **Ziel** der Beratung ist eine auf die persönliche und wirtschaftliche Situation des Kunden abgestimmte **individuelle Produktempfehlung**.
- **Verbot von Kopplungsgeschäften** *(§ 492a, b BGB)*
  Der Darlehensgeber darf den Abschluss des Darlehensvertrages grundsätzlich nicht vom Erwerb anderer Finanzprodukte oder -dienstleistungen abhängig machen. Davon ausgenommen sind Finanzprodukte, die der Ansammlung von Kapital für die Rückzahlung des Darlehens dienen, und „einschlägige" Versicherungen *(z. B. Gebäudeversicherung).*

2.2 Grundbuch und Grundstücksbelastungen

Das in elektronischer Form geführte Grundbuch

- ist ein **öffentliches Register,**
- das beim **Amtsgericht** (Grundbuchamt) geführt wird und
- Auskunft über die **rechtlichen Verhältnisse** der Grundstücke gibt.

9

2.2.1 Aufbau und Inhalt des Grundbuchs

Aufbau des Grundbuchs

Amtsgericht

Grundbuchamt

führt

Grundbuch

Das Grundbuch gibt **Auskunft über die Rechtsverhältnisse** von Grundstücken.

Grundbuchblatt für *ein* Grundstück:

Grundakte

Die Grundakte gibt Auskunft über die Rechtsgrundlagen von Grundbucheintragungen.

Grundakte für *ein* Grundstück:

- Handblatt zum Grundbuch (= Abschrift des Grundbuchblattes)
- Urkunden, die Grundlage für die Eintragungen im Grundbuch waren
- Verfügungen des Grundbuchbeamten, die die Grundbuchänderung herbeiführen
- Schriftwechsel

Inhalt des Grundbuchs

Aufschrift	*Beispiele*
▪ Amtsgericht ▪ Grundbuchbezeichnung ▪ Blattnummer	*Amtsgericht Brühl* *Grundbuch von Gleuel* *Blatt 4711*

Bestandsverzeichnis	*Beispiele*
▪ **Gemarkung** (= Kataster- bzw. Vermessungsbezirk) Grundsätzlich bilden die zu einem Gemeindebezirk gehörenden Grundstücke die Gemarkung.	*Gemeinde Hürth* *Gemarkung Gleuel*
▪ **Nummer der Flur, des Flurstücks und des Liegenschaftsbuches** Die Gemarkung ist in **Fluren**, die Flur wiederum in **Flurstücke** aufgeteilt. Das Flurstück wird unter einer **besonderen Nummer in der Flurkarte** aufgeführt. Ein **Grundstück** besteht aus einem oder mehreren Flurstücken.	*Flur 10* *Flurstück Nr. 374* *Liegenschaftsbuch Nr. 0885*

Bestandsverzeichnis	Beispiele
▪ **Wirtschaftsart** des Grundstücks	*Acker, Wohnhaus mit Hofraum, Wohnhaus mit Garten*
▪ Lage des Grundstücks	*Schnitzlerweg 84*
▪ **Größe** des Grundstücks	*5,09 Ar (= 509 m²)*
▪ **Vermerke über Rechte,** die dem jeweiligen Eigentümer des Grundstücks (herrschendes Grundstück) zustehen Die Belastung wird in der 2. Abteilung des dienenden Grundstücks eingetragen.	*Wegerecht zulasten des im Grundbuch von Gleuel Blatt 29758 eingetragenen Grundstücks* *Grundstück Nr. 29758 = dienendes Grundstück* | *Grundstück Nr. 29759 = herrschendes Grundstück* *> Zugangsweg >*

1. Abteilung	Beispiel
▪ **Eigentumsverhältnisse** – Eigentümer – Art des Eigentums (Alleineigentum, gemeinschaftliches Eigentum)	*Herbert Breuer, geb. am 6. April 1963, Wuppertal-Vohwinkel* *Eheleute* *a) Franz Josef Fuchs, geb. am 10. November 1974, Köln* *b) Helene Fuchs, geb. Kamp, geb. am 23. Dezember 1975, Köln* *– zu je 1/2 Anteil*
▪ **Grundlage der Eintragung** – Auflassung – Erbschein – Zuschlag bei Versteigerung	*aufgelassen am 18. Dezember 2001, eingetragen am 4. Februar 2002* *umgeschrieben aufgrund des Erbscheins vom 5. September 2011 am 16. September 2011*

2. Abteilung	Beispiel
Lasten und Beschränkungen	*Wegerecht für den jeweiligen Eigentümer des Grundstücks Blatt 4712, Nr. 2 des Bestandsverzeichnisses unter Bezugnahme auf die Eintragungsbewilligung vom 21. März 2012, eingetragen am 1. April 2012*

3. Abteilung	Beispiel
Grundpfandrechte	*fünfundvierzigtausend Euro fällige Grundschuld mit 15 vom Hundert Zinsen für die BHW-Bausparkasse, Hameln, gemäß Bewilligung vom 5. Dezember 2013, eingetragen am 29. Dezember 2013*

9

Öffentlichkeit des Grundbuchs

Jeder, der ein berechtigtes Interesse darlegt, kann das Grundbuch einsehen und beglaubigte Grundbuchauszüge verlangen *(§ 12 GBO)*.

Beispiele:
- *Einsichtnahme eines Kreditinstituts bei Kreditanträgen*
- *Einsichtnahme eines Kaufinteressenten mit schriftlicher Einwilligung des Eigentümers*
- *Einsichtnahme des Notars bei Grundstückskaufverträgen*

Eine Einsichtnahme ist nach Überprüfung der Berechtigung auch über das Internet möglich *(§ 12 a GBO)*.

2.2.2 Öffentlicher Glaube des Grundbuchs

Grundsatz:

Der Inhalt des Grundbuchs genießt öffentlichen Glauben *(§ 892 BGB)*.

- **Positive Publizität**: Alle Angaben im Grundbuch gelten gutgläubigen Dritten gegenüber als richtig und vollständig. Damit kann ein gutgläubiger Dritter Rechte an dem Grundstück erwerben, auch wenn diese tatsächlich gar nicht bestehen *(z. B. gutgläubiger Erwerb einer Hypothek, obwohl das Darlehen bereits getilgt wurde)*.
- **Negative Publizität**: Eintragungspflichtige, aber nicht eingetragene oder unrichtig gelöschte Rechte und Verfügungsbeschränkungen gelten als nicht bestehend.

Der öffentliche Glaube des Grundbuchs erstreckt sich nur auf Rechte, die eingetragen werden müssen, um Dritten gegenüber wirksam zu sein (konstitutive Bedeutung der Eintragung). Dies gilt nur für die Rechte, die in den drei Abteilungen eingetragen werden, d. h., die Eintragungen im Bestandsverzeichnis genießen keinen öffentlichen Glauben. Gelöschte Eintragungen sind im Grundbuch unterstrichen.

Der Inhalt des Grundbuchs genießt **keinen** öffentlichen Glauben, wenn

- die Unrichtigkeit der Eintragung dem Erwerber des Rechts bekannt war oder
- ein Widerspruch gegen die Richtigkeit des Grundbuchs eingetragen wurde *(§§ 899, 894 BGB)*.
  Mit der Eintragung eines Widerspruchs wird gegen die Grundbucheintragung öffentlich protestiert.
  Ein Widerspruch wird grundsätzlich in der Abteilung eingetragen, in der das strittige Recht eingetragen ist. (Ausnahme: Widersprüche gegen Eintragungen in der 1. Abteilung werden in der 2. Abteilung eingetragen.)

  Beispiel:
  Peter Fuchs ist im Rahmen der gesetzlichen Erbfolge als neuer Eigentümer eines bebauten Grundstücks in das Grundbuch eingetragen worden.

  Aufgrund eines später gefundenen Testaments des Erblassers ist seine langjährige Sekretärin Elke Küpper rechtmäßige Erbin. Peter Fuchs ficht das Testament an, es kommt zum Rechtsstreit. Bis zur Klärung des wahren Sachverhalts lässt sich Elke Küpper durch eine einstweilige Verfügung einen Widerspruch in das Grundbuch eintragen.

2.2.3 Veranlassung von Grundbucheintragungen

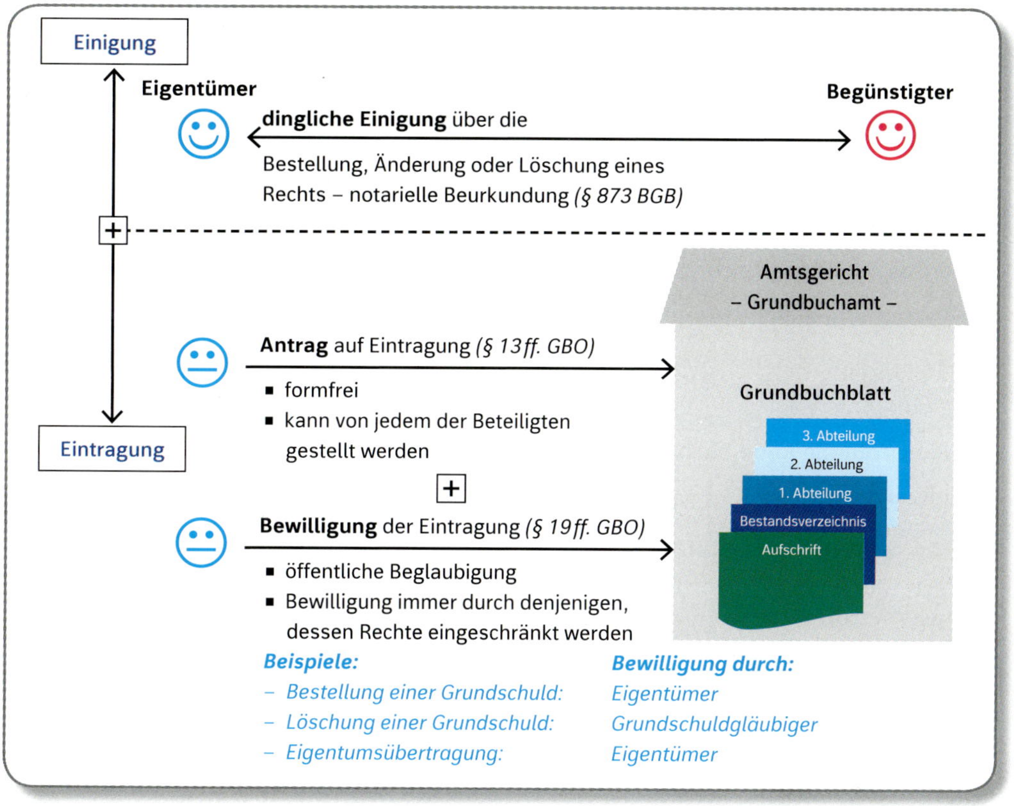

2.2.4 Rangverhältnis von Grundbucheintragungen

Ist ein Grundstück mit mehreren Rechten belastet, so entscheidet der Rang der einzelnen Rechte über die Reihenfolge der Befriedigung bei einer Zwangsvollstreckung in das Grundstück.

Gesetzliche Rangfolge *(§ 879 BGB)*

1. Regel
Locus-Prinzip: Sind mehrere Rechte in derselben Abteilung des Grundbuchs eingetragen, bestimmt sich der Rang nach der Reihenfolge der Eintragungen (Lfd. Nr. 1 vor Lfd. Nr. 2 usw.).

2. Regel
Tempus-Prinzip: Sind mehrere Rechte in verschiedenen Abteilungen eingetragen, so hat das Recht mit dem früheren Datum den Vorrang.

3. Regel
Sind mehrere Rechte in verschiedenen Abteilungen unter demselben Datum eingetragen, haben die Rechte den gleichen Rang.

Rangfolge bei mehreren neuen Eintragungen *(§ 45 GBO)*

Sind im Grundbuch mehrere Eintragungen zu bewirken, entscheidet der Zeitpunkt des Antragseinganges beim Amtsgericht über die Rangfolge. Die früher beantragte Eintragung hat den Vorrang vor später beantragten Eintragungen. Der Antragseingang wird mit Datum und Uhrzeit festgehalten. Die Rangfolge wird im Grundbuch vermerkt.

» Vertragliche Rangfolge

Die Vereinbarung einer von der gesetzlichen Rangfolge abweichenden Rangfolge ist möglich.

Rangänderung *(§ 880 BGB)*

Die Rangordnung kann nachträglich geändert werden.

Voraussetzungen:
- **Einigung** zwischen den betroffenen Personen
- **Eintragung** der Rangänderung
- **Zustimmung des Eigentümers**, soweit die Rangänderung die 3. Abteilung des Grundbuchs betrifft

Rangvorbehalt *(§ 881 BGB)*

Der Eigentümer kann sich bei der Eintragung eines Rechts den Rang für später einzutragende Rechte vorbehalten bzw. freihalten lassen.

Voraussetzungen:

- **Einigung** zwischen dem Berechtigten, dessen Recht durch den Vorbehalt beschränkt werden soll, und dem Eigentümer
- **Eintragung** des **Rangvorbehalts** bei dem Recht im Grundbuch, das zurücktreten soll

2.2.5 Lasten und Beschränkungen

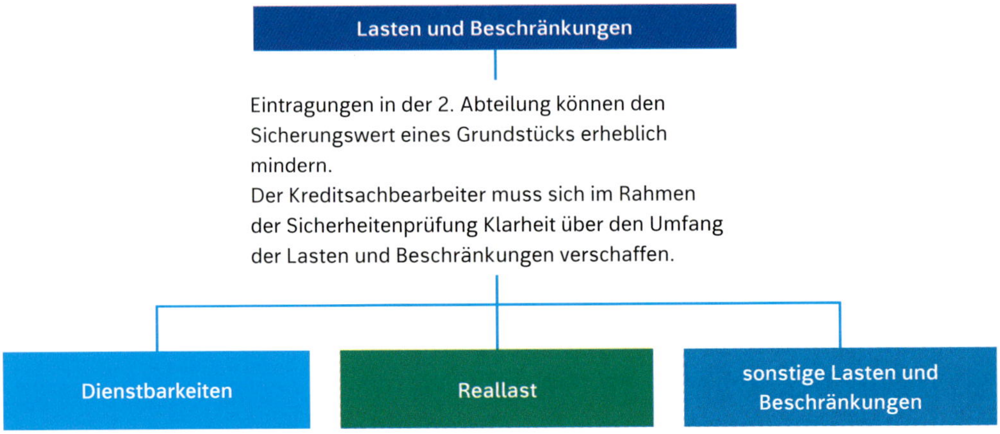

<table>
<tr><th colspan="3">Dienstbarkeiten</th><th rowspan="2">Reallast
(§ 1105 ff. BGB)</th></tr>
<tr><th>Grunddienstbarkeit
(§ 1018 ff. BGB)</th><th>beschränkt persönliche Dienstbarkeit
(§ 1090 ff. BGB)</th><th>Nießbrauch
(§ 1030 ff. BGB)</th></tr>
<tr><th colspan="4">Beschreibung der Belastung</th></tr>
<tr>
<td>▪ Dem jeweiligen Eigentümer eines anderen Grundstücks (= herrschendes Grundstück) werden einzelne Rechte am dienenden Grundstück eingeräumt.
▪ Auf Antrag erfolgt auch eine Eintragung als Recht in das Bestandsverzeichnis des herrschenden Grundstücks. Maßgeblich ist jedoch die beim dienenden Grundstück eingetragene Belastung.</td>
<td>▪ Einer bestimmten natürlichen oder juristischen Person werden einzelne Rechte eingeräumt.
▪ Das Recht ist nicht übertragbar und nicht vererbbar.</td>
<td>▪ Der Nießbraucher (i. d. R. eine natürliche Person) kann alle Nutzungen aus dem Grundstück ziehen.
▪ Der Nießbrauch kann durch den Ausschluss einzelner Nutzungen beschränkt werden.
▪ Der Nießbraucher hat für die Erhaltung der Sache zu sorgen.
▪ Das Recht ist nicht übertragbar und nicht vererbbar.</td>
<td>▪ An eine bestimmte Person oder an den jeweiligen Eigentümer eines anderen Grundstücks sind wiederkehrende Leistungen aus dem Grundstück zu entrichten.
▪ Der Eigentümer haftet persönlich für die Erbringung der Leistung, sofern nichts anderes vereinbart wurde.</td>
</tr>
<tr><th colspan="4">Inhalte und Bedeutung der Belastung</th></tr>
<tr>
<td colspan="2">Nutzungsrechte des Berechtigten
▪ Wegerecht
Wegerechte werden häufig als Grunddienstbarkeiten zugunsten des jeweiligen Eigentümers eines Nachbargrundstücks eingetragen, der sonst keine Zugangsmöglichkeit zu seinem Grundstück hätte. Das Wegerecht kann die Nutzungsmöglichkeiten des Grundstücks einschränken und die Wohnqualität vermindern. Die Wertminderung ist von der Größe, Lage und Nutzungsart des Grundstücks abhängig.
▪ Leitungsrecht
Leitungsrechte können die Nutzungsmöglichkeiten des Grundstücks einschränken. Ein Leitungsrecht (z. B. Strom-/Wasserzufuhr) für den jeweiligen Eigentümer des Nachbargrundstücks (Grunddienstbarkeit) wird den Wert nur geringfügig mindern. Das Recht z. B. zugunsten der RWE AG (beschränkt persönliche Dienstbarkeit) einen Hochspannungsmasten zu errichten, verhindert eine andere Bebauung und ist stark wertmindernd.</td>
<td>Rechte des Nießbrauchers
▪ Wohnrecht
▪ Recht auf Mietzahlungen
▪ Recht auf die Bodenerträge

Das Grundstück mit einem vorrangigen Nießbrauchrecht ist nicht für eine Beleihung geeignet. Bei einer Kreditvergabe müsste der Nießbraucher einer Rangänderung zugunsten des Kreditinstitutes zustimmen.</td>
<td>Beispiel:
Eintragung einer Reallast:

Die Eltern übertragen das Grundstück auf ein Kind. Zur Sicherung ihrer Altersversorgung lassen sie sich neben einem Wohnrecht das Recht auf Zahlung einer bestimmten monatlichen Geldsumme (Reallast) eintragen. Der Betrag wird oft durch die Bindung an den Lebenshaltungskostenindex wertgesichert. Steigt dann der Lebenskostenindex z. B. um 10 %, erhöht sich auch die Monatsrate um 10 %.</td>
</tr>
</table>

<table>
<tr><th colspan="3">Dienstbarkeiten</th><th rowspan="2">Reallast
(§ 1105 ff. BGB)</th></tr>
<tr><th>Grunddienstbarkeit
(§ 1018 ff. BGB)</th><th>beschränkt persönliche Dienstbarkeit
(§ 1090 ff. BGB)</th><th>Nießbrauch
(§ 1030 ff. BGB)</th></tr>
<tr><th colspan="4">Inhalte und Bedeutung der Belastung</th></tr>
<tr><td colspan="2">▪ Wohnrecht
Wohnrechte werden häufig für Familienangehörige eingetragen (beschränkt persönliche Dienstbarkeit). Die Wertminderung bestimmt sich nach dem Mietwert der genutzten Räume und der Lebenserwartung der Berechtigten. Die Wertminderung ergibt sich durch Kapitalisierung (Abzinsung) des zukünftigen Mietwerts.
▪ Ausbeutungsrecht
Der Berechtigte hat das Recht, z. B. Sand, Kies oder Braunkohle auf dem Grundstück abzubauen. Das Grundstück ist in der Regel nicht als Kreditsicherheit geeignet.

Handlungsverbote des Eigentümers
Beispiele:
Bebauungsverbote, Gewerbeausübungsverbote
Es ist im Einzelfall zu prüfen, ob eine erhebliche Wertminderung vorliegt.

Duldungspflichten des Eigentümers
Beispiele:
Duldung einer bestimmten Bebauung oder eines Gewerbebetriebes auf dem Nachbargrundstück
Es ist im Einzelfall zu prüfen, ob eine erhebliche Wertminderung vorliegt.</td><td>Beispiel:
Die Eltern lassen sich zu ihren Gunsten ein Nießbrauchrecht eintragen, wenn sie das Grundstück schon zu Lebzeiten auf ein Kind übertragen, aber die Nutzungsrechte weiterhin behalten möchten.</td><td>Zur Ermittlung der Wertminderung wird der Kapitalwert der Reallast ermittelt. Die erwartete Zahlungsdauer bestimmt sich nach der Lebenserwartung der Berechtigten („Sterbetafeln“ der Versicherungen). Dann erfolgt eine Kapitalisierung (Abzinsung der erwarteten Zahlungen), um den Zeitwert der Belastung zu ermitteln.</td></tr>
</table>

Sonstige Lasten und Beschränkungen

<table>
<tr><td>Vorkaufsrecht
(§§ 1094–1104 BGB)</td><td>Der Vorkaufsberechtigte kann bei einem Grundstücksverkauf vom Eigentümer die Übereignung des Grundstücks zu den in dem Kaufvertrag mit einem Dritten vereinbarten Bedingungen fordern (Vorkaufsrecht kraft Vertrages).
Ein Vorkaufsrecht kann auch kraft Gesetzes bestehen.
Beispiele:
– Vorkaufsrecht der Miterben (§ 2034 BGB)
– Vorkaufsrecht der Gemeinden</td></tr>
<tr><td>Vormerkungen/ Verfügungs-beschränkungen</td><td>Die Belastung und Veräußerung des Grundstücks soll verhindert werden.
Beispiele:
– Auflassungsvormerkung[1]
– Vermerk über die Anordnung der Zwangsversteigerung/Zwangsverwaltung
– Vermerk über die Anordnung der Nachlassverwaltung
– Vermerk über die Eröffnung des Insolvenzverfahrens</td></tr>
</table>

1 *Vgl. Seite 459*

2.2.6 Grundpfandrechte

Ein **Grundpfandrecht** ist die Belastung eines Grundstücks mit einer *Hypothek* oder *Grundschuld*, vornehmlich zum Zweck der Kreditbesicherung. Grundpfandrechte können auch zulasten von grundstücksgleichen Rechten (Wohnungseigentum, Erbbaurecht) bestellt werden.

Über die Hypothek oder Grundschuld wird grundsätzlich ein Brief erteilt *(§ 1116 Abs. 1 BGB)*. Die Erteilung des Briefes kann aber vertraglich ausgeschlossen werden. Im Grundbuch wird dann ein entsprechender Vermerk *(z. B. „brieflos“, „Grundschuld ohne Brief“)* eingetragen *(§ 1116 Abs. 2 BGB)*.

2.2.6.1 Hypothek und Grundschuld im Vergleich

<table>
<tr><th>Hypothek (§ 1113 ff. BGB)</th><th>Grundschuld (§ 1191 ff. BGB)</th></tr>
<tr><td>
<ul>
<li>Die Hypothek ist ein Pfandrecht an einem Grundstück zur Sicherung einer bestimmten Forderung.</li>
<li>Die Hypothek ist akzessorisch, d. h., sie ist in ihrem Bestand von einer gesicherten Forderung abhängig. Es besteht ein untrennbarer gesetzlicher Zusammenhang zwischen dem persönlichen Anspruch aus der Darlehensgewährung und dem dinglichen Anspruch aus der Hypothek („Schicksalsgemeinschaft“ Hypothek und Forderung).</li>
</ul>
</td><td>
<ul>
<li>Die Grundschuld ist ein Pfandrecht an einem Grundstück.</li>
<li>Die Grundschuld ist abstrakt, d. h., sie ist in ihrem Bestand von einer gesicherten Forderung unabhängig. Es besteht kein gesetzlicher Zusammenhang zwischen dem persönlichen Anspruch aus der Darlehensgewährung und dem dinglichen Anspruch aus der Grundschuld („Grundschuld ohne Schuldgrund“).</li>
</ul>
</td></tr>
<tr><th colspan="2">Umfang der Haftung</th></tr>
<tr><td colspan="2">
Im Rahmen des Grundpfandrechts haften
<ul>
<li>das Grundstück (§ 1113 BGB) sowie</li>
<li>die getrennten Erzeugnisse und die wesentlichen Bestandteile (§§ 1120, 93 ff. BGB).
Beispiele: Gebäude, Bäume</li>
<li>Zubehör, soweit im Eigentum des Grundstückseigentümers (§§ 1120, 97, 98 BGB)
Beispiele: Maschinen, Vieh</li>
<li>Miet- und Pachtzinsforderungen (§ 1123 BGB)</li>
<li>die Ansprüche auf wiederkehrende Leistungen zugunsten des Eigentümers des belasteten Grundstücks (§ 1126 BGB)
Beispiel: Erbbauzinsansprüche</li>
<li>die Versicherungsforderungen (§ 1127 BGB)
Beispiel: Feuerversicherung</li>
</ul>
</td></tr>
<tr><th colspan="2">Entstehung und Erwerb</th></tr>
<tr><td>
Buchhypothek
<ul>
<li>Entstehung: Einigung und Eintragung</li>
<li>Erwerb: Entstehung der Forderung</li>
</ul>
</td><td>
Buchgrundschuld
<ul>
<li>Entstehung: Einigung und Eintragung</li>
<li>Erwerb: Wegen der Abstraktheit der Grundschuld erwirbt der Grundschuldgläubiger die Grundschuld bereits mit der Eintragung.</li>
</ul>
</td></tr>
<tr><td>
Briefhypothek
<ul>
<li>Entstehung: Einigung und Eintragung</li>
<li>Erwerb: Entstehung der Forderung und Übergabe des Hypothekenbriefes</li>
</ul>
</td><td>
Briefgrundschuld
<ul>
<li>Entstehung: Einigung und Eintragung</li>
<li>Erwerb: Übergabe des Grundschuldbriefes</li>
</ul>
</td></tr>
</table>

Übertragung	
Buchhypothek ▪ Abtretung der Forderung und ▪ Eintragung der Abtretung im Grundbuch *(§§ 1154 Abs. 3, 873 BGB)*	**Buchgrundschuld** ▪ Abtretung des dinglichen Anspruchs und ▪ Eintragung der Abtretung im Grundbuch *(§§ 1192, 1154 Abs. 3, 873 BGB)*
Übertragung	
Briefhypothek ▪ schriftliche Abtretung der Forderung und ▪ Übergabe des Hypothekenbriefes *(§ 1154 Abs. 1 BGB)* *oder* ▪ formfreie Abtretung der Forderung und ▪ Übergabe des Hypothekenbriefes und ▪ Eintragung der Abtretung im Grundbuch *(§ 1154 Abs. 2 BGB)*	**Briefgrundschuld** ▪ schriftliche Abtretung des dinglichen Anspruchs und ▪ Übergabe des Grundschuldbriefes *(§§ 1192, 1154 Abs. 1 BGB)* *oder* ▪ formfreie Abtretung des dinglichen Anspruchs und ▪ Übergabe des Grundschuldbriefes und ▪ Eintragung der Abtretung im Grundbuch *(§§ 1192, 1154 Abs. 2 BGB)*

In der Kreditsicherungspraxis hat die Grundschuld die Hypothek weitgehend verdrängt, weil die Hypothek (Verkehrshypothek) aufgrund ihres streng akzessorischen Charakters nach einer vollständigen oder teilweisen Rückführung des Darlehens nicht wiederaufleben kann. Die Grundschuld erlischt nicht nach einer Rückführung des Darlehens und kann deshalb auch zukünftige Darlehensforderungen sichern.

Bei der **privaten Wohnungsbaufinanzierung** ist die **Buchgrundschuld** üblich.

2.2.6.2 Sicherungsgrundschuld

Die **Sicherungsgrundschuld** ist eine Grundschuld, die der **Kreditbesicherung** dient.

Nach *§ 1191 BGB* stellt eine Grundschuld die Belastung eines Grundstücks in der Weise dar, dass an den Begünstigten eine bestimmte Geldsumme zu zahlen ist. Da im Gesetz kein Rechtsgrund für die Belastung genannt ist, muss der Zusammenhang zwischen der Bestellung der Grundschuld **(Grundschuldbestellungsurkunde)** und dem Rechtsgrund „Kreditbesicherung" vertraglich in einer **Sicherungszweckerklärung** vereinbart werden.

Im **Außenverhältnis** ist das Kreditinstitut gemäß Grundschuldbestellungsurkunde als Sicherungsnehmer Dritten gegenüber uneingeschränkter Grundschuldgläubiger.

Im **Innenverhältnis** zum Grundstückseigentümer (Sicherungsgeber) erfolgt die Bestellung der Grundschuld gemäß Sicherungszweckerklärung fiduziarisch (treuhänderisch) zur Sicherung der Darlehensansprüche des Kreditinstitutes. Aus der **Fiduziarität** ergeben sich folgende Merkmale:

- Das Kreditinstitut hat nur ein **eingeschränktes Verwertungsrecht** und darf die Grundschuld nur verwerten, wenn der Kreditnehmer seinen Verpflichtungen aus dem Kreditvertrag nicht nachkommt. Der Anspruch des Kreditinstitutes ist auf die Höhe der Restforderung begrenzt.
- Nach der Beendigung des Kreditverhältnisses muss das Kreditinstitut dem Grundstückseigentümer eine **Löschungsbewilligung** erteilen.

Inhalte der Grundschuldbestellungsurkunde (Außenverhältnis)

- **Antrag und Bewilligung** für die Eintragung der Grundschuld
- **Brief- oder Buchgrundschuld**
  Wenn keine besondere Vereinbarung getroffen wurde, handelt es sich um eine Briefgrundschuld.
- **Höhe und Rang der Grundschuld**
- **Dinglicher Zinssatz**, *z. B. 15 %*
  Die Eintragung des dinglichen Zinssatzes erfolgt fiduziarisch. Der Kreditnehmer ist nur zur Zahlung der im Kreditvertrag vereinbarten Zinsen verpflichtet. In der Praxis wird ein hoher dinglicher Zinssatz vereinbart, damit auch nach Ablauf der Zinsfestschreibung ein evtl. höherer Kreditzins ausreichend dinglich gesichert ist. Ansonsten müsste bei jeder neuen Zinsvereinbarung das Grundbuch geändert werden.
- **Zwangsvollstreckungsklausel** mit notarieller Beurkundung *(§ 800 ZPO)*
  Der Schuldner unterwirft sich in der notariellen Urkunde der sofortigen Zwangsvollstreckung *(§ 794 Ziff. 5 ZPO)*. Mit dieser **vollstreckbaren Urkunde** kann der Gläubiger jederzeit Zwangsvollstreckungsmaßnahmen (Zwangsversteigerung, Zwangsverwaltung) einleiten.
  - **dingliche Zwangsvollstreckungsklausel**:
    Wegen des Grundschuldbetrages und der Zinsen unterwirft sich der Eigentümer der sofortigen Zwangsvollstreckung in den belasteten Grundbesitz in der Weise, dass die Zwangsvollstreckung aus der Grundschuldbestellungsurkunde gegen den jeweiligen Eigentümer zulässig ist.
  - **persönliche Zwangsvollstreckungsklausel**:
    Der Eigentümer (Kreditnehmer) übernimmt die persönliche Haftung für die Zahlung eines Geldbetrages in Höhe der Grundschuld und unterwirft sich der sofortigen Zwangsvollstreckung in sein gesamtes Vermögen.

Grundschuldbestellungsurkunden, die eine Zwangsvollstreckungsklausel beinhalten, sind notariell zu beurkunden. Dies ist praxisüblich. Verzichtet das Kreditinstitut auf die Aufnahme der Zwangsvollstreckungsklausel, genügt die öffentliche Beglaubigung der Urkunde.

9

Inhalte der Sicherungsvereinbarung (Innenverhältnis)

- **Sicherungszweckerklärung**
  Die Grundschuld (Kapital, dingliche Zinsen, Nebenleistungen) und die Abtretung der Rückgewährsansprüche dienen ...
  - zur Sicherung eines bestimmten Darlehens **(enge Sicherungszweckerklärung)** oder
  - zur Sicherung aller bestehenden, zukünftigen und bedingten Ansprüche, die der Bank aus der bankmäßigen Geschäftsverbindung gegen den Sicherungsgeber zustehen **(weite Sicherungszweckerklärung)**.
- **Abtretung der Ansprüche auf Rückgewähr vor- und gleichrangiger Grundschulden**
  Das Kreditinstitut hat ein Interesse daran, dass vor- und gleichrangige Grundschulden anderer Gläubiger nach der Erfüllung der zugrunde liegenden Darlehensverträge im Grundbuch gelöscht werden, um den eigenen Rang zu verbessern und damit den Sicherungswert der Grundschuld zu erhöhen. Es lässt sich deshalb die Ansprüche des Eigen-

tümers auf Freigabe dieser Grundpfandrechte abtreten, um selbst die Löschung dieser Grundpfandrechte betreiben zu können, wenn ihr Sicherungszweck entfallen ist. Die Abtretung wird den gleich- bzw. vorrangigen Gläubigern angezeigt (offene Zession).

- **Verwertung der Sicherheiten**
  Das Kreditinstitut ist berechtigt, die Grundschuld zu kündigen und nach Ablauf der **Kündigungsfrist** von **sechs Monaten** durch Zwangsversteigerung zu verwerten, wenn der Kreditnehmer fällige Zahlungen auf die gesicherten Forderungen trotz Nachfristsetzung nicht erbracht hat und die Bank aufgrund der getroffenen vertraglichen Vereinbarungen oder aufgrund der gesetzlichen Bestimmungen zur Kündigung der gesicherten Forderung berechtigt ist. Entsprechendes gilt, wenn ein Kredit zum vereinbarten Rückzahlungstermin nicht getilgt wird.
- **Sicherheitenfreigabe**
  Nach der vollständigen Befriedigung aller gesicherten Ansprüche muss das Kreditinstitut die Grundschuld an den Sicherungsgeber freigeben und eine Löschungsbewilligung erteilen.

  Die Bank ist schon vor vollständiger Befriedigung ihrer durch diese Vereinbarung gesicherten Ansprüche verpflichtet, auf Verlangen die Grundschuld ganz oder teilweise freizugeben, soweit der realisierbare Wert sämtlicher Sicherheiten 110% der gesicherten Ansprüche der Bank nicht nur vorübergehend überschreitet.
- **Versicherung des belasteten Grundbesitzes**
  Der Sicherungsgeber verpflichtet sich, die auf dem belasteten Grundstück befindlichen Gebäude und Anlagen sowie das Zubehör zum gleitenden Neuwert gegen Brand, Blitzschlag sowie Folgeschäden durch Rauch, Ruß und Löschwasser sowie gegen Leitungswasser- und Sturmschäden zu versichern.

Löschungsbewilligung

Nach der vollständigen Rückzahlung des Darlehens ist der Darlehensgeber verpflichtet, dem Grundstückseigentümer eine **öffentlich beglaubigte Löschungsbewilligung** zu erteilen. Hat der Eigentümer seine Rückgewährsansprüche an einen anderen Gläubiger abgetreten, steht diesem die Löschungsbewilligung zu.

Merkmale der Sicherungsgrundschuld:

- Die **Grundschuld erlischt nicht** nach Rückführung des Kredits und ist damit auch zur Sicherung von Darlehen mit variabler Inanspruchnahme *(z. B. KK-Kredit)* geeignet. Unter dem „Sicherungsdach der Grundschuld" kann eine Neuvalutierung eines Darlehens erfolgen, sofern nicht nachrangige Gläubiger aufgrund der abgetretenen Rückgewährsansprüche eine Löschung der Grundschuld verlangen.
- Die Eintragung der **Zwangsvollstreckungsklausel** ist möglich.
- Der **Schuldner** muss bei Inanspruchnahme aus der Grundschuld **beweisen**, dass der Kredit ganz oder teilweise zurückgezahlt wurde.
- Eine **Briefgrundschuld** kann außerhalb des Grundbuchs übertragen werden („verkehrsfreundlich").

2.2.6.3 Eigentümergrundschuld

Eigentümergrundschuld	
originäre (ursprüngliche) Eigentümergrundschuld *(§ 1196 BGB)*	**derivative (abgeleitete) Eigentümergrundschuld** *(§§ 1163, 1177 BGB)*
Die Grundschuld entsteht, wenn der Eigentümer sein Grundstück in der Weise belastet, dass er von Anfang an auf seinen Namen eine Grundschuld eintragen lässt. **Gründe** für die **Eintragung**: ▪ Freihalten einer Rangstelle durch Eintragung der Grundschuld und ▪ spätere Abtretung der Eigentümergrundschuld im Rahmen einer ▪ Darlehensgewährung ▪ Abtretung einer verbrieften Eigentümergrundschuld außerhalb des Grundbuchs ist schnell und kostengünstig möglich.	Die Grundschuld entsteht, wenn die Hypothek dem Eigentümer des belasteten Grundstücks zusteht. ▪ Die hypothekarisch gesicherte Forderung ist noch nicht entstanden. ▪ Der Hypothekenbrief (Briefhypothek) wurde dem Gläubiger noch nicht übergeben. ▪ Die hypothekarisch gesicherte Forderung ist *z. B. durch Kreditrückzahlungen* erloschen.

2.3 Erwerb einer Immobilie und Bestellung einer Grundschuld

Beim Erwerb eines Grundstückes, einer Eigentumswohnung oder eines Erbbaurechtes sowie bei der Bestellung von Grundpfandrechten sind die gesetzlichen Formvorschriften einzuhalten. Andernfalls ist das Rechtsgeschäft wegen Formmangels nichtig *(§ 125 BGB).*

Rechtshandlungen

Der **Kaufvertrag** ist ein **schuldrechtliches Verpflichtungsgeschäft**, in dem die Beteiligten sich zur Erbringung der versprochenen Leistungen verpflichten. Ein Grundstückskaufvertrag ist notariell zu beurkunden *(§ 311b BGB).*

Zur **Eigentumsübertragung** an einem Grundstuck sind die **dingliche Einigung (Auflassung)** und die **Eintragung des Erwerbers in das Grundbuch** notwendig *(§ 873 BGB).* Die Auflassung ist notariell zu beurkunden *(§ 925 BGB).* Die Eintragung erfolgt auf **Antrag** (formlos) einer Partei und **Bewilligung** (mindestens öffentliche Beglaubigung, *§ 15 GBO*) des bisherigen Eigentümers.

Kaufvertrag

Käufer ⟷ **Verkäufer**

Kaufvertrag *(§ 433 BGB)*

- schuldrechtliches Verpflichtungsgeschäft
- notarielle Beurkundung *(§ 311b BGB)*

Pflichten (Käufer):
- Zahlung des Kaufpreises
- Annahme der Sache

Pflichten (Verkäufer):
- Übergabe der Sache („Schlüsselübergabe")
- Eigentumsverschaffung

Grundstücksübereignung

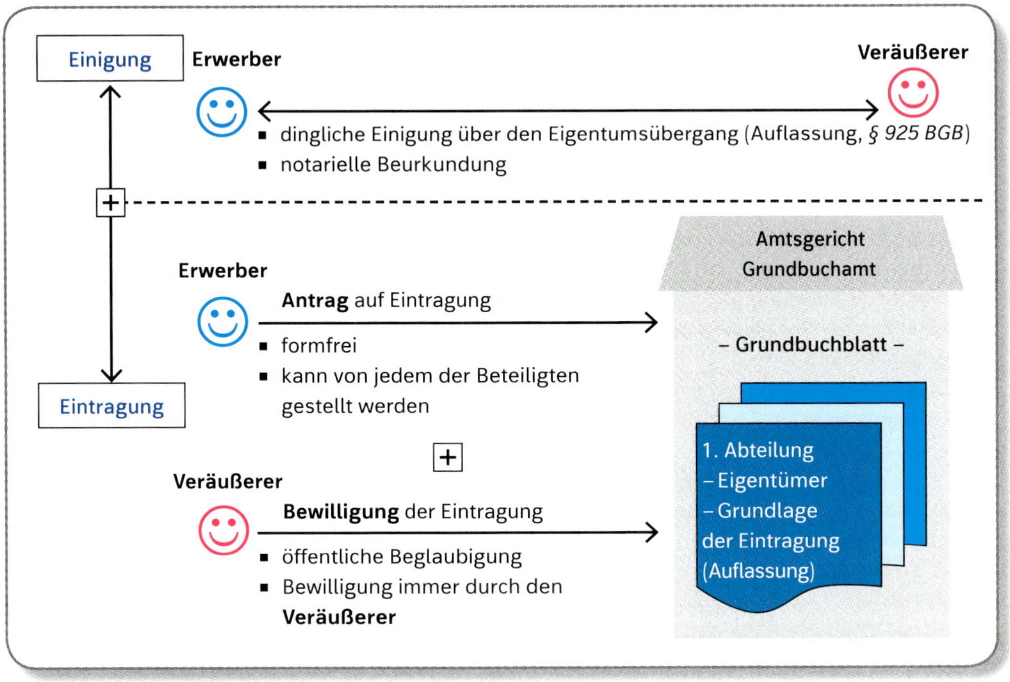

Grundschuldbestellung

Zur Absicherung von Baudarlehen wird häufig die Eintragung einer Grundschuld vereinbart. Eine Grundschuld entsteht durch **dingliche Einigung** (Einigung über Belastung des Grundstückes) und **Eintragung der Grundschuld in das Grundbuch**. Vor der Eintragung sind die Beteiligten an die Einigung nur gebunden, wenn die Erklärungen notariell beurkundet oder vor dem Grundbuchamt abgegeben oder bei diesem eingereicht sind oder wenn der Berechtigte dem anderen Teil eine den Vorschriften der Grundbuchordnung entsprechende Eintragungsbewilligung ausgehändigt hat *(§ 873 Abs. 2 BGB).*

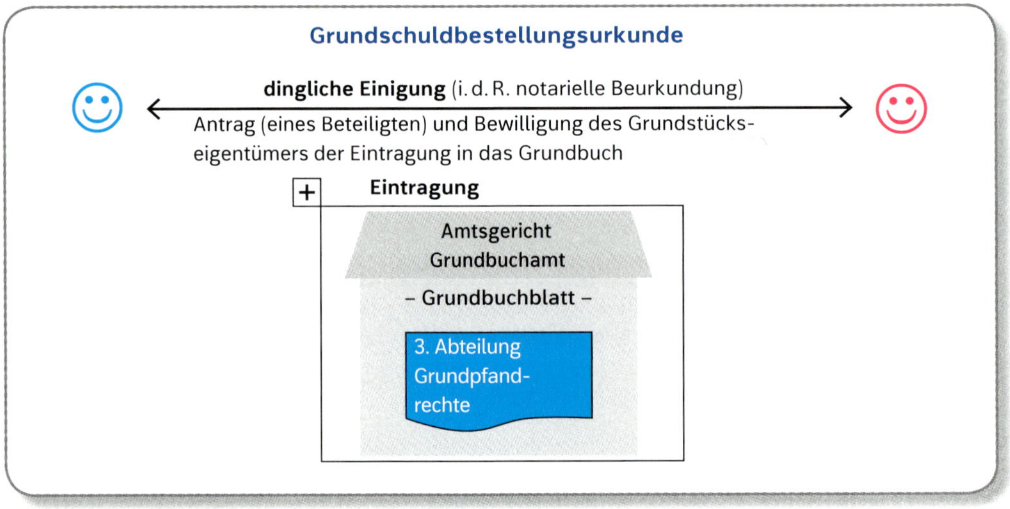

Abwicklung eines Immobilienerwerbs in der Praxis

Wenn der Käufer einen Teil des Kaufpreises mit einem Darlehen finanzieren möchte, sollte er vor dem Notartermin bei seinem Kreditinstitut eine **Finanzierungszusage** einholen. In dem Grundstückskaufvertrag ist die Vereinbarung einer **Belastungsvollmacht** für die spätere Grundschuld sinnvoll. Aufgrund der Belastungsvollmacht kann der Erwerber – ohne dass er schon als neuer Eigentümer im Grundbuch eingetragen ist – die Eintragung von Grundpfandrechten zur Finanzierung des Kaufpreises bewilligen.

Mit der Eintragung einer **Auflassungsvormerkung** kann sich der Erwerber vor späteren Grundstücksverfügungen *(z. B. Eintragung einer Grundschuld)* des Veräußerers schützen.

Nachdem sich Käufer und Verkäufer über alle Inhalte des Vertrages geeinigt haben, vereinbaren sie einen Notartermin. Bei dem Termin prüft der Notar zunächst die Legitimation der Beteiligten und stellt deren Geschäftsfähigkeit fest. Anschließend liest der Notar den Beteiligten den Text der Urkunde (Grundstückskaufvertrag) vor, erläutert Inhalte und beantwortet Fragen. Abschließend fragt er den Käufer und den Verkäufer, ob sie alles verstanden haben und mit den Inhalten einverstanden sind. Wenn dies der Fall ist, unterschreiben die Beteiligten den Vertrag und der Notar fügt seine Beurkundung hinzu.

In dem Grundstückskaufvertrag finden sich in der Regel alle für den Erwerb notwendigen Rechtshandlungen:

- Kaufvertrag (schuldrechtliche Einigung)
- Auflassung (dingliche Einigung)
- Auflassungsvormerkung
- Belastungsvollmacht
- Antrag und Bewilligung der Grundbucheintragungen
- Auftrag an den Notar, die Grundbucheintragungen zu veranlassen

Abwicklungsschritte	Inhalt
1. Grundstückskaufvertrag In der Praxis werden in einem Grundstückskaufvertrag die folgenden Rechtshandlungen in einer **notariellen Urkunde** erklärt: ▪ Kaufvertrag ▪ Auflassung ▪ Auflassungsvormerkung ▪ Belastungsvollmacht ▪ Antrag und Bewilligung der Grundbuchänderungen	**Kaufvertrag** (Verpflichtungsgeschäft) = schuldrechtliche Einigung über ▪ Kaufpreis ▪ Übergabe des Grundstücks ▪ Zahlungsbedingung
	Auflassung (Verfügungsgeschäft) = dingliche Einigung über den Eigentumsübergang
	ggf. Auflassungsvormerkung *(§ 883 BGB)* Der Anspruch auf Übertragung des Eigentums kann durch die Eintragung einer Auflassungsvormerkung (Eigentumsübertragungsvormerkung) zugunsten des Erwerbers gesichert werden. Spätere Belastungen des Grundstücks durch den Veräußerer *(z. B. Eintragung einer Grundschuld oder einer Reallast)* sind gegenüber dem Vormerkungsberechtigten unwirksam. Er kann die Löschung verlangen. Beim Kauf eines Grundstücks ist die Eintragung einer Auflassungsvormerkung sinnvoll, da es in der Praxis oft eine längere Zeit dauert, bis der Erwerber als neuer Eigentümer in das Grundbuch eingetragen wird. Die Eintragung kann nämlich erst erfolgen, wenn ▪ die Verzichtserklärung der Gemeinde auf das **gesetzliche Vorkaufsrecht** vorliegt, ▪ die **Unbedenklichkeitsbescheinigung** des Finanzamtes für die gezahlte Grunderwerbsteuer vorliegt.

<table>
<tr><th>Abwicklungsschritte</th><th>Inhalt</th></tr>
<tr><td></td><td>ggf. Belastungsvollmacht für die Eintragung von Grundpfandrechten
Der Verkäufer bevollmächtigt den Käufer, Grundpfandrechte (Grundschulden) zur Finanzierung des Kaufpreises eintragen zu lassen. In die Grundschuldbestellungsurkunde sind folgende Vereinbarungen aufzunehmen:
▪ Sicherungsabrede
Der Grundschuldgläubiger kann Rechte aus der Grundschuld nur geltend machen, wenn er tatsächlich Zahlungen mit Tilgungswirkung auf die Kaufpreisschuld des Käufers geleistet hat.
▪ Zahlungsanweisung
Zahlungen des Grundschuldgläubigers sind ausschließlich auf das im Vertrag angegebene Konto des Verkäufers zu leisten.
▪ persönliche Zahlungspflichten, Kosten
Der Verkäufer übernimmt mit der Grundschuldbestellung keinerlei persönliche Zahlungsverpflichtungen. Der Käufer trägt alle Kosten der Grundschuldbestellung.
▪ Fortbestand der Grundschuld
Nach der vollständigen Bezahlung des Kaufpreises gehen alle Rechte (z. B. Rückgewähransprüche) auf den Käufer über.
Die finanzierende Bank muss schriftlich bestätigen, die Sicherungsabrede und Zahlungsanweisung zu beachten.</td></tr>
<tr><td></td><td>▪ Antrag und Bewilligung der Grundbuchänderungen</td></tr>
<tr><td colspan="2">↓</td></tr>
<tr><td>2. weitere Abwicklung und Zahlung des Kaufpreises</td><td>▪ Der Notar beantragt die Eintragung der Auflassungsvormerkung in das Grundbuch und beschafft die für die Grundbuchänderung notwendigen Unterlagen.
▪ Der Notar beurkundet ggf. die Grundschuldbestellungsurkunden. Der Notar stellt den Antrag auf Eintragung der Grundpfandrechte aber erst, wenn der Grundschuldgläubiger schriftlich bestätigt hat, die Sicherungsabrede und die Zahlungsanweisung zu beachten.
▪ Der Käufer bzw. die Bank des Käufers überweist den Kaufpreis an den Verkäufer, wenn der Eigentumsanspruch des Käufers gesichert ist:
– nach der Eintragung der Auflassungsvormerkung und dem Vorliegen der Verzichtserklärung der Gemeinde auf ihr gesetzliches Vorkaufsrecht oder
– nach der Änderung des Grundbuches.</td></tr>
<tr><td colspan="2">↓</td></tr>
<tr><td>3. Grundbuchänderung</td><td>Nach der Zahlung des Kaufpreises stellt der Notar beim Grundbuchamt den Antrag auf Eintragung des neuen Eigentümers.</td></tr>
</table>

Abwicklung von Bau- und Umbaumaßnahmen

Für die Abwicklung von Bau- und Umbaumaßnahmen gelten spezielle gesetzliche Regelungen.

Bauvertrag

Wird ein Vertrag über die Herstellung, die Wiederherstellung, die Beseitigung oder den Umbau eines Bauwerkes, einer Außenanlage oder eines Teiles abgeschlossen, gelten besondere Regelungen *(§ 650a ff. BGB)*. So kann der Unternehmer vom Besteller eine Sicherheit für noch nicht gezahlte Vergütung in Höhe von 10 % des Vergütungsanspruchs verlangen *(§ 650f BGB)*. Für seine Forderung aus dem Bauvertrag kann der Unternehmer die Eintragung einer Sicherungshypothek an dem Baugrundstück des Bestellers verlangen *(§ 650e BGB)*.

Verbraucherbauvertrag

Ein Verbraucherbauvertrag ist ein Vertrag, durch den ein Unternehmer *(§ 14 BGB)* von einem Verbraucher *(§ 13 BGB)* zum Bau eines neuen Gebäudes oder zu erheblichen Umbaumaßnahmen an einem bestehenden Gebäude verpflichtet wird *(§ 650i BGB)*. Der Unternehmer muss dem Verbraucher vor Vertragsschluss eine ausführliche Baubeschreibung aushändigen. Falls nichts anderes vereinbart ist, wird die vorvertraglich zur Verfügung gestellte Baubeschreibung Inhalt des Vertrages *(§§ 650j, 650h BGB, Art. 249 § 2 EGBGB)*. Verlangt der Unternehmer, z. B. im Rahmen des Baufortschritts, Abschlagszahlungen *(§ 632a BGB)*, dann darf der Gesamtbetrag der Abschlagzahlungen 90 % der vereinbarten Gesamtvergütung nicht übersteigen *(§ 650 m BGB)*. Der Verbraucherbauvertrag kann innerhalb einer Frist von 14 Tagen ab Zugang der Widerrufsbelehrung widerrufen werden *(§§ 650 l, 355 BGB, Art. 249 § 3 EGBGB)*.

Architekten- oder Ingenieurvertrag

Durch den Architekten- oder Ingenieurvertrag wird der Unternehmer verpflichtet, jene Leistungen zu erbringen, die in Bezug auf den jeweiligen Planungsstand und die Ausführung des Bauwerks erforderlich sind. Hierbei sind vereinbarte Planungs- und Überwachungsziele zu beachten *(§ 650p BGB)*.

Bauträgervertrag

Im Rahmen eines Bauträgervertrages verpflichtet sich der Unternehmer zur Errichtung oder zum Umbau eines Hauses oder eines vergleichbaren Bauwerkes. Im Rahmen des Vertrages hat der Unternehmer auch die Pflicht, dem Besteller das Eigentum am Grundstück zu übertragen oder ein Erbbaurecht zu bestellen oder zu übertragen *(§ 650u BGB)*.

3 Darlehensarten in der Baufinanzierung

3.1 Darlehensgeber

3.1.1 Bankdarlehen

Da **Baudarlehen** in der Regel durch Grundpfandrechte gesichert sind, ist das Ausfallrisiko gering. Durch die hohen Darlehenssummen und die lange Laufzeit bieten sie Kreditinstituten langfristige, gut kalkulierbare Erträge. Andererseits führt der Wettbewerb zwischen den Kreditinstituten dazu, dass die erzielbaren Margen oft nur niedrig sind.

Die Laufzeit und die Tilgungsmodalitäten können Kreditinstitut und Darlehensnehmer frei vereinbaren.

Kreditinstitute bieten im Rahmen der Verbundfinanzierung („Baufinanzierung aus einer Hand") dem Bauherrn an, die notwendigen Finanzmittel für ihn bei den verschiedenen Kapitalgebern zu beschaffen und bereitzustellen. Sie vermitteln dabei Darlehen von verbundenen, aber auch von nicht verbundenen Unternehmen.

Beispiel:
Die Volksbank Düren eG bietet sowohl eigene Darlehen als auch Darlehen der Münchener Hypothekenbank eG, der Bausparkasse Schwäbisch Hall AG und der KfW-Förderbank an.

Kreditinstitute gewähren auch Baudarlehen unter Einschaltung externer Darlehensvermittler *(z. B. Interhyp AG, Dr. Klein Privatkunden AG).*

Ein **Darlehensvermittler**, der für seine Tätigkeit eine Vergütung erhält, schließt mit dem Verbraucher zunächst einen Darlehensvermittlungsvertrag. Vor dem Abschluss dieses Vertrages muss der Vermittler den Verbraucher auf einem dauerhaften Datenträger über folgende Punkte informieren (*Art. 247 §§ 13, 13a, 13b EGBGB)*:

- Höhe der Vergütung und Methode, nach der sich seine Vergütung berechnet
- Tatsache, ob er vom Darlehensgeber oder einem Dritten ein Entgelt für die Vermittlung erhält
- Umfang der Produktpalette, insbesondere ob er ausschließlich für einen oder mehrere Darlehensgeber oder unabhängig tätig ist
- Namen der Darlehensgeber
- Verfahren für Beschwerden

Bei Produktempfehlungen hat der Vermittler eine ausreichende Zahl von am Markt verfügbaren Darlehensverträgen zu prüfen. Ist der Darlehensvermittler jedoch ausschließlich im Namen und unter der unbeschränkten und vorbehaltlosen Verantwortung nur eines Darlehensgebers oder einer begrenzten Zahl von Darlehensgebern tätig, darf sich der Vermittler auf Darlehensverträge aus der Produktpalette dieser Anbieter beschränken *(§ 655a Abs. 3 BGB).*

Wenn der Darlehensvermittler auch Beratungsleistungen anbietet, hat er gegenüber dem Verbraucher die gleichen Informationspflichten wie der Darlehensgeber *(§ 655a Abs. 3 BGB).*

3.1.2 Bauspardarlehen

Für die **Zuteilung des Bausparvertrages** müssen folgende Voraussetzungen erfüllt sein:
- Mindestsparguthaben *(z. B. 40 % der Bausparsumme)*
- Mindestsparzeit (z. B. 36 Monate)
- ausreichende Bewertungszahl
- Antrag auf Zuteilung

Bei **Zuteilung des Bausparvertrages** erhält der Bausparer die Bausparsumme. Die Bausparsumme besteht aus dem angesparten Bausparguthaben und dem Bauspardarlehen.

Bauspardarlehen dürfen nur für **wohnwirtschaftliche Maßnahmen** *(z. B. Erwerb einer Wohnimmobilie, Umschuldung eines Baudarlehens)* verwendet werden. Die Bausparkassen verlangen deshalb einen Nachweis für die wohnwirtschaftliche Verwendung des Bauspardarlehens.

Bei Bausparverträgen, die nach dem **Wohnungsbau-Prämiengesetz** oder dem **Vermögensbildungsgesetz** staatlich gefördert wurden, ist die gesamte **Bausparsumme** für wohnwirtschaftliche Maßnahmen zu verwenden.

Bauspardarlehen zeichnen sich dadurch aus, dass sie

- einen festen Darlehenszinssatz für die gesamte Laufzeit aufweisen,
- jederzeit ohne Vorfälligkeitsentgelt vorzeitig getilgt werden können,
- nachrangig durch eine Grundschuld besichert werden, wobei die Beleihungsgrenze bei vermieteten Wohnobjekten 80% und bei selbst genutzten Wohnimmobilien 100% beträgt.
  Die nachrangige Besicherung und die hohen Beleihungsgrenzen von Bauspardarlehen sind vorteilhaft für den Darlehensnehmer, da nachrangige Bankdarlehen aufgrund des höheren Risikos mit Zinsaufschlägen versehen sind.

Vorfinanzierung von Bausparverträgen

Zwischenfinanzierung	▪ Vorfinanzierung eines zuteilungsreifen, aber noch nicht zugeteilten Bausparvertrages ▪ Festdarlehen in Höhe der Bausparsumme von der Bausparkasse oder einer Geschäftsbank ▪ Sicherung durch Eintragung einer Grundschuld und Abtretung bzw. Verpfändung der Ansprüche aus dem Bausparvertrag ▪ Rückzahlung des Darlehens bei Zuteilung des Bausparvertrages
Vorausdarlehen	Bausparkassen und andere Kreditinstitute bieten Kunden tilgungsfreie Vorausdarlehen (Festdarlehen mit festem Zinssatz) für nicht oder nicht voll eingezahlte Bausparverträge an, die bei Zuteilung des Bausparvertrages mit der Bausparsumme getilgt werden. Durch die Kombination von Festdarlehen und Bauspardarlehen ergibt sich für den Kunden eine feste Rate für die gesamte Laufzeit beider Finanzprodukte. *Beispiel:* *Für die Sanierung seines Wohnhauses benötigt Frank Steiner ein Darlehen von 50 000,00 EUR.* *Die Bausparkasse unterbreitet ihm folgendes Angebot:* *1. Abschluss eines Bausparvertrages über 50 000,00 EUR* *Tarif: Guthabenzins 0,50% p.a., Sollzinssatz 2,20% p.a., Regelsparbeitrag 4‰, Mindestsparguthaben 50% der Bausparsumme, Zuteilung voraussichtlich in 10,5 Jahren, Tilgungsdauer des Bauspardarlehens 8,5 Jahre, Monatsrate in der Darlehensphase 6‰ der Bausparsumme* *2. Vorausdarlehen von 50 000,00 EUR* *Festdarlehen ohne laufende Tilgung, Sollzinssatz 3,00% p.a., Tilgung bei Zuteilung des Bausparvertrages* *Die Gesamtlaufzeit beider Finanzprodukte beträgt 19 Jahre.* *Bis zur Zuteilung des Bausparvertrages beträgt die gesamte Monatsrate 325,00 EUR.* *(Zinsen für das Festdarlehen 125,00 EUR + Sparbeitrag Bausparvertrag 200,00 EUR = 325,00 EUR)* *Bei der Zuteilung des Bausparvertrages wird das Festdarlehen durch die Bausparsumme abgelöst. Die Monatsrate beträgt nun 300,00 EUR (6‰ von 50 000,00 EUR).*

3.1.3 KfW-Darlehen

Die **KfW-Förderbank** bietet beim Bau oder Erwerb von selbst genutzten Eigenheimen und Eigentumswohnungen zinsgünstige Darlehen an, die durch Vermittlung der Hausbank des Kreditnehmers bereitgestellt werden.

KfW-Wohneigentumsprogramm

Im Rahmen des KfW-Wohneigentumsprogramms (Programm Nr. 124) gewährt die KfW zinsgünstige Darlehen bis zu **50 000,00 EUR** an natürliche Personen zur Finanzierung von **selbst genutztem Wohneigentum** oder zum Erwerb von Anteilen an einer Wohnungsgenossenschaft. Der Darlehensbetrag darf die Höhe der Gesamtkosten der Wohnimmobilie bzw. der Wohngenossenschaftsanteile nicht übersteigen.

Gesamtkosten von Wohnimmobilien	
Erwerb einer Gebrauchtimmobilie	**Neubau**
▪ Kaufpreis ▪ Kaufpreisnebenkosten (Grunderwerbsteuer, Maklergebühr, Notar- und Gerichtskosten) ▪ ggf. Modernisierungs-, Instandsetzungs- und Umbaukosten	▪ Kosten des Baugrundstücks (wenn der Erwerb bei Antragseingang bei der KfW nicht länger als sechs Monate zurückliegt) ▪ Baukosten einschließlich Baunebenkosten ▪ Kosten der Außenanlagen

Das Darlehen darf nur zur unmittelbaren Finanzierung des Objektes verwandt werden, nicht aber zur Umschuldung bestehender Baudarlehen.

Merkmale von KfW-Darlehen	
Tilgung	▪ Annuitätendarlehen mit gleichbleibenden Monatsraten
Laufzeit	▪ 4 bis 25 Jahre bei 1 bis 3 tilgungsfreien Jahren oder ▪ 4 bis 10 Jahre mit vollständiger Tilgung zum Laufzeitende (endfällige Darlehensvariante)
Zinsbindung	▪ Zinsfestschreibung für 5 oder 10 Jahre; vor Ende der Zinsbindungsfrist unterbreitet die KfW ein Prolongationsangebot ▪ Bei endfälligen Darlehen fester Zinssatz für die gesamte Laufzeit
Bereitstellungsprovision	0,25 % pro Monat, beginnend 4 Monate und 2 Bankarbeitstage nach der Kreditzusage

Der Kreditantrag ist bei der Hausbank des Kreditnehmers zu stellen, die für diese durchgeleiteten Kredite im Regelfall auch die Haftung übernimmt. Die Hausbank prüft die Kreditwürdigkeit des Antragstellers und entscheidet über die Kreditvergabe („Hausbankprinzip der KfW").

Nach der Zusage durch die KfW schließt der Kreditnehmer mit seiner Hausbank den Kreditvertrag. Die KfW-Darlehen werden in der Regel durch nachrangige Grundpfandrechte gesichert.

Förderprogramme für ökologische Baumaßnahmen

Die KfW-Förderbank bietet besonders günstige Darlehen zur Finanzierung von ökologischen Baumaßnahmen an:

- Energiespar- oder Passivhäuser (Häuser mit vorrangiger Nutzung „passiver“ Wärmequellen wie Sonne oder Raumluft)
- Maßnahmen zur Modernisierung von Wohnraum und zur Verminderung des CO_2-Ausstoßes (Wärmedämmung und Erneuerung von Heizungstechnik auf Basis erneuerbarer Energien)

3.2 Verzinsung von Darlehen

Der im Darlehensvertrag vereinbarte **Sollzinssatz** ist die Berechnungsgrundlage für die Ermittlung der Sollzinsen. Die Sollzinsen werden von der jeweiligen Darlehensschuld (Restkredit) ermittelt.

Zinsbindung

Bei einem **festen (gebundenen) Sollzinssatz** wird der Zinssatz für eine vereinbarte **Zinsbindungsdauer** unveränderlich festgeschrieben. Üblich sind Zinsbindungsfristen von fünf bis 20 Jahren. Der Darlehensnehmer hat für die Zeit der Zinsbindung eine **sichere Kalkulationsgrundlage**, da sich seine Belastungen nicht verändern. Steigende Marktzinsen führen nicht zu höheren Kosten, allerdings profitiert er auch nicht von fallenden Marktzinsen.

Der Darlehensgeber muss den Darlehensnehmer spätestens drei Monate vor dem Ende der Sollzinsbindung darüber informieren, ob und zu welchen Konditionen er dem Kunden eine neue Zinsbindungsvereinbarung anbietet *(§ 493 Abs. 1 BGB).*

Ein **variabler (veränderlicher) Sollzinssatz** ist an die Entwicklung eines **Referenzzinssatzes** *(z. B. EURIBOR)* gebunden und wird laufend *(z. B. monatlich oder am Quartalsende)* an die Marktentwicklung angepasst. Der Referenzzinssatz muss objektiv, eindeutig bestimmt und überprüfbar sein *(§ 492 Abs. 7 BGB)*. Der Darlehensgeber muss den Darlehensnehmer bei Zinsanpassungen über die Höhe des Referenzzinssatzes, des Sollzinssatzes und die Ratenhöhe informieren *(Art. 247 § 15 EGBGB).*

Beispiel:

Der variable Sollzinssatz beträgt 4,00 %. Der Sollzinssatz wird jeweils am Quartalsende an eine Veränderung des 3-Monats-EURIBORs angepasst. Bei Vertragsabschluss beträgt der 3-Monats-EURIBOR 1,50 %. Steigt nun zum Beispiel der Referenzzinssatz um 0,50 Prozentpunkte, erhöht sich auch der Sollzinssatz des Darlehens um 0,50 Prozentpunkte auf 4,50 %.

Da ein variabler Sollzinssatz sich laufend ändert, kennt der Darlehensnehmer bei Vertragsschluss nicht die späteren Kosten. Bei steigenden Marktzinsen erhöht sich seine Belastung, bei sinkenden Marktzinsen mindert sie sich. Aufgrund dieser Unsicherheit kommt ein variabler Sollzinssatz nur für Kunden in Betracht, die auch erheblich höhere Raten tragen können.

In der **Beratung** ist der Kunde über die Vor- und Nachteile möglicher Zinsvereinbarungen zu informieren. Bei Empfehlungen sollte der Berater die Bonität des Kunden, die Einschätzung der zukünftigen Zinsentwicklung, die Zinsunterschiede nach der Zinsbindungsdauer und die Risikoneigung des Kunden berücksichtigen:

- Ergibt die Haushaltsrechnung unter Berücksichtigung der Kreditraten nur ein relativ niedriges Resteinkommen, sollte eine lange Zinsbindungsdauer vereinbart werden.

- Bei der Erwartung steigender Marktzinsen sollte eine längere Zinsbindung gewählt werden; im umgekehrten Fall eher kürzere Fristen.
- Der Sollzinssatz ist in der Regel bei einer längeren Zinsbindungsdauer höher als bei einer kürzeren. Wenn dieser Zinsunterschied eher niedrig ist, ist tendenziell eine längere Zinsbindungsdauer zu empfehlen.
- Je geringer die Risikoneigung des Kunden ist, desto länger sollte die Zinsbindungsdauer sein.

Effektiver Jahreszins

Der **effektive Jahreszins** gibt nach den Vorschriften der **Preisangabenverordnung (PAngV)** die tatsächlichen Kreditkosten als jährlichen Prozentsatz des Nettodarlehensbetrags an. Neben den Sollzinsen sind auch Kosten für die Führung des Darlehenskontos und die Kosten für eine Immobilienbewertung einzubeziehen. Nicht zu berücksichtigen sind Notar- und Gerichtskosten für die Bestellung von Grundschulden und Kosten der Gebäudeversicherung *(§ 6 Abs. 3 PAngV)*.

Auch wenn neben den Sollzinsen für den Darlehensnehmer keine weiteren Kosten anfallen, ist der effektive Jahreszins immer etwas höher als der Sollzinssatz, weil der Darlehensnehmer monatlich Zinszahlungen leistet. Nach dem gesetzlichen „Normalfall" sind Darlehenszinsen aber nur einmal jährlich, nachträglich zu zahlen *(§ 488 Abs. 2 BGB)*. Beim effektiven Jahreszins führt dies zu einem Aufschlag gegenüber einer jährlichen Zinszahlung.

Beispiel:
Sollzinssatz 3,20 % → effektiver Jahreszins 3,25 %

3.3 Rückzahlung von Darlehen (Tilgung)

3.3.1 Planmäßige Tilgung

Die Rückzahlung (Tilgung) von Darlehen erfolgt je nach Vereinbarung in laufenden Raten *(z. B. monatlich, quartalsweise)* oder in einer Summe am Ende der Laufzeit. Der Darlehensnehmer kann vom Darlehensgeber auf einem dauerhaften Datenträger einen Tilgungsplan verlangen, in dem dargestellt ist, welche Zahlungen in welchen Zeitabständen zu leisten sind und wie hoch die jeweiligen Tilgungs- und Zinszahlungen sind *(§ 492 Abs. 3 BGB, Art. 247 § 14 EGBGB)*.

3.3.1.1 Annuitätendarlehen

Bei einem **Annuitätendarlehen** zahlt der Darlehensnehmer regelmäßig (zumeist monatlich) eine **gleichbleibende Rate** bestehend aus Zins- und Tilgungsleistung an das Kreditinstitut. Da die Rate konstant ist, verringert sich mit zunehmender Rückzahlung des Darlehens der Zinsanteil und vergrößert sich der Tilgungsanteil an der Rate im Umfang der eingesparten Zinsen.

> Fallbeispiel:
> Darlehensbetrag 250 000,00 EUR; 4,00 % p. a. Zinsen; Auszahlung 100 %; 2,50 % anfängliche Tilgung zuzüglich der eingesparten Zinsen in den Folgemonaten; sofortige Tilgungsverrechnung; Effektivzins 4,07 % p. a.; monatliche Ratenzahlung, Bereitstellung des Darlehens am 31. März 20..

Der Effektivzins ist höher als der Nominalzins, weil die Zinsen unterjährig gezahlt werden.

Ermittlung der Monatsraten

6,5 % Annuität (4,00 % p. a. Zinsen + 2,50 % Tilgung) von 250 000,00 EUR =	16 250,00 EUR
monatliche Rate: 16 250,00 : 12 =	1 354,17 EUR

Tilgungsplan für die ersten neun Monate

Zeitraum	Darlehensbetrag	4 % Zinsen	2,5 % Tilgung	Monatsrate
01.04.20..–30.04.20..	250 000,00 EUR	833,33 EUR	520,84 EUR	1 354,17 EUR
01.05.20..–31.05.20..	249 479,16 EUR	831,60 EUR	522,57 EUR	1 354,17 EUR
01.06.20..–30.06.20..	248 956,59 EUR	829,86 EUR	524,31 EUR	1 354,17 EUR
01.07.20..–31.07.20..	248 432,28 EUR	828,11 EUR	526,06 EUR	1 354,17 EUR
01.08.20..–31.08.20..	247 906,22 EUR	826,35 EUR	527,82 EUR	1 354,17 EUR
01.09.20..–30.09.20..	247 378,40 EUR	824,59 EUR	529,58 EUR	1 354,17 EUR
01.10.20..–31.10.20..	246 848,82 EUR	822,83 EUR	531,34 EUR	1 354,17 EUR
01.11.20..–30.11.20..	246 317,48 EUR	821,06 EUR	533,11 EUR	1 354,17 EUR
01.12.20..–31.12.20..	245 784,37 EUR	819,28 EUR	534,89 EUR	1 354,17 EUR

Tilgungsdauer von Annuitätendarlehen in Jahren									
anfänglicher Tilgungssatz	Sollzinssatz								
	3,00 %	3,50 %	4,00 %	4,50 %	5,00 %	5,50 %	6,00 %	6,50 %	7,00 %
1,00 %	46,42	43,17	40,42	38,08	36,00	34,25	32,67	31,17	29,92
1,50 %	36,75	34,58	32,67	31,00	29,50	28,17	27,00	25,92	25,00
2,00 %	30,67	29,08	27,67	26,33	25,25	24,25	23,25	22,42	21,67
2,50 %	26,42	25,17	24,08	23,08	22,17	21,33	20,58	19,92	19,25
3,00 %	23,25	22,25	21,33	20,50	19,75	19,08	18,50	17,92	17,33
3,50 %	20,75	19,92	19,25	18,50	17,92	17,33	16,83	16,33	15,83
4,00 %	18,83	18,08	17,50	16,92	16,42	15,92	15,42	15,00	14,58
4,50 %	17,17	16,58	16,08	15,58	15,08	14,67	14,25	13,92	13,58
5,00 %	15,83	15,33	14,83	14,42	14,00	13,67	13,33	13,00	12,67
6,00 %	13,67	13,25	12,92	12,58	12,25	12,00	11,67	11,42	11,17

Im Zeitablauf verringert sich durch die immer niedriger werdende Restschuld der Zinsanteil. Der Tilgungsanteil steigt progressiv an. Bei einer anfänglichen Tilgung von 2,50 % und einem Nominalzinssatz von 4,00 % beträgt die gesamte Laufzeit des Darlehens circa 24,08 Jahre. Bei einer erhöhten Tilgung von 4,00 % verringert sich die Laufzeit auf 17,50 Jahre.

Zins- und Tilgungsanteil im Zeitablauf

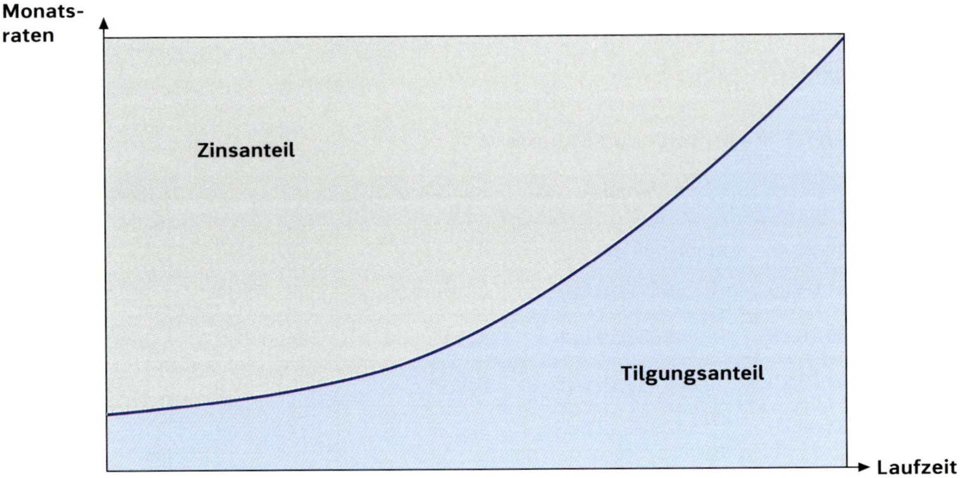

Das **Annuitätendarlehen** ist aufgrund der gleichbleibenden monatlichen Belastung die **praxisübliche Vereinbarung** bei der Finanzierung von selbst genutzten Immobilien.

3.3.1.2 Festdarlehen

Bei einem **Festdarlehen** tilgt der Darlehensnehmer das Darlehen am Ende der Laufzeit in einer Summe. Da sich das Darlehen während der Laufzeit nicht durch Tilgungsleistungen vermindert, zahlt der Darlehensnehmer regelmäßig (zumeist monatlich) gleich hohe Zinsen an das Kreditinstitut.

In der Regel sind **Festdarlehen**, die zur privaten Wohnungsbaufinanzierung dienen, mit dem Abschluss einer **Kapitallebensversicherung** oder eines **Bausparvertrag** verbunden, um damit die für die Tilgung des Darlehens benötigten Mittel anzusparen.

Festdarlehen in Kombination mit einer Kapitallebensversicherung

Zur Finanzierung einer Immobilie nimmt der Kunde ein endfälliges Festdarlehen bei einer Versicherung oder bei einem Kreditinstitut auf. Während der Laufzeit des Darlehens zahlt er nur die Zinsen. Da das Darlehen nicht laufend getilgt wird, errechnen sich die Zinsen immer vom Anfangsdarlehen.

Parallel leistet der Kunde monatliche Einzahlungen auf eine Kapitallebensversicherung, um damit später das Darlehen in einer Summe zurückzuzahlen. Die Ablaufleistung der Versicherung sollte also mindestens die Höhe des Darlehens erreichen.

Das Festdarlehen wird durch die Eintragung einer Grundschuld und durch die Abtretung der Ansprüche aus der Lebensversicherung gesichert. Bei der Abtretung von steuerlich begünstigten Kapitallebensversicherungsansprüchen sind aber besondere Regeln zu beachten. Deshalb ist in diesem Fall die Rücksprache mit einem Steuerberater zu empfehlen.

Ein Festdarlehen in Kombination mit einer Lebensversicherung kann beim Erwerb von vermieteten Immobilien steuerlich interessant sein, da der Kunde die Darlehenszinsen als Werbungskosten bei den Einnahmen aus Vermietung und Verpachtung geltend machen kann und dadurch die Einkommensteuer mindert. Im Unterschied zum Annuitätendarlehen mindern sich die Zinsen nicht durch eine laufende Tilgung.

Fallbeispiel:
Dr. Monika Mehring, selbstständige Ärztin, benötigt zur Finanzierung eines Mehrfamilienhauses einen Kredit von 300 000,00 EUR.

Finanzierungsplan

- Aufnahme eines Darlehens bei einem Kreditinstitut oder bei einer Lebensversicherung. Laufzeit 20 Jahre. Zinssatz 5 % p. a., Zinsfestschreibung 20 Jahre. Das Darlehen ist am Ende der Laufzeit in einer Summe zu tilgen.

  monatliche Zinszahlung: $\frac{300\,000{,}00 \cdot 5}{100 \cdot 12} = \underline{\underline{1\,250{,}00 \text{ EUR}}}$

  Da das Darlehen nicht laufend getilgt wird, werden die Zinsen während der gesamten Laufzeit immer vom ursprünglichen Darlehen berechnet. Die Zinsen von jährlich 15 000,00 EUR (1 250,00 · 12). vermindern als Werbungskosten das steuerpflichtige Einkommen und führen zu einer Steuerersparnis.

- Abschluss einer Kapitallebensversicherung mit einer Versicherungssumme von 240 000,00 EUR mit einer Laufzeit von 20 Jahren. Die Ablaufleistung der Lebensversicherung nach 20 Jahren beträgt einschließlich der Überschussbeteiligung voraussichtlich circa 300 000,00 EUR. Mit diesen Mitteln soll das Darlehen bei Fälligkeit getilgt werden.

  Die monatlichen Lebensversicherungsbeiträge betragen 820,00 EUR.

- Die gesamte monatliche Belastung beträgt 2 070,00 EUR.

Festdarlehen in Verbindung mit einer Kapitallebensversicherung

Vorteile	Nachteile
▪ zinsgünstiges Darlehen der Lebensversicherung ▪ Die Darlehenszinsen können bei vermieteten Objekten steuerlich als Werbungskosten geltend gemacht werden. ▪ Absicherung der Familie im Todesfall ▪ Einbindung bestehender Lebensversicherungen in die Finanzierung	▪ Darlehen von Lebensversicherungen sind erstrangig zu besichern. Die Beleihungsgrenze beträgt nur 45–60 % des Beleihungswertes. ▪ Die Ablaufleistung ist nicht bekannt. Die Höhe der Ablaufleistung wird wesentlich bestimmt durch die jeweilige Anlagerendite. Ist die durchschnittliche Anlagerendite *z. B. aufgrund einer lang anhaltenden Niedrigzinsphase* gering, fällt die Ablaufleistung niedriger aus und es entsteht am Ende der Festdarlehenslaufzeit eine Tilgungslücke. ▪ Zinsänderungsrisiko bei Ablauf der Zinsfestschreibung. Ein eventuell höherer Zins kann die Belastung erheblich erhöhen, da keine laufenden Tilgungen geleistet wurden. ▪ Bei einer vorzeitigen Kündigung der Lebensversicherung zahlt die Versicherung nur den relativ niedrigen Rückkaufswert. Bei einer Laufzeit von unter zwölf Jahren oder einer Auszahlung vor dem 62. Lebensjahr ist der gesamte Ertrag abgeltungsteuerpflichtig.

9

3.3.2 Außerplanmäßige Tilgung

Vorzeitige Rückzahlung nach ordentlicher Kündigung

Der Darlehensnehmer kann ein Darlehen mit **einem gebundenen (festen) Sollzinssatz** zum **Ende der Zinsbindungsdauer** unter Einhaltung einer Kündigungsfrist von einem Monat kündigen. Bei einer Zinsbindungsdauer von mehr als zehn Jahren besitzt der Darlehensnehmer nach **zehn Jahren** unter Einhaltung einer Kündigungsfrist von sechs Monaten ein **Sonderkündigungsrecht** *(§ 489 Abs. 1 BGB).*

Der Darlehensnehmer kann einen Darlehensvertrag mit **variablem Sollzinssatz jederzeit** unter Einhaltung einer Kündigungsfrist von drei Monaten kündigen *(§ 489 Abs. 2 BGB).*

Sondertilgungen aufgrund einer Vereinbarung im Darlehensvertrag

Die Beteiligten können im Darlehensvertrag Sondertilgungsrechte vereinbaren. Einige Kreditinstitute bieten jährliche Sondertilgungsmöglichkeiten in Höhe von 5% bis 10% der ursprünglichen Darlehenssumme kostenfrei an. Höhere Sondertilgungsrechte führen in der Regel zu einem höheren Sollzinssatz.

Sondertilgungen bei bestimmten Darlehensformen

Bausparkassendarlehen und Darlehen von der KfW-Förderbank können jederzeit unter Einhaltung einer Kündigungsfrist von drei Monaten zurückgezahlt werden.

Vorzeitige Rückzahlung nach außerordentlicher Kündigung

Der **Darlehensgeber** kann das Darlehen fristlos kündigen, wenn sich die Vermögensverhältnisse des Darlehensnehmers oder die Werthaltigkeit der Sicherheit wesentlich verschlechtern (§ *490 Abs. 1 BGB).*

Einen Immobiliar-Verbraucherdarlehensvertrag mit gebundenem Sollzinssatz kann der **Darlehensnehmer** bei einem **berechtigten Interesse** mit einer Frist von drei Monaten kündigen (§ *490 Abs. 2 BGB).* Ein berechtigtes Interesse liegt insbesondere vor, wenn der Darlehensnehmer das Grundstück veräußern möchte. Der Darlehensnehmer hat aber dem Darlehensgeber den Schaden zu ersetzen, der ihm aus der vorzeitigen Kündigung entsteht **(Vorfälligkeitsentschädigung)**.

Wenn der Darlehensnehmer eine vorzeitige Rückzahlung des Darlehens beabsichtigt, ist der Darlehensgeber verpflichtet, ihm auf einem dauerhaften Datenträger folgende Informationen zu übermitteln *(§ 493 Abs. 5 BGB):*
- Auskunft über die Zulässigkeit der vorzeitige Rückzahlung
- Höhe des zurückzuzahlenden Betrages
- Höhe der Vorfälligkeitsentschädigung

4 Finanzierung von Immobilien

4.1 Ablaufschema für Baufinanzierungen

Baufinanzierungen lassen sich in vier Phasen gliedern:

Vorabinformationen zur Beratung
Schon vor dem Beratungsgespräch sind dem Kunden vorvertragliche Informationen zur Beratungsleistung und auf Wunsch allgemeine Produktinformationen zu übermitteln.

↓

Beratung des Kunden und Bearbeitung von Darlehensanträgen
▪ Ermittlung der **Gesamtkosten** des Immobilienerwerbs ▪ Ermittlung des **Darlehensbedarfs** und der **monatlichen Belastung** ▪ Prüfung der **Kreditwürdigkeit** ▪ Prüfung des **Beleihungswertes** Auf dieser Grundlage erstellt die Beraterin bzw. der Berater einen auf die persönliche und wirtschaftliche Situation des Kunden abgestimmten **Finanzierungsplan**. Der Kunde erhält bei positiver Prüfung eine Finanzierungszusage. Erst nach einer solchen Zusage sollte der Kunde den Grundstückskauf tätigen.

↓

Abschluss von Darlehnsverträgen
Unter Beachtung der vorvertraglichen Informationspflichten schließen Kreditinstitut und Darlehensnehmer einen Darlehensvertrag ab und vereinbaren die Bestellung einer Sicherungsgrundschuld.

↓

Abwicklung von Darlehensverträgen
Nach der Eintragung der Sicherungsgrundschuld stellt das Kreditinstitut den Darlehensbetrag bereit bzw. überweist diesen an den Grundstücksverkäufer. Eine laufende Kreditüberwachung dient dazu, Gefährdungspotenziale frühzeitig zu erkennen und Kreditausfälle zu verhindern bzw. zu vermindern.

9

4.2 Vorabinformationen zur Beratungsleistung

Vorvertragliche Information zur Beratungsleistung *(Art. 247 § 18 EGBGB)*

Schon **vor** einer Beratung ist der Interessent auf einem dauerhaften Datenträger darüber zu informieren,

- wie hoch das Entgelt für die Beratungsleistung ist und
- ob sich die Empfehlungen nur auf eigene Produkte oder auch auf Produkte anderer Anbieter beziehen.

Bereitstellung allgemeiner Produktinformationen *(Art. 247a § 1 EGBGB)*

Auf Wunsch des Kunden ist ihm das Informationsblatt „Allgemeine Produktinformation zur Baufinanzierung“ in Textform auszuhändigen. In allgemeiner Form sind hier die wesentlichen Merkmale einer Baufinanzierung kompakt dargestellt.

4.3 Bearbeitung von Darlehensanträgen

4.3.1 Unterlagen und Kundeninformationen

Vor Erbringung der Beratungsleistung hat sich der Darlehensgeber über den Bedarf, die persönliche und finanzielle Situation sowie über die Präferenzen und Ziele des Darlehensnehmers zu informieren, soweit dies für eine passende Empfehlung eines Darlehensvertrags erforderlich ist *(§ 511 Abs. 2 BGB)*.

Für die Erstellung eines individuellen Finanzierungsplanes, zur Objektbeurteilung und zur Kreditwürdigkeitsprüfung sind umfängliche Unterlagen vom Kunden einzureichen *(§§ 505a, 511 BGB)*.

Bei einem Immobiliar-Verbraucherdarlehensvertrag muss der Darlehensgeber dem Darlehensnehmer mitteilen, welche **Informationen und Nachweise** er innerhalb welchen Zeitraums von ihm benötigt, um eine ordnungsgemäße Kreditwürdigkeitsprüfung durchführen zu können. Er hat den Darlehensnehmer darauf hinzuweisen, dass eine **Kreditwürdigkeitsprüfung** für den Abschluss des Darlehensvertrags **zwingend** ist und nur durchgeführt werden kann, wenn die hierfür benötigten Informationen und Nachweise richtig sind und vollständig beigebracht werden *(Art. 247 § 1 EGBGB)*.

persönliche Unterlagen	Objektunterlagen	→ erhältlich bei
▪ Selbstauskunft über ... – Einnahmen und Ausgaben – Vermögen – persönliche Lebensumstände ▪ Einkommensnachweise – Gehaltsabrechnungen – Einkommensteuerbescheide ▪ Eigenkapitalnachweise – Konto- und Depotauszüge – ggf. Nachweis von Bausparguthaben ▪ ggf. Lebensversicherungspolicen	▪ Grundbuchauszug ▪ Flurkarte ▪ Liegenschaftsbuch ▪ ggf. Grundstückskaufvertrag ▪ Bauzeichnungen und Baubeschreibung ▪ Kubusberechnungen (= Berechnung des umbauten Raumes in m^3) ▪ Wohnflächenberechnungen ▪ Gebäudeversicherungsnachweis ▪ Baugenehmigung ▪ ggf. Baukostenberechnung ▪ Fotos von dem Objekt	→ Amtsgericht → Katasteramt → Katasteramt → Käufer → Architekt → Architekt → Architekt → Versicherung → Bauamt → Architekt

4.3.2 Ermittlung der Gesamtkosten

Ermittlung der Gesamtkosten und des Gesamtkreditbedarfs

Die Ermittlung der Gesamtkosten und daraus folgend des Gesamtkreditbedarfs ist eine zentrale Aufgabe der Beratungsleistung bei Baufinanzierungen. Wird der Darlehensbedarf zu niedrig geschätzt, sind später Nachfinanzierungen nötig, die oft teurer sind oder im schlimmsten Fall aufgrund nicht ausreichender Bonität gar nicht gewährt werden. Zu hohe Darlehen verursachen dem Darlehensnehmer unnötige Kosten.

Am einfachsten ist die Ermittlung des Gesamtaufwandes, wenn das Objekt von einem Bauträger oder Generalunternehmer zu einem Festpreis angeboten wird. Sonderwünsche der Käufer können den Preis jedoch erheblich erhöhen. Weitere nicht im Festpreis enthaltene Kosten sind zu berücksichtigen.

Ist der Kunde selbst Bauherr eines Neubaus, erfolgt die Ermittlung des Gesamtaufwandes auf der Grundlage der **Kostenschätzung des Architekten**. Solange noch keine konkreten Angebote der Bauhandwerker vorliegen, ist diese Schätzung mit erheblichen Unsicherheiten behaftet.

Kosten beim Immobilienerwerb

<table>
<tr><th></th><th>Neubau</th><th>Kauf einer Gebrauchtimmobilie</th></tr>
<tr><td>Grundstückskauf
</td><td colspan="2">▪ Kaufpreis
▪ 3,5 % – 6,5 % Grunderwerbsteuer, je nach Bundesland
– 3,5 %: Bayern, Sachsen
– 4,5 %: Hamburg
– 5,0 %: Baden-Württemberg, Bremen, Niedersachsen, Rheinland-Pfalz, Sachsen-Anhalt
– 6,0 %: Berlin, Hessen, Mecklenburg-Vorpommern
– 6,5 %: Brandenburg, Nordrhein-Westfalen, Saarland, Schleswig-Holstein, Thüringen
▪ ca. 1 % Notarkosten für Kaufabwicklung
▪ ca. 0,5 % Grundbuchkosten für Eigentumsumschreibung
▪ ggf. ca. 3 % – 7 % Maklerprovision + Umsatzsteuer
▪ ggf. Erschließungskosten</td></tr>
<tr><td>Gebäudekosten
</td><td>▪ Baukosten
▪ Honorare für Architekten- und Ingenieurleistungen
▪ Gebühren für Baugenehmigung und Bauabnahme
▪ Kosten für Außenanlagen</td><td>▪ ggf. Renovierungskosten (z. B. Bodenbeläge, Malerarbeiten)
▪ ggf. Sanierungs- bzw. Modernisierungskosten (z. B. neue Fenster, Heizung)
▪ ggf. Umbaukosten</td></tr>
<tr><td>Finanzierungskosten
</td><td colspan="2">▪ Notar- und Grundbuchgebühren für Grundschuldbestellung (ca. 0,5 % der Darlehenssumme)
▪ ggf. Gebühr für ein Wertgutachten
▪ Bauzeitzinsen (Darlehenszinsen bis zum Einzug)</td></tr>
</table>

	Neubau	Kauf einer Gebrauchtimmobilie
sonstige Kosten 	▪ Umzugskosten ▪ ggf. Einbauküche ▪ ggf. Mobiliar ▪ ggf. sonstige Ausstattung *(z. B. Teppiche, Gardinen)*	

1. Fallbeispiel:

Neubau

Angebot eines Einfamilienreihenhauses durch einen Bauträger

Der Angebotspreis einschließlich Grundstück beträgt 245 000,00 EUR. Malerarbeiten und Bodenbeläge sind in Eigenleistung zu erbringen.

Kaufpreis einschließlich Grundstück gemäß Angebot	245 000,00 EUR
+ Mehrkosten durch Sonderwünsche	16 000,00 EUR
+ Hausanschlusskosten (Gas, Strom, Wasser, Abwasser)	9 000,00 EUR
+ Malerarbeiten, Bodenbeläge	13 000,00 EUR
+ Außenanlagen (Zäune, Garten, Pflasterung)	15 000,00 EUR
+ 5,0 % Grunderwerbsteuer	12 250,00 EUR
+ 1,5 % Notar- und Gerichtskosten für den Erwerb	3 675,00 EUR
+ Anschaffung einer neuen Einbauküche	12 000,00 EUR
+ Mobiliar	10 000,00 EUR
+ Finanzierungskosten *(z. B. Wertgutachten, Notar- und Gerichtskosten für die Eintragung der Grundpfandrechte)*	2 000,00 EUR
= Gesamtkosten	**337 925,00 EUR**

2. Fallbeispiel:

Gebrauchtimmobilie

Kauf eines 15 Jahre alten, freistehenden Einfamilienhauses, Maklerangebot

Kaufpreis	350 000,00 EUR
+ 3,57 % Maklerprovision	12 495,00 EUR
+ 5,0 % Grunderwerbsteuer	17 500,00 EUR
+ 1,5 % Notar- und Gerichtskosten für den Erwerb	5 250,00 EUR
+ Renovierungskosten	10 000,00 EUR
+ Einbauküche, Mobiliar	20 000,00 EUR
+ Finanzierungskosten	2 500,00 EUR
+ Umzugskosten	3 000,00 EUR
= Gesamtkosten	**420 745,00 EUR**

4.3.3 Ermittlung des Darlehensbedarfs und der monatlichen Belastung

Die Gesamtkosten des Objekts werden durch eigene Mittel des Kunden und durch Kredite finanziert. Die Eigenmittelquote des Kunden sollte in der Regel mindestens 20 % betragen. Bei den eigenen Mitteln sind nur die Vermögenswerte zu berücksichtigen, die der Kunde für die Finanzierung der Immobilie einsetzen möchte. Gehören zu diesen Vermögenswerten auch risikoreiche Geldanlagen *(z. B. Aktienanlagen)*, sollten diese in sichere Anlagen umgeschichtet werden. Die Darlehen werden durch die Eintragung von Grundpfandrechten gesichert (**Realkredite**).

Finanzierung

eigene Mittel	**fremde Mittel (Darlehen)**
▪ Bargeld und Kontoguthaben ▪ Wertpapiere ▪ Riester-Guthaben ▪ Bausparguthaben ▪ Grundstück ▪ Eigenleistungen (Leistungen, die vom Bauherrn selbst erbracht werden, *z. B. Malerarbeiten*)	Darlehen von ▪ Geschäftsbanken ▪ Bausparkassen ▪ Kreditanstalt für Wiederaufbau (KfW) ▪ sonstigen Kreditgebern *(z. B. Lebensversicherungen, Arbeitgeber, Wohnungsbauförderungsanstalt des Landes)* ▪ Hypothekenbanken

Anhand des Darlehensbedarfs, der aktuellen Zinskonditionen und der vom Kunden gewünschten Tilgung kann die Bankmitarbeiterin bzw. der Bankmitarbeiter die monatliche Belastung ermitteln.

4.3.4 Prüfung der Kreditwürdigkeit

Das Kreditinstitut ist **verpflichtet**, vor dem Abschluss eines **Immobiliar-Verbraucherdarlehensvertrages** die **Kreditwürdigkeit** des Darlehensnehmers zu **prüfen**, und darf den Vertrag nur abschließen, wenn der Darlehensnehmer seinen Verpflichtungen **wahrscheinlich** vertragsgemäß nachkommen kann *(§ 18a Abs. 1 KWG, § 505a BGB)*. Damit sind bei Immobiliar-Verbraucherdarlehensverträgen die Anforderungen an die Kreditwürdigkeit des Darlehensnehmers höher als bei einem Allgemein-Verbraucherdarlehensvertrag, bei dem „nur" an der ordnungsgemäßen Erfüllung keine erheblichen Zweifel bestehen dürfen.

Bei der **Kreditwürdigkeitsprüfung** muss das Kreditinstitut auf der Grundlage notwendiger, ausreichender und angemessener **Informationen zu Einkommen, Ausgaben sowie anderen finanziellen und wirtschaftlichen Umständen** die Bonität des Darlehensnehmers prüfen. Dabei hat das Kreditinstitut die Faktoren angemessen zu berücksichtigen, die für die Einschätzung relevant sind, ob der Darlehensnehmer seine **Verpflichtungen** aus dem Darlehensvertrag **voraussichtlich erfüllen** kann *(§ 18a Abs. 4 KWG, § 505b Abs. 2 BGB)*. Der Darlehensgeber ermittelt die erforderlichen **Informationen aus internen und externen Quellen** und muss diese in angemessener Weise überprüfen *(§ 505b Abs. 3 BGB)*.

Damit gelten auch bei der **Kreditwürdigkeitsprüfung** bei Immobiliar-Verbraucherdarlehensverträgen **strengere Vorschriften** als beim Allgemein-Verbraucherdarlehensvertrag. Bei Allgemein-Verbraucherdarlehensverträgen kann sich die Kreditwürdigkeitsprüfung auf Auskünfte des Darlehensnehmers und erforderlichenfalls auf Auskünfte von Auskunfteien *(z. B. SCHUFA)* beschränken.

Die Kreditwürdigkeitsprüfung muss ergeben, dass der Darlehensnehmer wahrscheinlich in der Lage ist, die Raten aus seinem laufenden Einkommen zu leisten. Dabei muss der Darlehensgeber alle Faktoren *(z. B. Einkommen, Ersparnisse und andere Vermögenswerte)* angemessen berücksichtigen, die für die Einschätzung relevant sind, ob der Darlehensnehmer seinen Verpflichtungen voraussichtlich nachkommen kann *(§ 4 Abs. 1 ImmoKWPLV)*. Wenn Zweifel an der Kreditwürdigkeit bestehen, darf das Darlehen selbst dann

nicht gewährt werden, wenn der Wert der Immobilie als Kreditsicherheit die Darlehenshöhe übersteigt *(§ 505b Abs. 2 BGB).*

In einer Haushaltsrechnung werden die monatlichen Einnahmen und Ausgaben gegenüberstellt, um das frei verfügbare Resteinkommen zu ermitteln. Die Angaben sind durch geeignete Unterlagen zu prüfen. Dabei sind die bisherige Kontoführung und das bisherige Sparverhalten wichtige Informationsquellen.

Wenn das Darlehen zum Erwerb einer selbst genutzten Immobilie dient, ist bei den Ausgaben die bisherige **Miete nicht** mehr zu **berücksichtigen.** Allerdings fallen für diese Immobilie **Bewirtschaftungskosten** *(z. B. Strom, Gas, Wasser)* in Höhe von circa 2,00 EUR bis 3,00 EUR pro Quadratmeter Wohnfläche an.

Das ermittelte Resteinkommen sollte die Höhe der Darlehensraten deutlich übersteigen, damit für den Kunden eine hinreichende **Liquiditätsreserve** verbleibt.

Da die Verpflichtungen des Darlehensnehmers bei Baufinanzierungen weit in die Zukunft reichen, sind bei der Kreditwürdigkeitsprüfung auch absehbare zukünftige negative und positive Ereignisse zu berücksichtigen. Das Kreditinstitut muss dabei vom Verbraucher angegebene Bedürfnisse und realistische Annahmen über zukünftige Risiken während der Laufzeit des Darlehens zugrunde legen *(§ 18a Abs. 8 KWG, § 511 Abs. 2 BGB).* Bei der Prognose der künftigen Entwicklung kann das Kreditinstitut einen nach der Lebenserfahrung anzunehmenden Verlauf unterstellen. Die wirtschaftlichen Auswirkungen künftiger Ereignisse kann der Darlehensgeber aufgrund von Erfahrungswerten beurteilen *(§ 3 ImmoKWPLV).*

Beispiele:

- *mögliche zukünftige negative Ereignisse (§ 4 Abs. 3 ImmoKWPLV)*

  Kann der Darlehensnehmer die Raten noch tragen, wenn
  - *er während der Vertragslaufzeit in den Ruhestand eintritt und eine im Vergleich zum jetzigen Gehalt niedrigere Rente erhält?*
  - *der Sollzins nach Ablauf der Zinsbindung ansteigt?*

  Arbeitslosigkeit, Erwerbsunfähigkeit oder Scheidung während der Vertragslaufzeit muss der Darlehensgeber nur berücksichtigen, wenn für ihren Eintritt konkrete Anhaltspunkte vorliegen.
- *mögliche zukünftige positive Ereignisse(§ 4 Abs. 3 ImmoKWPLV)*
  - *Verlängerung oder Entfristung eines Beschäftigungsverhältnisses*
  - *Wiederaufnahme einer Berufstätigkeit nach einer Elternzeit*

Das Kreditinstitut ist verpflichtet, die Verfahren und Angaben der Kreditwürdigkeitsprüfung festzulegen, zu dokumentieren und die Dokumentation aufzubewahren *(§ 18a Abs. 5 KWG, § 505b Abs. 4 BGB).*

4.3.5 Ermittlung des Beleihungswertes

Baudarlehen werden grundsätzlich durch die Eintragung von Grundschulden gesichert, um im Fall der Nichterfüllung des Kreditvertrages durch die Zwangverwertung des Grundstücks die Ansprüche zu befriedigen. Maßgeblich für den Sicherungswert einer Immobilie ist der Beleihungswert.

Kreditinstitute müssen für eine **objektive Bewertung** von Immobilien zuverlässige Standards verwenden und sicherstellen, dass interne und externe Gutachten für die Immobilienbewertungen fachlich kompetent und unabhängig vom Darlehensvergabeprozess erstellt werden *(§ 18a Abs. 7 KWG, § 505c BGB).*

Der **Beleihungswert** einer Immobilie ist der Wert, der **nachhaltig** (langfristig) und damit unabhängig von konjunkturell bedingten Wertschwankungen am Markt zu erzielen ist *(§ 3 BelWertV)*. Der **Verkehrswert** ist der aktuell erzielbare Verkaufserlös (Marktwert) eines Grundstücks, der im Zeitablauf Schwankungen unterliegt.

Als **Beleihungsgrenze** bezeichnet man die **maximale Darlehenshöhe** in Prozent des Beleihungswertes, die das Kreditinstitut bereit ist, im Hinblick auf die gestellte Sicherheit zu gewähren.

Realkredite sind durch erstrangige Grundpfandrechte gesicherte Darlehen, die **60 % des Beleihungswertes** nicht übersteigen. Durch die Sicherheitsmarge von 40 % gelten diese Darlehen als besonders sicher.

Beleihungswert und Verkehrswert von Immobilien

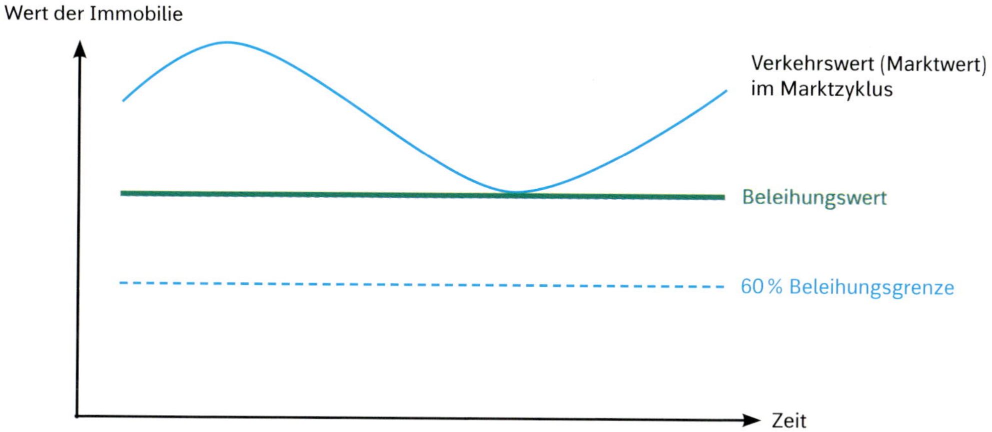

Folgende Beleihungsgrenzen sind in der Praxis von Bedeutung:

Kreditgeber	Beleihungsgrenze in % des Beleihungswertes
Pfandbriefbanken (Realkreditinstitute)	60 % *(§ 14 PfandBG)*
Geschäftsbanken und Sparkassen	▪ 60 % („Realkreditgrenze“) ▪ bis ca. 80 % nachrangige Darlehen
Bausparkassen	▪ 80 % bei vermieteten Wohnobjekten ▪ 100 % bei selbst genutztem Wohneigentum *(§ 7 Bausparkassengesetz)*
Lebensversicherungen	45 %–60 %

Darlehen, die 60 % des Beleihungswertes übersteigen, weisen aufgrund des höheren Risikos oftmals einen Zinsaufschlag auf.

Der **Beleihungsauslauf ist die tatsächliche Belastung** des Grundstücks in Prozent des Beleihungswertes aufgrund der gewährten Kredite unter Berücksichtigung aller vorrangigen Belastungen.

Beispiel:
Der Beleihungswert eines Grundstücks beträgt 250 000,00 EUR. Das Grundstück ist mit zwei Grundpfandrechten belastet:
1. Rang: 140 000,00 EUR Grundschuld zugunsten der Regio-Bank AG
2. Rang: 50 000,00 EUR Grundschuld zugunsten der Bausparkasse Rheinland AG

$$\text{Beleihungsauslauf der Regio-Bank AG} = \frac{140\,000{,}00}{250\,000{,}00} = 56\,\%.$$

$$\text{Beleihungsauslauf der Bausparkasse Rheinland AG} = \frac{(140\,000{,}00 + 50\,000{,}00) \cdot 100}{250\,000{,}00} = 76\,\%.$$

Pfandbriefbanken müssen den Beleihungswert von Immobilien nach der Beleihungswertermittlungsverordnung (BelWertV) ermitteln. Auch für andere Kreditinstitute ist die Anwendung dieser Vorschriften vorteilhaft, da nur in diesem Fall durch Grundpfandrechte gesicherte Darlehen bis zu 60% des Beleihungswertes als Realkredite im Sinne von *§ 21 Abs. 3 Nr. 1 KWG* zählen, die nur zu 35% (bei Grundpfandrechten auf Wohnimmobilien) bzw. 50% (bei Grundpfandrechten auf gewerblichen Immobilien) zu den Risikoaktiva zählen *(Art. 125, Abs. 1; 101 Abs. 1d Verordnung (EU) 575/2013).*

Grundsätzlich ist der Beleihungswert mittels eines umfänglichen **Gutachtens** von einem **staatlich anerkannten Gutachter** zu ermitteln, der über besondere Kenntnisse und Erfahrungen auf dem Gebiet der Bewertung von Immobilien verfügt *(§ 5, 6 BelWertV).*

Jedoch kann auch ein ausreichend **qualifizierter Mitarbeiter** eines Kreditinstitutes den Beleihungswert eines im Inland gelegenen **wohnwirtschaftlich genutzten Objekts** durch eine **vereinfachte Wertermittlung** feststellen, wenn der auf dem Objekt abzusichernde Darlehensbetrag unter Einbeziehung aller Vorlasten den Betrag von **400 000,00 Euro** nicht übersteigt *(§ 24 BelWertV).*

Nach den Bestimmungen der Beleihungswertermittlungsverordnung sind der Sachwert und der Ertragswert der Immobilie zu ermitteln (Zwei-Säulen-Prinzip). Der **Sachwert** spiegelt den **Wert des Grundstücks** und den **Herstellungswert des Gebäudes** wider. Der **Ertragswert** ergibt sich aus der **Kapitalisierung** der mit der Immobilie zu erzielenden **zukünftigen Erträge** *(§ 9 BelWertV).* Maßgeblich für den Beleihungswert ist regelmäßig der Ertragswert. Wenn jedoch der Sachwert um mehr als 20% unter dem Ertragswert liegt, bedarf es einer besonderen Überprüfung der Nachhaltigkeit der zugrunde liegenden Erträge und ihrer Kapitalisierung. Von dieser Regelung sind allerdings selbst genutzte Ein- und Zweifamilienhäuser sowie Eigentumswohnungen ausgenommen. Bei diesen Immobilien kann sich der Beleihungswert ausschließlich am Sachwert orientieren. Alternativ kann sich der Beleihungswert auch an einem **Vergleichswert** orientieren. Wenn die Bank Informationen über vergleichbare Objekte besitzt, die hinsichtlich ihrer Lage, ihrer Ausstattung und ihren Nutzungsmöglichkeiten mit dem zu bewertenden Objekt nahezu übereinstimmen, kann sie aus diesen Daten einen Vergleichswert herleiten, der dann um einen Sicherheitsabschlag von mindestens 10% zu vermindern ist.

Ermittlung des Beleihungswertes in Abhängigkeit von der Objektnutzung	
selbst genutzte Wohnimmobilien	**nicht selbst genutzte Immobilien**
nach Zuschnitt, Ausstattungsqualität und Lage zweifelsfrei zur Eigennutzung geeignete Ein- und Zweifamilienhäuser und Eigentumswohnungen ↓ Der Beleihungswert kann sich am **Sachwert** orientieren, da für einen potenziellen Käufer (Selbstnutzer) der Boden- und Bauwert maßgeblich ist. Auch der **Vergleichswert** kann zur Ermittlung des Beleihungswertes herangezogen werden, wenn die Daten von mindestens fünf vergleichbaren Objekten vorliegen *(§ 4 Abs. 4 BelWertV).*	Mehrfamilienhäuser, Geschäfts- und Bürohäuser, Lagerhallen usw. ↓ Für den Beleihungswert ist der **Ertragswert** maßgeblich, da ein potenzieller Käufer eine angemessene Verzinsung seiner Kapitalanlage erwartet. Wenn der **Sachwert** aber mehr als 20 % unter dem Ertragswert liegt, muss die Nachhaltigkeit der zugrunde gelegten Erträge und ihre Kapitalisierung überprüft werden *(§ 4 Abs. 3 BelWertV).*

Ermittlung des Sachwertes *(§ 14 ff. BelWertV, § 21 ff. ImmoWertV)*

Der **Sachwert** ist die Summe aus dem **Bodenwert** und dem Wert der baulichen Anlagen **(Bauwert)**.

Bodenwert = Grundstücksfläche · Grundstückspreis pro m²

Die **Grundstücksfläche** ist im Grundbuch und im Liegenschaftsbuch verzeichnet. Beim Bodenwert ist von Preisen auszugehen, die für Grundstücke gleicher Lage, Art und Größe auf Dauer als angemessen erscheinen.

Der **Grundstückspreis** richtet sich nach den örtlichen Marktverhältnissen. In vielen Städten und Gemeinden gibt es **Bodenrichtwertkarten**, die von Gutachterausschüssen erstellt werden und Auskunft über angemessene Grundstückspreise in den einzelnen Regionen geben. Der tatsächliche Wert eines Grundstücks kann vom Bodenrichtwert abweichen *(z. B. ungünstiger Zuschnitt, Lage an Hauptverkehrsstraße).*

Bauwert = Herstellungswert − Abschreibungen + Außenanlagen
− Sicherheitsabschlag + Baunebenkosten

Ermittlung des Bauwertes	
Berechnung	**Erläuterung**
Herstellungswert (Neubaukosten; *§ 16 Abs. 1 BelWertV*)	Der **Herstellungswert** kann aus der **Wohn-/Nutzfläche** oder aus dem **Rauminhalt** des Gebäudes ermittelt werden. ▪ umbauter Raum (Rauminhalt) · Preis pro m^3 oder ▪ Wohn-/Nutzfläche · Preis pro m^2 Die **Wohn-/Nutzfläche** und der **Rauminhalt** (Kubatur) können der vom Architekten erstellten Baubeschreibung entnommen werden. Der umbaute Raum umfasst das Gesamtvolumen des Gebäudes einschließlich der Decken, der Wände und des Dachs. Die Herstellungskosten beziehen sich auf die „reinen“ Erstellungskosten des Gebäudes ohne Grundstück, Außenanlagen und Baunebenkosten. Die Erstellungskosten sind abhängig von der Ausstattung des Gebäudes und betragen pro m^2 Wohnfläche circa 1 500,00 EUR bis 2 500,00 EUR und pro m^3 umbauten Raumes circa 320,00 EUR bis 400,00 EUR. Bei der Festsetzung der **Baukostenpreise** pro m^2 Wohn-/Nutzfläche orientieren sich viele Kreditinstitute an der Sachwertrichtlinie, in der „**Normalherstellungskosten**“ auf der Basis des Jahres 2010 (NHK 2010) für unterschiedliche Gebäudetypen (*z. B. Einfamilienhaus, Mehrfamilienhaus*) bei fünf verschiedenen Gebäudestandards – von einfach bis luxuriös – ausgewiesen sind. Die „Normalherstellungskosten“ auf der Basis des Jahres 2010 können dann mithilfe der vom Statistischen Bundesamt ermittelten Baupreisindizes auf den aktuellen Wert (Datum der Beleihungswertermittlung) hochgerechnet werden. ***Beispiel:*** *Beleihungswertberechnung im Herbst 2016* *Herstellungswert Basis 2010: 320 000,00 EUR* *Baupreisindex Wohngebäude Basis 2010: Stand Sept. 2016 = 113,7* *aktueller Herstellungswert Sept. 2016:* *320 000,00 · 113,7 : 100 = 363 840,00 EUR*
– Altersabschreibungen (*§ 17 BelWertV*)	Der Herstellungswert ist um Altersabschreibungen zu vermindern. ***Beispiel:*** *Der Beleihungswert für ein 15 Jahre altes Wohngebäude ist zu ermitteln. Die maximale Nutzungsdauer bei Wohngebäuden beträgt gemäß BelWertV 80 Jahre. Bei einer linearen Abschreibung ergibt sich ein jährlicher Abschreibungssatz von 1,25 %. Die Altersabschreibung beträgt 18,75 % (15 Jahre · 1,25 %).*
+ Wert der Außenanlagen (*§ 16 Abs. 1 BelWertV*)	Der Wert der Außenanlagen (*z. B. Pflasterung, Gartenanlage*) ist werterhöhend zu berücksichtigen. Nach der BelWertV darf dieser Wert aber 5 % des Herstellungswertes nach Abschreibungen nicht übersteigen.
– Sicherheitsabschlag (*§ 16 Abs. 2 BelWertV*)	Die sich ergebende Zwischensumme ist um einen Sicherheitsabschlag von mindestens 10 % zu vermindern.
+ Baunebenkosten (*§ 16 Abs. 3 BelWertV*)	Die neue Zwischensumme erhöht sich durch die Berücksichtigung der Baunebenkosten (*z. B. Architekten- und Statikkosten*). Maximal dürfen für die Baunebenkosten 20 % angesetzt werden.

Ermittlung des Ertragswertes *(§ 8ff. BelWertV, § 17ff. ImmoWertV)*

Für sogenannte Renditeobjekte *(z. B. Mehrfamilienhäuser)* ist der **Ertragswert** die wertbestimmende Größe. Dieser Zusammenhang ergibt sich daraus, dass der Wert einer Kapitalanlage in erster Linie von dem zu erwartenden Ertrag und dem mit der Anlage verbundenen Risiko abhängig ist. In der BelWertV sind Bandbreiten für die Kapitalisierungszinssätze verschiedener Gebäudearten aufgeführt.

Beispiele:
- *Wohnhäuser 5,0 % bis 8,0 %*
- *Lagerhallen 6,5 % bis 9,0 %*

Dabei gilt: Je höher der Kapitalisierungszinssatz ist, desto niedriger ist der Kapitalwert der Anlage.

Beispiel:

Ermittlung des Ertragswertes bei einem Jahresreinertrag von 20 000,00 EUR	
Kapitalisierungszinssatz 5,0 %	Kapitalisierungszinssatz 8,0 %
5 % – 20 000,00 EUR	*8 % – 20 000,00 EUR*
100 % – x	*100 % – x*
x = 400 000,00 EUR	*x = 250 000,00 EUR*
400 000,00 EUR Kapital bringen bei einem Zinssatz von 5,0 % im Jahr 20 000,00 EUR Erträge.	*250 000,00 EUR Kapital bringen bei einem Zinssatz von 8,0 % im Jahr 20 000,00 EUR Erträge.*

Die Berechnung des Ertragswertes erfolgt in der Praxis mithilfe sogenannter Vervielfältiger (Rentenbarwertfaktoren):

$$\textbf{Vervielfältiger bei unbegrenzter Ertragsdauer} = \frac{100}{\text{Kapitalisierungszinssatz}}$$

Beispiel:

Ermittlung des Ertragswertes bei einem Jahresreinertrag von 20 000,00 EUR	
Kapitalisierungszinssatz 5,0 %	Kapitalisierungszinssatz 8,0 %
$\text{Vervielfältiger} = \frac{100\,\%}{5\,\%} = 20$	$\text{Vervielfältiger} = \frac{100\,\%}{8\,\%} = 12{,}5$
$20 \cdot 20\,000{,}00 = \underline{\underline{400\,000{,}00 \text{ EUR}}}$	$12{,}5 \cdot 20\,000{,}00 = \underline{\underline{250\,000{,}00 \text{ EUR}}}$

Der Vervielfältiger ist zu korrigieren, wenn die Erträge nicht unendlich lange, sondern nur eine begrenzte Zeit zufließen. Dies ist bei Mieterträgen der Fall, da Gebäude nur eine begrenzte Nutzungsdauer haben. Je niedriger die Restnutzungsdauer des Gebäudes ist, desto niedriger ist auch der Vervielfältiger.

9

$$\textbf{Vervielfältiger bei begrenzter Ertragsdauer} = \frac{q^n - 1}{q^n \cdot (q - 1)}$$

p = Kapitalisierungszinssatz
n = Restnutzungsdauer

$$q = \left(1 + \frac{p}{100}\right)$$

Beispiel:

Restnutzungsdauer 60 Jahre
Kapitalisierungszinssatz 5 %

$$q = \left(1 + \frac{5}{100}\right) = \underline{\underline{1{,}05}}$$

$$\text{Vervielfältiger} = \frac{1{,}05^{60} - 1}{1{,}05^{60} \cdot (1{,}05 - 1)} = \underline{\underline{18{,}93}}$$

Vervielfältiger-Tabelle (Auszug)					
Restnutzungsdauer der Gebäude	**Kapitalisierungszinssatz**				
	3 %	**4 %**	**5 %**	**6 %**	**7 %**
30 Jahre	19,60	17,29	15,37	13,76	12,41
35 Jahre	21,49	18,66	16,37	14,50	12,95
40 Jahre	23,11	19,79	17,16	15,05	13,33
45 Jahre	24,52	20,72	17,77	15,46	13,61
50 Jahre	25,73	21,48	18,26	15,76	13,80
55 Jahre	26,77	22,11	18,63	15,99	13,94
60 Jahre	27,68	22,62	**18,93**	16,16	**14,04**
65 Jahre	28,45	23,05	19,16	16,29	14,11
70 Jahre	29,12	23,39	19,34	16,38	14,16
75 Jahre	29,70	23,68	19,49	16,46	14,20
80 Jahre	30,20	23,92	19,60	16,51	14,22
85 Jahre	30,63	24,11	19,68	16,55	14,24
90 Jahre	31,00	24,27	19,75	16,58	14,25
95 Jahre	31,32	24,40	19,81	16,60	14,26
100 Jahre	31,60	24,51	19,85	16,62	14,27

Beispiel:

Ermittlung des Ertragswertes bei einem Jahresreinertrag von 20 000,00 EUR und einer Restnutzungsdauer des Gebäudes von 60 Jahren	
Kapitalisierungszinssatz 5,0 %	Kapitalisierungszinssatz 7,0 %
Vervielfältiger = 18,93	*Vervielfältiger = 14,04*
18,93 · 20 000,00 = 378 600,00 EUR	*14,04 · 20 000,00 = 280 800,00 EUR*

In der Praxis ermitteln die Kreditinstitute den Ertragswert von Immobilien nach dem **gespaltenen Ertragswertverfahren**. Bei diesem Verfahren wird der Jahresreinertrag (Kaltmieten minus Bewirtschaftungskosten) anteilig dem Boden (Grundstück) und dem Gebäude zugeordnet.

- Aufgrund der unbegrenzten Nutzungsdauer des Bodens fließen die anteiligen Erträge zeitlich unbegrenzt. Der Ertragswert des Bodens entspricht dem aktuellen Zeitwert des Bodens.
- Bei Gebäuden fließen die anteiligen Erträge aufgrund der Abnutzung nur eine begrenzte Zeit. Der Ertragswert des Gebäudes wird mithilfe des Vervielfältigers bei begrenzter Ertragsdauer ermittelt.

Ertragswert = [(Jahresreinertrag − Bodenwertverzinsung) · Vervielfältiger] + Bodenwert

Ermittlung des Ertragswertes	
Berechnung	**Erläuterung**
Jahresrohertrag *(§ 18 ImmoWertV)*	Ermittlung: Wohnfläche · Mietpreis pro m^2 („Kaltmiete“) Vom Mieter zu zahlende Nebenkosten *(z. B. Heizkosten)* bleiben unberücksichtigt. Zur Festlegung angemessener Mieten empfiehlt es sich, die Mietverträge einzusehen und mit dem Mietspiegel der Stadt zu vergleichen.
– Bewirtschaftungskosten *(§ 19 ImmoWertV)*	Der Jahresrohertrag ist zu vermindern um die Bewirtschaftungskosten. Dabei sind folgende Kosten zu berücksichtigen: ▪ Verwaltungskosten ▪ Instandhaltungskosten ▪ Mietausfallrisiko ▪ Betriebskosten, die nicht vom Mieter zu tragen sind ▪ Modernisierungsrisiko In der BelWertV sind Mindestwerte oder Bandbreiten für die einzelnen Kosten aufgeführt. In der Summe müssen sie mindestens 15 % des Jahresrohertrages betragen.
= Jahresreinertrag *(§ 18 ImmoWertV)*	
– Bodenwertverzinsung	Ermittlung: Bodenwert · Kapitalisierungszinssatz : 100 Der Jahresreinertrag ist um die Bodenwertverzinsung zu vermindern, da der Bodenwert später getrennt erfasst wird.
= Gebäudereinertrag	
Kapitalisierung des Gebäudereinertrages	Ermittlung: Gebäudereinertrag · Vervielfältiger unter Berücksichtigung der Restnutzungsdauer
+ Bodenwert	Grundstücksfläche · Preis pro m^2
= Ertragswert der Immobilie	

Fallbeispiel:

Ermittlung des Beleihungswertes für ein Mehrfamilienhaus, Alter des Gebäudes: 20 Jahre

I. Ermittlung des Sachwertes

1. Bodenwert (einschl. Erschließungskosten)

	Fläche	Preis/m²	Bodenwert
Gebäude- und Freifläche	460	280,00 EUR	128 800,00 EUR

2. Wert der baulichen Anlage (Bauwert)

	umbauter Raum	Preis/m³	Neuwert
Wohnhaus	1 160 m³	350,00 EUR	406 000,00 EUR

Herstellungswert vor Abschreibung		406 000,00 EUR
– Wertminderung wegen Alters: gesamte Nutzungsdauer 80 Jahre, Restnutzungsdauer 60 Jahre, Abschreibungssatz p. a. 1,25 %, 20 Jahre = 25,00 %		– 101 500,00 EUR
Herstellungswert nach Abschreibung		304 500,00 EUR
+ Außenanlagen (max. 5 % des Herst.-wertes)	5,00 %	15 225,00 EUR
Herstellungswert einschl. Außenanlagen		319 725,00 EUR
– Sicherheitsabschlag (mind. 10 %)	10,00 %	– 31 972,50 EUR
Herstellungswert einschl. Außenanlagen nach Sich.-abschlag		287 752,50 EUR
+ Baunebenkosten (max. 20 % der Herst.-kosten)	15,00 %	43 162,88 EUR
Wert der baulichen Anlage		330 915,38 EUR

3. Sachwert (Bodenwert und Wert der baulichen Anlage) **459 715,38 EUR**

II. Ermittlung des Ertragswertes

1. Ermittlung des Jahresrohertrages

Mieteinnahmen („Kaltmiete") pro Jahr 29 900,00 EUR

2. Bewirtschaftungskosten (mind. 15 % des Jahresrohertrages)

a) Verwaltungskosten		1 450,00 EUR
b) Instandhaltungskosten		2 850,00 EUR
c) Mietausfallrisiko (mind. 2 % des Jahresrohertrages)		1 200,00 EUR
d) Betriebskosten (nicht durch Umlagen gedeckt)		750,00 EUR
e) Modernisierungsrisiko		0,00 EUR
Summe der Bewirtschaftungskosten		6 250,00 EUR
Bewirtschaftungskosten in % des Jahresrohertrages	20,90 %	

Jahresreinertrag (29 900,00 – 6 250,00)	23 650,00 EUR
– Bodenwertverzinsung: 5,0 % von 128 800,00 EUR	– 6 440,00 EUR
Gebäudereinertrag	17 210,00 EUR

3. Ermittlung des Ertragswertes

Kapitalisierung des Gebäudereinertrages zu 5,0 % bei 60 Jahren Restnutzungsdauer

Vervielfältiger · Gebäudereinertrag (18,93 · 17 210,00 EUR)	325 785,30 EUR
+ Bodenwert	128 800,00 EUR
Ertragswert (Gebäude- und Bodenertrag)	**454 585,30 EUR**

Vorschlag für den Beleihungswert (abgerundet auf volle Euro) **454 000,00 EUR**

Für den Beleihungswert ist der Ertragswert maßgeblich. Eine Überprüfung der Nachhaltigkeit der zugrunde gelegten Erträge wäre notwendig, wenn der Sachwert um mehr als 20 % unter dem Ertragswert gelegen hätte. Dies ist hier nicht der Fall, da der Sachwert sogar höher ist als der Ertragswert.

4.3.6 Erstellung von Finanzierungsplänen

Auf der Grundlage des Darlehensbedarfs, der Kapitaldienstfähigkeit des Kunden, des Beleihungswertes der Immobilie, des aktuellen Zinsniveaus und der Wünsche des Kunden hat der Darlehensgeber eine ausreichende Zahl an Darlehensverträgen zumindest aus seiner Produktpalette auf ihre **Geeignetheit** für den Kunden zu **prüfen** *(§ 511 Abs. 2 BGB).* Viele Kreditinstitute berücksichtigen dabei auch Darlehnsangebote anderer Anbieter *(z.B. Bauspardarlehen von Bausparkassen, KfW-Darlehen, Darlehen von Lebensversicherungen).*

In einem **Finanzierungsplan** ist dargestellt, wie die **Gesamtkosten** des Immobilienerwerbs durch **eigene Mittel** und durch **fremde Mittel** (Darlehen) finanziert werden können.

Wesentliche Beratungselemente bei Darlehnsangeboten sind
- Zinsbindung und Sollzinssatz,
- Monatsrate, planmäßige Tilgung und Laufzeit.

Zinsbindung und Sollzinssatz

Die Höhe des Sollzinssatzes ist von der aktuellen Marktlage (Zinsniveau) und von der Besicherung abhängig. Die günstigsten Konditionen gibt es für Baudarlehen, die erstrangig durch eine Grundschuld gesichert sind und bei denen der Beleihungsauslauf 60 % des Beleihungswertes nicht übersteigt.

In der Regel steigt der Sollzinssatz bei Darlehen mit der Zinsbindungsdauer.

Beispiel:

Zinsbindung	*Sollzinssatz*
variabler Sollzinssatz (Zinsanpassung alle 3 Monate)	*2,50 %*
5 Jahre fest	*3,50 %*
10 Jahre fest	*4,50 %*

Bei einer kürzeren Zinsbindungsdauer (Zinsfestschreibung) besteht das Risiko, dass nach Ablauf der Zinsbindung aufgrund veränderter Marktverhältnisse eine neue Vereinbarung nur zu einem höheren Sollzinssatz möglich ist. Andererseits profitiert der Darlehnsnehmer von fallenden Marktzinsen.

Der Darlehnsnehmer sollte eine **lange Zinsbindungsdauer** vereinbaren, wenn er
- finanziell keine höheren Monatsraten verkraften kann.
- tendenziell steigende Marktzinsen erwartet.

Monatsrate, planmäßige Tilgung und Laufzeit

Je höher die anfängliche Tilgung und damit die Monatsrate (Zins- und Tilgungsleistung) bei einem Annuitätendarlehen ist, umso schneller ist das Darlehen getilgt. Eine kurze Laufzeit ist tendenziell im Interesse des Kunden, jedoch sollten die Monatsraten den finanziellen Möglichkeiten des Darlehensnehmers angepasst sein.

Bei Annuitätendarlehen ist die Laufzeit von der Höhe des Sollzinssatzes und von der Höhe der anfänglichen Tilgung abhängig. Dabei gilt: Je höher der Sollzinssatz und der anfängliche Tilgungssatz sind, desto schneller ist das Darlehen getilgt. Der Sollzinssatz hat eine

Bedeutung für die Laufzeit, weil bei einer konstanten Monatsrate die Tilgung um die ersparten Zinsen steigt. Höhere Sollzinsen führen demnach zu einer größeren Zinsersparnis als niedrigere.

Beispiel:

Sollzinssatz	Anfängliche Tilgung	Laufzeit
2,00 %	*1,00 %*	*55 Jahre*
5,00 %	*1,00 %*	*36 Jahre*

Bei niedrigen Sollzinsen sollte der Darlehnsnehmer nach Möglichkeit eine höhere anfängliche Tilgung wählen, um eine schnellere Tilgung zu erreichen.

Sollzinssatz	Anfängliche Tilgung	Laufzeit
2,00 %	*2,00 %*	*34 Jahre und 9 Monate*
2,00 %	*3,00 %*	*25 Jahre und 7 Monate*
2,00 %	*4,00 %*	*20 Jahre und 4 Monate*

Häufig hat der Darlehnsnehmer nur für einen Teil der Laufzeit eine Zinsbindung vereinbart *(z. B. zehn Jahre).* Der nach Ablauf der Zinsbindung neu zu vereinbarende Sollzinssatz ist abhängig von den dann geltenden Marktbedingungen. In Beratungsgesprächen sollten Szenarien durchgerechnet werden, um zu prüfen, ob der Kunde auch bei steigenden Marktzinsen voraussichtlich noch in der Lage ist, die Monatsraten zu tragen.

Beispiel:
Darlehnsbetrag 300 000,00 EUR; Sollzinssatz 2,00 %,

Sollzinssatz	Anfängliche Tilgung	Monatsrate	Restschuld nach zehn Jahren
2,00 %	*2,00 %*	*1 000,00 EUR*	*233 640,17 EUR*
2,00 %	*3,00 %*	*1 250,00 EUR*	*200 460,25 EUR*
2,00 %	*4,00 %*	*1 500,00 EUR*	*167 280,34 EUR*

Szenarien nach zehn Jahren: Bei angenommenen neuen Sollzinssätzen von 6,00 % wird die neue Monatsrate unter der Annahme ermittelt, dass eine neue anfängliche Tilgung von 2,00 % vereinbart wird.

Restschuld	Sollzinssatz	Anfängliche Tilgung	Neue Monatsrate
233 640,17 EUR	*6,00 %*	*2,00 %*	*1 557,60 EUR*
200 460,25 EUR	*6,00 %*	*2,00 %*	*1 336,40 EUR*
167 280,34 EUR	*6,00 %*	*2,00 %*	*1 115,20 EUR*

Hat der Kunde zum Beispiel bei der Darlehnsaufnahme nur eine anfängliche Tilgung von 2,00 % vereinbart, erhöht sich nach zehn Jahren unter der Annahme eines neuen Sollzinssatzes von 6,00 % seine Monatsrate von 1 000,00 EUR auf 1 557,60 EUR. Die neue anfängliche Tilgung von 2,00 % führt zu einer neuen Restlaufzeit von 23,2 Jahren und damit zu Gesamtlaufzeit des Darlehens von 33,2 Jahren.

Fallbeispiel:

Finanzierung eines Einfamilienhauses der Eheleute Claudia und Markus Riehl:
Der gesamte Kapitalbedarf beträgt 395 000,00 EUR.
Der Beleihungswert beträgt 350 000,00 EUR.
Der Bausparvertrag über 60 000,00 EUR wurde zu 50 % angespart und ist bereits zugeteilt.

Erstellung eines Finanzierungsplanes

Ausgehend von der individuellen Situation des Kunden wird ein Finanzierungsplan erstellt.

I. eigene Mittel	Betrag
Bargeld und Kontoguthaben	75 000,00 EUR
Bausparguthaben	30 000,00 EUR
Eigenleistungen	15 000,00 EUR
Summe	120 000,00 EUR

II. fremde Mittel	Darlehen	Beleihungsauslauf
▪ Kölner Hypothekenbank AG	210 000,00 EUR	$\frac{210\,000{,}00 \cdot 100}{350\,000{,}00} = 60\,\%$
▪ Regio-Bank AG	35 000,00 EUR	$\frac{245\,000{,}00 \cdot 100}{350\,000{,}00} = 70\,\%$
▪ Bausparkasse Rheinland AG	30 000,00 EUR	$\frac{275\,000{,}00 \cdot 100}{350\,000{,}00} = 79\,\%$
Summe	275 000,00 EUR	

- Das Annuitätendarlehen der Kölner Hypothekenbank wird durch ein erstrangiges Grundpfandrecht (Beleihungsgrenze 60 %) gesichert. Konditionen: Sollzinssatz 3,50 % p. a. 100 % Auszahlung, Zinsfestschreibung zehn Jahre, Effektivzins 3,62 % p. a., 2 % anfängliche Tilgung
- Das Darlehen der Regio-Bank AG wird durch ein zweitrangiges Grundpfandrecht gesichert und ist aufgrund des höheren Risikos mit einem Zinsaufschlag versehen. Konditionen: Sollzinssatz 3,80 % p. a. 100 % Auszahlung, Zinsfestschreibung zehn Jahre, Effektivzins 3,92 % p. a., 3 % anfängliche Tilgung
- Das Darlehen der Bausparkasse Rheinland wird durch ein nachrangiges Grundpfandrecht gesichert. Konditionen: Sollzinssatz 2,50 % p. a. 100 % Auszahlung, Effektivzins 3,20 % p. a., monatlicher Kapitaldienst (= Zinsen + Tilgung) 6 ‰ der Bausparsumme

Ermittlung der monatlichen Belastung

Darlehensgeber	Monatsrate	
Kölner Hypothekenbank AG	$\frac{210\,000{,}00 \cdot 5{,}50}{100 \cdot 12} =$	962,50 EUR
Regio-Bank AG	$\frac{35\,000{,}00 \cdot 6{,}80}{100 \cdot 12} =$	198,33 EUR
Bausparkasse Rheinland AG	$\frac{60\,000{,}00 \cdot 6}{1000} =$	360,00 EUR
monatliche Gesamtbelastung		1 520,83 EUR

9

Ermittlung der Kapitaldienstfähigkeit (Tragbarkeit der Belastung)

Haushaltsrechnung Eheleute Claudia und Markus Riehl, 2 Kinder			
monatliche Einnahmen		**monatliche Ausgaben**	
Nettoeinkommen Antragsteller	2 415,00 EUR	Bewirtschaftungskosten des Hauses (Strom, Gas, Wasser usw.)	325,00 EUR
Nettoeinkommen Mitantragsteller	960,00 EUR	Auto (laufende Kosten, Steuern, Versicherungen)	200,00 EUR
Kindergeld (204,00 · 2)	408,00 EUR	Lebenshaltungskosten (Pauschalbetrag)	1 200,00 EUR
Sonstige Einnahmen	—	Versicherungen	125,00 EUR
		Kreditraten/Leasingraten	—
		Sparpläne/Bausparraten	—
		sonstige regelmäßige Ausgaben	50,00 EUR
Gesamteinnahmen	3 783,00 EUR	**Gesamtausgaben**	1 900,00 EUR

Das frei verfügbare Resteinkommen beträgt 1 883,00 EUR. Damit ist die Kapitaldienstfähigkeit bei einer monatlichen Belastung von 1 520,83 EUR gegeben. Allerdings könnten eventuelle Zinssteigerungen nach Ablauf der Zinsbindungsfrist die Kapitaldienstfähigkeit gefährden.

4.4 Abschluss von Darlehnsverträgen

4.4.1 Vorvertragliche Informationspflichten

Produktempfehlung und Produktangebot *(§ 511 Abs. 3 BGB, Art. 247 § 1 Abs. 2 EGBGB)*

Auf der Grundlage der persönlichen und wirtschaftlichen Situation des Kunden hat der Darlehensgeber dem Darlehensnehmer geeignete Produkte zu empfehlen oder ihn darauf hinzuweisen, dass er kein Produkt empfehlen kann. Die Empfehlung oder der Hinweis ist dem Darlehensnehmer auf einem dauerhaften Datenträger zur Verfügung zu stellen.

ESIS-Merkblatt

Das Kreditinstitut muss dem Darlehensnehmer **vor** einem Vertragsabschluss wichtige Informationen über das Produktangebot in Textform auf dem „Europäischen Standardisierten Merkblatt“ **(ESIS-Merkblatt)** übermitteln.

ESIS-Merkblatt *(Art. 247 § 1 Abs. 2 EGBGB)*
Vor dem Abschluss des Darlehensvertrages erhält der Kunde umfängliche Informationen über das Vertragsangebot: ▪ Einleitungstext *(z. B. Verbindlichkeit des Angebotes)* ▪ Darlehensgeber ▪ Beschreibung des Angebotes *(z. B. Annuitätendarlehen, Besicherung durch Grundschuld)* ▪ Sollzinssatz und effektiver Jahreszins ▪ Nettodarlehensbetrag ▪ Laufzeit und Anzahl der Raten ▪ anfängliche Tilgung bei Annuitätendarlehen ▪ Kosten (z. B. *Notar- und Gerichtskosten, Kosten einer zwingenden Gebäudeversicherung)* ▪ vorzeitige Rückzahlung, Kündigungsmöglichkeiten ▪ internes Beschwerdesystem ▪ Beispiel eines Tilgungsplans ▪ Hinweis, ob beim Darlehensgeber verpflichtend ein Gehaltskonto zu führen ist

Weitere vorvertragliche Informationen sind in einem gesonderten Dokument zu erteilen, das dem ESIS-Merkblatt beigefügt werden kann. Hier ist der Darlehensnehmer zum Beispiel darüber aufzuklären, dass der Darlehensgeber Forderungen aus dem Darlehensvertrag ohne Zustimmung des Darlehensnehmers an einen Dritten abtreten kann, sofern dies nicht im Vertrag ausgeschlossen wird.

Jeder bindende Vertragsvorschlag ist dem Darlehensnehmer in **Textform** zur Verfügung zu stellen.

Widerrufsinformation *(§ 355, 495 BGB)*

Der Darlehensnehmer kann seine Vertragserklärung innerhalb von **14 Tagen nach Abschluss des Vertrages** ohne Angabe von Gründen widerrufen, sofern er schon vor Vertragsabschluss über sein Widerrufsrecht informiert wurde und eine Vertragsurkunde mit allen Vertragsinformationen *(VVI* gemäß *Art. 247 §§ 6–13 EGBGB)* erhalten hat. Andernfalls beginnt die Frist bei Nachholung dieser Angaben und verlängert sich auf **einen Monat**.

Das Widerrufsrecht bei einem Immobiliar-Verbraucherdarlehensvertrag erlischt aber **spätestens zwölf Monate und 14 Tage nach dem Vertragsschluss**.

4.4.2 Abschluss von Darlehnsverträgen

Verbraucherdarlehensverträge müssen **schriftlich** oder in **elektronischer Form mit qualifizierter Signatur** abgeschlossen werden und alle Angaben gemäß Artikel 247 EGBGB enthalten *(§ 492 BGB)*.

Inhalt des Darlehensvertrages *(Art. 247 § 6 EGBGB)*

- persönliche Daten des Darlehnsnehmers
- Nennbetrag des Darlehens
- ggf. Auszahlungsbetrag bei einem Disagio
- Sollzinssatz

9

- Dauer der Zinsbindung
- Effektivzins während der Zinsbindung
- Tilgungsvereinbarung
- Höhe der Monatsraten
- Gesamtbetrag aller Teilzahlungen während der Zinsbindung
- Besicherung
- Kündigung
- Verpflichtung zum Abschluss einer Gebäudeversicherung

Zudem muss der Vertrag Angaben über das Widerrufsrecht und die Widerrufsfolgen enthalten *(§ 495 BGB)*:

- Widerrufsfrist (14 Tage bzw. ein Monat bei nachträglicher Widerrufsinformation)
- Hinweis auf die Verpflichtung des Darlehensnehmers, beim Widerruf ein bereits ausbezahltes Darlehen zurückzuzahlen und Zinsen zu vergüten

Nach Vertragsabschluss stellt der Darlehensgeber dem Darlehensnehmer eine Abschrift des Vertrages zur Verfügung *(§ 492 Abs. 3 BGB).*

4.5 Abwicklung von Darlehensverträgen

Bestellung der Grundpfandrechte

Die Bestellung der Grundschulden erfolgt in einer notariellen Urkunde. Der Notar wird die Eintragung der Grundpfandrechte entsprechend der vereinbarten Rangfolge veranlassen. Bei einer Briefgrundschuld muss der Grundschuldbrief dem Kreditinstitut übergeben werden.

Im Rahmen der „Verbundfinanzierung" wird aus Kostengründen oft nur **ein** Kreditinstitut treuhänderisch für alle Darlehensforderungen der beteiligten Kreditinstitute in das Grundbuch eingetragen. Im Innenverhältnis erfolgt eine Teilabtretung mit der Festlegung, welchen Rang die beteiligten Kreditinstitute erhalten.

Bereitstellung der Darlehen

Die vereinbarungsgemäße Verwendung von Darlehen ist sicherzustellen. Beim Kauf einer Immobilie kann der Darlehensbetrag an den Verkäufer oder auf ein Notaranderkonto überwiesen werden. Bei einem Neubau erfolgt die Auszahlung nach dem Baufortschritt, der vom Architekten durch Baufortschrittsanzeigen bescheinigt werden muss. Das Kreditinstitut richtet häufig für die Abwicklung der Zahlungen ein besonderes Bausonderkonto ein.

Information während des Vertragsverhältnisses *(§ 493 BGB)*

Das Kreditinstitut muss **Verbraucher** spätestens drei Monate vor Ende der Sollzinsbindung über den neu angebotenen Sollzinssatz informieren.

Ablaufschema beim Erwerb einer Gebrauchtimmobilie

Phasen		Erläuterung
Bank 	**Vorab-information**	▪ Aushändigung der vorvertraglichen Information zur Beratungsleistung ▪ Bereitstellung von allgemeinen Produktinformationen ▪ Information des Kunden über die Kreditwürdigkeitsprüfung und über die benötigten Unterlagen
	Bearbeitung von Darlehens-anträgen	▪ Ermittlung der Gesamtkosten ▪ Ermittlung des Kreditbedarfes (fremde Mittel) ▪ Ermittlung der monatlichen Belastung ▪ Prüfung der Kreditwürdigkeit ▪ Ermittlung des Beleihungswertes ▪ Erstellung eines Finanzierungsplanes und einer auf die persönliche und wirtschaftliche Situation des Kunden abgestimmten individuellen Produktempfehlung
	Angebot	▪ Erläuterung aller wesentlichen Aspekte des Darlehens-angebotes ▪ Aushändigung des ESIS-Merkblattes
Notar 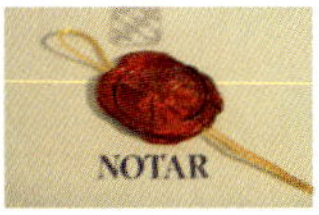	**Beurkundung des Grund-stückskauf-vertrages**	▪ Kaufvertrag (schuldrechtliche Einigung) ▪ Auflassung (dingliche Einigung über den Eigentums-übergang) ▪ Vereinbarung einer Auflassungsvormerkung ▪ Vereinbarung einer Belastungsvollmacht mit Sicherungs-abrede
Bank 	**Abschluss des Darlehens-vertrages**	▪ Aushändigung einer Vertragsurkunde mit allen Detail-informationen an den Darlehensnehmer ▪ Belehrung über das Widerrufrecht und über die Widerrufs-folgen ▪ Abschluss des Darlehensvertrages (Schriftform) und Sicherungsvereinbarung (Sicherungszweckerklärung für die Grundschuld)
Notar 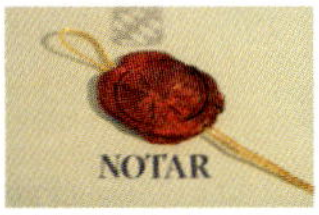	**Beurkundung der Grund-schuld**	▪ Aufgrund der Belastungsvollmacht kann der Erwerber die Eintragung von Grundpfandrechten bewilligen. ▪ Der Notar veranlasst die Eintragung der Grundschulden aber erst, wenn ihm eine Bestätigung des Grundschuldgläubigers vorliegt, dass er die Sicherungsabrede akzeptiert und er den Darlehensbetrag auf das Konto des Verkäufers überweisen wird.
Amtsgericht 	**Eintragung der Auflassungs-vormerkung und der Grundschuld**	▪ Die Eintragung der Auflassungsvormerkung in das Grundbuch sichert den Anspruch des Erwerbers auf die Eigentumsüber-tragung. Spätere Belastungen oder Verfügungen über das Grundstück zum Nachteil des Erwerbers sind nicht mehr möglich. ▪ Die Bank erwirbt mit der Eintragung der Grundschuld ein Pfandrecht an dem Grundstück.

Phasen		Erläuterung
Bank 	**Überweisung des Kaufpreises**	Die Bank überweist den Kaufpreis auf das Konto des Verkäufers, wenn folgende Voraussetzungen erfüllt sind: ▪ Eintragung der Auflassungsvormerkung und der Grundschuld ▪ Vorliegen der Verzichtserklärung der Gemeinde auf das gesetzliche Vorkaufsrecht
Amtsgericht 	**Eintragung des Erwerbers in das Grundbuch**	Mit der Eintragung in das Grundbuch erwirbt der Erwerber das Eigentum an dem Grundstück. Die Auflassungsvormerkung wird gelöscht.

4.6 Notleidende Darlehen

4.6.1 Vermeidung von Kreditausfällen

Baudarlehen haben oft lange Laufzeiten von 20 bis 30 Jahren. In dieser Zeit kann sich die finanzielle Situation des Darlehnsnehmers zum Beispiel wegen Arbeitslosigkeit, Krankheit und Scheidung verschlechtern.

Kreditinstitute müssen Verfahren installieren, um möglichst frühzeitig eine Bonitätsverschlechterung von Darlehensnehmern zu erkennen *(BTO 1.3 MaRisk)*. Warnsignale können zum Beispiel verringerte Kontoumsätze, nicht genehmigte Überziehungen oder die Nichteinlösung von Lastschriften sein.

Kundenbetreuer sollten den Kunden bei Zahlungsschwierigkeiten ansprechen, um mit ihm gemeinsam nach Lösungen zu suchen. Bei vorübergehenden Problemen kann eine Reduzierung der Monatsraten durch eine niedrigere Tilgung dem Kunden helfen. Auch eine begrenzte Aussetzung der Tilgung ist möglich.

Wenn erkennbar ist, dass der Kunde nachhaltig mit der Bedienung des Darlehens überfordert ist, kann der Verkauf der Immobilie ein Ausweg sein. Auch in diesem Fall ist ein frühzeitiges Handeln oft ratsam, bevor die Darlehensschuld durch Verzugszinsen und Mahnkosten weiter ansteigt. Bei einem freiwilligen Verkauf der Immobilie ist zudem der Verkaufserlös oft höher als bei einer Zwangsversteigerung.

4.6.2 Fälligstellung von Darlehen

Bei einem Zahlungsverzug des Kunden kann das Kreditinstitut für den rückständigen Betrag einen **Verzugszinssatz von 2,5 Prozentpunkten über dem Basiszinssatz** in Rechnung stellen *(§ 497 Abs. 4 BGB)*.

Bei einem Immobiliar-Verbraucherdarlehensvertrag kann das Kreditinstitut das gesamte Darlehen unter folgenden Bedingungen fällig stellen *(§ 498 BGB)*:

- Der Darlehensnehmer ist mit mindestens zwei aufeinander folgenden Teilzahlungen ganz oder teilweise in Verzug.

- Der rückständige Betrag beträgt mindestens 2,5% des Nennbetrags des Darlehens.
- Dem Darlehensnehmer wurde erfolglos eine zweiwöchige Frist zur Zahlung des rückständigen Betrags gesetzt, verbunden mit der Androhung, dass bei Nichtzahlung innerhalb der Frist die gesamte Restschuld fällig ist.
- Der Darlehensgeber hat dem Darlehensnehmer spätestens bei der Fristsetzung ein Gespräch über die Möglichkeiten einer einverständlichen Regelung angeboten.

4.6.3 Verwertung von Grundpfandrechten

Der **Grundpfandrechtsgläubiger** kann bei Nichterfüllung seiner Ansprüche die Zwangsvollstreckung in das Grundstück betreiben *(§§ 1147, 1181 BGB)*.

Voraussetzungen für eine Zwangsvollstreckung:

- **Fälligkeit** der Grundschuld
  Die Grundschuld ist erst nach vorheriger Kündigung und Ablauf einer Kündigungsfrist von sechs Monaten fällig *(§ 1193 BGB)*. Das Kreditinstitut ist zu einer Kündigung nur berechtigt, wenn der Kreditnehmer seinen Darlehensvertrag nicht erfüllt hat.
- **vollstreckbarer Titel**
  - Urteil aufgrund einer Klage auf Duldung der Zwangsvollstreckung oder
  - notarielle Urkunde (Zwangsvollstreckungsklausel)

Wenn der Grundstückseigentümer sich schon bei der Grundschuldbestellung der sofortigen Zwangsvollstreckung in das Grundstück unterworfen hat (dingliche Zwangsvollstreckungsklausel), kann der Gläubiger direkt mit einer vollstreckbaren Ausfertigung der Urkunde beim Amtsgericht die Zwangsvollstreckung beantragen.

Arten der Zwangsvollstreckung *(§ 1 ZVG)*	
Zwangsverwaltung *(§ 146ff. ZVG)*	**Zwangsversteigerung** *(§ 15ff. ZVG)*
Die Gläubiger werden aus den laufenden Erträgen des Grundstücks befriedigt. Ein vom Amtsgericht eingesetzter Zwangsverwalter verwaltet die Immobilie und führt die laufenden Erträge an die Gläubiger ab.	Die Gläubiger werden aus dem Versteigerungserlös des Grundstücks befriedigt. Der Versteigerungserlös wird nach der Rangfolge der im Grundbuch eingetragenen Rechte an die Gläubiger verteilt.

Der Gläubiger hat ein Wahlrecht, ob er die Zwangsverwaltung oder die Zwangsversteigerung anstrebt.

Höhe der Forderungen in einem Zwangsversteigerungsverfahren

- **Außenverhältnis**: Aufgrund des abstrakten Charakters der Sicherungsgrundschuld kann die Bank in einem Zwangsversteigerungsverfahren die im Grundbuch eingetragene Grundschuld zuzüglich der rückständigen (dinglichen) Zinsen für zwei Jahre *(§ 10 Abs. 1 Nr. 4 ZVG)* und die laufenden Zinsen *(§ 13 Abs. 1 ZVG)* geltend machen.
- **Innenverhältnis**: Gegenüber dem Kreditnehmer hat die Bank nur einen Anspruch auf den tatsächlichen Schuldsaldo einschließlich der aufgelaufenen Zinsen und der Kosten.

9

Fallbeispiel:
Die Regio-Bank AG hat ein durch eine Grundschuld gesichertes Darlehen fällig gestellt und einen Schuldsaldo einschließlich Zinsen und Kosten von 112 000,00 EUR ermittelt. Die Grundschuld lautet über 100 000,00 EUR; der im Grundbuch eingetragene dingliche Zins beträgt 15 %. Die Zinsen sind jeweils nachträglich am 1. Tag des Kalenderjahres für das zurückliegende Jahr fällig. Die Anordnung der Zwangsversteigerung erfolgt am 23.11.2020. Die Zwangsversteigerung wird am 01.04.2022 durchgeführt.

Forderungen der Regio-Bank AG in der Zwangsversteigerung	
Grundschuld	100 000,00 EUR
+ rückständige Zinsen, die in den zwei Vorjahren (2018 + 2019) fällig waren (aufgrund der nachträglichen Zinszahlung sind das die Zinsen für 2017 und 2018)	30 000,00 EUR
+ laufende Zinsen vom 01.01.2019 bis zum 01.04.2022 (39 Monate) (Zinsen im Jahr vor der Anordnung bis zum Versteigerungstermin)	48 750,00 EUR
Summe der angemeldeten Ansprüche	**178 750,00 EUR**

Übersteigt der Versteigerungserlös 112 000,00 EUR, muss die Regio-Bank AG den Mehrbetrag an den Grundstückseigentümer bzw. an nachrangige Gläubiger überweisen.

Ein nachrangig im Grundbuch eingetragener Gläubiger muss bei der Beurteilung der Kreditsicherheit beachten, dass die Forderungen eines vorrangigen Gläubigers in einem Zwangsversteigerungsverfahren deutlich höher sein können als der Nennwert der eingetragenen Grundschuld.

Zwangsversteigerung	
Bietzeit *(§ 73 ZVG)*	Die Bietzeit, in der die Gebote mündlich abgegeben werden können, muss mindestens 30 Minuten dauern.
Bargebot *(§ 49 ZVG)*	Das Bargebot ist der Geldbetrag, den ein Bieter bei einem Zuschlag bar zu entrichten hat. Bei der Abgabe eines Gebotes sollte der Bieter bestehen bleibende Rechte berücksichtigen. ***Beispiel:*** *Ein Bieter ist bereit, für eine Immobilie insgesamt 200 000,00 EUR zu zahlen. Eine vorrangige Belastung im Wert von 80 000,00 EUR bleibt auch nach der Versteigerung bestehen. In der Versteigerung sollte der Bieter nicht mehr als 120 000,00 EUR (200 000,00 EUR – 80 000,00 EUR) bieten, da er die Belastung übernehmen muss.*
Bietsicherheit *(§ 67 ff. ZVG)*	Auf Antrag eines Gläubigers muss jeder Bieter eine Sicherheit *(z. B. bestätigte Bundesbankschecks, Vorabüberweisung an die Gerichtskasse, Bank-Verrechnungsschecks)* in Höhe von 10 % des Verkehrswertes leisten.

Zwangsversteigerung	
Wertgrenzen (Mindestgebote) im ersten Versteigerungstermin *(§§ 74a, 85a ZVG)*	▪ $^5/_{10}$**-Grenze (Schuldnerschutz)**: Das Meistgebot zuzüglich der Summe der bestehen bleibenden Rechte darf nicht unter 50 % des festgesetzten Verkehrswertes liegen. ▪ $^7/_{10}$**-Grenze (Gläubigerschutz)**: Bei einem Meistgebot, das unter 70 % des Verkehrswertes bleibt, kann auf Antrag eines Berechtigten, dessen Ansprüche ganz oder teilweise nicht gedeckt sind, der Zuschlag versagt werden.
Zuschlag *(§ 89 ff. ZVG)*	Das höchste Gebot (Meistgebot) erhält den Zuschlag am Ende der Versteigerung. Durch den Zuschlag erwirbt der Bieter das Eigentum an dem Grundstück.

5 Wohngebäude- und Hausratversicherung

Wohngebäude- und Hausratversicherungen ersetzen im Versicherungsfall die an dem Gebäude oder dem Mobiliar entstandenen Schäden. Da diese Schäden sehr hoch sein können, sollten

- alle Haus- und Wohnungseigentümer eine Wohngebäudeversicherung und
- alle Personen mit eigenem Hausstand eine Hausratversicherung abschließen.

Bei Baudarlehen, die durch Grundpfandrechte gesichert sind, verlangen Kreditinstitute den Abschluss einer Wohngebäudeversicherung in ausreichender Höhe.

Kreditinstitute bieten ihren Kunden regelmäßig den Abschluss dieser Versicherungen bei ihren Vertriebspartnern an.

5.1 Grundlagen zum Vertrieb von Versicherungsprodukten

Bei einer ganzheitlichen Beratung bieten Kreditinstitute ihren Kunden auch Versicherungsprodukte zur Alters- und Risikovorsorge an.

Beispiele:
- *Altersvorsorge: Rentenversicherungen, Kapitallebensversicherungen*
- *Risikovorsorge: Berufsunfähigkeitsversicherung, Risikolebensversicherung, Gebäudeversicherung, Haftpflichtversicherung, Hausratversicherung*

Zum Vertrieb von Versicherungsprodukten haben Kreditinstitute **Kooperationen mit Versicherungsgesellschaften (Versicherern)** geschlossen, um als **Versicherungsvermittler** *(§ 92 HGB, § 34d GewO)* ihren Kunden die Produkte des Kooperationspartners/Verbundpartners anzubieten.

Beispiele:
- *Sparkassen: Provinzial-Versicherungen*
- *Kreditgenossenschaften: R + V Versicherungen*
- *Deutsche Bank AG: Zurich Deutsche Herold*
- *Commerzbank AG, Unicredit AG: Allianz Versicherung*

9

Vermittler müssen über die für die Vermittlung der jeweiligen Versicherung **sachgerechte Qualifikation** verfügen. Sie müssen die Mitarbeiter entsprechend ausbilden und laufend fortbilden *(§ 34d Abs. 9 GewO).*

Beratungs- und Dokumentationspflichten

Vor Abschluss eines Vertrages ist dem Versicherungsnehmer in Textform mitzuteilen, von welchen Versicherern der Versicherungsvermittler Produkte anbietet *(§ 60 Abs. 2 VVG).*

Der Versicherungsvermittler hat den Versicherungsnehmer nach seinen Wünschen und Bedürfnissen zu befragen und zu beraten sowie die Gründe für jeden zu einer bestimmten Versicherung erteilten Rat anzugeben. Der Umfang der Befragung und Beratung richtet sich nach Art, Umfang und Komplexität der Versicherung sowie nach der Person des Versicherungsnehmers *(§ 6 Abs. 1 VVG).*

Beispiele:
Die Beratung zu einer Berufsunfähigkeitsversicherung mit komplexen Inhalten, langer Laufzeit und hohen Beiträge erfordert eine umfänglichere Beratung als eine Kfz-Versicherung.

Die Inhalte des Beratungsgespräches sind unter Berücksichtigung der Komplexität des angebotenen Versicherungsvertrags in einem **Beratungsprotokoll** zu dokumentieren und dem Versicherungsnehmer vor Abschluss des Vertrages in klarer, genauer und für den Versicherungsnehmer verständlicher Weise in Textform auf Papier oder dauerhaftem Datenträger zu übermitteln *(§ 61 Abs. 1, § 62 Abs. 1 VVG).*

Zudem sind dem Kunden vor Vertragsabschluss folgende Unterlagen in Textform zu übermitteln:

- Vertragsentwurf (Kopie des Versicherungsantrages)
- Versicherungsbedingungen
- Produktbezogene Informationen *(z. B. Abschluss- und Vertriebskosten, Verwaltungskosten)*
- Produktinformationsblatt
- Widerrufsbelehrung
  Der Versicherungsnehmer hat ein Widerrufsrecht von **14 Tagen** (abweichend 30 Tage bei Lebensversicherungen, *§ 152 VVG*) nach Erhalt des Versicherungsscheins und der weiteren Unterlagen *(§ 7 Abs. 1, 2 VVG)*.
  Der Versicherungsnehmer ist über sein Widerrufsrecht und über die Widerrufsfolgen zu informieren. Durch Unterschrift bestätigt der Versicherungsnehmer den Erhalt der Belehrung.

Abschluss des Vertrages

Der Versicherungsvertrag kommt zustande, wenn

- der Versicherer einen vom Versicherungsnehmer gestellten Antrag annimmt (Antragsmodell) oder wenn
- der Versicherungsnehmer ein vom Versicherer unterbreitetes Angebot akzeptiert (Invitatiomodell).

Obliegenheiten des Versicherungsnehmers

Dem Versicherungsnehmer muss nach den jeweiligen Vertragsbedingungen bestimmte Obliegenheiten (Verpflichtungen) erfüllen.

Obliegenheiten des Versicherungsnehmers
vorvertragliche Anzeigepflichten ▪ Angaben zur Person des Versicherungsnehmers ▪ Informationen, die es dem Versicherer ermöglichen, das Risiko einzuschätzen *Beispiel: Angaben zum Gesundheitszustand*
Plichten während der Vertragslaufzeit ▪ Unterlassen von Gefahrenerhöhungen bzw. deren Anzeige ▪ Anzeige von Wohnungswechsel ▪ Maßnahmen zur vorbeugenden Schadenverhütung *Beispiel: Wertsachen sicher aufbewahren*
Pflichten nach Eintritt des Versicherungsfalles ▪ Anzeigepflicht des Schadens ▪ Auskunftspflicht zum Schaden ▪ Schadenabwendungs- und Schadenminderungspflicht *Beispiel: Abdrehen des Haupthahns bei einem Wasserrohrbruch*

Die Verletzung einer Obliegenheit kann dazu führen, dass der Versicherer im Schadenfall die Leistung verweigert oder vermindert.

5.2 Wohngebäudeversicherung

Eine **Wohngebäudeversicherung** erstattet dem Versicherungsnehmer Schäden an einem Wohngebäude und den Nebengebäuden *(z. B. Garage, Geräteschuppen)*, die durch bestimmte im Versicherungsvertrag definierte Gefahren entstanden sind.

Versicherte Sachen

Wohngebäude	Das Gebäude ist ein mit dem Erdboden verbundenes Bauwerk, das Wohnzwecken dient und gegen äußere Einflüsse Schutz gewährt.
Gebäudebestandteile	Gebäudebestandteile sind in das Gebäude eingefügte Sachen, die mit dem Einbau ihre Selbstständigkeit verloren haben (*z. B. Fenster, Heizungsanlagen, sanitäre Anlagen, Einbauküche, verklebter Teppichboden*).
Gebäudezubehör	Gebäudezubehör sind bewegliche Sachen, die sich im Gebäude befinden oder außen am Gebäude angebracht sind und der Instandhaltung bzw. überwiegenden Zweckbestimmung des versicherten Gebäudes dienen (*z. B. Heizölvorrat, Feuermelder, Müllboxen, Klingel- und Briefkastenanlagen*). Kein Zubehör sind Möbel und sonstiger Hausrat.
Nebengebäude	Kleinere Nebengebäude (z. B. Geräteschuppen, Gartenhaus, Carports, Garagen) sind oft beitragsfrei mitversichert. Für größere Nebengebäude ist häufig eine separate Vereinbarung notwendig.

Versicherte Gefahren

Eine **verbundene Wohngebäudeversicherung** versichert drei Gefahren *(Allgemeine Wohngebäudeversicherungsbedingungen, Teil A)*:

- **Brand, Blitzschlag, Explosion, Implosion, Flugzeugabsturz**
  Bei einem Blitzschlag sind auch Schäden versichert, die durch Überspannung oder Kurzschluss an elektrischen Einrichtungen oder Geräten entstehen.
  In vielen Bundesländern sind Rauchmelder vorgeschrieben. Es gehört zu den Pflichten des Versicherungsnehmers Rauchmelder zu installieren, andernfalls kann die Versicherung im Schadenfall ihre Leistungen kürzen.

- **Leitungswasser, Bruchschäden**
  Versichert sind Schäden durch bestimmungswidrig ausgetretenes Leitungswasser aus Wasserrohren (Zu- und Ableitungen), Heizungs- und Klimaanlagen, Wasserbetten und Aquarien.
  Bruchschäden entstehen durch eingefrorene Leitungen innerhalb und außerhalb des Gebäudes.

- **Sturm und Hagel**
  Sturmschäden setzen eine Windstärke von mindestens acht nach der Beaufortskala voraus.
  Hagel ist ein fester Witterungsniederschlag durch Eiskörner. Versichert sind auch Schäden, die durch umfallende Bäume oder herumfliegende Gebäudeteile an dem Gebäude entstehen.
  Nicht versichert sind Schäden, die durch nicht ordnungsgemäß geschlossene Fenster oder Türen entstanden sind.

Elementargefahren (Überschwemmung, Erdbeben, Erdrutsch, Lawinen, Vulkanausbruch) können zusätzlich versichert werden. Bei Baufinanzierungen verlangen Kreditinstitute häufig, dass in der Gebäudeversicherung auch Elementargefahren versichert sind.

Nicht versichert sind Schäden, die durch Krieg, innere Unruhen und Kernenergie verursacht sind.

Neben dem unmittelbar versicherten Schaden erstattet die Versicherung auch Folgekosten *(z. B. Kosten für Aufräumungs- und Abbrucharbeiten)*. Ist das Gebäude nicht mehr bewohnbar, übernimmt die Versicherung für einen bestimmten Zeitraum *(z. B. maximal 200 Tage)* die Hotelkosten.

Obliegenheiten

Der Versicherungsnehmer hat bestimmte **Verhaltenspflichten (Obliegenheiten)** zu beachten, andernfalls gefährdet er seinen Versicherungsschutz. Zu seinen Obliegenheiten gehört es,

- die Sicherheitsvorschriften zum Brand- und Frostschutz zu beachten.
- die versicherten Sachen *(z. B. Wasserleitungen)* in ordnungsgemäßem Zustand zu halten und Mängel unverzüglich zu beseitigen. In nicht genutzten Räumen sind Wasserleitungen zu sperren bzw. zu entleeren. Um Frostschäden zu vermeiden, sind alle Räume mit Wasserleitungen stets zu heizen.

- im Schadenfall unverzüglich alles Erforderliche tun, um den Schaden zu begrenzen bzw. zu mindern *(z.B. Abdichtung eines beschädigten Daches, Haupthahn der Wasserleitung zudrehen).*
- einen Schaden unverzüglich der Versicherung anzuzeigen.

Gleitende Neuwertversicherung

Der **Versicherungswert** bildet die Grundlage für die Berechnung der Entschädigung. Ein zu niedriger Versicherungswert führt einer Unterversicherung, das heißt, die Versicherung ersetzt einen Schaden nur zum Teil.

Da sich der Wert einer Immobilie im Zeitablauf ändert, empfiehlt sich der Abschluss einer „**gleitenden Neuwertversicherung**“. Der Versicherungswert entspricht einem Betrag, der aufzuwenden ist, um ein Gebäude in gleicher Art und Güte wiederherzustellen. Der Versicherungswert wird jährlich an die aktuellen Neubaukosten angepasst. Bei steigenden Baukosten erhöht sich auch der Versicherungswert der Immobilie, aber auch die zu zahlende Prämie. Die gleitende Neuwertversicherung verhindert eine durch Preissteigerungen bedingte Unterversicherung.

Ermittelt wird der gleitende Neuwert auf der Grundlage des Versicherungswertes des Gebäudes zu Baukosten aus dem Jahr 1914. Dieser Wert kann dann mithilfe des vom statistischen Bundesamt ermittelten Baukostenindexes auf das aktuelle Jahr hochgerechnet werden.

$$\textbf{Versicherungswert des Gebäudes Basis 1914} = \frac{\text{aktueller Gebäudeneuwert} \cdot 100}{\text{aktueller Baukostenindex}}$$

$$\textbf{aktueller Gebäudewert} = \frac{\text{Versicherungswert 1914} \cdot \text{aktueller Baukostenindex}}{100}$$

Die bei Vertragsschluss vereinbarte Versicherungssumme lautet auf den Wert des Gebäudes in den Preisen des **Jahres 1914 in Reichsmark und ändert sich im Vertragsablauf nicht mehr.**

Beispiel:

Baukosten eines Wohngebäudes im Jahr 2017: 300 000,00 EUR.

Baupreisindex im Jahr 2017: 1 358,3

Versicherungssumme des Gebäudes auf Basis des Jahres 1914: 22 086,43 Mark

$$1\,358{,}3 \;\hat{=}\; 300\,000{,}00 \text{ EUR}$$

$$100 \;\hat{=}\; x$$

$$\frac{300\,000{,}00 \cdot 100}{1\,358{,}3} = \underline{\underline{22\,086{,}43 \text{ Mark}}}$$

9

Folgejahre	Versicherungssumme Basis 1914 in Mark	Baukostenindex	Aktueller Gebäudeneuwert
2018	*22 086,43*	*1 396,70*	*308 481,17 EUR*
2019	*22 086,43*	*1 454,30*	*321 202,95 EUR*
2020	*22 086,43*	*1 523,00*	*336 376,33 EUR*

Mit der Erhöhung des aktuellen Gebäudeneubauwertes steigt auch die Versicherungsprämie.

Wenn die Versicherungssumme Basis 1914 nach den Vorgaben der Versicherung ermittelt wurde, verzichtet der Versicherer auf die Einrede der Unterversicherung. Bei einem Schaden haftet der Versicherer nun für alle Schäden am versicherten Gebäude ohne betragsmäßige Begrenzung und **entschädigt zum aktuellen Neuwert**.

5.3 Hausratversicherung

Eine **Hausratversicherung** erstattet dem Versicherungsnehmer Schäden am Hausrat, die durch bestimmte im Versicherungsvertrag definierte Gefahren entstanden sind.

Die Versicherung ersetzt im Schadenfall den versicherten Hausrat in der Regel zum **Neuwert** der Gegenstände. Der Versicherungsnehmer erhält einen Geldbetrag, der ihm die Wiederbeschaffung der Sachen in gleicher Art und Güte im neuwertigen Zustand ermöglicht *(Allgemeine Hausratversicherungsbedingungen, Teil A 7)*.

Versicherte Sachen

Versichert ist der gesamte **Hausrat** an dem im Versicherungsschein genannten **Versicherungsort**.

Zum **Hausrat** gehören alle Gebrauchs- und Verbrauchsgüter, die dem Haushalt des Versicherungsnehmers zur privaten Nutzung dienen. Dazu gehören
- Einrichtungsgegenstände (*z. B. Möbel, Gardinen, Bilder*),
- Gebrauchsgegenstände im Haushalt (*z. B. Geschirr, Besteck*),
- Kleidung, Wäsche,
- Verbrauchsgegenstände (*z. B. Reinigungsmittel*),
- Haustiere

Einbaumöbel und Einbauküchen sind nur versichert, wenn der Versicherungsnehmer die Gegenstände auf seine Kosten beschafft hat und die Gefahr hierfür trägt.

Für Wertsachen (*z. B. Bargeld, Schmuck, Wertpapiere*) gelten besondere Bedingungen. Im Versicherungsvertrag sind Höchstgrenzen für Entschädigungen vereinbart. Zudem sind Wertsachen oft nur versichert, wenn sie in Wertschutzschränken verwahrt werden.

Versicherungsort ist die im Versicherungsschein bezeichnete **Wohnung** einschließlich der Nebenräume *(z. B. Keller, Garagen)*. Die Räume müssen zu Wohnzwecken dienen und eine selbstständige Lebensführung ermöglichen. Gewerblich und ausschließlich beruflich genutzte Räume gehören demnach nicht zur Wohnung. Eine Ausnahme bilden Arbeitszimmer, die ausschließlich über die Wohnung zu betreten sind; sie sind in der Hausratversicherung mitversichert.

Außerhalb des Versicherungsortes besteht ein Versicherungsschutz für privat genutzte Gebrauchsgegenstände, die Eigentum des Versicherungsnehmers sind und sich nur vorübergehend nicht am Versicherungsort befinden *(z. B. Fahrraddiebstahl, wenn dieser in der Hausratversicherung versichert ist).*

Versicherte Gefahren

Der Versicherer erstattet Schäden, die durch folgende Ereignisse entstanden sind *(Allgemeine Hausratversicherungsbedingungen, Teil A 1)*:
- Brand, Blitzschlag einschließlich Überspannungsschäden durch Blitzeinschlag, Explosion, Implosion, Flugzeugabsturz
- Leitungswasser, Bruchschäden
- Sturm und Hagel

} Bedingungen wie bei Wohngebäudeversicherung

- Einbruchdiebstahl, Vandalismus nach Einbruch und Raub

Bei einem **Einbruchdiebstahl** verschafft sich der Dieb gewaltsam Zugang zur Wohnung *(z. B. Aufbrechen einer Tür, Einschlagen eines Fensters)* oder durch unberechtigtes Öffnen eines Türschlosses *(z. B. Öffnen mit einem falschen Schlüssel oder Dietrich)* und entwendet Gegenstände. Nicht versichert ist demnach beispielsweise ein Diebstahl durch einen eingeladenen Partygast.

Bei einem **Raub** entwendet der Täter dem Versicherungsnehmer Sachen durch Gewaltanwendung oder durch Gewaltandrohung.
Eine Versicherung gegen **Elementargefahren** (z. B. Überschwemmung, Lawinen) kann zusätzlich in den Vertrag aufgenommen werden.

Nicht versichert sind Schäden, die durch Krieg, innere Unruhen, Kernenergie, Überschwemmung, Erdbeben, Lawinen und Vulkanausbrüche verursacht sind.

Versicherungswert und Versicherungssumme

Der **Versicherungswert** bildet die Grundlage für die Berechnung der Entschädigung. In der Regel ist der Versicherungswert der **Neuwert** der am Versicherungsort befindlichen versicherten Sachen. Bei Wertsachen, bei denen die Entschädigung auf bestimmte Höchstbeträge beschränkt ist, sind maximal die Höchstbeträge anzusetzen.

Die **Versicherungssumme** vereinbaren die Beteiligten im Versicherungsvertrag. Falls die Versicherungssumme niedriger ist als der Versicherungswert, besteht eine **Unterversicherung** und der Versicherer leistet nur eine anteilige Erstattung im Schadenfall.

Um die „richtige" Versicherungssumme zu ermitteln, gibt es zwei Möglichkeiten:

- Ermittlung des tatsächlichen Neuwertes des Hausrates
  Der Versicherungsnehmer erstellt eine Liste mit allen Gebrauchsgegenständen im Haushalt und ermittelt die jeweiligen Neuwerte.

- Pauschale Ermittlung nach der Wohnungsgröße
  Einfacher ist die pauschale Ermittlung anhand der Wohnungsgröße. Der Versicherer gibt einen Standardwert für die Versicherungssumme pro Quadratmeter Wohnfläche vor.

  Beispiel:
  Die Wohnung hat eine Größe von 85 m^2. Der Standardwert der Versicherung beträgt 650,00 EUR pro m^2.
  Versicherungssumme = 650,00 · 85 = 55 250,00 EUR

  Bei Verwendung dieser Berechnungsmethode **verzichtet** der Versicherer in der Regel auf den **Einwand der Unterversicherung** (Unterversicherungsverzicht) und ersetzt den Schaden zum Neuwert.

9

Die Höhe der Versicherungsprämie richtet sich nach der Versicherungssumme.

Da die Preise für den Hausrat sich im Zeitablauf erhöhen, ist eine **regelmäßige Anpassung der Versicherungssumme** an das aktuelle Preisniveau notwendig. Der Versicherer erhöht jährlich die Versicherungssumme auf Grundlage des Verbraucherpreisindexes (Preisindex für Verbrauchs- und Gebrauchsgüter ohne Nahrungsmittel) und teilt diese dem Versicherungsnehmer mit. Einer Erhöhung der Versicherungssumme kann der Versicherte **innerhalb eines Monats widersprechen**.

Beispiel:

2020: Abschluss der Versicherung, Versicherungssumme 55 250,00 EUR, Preisindex für Hausrat 103,0

2021: Preisindex für Hausrat 105,5

$$\text{neue Versicherungssumme} = \frac{55\,250{,}00 \cdot 105{,}5}{103{,}0} = 56\,591{,}02\ \text{EUR}$$

aufgerundet auf volle 50,00 EUR = 56 600,00 EUR

Obliegenheiten

Der Versicherungsnehmer muss bestimmte Obliegenheiten erfüllen, um seinen Versicherungsschutz nicht zu gefährden. Die Obliegenheiten entsprechen weitgehend den Verpflichtungen bei einer Wohngebäudeversicherung (*z. B. Heizen der Räume im Winter, Sicherung der Wohnung gegen Einbruch*).

Bei Einbruchdiebstahl und Raub ist Anzeige bei der Polizei zu erstatten. Entwendete Sparbücher und Zahlungskarten muss er unverzüglich sperren lassen.

6 Gesamtwirtschaftliche Beschränkung von Baudarlehen

Wenn die Funktionsfähigkeit des Finanzsystems durch einen starken Preisanstieg von Wohnimmobilien in Verbindung mit hohen Neuvergaben von Baudarlehen gefährdet ist, kann die BaFin allgemeine Beschränkungen bei der Baufinanzierung erlassen *(§ 48u KWG)*. In diesem Fall kann die BaFin die Kreditvergabe der Kreditinstitute einschränken durch die Vorgabe

- einer Obergrenze für das Verhältnis zwischen gesamter Darlehenshöhe und dem Immobilienwert zum Zeitpunkt der Darlehensvergabe (Darlehensvolumen-Immobilienwert-Relation).
- eines Zeitraumes, innerhalb dessen ein bestimmter Bruchteil des Darlehens zurückgezahlt werden muss oder die Vorgabe einer maximalen Laufzeit bei endfälligen Darlehen (Amortisationsanforderung).

Die verringerte Darlehnsvergabe soll dem Preisanstieg und einer „Blase" auf dem Immobilienmarkt entgegenwirken.

Lernfeld 12: Kunden über Produkte der Vorsorge und Absicherung informieren

1 Versorgungslücken

Im Rahmen einer ganzheitlichen Beratung gilt es, **Versorgungslücken** des Kunden zu identifizieren und **Vorsorgemöglichkeiten** aufzuzeigen.

Dazu gehören insbesondere die Themen
- Altersvorsorge,
- Absicherung von Hinterbliebenen und
- Absicherung bei Erwerbsminderung.

Sozialversicherungspflichtige Arbeitnehmer erhalten eine **Basisversorgung** von der **gesetzlichen Rentenversicherung (GRV)**.

Sozialversicherungspflichtige Arbeitnehmer und einige Selbstständige *(z. B. Handwerker, Künstler)* sind **Pflichtversicherte** in der GRV; geringfügig Beschäftigte können sich von der Versicherungspflicht befreien lassen. Andere **Selbstständige** können sich **freiwillig** bei der GRV versichern.

Arbeitnehmer und Arbeitgeber zahlen die Beiträge zur GRV zu gleichen Teilen; Selbstständige zahlen den Beitrag allein.

Bestimmte **Freiberufler** *(z. B. Ärzte, Architekten, Rechtsanwälte)* können sich – auch wenn sie als Angestellte tätig sind – von der GRV befreien lassen und sich stattdessen bei einem **berufsständischen Versorgungswerk** *(z. B. Nordrheinische Ärzteversorgung)* versichern.

Durch die gezahlten Beiträge erlangen die Versicherten einen Anspruch auf
- Altersrente,
- Hinterbliebenenrente und
- Erwerbsminderungsrente.

Zudem trägt die GRV auch Rehabilitationskosten zur Erhaltung und Wiederherstellung der Arbeitskraft.

Die GRV beruht auf einem **Umlageverfahren**, dem ein sogenannter **Generationenvertrag** zugrunde liegt.

- Umlageverfahren, weil die von der GRV vereinnahmten Beiträge sofort an die aktuellen Rentenbezieher weitergeleitet werden. Die GRV bildet nur ein geringes Sparkapital für die Erfüllung späterer Ansprüche.

- Generationenvertrag, weil in diesem System die heutigen Beitragszahler („Elterngeneration“) erwarten, dass die nächste Generation („Kindergeneration“) später ihre Renten zahlt.

Ergänzt werden die Einnahmen der GRV durch einen Bundeszuschuss aus Steuergeldern.

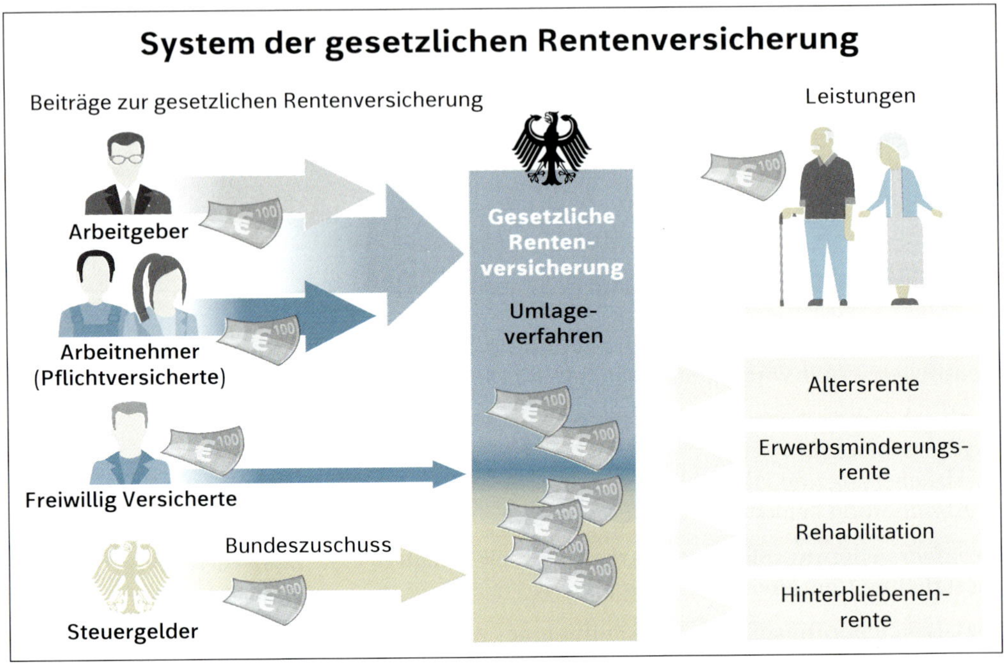

Allgemeine Wartezeit

Leistungen aus der GRV erhalten nur Personen, die mindestens **fünf Jahre** Beiträge in die Versicherung eingezahlt haben (Mindestversicherungszeit, allgemeine Wartezeit).

Die Ansprüche aus der **gesetzlichen Rentenversicherung** im Alter, bei Erwerbsminderung und im Todesfall sind jedoch relativ niedrig und führen zu **Versorgungslücken**. Dies liegt auch an der demografischen Entwicklung in Deutschland, die durch eine steigende Anzahl von Rentnern im Vergleich zu den Erwerbstätigen gekennzeichnet ist.

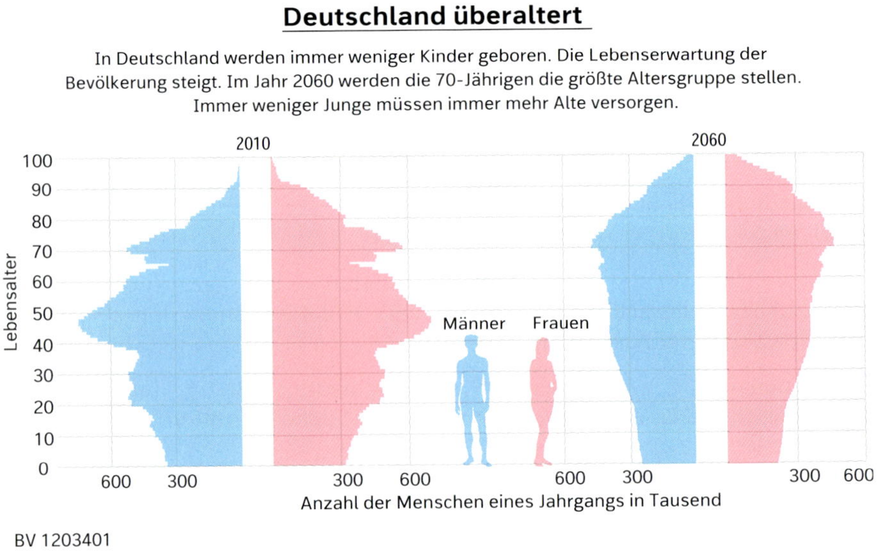

Die gesetzliche Rentenversicherung sichert lediglich eine Grundversorgung.

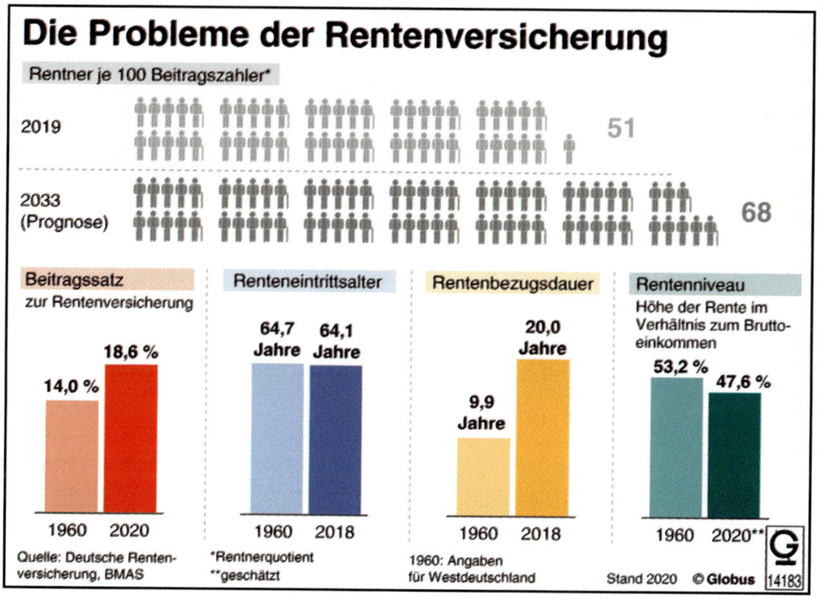

Die **Versorgungslücke** ist die Differenz zwischen dem angestrebten Einkommen im Rentenalter und dem zu erwartenden Alterseinkommen (Rentenansprüche, Kapitalerträge, Mieterträge).

Bei der Ermittlung einer zukünftigen Versorgungslücke sind viele Faktoren zur berücksichtigen:

- Höhe der erwarteten Alterseinkünfte *(z.B. gesetzliche Rente, Betriebsrente, Kapitalerträge)*
- Inflationsrate, durch die sich die spätere Kaufkraft der Altersbezüge mindert
- Gehaltssteigerungen, die tendenziell den Lebensstandard und damit die Versorgungslücke erhöhen
- Rentensteigerungen, die zu einer Verminderung der Versorgungslücke beitragen
- veränderter Geldbedarf während der Rentenzeit *(z.B. Verringerung des Geldbedarfs, da die Immobilie abbezahlt ist oder die Kinder nicht mehr zu unterstützen sind)*
- Zinsniveau während der Ansparzeit (höhere Zinsen führen zu höheren Alterseinkünften)

Da diese Faktoren bei einer Altersvorsorgeberatung, die weit in die Zukunft gerichtet ist, nur schwer einzuschätzen sind, sollte laufend (*z.B. jährlich*) eine Überprüfung der Annahmen, Ziele und Maßnahmen zur Schließung der Versorgungslücke erfolgen.

Durch eine **betriebliche** und **private Vorsorge** können Versorgungslücken geschlossen werden.

Eine zusätzliche **Betriebsrente** erhalten oftmals langjährig Beschäftigte bei Großunternehmen. Die Höhe der Ansprüche ist bei den einzelnen Unternehmen unterschiedlich und zudem von der Dauer der Beschäftigung und der Höhe des Gehaltes abhängig.

Vor dem Hintergrund der zu erwartenden Versorgungslücke bei den Alterseinkünften ist eine private Altersvorsorge empfehlenswert.

Beispiele zur Ermittlung der Versorgungslücke:

Bruttoarbeitseinkommen pro Monat	Nettoarbeitseinkommen pro Monat	gesetzliche Nettorente (vor Steuern)	Betriebsrente (vor Steuern)	Versorgungslücke
2500,00 EUR	*1628,00 EUR*	*950,00 EUR*	*0,00 EUR*	*678,00 EUR*
3000,00 EUR	*1881,00 EUR*	*1140,00 EUR*	*200,00 EUR*	*541,00 EUR*
3500,00 EUR	*2123,00 EUR*	*1330,00 EUR*	*0,00 EUR*	*793,00 EUR*
4000,00 EUR	*2354,00 EUR*	*1517,00 EUR*	*350,00 EUR*	*487,00 EUR*
4500,00 EUR	*2590,00 EUR*	*1722,00 EUR*	*420,00 EUR*	*448,00 EUR*
5000,00 EUR	*2826,00 EUR*	*1936,00 EUR*	*0,00 EUR*	*890,00 EUR*

Annahmen: Das erwartete Alterseinkommen (vor Steuern) soll dem Nettoarbeitseinkommen (nach Steuern) entsprechen. Steuerklasse 1; gesetzliche Nettorente: Standardrente, 48,0 % vom Nettolohn vor Steuern.

Beraterinnen und Berater bieten **Bank- und Versicherungsprodukte** an, damit Kunden auch im Alter und bei Erwerbsminderung den gewohnten **Lebensstandard halten** können und Hinterbliebene (Ehegatte, Lebenspartner, Kinder) im Todesfall abgesichert sind.

2 Altersvorsorge

2.1 Drei-Schichten-Modell der Altersvorsorge

Das „Drei-Schichten-System der Altersvorsorge"

Altersvorsorge

3. Schicht: sonstige private Altersversorgung
z. B.: private Rentenversicherungen, Fondssparpläne, Banksparpläne, Kapitallebensversicherungen

2. Schicht: staatlich geförderte Zusatzversorgung
- **Riester-Rente**
- betriebliche Altersversorgung *(z. B. Direktversicherung, Pensionskasse, Pensionsfonds)*

1. Schicht: Basisversorgung
- gesetzliche Rentenversicherung
- kapitalgedeckte Basisrente (**Rürup-Rente**)

Die zur **1. Schicht** gehörende Altersversorgung **(gesetzliche Rentenversicherung und kapitalgedeckte Basisrente)** soll eine Basisversorgung im Alter sichern, die in der Regel erheblich niedriger ist als das vorherige Einkommen.

Die staatliche geförderte Zusatzversorgung der **2. Schicht**, zu der die **Riester-Rente** und die **betriebliche Altersversorgung** (*z. B. Direktversicherung*), zählen, soll ein über die Basisversorgung hinausgehendes Versorgungsniveau sichern.

Zur **3. Schicht** zählen **alle Vermögenswerte** und **Zahlungsansprüche**, die im Alter zur Bestreitung der Lebenshaltungskosten zur Verfügung stehen. Dies können typische Altersvorsorgeprodukte wie Renten- und Kapitallebensversicherungen sein, aber auch Wertpapiere, Immobilien und Kontoguthaben. Um den Lebensstandard während des Arbeitslebens auch im Alter halten zu können, sind auch Einnahmen aus der 3. Schicht notwendig.

2.2 Basisversorgung (1. Schicht)

2.2.1 Altersrente aus der gesetzlichen Rentenversicherung (GRV)

Eine ungekürzte Altersrente erhalten Versicherte nur, wenn sie die **Regelaltersgrenze** bei Rentenbeginn erreicht haben und mindestens **45 Jahre** Beiträge in die GRV geleistet haben.

Die Regelaltersgrenze erhöht sich in Abhängigkeit vom Geburtsjahr schrittweise auf 67 Jahre.

Regelaltersgrenze (Auszug)

Geburtsjahr	Regelaltersgrenze
Bis 1946	65 Jahre
1948	65 Jahre + 2 Monate
1952	65 Jahre + 6 Monate
1956	65 Jahre + 10 Monate
1960	66 Jahre + 4 Monate
1964 und später	67 Jahre

Langjährig Versicherte mit mindestens 45 Beitragsjahren erreichen die Regelaltersgrenze schon mit 65 Jahren (schrittweise Erhöhung von 63, Geburtsjahr bis 1952, auf 65 Jahre, Geburtsjahr ab 1964).

Bei einem vorzeitigen Rentenbezug gibt es einen Rentenabschlag von 0,3% für jeden Monat, den der Arbeitnehmer vor Erreichen der Regelaltersgrenze in den Ruhestand geht.

Beispiel:
Niklas Thelen geht mit 64 Jahren und 6 Monaten vorzeitig in den Ruhestand. Seine Regelaltersgrenze beträgt 66 Jahre. Seine Rente mindert sich um 5,4 % (18 Monate · 0,3 %).

Verminderte Renten erhalten auch Versicherte, die während ihres Arbeitslebens zeitweise in Teilzeit gearbeitet haben oder arbeitslos waren.

Die Höhe der zu erwartenden Altersrente wird nach der **Rentenformel** ermittelt und ist in erster Linie von der individuellen Versicherungsdauer und den geleisteten Beiträgen abhängig.

Die Versicherten erhalten jährlich von der GRV eine **Renteninformation** über ihre Regelaltersgrenze und über die Höhe der zu erwartenden Altersrenten.

Zur Beurteilung den Rentenniveaus veröffentlicht die Deutsche Rentenversicherung ein sogenanntes Standardrentenniveau, das ein **Durchschnittsrentner** (Eckrentner) nach **45 Beitragsjahren** erhält.

Standardrentenniveau im Jahr 2021			
Bruttorente pro Monat		Nettorente pro Monat vor Steuern	
EUR	in % des durchschnittlichen Bruttogehalts	EUR	in % des durchschnittlichen Nettogehalts vor Steuern
1 538,58 EUR	45,7 %	1 369,33 EUR	49,4 %

Die Bruttorente mindert sich durch den Abzug von Kranken- und Pflegeversicherungsbeiträgen sowie von Steuern. Bei der von der Deutschen Rentenversicherung veröffentlichten Nettorente eines Durchschnittsrentners bleiben jedoch Steuern unberücksichtigt, da die steuerliche Belastung der Rentner unterschiedlich hoch ist.

Je nach persönlichem Verdienst und Dauer der Beitragszahlungen ist die **persönliche Rente** niedriger oder höher als die Standardrente.

Eine **ungekürzte (abschlagfreie) Rente** erhält ein Arbeitnehmer aber nur, wenn er …

- nicht vorzeitig in den Ruhestand geht,
- mindestens 45 Beitragsjahre einschließlich Anrechnungsjahren *(z. B. Kindererziehungszeiten)* versichert war und
- sein Gehalt nie über der Beitragsbemessungsgrenze lag.

2.2.2 Kapitalgedeckte Basisrente (Rürup-Rente)

Zur **Basisversorgung** im Alter zählen die Ansprüche aus der
- gesetzlichen Rentenversicherung und aus der
- privaten kapitalgedeckten Altersvorsorge („Rürup-Rente").

Die „**Rürup-Rente**" ist eine private Rentenversicherung, die folgende Voraussetzungen erfüllen muss:

- Die späteren Leistungen dürfen nur als lebenslange Rentenzahlungen folgen.
- Die Rentenzahlung muss monatlich erfolgen und darf nicht vor Vollendung des 62. Lebensjahres beginnen.

- Die Ansprüche aus dem Vertrag sind grundsätzlich nicht vererblich, nicht übertragbar und nicht beleihbar. Allerdings kann in dem Vertrag vereinbart werden, dass im Todesfall der Ehegatte oder die (kindergeldberechtigten) Kinder das angesparte Kapital erhalten. Die Auszahlungen an die Hinterbliebenen dürfen aber nur als Rentenzahlungen erfolgen.
- Eine Rürup-Rentenversicherung kann um eine Erwerbs- oder Berufsunfähigkeitsversicherung ergänzt werden. Der Vertrag muss im Versicherungsfall die Zahlung einer lebenslangen Rente vorsehen.

Übergang zur nachgelagerten Besteuerung

Im Rentensystem erfolgt in den Jahren von 2005 bis 2040 der Übergang von der vorgelagerten zur nachgelagerten Besteuerung:

- Die Beiträge zur Rentenversicherung (Basisversorgung) sind während des Erwerbslebens steuerfrei.
- Die Rentenzahlungen im Alter sind steuerpflichtig.

Altersvorsorgeaufwendungen zur Basisversorgung

Beiträge zur gesetzlichen Rentenversicherung und Beiträge zur Rürup-Rentenversicherung waren im Jahr 2005 zu 60 % steuerlich als Sonderausgaben vom Einkommen abzugsfähig. Dieser Anteil steigt bis zum Jahr 2025 jährlich um jeweils zwei Prozentpunkte an. Ab dem Jahr 2025 sind die Altersvorsorgeaufwendungen in voller Höhe steuerfrei. Die anrechenbaren Altersvorsorgeaufwendungen sind jedoch auf den Höchstbeitrag zur knappschaftlichen Rentenversicherung begrenzt.

Höchstbeträge im Jahr 2022:
- Alleinstehende: 25 639,00 EUR
- Eheleute/Lebenspartner: 51 278,00 EUR

Die späteren **Renten aus der Basisversorgung** werden nachgelagert besteuert. Im Jahr 2005 betrug der steuerpflichtige Anteil 50 %. Er erhöht sich dann schrittweise zunächst um jährlich zwei Prozentpunkte bis zum Jahr 2020 – dann um jährlich einen Prozentpunkt bis zum Jahr 2040. Ab dem Jahr 2040 sind die Renten voll steuerpflichtig. Maßgeblich für den steuerfreien Rentenbetrag ist das Jahr des Rentenbeginns; dieser Betrag gilt dann für die gesamte Laufzeit der Rentenzahlungen (persönlicher Rentenfreibetrag).

Beispiele:

Jahr	abzugsfähige Altersvorsorgeaufwendungen
2021	*92 % der Beträge*
2022	*94 % der Beträge*
2023	*96 % der Beträge*
⋮	⋮
2025	*100 % der Beträge*

Jahr	steuerpflichtiger Rentenanteil
2021	*81 %*
2022	*82 %*
2023	*83 %*
⋮	⋮
2040	*100 %*

Stufenweiser Übergang zur nachgelagerten Rentenbesteuerung

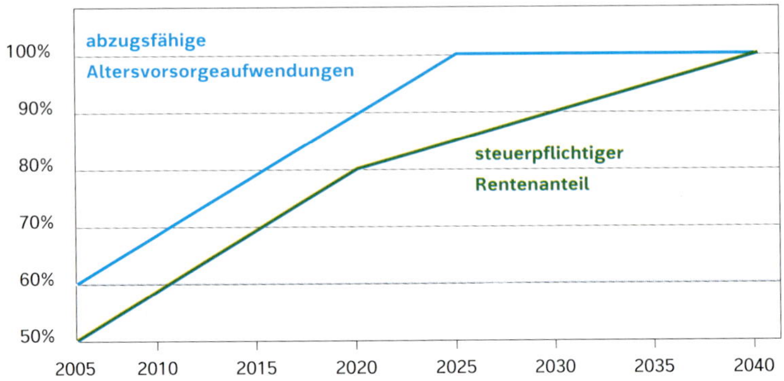

Fallbeispiel: **Ermittlung der abzugsfähigen Altersvorsorgeaufwendungen**
Larissa Kuhn, ledig, hat im Jahr 2022 ein **Bruttoeinkommen** von 68 000,00 EUR erzielt. Der Gesamtbeitragssatz zur **gesetzlichen** Rentenversicherung (GRV) beträgt 18,6 %. Sie hat 3 000,00 EUR in eine private Rentenversicherung (**Rürup**-Rente) eingezahlt.

Eigenbetrag zur GRV (9,30 % von 68 000,00 EUR)	6 324,00 EUR
+ Beitrag zur „Rürup-Rente"	3 000,00 EUR
Aufwendungen zur Basisversorgung	9 324,00 EUR
+ Arbeitgeberanteil zur GRV (9,30 % von 68 000,00 EUR)	6 324,00 EUR
zu berücksichtigende Aufwendungen (max. 25 639,00 EUR Höchstbetrag)	15 648,00 EUR
davon 94 % im Jahr 2022 anrechenbar	14 709,12 EUR
– Arbeitgeberanteil zur GRV	– 6 324,00 EUR
abzugsfähige Altersvorsorgeaufwendungen	8 385,12 EUR

Ein **Produktinformationsblatt (PIB)** informiert Interessenten in einer übersichtlichen Darstellung über anfallende Kosten und Renditechancen.

2.3 Staatlich geförderte Zusatzvorsorge (2. Schicht)

2.3 1 Riester-Rente

Ergänzend zur gesetzlichen Rentenversicherung fördert der Staat die zusätzliche **freiwillige Eigenvorsorge** durch Zulagen und Steuervorteile (*§ 79 ff., § 10a EStG*).

Voraussetzungen für die staatliche Förderung

- Der Anleger gehört zum förderungsfähigen Personenkreis.
- Die Anlage erfolgt in einem zertifizierten Altersvorsorgevertrag.
- Der Anleger erbringt einen einkommensabhängigen Eigenbeitrag.

Geförderter Personenkreis

- Arbeitnehmer, die in der gesetzlichen Rentenversicherung pflichtversichert sind
- Bezieher von Lohnersatzleistungen *(z. B. Arbeitslosengeld I und II)*

- Beamte
- nicht erwerbstätige Eltern in der dreijährigen gesetzlichen Kindererziehungszeit
- Wehr- und Zivildienstleistende, Berufs- und Zeitsoldaten
- Bezieher von Vorruhestands- und Krankengeld
- pflichtversicherte Selbstständige *(z.B. Handwerker, Hebammen, Künstler)*
- geringfügig Beschäftigte, die gesetzlich rentenversichert sind
- Bezieher einer Rente wegen voller Erwerbsminderung

Nicht gefördert werden:
- Selbstständige, die nicht in der gesetzlichen Rentenversicherung pflichtversichert sind
- geringfügig Beschäftigte, wenn sie die Sozialversicherungsfreiheit in Anspruch nehmen
- Rentner und Pensionäre
- Bezieher von Sozialhilfe

Besonderheiten bei Eheleuten und Lebenspartnerschaften
Jeder Ehegatte/Lebenspartner kann unabhängig vom Partner einen eigenen Altersvorsorgevertrag mit dem Anspruch auf staatliche Förderung abschließen.

Auch wenn nur ein Ehegatte zum förderfähigen Personenkreis gehört, erhält der eigentlich nicht förderberechtigte Ehepartner ebenfalls die staatliche Förderung, sofern er einen Altersvorsorgevertrag auf seinen Namen abschließt (abgeleiteter Zulagenanspruch, *§ 79 EStG*).

Anlageformen

Förderungsfähig sind Anlageformen, die im Alter durch lebenslange Zahlungen die gesetzliche Rente ergänzen.

Anlageformen	
Anlageformen	**Merkmale**
klassische Riester-Rentenversicherung	Die Versicherung garantiert in der Regel eine **Mindestverzinsung** des Sparanteils von **0,25 % p. a.** Der Sparanteil ist die gezahlte Prämie vermindert um den Kostenanteil (Verwaltungskosten). Erzielt die Versicherung bei der Geldanlage eine höhere Verzinsung als 0,25 % p. a., erhält der Versicherte eine Überschussbeteiligung.
fondsgebundene Riester-Rentenversicherung (Fondspolice)	Die Versicherung legt den Sparanteil in Investmentanteilen an. Es gibt **keine garantierte Mindestverzinsung**. Der Ertrag ist abhängig von der Wertentwicklung der Fondsanteile. Die Ertragschancen sind höher als bei einer klassischen Rentenversicherung. Neben den Verwaltungskosten der Versicherung fallen Verwaltungskosten (Managementkosten) bei den Fonds an.
Riester-Fondssparplan	Kapitalverwaltungsgesellschaften bieten ebenfalls Riester-Fondssparpläne **ohne eine garantierte Mindestverzinsung** an. Durch die gewährte Kapitalgarantie (**Garantiefonds**) ist der Ertrag niedriger als bei einem normalen Fondssparplan, da die Kapitalverwaltungsgesellschaft Kurssicherungsgeschäfte tätigen muss. Es fallen ein einmaliger Ausgabeaufschlag und jährliche Verwaltungskosten (Managementkosten) an.
Riester-Banksparplan	Banksparpläne zeichnen sich dadurch aus, dass dem Kunden **keine Kosten** entstehen und ihm in der Regel ein **fester Zinsertrag** zugesichert wird.

Anlageformen	
Anlageformen	**Merkmale**
Anlagen nach dem Eigenheimrentengesetz („Wohn-Riester")	Die Anlagen dienen dem Erwerb oder der Entschuldung von inländischen, selbst genutzten Wohnimmobilien.
betriebliche Riester-Altersversorgung	Die Mittel werden in Direktversicherungen, Pensionskassen oder Pensionsfonds angelegt.

Geförderte Anlageformen benötigen eine **Zertifizierung** durch die Bundesanstalt für Finanzdienstleistungsaufsicht (BaFin) und müssen folgende Merkmale aufweisen:

- Die **Auszahlungen** dürfen **nicht vor Vollendung des 62. Lebensjahres** beginnen. Erwerbsunfähigkeit und Hinterbliebene können zusätzlich abgesichert werden.
- Zu Beginn der Auszahlungsphase muss mindestens das eingezahlte Kapital einschließlich der staatlichen Zulagen zur Verfügung stehen **(Kapitalgarantie)**.
- Die Auszahlung erfolgt grundsätzlich als **lebenslange Leibrente (Kapitalverrentung)**. Bis zu **30%** des bei Rentenbeginn zur Verfügung stehenden Kapitals kann sich der Anleger jedoch zu Beginn der Auszahlungsphase **direkt auszahlen** lassen.
- Die Abschluss- und Vertriebskosten sind auf fünf Jahre zu verteilen.
- Der Anleger hat das Recht, den Vertrag ruhen zu lassen, zu kündigen und zu wechseln sowie Mittel zur Finanzierung oder Entschuldung einer selbst genutzten Wohnimmobilie zu entnehmen. Bei einem Wechsel zu einem neuen Anbieter sind die Kosten auf maximal 150,00 EUR begrenzt. Der neue Anbieter darf maximal 50% des übertragenen geförderten Kapitals für die Berechnung von Vertriebs- und Abschlusskosten heranziehen.

Entwicklung der Riester-Verträge

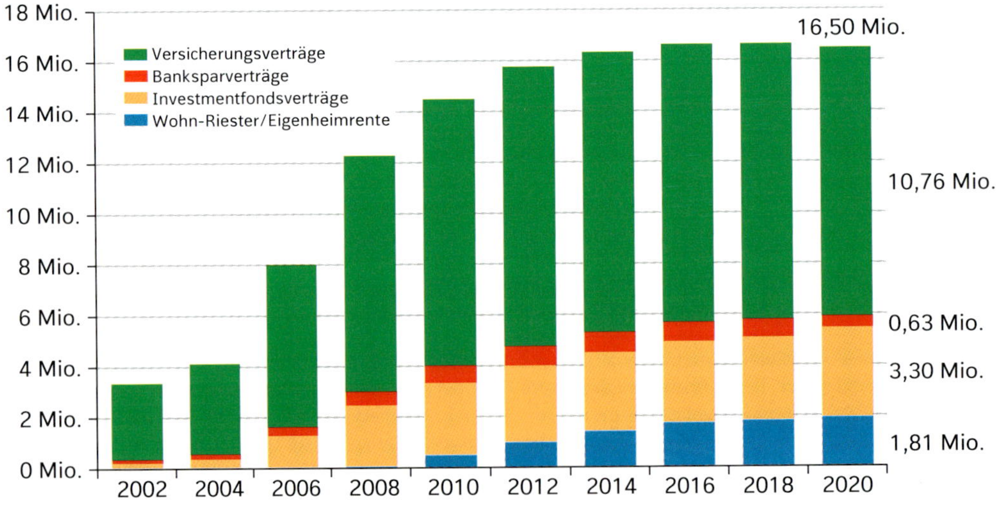

Eigene Darstellung, Zahlen nach BMAS, Stand: 2020

Die Anbieter sind verpflichtet, alle wesentlichen Merkmale des Riester-Vertrages in einem **Produktinformationsblatt** (PIB) darzustellen.

Der Anleger ist beim **Vertragsabschluss** zu informieren über
- die Anlage des Geldes, die kalkulierte Rendite und das mit der Anlage verbundene Risiko,
- die Höhe und Verteilung der Abschluss- und Vertriebskosten,
- die Kosten für die Verwaltung der Geldanlage sowie die Kosten beim Wechsel zu einem anderem Produkt.

Der Anleger ist **jährlich** zu informieren über
- die Beitragsverwendung,
- die Kapitalbildung,
- die Kosten und Erträge und darüber,
- ob der Anbieter ethische, soziale und ökologische Belange bei der Geldanlage berücksichtigt.

Beiträge und staatliche Förderung

Die **Einzahlungen** auf den Altersvorsorgevertrag **(Gesamtbeitrag)** setzen sich zusammen aus
- dem **Eigenbeitrag** des Anlegers und
- der **staatlichen Altersvorsorgezulage**, die aus einer **Grundzulage** und einer **Kinderzulage** besteht. (*§ 83 EStG*).

Gesamtbeitrag = **Eigenbeitrag des Anlegers** + **Altersvorsorgezulage (Grundzulage + Kinderzulage)**

Zum Erhalt der vollen staatlichen Förderung ist ein jährlicher **Gesamtbeitrag** (Mindesteigenbeitrag) zu leisten. Bei einem niedrigeren Eigenbeitrag verringert sich die staatliche Förderung anteilig *(§ 86 EStG)*.

Gesamtbeitrag pro Jahr (in % des sozialversicherungspflichtigen Vorjahreseinkommens)	**maximale jährl. Grundzulage** *(§ 84 EStG)*	**maximale jährliche Kinderzulage je Kind** *(§ 85 EStG)*
4 %, max. aber 2 100,00 EUR *(§§ 10a, 86 EStG)*	175,00 EUR	Kinder bis zum 31.12.2007 geboren: 185,00 EUR Kinder ab dem 01.01.2008 geboren: 300,00 EUR

Berufseinsteiger, die zu Beginn des Kalenderjahres das 25. Lebensjahr noch nicht vollendet haben, erhalten einmalig eine um 200,00 EUR erhöhte Grundzulage.

12

Wenn beide **Eheleute/Lebenspartner zum geförderten Personenkreis** gehören, ist der Mindestgesamtbeitrag für jeden Ehegatten/Lebenspartner getrennt zu ermitteln. Das Einkommen des Ehegatten/Lebenspartners ist dabei nicht zu berücksichtigen.

Eine **Kinderzulage** gibt es für jedes Kind, für das Kindergeld gezahlt wird. Bei Eheleuten wird die Kinderzulage grundsätzlich der Mutter zugeordnet, auf Antrag beider Eltern dem Vater. Bei Alleinerziehenden steht die Kinderzulage dem Elternteil zu, in dessen Haushalt das Kind lebt.

Der Gesamtbeitrag besteht aus der Summe von Eigenbeitrag des Anlegers und der staatlichen Förderung. Dies würde bei einem niedrigen Einkommen dazu führen, dass der Anleger selbst nur sehr niedrige oder gar keine eigenen Zahlungen leisten müsste. Deshalb verlangt der Staat von dem Anleger zumindest die Zahlung eines **Sockelbeitrages von 60,00 EUR**.

Fallbeispiele:

Beispiel 1: Alleinstehender, keine Kinder

sozialversicherungspflichtiges Einkommen des Vorjahres	4 % Gesamtbeitrag einschließlich Zulagen, max. aber 2 100,00 EUR	Grundzulage	Kinderzulage	Eigenbeitrag des Anlegers
5 000,00 EUR	235,00 EUR (erhöht wegen Sockelbeitrag)	175,00 EUR	0,00 EUR	60,00 EUR (Sockelbeitrag)
10 000,00 EUR	400,00 EUR	175,00 EUR	0,00 EUR	225,00 EUR
20 000,00 EUR	800,00 EUR	175,00 EUR	0,00 EUR	625,00 EUR
40 000,00 EUR	1 600,00 EUR	175,00 EUR	0,00 EUR	1 425,00 EUR
60 000,00 EUR	2 100,00 EUR	175,00 EUR	0,00 EUR	1 925,00 EUR

Beispiel 2: Alleinstehender, 1 Kind, geboren am 12.08 2006

sozialversicherungspflichtiges Einkommen des Vorjahres	4 % Gesamtbeitrag einschl. Zulagen, max. aber 2 100,00 EUR	Grundzulage	Kinderzulage	Eigenbeitrag des Anlegers
10 000,00 EUR	420,00 EUR (erhöht wegen Sockelbeitrag)	175,00 EUR	185,00 EUR	60,00 EUR (Sockelbeitrag)
20 000,00 EUR	800,00 EUR	175,00 EUR	185,00 EUR	440,00 EUR
40 000,00 EUR	1 600,00 EUR	175,00 EUR	185,00 EUR	1 240,00 EUR
60 000,00 EUR	2 100,00 EUR	175,00 EUR	185,00 EUR	1 740,00 EUR

Beispiel 3: Eheleute, 2 Kinder (geboren am 23.10.2007 und am 04.06.2010)

Beide Eheleute sind berufstätig und haben jeweils einen Riester-Altersvorsorgevertrag abgeschlossen. Die Kinderzulagen sind der Ehefrau zugeordnet.

	sozialvers.-pflichtiges Vorjahreseinkommen	4 % Gesamtbeitrag	Zulagen	Eigenbeitrag des Anlegers
Ehemann	34 000,00 EUR	1 360,00 EUR	175,00 EUR	1 185,00 EUR (mind. 60,00 EUR)
Ehefrau	38 000,00 EUR	1 520,00 EUR	175,00 EUR 185,00 EUR 300,00 EUR 660,00 EUR	860,00 EUR (mind. 60,00 EUR)

Sonderausgabenabzug und Günstigerprüfung

Riester-Beiträge (Eigenbeitrag des Anlegers und staatliche Zulagen) können bis zu einem **Höchstbetrag von 2100,00 EUR** als Sonderausgaben („zusätzliche Altersvorsorge“) steuerlich geltend gemacht werden *(§ 10a Abs. 1 EStG)*, wenn die Steuerersparnis durch den Sonderausgabenabzug höher als die staatlichen Zulagen ist. Dazu führt das Finanzamt von Amts wegen bei der Einkommensteuerveranlagung eine **Günstigerprüfung** durch *(§ 10a Abs. 2 EStG)*. Die dazu notwendigen Daten (Vertragsdaten, Höhe der Eigenbeiträge und Zulagen) übermitteln die Anbieter direkt an die Finanzverwaltung.

- Wenn die Steuerersparnis niedriger als die Zulagen ist, scheidet der Sonderausgabenabzug aus. Die Förderung besteht ausschließlich aus den Zulagen.
- Wenn die Steuerersparnis höher als die Zulagen ist, mindert der Sonderausgabenabzug das zu versteuernde Einkommen und damit auch die Einkommensteuer. Die erhaltenen Zulagen werden aber gegengerechnet, damit es nicht zu einer doppelten Förderung kommt.

Eheleute/Lebenspartner, die beide zum direkt geförderten Personenkreis gehören, können jeweils bis zum Höchstbetrag von 2100,00 EUR ihre Altersvorsorgebeiträge als Sonderausgaben geltend machen.

Beispiel:

Gesamtbeiträge des Ehemannes einschließlich Zulagen: 2500,00 EUR, maximal aber	*2100,00 EUR*
Gesamtbeiträge der Ehefrau einschließlich Zulagen:	*1350,00 EUR*
abzugsfähige Sonderausgaben	*3450,00 EUR*

Fallbeispiel:

Christina Lehnert, ledig, keine Kinder, hat im laufenden Jahr auf ihren Riestervertrag 1800,00 EUR selbst eingezahlt. Sie erzielte im Vorjahr ein sozialversicherungspflichtiges Einkommen von 46000,00 EUR.

Ihr zu versteuerndes Jahreseinkommen beträgt im laufenden Jahr 42000,00 EUR.

Ermittlung des Mindesteigenbeitrages

Gesamtbeitrag: (4 % von 46000,00 EUR)	1840,00 EUR (maximal aber 2100,00 EUR)
– Grundzulage	– 175,00 EUR
Mindesteigenbeitrag von Christina	1665,00 EUR

Christina Lehnert hat den notwendigen Mindesteigenbeitrag geleistet, da sie mit 1800,00 EUR sogar einen höheren Betrag selbst eingezahlt hat.

Günstigerprüfung des Finanzamtes

Das Finanzamt ermittelt zunächst die Einkommensteuer für das steuerpflichtige Einkommen von 42000,00 EUR. Nach der Grundtabelle beträgt die Einkommensteuer 9489,00 EUR.

Nun ermittelt das Finanzamt alternativ die Einkommensteuer für den Fall, dass die Riesterbeiträge als Sonderausgaben geltend gemacht werden. Zu berücksichtigen sind die von Christina tatsächlich geleisteten Zahlungen (1800,00 EUR) und die staatliche Zulage (175,00 EUR). Der Maximalbetrag ist aber auf 2100,00 EUR beschränkt.

42000,00 – 1975,00 = 40025,00 EUR

Bei einem Einkommen von 40025,00 EUR beträgt die Einkommensteuer 8775,00 EUR.

12

Damit ergibt sich für Christina Lehnert ein Steuervorteil von 714,00 EUR (9489,00 – 8775,00), der höher ist als die erhaltene Grundzulage von 175,00 EUR. In Höhe der Differenz von 539,00 EUR erhält sie eine Einkommensteuererstattung, die sich ggf. noch um die Kirchensteuer erhöht.

Abgeleiteter Zulagenanspruch von Eheleuten/Lebenspartnern *(§ 79 Satz 2 EStG)*

Ein Ehegatte/Lebenspartner mit **abgeleitetem Zulagenanspruch** muss auf seinen Vertrag mindestens den Sockelbeitrag von 60,00 EUR einzahlen. Der Mindesteigenbeitrag ist nur für den direkt förderberechtigten Ehegatten/Lebenspartner zu ermitteln. Bei der Ermittlung des Eigenbeitrages des direkt Förderberechtigten werden die Zulagen beider Ehegatten/Lebenspartner berücksichtigt.

Die maximal abzugsfähigen Sonderausgaben erhöhen sich wegen des Sockelbeitrags des nicht direkt Förderberechtigten um 60,00 EUR auf 2160,00 EUR *(§ 10a Abs. 3 EStG)*.

Fallbeispiel:

Ehepaar, 2 Kinder, geboren am 04.03.2007 und am 17.09.2011

Beide Eheleute haben einen eigenen Vorsorgevertrag abgeschlossen. Die Kinderzulage ist der Mutter zugeordnet. Der Ehemann erzielte im Vorjahr ein sozialversicherungspflichtiges Einkommen von 65000,00 EUR. Die Ehefrau war nicht berufstätig.

Ermittlung des Eigenbeitrags der Eheleute

Gesamtbeitrag 4% von 65000,00 EUR = 2600,00 EUR, maximal aber	2100,00 EUR
– Zulagen beider Eheleute (2 Grundzulagen + 2 Kinderzulagen) 175,00 EUR + 175,00 EUR + 185,00 EUR + 300,00 EUR =	– 835,00 EUR
Eigenbeitrag des Ehemanns	1265,00 EUR

	Gesamtbeitrag	Grundzulage	Kinderzulage	Eigenbeitrag des Anlegers
Ehemann	1440,00 EUR	175,00 EUR	0,00 EUR	1265,00 EUR
Ehefrau	720,00 EUR	175,00 EUR	485,00 EUR	60,00 EUR
Summe	2160,00 EUR	350,00 EUR	485,00 EUR	1325,00 EUR

Bei der Günstigerprüfung können die Eheleute 2160,00 EUR Sonderausgaben geltend machen.

Zulagenantrag

Die staatlichen Zulagen sind beim Anbieter des Altersvorsorgesparplanes zu beantragen, der den Antrag an die Zulagenstelle für Altersvermögen (ZfA) weiterleitet. Diese überweist die Zulage auf das Anlagekonto des Anlegers. Bei einem **Dauerzulagenantrag** bevollmächtigt der Anleger den Anbieter zur jährlichen Antragstellung, sodass der Anleger selbst keinen Antrag stellen muss. Der Anleger ist jedoch verpflichtet, alle Änderungen, die sich auf die Höhe der Zulagen auswirken können *(z. B. Streichung des Kindergeldes)*, unverzüglich dem Anbieter mitzuteilen. Zur Feststellung des auf den Vertrag einzuzahlenden Gesamtbeitrages fragt die zentrale Zulagenstelle (ZfA) direkt beim Rentenversicherungsträger das sozialversicherungspflichtige Einkommen des Anlegers ab.

Auszahlungsmodalitäten

Bis zu 30 % des angesparten Kapitals kann sich der Versicherte bei Rentenbeginn direkt auszahlen lassen. Das restliche Kapital dient zur Finanzierung einer lebenslangen Rente.

Anlageform	Rentenzahlungen
Rentenversicherung	Zahlung einer lebenslang gleichbleibenden oder steigenden Rente
Banksparplan **Investmentsparplan**	▪ Zahlung einer lebenslang gleichbleibenden oder steigenden Rente **oder** ▪ Vereinbarung eines **Auszahlungsplanes** bis zum 85. Lebensjahr und anschließender **Teilkapitalverrentung** Bei Auszahlungsbeginn wird ein Teil des Kapitals in eine Rentenversicherung eingezahlt, die ab dem 85. Lebensjahr die Zahlung einer lebenslangen Rente garantiert. Das restliche Kapital wird in einem Auszahlungsplan mit Kapitalverzehr in der Zeit bis zum 85. Lebensjahr ausgezahlt. Die monatlichen Rentenzahlungen ab dem 85. Lebensjahr dürfen nicht niedriger sein als die Zahlungen aus dem Auszahlungsplan.

Nachgelagerte Besteuerung

Während in der Ansparphase sowohl die Sparbeiträge als auch die erzielten Erträge steuerfrei sind, ist die **spätere Rente** aus der staatlich geförderten Eigenvorsorge **voll steuerpflichtig**.

Tod des Vorsorgesparers vor Rentenbeginn

Anlageform	Ansprüche der Erben
Rentenversicherung	Die Erben haben grundsätzliche **keine** Ansprüche aus der Rentenversicherung. <u>Ausnahme</u>: In dem Vertrag wurden zusätzliche Vereinbarungen getroffen *(z. B. Zahlung einer Mindestrentendauer; Hinterbliebenenschutz).*
Banksparplan **Investmentsparplan**	Das angesparte Kapital steht den Erben zu. Dies ist jedoch eine „schädliche Verwendung“ des Kapitals, sodass die Erben die Zulagen bzw. die Steuervorteile zurückzahlen müssen. <u>Ausnahme</u>: Übertragung des Vertrages auf den überlebenden Ehegatten (Bei einer Scheidung darf das Kapital aufgeteilt und auf einen neuen Altersvorsorgevertrag eingezahlt werden.)

Schädliche Verwendung des angesparten Kapitals

Bei **förderschädlichen Verfügungen** sind alle Zulagen und Steuervorteile zurückzuzahlen. Zudem sind die im Auszahlungsbetrag enthaltenen Erträge zu versteuern.

Gründe:
- außerplanmäßige Verfügungen vor oder nach Rentenbeginn (Ausnahme: Entnahme zur Finanzierung von Wohneigentum)
- Auszahlungen an Erben oder an die im Todesfall bezugsberechtigte Person
- Verlagerung des Wohnsitzes in ein Land außerhalb der EU und der Staaten des EWR-Abkommens (Liechtenstein, Island, Norwegen)

Förderung selbst genutzter Wohnimmobilien („Wohn-Riester")

Mietfreies Wohnen im Alter ist auch eine Möglichkeit der privaten Altersvorsorge. Deshalb fördert der Staat auch den Erwerb, die Entschuldung und den barrierereduzierenden (alters- bzw. behindertengerechten) Umbau von **in der EU oder einem EWR-Staat gelegenen, selbst genutzten Wohnimmobilien** (Hauptwohnsitz) durch

- „Wohn-Riester-Altersvorsorgeverträge" und
- die Möglichkeit, das in einem Altersvorsorgevertrag angesparte Kapital für „Wohn-Riester-Maßnahmen" zu entnehmen.

„Wohn-Riester-Altersvorsorgeverträge"
Altersvorsorgeverträge mit Darlehenskomponente ▪ **reine Darlehensverträge** Der Vertrag wird unmittelbar bei der Darlehensaufnahme zur Finanzierung einer selbst genutzten Wohnimmobilie abgeschlossen. Ein vorheriger Sparvorgang ist nicht erforderlich. Die Sparbeiträge und die staatlichen Zulagen dienen der Tilgung des Darlehens, nicht aber der Zinszahlung. ▪ **Bausparverträge** (Sparvertrag mit Darlehensoption) Die Sparbeiträge und staatlichen Zulagen erhöhen in der Ansparphase das Bausparguthaben; in der Darlehensphase tilgen sie den Kredit. ▪ **Vorfinanzierungsdarlehen** (Kombination von Vorausdarlehen und Bausparvertrag) Das tilgungsfreie Vorfinanzierungsdarlehen dient zum Ansparen eines Bausparvertrages. Bei Zuteilung des Bausparvertrages wird das Vorfinanzierungsdarlehen getilgt. Die Sparbeiträge und staatlichen Zulagen erhöhen in der Ansparphase das Bausparguthaben; in der Darlehensphase tilgen sie den Kredit. Darlehen müssen spätestens bis zur Vollendung des 68. Lebensjahres getilgt sein.
Altersvorsorgeverträge zum Erwerb von Anteilen an einer Wohnungsgenossenschaft Die an einer selbst genutzten Wohnungsgenossenschaft erworbenen Anteile dienen einer Nutzungsentgeltreduzierung (Mietminderung) einer selbst genutzten Genossenschaftswohnung im Alter. Die Mietminderung aufgrund der erworbenen Anteile darf frühestens mit Beginn des 62. Lebensjahres beginnen. Möglich sind eine lebenslang verminderte Miete oder eine zeitlich befristete Mietminderung mit anschließender Teilkapitalverrentung spätestens ab Vollendung des 85. Lebensjahres.

Entnahme des in einem Altersvorsorgevertrag angesparten Kapitals für „Wohn-Riester-Maßnahmen" *(§ 92 a EStG)*
Die in einem Altersvorsorgevertrag *(z. B. Banksparplan)* angesparten Mittel können jederzeit für den Erwerb einer selbst genutzten Wohnimmobilie oder für die Tilgung von Baudarlehen entnommen werden. Eine Entnahme ist auch für die Finanzierung eines barrierereduzierenden Umbaus der eigenen Wohnung möglich. Dies ermöglicht es dem Anleger, seine selbst genutzte Wohnimmobilie altersgerecht umzubauen. Wenn der Anleger nur einen Teil des geförderten Altersvorsorgevermögens für die selbst genutzte Immobilie einsetzen möchte, muss er mindestens 3000,00 EUR auf dem Vertrag belassen.

Der Vorsorge-Sparer muss die Immobilie grundsätzlich während der „Auszahlungsphase" für mindestens **20 Jahre (Haltefrist)** selbst nutzen. Ein Verkauf innerhalb dieser Frist ist jedoch zulässig, wenn er das Kapital …

- binnen fünf Jahren in ein Folgeobjekt reinvestiert oder
- in einen neuen Riester-Vertrag einzahlt.

Andernfalls handelt es sich um eine schädliche Verwendung.

Nachgelagerte Besteuerung

Die vom Sparer in der Ansparphase geleisteten Beiträge fördert der Staat durch Zulagen oder – falls dies für den Steuerpflichtigen günstiger ist (Günstigerprüfung) – durch die Abzugsfähigkeit der Beiträge als Sonderausgabe. Die späteren **Rentenzahlungen** sind **voll einkommensteuerpflichtig**.

Da es bei der Riester-Förderung selbst genutzter Wohnimmobilien („Wohn-Riester") im Alter keine Rentenzahlungen gibt, sind die steuerpflichtigen Beträge fiktiv (rechnerisch) zu ermitteln.

Der Entnahmebetrag, die einzelnen Tilgungsbeiträge sowie die Zulagen werden in einem **„Wohnförderkonto"** erfasst und während der „Ansparphase" jährlich um 2% rechnerische Zinsen erhöht. Die Verzinsung ist ein Ausgleich dafür, dass der Sparer das geförderte Kapital bereits vor Beginn der „Auszahlungsphase" nutzen kann.

Während der „Auszahlungsphase" hat der Vorsorgesparer ein jederzeitiges **Wahlrecht**, ob er das auf dem Wohnförderkonto erfasste Kapital

- auf den Zeitraum bis zur Vollendung des 85. Lebensjahres gleichmäßig aufteilen und jährlich versteuern möchte oder
- ob er das auf dem Wohnförderkonto erfasste Kapital vermindert um einen Nachlass von 30% in einer Summe versteuern möchte („Einmalversteuerung").

Fallbeispiel:

Mathias Baier hat einen „Wohn-Riester-Altersvorsorgevertrag" abgeschlossen und zunächst die Altersvorsorgebeiträge in einen zertifizierten Altersvorsorge-Bausparvertrag eingezahlt. Nach der Zuteilung der Bausparsumme dienten die Beiträge einschließlich der Zulagen zur Tilgung des Bauspardarlehens.

Das bei Zuteilung vorhandene Bausparguthaben und alle später geleisteten Beiträge und Zulagen wurden in ein Wohnförderkonto eingestellt und jährlich zu 2% verzinst. Bei Fälligkeit des Vertrages ist Mathias Baier 62 Jahre alt; das Wohnförderkonto weist einen Bestand von 40 000,00 EUR auf.

Steuerpflichtig ist der sogenannte **Verminderungsbetrag** des „Wohnförderkontos". Dabei ist der Bestand des Wohnförderkontos gleichmäßig auf die Zeit vom Beginn der Auszahlungsphase bis zum 85. Lebensjahr zu verteilen.

$$\text{Verminderungsbetrag} = \frac{\text{Bestand auf dem Wohnförderkonto zu Beginn der Auszahlungsphase}}{(85 - \text{Lebensalter des Sparers zu Beginn der Auszahlungsphase})}$$

$$\text{Verminderungsbetrag} = \frac{40\,000{,}00\ \text{EUR}}{(85 - 62)} = \underline{\underline{1\,739{,}13\ \text{EUR}}}$$

Mathias Baier muss von seinem 62. Lebensjahr bis zu seinem 85. Lebensjahr jährlich 1 739,13 EUR versteuern.

Alternativ kann sich Mathias Baier jederzeit während der „Auszahlungsphase" dafür entscheiden, 70% des auf dem Wohnförderkonto befindlichen Kapitals in einer Summe zu versteuern. Der Nachlass von 30% soll den Progressionsnachteil (höherer individueller Einkommensteuersatz bei höherem Einkommen) und den Zinsnachteil (bei der jährlichen Steuerzahlung entsteht ein Zinsgewinn gegenüber der Einmalzahlung aufgrund der späteren Zahlungszeitpunkte) bei der Einkommensteuer ausgleichen. Wenn Mathias Baier sich zu Beginn der „Auszahlungsphase" für die „Einmalbesteuerung" entscheidet, ergibt sich folgende Rechnung:

70% von 40 000,00 EUR = $\underline{\underline{28\,000{,}00\ \text{EUR}}}$

Mathias Baier versteuert einmalig zu Beginn der „Auszahlungsphase" 28 000,00 EUR. Wenn er sich später während der Auszahlungsphase für die „Einmalversteuerung" entscheidet, beträgt der steuerpflichtige Betrag 70 % des aktuellen Standes auf dem Wohnförderkonto.

2.3.2 Direktversicherung

Für viele Arbeitnehmer ist neben der gesetzlichen Rentenversicherung die **betriebliche Altersversorgung** ein wichtiger Baustein, um Versorgungslücken zu schließen.

Bei der kapitalgedeckten betrieblichen Altersversorgung zahlt der Arbeitgeber Beiträge zur Absicherung mindestens eines der folgenden biometrischen Risiken *(§ 1 BetrAVG)*:

- Alter
  Nach seinem Ausscheiden aus dem Erwerbsleben erhält der Arbeitnehmer eine **lebenslange Altersrente**, frühestens aber nach Vollendung des **62. Lebensjahres.**
- Tod
  Beim Tod des Arbeitnehmers erhalten seine Hinterbliebenen (Ehegatte, Lebenspartner, Kinder mit Kindergeldanspruch) eine Rente.
- Berufsunfähigkeit
  Der Versicherte erhält eine Berufsunfähigkeitsrente, wenn er zu mindestens 50 % berufsunfähig ist und wenn er den zuletzt ausgeübten Beruf mindestens sechs Monate nicht ausüben kann.[1] Bei Berufsunfähigkeit wird der Vertrag in der Regel beitragsfrei gestellt. Dies bedeutet, dass auch ohne weitere Beitragszahlungen der Versicherte zum Rentenbeginn die ungekürzte Altersrente erhält.

Ansprüche aus einer betrieblichen Altersversorgung sind **nicht vererbbar**.

Grundlagen für den Aufbau einer betrieblichen Altersversorgung

- Vereinbarung einer betrieblichen Altersversorgung (bAV) in Arbeits- und Tarifverträgen
  In vielen größeren Unternehmen gibt es eine tariflich vereinbarte betriebliche Altersversorgung. Die Beiträge werden nur vom Arbeitgeber oder gemeinsam von Arbeitgeber und Arbeitnehmer aufgebracht.
  Die Beschäftigten im öffentlichen Dienst sind regelmäßig bei der Versorgungsanstalt des Bundes und der Länder (VBL) pflichtversichert und erhalten im Rentenalter neben der gesetzlichen Rente eine Betriebsrente.
- Entgeltumwandlungsanspruch
  Der Arbeitnehmer kann vom Arbeitgeber verlangen, dass von seinem Gehalt bis zu **4 % der Beitragsbemessungsgrenze** in der gesetzlichen Rentenversicherung durch Entgeltumwandlung für seine betriebliche Altersversorgung verwendet werden *(§ 1a BetrAVG)*.
  Der **Arbeitgeber** muss einen **Zuschuss von 15 %** auf die vom Arbeitnehmer aufgewendeten Beträge leisten *(§ 23 BetrAVG)*. Dieser Zuschuss ist für den Arbeitgeber jedoch kein zusätzlicher Aufwand, da er für die Beiträge des Arbeitnehmers zur betrieblichen Altersversorgung den Arbeitgeberanteil zur Sozialversicherung einspart.

Für die Gestaltung der betrieblichen Altersversorgung gibt es verschiedene Durchführungswege (Direktversicherung, Pensionskasse, Pensionsfonds; Unterstützungskasse, Direktzusage; *§ 1b BetrAVG*).

---

1 vgl. Berufsunfähigkeitsversicherung Seite 536 ff.

Die **Direktversicherung** ist ein häufig gewählter Durchführungsweg für die betriebliche Altersversorgung in **kleineren und mittelgroßen Unternehmen**. Bei dieser Versicherung schließt der Arbeitgeber (Versicherungsnehmer) mit dem Versicherer eine **Lebensversicherung** auf das Leben des Arbeitnehmers mit der Vereinbarung ab, dass bei Fälligkeit der Versicherung, bei Berufsunfähigkeit oder im Todesfall Zahlungen an den Arbeitnehmer bzw. an seine Hinterbliebenen als Bezugsberechtigte zu leisten sind.

Da der **Arbeitgeber** für seine Mitarbeiter einen **Gruppenvertrag** abschließt, sind die Vertragskonditionen oft günstiger als bei Einzelverträgen.

Direktversicherungen können mit einer **Garantieverzinsung von 0,25% p.a.** ausgestattet sein oder nur den Beitragserhalt garantieren.

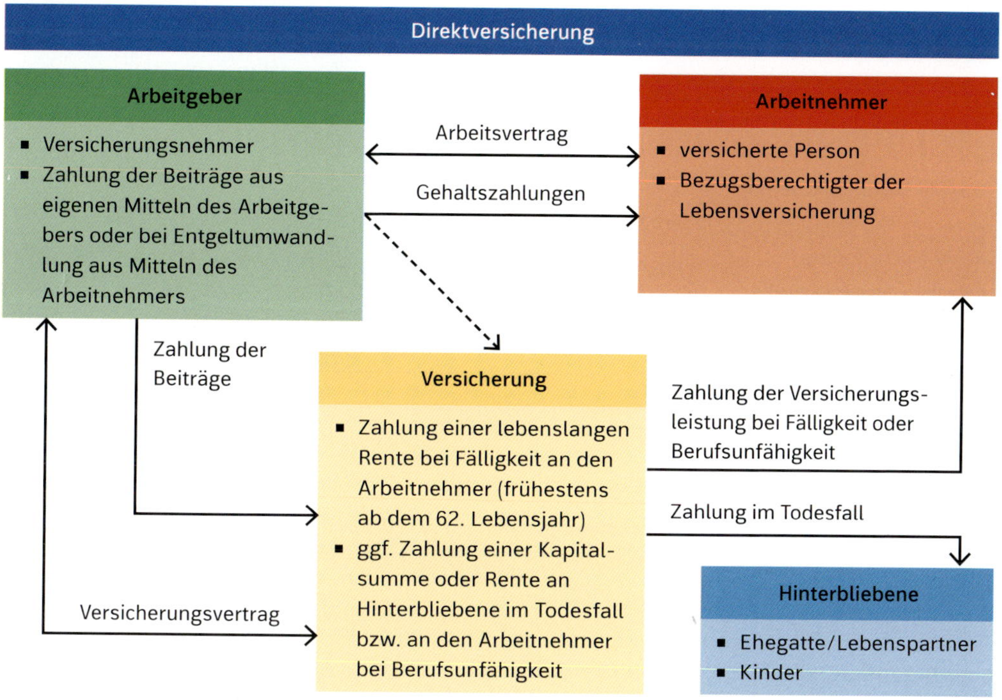

Unverfallbarkeit der Anwartschaft

Auch wenn der Arbeitnehmer vor Eintritt des Versorgungsfalls aus dem Unternehmen ausscheidet, bleiben seine Ansprüche aus der betrieblichen Altersversorgung erhalten, wenn er

- mindestens drei Jahre in dem Betrieb tätig war und
- das 21. Lebensjahr vollendet hat *(§ 1b BetrAVG)*.

Wenn der Arbeitnehmer die Beiträge jedoch aus einer Entgeltumwandlung selbst aufgebracht hat, bleiben seine Ansprüche immer erhalten.

Geförderte Höchstbeträge

- Steuerfreier Höchstbetrag *(§ 3 Nr. 63 EStG)*: **8% der Beitragsbemessungsgrenze der GRV-West** pro Jahr
- Sozialversicherungsfreier Höchstbetrag: **4% der Beitragsbemessungsgrenze der GRV-West** pro Jahr

	West	Ost
Beitragsbemessungsgrenze 2022	84 600,00 EUR	81 000,00 EUR
8 % steuerfreier Höchstbetrag	6 768,00 EUR	6 480,00 EUR
4 % sozialversicherungsfreier Höchstbetrag	3 384,00 EUR	3 240,00 EUR

Beispiel:
Larissa Buchholz, alleinstehend, kinderlos hat im Jahr 2022 durch Entgeltumwandlung 4,0 % ihres Bruttogehaltes von 68 000,00 EUR in eine Direktversicherung eingezahlt.
Aufgrund ihres hohen Einkommens hat sie einen Grenzsteuersatz bei der Einkommensteuer von 42 %.

Beiträge des Arbeitnehmers zur betrieblichen Altersversorgung (4 % von 68 000,00 EUR)		2 720,00 EUR
+ 15 % Beiträge des Arbeitgebers		408,00 EUR
Gesamtbeiträge		3 128,00 EUR
Steuervorteil (maßgeblicher Einkommensteuersatz 42 %)		1 142,40 EUR
Vorteile Sozialversicherung		
	Arbeitnehmeranteil	
Rentenversicherung	9,300 %	290,90 EUR
Arbeitslosenversicherung	1,200 %	37,54 EUR
Krankenversicherung	7,750 %	242,42 EUR
Pflegeversicherung	1,875 %	58,65 EUR
		629,51 EUR
Gesamtvorteil		1 771,91 EUR
Der Nettoaufwand von Larissa Buchholz beträgt damit nur (2 720,00 – 1 771,91)		948,09 EUR

Förderbetrag für Geringverdiener *(§ 100 EStG)*

Arbeitnehmer, deren monatliches Bruttogehalt **2 200,00 EUR** nicht übersteigt, erhalten eine besondere Förderung, wenn der Arbeitgeber für den Arbeitnehmer **zusätzlich** zum ohnehin geschuldeten Arbeitslohn im Kalenderjahr einen Betrag von mindestens **240,00 EUR** bis maximal **480,00 EUR** für die betriebliche Altersversorgung *(z. B. Direktversicherung)* aufwendet.

Die staatliche Förderung beträgt **30 %** des gezahlten Zusatzbeitrages. Den Förderbetrag kann der Arbeitgeber mit der abzuführenden Lohnsteuer verrechnen.

Beispiele:

Name	Monatsgehalt	Lohnsteuer ohne Förderbetrag	Zusätzlicher Arbeitgeberbeitrag zur Altersvorsorge	30 % Förderbetrag	abzuführende Lohnsteuer
Ahlers	*2 100,00 EUR*	*206,00 EUR*	*20,00 EUR*	*6,00 EUR*	*200,00 EUR*
Berger	*1 700,00 EUR*	*116,00 EUR*	*30,00 EUR*	*9,00 EUR*	*107,00 EUR*
Candera	*1 900,00 EUR*	*162,00 EUR*	*40,00 EUR*	*12,00 EUR*	*150,00 EUR*

Die maximale jährliche Förderung beträgt monatlich 12,00 EUR bzw. jährlich 144,00 EUR (30 % von 480,00 EUR).

Die späteren **Leistungen** aus der betrieblichen Altersversorgung sind **voll steuerpflichtig**.

2.4 Sonstige private Altersvorsorge (3. Schicht)

Zur **sonstigen privaten Altersvorsorge** gehören alle **Vermögenswerte** und **Versicherungsansprüche**, die zur Bestreitung der Lebenshaltungskosten im Alter verwendet werden können.

Zu den Vermögenswerten zählen insbesondere
- Bankguthaben,
- Wertpapiere (Fonds, Anleihen, Aktien) und
- Immobilien (Eigenheim und vermietete Objekte).

Versicherungen der 3. Schicht zur Altersvorsorge sind die
- private Rentenversicherung (Privatrente) und die
- Kapitallebensversicherung.

2.4.1 Private Rentenversicherung

Durch Einzahlungen in eine **private Rentenversicherung** erwirbt der Versicherte das Recht auf **lebenslange monatliche Rentenzahlungen (Leibrente)**.

Arten von Rentenversicherungen	
klassische Rentenversicherung	Bei einer klassischen Rentenversicherung garantiert die Versicherung dem Versicherten schon bei Vertragsabschluss eine bestimmte **Mindestrente**. Viele Versicherungen garantieren ihren Versicherten eine **Mindestverzinsung des Sparanteils** von **0,25 % p. a.** Der Sparanteil ist die gezahlte Prämie vermindert um die Verwaltungskosten. Damit steht bei Rentenbeginn ein Mindestkapital zur Verfügung, das nach versicherungsmathematischen Grundsätzen verrentet wird. Eine wesentliche Bestimmungsgröße für die Höhe der Rente ist die von der Versicherung kalkulierte durchschnittliche Lebenserwartung der Versicherten. Der Versicherte erhält eine **Überschussbeteiligung**, wenn der tatsächliche Kapitalertrag des Sparanteils höher als 0,25 % p. a. war oder wenn die tatsächlichen Verwaltungskosten niedriger als kalkuliert waren. Aufgrund der Überschussbeteiligung sind die tatsächlichen Rentenzahlungen oft erheblich höher als die Garantierente.
fondsgebundene Rentenversicherung	Bei einer fondsgebundenen Rentenversicherung legt die Versicherung den Sparanteil in Investmentanteilen an. Bei der fondsgebundenen Rentenversicherung gibt es **keine Mindestverzinsung**, da der Ertrag und damit auch die Höhe der späteren Rente von der Performance der Investmentanteile abhängig sind.

Erwerb des Rentenanspruchs	
aufgeschobene Rente	Der Rentenanspruch wird durch mehrjährige Beitragszahlungen (**Ansparzeit**) erworben und beginnt zu einem festgelegten Zeitpunkt (**Aufschubzeit**). **Bei einer dynamischen Rentenversicherung** erhöhen sich im Zeitablauf *(z. B. 2 % pro Jahr)* die zu zahlenden Prämien, um dadurch einen Inflationsausgleich zu erhalten. Der Versicherte kann aber einer Erhöhung binnen zwei Monaten widersprechen. Den **Beginn der Rentenzahlungen** kann der Versicherte oft innerhalb eines bestimmten Zeitraumes selbst bestimmen. Dabei gilt: Je später der Rentenbeginn ist, desto höher sind die monatlichen Renten. ***Beispiel:*** *Rentenbeginn nach Wahl des Versicherten zwischen dem 60. und 65. Lebensjahr* Verstirbt der Versicherungsnehmer schon vor Rentenbeginn oder innerhalb einer festgelegten Zeitspanne nach Rentenbeginn, erhalten die Hinterbliebenen oftmals aufgrund einer **Sondervereinbarung** eine einmalige Kapitalabfindung (**Beitragsrückgewähr**, d. h. Erstattung aller geleisteten Einzahlungen) oder eine befristete Rentenzahlung (**Rentengarantiezeit**). Der Versicherte hat bei Rentenbeginn häufig ein **Wahlrecht**, ob er anstelle der lebenslangen Rente eine **einmalige Kapitalabfindung** erhalten möchte.
Sofortrente	Durch **die einmalige Zahlung** eines größeren Geldbetrages *(z. B. 50 000,00 EUR)* erwirbt der Versicherungsnehmer sofort den Anspruch auf eine **lebenslange Leibrente**. Bei einem frühen Tod des Versicherten haben die Hinterbliebenen in der Regel einen Anspruch auf eine Todesfallleistung.

Höhe der Rentenzahlungen

Die Höhe der späteren Rentenzahlungen ist abhängig von
- der Höhe und Dauer der Einzahlungen,
- den Verwaltungskosten,
- der Überschussbeteiligung und
- der kalkulierten Lebenserwartung der Versicherten.

Haben die Hinterbliebenen einen Anspruch auf eine Todesfallleistung, mindert diese Garantie tendenziell die zu erwartende Rente.

Letztlich ist der vom Versicherten erzielte **Gesamtertrag** aber von seiner **Lebensdauer** abhängig, da die Versicherung ihm lebenslange Rentenzahlungen garantiert. Je älter er wird, desto höher ist letztlich sein Ertrag.

Im Zeitablauf der Rentenzahlungen sind zu unterscheiden:

- **konstante Rente**
  Die Renten haben eine gleichbleibende Höhe.
- **dynamische Rente**
  Die Renten erhöhen sich im Zeitablauf um einen bestimmten Prozentsatz *(z. B. 2 % p. a.)*. Im Vergleich zu einer konstanten Rente sind die Zahlungen in den ersten Jahren des Rentenbezugs niedriger, später aber höher. Die Steigerungsraten werden von dem Versicherer aber nicht garantiert, da sie von den erwirtschafteten Überschussanteilen abhängen. Die Dynamisierung soll einen Inflationsausgleich bewirken.

Besteuerung von Leibrenten

Bei Leibrenten (lebenslange Rente) aus privaten Rentenversicherungen ist der sogenannte **Ertragsanteil** zu versteuern. Dabei gilt: Je niedriger das Renteneintrittsalter ist, desto höher ist der steuerpflichtige Ertragsanteil. Der Ertragsanteil zählt zum steuerpflichtigen Einkommen und ist zum persönlichen Einkommensteuersatz zu versteuern.

Höhe des Ertragsanteils bei Leibrenten *(Auszug aus § 22 EStG)*	
Renteneintrittsalter	**Ertragsanteil**
40	38 %
50	30 %
60 und 61	22 %
62	21 %
63	20 %
64	19 %
65 und 66	18 %

Beispiel:

Luisa Müller erhält ab dem 60. Lebensjahr aus einer privaten Rentenversicherung eine lebenslange monatliche Leibrente von 500,00 EUR.

Jahresrente: 500,00 · 12 = 6 000,00 EUR
steuerpflichtiger Rentenanteil: 22 % von 6 000,00 EUR = 1 320,00 EUR

Riester- und private Rentenversicherung im Vergleich	
Riester-Rentenversicherung	**private Rentenversicherung**
volle Besteuerung der Renten	Besteuerung der Leibrenten mit dem Ertragsanteil
kostenloser Wechsel zu einem anderen Anbieter	hohe Wechselkosten
Pfändungsschutz („Hartz IV sicher") in der Ansparphase	nur begrenzter Pfändungsschutz *(§ 851 c ZPO)*
Rentenbeginn erst ab dem 62. Lebensjahr	Rentenbeginn ohne Mindestalter
begrenztes Kapitalwahlrecht (Maximal 30 % des angesparten Kapitals kann sich der Versicherte bei Rentenbeginn auszahlen lassen.)	oft uneingeschränktes Kapitalwahlrecht

2.4.2 Kapitallebensversicherung

Die **Lebensversicherung** ist eine Personenversicherung, die mit folgenden Zielsetzungen abgeschlossen wird:

- Versorgung der Angehörigen im Todesfall
- Vermögensbildung/Altersvorsorge
- Darlehenssicherung und -tilgung

12

Kapitallebensversicherung auf den Todes- und Erlebensfall (gemischte Lebensversicherung)
▪ Im **Todesfall** des Versicherten wird die Versicherungssumme sofort an den Bezugsberechtigten ausgezahlt. ▪ Im **Erlebensfall** wird nach Ablauf der Versicherungsdauer *(z. B. 20 Jahre)* die Ablaufleistung an den Versicherten ausgezahlt. Die Ablaufleistung besteht aus der Versicherungssumme und der Überschussbeteiligung.

Die Höhe der Beiträge (Prämien) ist abhängig von ...
- der Versicherungssumme,
- der Versicherungsdauer und
- dem Alter des Versicherten.

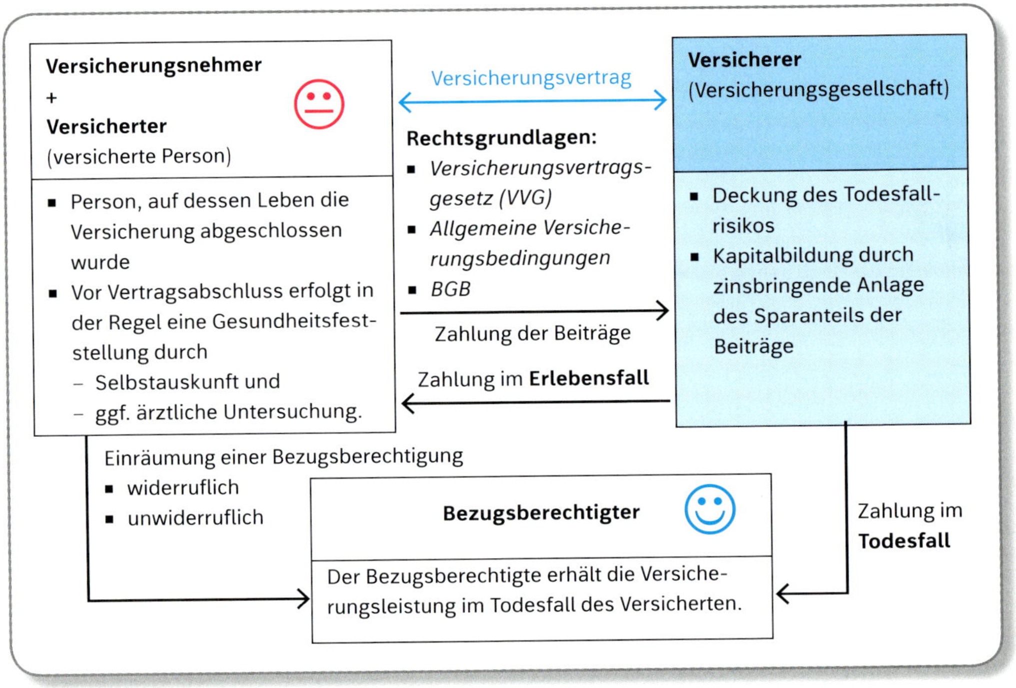

Kapitallebensversicherung auf den Todes- und Erlebensfall

Versicherungsnehmer und Versicherter sind im Regelfall identisch. Es ist jedoch auch möglich, eine Lebensversicherung auf das Leben einer anderen Person abzuschließen (Fremdversicherung).

Widerrufsrecht

Der Versicherungsnehmer kann den Lebensversicherungsvertrag binnen 30 Tagen schriftlich widerrufen. Zur Wahrung der Frist genügt die rechtzeitige Absendung des Widerrufs *(§ 152 VVG)*.

Bezugsrecht bei Lebensversicherungen

Mit dem Bezugsrecht legt der Versicherungsnehmer fest, welche Person im Todesfall der versicherten Person die Versicherungsleistung erhalten soll. Die Versicherungsleistung wird nicht auf einen eventuellen Erbteil des Begünstigten angerechnet. Auch bei einem überschuldeten Erbe steht die Versicherungsleistung dem Begünstigten zu; Gläubiger des Versicherungsnehmers haben keinen Zugriff darauf.

Der Versicherungsnehmer kann dem Begünstigten ein widerruflich oder ein unwiderrufliches Bezugsrecht einräumen.

	Widerrufliches Bezugsrecht	Unwiderrufliches Bezugsrecht
Änderung der Begünstigung	Der Versicherungsnehmer kann die Begünstigung jederzeit ändern.	Eine Änderung der Begünstigung ist nur mit Zustimmung des Begünstigten möglich.
Kündigung des Vertrages durch Versicherungsnehmer	Der Versicherungsnehmer erhält den Rückkaufswert.	Der Begünstigte erhält den Rückkaufswert.
Tod des Begünstigten während der Laufzeit	Das Bezugsrecht verfällt. Der Versicherungsnehmer kann einen neuen Begünstigten einsetzen.	Das Bezugsrecht und damit der Anspruch auf die Versicherungsleistung geht auf die Erben des Begünstigten über.
Abtretung/Verpfändung der Versicherung	Der Versicherungsnehmer kann die Versicherung ohne Zustimmung des Begünstigten abtreten oder verpfänden.	Eine Abtretung und Verpfändung der Versicherung ist nur mit Zustimmung des Begünstigten möglich.
Insolvenz des Begünstigten	Die Versicherungsansprüche gehören nicht zur Insolvenzmasse des Begünstigten.	Die Versicherungsansprüche gehören zur Insolvenzmasse des Begünstigten.

Beitragsbestandteile und Ablaufleistung

Bestandteile der Beiträge zu einer Kapitallebensversicherung

Risikoanteil	Sparanteil (Deckungskapital)	Kostenanteil
Kapitalzahlung im Todesfall (Abdeckung des Todesfallrisikos) Die Kalkulation des Todesfallrisikos geschieht auf der Grundlage sogenannter **„Sterbetafeln"** der Versicherungen. Ist der tatsächliche Aufwand durch vorzeitige Todesfälle geringer als angenommen, entsteht ein **„Sterblichkeitsgewinn"**, der den Versicherten zu mindestens 90 % zusteht.	**Kapitalzahlung bei Fälligkeit** Der Sparanteil wird von der Versicherung ertragbringend *(z. B. Anleihen, Aktien, Immobilien)* angelegt. Dem Versicherten wird i. d. R. eine **Garantieverzinsung von 0,25 %** (max. Rechnungszinssatz) zugesagt. Die zu 0,25 % aufgezinsten Sparanteile für die Laufzeit der Versicherung ergeben die Versicherungssumme. Zunehmend bieten Versicherer auch **Lebensversicherungen ohne eine Garantieverzinsung** an. Der über die Garantieverzinsung hinausgehende **Mehrertrag** (Zinsgewinn) steht den Versicherten zu mindestens **90 %** zu.	**Deckung der Vertriebskosten und der laufenden Verwaltungskosten** Ist der tatsächliche Aufwand geringer als kalkuliert, entsteht ein **„Kostengewinn"**, der den Versicherten zu mindestens 50 % zusteht.

Ablaufleistung = Versicherungssumme + Überschussbeteiligung
(„Sterblichkeitsgewinn" + „Mehrertrag" + „Kostengewinn")
An dem erzielten Überschuss sind die Versicherten zu beteiligen.

Bei Fälligkeit der Versicherung wird die Ablaufleistung an den Versicherten ausgezahlt. Durch die Überschussbeteiligung erhöht sich die Ablaufleistung oft erheblich. Bei einer Laufzeit von 25 Jahren wird bei Ablauf der Versicherung ca. das Doppelte der Versicherungssumme ausgezahlt. Da zukünftige Entwicklungen *(z. B. Höhe der Kapitalmarktzinsen, Entwicklung der Aktienkurse)* die Höhe der Überschussbeteiligung bestimmen, ist bei Vertragsabschluss die Ablaufleistung der Versicherung im Voraus jedoch nicht genau zu ermitteln.

Sicherungsvermögen und Rückkaufswert

Sicherungsvermögen	Die Versicherung muss ein Sicherungsvermögen (Deckungsstock) bilden, um nach Ablauf der Versicherungsdauer bzw. im Todesfall die Versicherungssumme zahlen zu können. Dabei sind folgende Vorschriften zu beachten *(§ 125 VAG, § 2 AnlV)*: ▪ Das Sicherungsvermögen muss getrennt vom Vermögen der Versicherung verwaltet werden. ▪ Ein Treuhänder wird zur Überwachung bestellt. ▪ Folgende Anlageformen sind zulässig: – Hypotheken- und Grundschulddarlehen – Schuldverschreibungen, die an einer Börse zum Handel zugelassen sind oder an einem anderen organisierten Markt zugelassen oder in diesen einbezogen sind (organisierter Markt) *(§ 2 Abs. 1, Nr. 7a AnlV)* – Investmentfonds – Aktien, die an einem regulierten Markt gehandelt werden – Darlehen an Bund, Länder und Gemeinden – Grundstücke und Gebäude – Termineinlagen bei Kreditinstituten

Rückkaufswert	Bei einer vorzeitigen Kündigung der Versicherung wird der **Rückkaufswert** (Zeitwert) an den Versicherten ausgezahlt. Der Rückkaufswert besteht unter Berücksichtigung der Abschlusskosten aus den verzinsten Sparanteilen seiner Einzahlungen zuzüglich der bisher angefallenen Überschussbeteiligung. Gedanklich kann man sich den Vorgang folgendermaßen vorstellen: Bei Vertragsbeginn wird das „Konto" des Versicherten mit den Abschlusskosten belastet. Dabei sind die Vertriebskosten auf mindestens fünf Jahre zu verteilen. Es entsteht ein negativer Saldo, der durch die nun folgenden Sparanteile zunächst ausgeglichen wird. Eine Überschussbeteiligung fällt bisher nicht an. Erst im späteren Verlauf entsteht durch weitere Einzahlungen ein positiver Saldo und damit ein Rückkaufswert. Der Rückkaufswert mindert sich noch um die Kosten der Vertragsauflösung (ca. 1 %). Die Ermittlung der Rückkaufswerte erfolgt bei den einzelnen Versicherungen nach unterschiedlichen Verfahren, die zu deutlichen Abweichungen bei der Höhe des Rückkaufswertes führen. In den ersten Versicherungsjahren ist der Rückkaufswert relativ niedrig. **Fazit:** Eine vorzeitige Kündigung des Vertrages ist für den Versicherten mit erheblichen finanziellen Nachteilen verbunden. Bei finanziellen Schwierigkeiten ist deshalb oft eine Beitragsfreistellung, Laufzeitverkürzung oder eine Verminderung der Versicherungssumme von Vorteil.

Besteuerung von Kapitallebensversicherungen

Der Ertrag einer Kapitallebensversicherung ist die **Differenz** zwischen der **Versicherungsleistung (Ablaufleistung)** und den **eingezahlten Beiträgen**. Bei der Besteuerung sind steuerlich begünstigte und nicht begünstigte Lebensversicherungen zu unterscheiden.

Steuerlich begünstigte Kapitallebensversicherungen müssen folgende Voraussetzungen erfüllen:

- Auszahlung der Versicherungsleistung nach Vollendung des 62. Lebensjahres
- Vertragslaufzeit mindestens zwölf Jahre
- Todesfallschutz mindestens 50 % der Beitragssumme

Der Ertrag aus einer **steuerlich begünstigten Versicherung** ist nur zur Hälfte mit dem persönlichen Einkommensteuersatz (Halbeinkünfteverfahren) zu versteuern.

Bei einer **steuerlich nicht begünstigten Versicherung** unterliegt der gesamte Ertrag einer Abgeltungsteuer von 25 % zuzüglich 5,5 % Solidaritätszuschlag (SolZ). Gehört der Versicherungsnehmer einer Religionsgemeinschaft an, fällt zusätzlich Kirchensteuer (8 % bzw. 9 %) an.

Bei der Auszahlung der Versicherungsleistung führt die Versicherung die Kapitalertragsteuer (25,00 % bzw. 24,45 %/24,51 % bei Kirchensteuerabzug), den Solidaritätszuschlag und gegebenenfalls die Kirchensteuer an das Finanzamt ab. Berechnungsgrundlage ist der Gesamtertrag (Differenz zwischen Einzahlungen, ohne Beiträge für Zusatzversicherungen, und Auszahlung).

Bei begünstigten Lebensversicherungen ist die gezahlte KESt eine Vorauszahlung auf die Einkommensteuer.

Fallbeispiel:
Jan Wosab, alleinstehend, konfessionslos, zahlt 20 Jahre lang monatlich 200,00 EUR in eine Kapitallebensversicherung ein.

Bei Fälligkeit der Versicherung ist Herr Wosab 62 Jahre alt und erhält eine Versicherungsleistung von 70 000,00 EUR. Der für die Besteuerung der Erträge maßgebliche persönliche Einkommensteuersatz beträgt 32 %.

Ermittlung des Ertrages

Versicherungsleistung		70 000,00 EUR
– eingezahlte Beiträge	(200 · 12 · 20)	– 48 000,00 EUR
Ertrag		22 000,00 EUR

Ermittlung des Auszahlungsbetrages

Versicherungsleistung	70 000,00 EUR	
– 25 % KESt von 22 000,00 EUR	– 5 500,00 EUR	Steuervorauszahlung
– 5,5 % SolZ	– 302,50 EUR	5 802,50 EUR
Auszahlungsbetrag	64 197,50 EUR	

Ermittlung der Einkommensteuer

Nach dem Halbeinkünfteverfahren beträgt der steuerpflichtige Ertrag aus der Lebensversicherung (LV) 11 000,00 EUR (22 000,00 : 2).

Dieser Betrag wird dem steuerpflichtigen Einkommen von Herrn Wosab zugeschlagen und nach dem Einkommensteuertarif versteuert.

		Einkommensteuer (Tarif 2021)
zu versteuerndes Einkommen (ohne LV-Ertrag)	50 000,00 EUR →	11 994,00 EUR
+ steuerpflichtiger Ertrag aus der LV	11 000,00 EUR	
zu versteuerndes Einkommen	**61 000,00 EUR** →	**16 483,00 EUR**

Aufgrund der steuerpflichtigen LV-Erträge erhöht sich die Einkommensteuer um 4 489,00 EUR (16 483,00 – 11 994,00). Es fällt kein Solidaritätszuschlag an.
Die von der Versicherung einbehaltenen Steuern von in Höhe 5 802,50 EUR kann Jan Wosab als Steuervorauszahlung gegenrechnen. Es ergibt sich eine Steuererstattung von 1 313,50 EUR (5 802,50 – 4 489,00).

Die effektive Steuerbelastung bezogen auf den Gesamtertrag der Lebensversicherung beträgt 20,40 %.

$$\text{effektive Steuerbelastung} = \frac{4\,489{,}00 \cdot 100}{22\,000{,}00} = \underline{20{,}40\ \%}$$

Hätte Jan Wosab bei Auszahlung der Lebensversicherung das 62. Lebensjahr noch nicht erreicht, wäre der gesamte Ertrag von 22 000,00 EUR steuerpflichtig. Mit der Abführung der KESt und des Solidaritätszuschlages wäre seine Einkommensteuerschuld jedoch grundsätzlich abgegolten (Abgeltungsteuer).

Zahlungen an den Begünstigten

Die Erträge aus einer Kapitallebensversicherung bleiben im Todesfall einkommensteuerfrei. Gegebenenfalls muss der Begünstigte aber Schenkung- bzw. Erbschaftsteuer für die Zuwendung zahlen.

Verrentung der Ansprüche aus Kapitallebensversicherungen

- Eine Verrentung der Ablaufleistung gilt als Verfügung. Die Differenz zwischen Versicherungsleistung und den eingezahlten Beiträgen ist zu versteuern. Gegebenenfalls gilt das Halbeinkünfteverfahren.
- Die Rentenzahlungen werden mit dem Ertragsanteil versteuert.

Beurteilung von Kapitallebensversicherungen aus der Sicht des Versicherten

Vorteile	Nachteile
▪ Absicherung der Familie im Todesfall ▪ Garantieverzinsung des Sparanteils und ggf. Überschussbeteiligung ▪ Sicherung des Lebensstandards im Alter und für den Fall der Berufs- und Erwerbsunfähigkeit, sofern entsprechende Zusatzversicherungen abgeschlossen wurden ▪ Steuervorteile (ggf. Halbeinkünfteverfahren) ▪ Anlage der vermögenswirksamen Leistungen (keine Arbeitnehmersparzulage) ▪ Darlehenssicherung und -tilgung	▪ lange Laufzeit ▪ Bei vorzeitiger Kündigung erhält der Versicherte nur den Rückkaufswert. ▪ Die Ablaufleistung ist nicht bekannt. ▪ evtl. niedrigere Renditen als bei anderen Anlageformen Als Alternative kann der Abschluss einer preiswerten Risikolebensversicherung in Verbindung mit einem Bank- oder Fondssparplan empfohlen werden.

Besondere Formen der Kapitallebensversicherung

dynamische Lebensversicherung	▪ Angebot an den Versicherten, die Versicherungssumme jährlich zu erhöhen, um den Kaufkraftverlust durch die laufende Geldentwertung (Inflation) auszugleichen und eine Anpassung an die allgemeine Einkommensentwicklung zu gewährleisten ▪ Erhöhung der Versicherungssumme ohne erneute Gesundheitsprüfung ▪ Der Versicherte kann der Erhöhung binnen zwei Monaten widersprechen. **Vorteil:** Ausgleich des Kaufkraftverlustes
Term-Fix-Versicherungen: ▪ **Ausbildungsversicherung** ▪ **Heirats- und Aussteuerversicherungen**	▪ Die Versicherung dient dazu, die Zahlung einer bestimmten Geldsumme zu einem bestimmten Termin zu gewährleisten. Die Ausbildungsversicherung trägt zur Deckung der Ausbildungskosten der Kinder bei. Bei der Heirats- bzw. Aussteuerversicherung wird die Versicherungssumme bei der Heirat des mitversicherten Kindes, spätestens jedoch bei Erreichen eines bestimmten Lebensalters *(z. B. 25. Lebensjahr des Kindes)* fällig. Beim Tod des Kindes vor dem Ende der Laufzeit werden die Beiträge zurückerstattet. ▪ Bei Tod des Versicherten *(z. B. Eltern)* wird die Versicherung beitragsfrei bis zum Ende der Laufzeit weitergeführt. **Vorteil:** Sicherung der Ausbildung/Existenzgründung der Kinder

fondsgebundene Lebensversicherungen	▪ Der Sparanteil wird in Investmentanteilen angelegt. ▪ Die Fondsanteile werden jedem Versicherten **direkt** zugeordnet („Sondervermögen“). ▪ keine Garantieverzinsung aufgrund der Kursrisiken ▪ Indexgebundene Versicherungen orientieren ihre Gewinnzusagen an einem Referenzindex *(z. B. DAX)*. **Vorteil:** ggf. höhere Ablaufleistungen (aber auch höheres Risiko)

2.5 Steuerliche Regelungen zur Altersvorsorge im Überblick

	steuerliche Behandlung der Beiträge	Besteuerung der Renten bzw. Leistungen
▪ **gesetzliche Rentenversicherung** ▪ **Rürup-Rentenversicherung** **⇒ 1. Schicht**	Beiträge können als Altersvorsorgeaufwendungen (Sonderausgaben) steuerlich geltend gemacht werden. ▪ Höchstbetrag 2022: 25 639,00 EUR (Alleinstehende) bzw. 51 278,00 EUR (Verheiratete/Lebenspartner) ▪ Im Jahr 2005 waren 60 % der Beiträge abzüglich des Arbeitgeberanteils zur gesetzlichen Rentenversicherung abzugsfähig; in den Folgejahren erhöht sich dieser Satz bis 2025 um jährlich 2 %.	Bei Rentenbeginn im Jahr 2005 sind die Renten zu 50 % steuerpflichtig; in den Folgejahren erhöht sich dieser Satz zunächst um jährlich 2 % bis zum Jahr 2020, dann um jährlich 1 % bis zum Jahr 2040. Maßgeblich für den steuerfreien Anteil ist das Jahr des Rentenbeginns. Der dann festgelegte Rentenfreibetrag in Euro gilt für die gesamte Rentenzeit.
Riester-Rentenversicherung **⇒ 2. Schicht**	▪ Gewährung staatlicher Zulagen: – Grundzulage 175,00 EUR – Kinderzulage – geboren bis 31.12.2007 185,00 EUR – geboren ab 01.01.2008 300,00 EUR – Berufseinsteiger bis 25 Jahre einmalig 200,00 EUR ▪ oder Geltendmachung der Gesamtbeiträge als Sonderausgaben bis zum Höchstbetrag von 2 100,00 EUR (Günstigerprüfung)	Sofern die Leistungen auf staatlich geförderten Beiträgen beruhen, sind diese voll steuerpflichtig.
betriebliche Altersvorsorge (Direktversicherung, Pensionskasse, Pensionsfonds) **⇒ 2. Schicht**	Beitrage sind bis zu 8 % der Beitragsbemessungsgrenze der GRV pro Jahr steuerfrei und bis zu 4 % dieser Beitragsbemessungsgrenze sozialversicherungsfrei. Beitragsbemessungsgrenze der GRV in 2022: West 84 600,00 EUR, Ost 81 000,00 EUR ▪ steuerfreier Höchstbetrag: 6 768,00 EUR West, 6 480,00 EUR Ost ▪ sozialversicherungsfreier Höchstbetrag: 3 384,00 EUR West, 3 240,00 EUR Ost	Sofern die Leistungen auf staatlich geförderten Beiträgen beruhen, sind diese voll steuerpflichtig. Andernfalls gelten die Regelungen für private Rentenversicherungen und Kapitallebensversicherungen.

	steuerliche Behandlung der Beiträge	Besteuerung der Renten bzw. Leistungen
private Rentenversicherung ⇒ 3. Schicht	Die Beiträge sind nicht steuerlich absetzbar und demnach aus dem bereits versteuerten Einkommen zu leisten.	Leibrenten sind mit dem Ertragsanteil zu versteuern, dessen Höhe von dem Alter des Renteneintritts abhängig ist.
Kapitallebensversicherung ⇒ 3. Schicht	Die Beiträge sind nicht steuerlich absetzbar und demnach aus dem bereits versteuerten Einkommen zu leisten.	Bei Kapitalzahlungen ist der Unterschiedsbetrag zwischen der Versicherungsleistung und der Summe der geleisteten Beiträge steuerpflichtig. Der Betrag ist jedoch nur zur Hälfte steuerpflichtig, wenn bei der Auszahlung seit Vertragsabschluss mindestens zwölf Jahre vergangen sind und der Begünstigte das 62. Lebensjahr vollendet hat.

3 Absicherung von Hinterbliebenen

3.1 Hinterbliebenenrente aus der gesetzlichen Rentenversicherung

Die GRV zahlt eine **Hinterbliebenenrente** an
- den Ehegatten bzw. Lebenspartner **(Witwen-/Witwerrente)** und an
- die Kinder **(Waisenrente)** des Verstorbenen.

Witwen-/Witwerrente

Bei der Witwen-/Witwerrente sind **kleine und große Witwen-/Witwerrente** zu unterscheiden.

Eine **kleine Witwen-/Witwerrente** erhält der hinterbliebene Ehegatte bzw. Lebenspartner, wenn folgende Bedingungen erfüllt sind:

- Der Hinterbliebene hat nicht wieder neu geheiratet.
- Er hat beim Tod des Ehegatten bzw. Lebenspartners eine bestimmte Altersgrenze noch nicht vollendet. Die Altersgrenze liegt im Jahr 2022 bei 45 Jahren und 11 Monaten (§ 46 SGB VI). Sie erhöht sich bis zum Jahr 2029 schrittweise auf das 47. Lebensjahr.
- Er hat keine Kinder unter 18 Jahren zu versorgen.

Die kleine Witwen-/Witwerrente beträgt 25 % der Rente des Verstorbenen und ist auf **zwei Jahre** befristet. Nur bei sogenannten Altfällen (Ehepartner vor 01.01.2002 verstorben oder Ehe vor 2002 geschlossen und mindestens ein Ehepartner vor dem 02.01.1962 geboren) ist die Rente unbefristet.

12

Eine **große Witwen-/Witwerrente** erhält der **nicht neu verheiratete** Ehegatte bzw. Lebenspartner, wenn

- dieser beim Tod des Ehegatten bzw. Lebenspartners das 47. Lebensjahr (ab 2029) vollendet hat oder
- wenn ein eigenes Kind oder ein Kind des Verstorbenen das 18. Lebensjahr noch nicht vollendet hat oder
- wenn dieser erwerbsgemindert ist.

Die große Witwen-/Witwerrente beträgt 55 % (bei Altfällen 60 %) der Rente des Verstorbenen und ist zeitlich nicht befristet.

Waisenrente

Bei der Waisenrente sind **Halbwaisenrenten** und **Vollwaisenrenten** zu unterscheiden.

Halbwaisenrenten erhalten Kinder, bei denen noch ein unterhaltspflichtiger Elternteil lebt. Die Halbwaisenrente beträgt 10 % der Rente zuzüglich eines Zuschlages, der sich an den rentenrechtlichen Zeiten des Verstorbenen orientiert.

Vollwaisenrenten erhalten Kinder, wenn beide Elternteile verstorben sind. Die Vollwaisenrente beträgt 20 % der Rentensumme von beiden Verstorbenen zuzüglich eines Zuschlages.

Waisenrenten erhalten Kinder immer bis zum 18. Lebensjahr, darüber hinaus bis maximal zum 27. Lebensjahr, wenn
- sie sich in der Schul- oder Berufsausbildung befinden oder
- einen freiwilligen Dienst *(§ 32 Abs. 4 EStG)* leisten oder
- behindert sind.

Versorgungslücke

Mithilfe der Renteninformation von der GRV kann die Versorgungslücke der Hinterbliebenen ermittelt werden.

3.2 Lebensversicherung

Hinterbliebene können durch den Abschluss einer **Kapitallebensversicherung, Risikolebensversicherung oder Restschuldversicherung** abgesichert werden.

Mit dem Abschluss einer **Kapitallebensversicherung** erwirbt der Versicherte ein Kombiprodukt zur Altersvorsorge und zur Absicherung seiner Hinterbliebenen. Aufgrund dieser umfänglichen Versicherungsleistung sind die Prämien entsprechend hoch.

Die **Risikolebensversicherung** dient nur zur Hinterbliebenenabsicherung und ist deshalb relativ preiswert.

Risikolebensversicherung
▪ Im **Todesfall** des Versicherten wird die Versicherungssumme sofort an den Bezugsberechtigten ausgezahlt. ▪ Im **Erlebensfall** endet nach Ablauf der Versicherungsdauer die Versicherung, ohne dass von der Versicherung eine Zahlung geleistet wird.

Bei Risikolebensversicherungen gibt es zwei Varianten hinsichtlich der Versicherungssumme:

- Bei einer **konstanten Versicherungssumme** zahlt die Versicherung unabhängig vom Todeszeitpunkt der versicherten Person eine bestimmte Summe *(z. B. 150 000,00 EUR)*.
- Bei einer **fallenden Versicherungssumme** sinkt die Versicherungssumme im Zeitablauf. Bei einer solchen Regelung geht die versicherte Person davon aus, dass die Geldbedarf der Hinterbliebenen im Zeitablauf sinkt.

  Beispiel:

  Lena Uhlmann hat eine Tochter im Alter von 14 Jahren. Sie schließt eine Risikolebensversicherung über 20 Jahre mit einer linear fallenden Versicherungssumme von 200 000,00 EUR auf 10 000,00 EUR ab, da sie davon ausgeht, dass ihre Tochter mit zunehmendem Alter für sich selbst sorgen kann.

Eine **Restschuldversicherung** ist ebenfalls eine Risikolebensversicherung mit einer fallenden Versicherungssumme, die sich direkt auf die Restschuld eines bestimmten Darlehens bezieht. Bei Baudarlehen empfehlen viele Beraterinnen und Berater den Abschluss einer solchen Versicherung zum Schutz der Hinterbliebenen.

Durch eine **Risikolebensversicherung auf verbundene Leben** können sich Personen gegenseitig absichern.

Lebensversicherung auf verbundene Leben ▪ **Partnerversicherung** ▪ **Teilhaberversicherung**	▪ Das Todesfallrisiko von mehreren (in der Regel zwei) Personen wird in einem Vertrag zusammengefasst. ▪ Die vereinbarte Leistung wird in der Regel beim Tod des zuerst Sterbenden, spätestens am Ende der Laufzeit fällig. ▪ Mit dem Tod eines der Versicherten vor dem Ende der Laufzeit erlischt die Versicherung. **Vorteile:** ▪ gegenseitige Absicherung im Todesfall von Lebensgemeinschaften (Eheleute, Lebenspartnerschaften und andere zusammenlebende Paare) ▪ finanzielle Absicherung von Personengesellschaften (OHG, KG), um im Todesfall eines Gesellschafters *z. B. Zahlungen an die Erben* leisten zu können

Gesundheitsprüfung

Bei einer Lebensversicherung gehört es zu den vorvertraglichen Anzeigepflichten des Versicherungsnehmers, Auskunft über seinen Gesundheitszustand zu geben und auf Verlangen entsprechende Arztberichte vorzulegen. Bei erheblichen Vorerkrankungen lehnen Versicherer oft einen Vertragsabschluss ab. Hat der Versicherungsnehmer beim Abschluss des Vertrages falsche Angaben über seinen Gesundheitszustand gemacht, kann der Versicherer im Leistungsfall die Zahlung verweigern, wenn eine verschwiegene Krankheit ursächlich zum Tod geführt hat.

Beim Tod des Versicherten erhalten die Bezugsberechtigten die Versicherungssumme. Die Todesfallleistung ist nicht einkommensteuerpflichtig, unterliegt jedoch der **Schenkung- bzw. Erbschaftsteuer**.

4 Absicherung bei Erwerbsminderung

Die Wahrscheinlichkeit, aus gesundheitlichen Gründen nicht bis zur Regelarbeitsgrenze arbeiten zu können, ist hoch. Circa 40 % der heute Zwanzigjährigen wird voraussichtlch schon vor dem Erreichen der Regelaltersgrenze aus gesundheitlichen Gründen aus dem Berufsleben ausscheiden. Die Verteilung der Gründe für eine Berufsunfähigkeit zeigt die nebenstehende Darstellung.

Bei einer gesundheitlichen Beeinträchtigung der Arbeitsfähigkeit sind Invalidität, Berufsunfähigkeit, Erwerbsminderung und Dienstunfähigkeit zu unterscheiden.

Art der gesundheitlichen Einschränkung	Merkmale
Erwerbsminderung	Bei einer Erwerbsminderung kann eine Person wegen Krankheit oder anderer Gebrechen auf nicht absehbare Zeit eine **Erwerbstätigkeit** ganz oder teilweise nicht mehr ausüben. Die Erwerbsminderung bezieht sich auf alle am Arbeitsmarkt angebotenen Tätigkeiten und ist demnach unabhängig vom bisher ausgeübten Beruf und von den beruflichen Qualifikationen der Person.
Berufsunfähigkeit	Bei Berufsunfähigkeit kann eine Person ihren bisher **ausgeübten Beruf** wegen gesundheitlicher Einschränkungen nicht mehr ausüben.
Dienstunfähigkeit	**Beamte** sind dienstunfähig und werden aus gesundheitlichen Gründen in den Ruhestand versetzt (Beamte auf Lebenszeit) oder entlassen (Beamte auf Probe), wenn sie ihre **Dienstpflichten** nicht mehr erfüllen können. Die Dienstunfähigkeit stellt ein Amtsarzt fest.
Invalidität	Bei Invalidität erleidet eine Person als **Unfallfolge** eine dauernde Beeinträchtigung der Arbeitsfähigkeit bzw. der körperlichen oder geistigen Leistungsfähigkeit.

4.1 Erwerbsminderungsrente aus der gesetzlichen Rentenversicherung

Beschäftigte, die aus gesundheitlichen Gründen nicht mehr oder nur noch wenige Stunden am Tag arbeiten können, erhalten aus der GRV eine Erwerbsminderungsrente. Maßgeblich für die Erwerbsunfähigkeit ist nicht die bisherige berufliche Tätigkeit der Person, sondern eine umfassende Arbeitsunfähigkeit in allen Tätigkeitsbereichen. Individuelle berufliche Qualifikationen spielen dabei keine Rolle.

Beispiel:
Der Bäckermeister Thomas Höller hat eine Mehlallergie und kann in seinem Beruf nicht mehr arbeiten. Er erhält keine Erwerbsminderungsrente, da es auf dem Arbeitsmarkt viele Tätigkeiten gibt, in denen seine Erkrankung keine Rolle spielt. Auch wenn es nicht seinem beruflichen Qualifikationsniveau entspricht, könnte er zum Beispiel als Paketzusteller oder Straßenreiniger arbeiten.

Voraussetzung für den Erhalt einer Erwerbsminderungsrente ist zudem, dass der Versicherte in den fünf Jahren vor Eintritt der Erwerbsminderung mindestens drei Jahre Beiträge in die GRV geleistet hat.

Die Höhe der Erwerbsminderungsrente ist davon abhängig, ob und gegebenenfalls in welchem Umfang der Versicherte noch arbeitsfähig ist.

Renten wegen voller Erwerbsminderung erhalten Personen, die aus gesundheitlichen Gründen nur noch weniger als **drei Stunden** täglich arbeiten können. Die Höhe der Rente ist abhängig von den bis zu diesem Zeitpunkt erworbenen Rentenansprüchen. Diese mindern sich aber noch um einen Abschlag von bis zu 10,8 %, da der Arbeitnehmer schon vor Erreichen der Regelaltersgrenze die Rente erhält.

Renten wegen teilweiser Erwerbsminderung erhalten Personen, die **mindestens drei Stunden**, jedoch **weniger als sechs Stunden** täglich arbeiten können. Die Rente beträgt die **Hälfte** der vollen Erwerbsminderungsrente. Kann diesen Personen aber kein Arbeitsplatz mit reduzierter Arbeitszeit vermittelt werden, haben auch sie Anspruch auf die volle Erwerbsminderungsrente.

Besondere Regelungen gelten für **Versicherte, die vor dem 02.01.1961 geboren** sind. Sie erhalten eine Rente wegen teilweiser Erwerbsminderung, wenn sie in ihrem bisherigen Beruf oder in einem zumutbaren anderen Beruf (Verweisungstätigkeit) nicht mindestens sechs Stunden arbeiten können. Eine Verweisungstätigkeit muss im Hinblick auf die berufliche Qualifikation und die erlangte soziale Stellung einen ähnlichen Standard haben.

Beispiel:
Der Elektromeister Matthias Klein kann wegen seiner Rückenprobleme keine Elektroinstallationen mehr vornehmen. Zumutbar wäre für ihn zum Beispiel eine Tätigkeit als Abteilungsleiter in einem Elektrofachmarkt.

Eine Erwerbsminderungsrente ist im Regelfall auf drei Jahre begrenzt. Danach muss der Versicherte diese erneut beantragen und die GRV prüft, ob die Voraussetzungen für die Erwerbsminderung weiterhin fortbestehen.

Versorgungslücke

Mithilfe der **Renteninformation** von der GRV kann die Versorgungslücke für den Fall einer Erwerbsminderung ermittelt werden.

Der Versicherte kann die Versorgungslücke durch eine **Berufsunfähigkeitsversicherung** und beschränkt durch eine **Unfallversicherung** schließen.

4.2 Berufsunfähigkeitsversicherung

Die **Berufsunfähigkeitsversicherung** zahlt dem Versicherten eine monatliche Rente, wenn er in dem zuletzt ausgeübten Beruf infolge Krankheit, Körperverletzung oder mehr als altersentsprechendem Kräfteverfall ganz oder teilweise voraussichtlich auf Dauer nicht mehr arbeiten kann *(§ 172 Abs. 2 VVG)*.

Die **Leistungspflicht** des Versicherers entsteht,

- wenn der Versicherte zu **mindestens 50 % berufsunfähig** ist und er
- aus gesundheitlichen Gründen seinen **zuletzt ausgeübten Beruf mindestens sechs Monate** nicht ausüben kann.

Dabei ist es unerheblich, ob die Berufsunfähigkeit aus einer Erkrankung oder einem Unfall resultiert.

Die Berufsunfähigkeit muss von einem Arzt festgestellt werden.

Die Höhe der Beiträge ist unter anderem von folgenden Faktoren abhängig:	
Höhe der monatlichen Rente	Je höher die vereinbarte Berufsunfähigkeitsrente ist, desto höher sind die vom Versicherten zu zahlenden Monatsbeiträge.
Alter	Mit zunehmendem Alter steigt das Risiko der Berufsunfähigkeit. Je älter der Versicherte bei Vertragsabschluss ist, desto höher sind die Beiträge.
Versicherungsdauer	Die Berufsunfähigkeitsrenten sind zeitlich befristet und werden bis zu einem bestimmten Lebensjahr des Versicherten gezahlt *(z. B. bis zum 67. Lebensjahr)*. Je höher die Altersgrenze ist, desto höher sind die Beiträge, da gerade in älteren Lebensjahren das Risiko der Berufsunfähigkeit steigt. Sinnvoll ist eine Befristung bis zum Rentenbeginn (Regelaltersgrenze), da der Versicherte ab diesem Zeitpunkt eine Altersrente bezieht.
Gesundheitszustand	Ein guter Gesundheitszustand des Versicherten bei Vertragsabschluss vermindert das Risiko einer Berufsunfähigkeit. Um dieses Risiko einschätzen zu können, führt der Versicherer eine **Gesundheitsprüfung** durch. Die Gesundheitsprüfung beruht zunächst auf einer **Selbstauskunft** des Antragstellers. In dem Versicherungsantrag muss er umfassende Angaben zu seinem **Gesundheitszustand** und zu seinen **Vorerkrankungen** machen. Bei Bedarf kann der Versicherer einen zusätzlichen Arztbericht anfordern, um weitergehende Informationen zu erhalten. Es gehört zu den **Obliegenheiten** des Antragstellers, die Gesundheitsfragen **vollständig** und **wahrheitsgemäß** zu beantworten, da der Versicherer bei Berufsunfähigkeit die Leistung verweigern kann, wenn die Berufsunfähigkeit in einem Zusammenhang mit einer nicht erklärten Vorerkrankung steht (Einrede der vorvertraglichen **Anzeigepflichtverletzung**). Zudem ist der Versicherer zum Rücktritt vom Vertrag berechtigt, wenn er vor Eintritt einer Berufsunfähigkeit Kenntnis von einer vorvertraglichen Anzeigenpflichtverletzung erlangt. Bei **Vorerkrankungen** kann der Versicherer ▪ einen **Risikozuschlag** in Abhängigkeit von der Schwere der Vorerkrankung verlangen oder

Die Höhe der Beiträge ist unter anderem von folgenden Faktoren abhängig:	
	▪ einen **Leistungsausschluss** für einzelne Erkrankungen vereinbaren, die in einem Zusammenhang mit der Vorerkrankung stehen, oder ***Beispiel:*** *Vorerkrankung: Bandscheibenvorfall – Ausschluss der Berufsunfähigkeit wegen Erkrankungen an der Wirbelsäule* ▪ den **Abschluss** des Versicherungsvertrages **verweigern**. Bei Vorerkrankungen ist eine **anonyme Risikovoranfrage** durch einen Versicherungsmakler oder -berater bei mehreren Versicherungen ratsam, weil ▪ die Risikozuschläge bei bestimmten Vorerkrankungen bei den Versicherern unterschiedlich hoch sind und weil ▪ bei einer anonymen Anfrage keine Eintragung in eine zentrale Datei (Informationssystem der deutschen Versicherer – HIS-Wagnisdatei), die von allen Versicherungen eingesehen werden kann, erfolgt.
Beruf	Das Risiko einer Berufsunfähigkeit ist in den verschiedenen Berufen unterschiedlich. So ist zum Beispiel das Risiko einer Berufsunfähigkeit bei Dachdeckern, Maurern und Fliesenleger bedeutend höher als bei Ingenieuren, Ärzten und Rechtsanwälten. Dementsprechend sind die Beiträge für risikoreiche Berufe erheblich höher als für risikoarme Berufe.
Hobbys	Risikoreiche Hobbys *(z. B. Bergsteigen, Drachenfliegen)* erhöhen das Risiko für den Versicherer. Deshalb kann er ▪ den Beitrag entsprechend erhöhen oder ▪ eine durch das Hobby verursachte Berufsunfähigkeit von der Leistungspflicht ausschließen oder ▪ einen Vertragsabschluss verweigern.

Verweisungsrecht des Versicherers

Als weitere Voraussetzung für die Leistungspflicht des Versicherers können die Beteiligten vereinbaren, dass die versicherte Person auch **keine andere Tätigkeit** ausübt oder ausüben kann, die zu übernehmen sie aufgrund ihrer Ausbildung und Fähigkeiten (Qualifikationsniveau) in der Lage ist und die ihrer bisherigen Lebensstellung (soziale Wertschätzung und Einkommen) entspricht *(§ 172 Abs. 3 VVG).*

- Bei einer **abstrakten Verweisung** verweigert die Versicherung die Leistung, wenn der Versicherte noch in einem anderen gleichwertigen Beruf arbeiten **kann**, unabhängig davon, ob er tatsächlich eine entsprechende Anstellung findet.
  Die abstrakte Verweisung ist für den Versicherten nachteilig und sollte von ihm nur in **Ausnahmefällen** akzeptiert werden. In der Praxis verzichten viele Versicherer auf das abstrakte Verweisungsrecht.
- Bei einer **konkreten Verweisung** hat der Versicherer ein Leistungsverweigerungsrecht, wenn der Versicherte freiwillig wieder eine gleichwertige Tätigkeit aufnimmt. Ab diesem Zeitpunkt erlischt der Anspruch auf die Berufsunfähigkeitsrente.
  Nach den Versicherungsbedingungen ist der Versicherte verpflichtet, der Versicherung die Aufnahme bzw. Änderung einer beruflichen Tätigkeit unverzüglich mitzuteilen. Das konkrete Verweisungsrecht ist **praxisüblich**.

Leistungen der Berufsunfähigkeitsversicherung

- Zahlung der vereinbarten Berufsunfähigkeitsrente mit Ablauf des Monats, in dem die Berufsunfähigkeit eingetreten ist
- Befreiung von der Beitragspflicht ab Eintritt der Berufsunfähigkeit
- Anspruch auf Leistungen endet mit Tod der versicherten Person oder wenn Berufsunfähigkeit nicht mehr vorliegt oder am Ende der vereinbarten Leistungsdauer (z. B. vollendetes 67. Lebensjahr)

Nachprüfungsrecht

Während der Zeit der Rentenzahlungen darf der Versicherer regelmäßig prüfen, ob die versicherte Person weiterhin berufsunfähig ist. Dazu kann er auch auf seine Kosten neue ärztliche Atteste verlangen.

Dienstunfähigkeit von Beamten

Einige Versicherungen bieten besondere Versicherungen für **Beamte** an, bei denen die Leistungspflicht bei **Dienstunfähigkeit** eintritt. Für Beamte ist diese Regelung vorteilhaft, da es Fälle gibt, in denen Beamte zwar dienstunfähig, aber nicht berufsunfähig sind.

Besondere Vereinbarungen bei einer Berufsunfähigkeitsversicherung	
Nachversicherungsgarantie	Die Versicherung kann dem Versicherten das Recht einräumen, bei **Eintritt bestimmter Ereignisse** *(z. B. Heirat, Geburt eines Kindes)* die Berufsunfähigkeitsrente ohne erneute Gesundheitsprüfung bis zu einem festgelegten Betrag zu erhöhen. Die Ausübung dieses Rechts ist in der Regel auf ein bestimmtes Höchstalter des Versicherten *(z. B. 45 Jahre)* beschränkt. Die vom Versicherten zu zahlenden Versicherungsbeiträge erhöhen sich entsprechend.
Dynamik	Bei einer dynamischen Berufsunfähigkeitsversicherung erhöhen sich die Beiträge jährlich um einen bestimmten Prozentsatz *(z. B. 2 %)*, um die Auswirkungen der **Inflation** auszugleichen. Mit den höheren Beiträgen erhöht sich auch die Berufsunfähigkeitsrente, jedoch um einen etwas niedrigeren Prozentsatz, da für den Erhöhungsbetrag das nun höhere Lebensalter zählt. ***Beispiel:*** *Die Berufsunfähigkeitsrente beträgt 1 500,00 EUR. Bei einer jährlichen Inflationsrate von 2,00 % hat die Rente nach 20 Jahren nur noch eine Kaufkraft von 1 001,41 EUR. Der Versicherte benötigt in 20 Jahre eine Rente von 2 228,92 EUR, um den Kaufkraftverlust auszugleichen.* Der Versicherte hat das Recht, der Erhöhung innerhalb von **sechs Wochen** nach Zugang der Mitteilung zu widersprechen. In diesem Fall ändern sich die Beiträge und die Rentenansprüche nicht. Widerspricht der Versicherte in drei aufeinander folgenden Jahren der Erhöhung, erlischt in der Regel sein Recht auf Dynamik (Erhöhung).
Wartezeiten	Bei der Vereinbarung einer Wartezeit (Karenzzeit), besteht ein Rentenanspruch erst nach Ablauf einer bestimmten Frist *(z. B. sechs Monate)* ab dem Zeitpunkt der Berufsunfähigkeit. Die Wartezeit führt zu einer Verkürzung der Rentenbezugsdauer und damit zu etwas niedrigen Beiträgen. Die Vereinbarung einer Wartezeit kann für Personen vorteilhaft sein, die in den ersten Monaten nach Eintritt der Berufsunfähigkeit noch andere Einkünfte *(z. B. Arbeitslohn, Krankengeld)* erzielen.

Besondere Vereinbarungen bei einer Berufsunfähigkeitsversicherung	
Rückwirkende Leistungen	Im Versicherungsvertrag können die Beteiligten eine rückwirkende Anerkennung der Berufsunfähigkeit vereinbaren. Der Versicherer zahlt dann die Rente rückwirkend ab dem Zeitpunkt des Eintritts der Berufsunfähigkeit. Je nach Anbieter sind rückwirkende Leistungen bis zu ca. drei Jahren möglich.
Rentenhöhe	Bei der **Pauschalregelung** erhält der Versicherte die volle Rentenzahlung, wenn er zu mindestens 50 % berufsunfähig ist. Bei der **Staffelregelung** ist die Rente nach dem Grad der Berufsunfähigkeit gestaffelt: ***Beispiel:*** *50 % Berufsunfähigkeit → 50 % Rente* *75 % Berufsunfähigkeit → 75 % Rente* *100 % Berufsunfähigkeit → 100 % Rente*

Eine **Berufsunfähigkeitsversicherung** kann der Versicherte als **eigenständige Versicherung** oder als **Zusatzversicherung** (Berufsunfähigkeitszusatzversicherung – BUZ) zu einer Renten- oder Lebensversicherung abschließen. In der Regel ist der Abschluss von eigenständigen Versicherungen sinnvoll. Möchte ein Versicherter zum Beispiel seine Kapitallebensversicherung mit BUZ kündigen, weil er Geld benötigt, verliert er auch seinen Anspruch auf eine Berufsunfähigkeitsrente.

Besteuerung der Renten

Die Berufsunfähigkeitsrente muss der Versicherte zum sogenannten Ertragsanteil versteuern.[1] Maßgeblich für den steuerpflichtigen Anteil ist das Lebensalter des Versicherten bei Rentenbeginn.

Beispiel:

Timo Giesen, 53 Jahre, erhält ab dem 01.10.2020 eine Berufsunfähigkeitsrente von monatlich 1 200,00 EUR. Bei einem Rentenbeginn mit 53 Jahren beträgt der steuerpflichtige Ertragsanteil während der gesamten Bezugsdauer 28 % (§ 22 EStG). Die steuerpflichte Rente beträgt pro Monat 336,00 EUR.

Wurde die Berufsunfähigkeitsversicherung jedoch als Zusatzversicherung zu einer Rürup-Rentenversicherung abgeschlossen, ist die Berufsunfähigkeitsrente wie eine Basisrente zu versteuern.[2] Maßgeblich für den steuerpflichtigen Anteil ist das Jahr des Rentenbeginns.

Beispiel:

Lena Wölbert erhält ab dem 01.08.2020 eine Berufsunfähigkeitsrente von monatlich 1 200,00 EUR. Bei einem Rentenbeginn im Jahr 2020 muss sie gleichbleibend 80 % der Rente während der gesamten Bezugsdauer versteuern. Die steuerpflichte Rente beträgt pro Monat 960,00 EUR.

4.3 Private Unfallversicherung

Die private **Unfallversicherung** zahlt an den Versicherten die vereinbarte Leistung, wenn er durch ein plötzlich von außen auf seinen Körper wirkendes Ereignis unfreiwillig eine dauerhafte Gesundheitsschädigung erleidet *(§§ 178, 180 VVG)*.

1 *vgl. Besteuerung von Privatrenten Seite 525 f.*
2 *vgl. Besteuerung von Basisrenten Seite 509 f.*

Bei einer **privaten Unfallversicherung** schließt der Versicherungsnehmer mit einem Versicherer einen Vertrag und zahlt die Prämien.

Zudem gibt es eine **gesetzliche Unfallversicherung**, in der alle Arbeitnehmer, Kinder und Studierenden kostenlos versichert sind. Bei Arbeitnehmern zahlt der Arbeitgeber die Versicherungsprämien an die Berufsgenossenschaft; bei Kindern und Studierenden trägt der Staat die Kosten.

Leistungsansprüche an die gesetzliche Unfallversicherung entstehen jedoch nur bei Unfällen, die auf dem Weg zur Arbeitsstätte, Schule, Hochschule oder an diesen Orten passieren. In einer privaten Unfallversicherung sind auch Unfallschäden in der Freizeit und im Haushalt versichert.

Unfallbegriff

Eine Leistungspflicht des Versicherers entsteht, wenn ein Unfall folgende drei Voraussetzungen erfüllt:

Voraussetzungen	Erläuterung
Plötzlichkeit	Der Unfall ist plötzlich und unerwartet geschehen *(z. B. Sturz, Autounfall)*. Die daraus folgenden Gesundheitsschädigungen können jedoch auch später eintreten. ***Beispiel:*** *Fabian Gehlen stürzt beim Bergsteigen in eine Gletscherspalte und bricht sich den Fuß (plötzliches Ereignis).* *Er war allein unterwegs und verbringt die Nacht in der Gletscherspalte. Dabei erleidet er schwere Erfrierungen. Auch die Folgen der Erfrierungen sind versichert, da der Versicherte sich durch den Unfall der Situation nicht mehr entziehen konnte (Unentrinnbarkeit).* Tritt die Gesundheitsschädigung nicht plötzlich ein, sondern entsteht in einer längeren Zeitdauer, gibt es keine Leistungspflicht des Versicherers. ***Beispiele:*** – *Johanna Velten arbeitet mit gesundheitsgefährdenden Stoffen in einem Labor. Im Laufe der Zeit erleidet sie eine Krebserkrankung, die auf den Umgang mit diesen Stoffen zurückzuführen ist.* – *Fabio Cardaci erleidet beim Heben eines schweren Gegenstandes einen Bandscheibenvorfall. Als Ursache der Gesundheitsschädigung gilt der Verschleiß der Bandscheibe und nicht das Heben des Gegenstandes.*
Einwirken von außen auf den Körper	Bei einem Unfall muss die Gesundheitsbeeinträchtigung durch ein äußeres Einwirken auf den Körper verursacht worden sein. ***Beispiele:*** – *Sturz beim Laufen, Schnittwunden beim Sägen* – *Verletzungen durch herabfallende Gegenstände bei einem Sturm* – *Stromschlag, Blitzschlag, Hagelschlag, Gasexplosion* – *Einatmen giftiger Gase, Ertrinken in einem See* Kein Versicherungsschutz besteht, wenn die Gesundheitsbeeinträchtigung durch ▪ einen inneren organischen Vorgang oder ▪ übliche Temperatur- und Witterungseinflüsse verursacht wurde. ***Beispiele:*** – *Svenja Velten stürzt nach einem Kreislaufkollaps. David Zöller erleidet beim Autofahren einen Herzinfarkt und verursacht einen Verkehrsunfall.* – *Kai Gerster erleidet beim Bergsteigen Erfrierungen, da er schlecht ausgerüstet war und den Temperatursturz in der Bergen nicht vorhergesehen hat.*

Voraussetzungen	Erläuterung
Unfreiwilligkeit	Die Gesundheitsschädigung muss unfreiwillig eingetreten sein. Damit sind freiwillige Selbstverletzungen *(z. B. Suizidversuch, Selbstverstümmelung)* von der Leistungspflicht ausgeschlossen. Die Unfreiwilligkeit wird bis zum Beweis des Gegenteils vermutet *(§ 178 Abs. 2 VVG)*. Beweispflichtig ist der Versicherer. Als unfreiwillig gelten auch Verletzungen, die eine Person bei einer Verteidigung oder bei der Rettung von anderen Menschen erleidet. ***Beispiel:*** *Sarah Stavic versucht ein Kind bei einem Wohnungsbrand zu retten und erleidet dabei selbst schwere Verbrennungen.*

Ausschluss von Risiken und Gesundheitsschäden

In den Unfallversicherungsbedingungen sind bestimmte Risiken und Gesundheitsschäden ausgeschlossen.

Ausgeschlossene Risiken	Ausgeschlossene Gesundheitsschäden
▪ Unfälle durch Bewusstseinsstörungen (z. B. Schlaganfälle, epileptische Anfälle, schwere Trunkenheit, Drogenkonsum) ▪ Unfälle als Teilnehmer an Auto- und Motorradrennen ▪ Unfälle des Versicherten bei einer eigenen Straftat ▪ Unfälle als Luftfahrzeugführer (Pilot, Flugbegleiter) ▪ Unfälle bei Kriegsereignissen und in Kernkraftwerken	▪ Schäden an Bandscheiben sowie Blutungen aus inneren Organen und Gehirnblutungen ▪ Infektionen Eine Leistungspflicht des Versicherers besteht jedoch, wenn die Infektion durch einen versicherten Unfall verursacht wurde *(z. B. Tollwutinfektion nach Biss eines infizierten Hundes)* Im Versicherungsvertrag kann jedoch eine sogenannte Infektionsklausel vereinbart werden, um den Versicherungsschutz auf berufsbedingte Gesundheitsschäden durch Infektionen zu erweitern *(z. B. Krankenpfleger)*. ▪ Vergiftungen beim Essen und Trinken ▪ Bauch- und Unterleibsbrüche

➤ Leistungen der Unfallversicherung

Bei einer Gesundheitsschädigung aus einem Unfall schuldet der Versicherer je nach Vereinbarung folgende Leistungen:

- Invaliditätsleistung
- Unfallrente
- Todesfallleistung
- Tagegeld, Krankenhaustagegeld

Invaliditätsleistung

Der Versicherer schuldet die für den Fall der **Invalidität** versprochenen Leistungen im vereinbarten Umfang, wenn die **körperliche oder geistige Leistungsfähigkeit** der versicherten Person unfallbedingt **dauerhaft beeinträchtigt** ist. Eine Beeinträchtigung ist dauerhaft, wenn sie voraussichtlich **länger als drei Jahre** bestehen wird und eine Änderung dieses Zustandes nicht erwartet werden kann *(§ 180 VVG)*.

Für den Anspruch auf die Invaliditätsleistung muss

- die Invalidität innerhalb von **15 Monaten** nach dem Unfall eintreten und
- innerhalb dieser Frist vom Versicherten beantragt werden.

Der Versicherer zahlt keine Invaliditätsleistung, wenn der Versicherte innerhalb eines Jahres nach dem Unfall verstirbt. In diesem Fall erhalten die Hinterbliebenen jedoch die Todesfallleistung, falls die vertraglich vereinbart wurde.

Die **Invaliditätsleistung** besteht aus einem Geldbetrag, der sich nach dem **Grad der Invalidität** richtet. Der Invaliditätsgrad bestimmt sich nach der sogenannten **Gliedertaxe**. Die Gliedertaxe ist im Versicherungsvertrag festgelegt und kann bei Versicherungsgesellschaften unterschiedlich sein.

Gliedertaxe

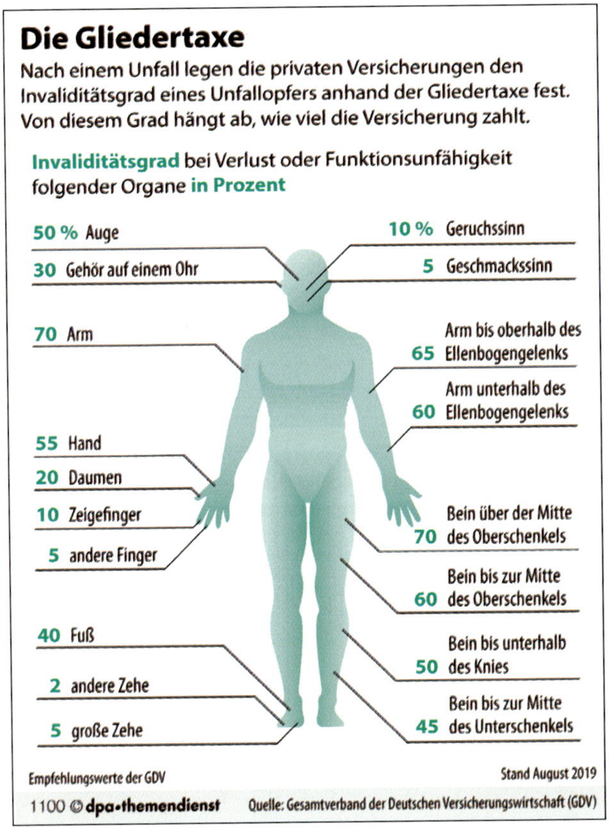

Bei einer teilweisen Funktionsbeeinträchtigung der Gliedmaßen ist der Invaliditätsgrad anteilig zu bestimmen.

__Beispiele:__
Versicherungsleistung bei Invalidität 100 000,00 EUR

	Invaliditätsgrad	Versicherungsleistung
Sebastian Welter ist nach einem Unfall querschnittsgelähmt.	*100,00 %*	*100 000,00 EUR*
Alina Reimann erblindet nach einem Unfall auf dem rechten Auge.	*50,00 %*	*50 000,00 EUR*
Nach einem Unfall ist die Funktionsfähigkeit der linken Hand von Silke Nahles um 50 % gemindert.	*27,50 % (50 % von 55 %)*	*27 500,00 EUR*

Bei einer Vollinvalidität oder einem hohen Invaliditätsgrad sind die finanziellen Auswirkungen für den Versicherten besonders hoch *(z. B. Gehaltsausfall wegen Berufsunfähigkeit, Ausgaben für einen behindertengerechten Umbau der Wohnung)*. Im Versicherungsvertrag kann deshalb eine **Mehrleistung** bei hoher Invalidität oder eine **progressive Invaliditätsstaffel** vereinbart werden.

__Beispiele für Mehrleistungen:__
Versicherungssumme 100 000,00 EUR

Invaliditätsgrad	vereinbarte Mehrleistung	Invaliditätsgrad des Versicherten	Versicherungsleistung
unter 70 %	*keine*	*50 %*	*50 000,00 EUR*
von 70 % bis unter 90 %	*doppelt*	*80 %*	*160 000,00 EUR*
ab 90 %	*dreifach*	*100 %*	*300 000,00 EUR*

Bei einer **progressive Invaliditätsstaffel** steigt die Versicherungsleistung ab einem Invaliditätsgrad von 25 % progressiv an.

__Beispiel für progressive Invaliditätsstaffeln:__

Invaliditätsgrad (gestaffelt in vier Teile zu je 25 %)	225 % Progression	350 % Progression	500 % Progression
für den 1. Teil bis 25 %	*100 %*	*100 %*	*100 %*
für den 2. Teil von über 25 % bis 50 %	*200 %*	*300 %*	*500 %*
für den 3. + 4. Teil über 50 %	*300 %*	*500 %*	*700 %*

Erklärung der progressiven Invaliditätsstaffeln:

- *225 % Progression: 1. Teil 100 %, 2. Teil 200 %, 3. Teil 300 %, 4. Teil 300 % = 225 % im Durchschnitt (900 % : 4)*
- *350 % Progression: 1. Teil 100 %, 2. Teil 300 %, 3. Teil 500 %, 4. Teil 500 % = 350 % im Durchschnitt (1 400 % : 4)*
- *500 % Progression: 1. Teil 100 %, 2. Teil 500 %, 3. Teil 700 %, 4. Teil 700 % = 500 % im Durchschnitt (2 000 % : 4)*

12

Johanna Schmelter hat nach einem Verkehrsunfall einen Invaliditätsgrad von 100 %. Die Versicherungssumme (Grundsumme) beträgt 100 000,00 EUR mit einer 350 % Progression.

Staffelung	350 % Progression	Versicherungsleistung
für den Teil bis 25 %	*25 % von 100 000,00*	*25 000,00 EUR*
für den Teil von über 25 % bis 50 %	*(25 % von 100 000,00) · 300 %*	*75 000,00 EUR*
für den Teil über 50 %	*(50 % von 100 000,00) · 500 %*	*250 000,00 EUR*
Summe		*350 000,00 EUR*

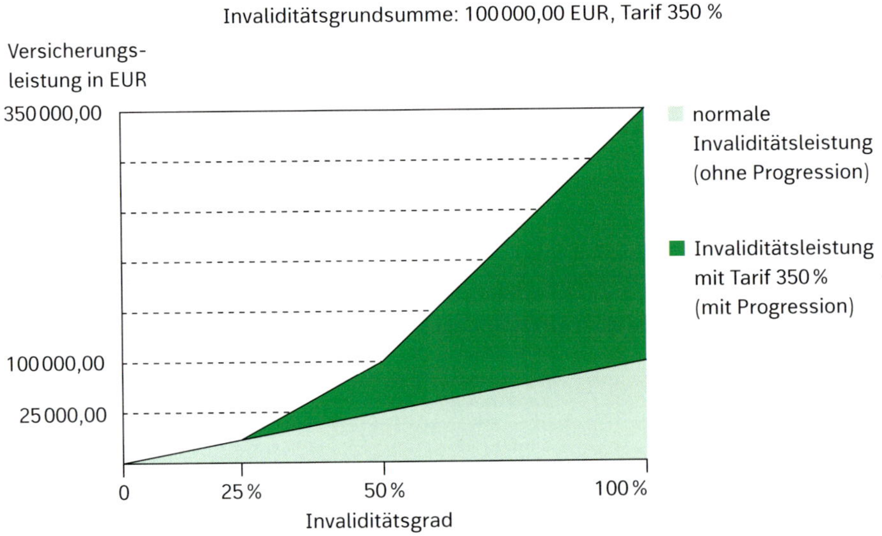

Unfallrente

In dem Versicherungsvertrag können die Beteiligten auch die Zahlung einer **lebenslangen monatlichen Unfallrente** vereinbaren.

Dazu gelten in der Regel folgende Bedingungen:
- Der unfallbedingte Invaliditätsgrad muss mindestens 50 % betragen.
- Bei einem Invaliditätsgrad von mindestens 90 % verdoppelt sich die monatliche Rente.

Todesfallleistung

Zu **Absicherung der Hinterbliebenen** kann im Unfallversicherungsvertrag eine Todesfallleistung vereinbart werden. Der Versicherer zahlt den vereinbarten Betrag, wenn der Versicherte innerhalb eines Jahres nach einem Unfall verstirbt.

Tagegeld und Krankenhaustagegeld

Tagegelder und Krankhaustagegelder sollen einen Verdienstausfall nach einem Unfall ausgleichen.

- Tagegelder erhält der Versicherte während der Arbeitsunfähigkeit nach einem Unfall. Arbeitnehmer erhalten die Zahlungen in der Regel erst ab dem 43. Tag der Arbeitsunfähigkeit, da sie in den ersten sechs Wochen noch eine Lohnfortzahlung vom Arbeitgeber erhalten. Selbstständige sollten ein Tagegeld ab dem 1. Tag der Arbeitsunfähigkeit vereinbaren. Tagegelder zahlt der Versicherer maximal für ein Jahr.

- Krankenhaustagegeld erhält der Versicherte während eines stationären Krankenhausaufenthaltes. Der Aufenthalt in Kuranstalten und in Sanatorien gilt nicht als Krankenhausaufenthalt. Krankenhaustagegelder zahlt der Versicherer für maximal zwei Jahre.

Weitere Leistungen

Bei einer Unfallversicherung können als weitere Leistungen eine **Soforthilfe** nach einem Unfall, ein Kostenersatz für **kosmetische Operationen** und die Erstattung von **Bergungs- und Rettungskosten** vereinbart werden.

Versicherungsbeiträge

Die Höhe der Versicherungsbeiträge richtet sich zunächst nach den vereinbarten Leistungen *(z. B. Höhe der Invaliditätsleistung, Unfallrente, Todesfallleistung)* und nach der Gefahrengruppe des ausgeübten Berufes. Die Prämien für Bankkaufleute (Gefahrengruppe A) sind deshalb zum Beispiel niedriger als die für Handwerker (Gefahrengruppe B). Viele Versicherer schließen keine Verträge mit Artisten, Berufssportlern, Sprengpersonal und Stuntmen ab.

Beurteilung der Unfallversicherung

Eine private Unfallversicherung schützt auch Personen, die nicht gesetzlich unfallversichert sind *(z. B. viele Selbstständige).*
Auch für gesetzlich Unfallversicherte (Arbeitnehmer, Kinder und Studierende) kann eine private Unfallversicherung eine sinnvolle Ergänzung sein, um die Unfallrisiken in Freizeit und Haushalt abzusichern. Gerade in diesen Bereichen geschehen die meisten Unfälle.

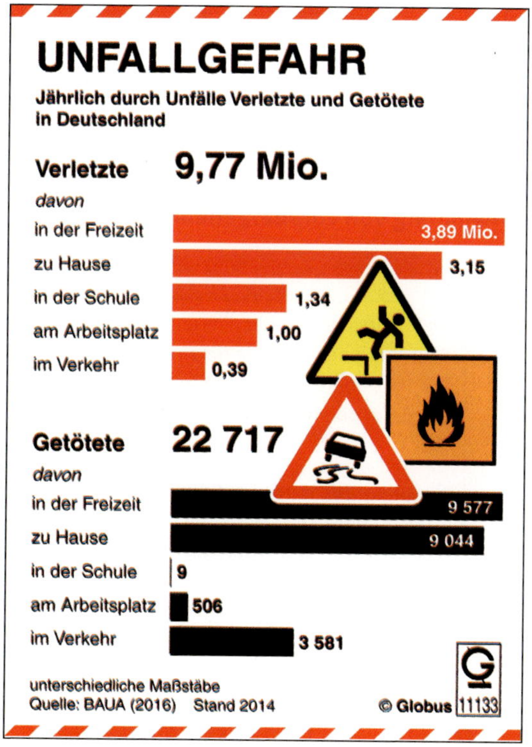

Empfehlenswert ist der Abschluss einer Unfallversicherung für Kinder, um sie bei Invalidität abzusichern. Versicherte Person ist dann das Kind, Versicherungsnehmer sind die Eltern. Versicherungen bieten für Kinder spezielle Tarife an. Für Familien bieten Versicherungen **Familien-Unfallversicherungen** an, um allen Familienmitgliedern einen Versicherungsschutz zu bieten.

Vereine und andere Organisationen *(z. B. Veranstalter eines Festivals)* können **Gruppen-Unfallversicherungen** zum Schutz der Teilnehmer abschließen.

Als Ersatz für eine Berufsunfähigkeitsversicherung ist die Unfallversicherung nicht geeignet, da nur ein geringer Teil der Berufsunfähigkeitsfälle durch Unfälle verursacht wird.

5 Alters- und Risikovorsorge bei Zahlungsschwierigkeiten von Kunden

Versicherungsprodukte zur Alters- und Risikovorsorge haben in der Regel lange Laufzeiten. Dazu zählen insbesondere

- Rentenversicherung,
- Kapitallebensversicherung,
- Risikolebensversicherung und
- Berufsunfähigkeitsversicherung.

Während der Laufzeit kann der Fall eintreten, dass Kunden nicht mehr in der Lage sind, die vereinbarten Beiträge zu erbringen. Insbesondere Arbeitslosigkeit, Krankheit und Trennungen können zu Zahlungsschwierigkeiten führen.

Durch besondere Vereinbarungen mit dem Versicherer lassen sich die negativen Folgen vermeiden oder zumindest abmildern, die für den Versicherungsnehmer bei Nichtzahlung von Versicherungsbeiträgen entstehen.

Bei **Zahlungsschwierigkeiten** ist zu unterscheiden, ob diese nur **vorübergehend** sind oder ob der Versicherungsnehmer **dauerhaft** nicht mehr in der Lage ist, die vereinbarten Beiträge zu zahlen.

Maßnahmen zur Überwindung von vorübergehenden Zahlungsschwierigkeiten

Maßnahmen	Erläuterung
Stundung der Beiträge	Viele Versicherer bieten ihren Kunden bei Zahlungsproblemen eine **Stundung** der Beiträge für einen **Zeitraum von bis zu zwei Jahren** an. Die Versicherer haben in ihren Bedingungen festgelegt, für welchen Zeitraum und unter welchen Voraussetzungen eine Stundung möglich ist. ***Beispiele für Voraussetzungen*** – *Arbeitslosigkeit* – *Elternzeit* – *Pflege von Angehörigen*

Maßnahmen	Erläuterung
	Versicherungssumme und Versicherungsschutz ändern sich nicht. Nach der Stundung sind die rückständigen Beiträge in einer Summe, in Raten oder als künftiger Beitragszuschlag nachzuzahlen. Der Nachzahlungsbetrag kann sich um Zinsen erhöhen. Einige Versicherer verzichten in bestimmten Fällen (*z. B. bei Arbeitslosigkeit*) auf Zinsen. Bei **Rentenversicherungen** und bei **Kapitallebensversicherungen** besteht oft auch die Möglichkeit, Beiträge aus dem Überschussguthaben[1] zu leisten. Die Beiträge sind nicht nachzuzahlen. Da das Überschussgutgaben für die Beitragszahlungen genutzt wird, vermindern sich jedoch die Überschussbeteiligung und die Ablaufleistung bei Fälligkeit der Versicherung.
befristete Beitragsfreistellung	Versicherer bieten ihren Kunden bei Zahlungsproblemen auch eine zeitlich befristete Beitragsfreistellung von bis zu drei Jahren an. Im Unterschied zu einer Stundung sind die Beiträge nicht nachzuzahlen, jedoch verringert sich die Versicherungssumme. Bei **Lebens- und Berufsunfähigkeitsversicherungen** fordern einige Versicherer vor Wiederaufnahme der Beitragszahlungen eine erneute Gesundheitsprüfung.

Maßnahmen zur Überwindung von dauerhaften Zahlungsschwierigkeiten

Maßnahmen	Erläuterung
Reduzierung der Versicherungssumme	Der Versicherungsnehmer kann durch eine Teilkündigung die Versicherungssumme reduzieren. Dadurch verringern sich die zu zahlenden Beiträge, aber auch die Versicherungsleistungen. Auch durch einen Verzicht auf eine Dynamik lassen sich dauerhaft Beiträge sparen. Bei einer dynamischen Renten- und Lebensversicherung erhöhen sich die Beiträge und die Versicherungssumme jährlich um einen bestimmten Prozentsatz (z. B. 2 %). Der Versicherungsnehmer kann der Erhöhung binnen zwei Monaten widersprechen. Vor einer solchen Entscheidung sollte der Kunde prüfen, ob der Versicherungsschutz noch ausreichend ist. Wenn der Versicherungsnehmer die Versicherungssumme zu einem späteren Zeitpunkt wieder erhöhen möchte, ist bei **Berufsunfähigkeits-, Risikolebens- und Kapitallebensversicherungen** in der Regel eine neue Gesundheitsprüfung notwendig. Zudem können die Beiträge wegen des nun höheren Lebensalters steigen.

12

1 vgl. Überschussbeteiligung bei einer Kapitallebensversicherung auf Seite 528

Maßnahmen	Erläuterung
Verkürzung der Laufzeit	Bei **Berufsunfähigkeits- und Risikolebensversicherungen** führt eine Verkürzung der Laufzeit zu niedrigeren Beiträgen, da sich das Risiko des Versicherers mindert. ***Beispiel: Berufsunfähigkeitsversicherung*** *Leon Kaminski hat eine Berufsunfähigkeitsversicherung mit dem Endalter 67. Lebensjahr abgeschlossen. Eine Herabsetzung des Endalters auf das 62. Lebensjahr führt zu einem deutlich verminderten Monatsbeitrag, da das Risiko der Berufsunfähigkeit mit zunehmendem Lebensalter steigt. Sollte Herr Kaminski aber zum Beispiel mit 63 Jahren berufsunfähig werden, hat er keinen Versicherungsschutz.*
Beitragsfreistellung	Bei einer Beitragsfreistellung wird die Versicherung ohne weitere Beiträge fortgeführt. Das ist insbesondere bei **Renten- und Kapitallebensversicherungen** (kapitalbildende Versicherungen) möglich, für die schon ein höheres Deckungskapital (aus Sparbeiträgen gebildetes Kapital) besteht. Eine Beitragsfreistellung ist frühestens nach etwa drei bis fünf Laufzeitjahren möglich, da erst dann ein ausreichendes Deckungskapital besteht. Auf der Grundlage des aktuellen Deckungskapitals ermittelt der Versicherer eine neue, reduzierte Versicherungssumme. Der Versicherungsnehmer erhält dann eine geringere Rente bzw. Einmalzahlung im Erlebens- und Todesfall. Bei einer **Rentenversicherung** ist eine Betragsfreistellung bei anhaltenden Zahlungsproblemen oft eine sinnvolle Alternative, da die bisher erworbenen Rentenansprüche und staatliche Förderungen bei Riester- und Rürup-Renten erhalten bleiben. Die niedrigere Versicherungssumme ist aber oft nicht mehr ausreichend, zudem entfällt bei Beitragsfreistellung der Versicherungsschutz von Zusatzversicherungen (z. B. Berufsunfähigkeitsversicherung). Möchte der Versicherungsnehmer die Versicherungssumme bei einer **Lebensversicherung** später wieder erhöhen, ist in der Regel eine erneute Gesundheitsprüfung notwendig.
Kündigung des Vertrages	Der Versicherungsnehmer kann eine Versicherung jederzeit unter Einhaltung der Kündigungsfrist ganz oder teilweise kündigen. Bei **Renten- und Lebensversicherungen** zahlt der Versicherer dann den **Rückkaufswert** an den Versicherungsnehmer. Der Rückkaufswert wird wie folgt ermittelt: Deckungskapital (Sparbeiträge zuzüglich garantierter Zinsen) + Überschussbeteiligung – Kosten (Vertriebskosten, Verwaltungskosten, Stornokosten) = Rückkaufswert

Maßnahmen	Erläuterung
	Eine Kündigung des Vertrages hat für den Versicherungsnehmer oft große Nachteile: ▪ Da das Deckungskapital aufgrund der Vertriebskosten im Minus startet, ist der Rückkaufswert in den ersten Laufzeitjahren oft erheblich niedriger als die Sparbeiträge. Eine Kündigung des Vertrages kann deshalb zu Verlusten führen. ▪ Die Kündigung einer **Riester- oder Rürup-Rentenversicherung** führt zum Verlust der staatlichen Förderung. Erhaltene Zulagen und Steuervorteile sind zurückzuzahlen. ▪ Bei einer **Kapitallebensversicherung** kann eine Kündigung dazu führen, dass der Ertrag voll steuerpflichtig ist, weil die Auszahlung vor Vollendung des 62. Lebensjahres erfolgt oder weil die Mindestlaufzeit von 12 Jahren nicht eingehalten wird. ▪ Es entfällt der Hinterbliebenenschutz (Todesfallleistung). ▪ Oft beinhalten Renten- bzw. Kapitallebensversicherung eine Berufsunfähigkeitsversicherung als Zusatzversicherung. Mit der Kündigung des Hauptvertrages erlischt auch die Zusatzversicherung. Zum Abschluss einer neuen Berufsunfähigkeitsversicherung ist eine erneute Gesundheitsprüfung erforderlich.
Policendarlehen	Bei einem **Policendarlehen** erhält der Versicherungsnehmer von seinem Versicherer eine Vorauszahlung auf die Versicherungsleistung bis zur Höhe des Rückkaufwertes. Der Versicherungsnehmer kann das Policendarlehen jederzeit ganz oder teilweise zurückzahlen. Andernfalls vermindert die Vorauszahlung bei Fälligkeit die Versicherungsleistung.
Verkauf einer Renten- oder Kapitallebensversicherung	Der Versicherungsnehmer kann seine **Renten- oder Kapitallebensversicherung** auch auf dem Zweitmarkt verkaufen. Professionelle Käufer (z. B. cash.life AG) zahlen in der Regel einen Zuschlag von 3 % bis 5 % auf den Rückkaufswert. Ein Verkauf ist jedoch oft nur mit Zustimmung des Versicherers möglich. Ein weiterer Vorteil im Vergleich zur Kündigung ist, dass im Todesfall der versicherten Person die Hinterbliebenen eventuell noch eine Todesfallleistung erhalten.

Lernfeld 13: Finanzierungen für Geschäfts- und Firmenkunden abschließen

1 Finanzierungsmöglichkeiten

Finanzierung umfasst alle Maßnahmen zur Beschaffung von Eigen- und Fremdkapital.

In der Bilanz gibt die **Passivseite (Mittelherkunft)** Auskunft über die **Unternehmensfinanzierung**, während auf der **Aktivseite (Mittelverwendung)** die **Investitionen** dargestellt sind.

Mittelverwendung/Investitionen

Aktiva	Bilanz zum 31.12.20..		Passiva
Anlagevermögen		**Eigenkapital**	
I. Grundstücke und Gebäude	670 000,00 EUR	I. Gezeichnetes Kapital	500 000,00 EUR
II. Technische Anlagen	392 200,00 EUR	II. Kapitalrücklage	40 000,00 EUR
III. Betriebs- und Geschäftsausstattung	168 700,00 EUR	III. Gewinnrücklage	650 000,00 EUR
IV. Finanzanlagen	56 000,00 EUR	**Rückstellungen**	
		I. Langfr. Rückstellungen	36 500,00 EUR
Umlaufvermögen		II. Kurzfr. Rückstellungen	28 400,00 EUR
I. Roh- und Betriebsstoffe	210 100,00 EUR	**Verbindlichkeiten**	
II. Unfertige Erzeugnisse	272 900,00 EUR	I. Verbindlichkeiten an Banken	
III. Fertige Erzeugnisse	195 500,00 EUR	– langfristig (ab 4 Jahre)	642 000,00 EUR
IV. Forderungen aus Lieferungen und Leistungen	513 700,00 EUR	– kurzfristig (ab 4 Jahre)	185 800,00 EUR
V. Bankguthaben	83 300,00 EUR	II. Verbindlichkeiten aus Lieferungen und Leistungen	484 000,00 EUR
Rechnungsabgrenzung	12 600,00 EUR	**Rechnungsabgrenzung**	8 300,00 EUR
Bilanzsumme	**2575 00,00 EUR**	**Bilanzsumme**	**2575 000,00 EUR**

Mittelherkunft/Finanzierung

Investitionen dienen folgenden Zwecken:
- Erweiterungsinvestitionen, um die Produktionskapazitäten zu vergrößern
- Ersatzinvestitionen, um aus der Produktion ausgeschiedene Maschinen zu ersetzen
- Rationalisierungsinvestitionen zur Modernisierung der Produktionsanlagen
- Vorratsinvestitionen zur Erweiterung des Lagerbestandes
- Finanzinvestitionen zur Geldanlage

Bei **Finanzierungsmaßnahmen** sind **Außen- und Innenfinanzierung** zu unterscheiden.

- Bei einer **Außenfinanzierung** beschafft sich das Unternehmen neues Eigenkapital oder Fremdkapital von externen Kapitalgebern. Die Bilanzsumme steigt.
- Bei einer **Innenfinanzierung** beschafft sich das Unternehmen die für Investitionen benötigten Mittel durch **Vermögensumschichtung** oder durch **Selbstfinanzierung**.
  - Bei einer Vermögensumschichtung veräußert das Unternehmen bestimmte Vermögenswerte *(z. B. Verkauf eines Grundstücks)*, um mit dem Verkaufserlös andere Investitionen *(z. B. Kauf von Maschinen)* zu finanzieren. Die Bilanzsumme ändert sich nicht (Aktivtausch).

- Bei der Selbstfinanzierung führt das Unternehmen einen Teil oder sogar den gesamten Gewinn den Gewinnrücklagen zu (Gewinnthesaurierung). Rücklagen erhöhen das Eigenkapital.

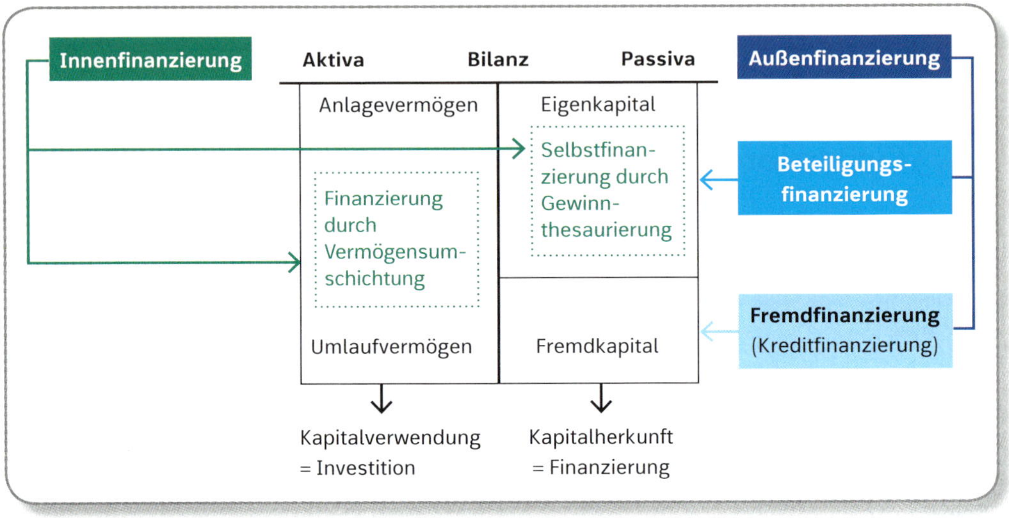

Finanzierungsarten	Wesen
Außenfinanzierung ▪ **Beteiligungsfinanzierung**	Kapitalbeschaffung von **außen** durch: ▪ die **Eigentümer/Gesellschafter** des Unternehmens ***Beispiele:*** – *Erhöhung der Kapitaleinlagen oder Aufnahme neuer Gesellschafter bei Personengesellschaften* – *Erhöhung des Grund- bzw. Stammkapitals bei Kapitalgesellschaften*
▪ **Fremdfinanzierung (Kreditfinanzierung)**	▪ die **Gläubiger** des Unternehmens ***Beispiele:*** – *Aufnahme von Bankkrediten* – *Inanspruchnahme von Lieferantenkrediten* – *Emission von Schuldverschreibungen*
Innenfinanzierung	Kapitalbeschaffung von **innen** aus der betrieblichen Tätigkeit, und zwar durch:
▪ **Selbstfinanzierung**	▪ **Nichtausschüttung** (Thesaurierung) von erwirtschafteten Gewinnen und Bildung von Rücklagen, die dem Unternehmen als Eigenkapital erhalten bleiben
▪ **Finanzierung durch Vermögensumschichtung** (Kapitalfreisetzung)	▪ **Verkauf von Vermögensteilen** zur Verbesserung der Liquidität ***Beispiele:*** – *Verkauf von Wertpapieren* – *Verkauf von Forderungen aus Lieferungen und Leistungen (Factoring)*

Finanzierungsarten	Wesen
▪ Finanzierung aus Abschreibungen und Rückstellungen	▪ **Abschreibungen und neu gebildete, langfristige Rückstellungen** *(z. B. Pensionsrückstellungen)* sind Aufwendungen, die nicht bzw. erst in der Zukunft zu Auszahlungen führen. Unter der Voraussetzung, dass diesen Aufwendungen einzahlungswirksame Erträge *(z. B. Verkaufserlöse)* gegenüberstehen, können die Gelder zur Finanzierung von Ausgaben genutzt werden.
Eigenfinanzierung	Bildung von Eigenkapital durch: ▪ Selbstfinanzierung und ▪ Beteiligungsfinanzierung

Beurteilung der Beteiligungsfinanzierung und der Fremdfinanzierung

Finanzierungsarten	Beurteilung aus der Sicht ...
Beteiligungsfinanzierung	▪ ... des **Kapitalgebers** – Anspruch auf anteilmäßigen Gewinn – Beteiligung am Firmenwert und Vermögenszuwachs – Mitübernahme des unternehmerischen Risikos *(z. B. im Insolvenzfall)* – Einfluss auf die Unternehmenspolitik – Anspruch auf Anteil am Liquidationserlös ▪ ... des **Unternehmens** – keine Liquiditätsbelastung durch Kapitalrückzahlung – besondere Eignung für die Finanzierung des Anlagevermögens – ggf. Veränderung der Herrschaftsverhältnisse – Verbesserung der Kreditwürdigkeit
Fremdfinanzierung	▪ ... des **Kapitalgebers** – fester Zins- und Tilgungsanspruch – Beschränkung des Risikos auf den vertragsgerechten Kapitaldienst (Zins- und Tilgungszahlung) – grundsätzlich kein Einfluss auf die Unternehmenspolitik ▪ ... des **Unternehmens** – Finanzierung des Umlaufvermögens durch kurzfristige Mittel – Finanzierung des Anlagevermögens durch längerfristige Mittel – feste Liquiditätsbelastung (Kapitaldienst) verringert den preispolitischen Handlungsspielraum

Fremdfinanzierung

Unternehmen arbeiten oftmals zu einem großen Teil mit Fremdkapital und nur zu einem geringeren Teil mit Eigenkapital. Dabei gibt es bei den Unternehmen erhebliche Unterschiede in Abhängigkeit von der Branche, der Rechtsform und der Unternehmensgröße.

Eigenkapitalquoten mittelständischer Unternehmen

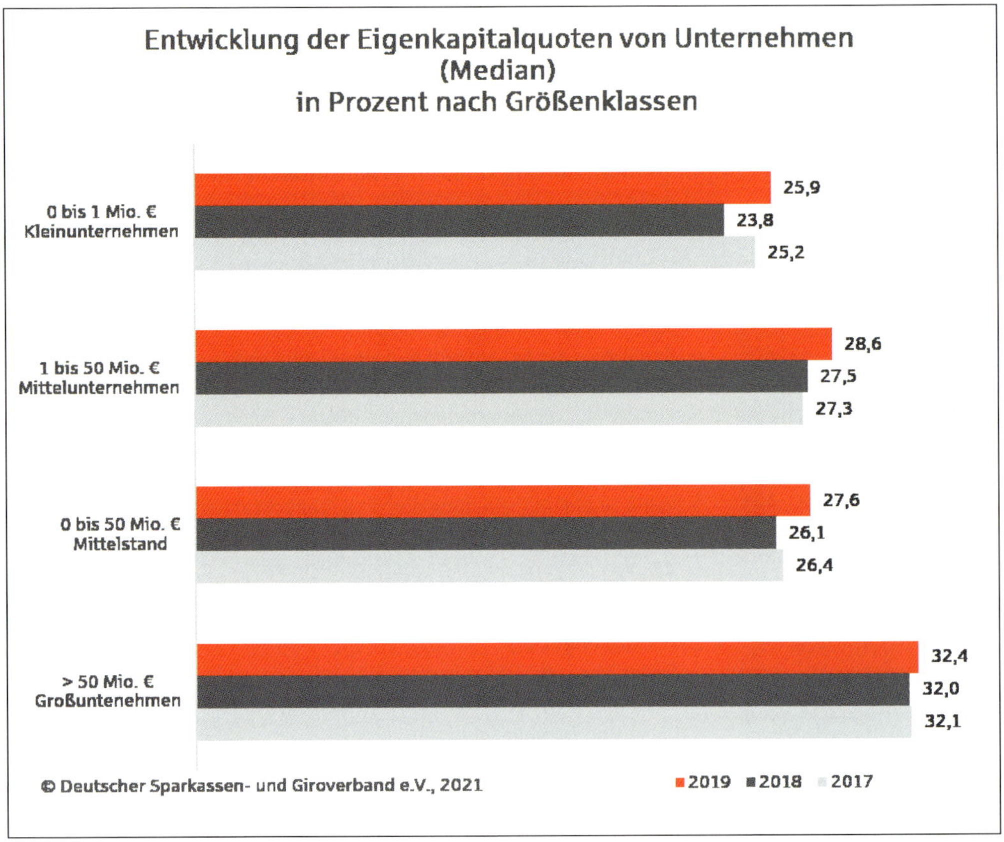

Möglichkeiten der Fremdkapitalbeschaffung:

- Bankdarlehen
- Lieferantenkredite
  Das Unternehmen kauft Waren und Dienstleistungen unter Ausnutzung von Zahlungszielen.
- Rückstellungen
  Rückstellungen sind Verbindlichkeiten, deren genaue Höhe und Fälligkeit noch nicht feststehen *(z. B. Pensionsrückstellungen, Prozessrückstellungen)*.
- Emission von Anleihen
  Größere Unternehmen können sich auch durch die Ausgabe (Emission) von Anleihen Fremdkapital am Kapitalmarkt beschaffen.

2 Bankdarlehen

In Abhängigkeit vom Finanzierungsanlass gewähren Kreditinstitute **Betriebsmittelkredite**, **Investitionskredite** und **Avalkredite**.

	Betriebsmittelkredite	Investitionskredite
Finanzierungsanlass	Finanzierung des Umlaufvermögens ▪ Einkauf von Waren ▪ Gewährung von Zahlungszielen beim Warenverkauf ▪ Zahlung von Betriebskosten, Gehältern usw.	Finanzierung des Anlagevermögens ▪ Maschinen ▪ Produktionsanlagen ▪ Fuhrpark ▪ Betriebs- und Geschäftsausstattung ▪ Praxiseinrichtungen ▪ Gewerbeimmobilien
Kreditart	Kontokorrentkredit	Investitionskredit
Laufzeit	kurzfristig, jedoch ist eine laufende Prolongation üblich	mittel- und langfristig
Rückzahlung	▪ kein fester Tilgungsplan ▪ variable Inanspruchnahme	fester Tilgungsplan
Zinsen	▪ variabler Zinssatz oder ▪ kurze Zinsbindungsfristen	▪ fester Zinssatz oder ▪ variabler Zinssatz

Beim **Avalkredit** gibt das Kreditinstitut im Auftrag und für Rechnung des Unternehmens einem Dritten gegenüber eine Bürgschafts- oder Garantieerklärung ab.

Als Alternativen zu Bankdarlehen kommen **Factoring** und **Leasing** in Betracht.

- Beim **Factoring** verkauft das Unternehmen Forderungen an eine Factoring-Gesellschaft und erhält dafür liquide Mittel.
- Beim **Leasing** erwirbt das Unternehmen gegen laufende Mietzahlungen ein Nutzungsrecht an den geleasten Gegenständen.

3 Rechtsgrundlagen einer Darlehensgewährung

Beim Darlehensgeschäft sind die
- Mindestanforderungen an das Risikomanagement (MaRisk) und die
- Vorschriften des Kreditwesengesetzes (KWG) zu beachten.

» Mindestanforderungen an das Risikomanagement

Die von der Bundesanstalt für Finanzdienstleistungsaufsicht (BaFin) aufgestellten **Mindestanforderungen an das Risikomanagement (MaRisk)** regeln im Hinblick auf das Kreditgeschäft insbesondere
- die Ausgestaltung der Aufbau- und Ablauforganisation,
- die Verfahren zur Früherkennung von Kreditausfallrisiken und
- die Verfahren zur Klassifizierung der Risiken im Kreditgeschäft.

Bestimmungen der MaRisk zum Kreditgeschäft	
Funktionstrennung und Votierung *(BTO 1.1 MaRisk)*	Maßgeblicher Grundsatz für das Kreditgeschäft ist die aufbauorganisatorische Trennung der am Kreditgeschäft beteiligten Bereiche: ▪ **Marktbereich:** Bereich, der die Geschäfte initiiert und für die Betreuung der Kreditnehmer zuständig ist und bei der Kreditentscheidung das erste Votum abgibt (Firmenkundenbetreuer) ▪ **Marktfolgebereich:** Bereich, der ein zweites vom „Marktbereich" unabhängiges Votum abgibt (Kreditbearbeitung) Für eine Kreditentscheidung ist grundsätzlich die Zustimmung der Bereiche „Markt" und „Marktfolge" erforderlich. Das Kreditinstitut hat eine klare Kompetenzordnung für Entscheidungen im Kreditgeschäft festzulegen. Bei voneinander abweichenden Voten ist der Kredit abzulehnen oder zur Entscheidung auf eine höhere Kompetenzstufe zu verlagern (Eskalationsverfahren).
Festlegung von Bearbeitungsgrundsätzen *(BTO 1.2 MaRisk)*	Das Kreditinstitut muss Bearbeitungsgrundsätze für die Prozesse im Kreditgeschäft formulieren. Es sind Verfahren zur Überprüfung, Verwaltung und Verwertung gestellter Sicherheiten festzulegen.
Risikoklassifizierungsverfahren *(BTO 1.2, 1.4 MaRisk)*	Mithilfe eines Risikoklassifizierungsverfahrens (Ratingverfahren, Scoring) sind alle für die Beurteilung der Kreditwürdigkeit bedeutsamen Aspekte zu bewerten. Für die Beurteilung des Kreditausfallrisikos (Adressenausfallrisiko) ist insbesondere die Kapitaldienstfähigkeit des Kreditnehmers bzw. des Objektes/Projektes zu analysieren und zu beurteilen. Es sind Kriterien festzulegen, die eine nachvollziehbare Zuweisung in eine Risikoklasse gewährleisten. Die Risikoeinstufung ist jährlich zu überprüfen.
Kreditkonditionen *(BTO 1.2 MaRisk)*	Zwischen der Einstufung im Risikoklassifizierungsverfahren und der Konditionengestaltung sollte ein sachlich nachvollziehbarer Zusammenhang bestehen.
Sicherheitenbewertung *(BTO 1.2.1, 1.2.2 MaRisk)*	Die Werthaltigkeit und der rechtliche Bestand von Sicherheiten sind vor jeder Kreditvergabe zu prüfen. Der Wert der Sicherheiten ist in angemessenen Abständen zu überprüfen.
Kreditverwendungskontrolle *(BTO 1.2.2 MaRisk)*	Bei zweckgebundenen Krediten ist zu kontrollieren, ob die valutierten Mittel tatsächlich der vereinbarten Verwendung zukommen.
Kreditbegrenzung *(BTO 1 MaRisk)*	Die Kredite an einen einzelnen Kreditnehmer sind zu begrenzen (Kreditnehmerlimit).
Intensivbetreuung *(BTO 1.2.4 MaRisk)*	Bei einer erheblichen Bonitätsverschlechterung des Kreditnehmers erfolgt eine Intensivbetreuung durch eine besondere Stelle, die außerhalb des Marktbereiches angesiedelt ist.
Problemkredite *(BTO 1.2.5 MaRisk)*	Problemkredite, bei denen die Rückzahlung akut gefährdet ist, werden ebenfalls von einer besonderen Stelle außerhalb des Marktbereiches betreut. Diese Stelle prüft, ob eine Sanierung möglich ist oder ob der Abwicklungsprozess eingeleitet wird.

Bestimmungen der MaRisk zum Kreditgeschäft	
Risikovorsorge *(BTO 1.2.6 MaRisk)*	Das Kreditinstitut hat Kriterien festzulegen, auf deren Grundlage unter Beachtung der angewandten Rechnungslegungsnormen Wertberichtigungen, Abschreibungen und Rückstellungen für das Kreditgeschäft zu bilden sind. Die erforderliche Risikovorsorge ist zeitnah zu ermitteln und fortzuschreiben. Ein erheblicher Risikovorsorgebedarf ist der Geschäftsleitung unverzüglich mitzuteilen.
Frühwarnsystem *(BTO 1.3 MaRisk)*	Das Verfahren zur Früherkennung von Risiken (Frühwarnsystem) dient der rechtzeitigen Identifizierung von Kreditnehmern, bei deren Engagements sich erhöhte Risiken abzuzeichnen beginnen. Damit soll das Kreditinstitut in die Lage versetzt werden, in einem möglichst frühen Stadium Gegenmaßnahmen *(z. B. Intensivbetreuung)* einleiten zu können.

Vorschriften des Kreditwesengesetzes

Die Vorschriften des Kreditwesengesetzes sollen die mit der Kreditvergabe verbundenen Ausfallrisiken mindern und durch Kreditausfälle verursachte negative Auswirkungen auf den Bankensektor vermeiden.

Kreditunterlagen *(§ 18 KWG)*

Ein Kreditinstitut darf einen Kredit, der insgesamt 750 000,00 EUR oder 10 % der anrechenbaren Eigenmittel *(Art. 4 Verordnung (EU) Nr. 575/2013)* des Instituts überschreitet, nur gewähren, wenn es sich von dem Kreditnehmer die wirtschaftlichen Verhältnisse, insbesondere durch Vorlage der Jahresabschlüsse, offenlegen lässt. Das Kreditinstitut kann hiervon absehen, wenn das Verlangen nach Offenlegung im Hinblick auf die gestellten Sicherheiten oder auf die Mitverpflichteten offensichtlich unbegründet wäre.

Großkredite *(§ 13 KWG)*

Großkredit	Kredite an einen Kunden oder an eine Gruppe verbundener Kunden, die insgesamt 10 % der anrechenbaren Eigenmittel des Kreditinstituts erreichen oder übersteigen *(Art. 392 der VERORDNUNG (EU) Nr. 575/2013)*
Obergrenze	einzelner Großkredit: max. 25 % der anrechenbaren Eigenmittel des Kreditinstituts
Anzeigepflicht	unverzüglich an die Deutsche Bundesbank
Kreditentscheidung	Ein Großkredit darf nur aufgrund eines einstimmigen Beschlusses sämtlicher Geschäftsleiter gewährt werden.
Maßnahme bei Überschreitung der Obergrenze	Wird bei Krediten die Obergrenze ausnahmsweise überschritten, so meldet das Kreditinstitut den Forderungswert unverzüglich der Deutschen Bundesbank, die, sofern es die Umstände rechtfertigen, dem Kreditinstitut eine begrenzte Frist einräumt, bis zu deren Ablauf die Obergrenze wieder eingehalten werden muss.

Millionenkredite *(§ 14 KWG)*

Begriff	Kredite an einen Kreditnehmer, die 1 000 000,00 EUR oder mehr betragen (auch Gemeinschaftskredite, wenn der Anteil des einzelnen Kreditinstituts 1 000 000,00 EUR nicht erreicht).
Anzeigepflicht	an die Deutsche Bundesbank (Evidenzzentrale) Meldetermine für die Betragsdaten: letzter Kalendertag der Monate März, Juni, September und Dezember für die jeweils vorhergehenden drei Kalendermonate *(§ 15 GroMiKV)* Ergibt sich aufgrund der Meldung, dass einem Kreditnehmer von mehreren Kreditinstituten Millionenkredite gewährt worden sind, so hat die Deutsche Bundesbank die beteiligten Kreditinstitute zu benachrichtigen (Angabe der Gesamtverschuldung und der Anzahl der beteiligten Kreditinstitute).

Organkredite *(§ 15 KWG)*

Begriff	Organkredite sind Kredite an eng mit dem Kreditinstitut verbundene Personen oder Unternehmen: ▪ verbundene Personen, ***Beispiele:*** – *Geschäftsleiter* – *Mitglieder des Aufsichtsrates* – *Prokuristen und zum gesamten Geschäftsbetrieb ermächtigte Handlungsbevollmächtigte, sofern der Kredit ein Jahresgehalt übersteigt.* ▪ verbundene Unternehmen, sofern der Kredit mindestens 1 % der Eigenmittel oder 50 000,00 EUR beträgt. ***Beispiele:*** – *Unternehmen mit einer Beteiligung von über 10 %* – *Unternehmen, bei denen ein Geschäftsleiter oder Prokurist des Kreditinstitutes Mitglied des Aufsichtsrates ist*
Kreditentscheidung	Für die Kreditvergabe sind ein einstimmiger Beschluss sämtlicher Geschäftsleiter und die Zustimmung des Aufsichtsorgans notwendig. Organkredite dürfen nur zu Marktkonditionen vergeben werden.

4 Kreditprüfung

Bei der **Kreditprüfung** sind
- die Kreditfähigkeit und
- die Kreditwürdigkeit des Kreditnehmers

zu prüfen.

4.1 Prüfung der Kreditfähigkeit

Die **Kreditfähigkeit** ist die Fähigkeit, Darlehensnehmer in einem Darlehensvertrag sein zu können. Die Kreditfähigkeit entspricht der Rechtsfähigkeit.

Prüfungsgesichtspunkte

- **Rechtsfähigkeit/Kreditfähigkeit**
  Prüfungsunterlagen: beglaubigter Auszug aus dem Handels-, Partnerschafts-, Genossenschafts- oder Vereinsregister bzw. Kontounterlagen
- **Vertretungsbefugnis**
  Prüfungsunterlagen: beglaubigter Registerauszug bzw. Kontounterlagen, ggf. Vollmachtsurkunde, amtlicher Lichtbildausweis des/der Vertretungsberechtigten

Juristische Personen *(z. B. GmbH, AG)* erlangen ihre Rechtsfähigkeit mit der Eintragung in das Handelsregister.

4.2 Kreditrating zur Beurteilung der Kreditwürdigkeit

In einem **Ratingverfahren** (Risikoklassifizierungsverfahren) beurteilt das Kreditinstitut die Kreditwürdigkeit von Geschäfts- und Firmenkunden. Ziel des Verfahrens ist, die **Ausfallwahrscheinlichkeit** für Darlehen zu ermitteln und den Kreditnehmer in eine bestimmte **Risikoklasse** einzuordnen.

Die Beurteilung der Kreditwürdigkeit kann durch ein

- externes Rating (Bonitätseinstufung durch eine externe Rating-Agentur, *z. B. Creditreform AG*) oder durch ein
- internes Rating (Bonitätseinstufung durch die kreditgewährende Bank) erfolgen.

Jedes Kreditinstitut muss aussagekräftige Risikoklassifizierungsverfahren für die erstmalige bzw. die turnusmäßige oder anlassbezogene Beurteilung des personenbezogenen Ausfallrisikos sowie des Objekt-/Projektrisikos einrichten. In den Organisationsrichtlinien sind Kriterien festzulegen, die im Rahmen der Beurteilung eine nachvollziehbare Zuweisung in eine Risikoklasse gewährleisten. Maßgebliche Indikatoren für das Kreditausfallrisiko müssen bei der Anwendung eines Risikoklassifizierungsverfahrens die Kriterien Branchen-/Länderzugehörigkeit und Ertragskraft sein *(BTO 1.2, 1.4 MaRisk)*. Um branchenspezifische Risikofaktoren zu berücksichtigen, enthalten viele bankinterne Rating-Systeme eine allgemeine Beurteilung der jeweiligen Branchensituation.

Das **Kreditrating** soll in strukturierter Form eine möglichst umfassende Einschätzung der Bonität von Firmenkunden ermöglichen. Beurteilt werden folgende Merkmale:

Merkmale	Kriterien	Unterlagen
Finanzierungsanlass	▪ Vorteilhaftigkeit der geplanten Investitionen (Ersatz-, Erweiterungs-, Rationalisierungsinvestitionen) ▪ Motiv bei Betriebsmittelkrediten	▪ Investitionsrechnungen ▪ Finanzplan ▪ Kapitalflussrechnungen ▪ Umsatzplanzahlen
wirtschaftliche Verhältnisse	▪ Jahresabschlussanalyse ▪ Vermögensverhältnisse	▪ Jahresabschlüsse der letzten drei Jahre (Bilanzen und GuV-Rechnungen) ▪ Kontounterlagen ▪ Branchenzahlen

13

Merkmale	Kriterien	Unterlagen
weitere Unternehmensdaten	▪ Unternehmensentwicklung seit dem letzten Jahresabschluss ▪ Unternehmensplanung ▪ zukünftige Finanzlage	▪ betriebswirtschaftliche Auswertungen (BWA) ▪ Planzahlen (Finanz- und Investitionspläne, Umsatzziele, Kosten- und Erlösplanungen) ▪ Auftragsbestand ▪ Steuerbescheide ▪ Auskünfte
Management	▪ berufliche Qualifikation ▪ Qualität der Unternehmensführung (Führungsstil, Planung, Kostenmanagement, Risikobewusstsein, Marktkenntnisse)	▪ Selbstauskunft ▪ Betriebsbesichtigung ▪ Auskünfte
Marktstellung	▪ Branchen-/Marktentwicklung ▪ Konkurrenzverhältnisse ▪ Produktanalyse – Qualität – „Produktlebenszyklus" ▪ Abnehmer-/Lieferantenstreuung ▪ Export-/Importrisiken	▪ gesamtwirtschaftliche und branchenspezifische Analysen ▪ Produktgutachten
Kundenbeziehung	▪ bisherige Kontoführung ▪ Kundentransparenz ▪ Informationsverhalten	▪ Kontounterlagen ▪ Kreditakten

Beim **Rating** sind **quantitative** und **qualitative** Faktoren zu berücksichtigen. Quantitative Faktoren sind eindeutig messbar *(z. B. Höhe des Umsatzes)*, qualitative Faktoren sind nicht durch eindeutige Maßzahlen messbar, sondern können nur auf Skalen beurteilt werden *(z. B. Qualität des Managements)*.

Beispiele:

Quantitative Faktoren („Hardfacts")	*Qualitative Faktoren („Softfacts")*
– Kennzahlen zur Jahresabschlussanalyse *– Kapitalflussrechnungen* *– Investitionsrechnungen* *– Auftragsbestand* *– betriebswirtschaftliche Auswertungen (BWA)* *– Steuerbescheide* *– Kontodatenanalyse*	*– Management-/Mitarbeiterqualifikation* *– Wettbewerbssituation/Marktstellung* *– Marktaussichten der Produkte* *– Qualität der Betriebsorganisation* *– Qualität des Risikomanagements* *– Qualität des Rechnungswesens und Controllings* *– Brancheneinschätzung* *– Informationsverhalten des Kunden*

Zur Rationalisierung und Objektivierung der Kreditwürdigkeitsprüfung werden in der Praxis sogenannte **Risikoraster** eingesetzt. In diesen Rastern werden Merkmale der Kreditwürdigkeit aufgegriffen und mithilfe von Noten beurteilt. Merkmale sind z. B. die finanziellen Verhältnisse, die Rechtsform, die Art der Besicherung, die Marktstellung des Unternehmens, die Managementqualitäten. Die Klassifizierung erfolgt EDV-gestützt.

Ziel des Ratings ist es, den Kreditnehmer einer bestimmten **Ratingstufe** zuzuordnen, für die jeweils bestimmte **Ausfallwahrscheinlichkeiten** gelten.

Beispiele für Ratingstufen				
	Sparkassen	Kreditgenossenschaften	Commerzbank AG	Ausfallwahrscheinlichkeit
Ratingstufen	1 bis 3	0+ bis 1d	1,0 bis 2,4	bis 0,3 %
	4 bis 6	1e bis 2a	2,6 bis 2,8	0,4 % bis 0,7 %
	7 bis 8	2b bis 2c	3,0 bis 3,4	0,8 % bis 1,5 %
	9 bis 10	2d bis 2e	3,6 bis 3,8	1,6 % bis 3,0 %
	11 bis 12	3a bis 3b	4,0 bis 4,8	3,1 % bis 8,0 %
	13 bis 18	3c bis 3e	ab 5,0	über 8,0 %

Die **SCHUFA BusinessLine** erstellt in Zusammenarbeit mit der **BÜRGEL Wirtschaftsinformationen GmbH & Co. KG** ein Kreditrating von Unternehmen und Freiberuflern, das die angeschlossenen Kreditinstitute gegen Entgelt abrufen können. Die beurteilten Unternehmen werden einer Bonitätsklasse zwischen 1,0 und 6,0 zugeordnet, denen Ausfallwahrscheinlichkeiten innerhalb der nächsten zwölf Monate zugeordnet sind.

Das **Ratingergebnis** beschreibt das Ausfallrisiko einer Forderung. Je höher das Ausfallrisiko, umso höher sind die Risikokosten und die Eigenkapitalkosten des Darlehens.

- Die **Risikokosten** decken den erwarteten Forderungsausfall innerhalb der Ratingstufe.
- Darlehen sind in Abhängigkeit vom Risiko (Ratingstufe) mit Eigenkapital zu unterlegen. Die Eigenkapitalgeber erwarten für ihr Kapital eine ausreichende Verzinsung. Die **Eigenkapitalkosten** decken die Ertragserwartung der Eigenkapitalgeber.

Die Einstufung in eine **höhere Ratingstufe** („schlechteres" Rating) führt demnach zu einem **höheren Sollzinssatz.**

Auswertung des Jahresabschlusses

Zur **Beurteilung der wirtschaftlichen Verhältnisse** von Geschäfts- und Firmenkunden analysiert das Kreditinstitut den Jahresabschluss des Unternehmens und ermittelt Bilanz- und Erfolgskennzahlen, die dann im Zeit- und Branchenvergleich beurteilt werden.

Zum Ende eines Geschäftsjahres müssen Unternehmen einen **Jahresabschluss** erstellen. Der Jahresabschluss besteht aus der **Bilanz** und der **Gewinn- und Verlustrechnung** *(§ 242 HGB)*. Kapitalgesellschaften müssen zusätzlich einen **Anhang** und einen **Lagebericht** *(§ 264 HGB)* erstellen.

Jahresabschluss	Inhalt
Bilanz	Gegenüberstellung von Vermögen und Kapital (Eigen- und Fremdkapital zum Bilanzstichtag, meist 31.12.
Gewinn- und Verlustrechnung	Darstellung der Aufwendungen und Erträge während des Geschäftsjahres und Ausweis des Jahresüberschusses bzw. Jahresfehlbetrages
Anhang	Erläuterung einzelner Bilanzpositionen und der Gewinn- und Verlustrechnung
Lagebericht	Stellungnahme der Geschäftsleitung zur aktuellen Lage des Unternehmens und eine Einschätzung zur zukünftigen Entwicklung

Die Inhalte der Bilanz (Bilanzpositionen) und der Gewinn- und Verlustrechnung (Aufwands- und Ertragspositionen) sind gesetzlich vorgeschrieben *(§§ 266, 275 HGB)*.

Aktiva	Bilanz eines Industriebetriebes	Passiva
Mittelverwendung Gliederung nach zunehmender Liquidität	**Anlagevermögen** Güter, die dem Unternehmen dauerhaft zur Verfügung stehen, *z. B. Gebäude, Maschinen, Lkws* **Umlaufvermögen** Güter, die dem Unternehmen nur vorübergehend zur Verfügung stehen, *z. B. Rohstoffe, Waren, Bankguthaben*	**Eigenkapital** Eigenkapital steht dem Unternehmen unbefristet zur Verfügung **Fremdkapital** Fremdkapital (Darlehen) ist befristet, *z. B. Bankdarlehen, Verbindlichkeiten gegenüber Lieferanten*
		Mittelherkunft Gliederung nach abnehmender Fristigkeit

Kreditinstitute ermitteln aus den Bilanzwerten und den Positionen der Gewinn- und Verlustrechnung **Kennzahlen zur Beurteilung der Finanz- und Ertragskraft** des Unternehmens. Es ist zu berücksichtigen, dass sich die Kennzahlen in Abhängigkeit von der Branche und der Unternehmensgröße stark unterscheiden. Zur Beurteilung vergleicht das Kreditinstitut die ermittelten Daten mit den Zahlen der Vorjahre (Zeitvergleich), mit den Kennzahlen von anderen Unternehmen (Unternehmensvergleich) derselben Branche und ähnlicher Größe sowie mit Branchendurchschnittswerten (Branchenvergleich).

Fallbeispiel:

Die Argus Maschinenbau GmbH legt der Regio-Bank AG folgenden Jahresabschluss vor:

Bilanz der Argus Maschinenbau GmbH (in EUR)

Aktiva	Berichtsjahr	Vorjahr
Anlagevermögen		
I. Immaterielle Vermögensgegenstände	837 000,00	869 000,00
II. Sachanlagen		
Grundstücke und Gebäude	5 672 000,00	5 771 000,00
Technische Anlagen und Maschinen	3 509 000,00	2 280 000,00
Betriebs- und Geschäftsausstattung	664 000,00	580 000,00
III. Finanzanlagen	540 000,00	540 000,00
Umlaufvermögen		
I. Vorräte		
Roh-, Hilfs- und Betriebsstoffe	3 690 000,00	3 334 000,00
Unfertige Erzeugnisse	2 082 000,00	3 736 000,00
Fertige Erzeugnisse und Waren	1 958 000,00	1 024 000,00
II. Forderungen und sonstige Vermögensgegenstände		
Forderungen aus Lieferungen und Leistungen	3 644 000,00	2 361 000,00
Sonstige Vermögensgegenstände	288 000,00	594 000,00
III. Kassenbestand und Guthaben bei Kreditinstituten	499 000,00	571 000,00
Rechnungsabgrenzungsposten	370 000,00	218 000,00
	23 753 000,00	21 878 000,00

Passiva	Berichtsjahr	Vorjahr
Eigenkapital		
I. Gezeichnetes Kapital	2 000 000,00	2 000 000,00
II. Gewinnrücklagen	4 170 000,00	3 780 000,00
III. Bilanzgewinn	608 000,00	715 000,00
Rückstellungen		
Rückstellungen für Pensionen	988 000,00	925 000,00
Steuerrückstellungen	555 000,00	386 000,00
Sonstige Rückstellungen	2 023 000,00	1 923 000,00
Verbindlichkeiten		
Langfristiges Nachrangdarlehen	3 160 000,00	3 200 000,00
Verbindlichkeiten gegenüber Kreditinstituten	7 751 000,00	6 108 000,00
Verbindlichkeiten aus Lieferungen und Leistungen	1 334 000,00	1 874 000,00
Sonstige Verbindlichkeiten	1 109 000,00	913 000,00
Rechnungsabgrenzungsposten	55 000,00	54 000,00
	23 753 000,00	21 878 000,00

Gewinn- und Verlustrechnung der Argus Maschinenbau GmbH		
	Berichtsjahr	**Vorjahr**
1. Umsatzerlöse	37 272 300 EUR	41 469 400 EUR
2. Bestandsveränderungen an fertigen und unfertigen Erzeugnissen	– 1 702 200 EUR	– 765 000 EUR
3. Andere aktivierte Eigenleistungen	– EUR	57 400 EUR
4. Sonstige betriebliche Erträge	1 991 800 EUR	3 034 900 EUR
5. Materialaufwand		
a) Aufwendungen für Roh-, Hilfs- und Betriebsstoffe und für bezogene Waren	– 16 891 400 EUR	– 19 290 900 EUR
b) Aufwendungen für bezogene Leistungen	– 307 800 EUR	– 1 890 600 EUR
6. Personalaufwand		
a) Löhne und Gehälter	– 11 530 700 EUR	– 12 687 000 EUR
b) Soziale Abgaben	– 2 455 300 EUR	– 2 902 500 EUR
7. Abschreibungen auf Sachanlagen	– 952 000 EUR	– 800 700 EUR
8. Sonstige betriebliche Aufwendungen	– 2 932 300 EUR	– 3 986 700 EUR
9. Sonstige Zinsen und ähnliche Erträge	25 900 EUR	23 700 EUR
10. Zinsen und ähnliche Aufwendungen	– 788 500 EUR	– 1 095 200 EUR
11. Steuern vom Einkommen und vom Ertrag	– 388 900 EUR	– 280 800 EUR
12. Sonstige Steuern	– 41 200 EUR	– 21 000 EUR
13. Jahresüberschuss	**1 299 700 EUR**	**865 000 EUR**
14. Einstellungen in Gewinnrücklagen	– 620 000 EUR	– 390 000 EUR
15. Bilanzgewinn	**679 700 EUR**	**475 000 EUR**

Dem Anhang zum Jahresabschluss ist zu entnehmen, dass in den GuV-Positionen „Sonstige Erträge" und „Sonstige Aufwendungen" außerordentliche Erträge bzw. außerordentliche Aufwendungen enthalten sind.

	Berichtsjahr	Vorjahr
Sonstige Erträge – davon außerordentliche Erträge	1 991 800,00 EUR 34 800,00 EUR	3 034 900,00 EUR 154 900,00 EUR
Sonstige Aufwendungen – davon außerordentliche Aufwendungen	2 932 300,00 EUR 45 700,00 EUR	3 986 700,00 EUR 37 400,00 EUR

Die Regio-Bank AG bereitet die Zahlen des Jahresabschlusses zunächst neu auf und erstellt

- eine Strukturbilanz und
- eine Strukturerfolgsrechnung.

In der **Strukturbilanz** werden bestimmte Positionen zusammengefasst *(z. B. Sachanlagen, Vorräte)*, während andere detaillierter dargestellt werden *(z. B. Bankdarlehen nach unterschiedlicher Fristigkeit)*. Details und Erläuterungen zu einzelnen Positionen sind im **Anhang** dargestellt. In der Strukturbilanz werden auch die prozentualen Anteile der einzelnen Positionen an der Bilanzsumme sowie die Veränderungen zum Vorjahr ermittelt.

Im **Anhang** finden sich folgende Erläuterungen:

	Berichtsjahr	Vorjahr
Verbindlichkeiten gegenüber Kreditinstituten	7 751 000,00 EUR	6 108 000,00 EUR
→ davon langfristig (> 5 Jahre)	3 450 000,00 EUR	1 890 000,00 EUR
→ davon mittelfristig (<= 5 Jahre, >= 1 Jahr)	2 890 000,00 EUR	2 948 000,00 EUR
→ davon kurzfristig (< 1 Jahr)	1 411 000,00 EUR	1 270 000,00 EUR

	Berichtsjahr	Vorjahr
Zuführung zu langfristigen Rückstellungen	63 000,00 EUR	57 000,00 EUR

Strukturbilanz der Argus Maschinenbau GmbH

Aktiva	Berichtsjahr	in % der Bilanzsumme	Vorjahr	in % der Bilanzsumme	Veränd. in TEUR
Immaterielle Vermögensgegenstände	837 000,00 EUR	3,52 %	869 000,00 EUR	3,97 %	– 32 000,00 EUR
Sachanlagen	9 845 000,00 EUR	41,45 %	8 631 000,00 EUR	39,45 %	1 214 000,00 EUR
Finanzanlagen	540 000,00 EUR	2,27 %	540 000,00 EUR	2,47 %	– EUR
Summe Anlagevermögen	**11 222 000,00 EUR**	**47,24 %**	**10 040 000,00 EUR**	**45,89 %**	**1 182 000,00 EUR**
Vorräte	7 730 000,00 EUR	32,54 %	8 094 000,00 EUR	37,00 %	– 364 000,00 EUR
Forderungen und sonst. Verm.gegenst.	3 932 000,00 EUR	16,55 %	2 955 000,00 EUR	13,51 %	977 000,00 EUR
Liquide Mittel	499 000,00 EUR	2,10 %	571 000,00 EUR	2,61 %	– 72 000,00 EUR
Rechnungsabgrenzungsposten	370 000,00 EUR	1,56 %	218 000,00 EUR	1,00 %	152 000,00 EUR
Summe Umlaufvermögen	**12 531 000,00 EUR**	**52,76 %**	**11 838 000,00 EUR**	**54,11 %**	**693 000,00 EUR**
Gesamtvermögen	**23 753 000,00 EUR**	**100,00 %**	**21 878 000,00 EUR**	**100,00 %**	**1 875 000,00 EUR**
Passiva	**Berichtsjahr**	**in % der Bilanzsumme**	**Vorjahr**	**in % der Bilanzsumme**	**Veränderungen**
Gezeichnetes Kapital	2 000 000,00 EUR	8,42 %	2 000 000,00 EUR	9,14 %	– EUR
Gewinnrücklagen	4 170 000,00 EUR	17,56 %	3 780 000,00 EUR	17,28 %	390 000,00 EUR
Bilanzgewinn	608 000,00 EUR	2,56 %	715 000,00 EUR	3,27 %	– 107 000,00 EUR
Summe Eigenkapital	**6 778 000,00 EUR**	**28,54 %**	**6 495 000,00 EUR**	**29,69 %**	**283 000,00 EUR**
Langfr. Verbind. (Laufzeit über 5 Jahre)	6 610 000,00 EUR	27,83 %	5 090 000,00 EUR	23,27 %	1 520 000,00 EUR
Pensionsrückstellungen	988 000,00 EUR	4,16 %	925 000,00 EUR	4,23 %	63 000,00 EUR
Langfristiges Fremdkapital	**7 598 000,00 EUR**	**31,99 %**	**6 015 000,00 EUR**	**27,49 %**	**1 583 000,00 EUR**
Mittelfr. Fremdkapital (Laufzeit 1 bis 5 Jahre)	**2 890 000,00 EUR**	**12,17 %**	**2 948 000,00 EUR**	**13,47 %**	**– 58 000,00 EUR**
kurzfr. Verbind. (Laufzeit unter 1 Jahr)	3 854 000,00 EUR	16,23 %	4 057 000,00 EUR	18,54 %	– 203 000,00 EUR
Steuer- und sonstige Rückstellungen	2 578 000,00 EUR	10,85 %	2 309 000,00 EUR	10,55 %	269 000,00 EUR
Rechnungsabgrenzungsposten	55 000,00 EUR	0,23 %	54 000,00 EUR	0,25 %	1 000,00 EUR
Kurzfristiges Fremdkapital	**6 487 000,00 EUR**	**27,31 %**	**6 420 000,00 EUR**	**29,34 %**	**67 000,00 EUR**
Summe Fremdkapital	**16 975 000,00 EUR**	**71,46 %**	**15 383 000,00 EUR**	**70,31 %**	**1 592 000,00 EUR**
Gesamtkapital	**23 753 000,00 EUR**	**100,00 %**	**21 878 000,00 EUR**	**100,00 %**	**1 875 000,00 EUR**

Langfristige Verbindlichkeiten im Berichtsjahr:

Langfristige Nachrangdarlehen	3 160 000,00 EUR
Bankdarlehen	3 450 000,00 EUR
Summe	6 610 000 ,00 EUR

Kurzfristige Verbindlichkeiten im Berichtsjahr:

Bankdarlehen	1 411 000,00 EUR
Verbindlichkeiten aus Lieferungen	1 334 000,00 EUR
Sonstige Verbindlichkeiten	1 109 000,00 EUR
Summe	3 854 000,00 EUR

Die Aufwendungen und Erträge werden in der **Strukturerfolgsrechnung** teilweise zusammengefasst und neu gegliedert, um weitere Erfolgsgrößen *(z. B. Teil-Betriebsergebnis, EBIT)* zu ermitteln.

STRUKTURERFOLGSRECHNUNG				
			Veränderungen	
	Berichtsjahr	Vorjahr	in EUR	in %
Umsatzerlöse	37 272 300,00 EUR	41 469 400,00 EUR	– 4 197 100,00 EUR	– 10,12 %
Bestandsveränderungen an fertigen und unfertigen Erzeugnissen	– 1 702 200,00 EUR	– 765 000,00 EUR	– 937 200,00 EUR	122,51 %
Andere aktivierte Eigenleistungen	- EUR	57 400,00 EUR	– 57 400,00 EUR	---
Gesamtleistung	**35 570 100,00 EUR**	**40 761 800,00 EUR**	– 5 191 700,00 EUR	– 12,74 %
Sonstige betriebliche Erträge (ohne außerordentliche Erträge)	1 957 000,00 EUR	2 880 000,00 EUR	– 923 000,00 EUR	– 32,05 %
Materialaufwand	– 17 199 200,00 EUR	– 21 181 500,00 EUR	3 982 300,00 EUR	– 18,80 %
Personalaufwand	– 13 986 000,00 EUR	– 15 589 500,00 EUR	1 603 500,00 EUR	– 10,29 %
Abschreibungen auf Sachanlagen	– 952 000,00 EUR	– 800 700,00 EUR	– 151 300,00 EUR	18,90 %
Sonstige betriebliche Aufwendungen (ohne außerordentliche Aufwendungen)	– 2 886 600,00 EUR	– 3 949 300,00 EUR	1 062 700,00 EUR	– 26,91 %
Sonstige Steuern (Kostensteuern, z. B. Kfz-Steuer)	– 41 200,00 EUR	– 21 000,00 EUR	– 20 200,00 EUR	96,19 %
Teil-Betriebsergebnis (EBIT; Ergebnis vor Zinsen und Ertragsteuern)	**2 462 100,00 EUR**	**2 099 800,00 EUR**	362 300,00 EUR	17,25 %
Sonstige Zinsen und ähnliche Erträge	25 900,00 EUR	23 700,00 EUR	2 200,00 EUR	9,28 %
Zinsen und ähnliche Aufwendungen	– 788 500,00 EUR	– 1 095 200,00 EUR	306 700,00 EUR	– 28,00 %
Betriebsergebnis (Ergebnis der gewöhnlichen Geschäftstätigkeit)	**1 699 500,00 EUR**	**1 028 300,00 EUR**	671 200,00 EUR	65,27 %
Außerordentliche Erträge	34 800,00 EUR	154 900,00 EUR	– 120 100,00 EUR	– 77,53 %
Außerordentliche Aufwendungen	– 45 700,00 EUR	– 37 400,00 EUR	– 8 300,00 EUR	22,19 %
Steuern vom Einkommen und vom Ertrag	– 388 900,00 EUR	– 280 800,00 EUR	– 108 100,00 EUR	38,50 %
Jahresüberschuss	**1 299 700,00 EUR**	**865 000,00 EUR**	434 700,00 EUR	50,25 %

Auf Grundlage der Strukturbilanz und der Strukturerfolgsrechnungen können nun Bilanz- und Erfolgskennzahlen ermittelt werden.

Bei der Ermittlung der Kennzahlen wird beim Eigenkapital der **Bilanzgewinn nicht berücksichtigt**, da unterstellt wird, dass er an die Gesellschafter ausgeschüttet wird.

Kennzahlen	Ermittlung für das Berichtsjahr	Berichtsjahr	Vorjahr
Eigenkapitalquote	$\frac{\text{Eigenkapital} \cdot 100}{\text{Bilanzsumme}} = \frac{6\,170\,000{,}00 \cdot 100}{23\,753\,000{,}00}$ Eigenkapital steht dem Unternehmen ohne zeitliche Begrenzung zur Verfügung. Die Eigenkapitalgeber tragen das unternehmerische Risiko, das heißt, alle Verluste gehen zulasten des Eigenkapitals. Eine hohe Eigenkapitalquote bedeutet im Umkehrschluss eine niedrige Verschuldung und damit eine niedrige Zinslast. Eine hohe Eigenkapitalquote steigert die Kreditwürdigkeit des Unternehmens und ermöglicht eine günstigere Kreditaufnahme. Die Eigenkapitalquote sollte i. d. R. mindestens 20 % bis 25 % betragen.	25,98 %	26,42 %
Anlagendeckungsgrad I	$\frac{\text{Eigenkapital} \cdot 100}{\text{Anlagevermögen}} = \frac{6\,170\,000{,}00 \cdot 100}{11\,222\,000{,}00}$	54,98 %	57,57 %

Kennzahlen	Ermittlung für das Berichtsjahr	Berichtsjahr	Vorjahr
Anlagendeckungsgrad II	$\frac{\text{(Eigenkapital + Langfristiges Fremdkapital)} \cdot 100}{\text{Anlagevermögen}} = \frac{13\,768\,000{,}00 \cdot 100}{11\,222\,000{,}00}$ Langfr. Fremdkapital = Langfr. Verbindlichkeiten + Langfr. Rückstellungen 7 598 000,00 = 6 610 000,00 + 988 000,00 Das Anlagevermögen sollte langfristig finanziert sein (fristenkongruente Finanzierung). Der Anlagendeckungsgrad I zeigt, welcher Anteil des Anlagevermögens durch Eigenkapital gedeckt ist. Nach der „Goldenen Bankregel" sollen die langfristig im Unternehmen gebundenen Vermögensteile in vollem Umfang durch Eigenkapital und langfristiges Fremdkapital finanziert sein. Der Anlagendeckungsgrad II sollte deshalb mindestens 100 % betragen.	122,69 %	117,48 %
Cashflow	Betriebsergebnis 1 699 500,00 EUR + planmäßige Abschreibungen auf Sachanlagen 952 000,00 EUR + Zuführung zu den langfristigen Rückstellungen (insbesondere Pensionsrückstellungen) 63 000,00 EUR = Cashflow 2 714 500,00 EUR Der Cashflow ist der Nettoüberschuss an liquiden Mitteln („Kassenüberschuss"), den ein Unternehmen innerhalb eines Jahres regelmäßig aus den Umsatzerlösen zu erwirtschaften vermag. Je größer der Cashflow, desto größer ist die Finanzkraft (Investitions- und Schuldentilgungskraft) des Unternehmens. Zur Ermittlung des Cashflows ist das Betriebsergebnis um alle Aufwendungen zu erhöhen, die nicht mit Auszahlungen verbunden sind *(z. B. Abschreibungen auf Anlagen, Pensionsrückstellungen)*. Andererseits ist das Betriebsergebnis um alle Erträge zu vermindern, die nicht zu Einzahlungen führen *(z. B. Erhöhung von Lagerbestanden)*.	2 714 500,00 EUR	1 886 000,00 EUR
Cashflow-Rate	$\frac{\text{Cashflow} \cdot 100}{\text{Umsatzerlöse}} = \frac{2\,714\,500{,}00 \cdot 100}{37\,272\,300{,}00}$ Die Cashflow-Rate setzt den Cashflow ins Verhältnis zu den Umsatzerlösen. Diese relative Zahl ermöglicht insbesondere einen Vergleich mit anderen Betrieben und Branchendurchschnittswerten.	7,28 %	4,55 %
Eigenkapitalrentabilität	$\frac{\text{Betriebsergebnis} \cdot 100}{\text{Eigenkapital}} = \frac{1\,699\,500{,}00 \cdot 100}{6\,170\,000{,}00}$ Die Eigenkapitalrentabilität zeigt die Verzinsung des Eigenkapitals an und ist insbesondere für die Eigentümer eine wesentliche Größe. Sie erwarten aufgrund des von ihnen zu tragenden Risikos eine Verzinsung ihres eingesetzten Kapitals, die deutlich höher ist als der Zins für sichere Anlagen.	27,54 %	17,79 %

Kennzahlen	Ermittlung für das Berichtsjahr	Berichtsjahr	Vorjahr
Umsatzrentabilität	$\frac{\text{Betriebsergebnis} \cdot 100}{\text{Umsatzerlöse}} = \frac{1\,699\,500{,}00 \cdot 100}{37\,272\,300{,}00}$ Die Umsatzrentabilität zeigt, wie viel Prozent Gewinn das Unternehmen beim Verkauf seiner Waren erzielt.	4,56 %	2,48 %
Gesamtkapitalrentabilität	$\frac{(\text{Betriebsergebnis} + \text{Zinsaufwendungen}) \cdot 100}{\text{Bilanzsumme}} =$ $\frac{(1\,699\,500{,}00 + 788\,500{,}00) \cdot 100}{23\,753\,000}$ Die Gesamtkapitalrentabilität zeigt die Verzinsung des gesamten eingesetzten Kapitals an. Sie sollte über dem Fremdkapitalzins liegen. Die Gesamtkapitalrentabilität ermöglicht einen Vergleich mit anderen Betrieben und Branchendurchschnittswerten, da bei dieser Kennzahl die Art der Finanzierung (Höhe der Eigenkapitalquote) keine Rolle spielt.	10,47 %	9,71 %
Debitorenziel (Kundenziel)	$\frac{\text{Forderungen aus Lieferungen und Leistungen} \cdot 365}{\text{Umsatzerlöse}} =$ $\frac{3\,644\,000{,}00 \cdot 365}{37\,272\,300{,}00}$ Die Kennzahl zeigt, nach wie viel Tagen die Kunden des Unternehmens im Durchschnitt ihre Rechnungen begleichen. Das Unternehmen ist bestrebt, die Dauer möglichst kurz zu halten. Eine lange Zeitdauer kann auf Zahlungsschwierigkeiten der Kunden hindeuten oder auch auf eine mangelhafte Debitorenbuchhaltung. Es ist zu prüfen, ob durch andere Zahlungsbedingungen *(z. B. Gewährung von Skonto bei früher Zahlung)* eine Verringerung des Debitorenziels zu erreichen ist.	35,68 Tage	20,78 Tage
Kreditorenziel (Lieferantenziel)	$\frac{\text{Verbindlichkeiten aus Lieferungen und Leistungen} \cdot 365}{\text{Materialaufwand}} =$ $\frac{1\,334\,000{,}00 \cdot 365}{17\,199\,200{,}00}$ Die Kennzahl zeigt, nach wie viel Tagen das Unternehmen im Durchschnitt seine Lieferantenrechnungen bezahlt. Eine lange Zeitdauer kann auf Zahlungsschwierigkeiten des Unternehmens oder auch auf eine mangelhafte Kreditorenbuchhaltung hindeuten. Insbesondere wenn das Unternehmen auf den Abzug von Skonto verzichtet und damit teure Lieferantenkredite in Anspruch nimmt, ist dies ein Warnsignal.	28,31 Tage	32,29 Tage

Bedeutung der Jahresabschlussanalyse

Die Jahresabschlussanalyse ist nur ein Teilaspekt zur Beurteilung der Kreditwürdigkeit eines Unternehmens. Der eingeschränkte Aussagewert der in der Bilanzanalyse gewonnenen Kennzahl kann in folgenden Kritikpunkten zusammengefasst werden:

- Die Bilanz bzw. Rechnungslegung ist eine **Stichtagsbetrachtung**. Die Zahlungsströme sind aus ihr nicht ersichtlich *(z. B. Fälligkeitszeitpunkte von Verbindlichkeiten und Forderungen, Gehaltstermine)*.
- Die Bilanz bzw. Rechnungslegung ist **vergangenheitsorientiert**. Die zukünftige Situation des Unternehmens kann aus den Bilanzwerten nur geschätzt werden.
- Bei der Bilanzerstellung bestehen **Bewertungsspielräume**, d. h., die in der Bilanz ausgewiesenen Werte entsprechen nicht in jedem Fall den tatsächlichen Verhältnissen. So können z. B. durch die Unterbewertung von Aktiva/Überbewertung von Passiva stille Reserven vorhanden sein, die den Finanzierungsspielraum des Unternehmens erheblich vergrößern können.

Betriebswirtschaftliche Auswertung (BWA)

Ergänzend zu den Jahresabschlüssen verlangen Kreditinstitute die Vorlage einer BWA, um aktuelle Zahlen über das Unternehmen zu erhalten. Die BWA umfasst eine kurzfristige Erfolgsrechnung und eine Gegenüberstellung der Aktiva und Passiva auf der Grundlage der in der Finanzbuchhaltung erfassten Daten. Die Inhalte der BWA sind allerdings nur beschränkt aussagefähig, da z. B. Abschreibungen noch nicht berücksichtigt sind.

Umweltrisiken in der Kreditwürdigkeitsprüfung

Das gestiegene Umweltbewusstsein der Bevölkerung und strengere Umweltschutzvorschriften erfordern, dass die Kreditinstitute sich im Rahmen der Kreditwürdigkeitsprüfung mit Umweltrisiken auseinandersetzen müssen. Umweltrisiken können Auswirkungen auf die Werthaltigkeit der Sicherheiten und die Ertragskraft haben und dadurch den Kapitaldienst gefährden.

Umweltrisiken		
Arten	**interne Risiken:** Die Risiken haben ihren Ursprung im Unternehmen *(z. B. Altlasten)*.	**externe Risiken:** Die Risiken werden durch äußere Einflüsse hervorgerufen.
Risikogesichtspunkte	▪ Eine notwendige Altlastensanierung kann erhebliche Kosten verursachen und damit den Sicherungswert eines Grundstücks vermindern. ▪ Produktionsbedingte Umweltgefährdungen können zu erheblichen Imageschäden und Schadenersatzforderungen führen.	▪ Die Verwertung bestimmter Sicherheiten kann durch Verschärfung des Umweltrechts gefährdet sein. ▪ Umweltschutz gewinnt als Wettbewerbsfaktor an Bedeutung. ▪ Bisher als unbedenklich geltende Inhaltsstoffe werden aufgrund neuester Forschungsergebnisse als gesundheitsgefährdend eingestuft.

Fallbeispiel:

Rating der ATS Maschinenbau GmbH

Die ATS Maschinenbau GmbH beantragt bei der Nordbank AG einen Betriebsmittelkredit von 250 000,00 EUR. Das Kreditrating führt zu folgendem Ergebnis:

	1	2	3	4	5	6	
1. Management	1	2	3	4	5	6	
1.1 Qualität der Geschäftsführung/des Managements		X					
1.2 Qualität des Rechnungswesens/des Controllings			X				
Summe : Anzahl der bewerteten Kriterien = Durchschnitt	5		:	2		=	**2,5**
2. Markt/Branche	1	2	3	4	5	6	
2.1 Markt-/Branchenentwicklung		X					
2.2 Konjunkturabhängigkeit			X				
2.3 Abnehmer-/Lieferantenstreuung				X			
2.4 Export-/Importrisiken			X				
2.5 Konkurrenzintensität		X					
2.6 Produkt/Sortiment		X					
2.7 Leistungsstandard			X				
Summe : Anzahl der bewerteten Kriterien = Durchschnitt	19		:	7		=	**2,7**
3. Kundenbeziehung	1	2	3	4	5	6	
3.1 Kontoführung		X					
3.2 Kundentransparenz/Informationsverhalten			X				
Summe : Anzahl der bewerteten Kriterien = Durchschnitt	5		:	2		=	**2,5**
4. Wirtschaftliche Verhältnisse	1	2	3	4	5	6	
4.1 Beurteilung des Jahresabschlusses			X				
4.2 gesamte Vermögensverhältnisse			X				
Summe : Anzahl der bewerteten Kriterien = Durchschnitt	6		:	2		=	**3,0**
5. Weitere Unternehmensentwicklung	1	2	3	4	5	6	
5.1 Unternehmensentwicklung seit letztem Jahresabschluss			X				
5.2 Unternehmensplanung			X				
5.3 Ertragsplanung und künftige Kapitaldienstfähigkeit			X				
5.4 besondere Unternehmensrisiken				X			
Summe : Anzahl der bewerteten Kriterien = Durchschnitt	13		:	4		=	**3,3**
Summe Klasse 1–5 : Anzahl der bewerteten Klassen = Durchschnitt	14		:	5		=	**2,8**

Fazit:

Die Gesamtbewertung von 2,8 deutet auf befriedigende Unternehmensverhältnisse hin. Da das Unternehmen zudem werthaltige Sicherheiten stellt, ist die Kreditgewährung vertretbar.

Beurteilung
1 = sehr gut
2 = gut
3 = befriedigend
4 = ausreichend
5 = mangelhaft
6 = ungenügend

13

5 Bestellung von Sicherheiten

Zum Schutz vor nicht vorhersehbaren Risiken verlangen Kreditinstitute in der Regel eine Besicherung ihrer Ansprüche. Die zu bestellenden Sicherheiten werden im Darlehensvertrag vereinbart.

Die Bestellung von Sicherheiten vermindert das Ausfallrisiko des Darlehens. Deshalb reduzieren sich in diesem Fall auch die Eigenmittelanforderungen *(Art. 124 ff. Verordnung (EU) Nr. 575/2013).*

<table>
<tr><th colspan="3">AGB-Bestimmungen zu Sicherheiten</th></tr>
<tr><th></th><th>AGB-Banken und Kreditgenossenschaften (Nr. 13, 16 AGB)</th><th>AGB Sparkassen (Nr. 21, 22 AGB)</th></tr>
<tr><td>Anspruch auf Sicherheiten</td><td colspan="2">▪ Das Kreditinstitut hat insbesondere einen Anspruch auf Bestellung oder Verstärkung von Sicherheiten zu verlangen, wenn sich die wirtschaftlichen Verhältnisse des Kunden oder der Wert vorhandener Sicherheiten verschlechtert haben.
▪ Bei Verbraucherdarlehen besteht dieser Anspruch jedoch nur, wenn die Sicherheiten im Darlehensvertrag vereinbart wurden.</td></tr>
<tr><td rowspan="2">Freigabe von Sicherheiten</td><td>Falls der realisierbare Wert aller Sicherheiten die Deckungsgrenze nicht nur vorübergehend übersteigt, hat die Bank auf Verlangen des Kunden Sicherheiten ihrer Wahl freizugeben.</td><td>Die Sparkasse ist zur Freigabe von Sicherheiten nach ihrer Wahl verpflichtet, soweit der realisierbare Wert aller Sicherheiten die Forderungen um mehr als 10 % übersteigt.</td></tr>
<tr><td colspan="2">Bei der Wahl der freizugebenden Sicherheiten nimmt das Kreditinstitut Rücksicht auf die berechtigten Belange des Kunden.</td></tr>
</table>

Folgende Sicherheiten werden in der Praxis häufig vereinbart:
- Bürgschaft
- Sicherungsübereignung
- Verpfändung von Wertpapieren
- Globalzession
- Sicherungsgrundschuld

5.1 Bürgschaft

Bei einer **Bürgschaft** verpflichtet sich der Bürge gegenüber dem Kreditinstitut für die Darlehensverbindlichkeit eines Dritten einzustehen *(§ 765 BGB).*[1]

Bürgschaften für Darlehen an Geschäfts- und Firmenkunden kommen in der Praxis vor allem vor als
- Bürgschaften von Gesellschaftern und als
- Bürgschaften von verbundenen Unternehmen.

Insbesondere bei Darlehen an Gesellschaften mit beschränkter Haftung (GmbH) mit niedrigem Eigenkapital stehen oft nicht genügend Sicherheiten zur Verfügung, um eine Darle-

1 *vgl. Bürgschaft Seite 222 ff.*

hensgewährung zu ermöglichen. In diesem Fall sind Gesellschafter oft bereit, persönlich für das Darlehen zu bürgen.

Unternehmen gründen häufig Tochtergesellschaften, in die sie bestimmte Geschäftsbereiche ausgliedern.

Beispiel:
Die Metallbau GmbH gründet folgende Tochtergesellschaften:
– Metallbau-Vertriebs-GmbH
– Metallbau-Immobilien-GmbH
Die Metallbau-Vertriebs-GmbH, die nur ein Stammkapital von 25 000,00 EUR besitzt, beantragt bei der Regio-Bank AG ein Darlehen über 150 000,00 EUR zur Finanzierung eines Lkw. Als Kreditsicherheit erhält die Regio-Bank AG eine Bürgschaft von der Metallbau GmbH.

Der Wert der Bürgschaft als Kreditsicherheit ist abhängig von der Bonität des Bürgen. Deshalb ist die Kreditwürdigkeit des Bürgen zu beurteilen und während des Kreditverhältnisses fortlaufend zu überwachen.

Aufgrund der besonderen Beziehung zwischen Bürgen und Darlehensnehmer sind bei diesen Bürgschaften auch weite Sicherungszweckerklärungen üblich. Der Bürge übernimmt dann eine selbstschuldnerische Bürgschaft für alle Darlehensverbindlichkeiten des Hauptschuldners.

5.2 Sicherungsübereignung

Bei der **Sicherungsübereignung** übereignet der Darlehensnehmer bestimmte Gegenstände auf das Kreditinstitut mit den Vereinbarungen,

- dass der Darlehensnehmer die Gegenstände weiterhin unentgeltlich nutzen darf (Leihvertrag) und
- dass das Kreditinstitut diese Gegenstände nur bei Nichterfüllung des Darlehensvertrages verwerten darf.[1]

Der Darlehensgeber erwirbt das Eigentum an dem Sicherungsgut nur treuhänderisch (fiduziarisch). Der Darlehensnehmer bleibt wirtschaftlicher Eigentümer.

	Darlehensgeber (Kreditinstitut)	Sicherungsgeber (Darlehensnehmer)
Eigentum	Der Darlehensgeber erwirbt das **rechtliche Eigentum** an der Sache als Treuhänder. ▪ Verwertungsrecht nur bei Nichterfüllung des Darlehensvertrages ▪ Pflicht zur Rückübereignung nach Beendigung des Darlehensverhältnisses	Der Sicherungsgeber bleibt **wirtschaftlicher Eigentümer** der Sache. ▪ Bilanzierung beim Sicherungsgeber ▪ Sicherungsgeber trägt die mit der Sache verbundenen Risiken (Verlust, Zerstörung, Wertminderung)
Besitz	mittelbarer Besitzer	unmittelbarer Besitzer

1 *vgl. Sicherungsübereignung Seite 230 ff.*

Zur Sicherungsübereignung geeignete Sachen

Sicherungsgüter	Bestimmung des Sicherungsgutes (Individualisierung)
Kraftfahrzeuge ▪ **Nutzfahrzeuge** *(z. B. Bagger)* ▪ **Personenkraftwagen**	Die Kennzeichnung der übereigneten Fahrzeuge erfolgt im Sicherungsübereignungsvertrag durch Angabe der Fahrzeugart, des amtlichen Kennzeichens, des Herstellers, der Fahrgestell-Nr. und des Standortes. Das Kreditinstitut verlangt in der Regel eine Vollkaskoversicherung und lässt sich die Versicherungansprüche abtreten. Es erhält von der Versicherung einen Sicherungsschein.
Maschinen und Einrichtungsgegenstände ▪ **Produktionsmaschinen** ▪ **Baugeräte** ▪ **Praxiseinrichtungen**	Die übereigneten **Maschinen** werden durch genaue Beschreibung (Hersteller, Fabrikationsnummer, Typenbezeichnung) oder ggf. durch Anbringen einer Aufschrift gekennzeichnet. Im Sicherungsvertrag wird dann vermerkt, dass alle in einer bestimmten Weise gekennzeichneten Maschinen übereignet sein sollen (Markierungsverträge). Die Kennzeichnung der übereigneten **Einrichtungsgegenstände** erfolgt durch genaue Beschreibung des Gutes und Angabe des Standortes. Die Gegenstände müssen ausreichend versichert sein. Die Versicherungsansprüche werden an das Kreditinstitut abgetreten.
Warenlager ▪ **Lager mit festem Bestand**	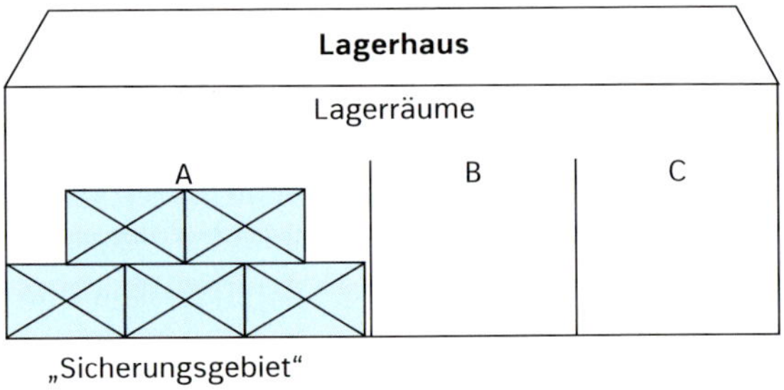 Die übereignete Ware wird räumlich bestimmt. Im Sicherungsvertrag wird der Lagerort evtl. unter Beifügung einer Lagerskizze beschrieben und vereinbart, dass sämtliche im „Sicherungsgebiet“ eingelagerten Sachen als übereignet gelten sollen (Bassinvertrag/Raumsicherungsvertrag).
▪ **Lager mit variablem Bestand**	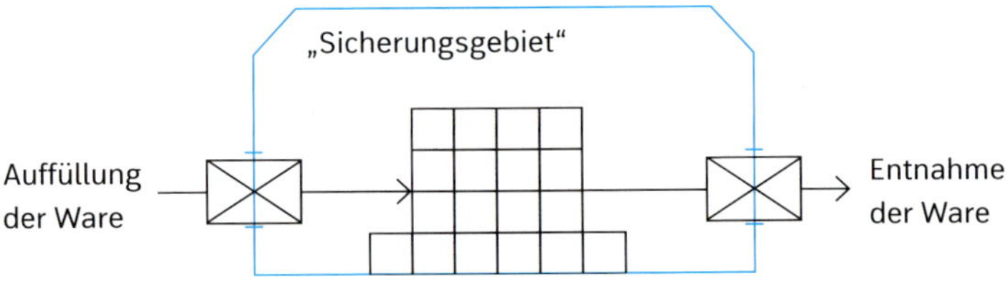 Bezieht sich der Sicherungsvertrag auf ein Warenlager mit wechselndem Bestand, verlangt das Kreditinstitut monatliche Bestandsmeldungen und die Einhaltung eines Mindestdeckungsbestandes. Die Lagerführung wird vom Kreditinstitut in unregelmäßigen Zeitabständen überprüft. Im Sicherungsvertrag wird vereinbart, dass die im Rahmen der Lagerauffüllungen in das „Sicherungsgebiet“ eingebrachten Gegenstände automatisch Sicherungsgut werden sollen.

Der BGH hat in einer Entscheidung festgelegt, dass bei revolvierenden Globalsicherheiten (Sicherungsübereignung eines Warenlagers mit wechselndem Bestand, Globalzession) der Sicherungsvertrag auch ohne ausdrückliche Deckungsgrenze und Freigaberegelung rechtswirksam ist. Jedoch hat der Sicherungsgeber auch in diesem Fall einen vom Ermessen des Sicherungsnehmers unabhängigen Freigabeanspruch. Wird in dem Sicherungsvertrag keine ausdrückliche oder aber eine unangemessene und deshalb unwirksame Deckungsgrenze festgelegt, so beträgt die **angemessene Grenze 110%.**

Risiken

Die Sicherungsübereignung berücksichtigt das **Nutzungsinteresse des Kreditnehmers**, der unmittelbarer Besitzer bleibt, und das **Verwertungsinteresse des Kreditinstituts**, das Eigentümer wird. Die Risiken, die sich aus dem unmittelbaren Besitz des Kreditnehmers ergeben, versucht das Kreditinstitut durch entsprechende Vereinbarungen im Sicherungsvertrag bzw. durch geeignete Schutzmaßnahmen zu mindern.

Risiken	vertragliche Vereinbarungen/Schutzmaßnahmen
Preisrückgang und **Verwertungsschwierigkeiten** mindern den Wert des Sicherungsgegenstandes.	▪ Überdeckung des Kredits (Gegenstände werden je nach Marktgängigkeit mit 50 % –80 % der Anschaffungs- bzw. Herstellungskosten beliehen) ▪ Anpassung des Finanzierungsplans an die nutzungsbedingte Wertminderung des Sicherungsgegenstandes (Kfz-Finanzierung)
Das Sicherungsgut wurde bereits einem anderen Kreditgeber **übereignet.**	Der Sicherungsgeber versichert im Sicherungsvertrag ausdrücklich, dass er zur freien Verfügung über das Sicherungsgut berechtigt ist. Entspricht die Erklärung nicht den Tatsachen, muss der Erklärende mit strafrechtlichen Folgen *(§ 263 StGB – Betrug)* rechnen.
Das Sicherungsgut wurde unter **Eigentumsvorbehalt** geliefert.	▪ Übertragung des Anwartschaftsrechts auf das Volleigentum auf den Sicherungsnehmer ▪ Das Kreditinstitut wird Sicherungseigentümer, wenn der Kreditnehmer die Forderungen des Lieferanten bezahlt hat.
Das Sicherungsgut haftet als wesentlicher Bestandteil oder Zubehör im Rahmen eines **Grundpfandrechts** *(§ 1120 BGB).*	▪ Einsichtnahme in das Grundbuch und Prüfung, ob das Grundstück lastenfrei ist ▪ Die Sicherungsübereignung muss erfolgen, bevor das Sicherungsgut zum Zubehör des Grundstücks wird. ▪ Das Kreditinstitut erwirbt am bestehenden **Zubehör** eines Grundstücks nur dann Sicherungseigentum, wenn die Übereignung zeitlich vor der Eintragung der dinglichen Belastung erfolgte oder durch Verzichterklärung des Grundpfandrechtsgläubigers. ▪ Werden Sachen *z. B. durch Verarbeitung* **wesentliche Bestandteile** eines Grundstücks, können sie nicht mehr Gegenstand besonderer Rechte sein *(§ 93 BGB).* Das Kreditinstitut kann deshalb an wesentlichen Bestandteilen kein Sicherungseigentum erwerben.

Risiken	vertragliche Vereinbarungen/Schutzmaßnahmen
Das Sicherungsgut unterliegt einem **gesetzlichen Pfandrecht** *(Vermieter-, Verpächterpfandrecht §§ 562, 592 BGB).*	▪ Vorlage einer Erklärung, *z. B. des Vermieters oder Verpächters*, wonach dieser auf sein Pfandrecht verzichtet ▪ Überwachung der laufenden Miet- und Pachtzahlungen durch das Kreditinstitut Im Sicherungsübereignungsvertrag wird dem Sicherungsgeber eine Nachweispflicht für die laufenden Miet- und Pachtzahlungen auferlegt.
Das Sicherungseigentum geht unter durch **Verarbeitung**.	Wer durch Verarbeitung eine neue bewegliche Sache herstellt, erwirbt das Eigentum an der neuen Sache, sofern nicht der Wert der Verarbeitung erheblich geringer ist als der Wert der Sache (*§ 950 BGB*). Mit einer **Verarbeitungsklausel** können die Beteiligten vereinbaren, dass auch die neu hergestellten Sachen in das Eigentum des Kreditinstitutes übergehen.
Das Sicherungseigentum geht unter durch **Veräußerung**.	Bei Handelswaren ist dem Darlehensnehmer in der Regel die Veräußerung des Sicherungsgutes gestattet. Das Eigentum geht dann auf die Käufer über. Als Ersatzsicherheit kann das Kreditinstitut sich die Forderungen aus dem Weiterverkauf durch Vereinbarung einer **Anschlusszession** abtreten lassen.
Das Sicherungsgut wird **beschädigt, zerstört** oder **gestohlen.**	Abschluss eines **Versicherungsvertrages und Ausstellung eines Sicherungsscheins** zugunsten des Sicherungsnehmers. Im Sicherungsschein vereinbaren die Versicherung, der Sicherungsgeber und der Sicherungsnehmer, dass der Sicherungsgeber Prämienschuldner bleibt, der Anspruch auf die im Schadenfall fällige Versicherungszahlung aber dem Kreditinstitut zusteht.
Das Sicherungsgut wird von einem Dritten **gutgläubig erworben**.	Mit der Sicherungsübereignung geht das Eigentum auf das Kreditinstitut über. Trotzdem kann ein **gutgläubiger Dritter** das Eigentum an der Sache auch von einem Nichteigentümer erwerben, ▪ wenn der Veräußerer zum Besitz der Sache berechtigt war und ▪ die Sache dem Dritten übergeben wurde (*§§ 932, 933 BGB*). Aufgrund des Besitzkonstitutes (Leihvertrag) ist der Sicherungsgeber zum Besitz der Sache berechtigt, sodass er das Eigentum an einen gutgläubigen Dritten durch „dingliche Einigung“ und „Übergabe“ übertragen kann. Bei sicherungsübereigneten Kraftfahrzeugen (Pkw, Lkw, Bus, Wohnmobil) verlangt das Kreditinstitut die Übergabe der Zulassungsbescheinigung Teil II, um eine nicht genehmigte Veräußerung der Fahrzeuge zu verhindern. Ohne die Übergabe der Zulassungsbescheinigung Teil II kann der Käufer kein gutgläubiges Eigentum an den Fahrzeugen erwerben.

Die **allgemeinen Risiken** der Sicherungsübereignung, wie *z. B. Nichteinhaltung eines Mindestdeckungsbestandes oder überdurchschnittlicher Wertverlust beim Sicherungsgut,* können durch

- unangemeldete Betriebsbesichtigungen,
- laufende Kontrolle des Sicherungsbestandes und
- ständige Überprüfung der Bonität des Sicherungsgebers

gemindert werden.

5.3 Verpfändung von Wertpapieren

Bei der **Verpfändung** gewährt der Verpfänder dem Pfandgläubiger ein bedingtes Verwertungsrecht an Wertpapieren für den Fall der Nichterfüllung des Darlehensvertrages. Der Verpfänder bleibt Eigentümer der Wertpapiere *(§ 1204 BGB)*.

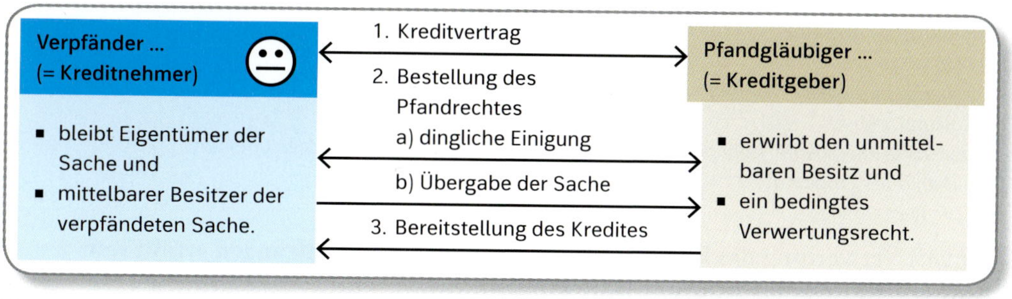

Die zu verpfändenden Wertpapiere können sich in einem Depot bei der kreditgewährenden Bank oder in einem Depot bei einer Drittbank befinden.

Effekten im Depot des Kreditgebers	Verpfänder ⟷ Einigung über die Entstehung des Pfandrechts ⟷ Pfandgläubiger  Auch wenn sich die Effekten tatsächlich in Girosammelverwahrung befinden, ist keine Pfandanzeige an die Wertpapiersammelbank notwendig. Die verpfändeten Wertpapiere werden im Depot gesperrt. Das Kreditinstitut erlaubt aber Depotumschichtungen, sofern keine risikoreicheren Papiere angeschafft werden.
Effekten im Depot bei einer Drittbank	Verpfänder ⟷ Einigung über die Entstehung des Pfandrechts ⟷ Pfandgläubiger Verpfänder → Pfandgläubiger: + Abtretung des Herausgabeanspruchs Verpfänder → depotführendes Kreditinstitut: Pfandanzeige (Publizitätsprinzip) Pfandgläubiger → depotführendes Kreditinstitut: Herausgabeanspruch depotführendes Kreditinstitut  **Dritter** Wenn sich die Papiere in einem Depot bei einem anderen Kreditinstitut befinden, sind neben dem Pfandvertrag auch die Abtretung des Herausgabeanspruchs und eine Verpfändungsanzeige an die Depotbank notwendig. Des Weiteren bittet das kreditgewährende Kreditinstitut die Depotbank um ▪ einen aktuellen Depotauszug und um ▪ eine Rücktrittserklärung hinsichtlich ihres AGB-Pfandrechts.

Börsennotierte Wertpapiere eignen sich gut als Kreditsicherheit, da sie
- einen leicht zu ermittelnden Marktpreis haben und
- jederzeit an der Börse verkauft werden können.

Die **Beleihungsgrenze** der Wertpapiere ist abhängig von dem Risiko der Papiere.

Beispiele:
- *inländische Anleihen* *ca. 75–85 %*
- *Währungsanleihen* *ca. 60–70 %*
- *inländische Aktien* *ca. 50–60 %*
- *Auslandsaktien* *ca. 40–50 %*
- *Investmentzertifikate: abhängig von dem Risiko der im Fonds befindlichen Effekten*
- *Aktienfonds Euroland* *ca. 60 %*
- *EUR-Rentenfonds* *ca. 80 %*

Für eine **Verwertung des Pfandes müssen folgende Voraussetzungen erfüllt sein:**

- Fälligkeit der Forderung *(§ 1228 BGB)*
- Androhung der Verwertung *(§ 1234 BGB)*
- Einhaltung einer Wartefrist von mindestens einem Monat bei Verbrauchern *(§ 1234 BGB)* oder von mindestens einer Woche bei Kaufleuten *(§ 368 HGB).*

Da die Wertpapiere einen Marktpreis besitzen, können sie im Verwertungsfall an der Börse verkauft werden *(§ 1221 BGB).*

Ein Verwertungsüberschuss steht dem Darlehensnehmer zu; ein Fehlbetrag bleibt als Forderung bestehen.

5.4 Globalzession

Bei der **Globalzession** tritt der Darlehensnehmer (Sicherungsgeber, Zedent) eigene Forderungen aus Lieferungen und Leistungen zur Sicherung von Darlehensforderungen an den Darlehensgeber (Sicherungsnehmer, Zessionar) ab.[1]

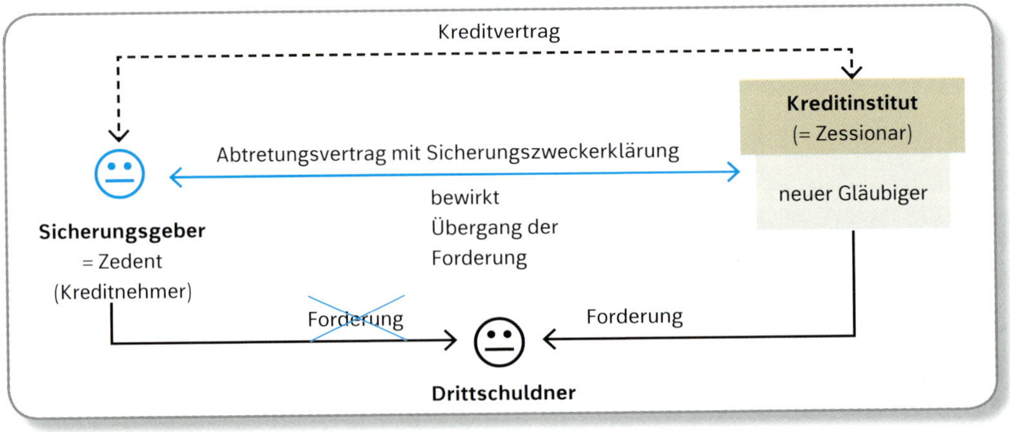

1 *vgl. Sicherungsabtretung Seite 219 ff.*

Der Darlehensgeber erwirbt die Forderungen nur treuhänderisch (fiduziarisch). Der Darlehensnehmer bleibt wirtschaftlicher Gläubiger der Forderungen.

Darlehensgeber (Zessionar, Kreditinstitut)	Sicherungsgeber (Zedent, Darlehensnehmer)
Der Darlehensgeber erwirbt die Forderungen an den Drittschuldner als Treuhänder. ▪ Verwertungsrecht nur bei Nichterfüllung des Darlehensvertrages gemäß **Sicherungszweckerklärung** ▪ Pflicht zur Rückübertragung nach Beendigung des Darlehensverhältnisses	Der Sicherungsgeber bleibt **wirtschaftlicher Gläubiger** der Sache. ▪ Bilanzierung beim Sicherungsgeber ▪ Sicherungsgeber trägt das Risiko des Forderungsausfalls. ▪ Sicherungsgeber erhält ggf. Zinsen von den Drittschuldnern.

Merkmale	Erläuterung
Art der Forderungen	Forderungen aus Lieferungen und Leistungen
Art der Abtretung	stille Zession
Umfang der Abtretung und Forderungsübergang	Der Zedent (= Kreditnehmer) **tritt alle gegenwärtigen und zukünftigen Forderungen** gegen **bestimmte** Drittschuldner (= Kunden des Kreditnehmers) ab. ▪ Die **gegenwärtigen Forderungen** gehen **bei Abschluss des Zessionsvertrages** auf den Zessionar (= Kreditinstitut) über. ▪ Die **zukünftigen Forderungen** gehen **im Zeitpunkt ihrer Entstehung** auf den Zessionar über.
Individualisierung der Forderungen	Die Bestimmung (Individualisierung) der abgetretenen Forderungen erfolgt durch die eindeutige Bestimmung der Drittschuldner. ***Beispiele:*** – *alphabetische Bestimmung der Drittschuldner* *„Abgetreten werden alle Forderungen gegen Drittschuldner mit den Anfangsbuchstaben A bis H."* – *regionale Bestimmung der Drittschuldner* *„Abgetreten werden alle Forderungen gegen Drittschuldner, die ihren Geschäftssitz in Sachsen haben."* – *namentliche Bestimmung der Drittschuldner* *Es wird eine Kundenliste eingereicht. Diese Regelung hat den Nachteil, dass Forderungen gegen neue Kunden nicht erfasst werden.*
Kontrolle	▪ Der Kreditnehmer muss regelmäßig *(z. B. monatlich)* Debitorenlisten oder Rechnungskopien einreichen. ▪ Die Übergabe der Listen bzw. Rechnungskopien hat nur eine **deklaratorische Bedeutung**, da die Forderungen schon im Zeitpunkt ihrer Entstehung auf das Kreditinstitut übergehen.

Merkmale	Erläuterung
Bewertung von Forderungen	Maßgeblich für den Wert als Kreditsicherheit ist der realisierbare Wert der Forderungen. ▪ Vom Nennwert der Forderungen werden zunächst solche Forderungen abgesetzt, – die mit einem verlängerten Eigentumsvorbehalt (Eigentumsvorbehalt mit Anschlusszession) belastet sind, – denen aufrechenbare Forderungen gegenüberstehen, – die einredebehaftet sind, weil die zugrunde liegenden Leistungen nicht vollständig oder mangelfrei erbracht worden sind. ▪ Von dem verbleibenden Nennbetrag wird ein **Sicherheitsabschlag** *(z. B. 20 %)* wegen eventueller Forderungsausfälle bei den Drittschuldnern abgezogen.
Deckungsgrenze und Freigabeklausel	▪ Der realisierbare Wert muss mindestens den Kredit decken. Der BGH hat festgelegt, dass eine im Einzelfall widerlegbare Vermutung für eine Übersicherung besteht, wenn der Nennwert der zedierten Forderungen 150 % der gesicherten Forderungen übersteigt. ▪ Auf Verlangen des Kreditnehmers ist das Kreditinstitut zu einer Freigabe von Kreditsicherheiten verpflichtet, wenn der **realisierbare Wert** sämtlicher Sicherheiten **110 % der gesicherten Ansprüche** nicht nur vorübergehend überschreitet. Eine über der Kredithöhe liegende Deckungsgrenze wird mit den Kosten der Verwaltung und Verwertung der Sicherheiten begründet.

Die Sicherungsabtretung kommt dem **„Geheimhaltungsinteresse“ des Kreditnehmers** entgegen, da im Gegensatz zur Verpfändung von Forderungen die Rechtswirksamkeit der Abtretung nicht von einer Anzeige an den Drittschuldner abhängig ist.

Die Risiken, die sich in der Kreditsicherungspraxis insbesondere im Zusammenhang mit der stillen Zession ergeben, versuchen die Kreditinstitute durch entsprechende Vereinbarungen im Sicherungsvertrag bzw. durch geeignete Schutzmaßnahmen zu mindern.

Risiko:
Die Forderung wurde bereits im Rahmen eines **verlängerten Eigentumsvorbehalts** (Eigentumsvorbehalt mit Anschlusszession) abgetreten.

Vertragliche Vereinbarungen/Schutzmaßnahmen

- Ausdrückliche Versicherung des Sicherungsgebers im Abtretungsvertrag, dass keiner der Lieferanten einen verlängerten Eigentumsvorbehalt geltend macht.
  Aufgrund eines BGH-Urteils ist eine Globalabtretung sittenwidrig und gem. *§ 138 Abs. 1 BGB* nichtig, soweit sie sich auf Forderungen bezieht, die von einem verlängerten Eigentumsvorbehalt erfasst werden können. Das Prioritätsprinzip findet keine Anwendung.
- Aufgrund dieses BGH-Urteils vereinbaren die Kreditinstitute im Sicherungsvertrag eine Teilabtretung oder die Einräumung eines Anwartschaftsrechts auf die Forderung.

Teilabtretung

Die Abtretung der Forderung an das Kreditinstitut wird auf jenen Forderungsteil beschränkt, der die Kaufpreisforderung des Vorbehaltslieferanten übersteigt.

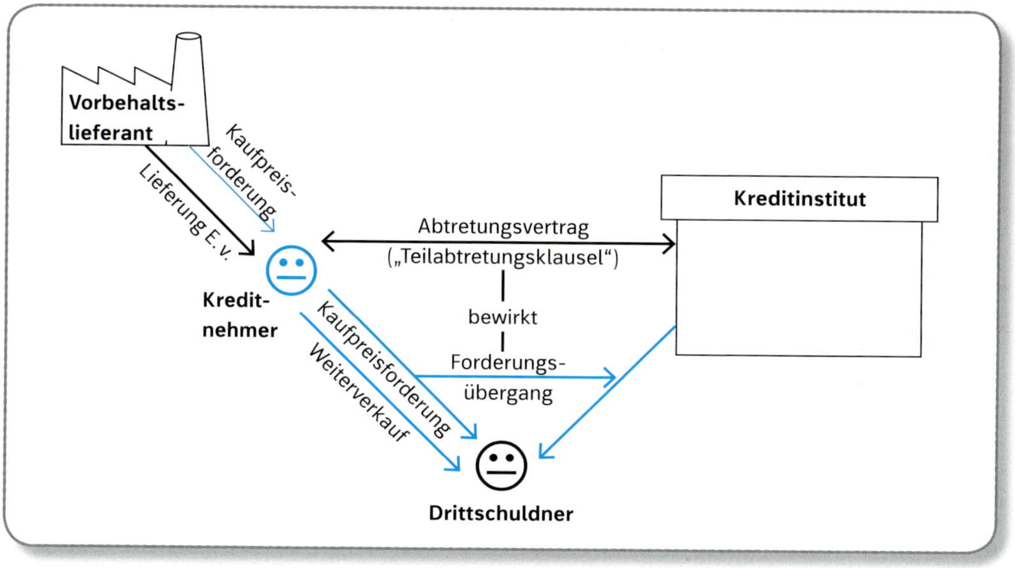

Einräumung eines Anwartschaftsrechts auf die Forderung

- Falls dem Kreditinstitut Forderungen abgetreten wurden, die von einem Vorlieferanten im Rahmen eines verlängerten Eigentumsvorbehalts beansprucht werden können, soll die Abtretung zugunsten des Kreditinstituts erst mit Erlöschen des verlängerten Eigentumsvorbehalts wirksam werden.
- Das Kreditinstitut vereinbart mit dem Kreditnehmer, dass es jederzeit den verlängerten Eigentumsvorbehalt des Vorbehaltslieferanten durch Zahlung ablösen kann.

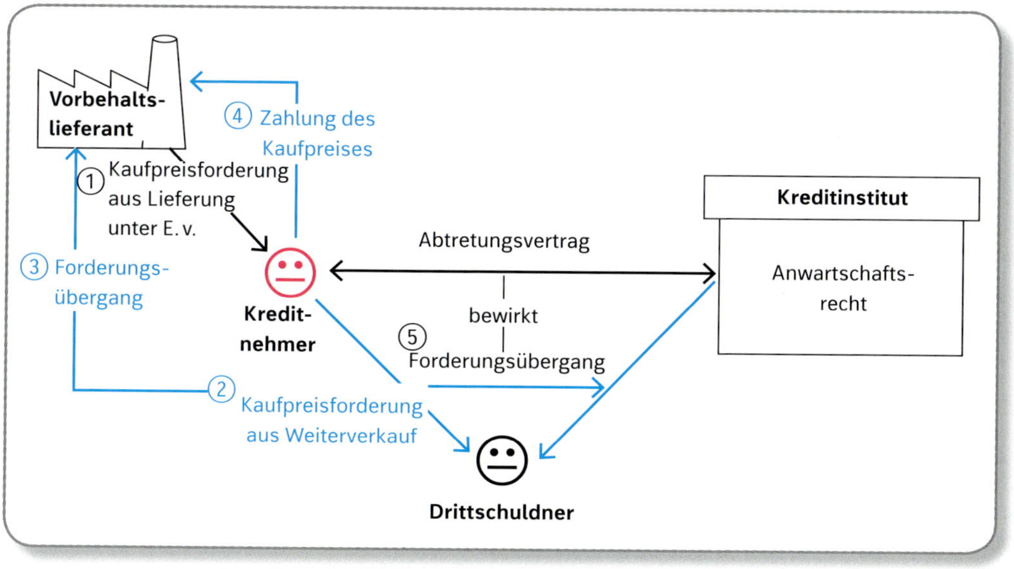

Risiko:
Die abgetretene Forderung **besteht nicht mehr** bzw. nicht in der angegebenen Höhe.

Vertragliche Vereinbarungen/Schutzmaßnahmen

- periodische unangekündigte Einsichtnahme in die Geschäftsbücher und die Debitorenbuchhaltung des Kreditnehmers (Zessionsprüfung)
- Offenlegung der Zession

Risiko:
Der Kreditnehmer **leitet** die von den Drittschuldnern **eingehenden Zahlungen nicht** an das Kreditinstitut **weiter**; die **Drittschuldner zahlen nicht.**

Vertragliche Vereinbarungen/Schutzmaßnahmen

- Verpflichtung des Kreditnehmers, die Drittschuldner zur Zahlung an das Kreditinstitut zu veranlassen *(z. B. Angabe einer entsprechenden Kontoverbindung)* und gegebenenfalls die Zahlungsansprüche gerichtlich durchzusetzen.
- Offenlegung der Zession, sodass der Drittschuldner mit schuldbefreiender Wirkung nur noch an das Kreditinstitut zahlen kann.

Risiko:
Die Forderung wurde **bereits** an einen anderen Gläubiger **abgetreten.**

Vertragliche Vereinbarungen/Schutzmaßnahmen

- Ausdrückliche Versicherung des Sicherungsgebers im Abtretungsvertrag, dass die abgetretenen Forderungen noch nicht an Dritte abgetreten sind.
- Offenlegung der Zession
- Falls ein Drittschuldner aufgrund einer späteren an sich unwirksamen Abtretung an ein Kreditinstitut („Zweitzessionar") zahlt, ist dieses Kreditinstitut dem aufgrund des Prioritätsprinzips berechtigten Kreditinstitut („Erstzessionar") gegenüber zur Herausgabe des Geleisteten verpflichtet *(§ 816 Abs. 2 BGB).*

Risiko:
Die Abtretung der Forderungen wurde **vertraglich ausgeschlossen** *(§ 399 BGB).*

Ist die Abtretung einer Geldforderung durch Vereinbarung mit dem Schuldner gemäß *§ 399 BGB* ausgeschlossen und ist das Rechtsgeschäft, das diese Forderung begründet hat, für beide Teile ein Handelsgeschäft, so ist die Abtretung gleichwohl wirksam. Der Schuldner kann jedoch mit befreiender Wirkung an den bisherigen Gläubiger leisten. Abweichende Vereinbarungen sind unwirksam *(§ 354a HGB).*

Risiko:
Der Drittschuldner kann gegenüber dem Kreditinstitut alle **Einreden geltend** machen, die er auch gegenüber dem Sicherungsgeber vorbringen kann *(§ 404 BGB)*.

Beispiele:
- *Einrede der Aufrechnung*
- *Einrede der Zahlungsverweigerung wegen mangelhafter Lieferung*
- *Einrede der Anfechtung*
- *Einrede der Verjährung*

Vertragliche Vereinbarungen/Schutzmaßnahmen

- Verpflichtung des Kreditnehmers, das Kreditinstitut über eine Beeinträchtigung der jeweils abgetretenen Forderungen unverzüglich zu benachrichtigen
- Vereinbarung einer angemessenen Sicherheitsmarge

5.5 Sicherungsgrundschuld

Die **Sicherungsgrundschuld** ist die Belastung eines Grundstückes mit einer Grundschuld zur Sicherung eines Darlehens.[1]

Der **Beleihungswert** von betrieblich genutzten Immobilien ist nach dem **Vergleichswertverfahren** oder nach dem **Ertragswertverfahren** zu ermitteln.[2]

Bei der Beurteilung der Immobilie als Kreditsicherheit sind auch die **wesentlichen Bestandteile** *(z.B. Gebäude)* und **Zubehörteile** *(z.B. Maschinen)* zu berücksichtigen.[3]

Immobilien gelten auch bei Darlehen an Geschäfts- und Firmenkunden als erstklassige Sicherheit und führen zu günstigen Sollzinsen bei der Darlehensaufnahme.

6 Darlehensarten

6.1 Betriebsmittelkredit

Betriebsmittelkredite dienen zur Finanzierung des Umlaufvermögens und werden in der Regel als Kontokorrentkredite eingeräumt.

Der **Kontokorrentkredit** ist ein Darlehen in laufender Rechnung *(§ 355 HGB, § 488 BGB)*. Der Kreditnehmer ist berechtigt, sein Kontokorrentkonto bis zu einer vereinbarten Kreditlinie zu überziehen (eingeräumte Überziehungsmöglichkeit).

Die **Überziehungsmöglichkeit** (Kreditlinie) wird für einen bestimmten, eher kurzfristigen Zeitraum *(z.B. drei Monate, sechs Monate, ein Jahr)* vereinbart. Bei entsprechender Kreditwürdigkeit des Kunden ist jedoch eine laufende Prolongation (Verlängerung der Laufzeit) üblich.

1 vgl. Sicherungsgrundschuld Seite 454 ff.
2 vgl. Seite 476 ff.
3 vgl. Seite 442

Die Kreditlinie kann der Darlehensnehmer flexibel nach Bedarf in Anspruch nehmen; die Rückzahlung des Kredites erfolgt aus den Zahlungseingängen (Umsatzerlösen).

Banktechnische Abwicklung

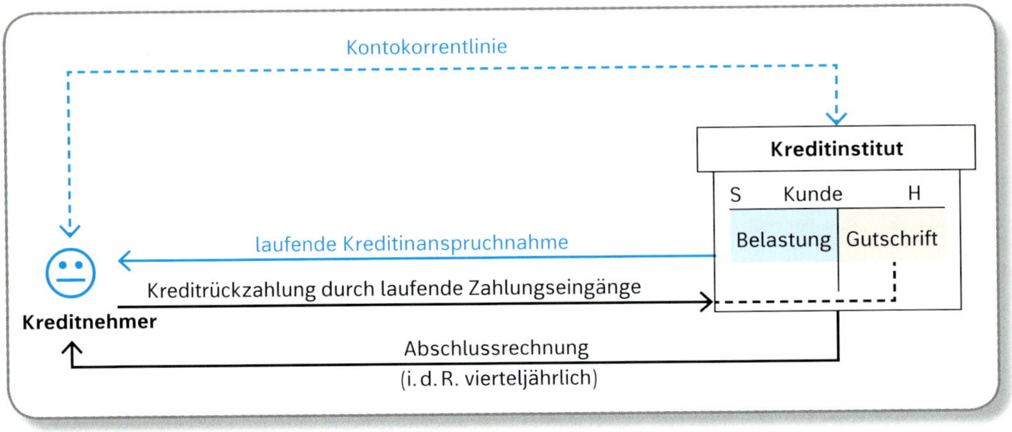

Kosten

- Sollzinsen für den in Anspruch genommenen Kredit
- evtl. Kreditprovision für den genehmigten, aber nicht in Anspruch genommenen Kredit

Bei Überziehungen über die genehmigte Kreditlinie hinaus (geduldete Überziehungen) berechnet das Kreditinstitut einen höheren Zinssatz.

Fallbeispiel:

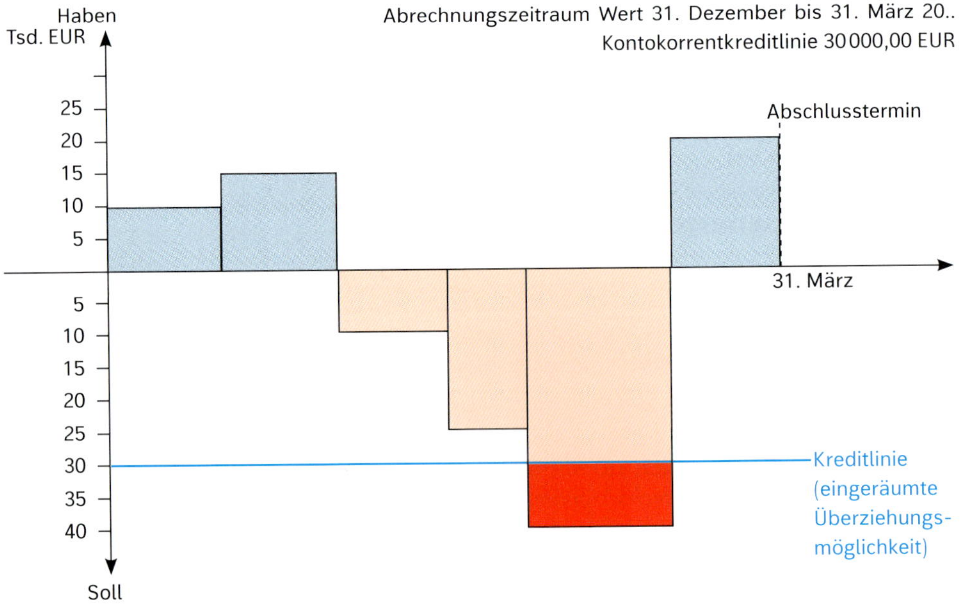

Kontokorrentstaffel

S/H	Betrag in EUR	Wert	Tage	7 % Sollzinsen für eingeräumte Überziehungen	12 % Sollzinsen für geduldete Überziehungen	0,5 % Habenzinsen
H H	10 000,00 5 000,00	31. Dezember 15. Januar	15			2,08 EUR
H S	15 000,00 25 000,00	30. Januar	15			3,13 EUR
S S	10 000,00 15 000,00	15. Februar	15	29,17 EUR		
S S	25 000,00 15 000,00	25. Februar	10	48,61 EUR		
S H	40 000,00 60 000,00	15. März	20	116,67 EUR (30 000 · 7 · 20 : 36 000)	66,67 EUR	
H S	20 000,00 423,41	31. März	15			4,17 EUR
			90	194,45 EUR	66,67 EUR	9,38 EUR
H	19 576,59	31. März				

Abschlussrechnung 30. März 20..		Soll	Haben
7 % p. a. Sollzinsen für genehmigte Kredite		194,45 EUR	
12 % p. a. Sollzinsen für geduldete Überziehungen		66,67 EUR	
0,5 % p. a. Habenzinsen auf			9,38 EUR
3 % p. a. Kreditprovision vom nicht in Anspruch genehmigter Kredit:		141,67 EUR	
30 000,00 EUR für 90 Tage =	2 700 000,00 EUR		
– genehmigter und in Anspruch genommener Kredit – (10 000 · 15) + (25 000 · 10) + (30 000 · 20) =	1 000 000,00 EUR		
nicht in Anspruch genommener Kredit	1 700 000,00 EUR		
1 700 000 · 3,00 : 36 000 =	141,67 EUR		
Kontoführungsgebühr		30,00 EUR	
Saldo der Abschlussrechnung			423,41 EUR

Die **Abschlussrechnung** gilt als genehmigt, wenn der Kunde nicht innerhalb einer Ausschlussfrist von sechs Wochen nach Zugang der Abrechnung schriftlich Einwendungen erhoben hat *(AGB Nr. 7 Abs. 3 Sparkassen, AGB Nr. 2 Abs. 2 Banken).*

Beurteilung

Kunde	▪ Vergrößerung der Dispositionsfreiheit durch Einräumung einer Kontokorrentlinie; der nicht ausgenutzte Kreditrahmen stellt eine Liquiditätsreserve dar ▪ flexible Kreditinanspruchnahme entsprechend dem jeweiligen Kapitalbedarf ▪ Berechnung der Sollzinsen nur von der jeweiligen Kreditinanspruchnahme ▪ breite Verwendungsmöglichkeit („Allround-Kredit") ▪ durch Prolongation steht der Kredit ggf. langfristig zur Verfügung
Kreditinstitut	▪ Anlagemöglichkeit für Sicht- und Termineinlagen ▪ Ertragsquelle (Sollzinsen, Provisionen) ▪ Einblick in die finanzielle Lage des Kunden

6.2 Investitionskredit

Investitionskredite sind mittel- und langfristige Darlehen zur Finanzierung des Anlagevermögens.

Anlagenfinanzierung

Bei der Finanzierung von Maschinen, Produktionsanlagen, Fahrzeugen, Geschäfts- und Praxiseinrichtungen sollte die Laufzeit des Kredites die Nutzungsdauer nicht überschreiten. Die erwartete Nutzungsdauer entspricht dem Abschreibungszeitraum gemäß der AfA-Tabelle der Finanzverwaltung.

Die Rückzahlung des Darlehens erfolgt
- in gleichen Monats- oder Quartalsraten (Annuitätendarlehen) oder
- in gleichen Tilgungsraten (Abzahlungsdarlehen).

Die Zinsen können variabel (lfd. Zinsanpassung an die Marktverhältnisse) oder fest für die gesamte Laufzeit sein. Zur Besicherung kommen alle üblichen Kreditsicherheiten in Betracht. Insbesondere bietet sich eine Sicherungsübereignung des zu finanzierenden Gutes an.

Immobilienfinanzierung

Die Finanzierung von gewerblichen Grundstücken (Lager- und Produktionshallen, Büro- und Geschäftsgebäuden) unterscheidet sich hinsichtlich der Laufzeit, der Zinsvereinbarung, der Rückzahlung und der Besicherung durch Grundschulden nicht von der Finanzierung privater Wohngebäude.

Die Ermittlung des Beleihungswertes von gewerblich genutzten Immobilien erfolgt auf der Grundlage des Ertragswertes. Dabei ist zu berücksichtigen, dass gewerblich genutzte Gebäude in der Regel schneller an Wert verlieren als Wohngebäude. Zudem sind die Wertschwankungen bei diesen Immobilien erheblich größer. Das höhere Risiko wird durch einen höheren Kapitalisierungszinssatz, der zu einem niedrigeren Ertragswert führt, berücksichtigt.

Öffentliche Förderprogramme

Investitions- und Existenzgründungsdarlehen aus öffentlichen Förderprogrammen werden über die Kreditanstalt für Wiederaufbau (KfW) bereitgestellt. Die Kreditanträge werden von der Hausbank des Unternehmens an die KfW weitergeleitet (Hausbankverfahren). Die Mittel aus öffentlichen Förderprogrammen dienen der Finanzierung von

- Investitionsvorhaben kleinerer und mittlerer Unternehmen,
- Struktur- und Anpassungsmaßnahmen,
- Umweltschutzinvestitionen.

Im Hinblick auf die **Tilgungsvereinbarungen** sind Annuitätendarlehen, Tilgungsdarlehen und Festdarlehen zu unterschieden.

Annuitätendarlehen	Tilgungsdarlehen	Festdarlehen
Bei einem **Annuitätendarlehen** zahlt der Darlehensnehmer regelmäßig *(z. B. monatlich, vierteljährlich)* eine **gleichbleibende Rate** bestehend aus Zins- und Tilgungsleistung an das Kreditinstitut. Da die Rate konstant ist, verringert sich mit zunehmender Rückzahlung des Darlehens der Zinsanteil an der Rate, gleichzeitig vergrößert sich der Tilgungsanteil um die eingesparten Zinsen.	Bei einem **Tilgungsdarlehen** (Abzahlungsdarlehen) zahlt der Darlehensnehmer das Darlehen regelmäßig in **gleichen Tilgungsbeiträgen** zurück. Bei konstanten Tilgungsbeiträgen vermindert sich mit zunehmender Rückzahlung des Darlehens die vom Darlehensnehmer zu zahlende Rate, da sich der Zinsbetrag vermindert.	Bei einem **Festdarlehen** (endfälliges Darlehen) wird das Darlehen am Ende der vereinbarten Laufzeit in einer Summe zurückgezahlt. Während der Laufzeit zahlt der Darlehensnehmer regelmäßig nur die Zinsen an die Bank. Da sich das Darlehen während der Laufzeit nicht durch Tilgungen vermindert, bleiben die Zinsen und damit die Rate immer gleich hoch.

Die Wahl der Tilgungsvereinbarung hängt von der beabsichtigten Investitionsmaßnahme und den Präferenzen des Darlehensnehmers ab.

Fallbeispiel:
Darlehensbetrag 120 000,00 EUR; 6 % p. a. Zinsen; Auszahlung 100 %;
gleichmäßige Tilgung in zehn Jahren (jährlich 10 % der Darlehenssumme); Zins- und Tilgungsbelastung erfolgt jeweils am Jahresende;
Bereitstellung des Darlehens am 31. Dezember 20..

Zeitraum	Darlehensbetrag	6 % Zinsen	10 % Tilgung	Jahresrate
Jahr 1	120 000,00 EUR	7 200,00 EUR	12 000,00 EUR	19 200,00 EUR
Jahr 2	108 000,00 EUR	6 480,00 EUR	12 000,00 EUR	18 480,00 EUR
Jahr 3	96 000,00 EUR	5 760,00 EUR	12 000,00 EUR	17 760,00 EUR
Jahr 4	84 000,00 EUR	5 040,00 EUR	12 000,00 EUR	17 040,00 EUR
Jahr 5	72 000,00 EUR	4 320,00 EUR	12 000,00 EUR	16 320,00 EUR
Jahr 6	60 000,00 EUR	3 600,00 EUR	12 000,00 EUR	15 600,00 EUR
Jahr 7	48 000,00 EUR	2 880,00 EUR	12 000,00 EUR	14 880,00 EUR
Jahr 8	36 000,00 EUR	2 160,00 EUR	12 000,00 EUR	14 160,00 EUR
Jahr 9	24 000,00 EUR	1 440,00 EUR	12 000,00 EUR	13 440,00 EUR
Jahr 10	12 000,00 EUR	720,00 EUR	12 000,00 EUR	12 720,00 EUR
Summe		39 600,00 EUR	120 000,00 EUR	

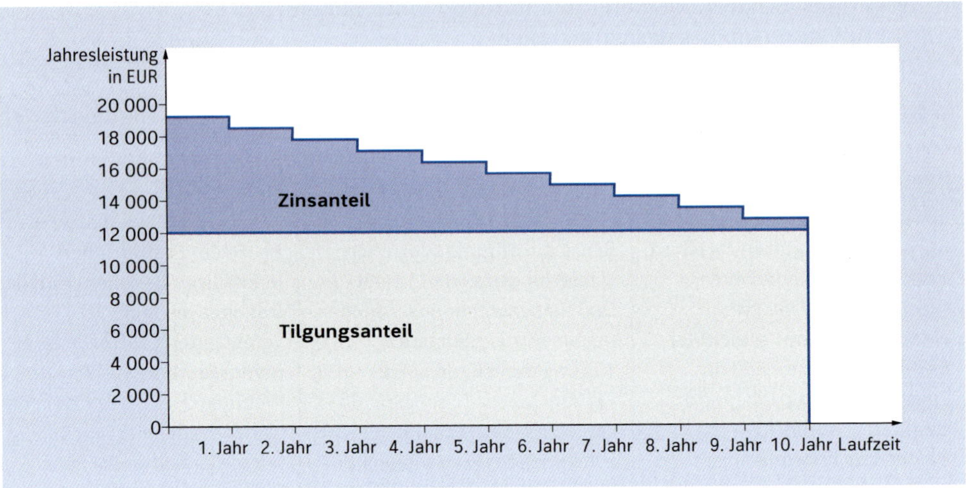

Aufgrund der anfänglich hohen Belastung sind Abzahlungsdarlehen für die Finanzierung selbst genutzter Immobilien in der Regel nicht geeignet.

Nachdem auf der Basis der Kundenangaben der Finanzierungsbedarf ermittelt wurde, die angebotenen Sicherheiten identifiziert und bewertet wurden, erstellt das Kreditinstitut ein zum Finanzierungsanlass passendes Darlehensangebot.

Abschluss des Darlehensvertrages

Darlehensangebot

Das Darlehensangebot erfolgt unter Berücksichtigung gesetzlicher und betrieblicher Regelungen.

Inhalt:
- Art und Höhe des Kredits
- Verwendungszweck
- Kreditkosten
- Laufzeit und Tilgung
- Besicherung
- Art der Bereitstellung
- Anerkennung der Allgemeinen Geschäftsbedingungen
- Aufforderung zur Abgabe der Annahmeerklärung

Annahme des Darlehensangebotes

Mit der ausdrücklichen oder stillschweigenden Annahmeerklärung des Kunden (rechtlich: Vertragsannahme) kommt der Kreditvertrag zustande.

Der Kreditnehmer haftet aus dem Kreditvertrag für
- die kontraktgerechte Rückführung des Kredits,
- die kontraktgerechte Zahlung der Kreditkosten,
- die Einhaltung von Nebenabreden *(z. B. Negativerklärung)*.

Der Kreditnehmer verpflichtet sich laut AGB, wesentliche Änderungen in seinen wirtschaftlichen und rechtlichen Verhältnissen unverzüglich dem Kreditinstitut mitzuteilen.

Das Kreditinstitut prüft nach der Bereitstellung des Darlehens, ob die Mittel auch für den im Darlehensantrag genannten Zweck verwendet wurden.

Kreditüberwachung

Im Rahmen der Kreditüberwachung achtet das Kreditinstitut auf mögliche Hinweise auf eine **Kreditgefährdung**. Hinweise für eine Kreditgefährdung können sein:

- schleppende Zahlungseingänge
- Rückgang der Kontenumsätze
- Risiken auf den Beschaffungsmärkten *(z.B. steigende Rohstoffpreise)*
- Risiken auf den Absatzmärkten *(z.B. Erhöhung der Einfuhrzölle)*
- Verschlechterung des Ratings (Folgerating)
- Wertminderung bei den Sicherheiten (festgestellt im Rahmen der fortlaufenden Sicherheitenprüfung)
- Rückstand bei der Bedienung des Kredites durch den Kreditnehmer
- kurzfristiger Wechsel in der Unternehmensleitung

Zur Kreditüberwachung gehört auch die Beobachtung der Bonität des Darlehensnehmers durch die Erstellung von **Folgeratings**. So unterliegen die Erstratings einer fortlaufenden Überprüfung und werden während der Kreditlaufzeit aktualisiert. Im Rahmen von Folgeratings ist es praxisüblich, dass der umfassende Ratingprozess einmal im Jahr durchlaufen wird.

6.3 Avalkredit

Der **Avalkredit** ist die Kreditgewährung eines Kreditinstituts durch Übernahme einer Bürgschaft oder einer Garantie im Auftrag eines Kunden (→Kreditleihe).

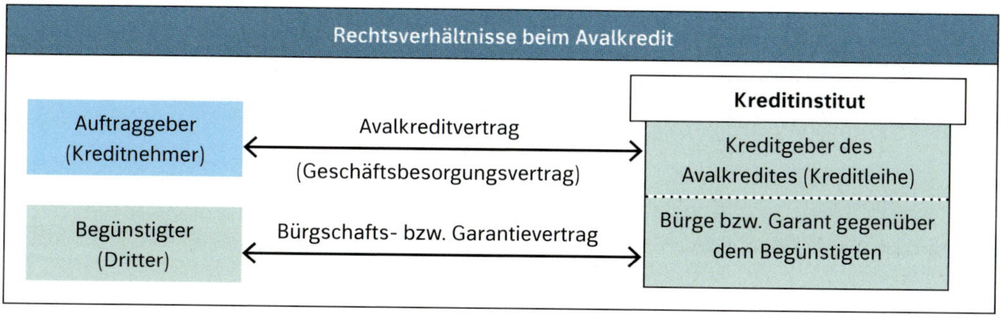

Rechtsverhältnisse beim Avalkredit	
Avalkreditvertrag	**Bürgschafts- bzw. Garantievertrag**
Vertrag zwischen dem Kreditinstitut und dem Auftraggeber (Kreditnehmer)	**Vertrag zwischen dem Kreditinstitut und dem Begünstigten (Dritter)**
Das Kreditinstitut verpflichtet sich, im Auftrag und für Rechnung des Kunden gegenüber einem Dritten eine Bürgschafts- bzw. Garantieerklärung abzugeben (**Geschäftsbesorgungsvertrag**). Der Kunde (Kreditnehmer) verpflichtet sich zur Zahlung der **Avalprovision** und zur **Bereitstellung des Gegenwertes bei einer Inanspruchnahme** des Kreditinstitutes aus der Bürgschaft/Garantie.	Das Kreditinstitut gibt gegenüber dem Begünstigten eine selbstschuldnerische **Bürgschafts- bzw. Garantieerkärung** ab, in der es sich verpflichtet, in der Regel auf erstes Anfordern **an den Begünstigten eine bestimmte Geldsumme zu zahlen** *(z. B. Anzahlungsgarantie).* Bürgschafts-/Garantieverträge sind mehrseitige Rechtsgeschäfte, die aber nur einseitig verpflichtend für den Bürgen bzw. für den Garanten sind.

Merkmale	Bürgschaftsvertrag	Garantievertrag
Haftungsinhalt	Das Kreditinstitut verpflichtet sich im Rahmen seiner Haftungserklärung, ▪ für die Erfüllung der Verbindlichkeit des Kreditnehmers gegenüber einem Dritten einzustehen.	▪ zur Zahlung eines Geldbetrages, wenn der Kreditnehmer eine bestimmte Leistung gegenüber einem Dritten nicht erbringt.
Leistungsversprechen	Die **Leistungspflicht** des Kreditinstituts ist vom Bestehen und Umfang der **Hauptschuld** des Kreditnehmers einem Dritten gegenüber **abhängig.** → **Akzessorietät der Bürgschaft**	Die **Leistungspflicht** des Kreditinstituts ist vom Bestehen und Umfang einer **Hauptschuld** des Kreditnehmers einem Dritten gegenüber **unabhängig**; durch den Garantievertrag wird eine neue selbstständige Schuld begründet. → **Abstraktheit der Garantie**
Art der Verbindlichkeit	**Eventualverbindlichkeit** (Vermerk auf der Passivseite unter dem Bilanzstrich)	

Banktechnische Abwicklung

Kreditantrag
Antrag des Kunden an das Kreditinstitut auf Abgabe einer Bürgschafts- oder Garantieerklärung gegenüber einem Dritten

↓

Prüfung der Kreditwürdigkeit des Antragstellers
Auf die Stellung von Sicherheiten kann verzichtet werden, wenn der Kreditnehmer über eine zweifelsfreie Bonität verfügt.

↓

Kreditentscheidung

↓

Abschluss des Avalkreditvertrages zwischen dem Kreditinstitut und dem Auftraggeber

- Gesamtbetrag („Avalrahmen“), bis zu dem das Kreditinstitut bereit ist, Bürgschaften und Garantien zu übernehmen
- Name des Begünstigten
- Laufzeit des Avalkredits
  Die Laufzeit des Avalkredites richtet sich nach dem jeweiligen Anlass. Bei einem laufenden Avalkreditbedarf kann jedoch der Avalkredit aufgrund eines Rahmenvertrages revolvierend gewährt werden, d. h., innerhalb eines festgesetzten Avalrahmens lebt der Avalkredit am Ende der Laufzeit immer wieder auf, ohne dass ein neuer Kreditvertrag abgeschlossen werden muss.
- Verwendungszweck des Avals und Form der Bürgschaft/Garantie
- Kosten des Avalkredits
  Die Höhe der Avalprovision richtet sich nach dem Avalzweck, der Laufzeit und den gestellten Sicherheiten. Sie beträgt z. B. $^1/_8$ % bis $^1/_4$ % pro Monat von der Avalsumme.

↓

Abschluss eines Bürgschafts- oder Garantievertrages zwischen dem Kreditinstitut und dem Begünstigten

- Die Erklärung wird vom Kreditinstitut – aus Gründen der stärkeren Beweiskraft – schriftlich abgegeben; die Urkunde wird dem Kreditnehmer oder direkt dem Begünstigten übergeben.
- Eine Avalkreditgewährung in Bürgschaftsform erfolgt stets selbstschuldnerisch. In der Praxis ist auch die Vereinbarung üblich, dass das Kreditinstitut „auf erstes Anfordern“ des Begünstigten Zahlung zu leisten hat. In diesem Fall entsteht die Zahlungspflicht der Bank „ohne Prüfung des zugrunde liegenden Anspruchs“.
- Die Verpflichtung des Kreditinstituts zur Bürgschafts- oder Garantieübernahme erlischt nach Ablauf der Bürgschafts- oder Garantiefrist oder nach Rückgabe der Urkunde an das Kreditinstitut.

Avalarten

Der Verwendungszweck des Avals ergibt sich aus der Bürgschafts- bzw. Garantieerklärung.

In der Praxis werden die Begriffe „Bürgschaft“ und „Garantie“ häufig gleichbedeutend gebraucht. Die Bezeichnung einer Haftungserklärung als Bürgschaft oder Garantie lässt nicht ohne Weiteres Rückschlüsse auf den wahren Rechtscharakter der Erklärung zu.

Eine **Haftungserklärung** kann rechtlich als **Bürgschaftsübernahme** ausgelegt werden, wenn das Kreditinstitut sich verpflichtet, für eine bestimmte **Schuld einzustehen**. Eine **Garantie** liegt nur vor, wenn sich im Wege der Auslegung ergibt, dass der Begünstigte durch die Garantieerklärung einen **abstrakten**, d. h. von Einwendungen aus irgendeinem Grundgeschäft unabhängigen **Anspruch** erhalten soll. Insbesondere im Auslandsgeschäft sind Garantien üblich.

Avalarten	Das Kreditinstitut verpflichtet sich, ...
Zollaval/Steueraval	... für die Steuer- bzw. Zollverbindlichkeiten bis zu einem bestimmten Höchstbetrag einzustehen.
Mietaval	... dem Vermieter wegen Ansprüchen aus dem Mietvertrag einen bestimmten Geldbetrag (Kaution) zu zahlen.
Bietungsgarantie	... eine Vertrags- bzw. Konventionalstrafe zu zahlen für den Fall, dass der Bieter die mit der Abgabe des Angebotes übernommenen Pflichten nicht erfüllt.
Anzahlungsgarantie	... dass der Käufer seine An- bzw. Vorauszahlungen zurückerhält, falls der Verkäufer den Vertrag nicht erfüllt.
Gewährleistungsgarantie (Lieferungs-, Leistungsgarantie)	... dem Käufer einen bestimmten Geldbetrag zu zahlen („Vertragsstrafe als Schadenersatz"), falls der Verkäufer die Leistung nicht in der im Vertrag genau festgelegten Qualität und Quantität erbringt.
Zahlungsgarantie	... dem Verkäufer den Kaufpreis oder die Kaufpreisraten zu zahlen, falls der Käufer seinen Zahlungsverpflichtungen nicht nachkommt.
Prozessaval	... dem Prozessgegner eine bestimmte Geldsumme zu zahlen, wenn das Urteil in der nächsten Instanz zu dessen Gunsten ausfallen sollte.

Beurteilung

Kunde	▪ Bereitstellung einer Sicherheitsleistung ohne Einsatz liquider Mittel ▪ geringe Avalprovision
Kreditinstitut	▪ Erzielung von Erträgen ohne Einsatz liquider Mittel ▪ geringes Kreditrisiko, Gewährung von Avalkrediten nur an Kunden mit zweifelsfreier Bonität

7 Alternative Finanzierungsformen

7.1 Factoring

Factoring ist der laufende Ankauf kurzfristiger Forderungen aus Lieferungen und Leistungen durch eine Factoring-Gesellschaft.

Factoring-Gesellschaften sind Finanzdienstleistungsinstitute, die laufend Forderungen von Unternehmen auf der Grundlage von Rahmenverträgen ankaufen *(§ 1 Abs. 1a Nr. 9 KWG)*.

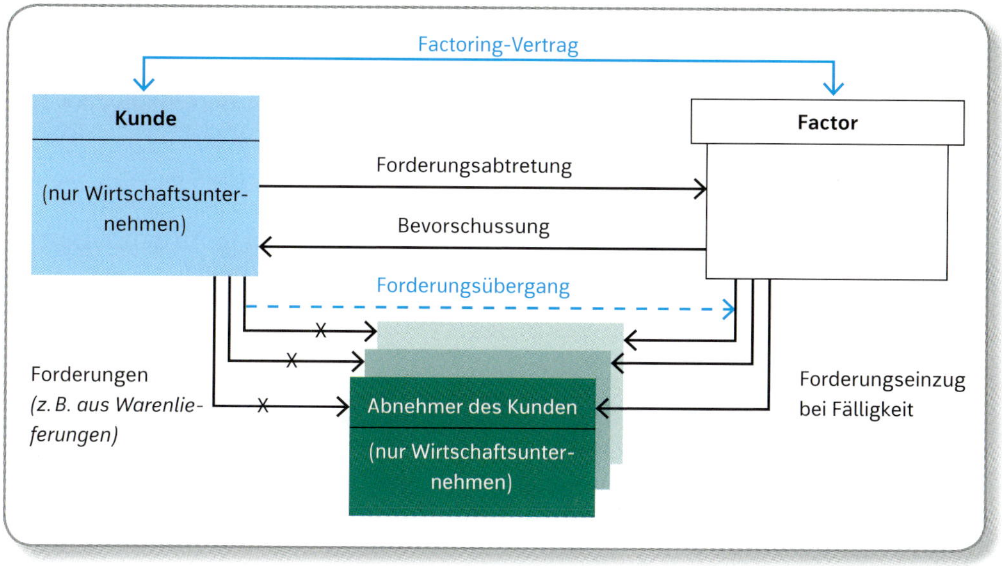

Merkmale des Factoring

- Die Factoring-Gesellschaft erwirbt nur Forderungen aus Lieferungen und Leistungen. Andere Forderungen sind vom Ankauf ausgeschlossen.
- Die Factoring-Gesellschaft erwirbt grundsätzlich nur Forderungen gegenüber gewerblichen Abnehmern, die regelmäßig oder mehrfach beim Factoring-Kunden kaufen (Mehrfachabnehmer). Der Ankauf von Forderungen gegenüber Endabnehmern, also Privatpersonen, kommt in der Regel nicht in Betracht.
- Die Factoring-Gesellschaft verlangt von ihren Klienten, dass diese
  - in den Bereichen Produktion und Handel tätig sind,
  - einen bestimmten Mindestjahresumsatz haben *(z. B. 2 000 000,00 EUR)*,
  - über einen möglichst konstanten festen Kreis von Dauerabnehmern verfügen.
- Für Factoring geeignet sind nur Forderungen, die
  - ein Zahlungsziel von in der Regel maximal 90 Tagen haben,
  - im Durchschnitt mindestens 500,00 EUR betragen.

Aufgrund des Forderungsverkaufs kommt es beim Factoring-Kunden bilanziell betrachtet zu einer *Vermögensumschichtung* (Aktivtausch). Es handelt sich beim Factoring um eine spezielle Form der Innenfinanzierung.

13

Auszug aus einem Factoring-Vertrag

- Der Factor kauft im Rahmen der von ihm für die Abnehmer eingeräumten Limite alle ab Vertragsbeginn entstehenden Forderungen aus Lieferungen und Leistungen des Kunden an.
- Der Factor übernimmt im Rahmen der Delkrederevereinbarungen das Ausfallrisiko für die angekauften Forderungen.
- Der Factor führt unter Beachtung der allgemeinen kaufmännischen Grundsätze im Rahmen seiner Organisation die Debitorenbuchhaltung sowie das Inkasso- und Mahnwesen.
- Der Kaufpreis für die Forderungen wird dem Vorschusskonto des Kunden nach Rechnungsregulierung durch die Abnehmer gutgeschrieben; der Factor wird dem Kunden jedoch die Gegenwerte sofort nach Rechnungseinreichung unter Berechnung der vereinbarten Zinsen zur Verfügung stellen.

Factoring wird in erster Linie von mittelständischen Unternehmen in Anspruch genommen. Aufgrund des Factoring-Vertrages erfüllt der Factor drei Funktionen:

- **Dienstleistungsfunktion**
  Übernahme der Debitorenbuchhaltung, des Mahnwesens, des Forderungsinkassos
- **Delkrederefunktion**
  Übernahme des Ausfallrisikos, indem der Factor darauf verzichtet, seinen Kunden solche Forderungen zurückzubelasten, bei denen der Debitor zahlungsunfähig wird. Die Haftung des Factors beschränkt sich ausschließlich auf die Bonität der Debitoren. Sie schließt nicht die Haftung für den rechtlichen Bestand der Forderungen ein. Um zu verhindern, dass der Kunde ausschließlich zweifelhafte Forderungen veräußert, wird er verpflichtet, *alle* Forderungen an den Factor abzutreten. Dieser behält sich darüber hinaus das Recht vor, zweifelhafte Forderungen vom Ankauf auszuschließen.
- **Finanzierungsfunktion**
  Auf Wunsch des Kunden erfolgt eine Bevorschussung der Forderungen (bis zu 90%). Der Kunde kann selbst entscheiden, zu welchem Zeitpunkt und in welchem Umfang er von der Bevorschussung Gebrauch machen will. Der Restbetrag dient der Sicherung für etwaige Ansprüche der Schuldner aus dem Grundgeschäft (*z. B. wegen Schlechtleistung*) und wird bei vollständiger Rechnungsregulierung durch die Debitoren bzw. bei Eintritt des Delkrederefalls dem Kunden vergütet.

Die **Kosten des Factoring** setzen sich aus der **Factoring-Gebühr** (ca. 1%–2% vom Umsatz) und den banküblichen **Zinsen** für Kontokorrentkredite zusammen.

Abgrenzung von Factoring und Zessionskredit

Factoring	Zessionskredit
Kauf von Forderungen *(§§ 433, 398 BGB)*: ▪ Die Forderungsabtretung erfolgt zur Erfüllung des Kaufvertrages; der **Factor wird uneingeschränkter Gläubiger** der Forderungen. ▪ Die Bilanzierung der Forderungen erfolgt nach Abtretung beim Factor.	**Darlehensgewährung** i. V. mit **Sicherungsabtretung** von Forderungen *(§§ 488, 453, 398 BGB)*: ▪ Das **Kreditinstitut wird fiduziarischer Gläubiger** der Forderungen und ist bei ordnungsgemäßer Rückführung des Kredits zu deren Rückübertragung verpflichtet. ▪ Die Bilanzierung der Forderungen erfolgt weiterhin beim Kreditnehmer.

Vorteile des Factoring für den Kunden:

- Kosteneinsparungen bei der Debitorenbuchhaltung sowie dem Inkasso- und Mahnwesen
- Vermeidung von Verlusten aus Insolvenzen der Abnehmer
- verbesserte Liquiditätsausstattung: Kapitalfreisetzung durch Abbau der Außenstände

7.2 Leasing

Beim **Leasing** überlässt der Leasinggeber als rechtlicher Eigentümer dem Leasingnehmer den Gebrauch bzw. die Nutzung eines Vermögensgegenstandes (Leasingobjekts) für einen vereinbarten Zeitraum gegen die Zahlung von Leasingraten.

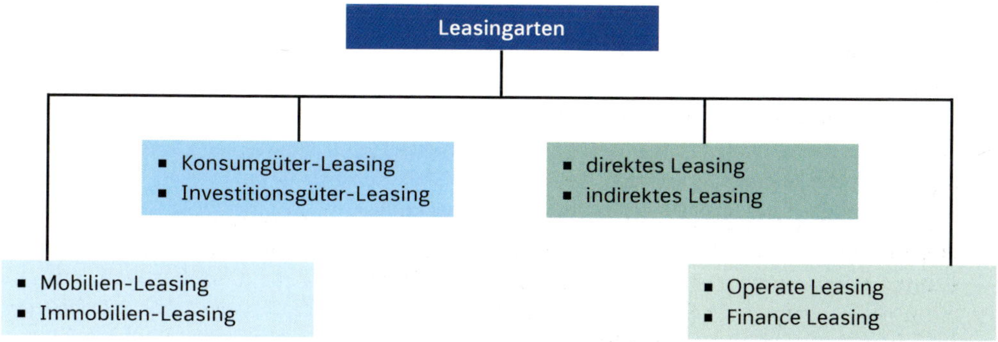

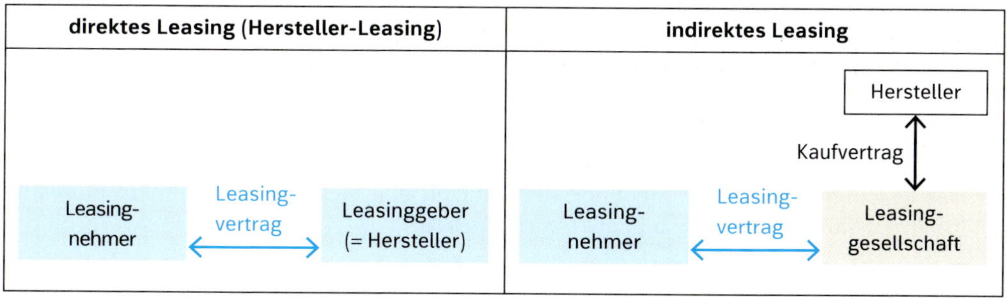

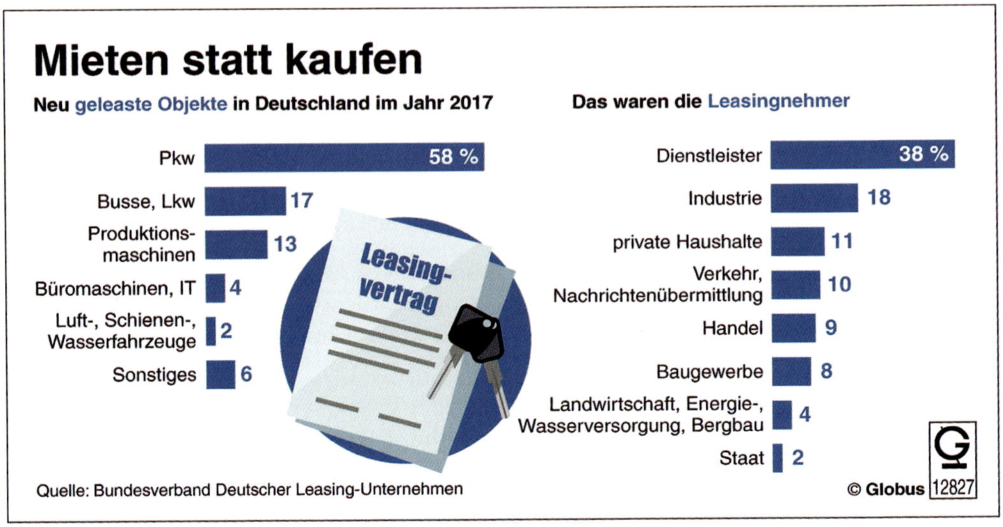

Beim Leasing ist zwischen „**Operate Leasing**“ und „**Finance Leasing**“ zu unterscheiden:

Operate Leasing	Finance Leasing
▪ Das **Leasingobjekt** ist ein **Standardprodukt**, für das in der Regel ohne Schwierigkeiten ein Anschlussmieter gefunden werden kann. ***Beispiele:*** *– EDV-Systeme* *– Fotokopiergeräte* *– Berufskleidung* ▪ Das Vertragsverhältnis ist **kurzfristig** bzw. **kurzfristig kündbar**. ▪ Der Leasinggeber ist darauf angewiesen, das Leasingobjekt mehrmals zu vermieten, da die Leasingraten eines Leasingnehmers nicht zur Amortisation des Objekts ausreichen.	▪ Das **Leasingobjekt** wird nach den **individuellen Wünschen** des Leasingnehmers hergestellt bzw. von der Leasinggesellschaft gekauft. ***Beispiele:*** *– Kraftfahrzeuge* *– Produktionsanlagen* *– Verwaltungsgebäude* ▪ Das Vertragsverhältnis ist während der **Grundmietzeit** (40 %–90 % der betriebsgewöhnlichen Nutzungsdauer des Leasingobjekts) **unkündbar**. ▪ Die während der Grundmietzeit zu zahlenden Leasingraten sind so kalkuliert, dass dem Leasinggeber darin die Anschaffungs-, Finanzierungs- und Verwaltungskosten sowie ein Gewinn vergütet werden.
Das **Investitionsrisiko** trägt der **Leasinggeber**.	Das **Investitionsrisiko** trägt der **Leasingnehmer**.

Leasing weist folgende Merkmale auf:

- Leasing „schont“ die Liquidität, da nicht der Kaufpreis finanziert werden muss.
- Der Leasingnehmer muss am Ende der Laufzeit den Gegenstand in einem einwandfreien Zustand an den Leasinggeber zurückgeben.
- Bei kurzfristiger Vertragsdauer ist eine schnelle **Anpassung an den technischen Fortschritt** möglich.

- Die Leasingraten können bei gewerblich genutzten Gegenständen als **Betriebsausgaben steuerlich abgesetzt** werden. (Bei der Alternative „Kauf des Gegenstandes" sind die Finanzierungskosten und die Abschreibungen als Betriebsausgaben abzugsfähig.)

Ob Leasing gegenüber dem fremdfinanzierten Kauf vorteilhafter ist, kann nur für den Einzelfall und unter Einbeziehung steuerlicher Aspekte beurteilt werden.

8 Ablauf eines Insolvenzverfahrens

Das **Insolvenzverfahren** dient dazu, die Gläubiger des Schuldners zu befriedigen,

- indem das Vermögen des Schuldners zur gemeinschaftlichen Befriedigung der Gläubiger verwertet wird (Liquidation des Unternehmens),
- oder eine andere Regelung getroffen wird, die den Erhalt des Unternehmens sichert.

Dem redlichen Schuldner wird Gelegenheit gegeben, sich von seinen restlichen Verbindlichkeiten zu befreien *(§ 1 InsO)*.

Gründe für die Eröffnung eines Insolvenzverfahrens sind

- Zahlungsunfähigkeit oder drohende Zahlungsunfähigkeit des Schuldners *(§ 17, 18 InsO)* sowie
- eine Überschuldung von juristischen Personen *(§ 19 InsO)*.
  Eine juristische Person *(z. B. GmbH, AG)* ist überschuldet, wenn das Vermögen des Schuldners die bestehenden Verbindlichkeiten nicht mehr deckt („negatives Eigenkapital").

Das Insolvenzverfahren wird auf schriftlichen Antrag eines Gläubigers oder des Schuldners eröffnet *(§ 13 InsO)*. Die gesetzlichen Vertreter einer juristischen Person *(z. B. Geschäftsführer einer GmbH; Vorstand einer AG)* sind jedoch verpflichtet, bei Zahlungsunfähigkeit oder Überschuldung unverzüglich einen Insolvenzantrag zu stellen, da sie sich ansonsten wegen Insolvenzverschleppung strafbar machen *(§ 15a InsO)*.

Das Insolvenzverfahren wird beim **Amtsgericht** (Insolvenzgericht, § *2 InsO*) eröffnet, sofern das Vermögen des Schuldners mindestens die Kosten des Verfahrens deckt. Andernfalls erfolgt eine **Abweisung mangels Masse** *(§ 26 InsO)*.

Wirkung der Insolvenzeröffnung *(§ 80 ff. InsO)*

- Mit der Insolvenzeröffnung verliert der Schuldner die Verfügungsgewalt über sein Vermögen. Ein vom Insolvenzgericht bestellter Insolvenzverwalter übernimmt die Verwaltung des Schuldnervermögens (Ausnahme: Insolvenzverfahren in Eigenverwaltung). Verfügungen über Konten darf nur noch der Insolvenzverwalter vornehmen.
- Die Gläubiger werden aufgefordert, ihre Forderungen innerhalb einer bestimmten Frist anzumelden.
- Die Eröffnung des Verfahrens wird veröffentlicht und im Handelsregister sowie im Grundbuch eingetragen.
- Beim Insolvenzverfahren gilt der Grundsatz der Gleichbehandlung der Gläubiger. Der Zugriff einzelner Gläubiger auf einzelne Vermögensgegenstände und ein damit verbundener „Wettlauf der Gläubiger" ist ausgeschlossen.

Einberufung einer Gläubigerversammlung *(§§ 29, 74 InsO)*

- Die Gläubigerversammlung beschließt auf der Grundlage eines Berichts des Insolvenzverwalters über den Fortgang des Verfahrens:
  - Aufstellung eines Insolvenzplans oder
  - Verwertung und Verteilung der Insolvenzmasse.
- Ein Beschluss kommt zustande, wenn die zustimmenden Gläubiger mehr als die Hälfte der Forderungen repräsentieren *(§ 76 InsO)*.

Insolvenzplan *(§ 217 ff. InsO)*

Ein Insolvenzplan kann vom Insolvenzverwalter oder vom Schuldner vorgelegt werden.

- Der Insolvenzplan kann eine Erhaltung oder eine Verwertung des Unternehmens vorsehen. **Durch Stundungsvereinbarungen und einen Forderungsverzicht (Vergleich) wird in der Regel die Sanierung und damit die Erhaltung des Unternehmens angestrebt.**
- Die Absonderungsrechte *(z. B. Pfandrechte)* der Gläubiger werden, sofern im Insolvenzplan nichts anderes bestimmt ist, vom Plan nicht berührt *(§ 223 InsO)*.
- Zur Annahme des Insolvenzplanes sind zwei Mehrheiten erforderlich *(§ 244 InsO)*:
  - Zustimmung der Mehrheit der Gläubiger („Köpfe"),
  - die zusammen mehr als die Hälfte der Forderungen repräsentieren.

  Zusätzlich sind die Zustimmung des Schuldners und die Bestätigung des Insolvenzgerichtes notwendig *(§§ 247, 248 InsO)*.
- Bei einer Annahme ist der Insolvenzplan für alle Gläubiger bindend.

Eigenverwaltung im Insolvenzverfahren

Bei einem **Insolvenzverfahren in Eigenverwaltung** behält der Schuldner die Verwaltungs- und Verfügungsbefugnis über sein Vermögen *(§ 270 Abs. 1 InsO)*. Das Insolvenzgericht setzt einen **Sachverwalter** ein, der die wirtschaftliche Lage des Schuldners prüft und die Geschäftsführung überwacht *(§ 274 InsO)*.

Das Insolvenzgericht ordnet eine Eigenverwaltung an, wenn die berechtigte Aussicht auf eine erfolgreiche Sanierung und Fortführung des Unternehmens besteht.

Restschuldbefreiung *(§ 286 ff. InsO)*

Ist der Schuldner eine natürliche Person, kann er nach Abschluss des Insolvenzverfahrens eine Restschuldbefreiung beantragen.[1]

---

1 Vgl. Restschuldbefreiung Seite 243 ff.

Liquidation des Unternehmens

Fremdes Eigentum **1. Aussonderung** *(§ 47 InsO)* Gegenstände, die nicht dem Insolvenzschuldner gehören	Der Eigentümer des Gegenstandes kann die **Herausgabe** vom Insolvenzverwalter verlangen. ***Beispiele:*** *Mietsachen, unter Eigentumsvorbehalt gelieferte Waren*
Insolvenzmasse (= gesamtes Vermögen des Schuldners)	**Forderungen**
2. Absonderung *(§§ 49–52 InsO)* Gegenstände und Rechte, die durch ▪ ein Pfandrecht, ▪ eine Sicherungsübereignung ▪ oder eine Sicherungsabtretung belastet sind	**Gläubiger mit gesicherten Forderungen** Der Insolvenzverwalter verwertet die Gegenstände bzw. Rechte getrennt zur Befriedigung der zugrunde liegenden Forderungen *(§ 166 InsO)*.
3. Aufrechnung *(§ 94 InsO)* Forderungen, denen Verbindlichkeiten des Gläubigers gegenüberstehen	Der Gläubiger kann seine Forderung mit seiner Verbindlichkeit gegenüber dem Insolvenzschuldner aufrechnen.
4. restliche Insolvenzmasse	Kosten des Insolvenzverfahrens *(§§ 53, 54 InsO)* ▪ Gerichtskosten ▪ Vergütung des Insolvenzverwalters
	sonstige Masseverbindlichkeiten *(§ 55 InsO)* ▪ vom Insolvenzverwalter eingegangene Verpflichtungen
	Insolvenzgläubiger ohne Absonderungsrechte *(§ 38 InsO), z. B.:* – *Forderungen aus Warenlieferungen* – *nicht gesicherte Kredite*
	nachrangige Insolvenzgläubiger *(§ 39 InsO), z. B.:* – *Zinsen seit Eröffnung des Verfahrens* – *Verfahrenskosten der Gläubiger*

- durch das Vermögen des Insolvenzschuldners nicht gedeckte Forderungen
- Forderungsausfall

Die **Insolvenzquote** gibt den prozentualen Anteil der nicht bevorrechtigten Forderungen der Gläubiger an, der durch die Insolvenzmasse gedeckt werden kann. In Höhe dieses Prozentsatzes erhält der Insolvenzgläubiger einen Anteil an den von ihm angemeldeten Forderungen.

Beispiel:

Bei der Insolventa GmbH verbleibt nach der Erfüllung vorrangiger Verbindlichkeiten eine restliche Insolvenzmasse von 150 000,00 EUR. Folgende Forderungen wurden noch angemeldet:

- *Insolvenzgläubiger ohne Absonderungsrechte .... 750 000,00 EUR*
- *nachrangige Insolvenzgläubiger .... 35 000,00 EUR*

Von der Bonafide GmbH wurden angemeldet:

- *Forderungen aus Warenlieferungen .... 12 500,00 EUR*
- *Zinsforderungen seit Insolvenzeröffnung .... 100,00 EUR*

Insolvenzquote für nicht bevorrechtigte Insolvenzgläubiger: $\frac{150\,000{,}00 \cdot 100}{750\,000{,}00} = \underline{20\,\%}$

Der Insolvenzverwalter überweist 2 500,00 EUR (= 20 % von 12 500,00 EUR) an die Bonafide GmbH. Die nachrangige Forderung wird nicht bedient.

Bankwirtschaftliche Formeln und Kennzahlen

Zinsberechnung

Z: Zinsen
K: Kapital
p: Zinssatz

t: Zinstage, d. h. Differenz zwischen der Wertstellung (Valuta) Verzinsungsbeginn und der Wertstellung Verzinsungsende

Ermittlung der Zinsen	Ermittlung des Kapitals	Ermittlung des Zinssatzes	Ermittlung der Zinstage
$Z = \frac{K \cdot p \cdot t}{100 \cdot 360\ (365/366)}$	$K = \frac{Z \cdot 100 \cdot 360\ (365/366)}{p \cdot t}$	$p = \frac{Z \cdot 100 \cdot 360\ (365/366)}{K \cdot t}$	$t = \frac{Z \cdot 100 \cdot 360\ (365/366)}{K \cdot p}$

Zinsrechnungsmethoden

deutsche kaufmännnische Zinsrechnung (30/360)	taggenaue Zinsrechnung (act/act)	Eurozinsrechnung (act/360)
▪ Zinstage: Monat zu 30 Zinstagen (t) ▪ Jahr zu 360 Zinstagen	▪ Zinstage: kalendermäßig (act) ▪ Jahr zu 365 bzw. 366 Zinstagen (act)	▪ Zinstage: kalendermäßig (act) ▪ Jahr zu 360 Zinstagen
$Z = \frac{K \cdot p \cdot t}{100 \cdot 360}$	$Z = \frac{K \cdot p \cdot act}{100 \cdot 365/366}$	$Z = \frac{K \cdot p \cdot act}{100 \cdot 360}$
Anwendung		
▪ *Sparkonten* ▪ *Kunden-Festgeldkonten* ▪ *Kontokorrentkonten* ▪ *Ratenkredite* ▪ *langfristige Darlehen*	▪ *Bundesanleihen mit festem Zins* ▪ *Bundesobligationen* ▪ *Bundesschatzanweisungen* ▪ *andere börsennotierte Anleihen*	▪ *Bundesanleihen und andere Anleihen mit variablem Zins (Floating-Rate-Notes)* ▪ *unverzinsliche Schatzanweisungen (U-Schätze, „Bubills“)* ▪ *Geldmarktkredite* ▪ *Refinanzierungen und Geldanlagen bei der EZB*

Zinseszinsrechnung

K_0: Anfangskapital
K_n: Endkapital
n: Anzahl der Jahre
r: jährliche Raten

$$q = 1 + \frac{p}{100}$$

Aufzinsung	Abzinsung
$K_n = K_0 \cdot q^n$	$K_0 = K_n \cdot \frac{1}{q^n}$
Aufzinsungsfaktor: $q^n = \left(1 + \frac{P}{100}\right)^n$	**Abzinsungsfaktor:** $\frac{1}{q^n} = \frac{1}{\left(1 + \frac{P}{100}\right)^n}$
Anwendung	
Ermittlung des Endkapitals eines bestimmten Anfangskapitals bei gegebenem Zinssatz ***Beispiele:*** *– Aufzinsungssparbriefe* *– Zero-Bonds*	Ermittlung des heutigen Zeitwertes einer bestimmten zukünftigen Zahlung bei gegebenem Zinssatz ***Beispiele:*** *– Abzinsungssparbriefe* *– Zero-Bonds*

Rentenrechnung

Endkapital	jährlicher Anlagebetrag
$K_n = r \cdot q \frac{q^n - 1}{q - 1}$	$r = Kn \frac{q - 1}{q\,(q^n - 1)}$
Anwendung	
Ermittlung des Endkapitals bei einem gegebenen jährlichen Anlagebetrag (jeweils am Jahresanfang) und einem gegebenen Zinssatz	Ermittlung des jährlichen Anlagebetrages (jeweils am Jahresanfang) bei einem gegebenen Endkapital und einem gegebenen Zinssatz
Beispiele: *– Sparpläne* *– Kapitallebensversicherung*	

Effektengeschäft

Kurswertberechnung

Stücknotierung (Aktien und Optionsscheine)
Kurswert = Stückzahl · Stückkurs
Prozentnotierung (Schuldverschreibungen)
$\text{Kurswert} = \frac{\text{Nennwert} \cdot \text{Prozentkurs}}{100}$

Kapitalerhöhung gegen Einlagen

Ermittlung des rechnerischen Werts des Bezugsrechtes	
(1) vor **Beginn des Bezugsrechtshandels**	BR: rechnerischer Wert des Bezugsrechts Ka: Börsenkurs der alten Aktien Kn: Ausgabekurs der jungen Aktien K_{exBR}: Kurs ex Bezugsrecht m: Anzahl der alten Aktien n: Anzahl der jungen Aktien $\frac{m}{n}$: Bezugsverhältnis DN: Dividendennachteil
$BR = \frac{Ka - Kn}{\frac{m}{n} + 1}$ *mit Dividendennachteil:* $BR = \frac{Ka - Kn - DN}{\frac{m}{n} + 1}$	
(2) nach **Beginn des Bezugsrechtshandels**	
$BR = \frac{K_{exBR} - Kn}{\frac{m}{n}}$ *mit Dividendennachteil:* $BR = \frac{K_{exBR} - Kn - DN}{\frac{m}{n}}$	

Ermittlung der Anzahl junger Aktien beim Aktienbezug ohne zusätzlichen Kapitaleinsatz (Opération blanche)	
$JA = \frac{BN \cdot BR}{Kn + \left(\frac{m}{n} \cdot BR\right)}$	BN: Anzahl der vorhandenen Bezugsrechte JA: Anzahl der zu beziehenden jungen Aktien

Kapitalerhöhung aus Gesellschaftsmitteln

Ermittlung des Berichtigungsabschlags	
$BA = \frac{Ka}{\frac{m}{n} + 1}$	BA : Berichtigungsabschlag $\frac{m}{n}$: Berichtigungsverhältnis
Ermittlung des rechnerischen Kurses ex BA	
$Ka_{exBA} = \frac{Ka \cdot m}{m + n}$	Ka_{exBA}: Aktienkurs mit Berichtigungsabschlag
Ermittlung der Anzahl der zugeteilten Berichtigungsaktien und des verbleibenden Teilrechtsanspruchs	
$N = \frac{AA \cdot n}{m}$	N: Anzahl der Berichtigungsaktien und Teilrechte AA: Anzahl der vorhandenen alten Aktien

Bewertung von festverzinslichen Schuldverschreibungen

laufende Verzinsung	
$P_{lfd} = \frac{P_{nom} \cdot 100}{K}$	P_{lfd}: laufende Verzinsung P_{nom}: Nominalverzinsung K: Tageskurs
Effektivverzinsung (Rendite)	
$P_{eff} = \frac{\left[P_{nom} + \left(\frac{RK - EK}{J}\right)\right] \cdot 100}{EK}$	P_{eff}: Effektivverzinsung RK: Rückzahlungskurs EK: Erwerbskurs J: Anlagedauer in Jahren
Bestimmung des Kurslimits/Bietungskurses bei gegebener Renditevorstellung	
$EK = \frac{(P_{nom} \cdot J) + RK}{\left(\frac{P_{eff} \cdot J}{100}\right) + 1}$	EK: Erwerbskurs (Kurslimit bzw. Bietungskurs)

Bewertung von Aktien

Dividendenrendite	
$DR = \frac{\text{Bruttodividende}}{\text{Aktienkurs}} \cdot 100$	DR: Dividendenrendite
Effektivverzinsung (Rendite)	
$P_{eff} = \frac{NE \cdot 100 \cdot 360}{K \cdot T}$	NE: Nettoergebnis K: eingesetztes Kapital T: Anlagezeitraum in Tagen
Kurs-Gewinn-Verhältnis (Price-Earnings-Ratio)	
$KGV = \frac{\text{Aktienkurs}}{\text{Gewinn pro Aktie}}$	$\text{Gewinn pro Aktie} = \frac{\text{erwarteter Gesamtgewinn der AG}}{\text{Anzahl der Aktien der AG}}$
Kurs-Cashflow-Verhältnis	
$KCV = \frac{\text{Aktienkurs}}{\text{Cashflow pro Aktie}}$	$\text{Cashflow pro Aktie} = \frac{\text{erwarteter Cashflow der AG}}{\text{Anzahl der Aktien der AG}}$

Bewertung von Optionsscheinen und Optionen

Hebel

Faktor, um den die prozentuale Kursveränderung des Optionsscheins größer ist als die prozentuale Kursveränderung des Basiswertes

$$\text{Hebel} = \frac{\text{Aktienkurs}}{\text{Optionsscheinkurs} \cdot \text{Bezugsverhältnis}}$$

Beispiel:

Ein Bezugsverhältnis von 10 : 1 bedeutet, dass zehn Optionsscheine zum Bezug einer Aktie notwendig sind.

Parität (innerer Wert)

rechnerischer Wert des Optionsscheins ohne Aufgeld

Call	Put
$\frac{\text{Aktienkurs} - \text{Basispreis}}{\text{Bezugsverhältnis}}$	$\frac{\text{Basispreis} - \text{Aktienkurs}}{\text{Bezugsverhältnis}}$

Aufgeld

Vergleich des Direktkaufs bzw. -verkaufs des Basiswertes an der Börse mit dem Bezug bzw. der Abgabe des Basiswertes über den Optionsschein

Aufgeld in Euro (absolutes Aufgeld)

Call	Put
Kurs des Optionsscheins · BV + Basispreis – Aktienkurs = absolutes Aufgeld	Kurs des Optionsscheins · BV – Basispreis + Aktienkurs = absolutes Aufgeld

$$\textbf{Aufgeld in Prozent (relatives Aufgeld)} = \frac{\text{Aufgeld} \cdot 100}{\text{Aktienkurs}}$$

$$\textbf{relatives Aufgeld pro Jahr} = \frac{\text{Aufgeld in Prozent}}{\text{Restlaufzeit in Jahren}}$$

Wert, um den der Kurs des Basiswertes pro Jahr durchschnittlich steigen muss, damit der Anleger keinen Verlust erleidet

Zeitwert

Nicht durch den inneren Wert gedeckter Kursaufschlag des Optionsscheins

Kurs des Optionsscheins
– positiver innerer Wert des Optionsscheins
= Zeitwert

Weist der Optionsschein einen negativen inneren Wert auf (out-of-the-money-Option), ergibt sich der Kurs des Optionsscheins vollständig aus dem Zeitwert.

Kreditgeschäft

Bilanzkennzahlen

Anmerkung: Der Bilanzgewinn ist – sofern nicht etwas anderes angegeben wird – als kurzfristiges Fremdkapital anzusehen.

Eigenkapitalquote	$\frac{\text{Eigenkapital} \cdot 100}{\text{Bilanzsumme}}$
Anlagendeckungsgrad I	$\frac{\text{Eigenkapital} \cdot 100}{\text{Anlagevermögen}}$
Anlagendeckungsgrad II	$\frac{(\text{Eigenkapital} + \text{langfristiges Fremdkapital}) \cdot 100}{\text{Anlagevermögen}}$
Cashflow	Betriebsergebnis + ordentliche Abschreibungen + Zuführung zu den langfristigen Rückstellungen
Cashflow-Rate	$\frac{\text{Cashflow} \cdot 100}{\text{Umsatzerlöse}}$
Eigenkapitalrentabilität	$\frac{\text{Betriebsergebnis} \cdot 100}{\text{Eigenkapital}}$
Gesamtkapitalrentabilität	$\frac{(\text{Betriebsergebnis} + \text{Zinsaufwendungen}) \cdot 100}{\text{Bilanzsumme}}$
Umsatzrentabilität	$\frac{\text{Betriebsergebnis} \cdot 100}{\text{Umsatzerlöse}}$
Debitorenziel (Kundenziel)	$\frac{\text{Forderungen aus Lieferungen und Leistungen} \cdot 365}{\text{Umsatzerlöse}}$
Kreditorenziel (Lieferantenziel)	$\frac{\text{Verbindlichkeiten aus Lieferungen und Leistungen} \cdot 365}{\text{Materialaufwand}}$
Verschuldungsgrad in Jahren	$\frac{\text{Effektivverschuldung}}{\text{Cashflow}}$

Ratenkredite

Monatsraten	MR: Monatsrate ND: Nettodarlehensbetrag p: Sollzinssatz m: Laufzeit in Monaten $q = \left(1 + \frac{p}{1\,200}\right)$ $MR = ND \cdot \frac{q^m \cdot (q-1)}{(q^m - 1)}$
Effektivverzinsung (vereinfachte Methode)	$P_{eff} = \left(\left[1 + \frac{P}{m \cdot 100}\right]^m - 1\right) \cdot 100$

Ratenkredite

Laufzeit	$m = \dfrac{\log\left(\dfrac{1}{-\dfrac{ND\,(q-1)}{MR}} + 1\right)}{\log(q)}$

Grundstücke als Kreditsicherheit

Ertragswert	[(Jahresreinertrag – Bodenwertverzinsung) · Vervielfältiger] + Bodenwert	
Bodenwertverzinsung	$\dfrac{\text{Bodenwert} \cdot \text{Kapitalisierungszinssatz}}{100}$	
Vervielfältiger	$\dfrac{q^n - 1}{q^n \cdot (q-1)}$	p = Kapitalisierungszinssatz n = Restnutzungsdauer $q = \left(1 + \dfrac{p}{100}\right)$

Effekten als Kreditsicherheit

	Schuldverschreibungen	Aktien
Ermittlung der Beleihungsgrenze	$\dfrac{\text{Nennwert} \cdot \text{Prozentkurs} \cdot \text{Beleihungssatz}}{100 \cdot 100}$	$\dfrac{\text{Nennwert} \cdot \text{Stückkurs} \cdot \text{Beleihungssatz}}{100}$
Ermittlung des erforderlichen Pfandes bei gegebenem Kreditbetrag	$\text{Nennwert} = \dfrac{\text{Kreditbetrag} \cdot 100 \cdot 100}{\text{Prozentkurs} \cdot \text{Beleihungssatz}}$	$\text{Stückzahl} = \dfrac{\text{Kreditbetrag} \cdot 100}{\text{Stückkurs} \cdot \text{Beleihungssatz}}$

Devisengeschäft

Ermittlung des Swapsatzes	
$S = \dfrac{KK \cdot ZD \cdot \text{Tage}}{100 \cdot 360 + (\text{EUR-Zinssatz} \cdot \text{Tage})}$	S: Swapsatz KK: Kassakurs ZD = Auslandszinssatz – EUR-Zinssatz
Ermittlung des Devisenterminkurses	
Inlandszinssatz > *Auslandszinssatz:* TK = KK – Swapsatz (Deport) *Inlandszinssatz* < *Auslandszinssatz:* TK = KK + Swapsatz (Report)	TK: Terminkurs

Sachwortverzeichnis

Bildquellenverzeichnis

American Express International, Inc., Frankfurt am Main: 74.3.

Brokervergleich.de/Franke-media.net, Leipzig: 333.1.

Bundesverband der Deutschen Volksbanken und Raiffeisenbanken (BVR), Berlin: 15.3.

DC Bank AG, Wien: 74.4.

Deutsche Bank AG, Frankfurt/Main: 15.5.

Deutscher Sparkassen- und Giroverband, Berlin: 15.2, 70.9, 556.1.

EURO Kartensysteme GmbH, Frankfurt am Main: 70.2, 70.3, 72.3, 78.1.

fotolia.com, New York: Amy Walters 72.2; animaflora 441.2; Bergfee 363.1, 363.2, 412.3, 412.4, 412.5, 412.6; contrastwerkstatt Titel; Erwin Wodicka 329.1; Fischer, Magda 442.1; frilled_dragon 425.1; Gina Sanders 443.2; industrieblick 442.2; maho 441.1; Miyazawa 63.4; mojolo Titel; neorm 53.1; Pixel 280.3; pmphoto 53.3; reeel 280.2; Rido Titel, Titel; Sashkin 72.1; SC-Photo 15.1; Schlierner 227.1; Siedler, Stephan 280.1; spyder24 227.2, 577.1, 577.2; Supphakank, Phongphan Titel; Timothée D'Arco 63.3.

Handelsverband Deutschland - HDE - e.V., Berlin: 70.10, 73.2, 78.3.

Hild, Claudia, Angelburg: 154.1, 444.1, 504.1.

Infografik Pilavas Heller, Menden: 504.2.

Mastercard, Frankfurt am Main: 2020, Mastercard ist ein eingetragenes Markenzeichen und das Kreisdesign ist ein Markenzeichen von Mastercard International Incorporated. 70.4, 70.5, 78.4, 78.5; 2021, Mastercard ist ein eingetragenes Markenzeichen und das Kreisdesign ist ein Markenzeichen von Mastercard International Incorporated. 71.1, 74.1.

mauritius images GmbH (RF), Mittenwald: Eisele, Reinhard 491.2, 491.4.

norisbank GmbH, Bonn: 53.2.

optimal absichern GmbH, Elmshorn: 536.1.

Picture-Alliance GmbH, Frankfurt a.M.: dpa-infografik 56.1, 69.1, 137.1, 173.1, 245.1, 505.1, 544.1, 547.1; dpa-infografik GmbH 233.1, 596.1.

Postbank – eine Niederlassung der Deutsche Bank AG, Bonn: 77.1, 77.2.

punktgenau gmbh, Bühl: 22.1, 40.1, 43.1, 63.1, 63.2, 96.1, 151.1, 187.1, 187.2, 188.1, 193.1, 218.1, 259.1, 265.1, 265.2, 275.1, 317.1, 317.2, 320.1, 321.1, 322.1, 338.1, 366.1, 367.1, 370.1, 385.1, 389.1, 412.1, 439.1, 439.2, 439.2, 468.1, 510.1, 512.1, 588.1.

S-Payment GmbH, Stuttgart: 15.4, 75.3.

stock.adobe.com, Dublin: Anke Thomass 473.3; Calado 70.8; Comparin, Jean-Paul 443.1; Davizro Photography 75.2; Dream-Emotion 492.1; Gerhard Seybert 412.2; ldprod 71.3; lichtmeister 473.1; Ljupco Smokovski 474.1; PMDesign 70.1; Raths, Alexander 1.1; refresh(PIX) 73.1; Rido 254.1, 491.1, 491.3; RONALD RAMPSCH 70.11; sp4764 75.1; Wolfilser 473.2.

Visa, Frankfurt: 74.2, 78.6; 2021 70.6, 70.7, 71.2, 78.2.

YPS - York Publishing Solutions Pvt. Ltd.: 357.1, 382.1, 387.1.